NAHVERKEHRSFORSCHUNG '85

Statusseminar XII

gemeinsam veranstaltet von
Bundesministerium für Forschung und Technologie
und
Bundesministerium für Verkehr

Die in der vorliegenden Informationsschrift zusammengestellten Beiträge stellen teilweise gekürzte Fassungen von Referaten dar, die vom 19. bis 20. September 1985 im Rahmen des vom Bundesministerium für Forschung und Technologie (BMFT) und vom Bundesministerium für Verkehr (BMV) gemeinsam veranstalteten Status-seminars für die Forschungsprogramme „Forschung und technologische Entwicklung für den öffentlichen Nahverkehr" (BMFT) und „Forschung Stadtverkehr" (BMV) in Fürth vorgetragen wurden.

Organisation und Ausrichtung dieses Statusseminars wurden von der Industriean-lagen-Betriebsgesellschaft (IABG) Ottobrunn, als Projektbegleiter für das BMFT-Forschungsprogramm „Forschung und technologische Entwicklung für den öffent-lichen Nahverkehr" und der SNV Studiengesellschaft Nahverkehr mbH im Auftrage des BMV durchgeführt. Für den Inhalt der Beiträge zeichnen die vom BMFT und BMV geförderten Zuwendungsempfänger bzw. Auftragnehmer verantwortlich.

Aus den teilweise umfangreichen Diskussionsbeiträgen wurden die wesentlichsten Aspekte in kurzer, sinngemäßer Form zusammengestellt. Sie finden sich jeweils im Anschluß an die einzelnen Beiträge oder an die jeweilige Themengruppe. Die Diskussionsteilnehmer sind jeweils namentlich aufgeführt.

Die Berichte der jährlichen Statusseminare werden seit 1974 veröffentlicht. Bisher wurden vom Bundesminister für Forschung und Technologie die Ergebnisse der elf vorangegangenen Seminare in der Reihe Nahverkehrsforschung herausgegeben.

Herausgeber:
Der Bundesminister für Forschung und Technologie
— Referat: Presse und Öffentlichkeitsarbeit —

Bonn 1985

ISBN 3 - 88135-164-7

Redaktion: Petzel, Taunys
Industrieanlagen-Betriebsgesellschaft mbH, Ottobrunn

Titelbild: M-Bahn-Fahrzeug auf der Referenzanlage in Berlin

Gesamtherstellung: heller druck & verlag, München

Vorwort

Der öffentliche Personennahverkehr (ÖPNV) ist ein wichtiger Teil unserer Verkehrswirklichkeit. Viele unserer Mitbürger sind auf ein leistungsfähiges und kostengünstiges Angebot an öffentlichen Verkehrsmitteln angewiesen. Andere benutzen den ÖPNV, wenn sie dadurch die Nachteile des Individualverkehrs vermeiden können.

In dicht bebauten Wohn- oder Geschäftsgebieten ist der ÖPNV oft geradezu Voraussetzung für humane Lebensverhältnisse oder die Wahrnehmung attraktiver Einkaufsmöglichkeiten.

Die Bundesminister für Forschung und Technologie (BMFT) und für Verkehr (BMF) unterstützen die Förderung von Forschungs- und Entwicklungsvorhaben, um den ÖPNV technologisch und wirtschaftlich für Benutzer und Betreiber so attraktiv wie möglich zu machen.

Da diese FE-Vorhaben auch dazu beitragen, neue Entwicklungen zu initiieren, den Wissensumfang zu vergrößern und bessere Technologien anzubieten, die nicht nur im eigenen Land, sondern auch im Ausland angewendet werden können, werden damit auch Arbeitsplätze bei uns gesichert.

Es liegt in der Verantwortung der Gebietskörperschaften, der Bürgervertreter und der Verkehrsunternehmen, die Früchte der Forschung und Entwicklung in all ihren Einsatzmöglichkeiten zu nutzen. Um dabei auch den Technologietransfer sicherzustellen, gehört dazu die umfassende und korrekte Information über Möglichkeiten und Bedarf des ÖPNV.

Das alljährlich stattfindende Statusseminar Nahverkehrsforschung ist ein hervorragendes und bewährtes Forum zum Austausch von Ergebnissen, Erfahrungen und auch Wünschen und Anregungen für alle Seiten: Entwickler. Anwender und Förderer.

In diesem Sinne wünschen wir uns, daß die Ergebnisse des Statusseminars 1985, die in dem vorliegenden Band der Öffentlichkeit zur Verfügung gestellt werden, auf fruchtbaren Boden fallen.

Dr. Heinz Riesenhuber

Bundesminister für
Forschung und Technologie

Dr. Werner Dollinger

Bundesminister für
Verkehr

INHALT:

Begrüßung und Einführung 9

Fachgruppe I: Schienengebundener Nahverkehr 21

Neue Bahnsysteme, Automatisierung 21

— Nutzen-Kosten-Untersuchung zum Prozeßrechnergesteuerten
  U-Bahn-Automatisierungssystem Hamburg (PUSH) 21

— Genehmigungsverfahren PUSH 33

— Zulassungsarbeiten für das automatische Betriebsablaufsystem
  SELTRAC auf der Referenzanlage Berlin 37

— Sicherheitsstandards in Deutschland und in den USA 49

— Elektronische Schnittstelleneinrichtungen: Stand der Arbeiten
  und erste Erfahrungen mit der Pilotanlage in Essen 54

— H-Bahn-Dortmund: 1¹ Jahre Versuchsbetrieb, Integration
  in den ÖPNV 60

— M-Bahn: Stand des gesamten FuE-Vorhabens 70

Fahrzeugtechnik: 79

— Systemstruktur und Aufbau eines Fahrzeuges für den
  Stadtschnellbahnverkehr 79

— SPNV 2000: Fahrzeug-Grundmodule 90

— Technologiepaket Stadtbahn 2000 99

— Leichtbau durch beanspruchungsgerechte Auslegung von
  Nahverkehrsfahrzeugen; Teil 1: Überarbeitung der Lastannahmen
  für BOStrab-Fahrzeuge 107

— Leichtbau durch beanspruchungsgerechte Auslegung von
  Nahverkehrsfahrzeugen; Teil 2: Beanspruchungsgerechte
  Auslegung durch Berücksichtigung der Lastspielzahlen 123

Infrastrukturmaßnahmen 137

— Möglichkeiten der Kostensenkung beim Tunnelbau für U- und
  Stadtbahnen 137

— Planungs- und Entscheidungshilfen zur Effizienzkontrolle der
  Angebotsgestaltung im ÖPNV 150

— Verbesserte Methoden zur Körperschall- und
  Erschütterungsminderung 154

Fachgruppe II: Straßengebundener Nahverkehr 174

Dual-Mode-Bussysteme 174

— Spurbus-Demonstration und weitere Anwendungen 174
— Spurbuseinsatz auf schwach belasteten Schienenstrecken 186
— Spurbuseinsatz im Tunnel; Abgasproblematik und andere offene Fragen 195
— Untersuchungen zur Verkehrssicherheit in städtischen Straßentunneln 200
— Wirtschafts- und strukturpolitische Hemmnisse für E-Busse 213
— Elektronische Spurführung Fürth: Kurzbericht über das Demonstrationsvorhaben 223

Energiesparende Antriebe 226

— Stand der Entwicklung des Antriebs- und Energierückgewinnungssystems des umweltfreundlichen Müllsammelfahrzeuges . 226
— Ergebnisse der Prüfstands- und Fahrerprobung bei Hydro-Bus III 232
— Magnet-Motor und magnetdynamischer Speicher für Nahverkehrsbusse 237
— Ein Antriebskonzept für den Stadtbus der 90er Jahre 248

Beförderungssysteme für Behinderte 257

— TELEBUS: Weiterentwicklung und Übertragung 257
— Behindertengerechter Pkw 267

Umsetzung von Forschungsergebnissen 271

— Anwendungschancen neuer Nahverkehrstechnologien 271

Fachgruppe III: Leittechnik und Verkehrsplanung im Nahverkehr 280

Leittechnik 1, Betriebsführungstechnik, Betriebsleitsysteme 280

— Entwicklung und Einführung von BISON am Beispiel der Personaldisposition 280
— Angebotsdimensionierung und Fahrplanbildung im ÖPNV (AFON) unter Berücksichtigung Flexibler Betriebsweisen 297
— BON: Einsatzerfahrungen und Übertragbarkeit des Betriebsleitsystems 308
— RUFBUS: Umsetzung von BFB im Bodenseekreis 320
— RETAX: Anwendungsfall BFB in Wunstorf 331

Leittechnik 2 342

— Lichtsignalanlagen-Steuerungssysteme: Aktueller
Entwicklungsstand, Zwischenergebnisse 342

— Methoden und Verfahren zur Erstellung von Software
für Betriebsleittechnik - Abschließende Ergebnisse zum Vorhaben
„Sicherheit und Zuverlässigkeit von Nahtransportsystemen" - 351

— Voraussetzungen für eine stärkere Verknüpfung der Taxen und
Mietwagen mit den anderen Verkehrsmitteln des ÖPNV 362

— Nachfrageorientiertes Verkehrssystem für flächendeckende
Verkehrsbedienung in Ballungsräumen 368

Verkehrsplanung 378

— Umsetzung der Ergebnisse des Programmes
Nahverkehrsforschung in die Praxis der Verkehrsbetriebe 378

— Aufbereitung Ergebnisse 382

— Status der ÖPNV-Modellvorhaben im Saarland, Bodenseekreis
und Landkreis Tübingen 389

— ÖPNV-Modell Zonenrandgebiet Raum Wunsiedel 399

— Untersuchungen zum Einfluß von Veränderungen des Angebotes
im ÖPNV auf das Verkehrsteilnehmerverhalten am Beispiel des
Verkehrsraumes Rhein-Ruhr 403

— Belange des ÖPNV bei der Planung und Anlage
verkehrsberuhigter Zonen - Linienbusse - 411

— Einfluß von Verkehrsberuhigungsmaßnahmen auf den
Verkehrsablauf 425

Podiumsdiskussion 453

Schlußwort 457

Teilnehmerverzeichnis 461

Begrüßung und Einführung

Willkommensgruß durch die Stadt Fürth

Bürgermeister Horst Weidemann

Anläßlich des 150jährigen Jubiläums der ersten deutschen Eisenbahn findet in diesem Jahr das Statusseminar Nahverkehrsforschung in Fürth, der Ankunftsstadt des legendären Adlers, statt. Ich heiße Sie im Namen der Stadt Fürth ganz herzlich hier willkommen und hoffe, daß Sie sich in unserer Stadthalle recht wohl fühlen und gute Arbeitsbedingungen vorfinden. Ich überbringe auch die allerbesten Grüße von Oberbürgermeister Uwe Lichtenberg, der selbst leider nicht kommen konnte.

In Fürth stand man Fragen des öffentlichen Nahverkehrs schon immer sehr aufgeschlossen gegenüber. Das begann mit dem bereits erwähnten ersten schienengebundenen Nahverkehrsmittel, der Bahn, setzte sich über Pferde- und Straßenbahn fort und führte hin bis zum derzeit wohl modernsten Schienenverkehr, der U-Bahn. Seit drei Jahren fahren die schnellen „Pegnitz-Pfeile" auf nahezu der gleichen Trasse wie einst der Adler. In diesem Jahr werden wir gerade rechtzeitig zum 150. Geburtstag der Ludwigs-Eisenbahn die neue U-Bahn-Station in Fürth am Hauptbahnhof eröffnen und damit das heute modernste Massenverkehrsmittel direkt in die Innenstadt führen.

Zusammen mit dem flächendeckenden Omnibusnetz verfügt Fürth damit über ein äußerst leistungsfähiges Nahverkehrssystem, das zusammen mit dem Angebot der Bundesbahn für den Nahbereich hervorragend funktioniert und eine echte Alternative zum Individualverkehr darstellt. Daß wir auch heute noch den technischen Belangen des Nahverkehrs große Aufmerksamkeit widmen, beweist sicher auch die Tatsache, daß wir als erste Stadt an dem Projekt „elektronisch spurgeführter Bus" beteiligt sind und hier seit einiger Zeit die Versuchsbusse im Fahrgastverkehr auf der Teststrecke laufen.

Sie sehen also, meine Damen und Herren, die Atmosphäre und das Umfeld für das Seminar über Nahverkehrsforschung sind in Fürth außerordentlich günstig. Ich habe mir sagen lassen, daß Sie bisher stets wesentlich größere Veranstaltungsorte gewählt hatten; ich hoffe trotzdem, daß Sie am Ende der drei Tage befriedigt feststellen können, daß die Aufgeschlossenheit, die die Stadt bietet, Ihre Arbeit positiv beeinflußt hat, und Sie nichts vermißt haben, was andere Großstädte Ihnen vielleicht hätten bieten können. Ich wünsche Ihnen bei Ihrer, auch für uns sehr wichtigen Aufgabe viel Erfolg, dankeschön.

Willkommensgruß durch den Präsidenten der Bundesbahndirektion Nürnberg

Dr. Ing. E. h. Horst Weigelt

Als Chef der Jubiläumsdirektion der Deutschen Bundesbahn, habe ich die Freude und auch die Ehre, Sie im eisenbahngeschichtlichen Gebiet Nürnberg-Fürth sehr herzlich willkommen zu heißen.

Wir haben sehr viele eisenbahnspezifische Kongresse und Veranstaltungen in diesen Raum holen können. Sie könnten nun fragen „Statusseminar Nahverkehr" und „erste Eisenbahn" - welche Brücke gibt es hier? Ich darf hier verweisen auf die Aussage „Nürnberg - Fürth - die erste Nahverkehrsbedienung der Welt auf der Schiene" oder, wie man es auch kürzer formulieren könnte „die erste Nahverkehrsbahn der Welt".

Das ist eine kühne Behauptung, die ich damit aufgestellt habe, und ich möchte sie begründen: Meine Damen und Herren, die von England als Jubiläums- oder erste Eisenbahn gefeierte Strecke Stockton - Darlington von 1827 war nichts anderes als eine mit Dampf motorisierte Kohlenbahn. Es gab dann 1830 schon die erste Fernbahn Liverpool - Manchester mit über 50 km Streckenentfernung und vielen Zwischenstationen. Tatsache ist aber, daß die Aufgabe der Bahn Nürnberg - Fürth in zweierlei Hinsicht bemerkenswert war: Erstens, es war eine echte Nahverkehrsentfernung von nur 6 km, zweitens, es war vorwiegend von vorneherein erkennbar, daß sie überwiegend dem Personenverkehr dienen würde.

Was waren eigentlich die Gründe, gerade hier die erste Bahn anzulegen? - Da gibt es zwar einen Spruch des Nürnberger Journalisten Erhard Friedrich Leuchs, der da heißt: „Eilen wir uns, in Süddeutschland die erste deutsche Eisenbahn anzulegen". Also der Aufruf zu einem bewußten Wettlauf, wie wir ihn ja auch hier manchmal in der Forschung zwischen verschiedenen Entwicklungslinien beobachtet haben. Entscheidend aber war, daß hier von Anfang an eine Nachfrage war, die das Unternehmen auf ökonomisch gesunde Füße stellte.

Nürnberg und Fürth lebten in Arbeitsteilung - in Fürth dominierte die Produktion bestimmter Handwerksbetriebe, so z.B. die Spiegelmacherei und anderes. in Nürnberg dagegen war der große Handelsort.

Es gab ein weiteres seltsames Ereignis: Nürnberg hatte Jahre davor jüdische Bürger ausgewiesen; Fürth hatte sie in seiner liberalen Haltung aufgenommen. So pendelten diese Bürger täglich nach Nürnberg, um dort ihre Geschäfte zu erledigen. Es gab also bereits einen Pendlerstamm, der zu Fuß oder mit langsamen Wagen nach Nürnberg und umgekehrt fuhr. Und wenn Sie sich einmal mit der Geschichte befassen und sehen, wie die Geschäftsführung der später Ludwigsbahn heißenden ersten Eisenbahn Analysen und Prognosen gemacht hat, bevor sie das Bahnprojekt aufgegriffen hat, dann werden auch Sie, meine lieben Kollegen, vor diesen Unternehmern der Hut ziehen.

Warum 1835 ist noch die Frage. Es hat nämlich bereits seit Anfang des 19. Jahrhunderts in Bayern Initiativen zu Bahnen gegeben, und zwar zu recht seltsamen, die wir heute in unseren Statusseminaren als fortschrittliche Systeme feiern.

Da gab es Josef Ritter von Baader, einen ehemaligen Mediziner, der sich selbst in England zum Civil Engineer ausbilden ließ und die Mängel der damaligen Bahnen erkannt hatte. Er hatte sich aufgeschwungen, ein besonderes Bahnsystem zu entwickeln. Das bestand aus einem Steinsockel, aus Fahrbahnplatten, auf denen normale Rollenräder rollten, und weil er meinte, daß die damaligen Spurkranzräder so miserabel waren, führte er Querrollen ein. Das System, das er 1825 patentiert bekam, ähnelte dem mechanisch quergeführten Bus.

Und er beließ es nicht dabei; ein paar Jahre später erfand er auch noch das „Dual-mode System". Ja, es ging noch weiter, er hatte auch roll-on roll-off und er hatte Verfahren für Huckepack entwickelt. Es ist interessant, dieses „System der fortschaffenden Mechanik", wie er es genannt hatte, zu studieren. Ich sage noch einmal, Quergeführter Bus findet sich dort, es findet sich Dual-mode und es findet sich das Huckepack-System. Nur, der gute Mann glaubte nicht an die Lokomotive. Er blieb beim Pferdebetrieb und fiel damit restlos ab, als es hieß: Die Eisenbahn mit Dampfkraft ist im Kommen.

Für die Nürnberg-Fürther muß man hervorheben, daß sie erst dann zugegriffen haben, als mit Liverpool-Manchester wirklich der Prototyp der Eisenbahn gegeben war, und daß sie den armen Josef Ritter von Baader dreimal abblitzen ließen. Es sind also ökonomische Faktoren gewesen, die letztlich die Nürnberger überzeugt haben, das Risiko einer solchen neuen Bahn einzugehen - und sie waren erfolgreich! Sie fuhren im ersten Jahr mit 400.000 Fahrgästen eine Dividende von 20% ein. Und alles, was sich später als Siegeszug der Eisenbahn ergeben hat, meine Damen und Herren, war nicht Idealismus, waren keine Sprüche, sondern knochenharte finanzielle Überlegungen und Kalkulationen.

Und wir sollten uns auch in diesem Raume an diese 150jährige Erfahrung halten. Ja, noch mehr, meine Damen und Herren, die Bahn war nämlich zwar in einem bescheidenen Rahmen fertig, als sie Nürnberger und Fürther Bürger als Technologietransfer hierher gebracht haben, aber sie hatte eine jahrhundertelange Geschichte. Mindestens 200 bis 400 Jahre Geschichte des Fahrwegs, mindestens 40 Jahre Geschichte der Lokomotive, davor die Entwicklung der stationären Dampflokomotive, mindestens 200 Jahre Entwicklung der Angebotsform „Öffentlicher Linienverkehr" und, das darf nicht vergessen werden, mindestens 200 Jahre Entwicklung des Civil Engineering. des Bauingenieurwesens, das wirklich vom Kanalbau kommt, wie wir als Bauingenieure es einmal von unseren Professoren gelernt haben.

Wenn man nun in diese Vorgeschichte hineinsteigt, dann findet man viele, viele interessante Einzelheiten, die uns eine Lehre sein können. Da gibt es Erfolge. die sich am Ende als Irrwege erwiesen. Ich erinnere hier an die sog. Tram-Road. das ist ein Bahnsystem gewesen mit Winkelschienen und normalen Rädern. es war weiterverbreitet und mußte schließlich dem heutigen Rad-Schiene-System mit Spurkranzrädern weichen, weil die Rad-Schiene-Technik ökonomisch-technisch überlegen war.

Das Zweite ist, man lernt Geduld. Wenn man sieht, wie langsam die Schiene oder andere Elemente. z. B. die Lokomotive, sich entwickelt haben, dann sind Zeiträume von Statusseminar zu Statusseminar Minuten - Minuten in einer technologischen Entwicklung. Das muß nicht heißen, daß Projekte jahrzehntelang gefördert werden müssen, bis sie endlich zum Durchbruch kommen: das kann aber heißen, daß Projekte, die vorläufig noch nicht den äußersten Nutzen bringen - ich denke hier an die Automatisierung der Eisenbahn - dereinst ihren ökonomischen Einsatz finden werden, so daß wir guttun. diese Technologien parat zu haben.

Sie werden Gelegenheit haben, ein wenig Einblick in die Eisenbahngeschichte zu nehmen, wenn Sie die Fahrzeugparade gebucht haben. - Ich darf Ihnen aber auch empfehlen, das Verkehrsmuseum zu besuchen, wo wir gerade unter meiner Mitwirkung versucht haben, nicht allein Lokomotivgeschichte, sondern auch Zusammenhänge und Entwicklungslinien zum System Eisenbahn darzustellen, die Ihnen als Entwickler der neuen Zeit vielleicht einiges zum Nachdenken geben, vielleicht aber auch einigen Mut, wenn Sie irgendwann einmal hängen bleiben. Denken Sie daran: Von Statusseminar zu Statusseminar ist eine Minute in einer langen Entwicklung von Verkehrssystemen.

In dem Sinne darf auch ich dem Seminar einen guten Erfolg wünschen, und Ihnen eine angenehme Zeit im Raume Nürnberg - Fürth. Ich danke Ihnen.

Bundesministerium für Forschung und Technologie

Dr. Bandel

Meine Damen und Herren,

im Namen des Bundesministeriums für Forschung und Technologie begrüße ich Sie hier in der Stadt Fürth zum diesjährigen Statusseminar „Nahverkehrsforschung", das wir wiederum gemeinsam mit dem Bundesministerium für Verkehr ausrichten.

Unter unseren Gästen möchte ich zuerst Herrn Bürgermeister Weidemann
begrüßen, der uns soeben mit freundlichen Worten willkommen geheißen
hat.

Weiterhin begrüße ich die Kollegen aus dem BMV, die Vertreter des Bundes-
rechnungshofes und die Vertreter der Gewerkschaft Öffentliche Dienste,
Transport und Verkehr, die bei der Anwendung neuer Technologien ganz
besonders die Auswirkungen auf die betroffenen Arbeitnehmer im Auge
haben.

An dieser Stelle möchte ich auch die Mitglieder des neu einberufenen Sachverständigenkreises „Öffentliche Nahverkehr" des BMFT begrüßen, die
morgen im Anschluß zu ihrer konstituierten Sitzung zusammentreten werden, um über vorliegende Anträge zu beraten und uns mit ihrem Sachver-
stand zur Seite zu stehen. Es sind die Herren Prof. Brändli, Prof. Girnau, Herr
Teubner, Herr Scheelhaase und Dr. Weigelt.

Ferner begrüße ich die Herren Prof. Meyer und Dr. Pampel vom Vorstand der
Hamburger Hochbahn sowie Herrn Albert aus dem gleichen Hause. Diese
Herren haben sich freundlicherweise bereiterklärt, aktiv an der Gestaltung
dieses Statusseminars mitzuwirken. Zusammen mit einigen Herren des
Sachverständigenkreises liegt in ihren Händen jeweils die Einführung und
Leitung der Vortragskomplexe und der Diskussionen. In diesem Jahr wird es
erstmals auch eine Podiumsdiskussion über das Thema „Forschung und
Entwicklung für den ÖPNV" geben. Den Herren, die sich hierfür zur Verfü-
gung gestellt haben, möchte ich bereits jetzt meinen Dank aussprechen.

Meine Damen und Herren, ich freue mich, daß wir die Gelegenheit haben,
hier in Fürth unser Statusseminar durchführen zu können, in der Stadt, die
zusammen mit der Nachbarstadt Nürnberg vor 150 Jahren Verkehrsge-
schichte gemacht hat. Damals, am 7. Dezember 1835, erreichte gegen 9.45
Uhr der erste Nahverkehrszug der Welt sein Ziel hier in Fürth. Diese Verbindung zwischen Nürnberg und Fürth bedeutete damals eine technologische
Sensation. Heute vollziehen sich die Entwicklungen im öffentlichen Nahverkehr eher etwas im Hintergrund, der ÖPNV steht weniger im Blickpunkt der
Öffentlichkeit. Er hat eine starke Konkurrenz, der heute mehr Aufmerksamkeit und Bewunderung entgegengebracht wird und die das Individuum
stärker anspricht und interessiert als der ÖPNV. Ich spreche vom 99 Jahre
jungen Automobil, das zur Zeit in Frankfurt auf der Internationalen Automo-
bilausstellung wieder einmal mehr großes Interesse einer breiten Öffentlichkeit findet.

Aber zurück zur hiesigen Veranstaltung:

In diesem Jahr veranstalten wir zum zwölften Mal das Statusseminar, um die Ergebnisse aus Forschung und Entwicklung vorzustellen. Anläßlich des letzten Statusseminars wurde Ihnen bereits die Situation der Forschungsförderung im Verkehrsbereich dargelegt. Dieser Weg ist seither beschritten worden. Es ist weiterhin das politische Ziel des BMFT, die Verkehrsforschung allgemein und die Nahverkehrsforschung insbesondere in einem niedrigerem Gesamtrahmen als bisher zu konsolidieren. Blicken wir noch einmal zurück:

Seit 1972 bis einschließlich dem Jahr 1985 sind vom BMFT rund 735 Mio DM Fördergelder für Forschung und Entwicklung im öffentlichen Nahverkehr bereitgestellt worden. Hinzugerechnet werden müssen die Eigenanteile und -leistungen der Entwickler und Betreiber. Diesem erheblichen Mittelaufwand sieht man aber nicht an, daß seit 1981 ein erheblicher Rückgang der Fördermittel stattfindet. Im Jahre 1986 werden etwa 43 Mio DM bereitgestellt werden. Für die Folgejahre rechnen wir wieder mit einer leichten Erholung.

Knappe Mittel bedeuten, daß noch strengere Maßstäbe angelegt werden müssen, damit auch für notwendige Vorhaben noch Gelder bereitgestellt werden können. Dies geschieht zu einer Zeit, in der eine Anzahl von Vorhaben aus dem Entwicklungsstadium herausgetreten sind und nunmehr vor ihrer betrieblichen Erprobung in Demonstrations- bzw. Referenzvorhaben stehen. Diese Vorhaben, die auch dazu dienen, die neuen Technologien in die tägliche Praxis der Verkehrsbetriebe einzuführen, können nicht mehr mit dem bisherigen hohen Anteil aus dem Forschungsetat bezahlt werden. Eine stärkere Mitfinanzierung durch andere, durch Länder, Gemeinden, Industrie und Anwender, ist notwendig. Insbesondere im Interesse einer schnelleren Übersetzung von F+E-Ergebnissen erwartet das BMFT zukünftig eine höhere Eigenbeteiligung der Entwickler bzw. Anwender als bisher, und dies bereits in einem früheren Stadium der Entwicklung.

Doch nun gestatten Sie mir einen kurzen Blick auf die Entwicklungen, die bisher zu guten Resultaten geführt haben:

In diesem Monat wird das Vorhaben BON-Betriebsleitsystem für den öffentlichen Nahverkehr erfolgreich abgeschlossen werden. Für BON hat sich inzwischen ein „Interessenkreis BON" von Anwendern konstituiert, welche die Einsatzmöglichkeiten des Systems prüfen. Die H-Bahn hat sich seit der Zulassung für den öffentlichen Personenverkehr im Mai 1984 auf dem Gelände der Universität Dortmund als attraktives und sicheres Verkehrsmittel erwiesen. In Dortmund wird zur Zeit untersucht, wie die H-Bahn als Ergänzung in das vorhandene ÖPNV-System eingebunden werden kann. Ende April 1985 wurde das Prozeßrechnergesteuerte U-Bahn-Automatisierungs-System Hamburg, kurz PUSH genannt, erfolgreich abgeschlossen, nachdem bereits im Dezember 1984 für PUSH die technische Zulassung für den ÖPNV erteilt worden war. Für die vollautomatische Betriebsablaufsteuerung SELTRAC wurde Ende Juli 1985 eine „vorläufige Betriebsgenehmigung" ausgesprochen. Die endgültige Zulassung steht bevor. Der RUFBUS-Betrieb im Vorhaben BFB-Betriebsleitsystem für Flexible Betriebsweisen wurde zu Beginn des Jahres 1985 von der Deutschen Bundesbahn übernommen und wird ab Winterfahrplan 1985/86 von der DB als Referenzbetrieb im

Bodenseekreis weitergeführt. Auch hier in Fürth sind Fortschritte erzielt worden. Seit einem Jahr wird hier ein Demonstrationsbetrieb für den elektronisch-quergeführten Bus durchgeführt. Im Verlauf des Seminars werden Sie Gelegenheit haben, das System vor Ort und in Betrieb zu besichtigen.

Meine Damen und Herren, ohne daß ich dem Ergebnis des Seminars hier vorgreifen möchte, kann schon festgestellt werden:
Bei einer Reihe von Entwicklungen wurden technische Erfolge erreicht, wir sind ein wichtiges Stück weiter gekommen. Unsere Bemühungen müssen sich nun im gemeinsamen Interesse auf die breitere Anwendung, auf die Umsetzung der Forschungsergebnisse ausrichten und auf breit abgestimmte, künftige Forschungsaufgaben konzentrieren.

Über die in den vergangenen 15 Monaten geleistete Arbeit, in der Breite der ÖPNV-Forschung, werden wir im Rahmen dieses Statusseminars mehr hören. Ich hoffe, daß wir dabei in knappen, jedoch inhaltsreichen Referaten und in den Diskussionen den aktuellen Stand erfahren werden und auch zu den weiterführenden Schritten der künftigen Nahverkehrsforschung viele konstruktive Meinungen hören werden.

Dem 12. Statusseminar „Nahverkehrsforschung" wünsche ich erfolgreichen Verlauf.

Bundesministerium für Verkehr

Prof. Legat

Herr Bürgermeister, meine Damen und Herren!

Als Mitveranstalter dieses Seminars möchte auch ich Sie herzlich willkommen heißen und Ihnen zugleich die besten Grüße von Herrn Bundesminister Dr. Dollinger überbringen.

Das Statusseminar Nahverkehrsforschung hat Tradition und kann mittlerweile auf 11 Veranstaltungen zurückschauen. Nicht ganz so lange ist es her, daß sich die beiden Bundesressorts - BMFT und BMV - zusammengetan haben, um dieses Seminar gemeinsam auszurichten. Nun immerhin: die Partnerschaft der gemeinsamen Ausrichtung besteht nun auch schon 4 Jahre und so kann man wohl sagen, daß hierin eine gute und gedeihliche Zusammenarbeit zwischen diesen beiden Häusern zum Ausdruck kommt, die nicht nur hier, sondern auch auf anderen Gebieten der Verkehrsforschung besteht.

Als jüngerer Partner in der gemeinsamen Ausrichtung des Statusseminars Nahverkehr schmücken wir uns mit der gebotenen Bescheidenheit. Wenn hier wieder einmal das Füllhorn der Forschungsergebnisse eines ganzen Jahres ausgeschüttet wird, so sind es in der Minderzahl Projekte des BMV. Rein zahlenmäßig belegt sich dies in einem Verhältnis von 10 : 30. Aus unserer Sicht noch ungünstiger dürften sich die Forschungsmittel aufteilen, die von beiden Häusern dafür eingesetzt worden sind.

Tatsache ist, daß wir uns nur in einem vergleichsweise bescheidenen Umfang an der Nahverkehrsforschung beteiligen können.

Auf der Grundlage der Berechnungsmodalitäten nach dem Gemeindeverkehrsfinanzierungskonzept stehen uns dafür etwas mehr als 6 Mio DM zur Verfügung. Dieser Betrag erlaubt uns, pro Jahr etwa 20 - 30 Forschungsaufträge nach draußen zu vergeben.

Es gibt auch thematisch einige Unterschiede zur BMFT-Forschung, wo es im Schwerpunkt ja mehr um die Forschung auf dem Gebiet neuer Technologien und die Weiterentwicklung bestehender Systeme geht. Die Zweckbestimmung der Forschungsmittel, über die wir verfügen, verpflichtet uns, nur solche Aufträge zu vergeben, die von vornherein einen hohen Anwendungsbezug vermuten lassen. Es kann nicht die Aufgabe des BMV sein, die Forschung an sich zu fördern. Die Forschungsergebnisse sollen vielmehr dazu dienen, den verantwortlichen Entscheidungsträgern zur Verbesserung der Verkehrsverhältnisse in den Gemeinden echte Hilfestellung zu bieten. Dies bedeutet, daß das Forschungsprogramm soweit wie möglich auf die Praxis auszurichten ist.

Was und wie geforscht werden sollte, ist freilich eine Frage, die uns dauernd beschäftigt. Die Dinge sind insofern etwas kompliziert, als die Probleme, die mit der Verbesserung der Verkehrsverhältnisse in den Gemeinden in Zusammenhang stehen, nicht zu den originären Aufgaben des BMV gehören. Das BMV sieht sich hier eher in der Rolle einer koordinierenden Stelle, um die Interessen von Bund, Ländern und Gemeinden in ausgewogener Weise

16

zu berücksichtigen. Wir verlassen uns dabei nicht allein auf unsere Urteilskraft, sondern lassen uns bei der Aufstellung der jährlichen Forschungsprogramme von externen Sachverständigengremien beraten.

So wie das Forschungsprogramm Stadtverkehr bisher abgewickelt wurde, hatte es deutliche Merkmale einer sog. „Antragsforschung", wie sie auch beim BMFT praktiziert wird. Das BMV und die beratenden Gremien beschränkten sich dabei auf die Rolle des Selektierens und Priorisierens von Forschungsaufträgen, die mehr oder weniger unaufgefordert von potentiellen Auftragnehmern eingereicht wurden. Im Endeffekt lief das daraus hinaus. daß das Nachdenken darüber, was nun eigentlich geforscht werden soll, in der Grundsubstanz mehr oder weniger den Forschungsstellen draußen überlassen blieb.

Dies hatte manche Nachteile, aber auch Vorteile. Vorteile konnte man darin sehen. daß das administrative Wirken und die Entwicklung des Verkehrsgeschehens von einem permanenten Nachdenken wissenschaftlicher Stellen begleitet wurde und daß aus diesem Nachdenken manche wertvolle Denkanstöße und Anregung in die Verkehrspolitik getragen wurden. Aber man mußte eben auch die Nachteile dieses Verfahrens erkennen. Die Nachteile bestanden zunächst einmal darin, daß der Anwendungsbezug der Forschung nicht immer so deutlich zu Tage trat, wie das der Fall gewesen wäre, wenn nicht ein Forschungsinstitut als potentieller Auftragnehmer, sondern ein Entscheidungsträger als potentieller Nutzer der Ergebnisse über den Forschungsbedarf nachgedacht hätte.

Ein anderer Nachteil - wenn nicht sogar ein Verstoß gegen die einschlägigen Haushaltsvorschriften - bestand darin, daß auf diese Art und Weise das gebotene Wettbewerbsprinzip unterlaufen wurde. Man konnte sich nämlich nicht immer darauf verlassen, daß die richtigen Forschungsthemen von den richtigen Forschungsstellen in Angriff genommen wurden. Dies hing einfach damit zusammen, daß Antragsteller, die sich unaufgefordert der Mühe eines ausformulierten Forschungsangebotes unterzogen, sich darauf verlassen konnten, durch den Urheberrechtsschutz ihrer Ausführungen zum Thema und zur Vorgehensweise vor einem Wettbewerb mit anderen potentiellen Wettbewerbern geschützt zu sein. Bei der Abwägung der Vor- und Nachteile, die man dem bisherigen Verfahren bescheinigen konnte, gaben schließlich die seit Januar dieses Jahres mit der neuen VOL/A erheblich verschärften Vergaberichtlinien den Ausschlag, die bisherige Praxis der Antragsforschung durch ein neues Anmeldeverfahren zu ersetzen. Der Unterschied zu früher liegt darin, daß nun nicht mehr die Forschungsstellen zu Forschungsvorschlägen aufgefordert werden, sondern diejenigen Institutionen, die vor Ort viel näher an den Verkehrsproblemen in den Städten und Gemeinden konfrontiert sind. Die Länder z. B., der Städtetag, der Verband öffentlicher Verkehrsbetriebe. die Beraterkommission für Grundsatzfragen der städtischen und regionalen Verkehrsplanung, um nur einige zu nennen.

Für das formalisierte Anmeldeverfahren wird dabei ein Datenblatt benutzt, das kurz und knapp das Thema, die vorgedachte Vorgehensweise und den Zweck des Vorhabens beschreibt.

Die bisher gewonnenen Erfahrungen mit der Umstellung des Anmeldeverfahrens haben gezeigt, daß dieser Weg nicht nur praktikabel ist, sondern auch zu einer Belebung der Forschungsaktivitäten führt. Während noch im vergangenen Jahr nur rd., 40 Vorhaben angemeldet wurden, von denen dann 24 Anträge in das Programm aufgenommen und aus Gründen des Urheberrechtsschutzes ohne Wettbewerb an die Antragsteller vergeben wurden, sind es in diesem Jahr über 120 Anmeldungen von Referaten des BMV und von Institutionen außerhalb des BMV. Dies erlaubt nicht nur eine bessere problemorientierte Strukturierung des Forschungsprogramms, sondern bietet darüber hinaus auch die Möglichkeit, fast alle finanzierungswürdigen Vorhaben einem Wettbewerb unter mehreren geeigneten Auftragnehmern zuzuführen.

Der Aufwand zur Aufstellung des Forschungsprogramms hat sich damit zweifellos vervielfacht. Und es sollte auch nicht verschwiegen werden, daß es für die Forschungsstellen draußen nicht mehr so einfach sein wird, zu Forschungsaufträgen zu kommen. Auch hier ist der Aufwand um einiges größer geworden, weil die Forschungsstellen nun vermehrt im Rahmen von beschränkten Ausschreibungen zu Angeboten aufgefordert werden, ohne damit rechnen zu können, in jedem Falle zum Zuge zu kommen.

Bei allen Mühen, die wir im Zuge des Umstellungsverfahrens von vielen Beteiligten verlangen und erwarten, sind wir aber doch recht zuversichtlich, daß dies ganz allgemein zu einer Steigerung der Forschungseffizienz beitragen wird. Wenn wir nun schon nicht über die Mittel verfügen, die wir uns für die Nahverkehrsforschung wünschen, so bemühen wir uns wenigstens, alle Möglichkeiten auszuschöpfen, um die Forschung so effektiv wie möglich zu gestalten. Die Möglichkeit der Forschungsförderung, wie sie der BMFT betreibt, werden wir wohl nie ganz erreichen können.

Verstecken wollen wir uns freilich nicht. Und so sehen wir unseren Beitrag als gute Ergänzung und als Ergebnis einer sinnvollen Aufgabenteilung auf dem Gebiet der Nahverkehrsforschung. Ich hoffe, daß sich die Richtigkeit dieser Überlegung auch bei unserer diesjährigen gemeinsamen Veranstaltung bestätigen wird.

In diesem Sinne wünsche ich dem Seminar einen guten und erfolgreichen Verlauf

Industrieanlagen-Betriebsgesellschaft, Projektbegleitung Nahverkehr des BMFT. Ottobrunn

Dr. Klamt

Meine Damen und Herren,

nach den einführenden Worten der Herren Dr. Bandel und Prof. Legat beginnt nun die praktische Arbeit des Statusseminars 1985.

Mehr fachliche Information und mehr Zeit für Diskussion ist die besondere Zielsetzung dieses 12. Statusseminars. Um diesen Anspruch erfüllen zu können, haben wir eine neue Form der Veranstaltung gewählt, nämlich die Gliederung der Fachvorträge in Fachgruppen. Die Fachgruppenwahl orientiert sich dabei an den Teilförderschwerpunkten des Forschungsprogramms. Jede Fachgruppe beinhaltet drei bis vier Vortragskomplexe. Nach jedem Vortragskomplex sind ausreichende Diskussionszeiten vorgesehen.

Wir glauben, daß diese Neustrukturierung für Sie folgende Vorzüge bietet:

— Zeitlich parallel kann so der umfangreiche Stoff nicht nur gestreift, sondern vertieft bearbeitet werden.
  Es steht mehr Zeit für die Referate, die fachliche Information und auch den wechselseitigen Ergebnis- und Erkenntnisaustausch zur Verfügung.

— Jeder Teilnehmer kann aus dem Programm die ihn besonders interessierenden Vortragskomplexe auswählen und in den Pausen sogar die Fachgruppen wechseln.

— Schließlich lassen sich die speziellen Themen im kleineren, selbstgewählten Fachgruppenkreis viel effektiver diskutieren.

Am zweiten Seminartag werden die Fachgruppenleiter im Plenum dann allen Seminarteilnehmern gemeinsam über die Ergebnisse ihrer Fachgruppe berichten und diese zur Diskussion stellen. Damit sind alle im Plenum fachgruppenübergreifend informiert und können sowohl miteinander korrespondierende Problemfelder in den Teilbereichen straßengebundener, schienengebundener Nahverkehr und systemübergreifende Themen, aber auch die Unterschiede, intensiv erörtern. Aus meiner Sicht ist es notwendig, in der gemeinsamen Diskussion nicht nur den aktuellen Stand, sondern auch die künftigen Wege aufzuzeigen. Sehr hilfreich sind hierbei Anregungen und Vorschläge der Betreiber. Sie sind mitentscheidend bei der Einführung neuer und verbesserter Verkehrstechnologien. Ich begrüße deshalb die wachsende Zahl engagierter Betreiber, die hier in der Nahverkehrsforschung eingebunden sind. Den gleichfalls vermehrt anwesenden Entscheidungsträgern aus Kommunen, Ländern und auch dem Bund bietet sich hier die Möglichkeit, sozusagen aus erster Hand, die Forschungsvorhaben aus Forscher-, Entwickler- und Betreibersicht kennenzulernen.

Meine Damen und Herren, wir wollen, daß das spezielle Fachgespräch, die vertiefte Diskussion und der erweiterte Erfahrungsaustausch keine leeren Postulate bleiben. Ihre aktive Mitwirkung, aber auch Ihre Kritik sind notwendig und der Schlüssel für Gelingen oder Erfolg dieser Veranstaltung. Ich bitte Sie deshalb, Ihr Wissen und Ihre unterschiedlichen Erfahrungen aufgeschlossen und sachlich in die Diskussion einzubringen.

Wenn wir nun in die Fachgruppenarbeit gehen, darf ich Sie bitten, die Fachgruppenleiter bei der Moderation und Steuerung ihrer Fachgruppensitzungen zu unterstützen. Ich bin sicher, daß ich diesen Wunsch auch im Namen der Herren an Sie richte, die das schwere Amt der Fachgruppenleiter übernommen haben. Herr Dr. Bandel hat sie bereits vorgestellt; Ihnen, meine Herren. möchte ich besonderen Dank sagen für Ihre Bereitschaft, daß Sie trotz anderweitiger Verpflichtungen hierher gekommen sind.

Zum Schluß darf ich Sie ganz besonders auf den heutigen Empfang auf der Nürnberger Burg aufmerksam machen und Sie herzlich dazu einladen. Diese festliche Zusammenkunft ist ebenfalls ein wesentliches Element des Statusseminars und dient dem näheren Kennenlernen und auch dem zwanglosen Gedankenaustausch. Die Einladungen werden im Tagungsbüro ausgegeben.

Ich danke Ihnen für Ihre Aufmerksamkeit und wünsche Ihnen angenehme und sehr konstruktive Tage in Fürth.

Fachgruppe I:
Schienengebundener Nahverkehr

Neue Bahnsysteme, Automatisierung

Nutzen-Kosten-Untersuchung zum Prozeßrechner-gesteuerten U-Bahn-Automatisierungssystem Hamburg (PUSH)

Hamburger Hochbahn AG (HHA)

Dr. Wirsching (HHA)
Krauledat (HHA), Vortragender
v. Knobloch (HHA)
Kontny (HHA)
Schneider (Hamburg-Consult)

Förderungskennzeichen des BMFT: TV 8028

Zusammenfassung

Auf der Grundlage ihrer langjährigen Entwicklungsarbeiten zum Einsatz elektronischer Technologien für die Automatisierung von U-Bahn-Betriebsfunktionen hat die HHA ein „Prozeßrechnergesteuertes U-Bahn-Automatisierungs-System Hamburg" (PUSH) entwickelt. Das System wurde ab 1977 auf der Referenzstrecke Volksdorf-Großhansdorf/Hoisbüttel installiert und im Zeitraum 1981 - 1984 unter praktischen Einsatzbedingungen erprobt. Von der Technischen Aufsichtsbehörde (TAB) wurden alle erforderlichen Betriebsgenehmigungen bis hin zum automatischen Fahrbetrieb mit Fahrgästen ohne Mitwirkung des Fahrers erteilt.

Im Rahmen dieses Vorhabens waren Nutzen und Kosten der U-Bahn-Automation zu untersuchen. Hierfür wurde ein spezielles Bewertungsverfahren auf der Basis der Kosten-Wirksamkeits-Analyse entwickelt. Wegen der atypischen Verhältnisse auf der Referenzstrecke wurden die dort gewonnenen Ergebnisse zur Beurteilung der Wirtschaftlichkeit der Automatisierung auf die als repräsentativ anzusehende Linie U2 der HHA übertragen. Die Ergebnisse des Nutzenmodells zeigen, daß infolge Automatisierung erhebliche Wirksamkeitssteigerungen erzielt werden können. Unter Kostengesichtspunkten führt der automatische Fahrbetrieb ohne Zugbegleiter gegenüber dem konventionellen Betrieb zu den größten Einsparungen. Vorgelagerte Automationsstufen führen ebenfalls zu Nutzensteigerungen, sie bewirken aber keine Ergebnisverbesserungen. Das entwickelte Bewertungsverfahren hat sich als geeignet erwiesen und kann auch auf andere Automationsvorhaben angewandt werden.

Summary

Many years of development work on the application of electronic technology in the automation of urban railway operating functions have formed the basis for the HHA's development of the „Process-computer controlled Underground railway automation System Hamburg" (PUSH). Installation of the system was begun in 1977 on the model reference section between Volksdorf and Großhansdorf/Hoisbüttel, and from 1981 to 1984 the system was tested under practical working conditions. Authorization to carry out all the necessary trial operations, including permission for automatic operation with passengers but without the assistance of a driver, was granted by the Technical Supervisory Authority (Technische Aufsichtsbehörde).

The costs and benefits of Underground railway automation within the framework of this project had to be investigated. A special method of evaluation was developed for this purpose on the basis of the cost-efficiency-analysis. Due to the untypical conditions on the model reference section, the data gathered for the assessment of the profitability of automation were applied to HHA's Line U2, which can be considered as representative of typical operating conditions. The results of the benefit analysis show that a substantial increase in efficiency can be achieved through automation. From the economic viewpoint automatic operation without a member of staff on board results in the greatest reduction in costs in comparison to conventional operation. The less advanced stages in automation also lead to increases in efficiency, but they do not produce an improvement in economic results. The method of evaluation developed here has proved to be suitable for this purpose and can be applied to other automation projects.

Ausgangslage

Im Rahmen des Forschungs- und Entwicklungsvorhabens „Referenzanlage Hamburg für Betriebsleit- und Automatisierungssysteme für Stadtbahnen, U-und S-Bahnen" war die Wirtschaftlichkeit der U-Bahn-Automation zu untersuchen. Durch eine Nutzen-Kosten-Untersuchung (NKU) war der heutige konventionelle U-Bahn-Betrieb einem künftigen automatisierten U-Bahn-Betrieb gegenüberzustellen.

Auf der Grundlage ihrer langjährigen Entwicklungsarbeiten zum Einsatz elektronischer Technologien für die Automatisierung von U-Bahn-Betriebsfunktionen hat die HHA mit finanzieller Unterstützung des BMFT ein „Prozeßrechnergesteuertes U-Bahn-Automatisierungs-System Hamburg (PUSH) entwickelt. Damit werden erstmals alle Funktionen der Steuerung des Fahrbetriebes, der Steuerung und Überwachung der Haltestellen- und Streckeneinrichtungen sowie der Betriebsführung zusammengefaßt. Im Rahmen dieses seit 1977 laufenden Entwicklungsvorhabens wurden die Automatisierungskomponenten installiert und stufenweise in Betrieb genommen. Von Mitte 1981 bis Ende 1984 wurde das System unter praktischen Einsatzbedingungen auf der Referenzstrecke zwischen Volksdorf und Großhansdorf sowie zwischen Volksdorf und Hoisbüttel erprobt.

Untersuchungsmethode

Begleitend zur betrieblichen Erprobung von PUSH auf der Referenzstrecke sind die Grundlagen für eine NKU erarbeitet worden. Sie soll Aufschluß geben über die verkehrlichen, betrieblichen und wirtschaftlichen Auswirkungen bei der Einführung von PUSH in den U-Bahn-Betrieb. Gleichzeitig sollen damit Grundlagen für den zweckmäßigen Automatisierungsgrad gelegt werden.

Für die Bewertung von PUSH ist ein besonderes Verfahren entwickelt worden. Auf vorliegende Verfahren konnte dabei nicht zurückgegriffen werden, da diese in der Regel auf den Vergleich mehrerer unterschiedlicher Verkehrssysteme ausgerichtet sind. Die dabei herangezogenen Bewertungskriterien beschreiben in erster Linie systemübergreifende Merkmale und erfassen daher stärker die technischen Unterschiede und die verkehrsbezogenen

Aspekte. Bei der NKU-PUSH geht es um die Bewertung verschiedener Ausbaustufen i n n e r h a l b des Verkehrssystems U-Bahn. Das Verfahren ist deshalb spezieller und hinsichtlich der Bewertungskriterien detaillierter und empfindlicher ausgeprägt als bei einem Systemvergleich.

Aus den grundsätzlich in Betracht kommenden Bewertungsmethoden ist die Kosten-Wirksamkeits-Analyse (KWA) als für die Fragestellung geeignet ausgewählt worden. Dabei werden die Kosten im Rahmen eines eigenständigen Kostenmodells, alle übrigen nicht monetär erfaßbaren Aspekte in einem Nutzenmodell behandelt. Maßstab für die Nutzen-/Wirksamkeitsermittlung sind das zugrunde gelegte Zielsystem und die den einzelnen Zielen zugeordnete Gewichtung. Die NKU ersetzt nicht die Entscheidung, sondern schafft Grundlagen für die Beurteilung der automatisierten U-Bahn.

Zielsetzung und Organisation von PUSH

Der heutige konventionelle U-Bahn-Betrieb der HHA ist durch eine weitgehend dezentrale, manuelle Bedienung bei zentraler Lenkung und Überwachung gekennzeichnet. Mit dieser Betriebsweise ist inzwischen ein hoher Stand in der Verkehrsbedienung, der Sicherheit, der Zuverlässigkeit und der Wirtschaftlichkeit erreicht worden.

Weitere Verbesserungen sind erzielbar, wenn bisher manuell ausgeführte Betriebsfunktionen automatisiert und neue Betriebstechniken und -verfahren eingesetzt werden. Durch die Automatisierung des U-Bahn-Betriebes mit PUSH sollen folgende Ziele erreicht werden:

— Steigerung der Betriebsqualität
— Verdichtung der Zugfolge
— Senkung des Energiebedarfs
— Verbesserung der Arbeitsbedingungen
— Verminderung der Betriebskosten.

Das Organisationskonzept von PUSH sieht eine hierarchische Gliederung in 3 Ebenen vor **(Bild 1):**

— Dispositionsebene   (Betriebsleitstelle)
— Operationsebene   (Streckenzentrale)
— Sicherungs- und
  Steuerungsebene   (Haltestellen und Fahrzeuge)

Das heutige U-Bahn-Netz der HHA soll von insgesamt 11 Streckenzentralen aus überwacht und gesteuert werden. Der Einflußbereich einer Streckenzentrale ist mit durchschnittlich 6 km bemessen. Aufgrund der hierarchisch gestuften Funktionsebenen kann die jeweils höhere Ebene steuernd und regelnd auf die darunter liegenden Ebenen einwirken. Im Falle von Störungen auf einer der oberen Ebenen können die darunterliegenden Ebenen ihre Funktionen autark ausüben, so daß ein sicherer Betrieb gewährleistet bleibt.

Nach Wirkungsbereichen ist PUSH untergliedert in:

— Bereich Strecke: Zentralisierte Abfertigung, Steuerung und Überwachung der Haltestellenfunktionen sowie rechnergesteuerte Fahrstraßeneinstellung.

— Bereich Fahrbetrieb: Automatisches Fahren mittels Linienzugbeeinflussung (LZB).

Die beiden Wirkungsbereiche sind in der Sicherungs- und Steuerungsebene voneinander getrennt, in der Operationsebene miteinander verknüpft und in der Dispositionsebene zusammengefaßt.

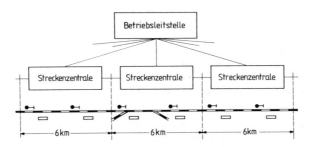

Bild 1: Organisatorischer Aufbau der U-Bahn-Automatisierung

Betriebserprobung von PUSH auf der Referenzanlage

Die Betriebserprobung von PUSH wurde auf der Referenzanlage mit den Streckenabschnitten Volksdorf - Großhansdorf und Volksdorf - Hoisbüttel auf der Linie U1 durchgeführt **(Bild 2)**. Wegen der Randlage ist die Referenzstrecke weder betrieblich noch verkehrlich (z.T. eingleisig, große Zugfolgezeit, große Haltestellenabstände, geringes Fahrgastaufkommen) typisch für einen U-Bahn-Betrieb. Als Versuchsstrecke war dieser Abschnitt jedoch gut geeignet, da hier schwierige Betriebsabläufe stattfinden, von der Einrichtung des Pendelbetriebes nur relativ wenige Fahrgäste betroffen wurden und versuchsbedingte Störungen nur geringe Auswirkungen auf das übrige Netz hatten.

Seit 1977 wurden die für die Strecken- und Fahrautomatisierung erforderlichen Einrichtungen auf der Referenzanlage installiert. Das Zentralstellwerk in dem Streckenzentralengebäude in Volksdorf wurde gemeinsam mit dem ferngesteuerten Stellwerk in Schmalenbeck in Betrieb genommen. Damit waren die Voraussetzungen für die Implementierung der Automationskomponenten gegeben.

Seit Mai 1983 wurde die Streckenautomatisierung in ihrer Gesamtheit betrieblich erprobt und das Haltestellenpersonal in Stufen abgezogen.

Für die Erprobung des automatischen Fahrbetriebes mit LZB wurden speziell ausgerüstete Fahrzeuge vom Typ DT3 eingesetzt. Die LZB-Betriebsart „Fahren auf elektrische Sicht" wurde auf dem Streckenabschnitt Volksdorf - Großhansdorf ohne Fahrgäste vom 6. 8. - 2. 9. 1984 und mit Fahrgästen vom 8. 10. - 4. 11. 84 erprobt. Am 20. 12. 84 erteilte die TAB für diese Betriebsart die endgültige Betriebsgenehmigung. Damit wurde das Ziel eines automatischen Fahrbetriebes mit Fahrgästen ohne Mitwirkung des Fahrers erreicht.

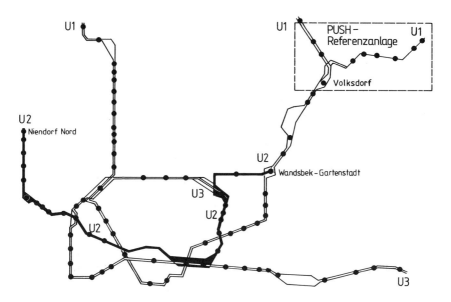

Bild 2: PUSH-Referenzanlage im U-Bahnnetz der HHA

Parallel zur betrieblichen Erprobung wurden Messungen und Erhebungen für die einzelnen Automationsstufen durchgeführt. Die Messungen und Erhebungen erstreckten sich auf die Bereiche Pünktlichkeit, betriebliche und technische Störungen, Auskunftsersuchen und Notfälle, Fahrzeugsteuerung und Traktionsenergieverbrauch. Die Meß- und Erhebungsergebnisse sowie die Erfahrungsberichte der Fachabteilungen wurden im Rahmen des Nutzen- und des Kostenmodells berücksichtigt.

Aus der Erprobung der Streckenautomatisierung über einen Zeitraum von rd. 1¹⁄₂ Jahren können folgende wesentliche Erkenntnisse gezogen werden:

— Die zentralisierte Zugabfertigung mit ihren verschiedenen Abfertigungsstufen (Rückfallebenen) von der Streckenzentrale aus hat ihre betriebliche Einsatzfähigkeit erwiesen.

— Die technische und betriebliche Lösung zur Haltestellenüberwachung hat sich generell bewährt. Es liegen keine Anhaltspunkte für eine verminderte Sicherheit der Fahrgäste und für einen erhöhten Vandalismus vor.

— Die Einrichtung der Rufsäulen auf den Bahnsteigen zur Einholung von Auskünften oder zur Abgabe eines Notrufes hat sich bewährt.

— Die Mitarbeiter in der Streckenzentrale haben rasch gelernt, mit der neuen Technik umzugehen.

— Statistische Auswertungen der Betriebsberichte zeigen eine hohe Verfügbarkeit der betrieblichen Funktionen ‚Streckenprozeßrechner‘, ‚Abfertigung‘ und ‚Haltestellenüberwachung‘.

Für den Bereich der Fahrautomatisierung liegen Erfahrungen für den Zeitraum Februar 1982 bis November 1984 mit folgenden wesentlichen Erkenntnissen vor:

— Mit der Erteilung der endgültigen Betriebsgenehmigung für die höchste LZB-Betriebsart A6 (Fahrt auf „elektrische Sicht") wurde der Nachweis erbracht, daß ein automatischer U-Bahn-Betrieb technisch möglich ist.

— Die umgerüsteten DT3-Fahrzeuge fielen in der Anfahrphase und bei ungünstigen Witterungsverhältnissen durch Gleiten und Schleudern der Räder relativ häufig aus dem Datenverkehr. In solchen Fällen wurden die Fahrzeuge durch die LZB zwangsgebremst und in den Handbetrieb übernommen.

— Das LZB-System hat in der Erprobungsphase eine Verfügbarkeit von 93% erreicht. Unter Ausschaltung der DT3-bedingten Schleuder- und Gleitvorgänge erhöht sich die Verfügbarkeit auf 98%.

— Durch Verkürzung der Haltezeiten und Dehnung der Fahrzeiten kann gegenüber dem Handbetrieb bei LZB-Betrieb Traktionsenergie eingespart werden. Für die Referenzstrecke wurde eine Einsparung von 13,6% ermittelt.

Bewertung von PUSH im Rahmen der NKU

Für die Bewertung von PUSH unter nutzen- und kostenmäßigen Gesichtspunkten ist die Referenzstrecke wegen ihrer besonderen betrieblichen und verkehrlichen Verhältnisse wenig geeignet. Aus diesem Grunde bezieht sich die NKU-PUSH auf die Linie U2 zwischen Wandsbek-Gartenstadt und Niendorf-Nord, da hier repräsentative betriebliche und verkehrliche Verhältnisse vorliegen und damit verallgemeinerungsfähige Aussagen möglich sind. Die auf der Referenzstrecke gewonnenen Ergebnisse und Erfahrungen werden auf die Linie U2 übertragen **(Bild 2).**

Die Einführung von PUSH in den U-Bahn-Betrieb hängt entscheidend davon ab, ob und in welchem Maße die in das System gesetzten betrieblichen, verkehrlichen und wirtschaftlichen Erwartungen erfüllt werden können. Diese Fragestellungen werden im Nutzenmodell und im Kostenmodell beantwortet. Das Systemkonzept von PUSH sieht den vollautomatischen U-Bahn-Betrieb ohne Fahrpersonal vor. Aufgrund des modularen Systemaufbaus ist aber auch eine Einführung von Teillösungen in den Betrieb möglich. Für die Bewertung folgt daraus, daß nicht nur der vollautomatische PUSH-Betrieb, sondern auch technisch und betrieblich mögliche Zwischenstufen in die Untersuchung einzubeziehen sind. Jede Bewertungsalternative ist insoweit als erwägenswerter Betriebszustand anzusehen.

Ausgangspunkt für die Bewertungen ist der Planungs-Nullfall, dem die gerätetechnische Ausstattung und die Betriebsweise etwa im Jahre 1978 zugrunde liegen. Darauf aufbauend werden die Bewertungsalternativen durch Zuordnung von Komponenten (Modulen) definiert:

Alternative 1: Stand der Technik
Alternative 2: Streckenautomatisierung

Alternative 3: Automatische Zugsteuerung (mit Zugbegleiter)
Alternative 4: Automatischer Fahrbetrieb (ohne Zugbegleiter).

In der Alternative 1 werden alle Maßnahmen zusammengefaßt, die den U-Bahn-Betrieb auf einen dem ‚Stand der Technik' entsprechenden Standard bringen. Sie stellt selbst noch keine Automationsalternative dar.

Mit der Bewertung von PUSH im Rahmen des Nutzenmodells soll aufgezeigt werden, inwieweit der PUSH-Betrieb zur Erreichung der HHA-Unternehmensziele beiträgt. Als globale Unternehmensziele werden vorgegeben:

1. Verbesserung des Leistungsangebotes
2. Steigerung der Produktivität
3. Gewährleistung der Sicherheit
4. Beachtung sozialpolitischer Rahmenbedingungen
5. Erhöhung der Wirtschaftlichkeit.

Während das Unternehmensziel 5 im Kostenmodell behandelt wird, sind die Unternehmensziele 1 - 4 Gegenstand des Nutzenmodells.

Ergebnisse des Nutzenmodells

Für die Bewertung müssen die Unternehmensziele konkretisiert und detailliert werden. Dies geschieht durch Einführung von nachgeordneten Betriebszielen und Bewertungskriterien. Ausgangspunkt für die nutzenmäßige Bewertung sind 26 Bewertungskriterien **(Bild 3).**

Die Bewertung des PUSH-Betriebes setzt eine detaillierte Kenntnis des U-Bahn-Betriebes im allgemeinen und des PUSH-Betriebes in besonderen voraus. Darüber hinaus stellt der Abstraktionsgrad des Verfahrens hohe Anforderungen an den Bewertenden. Es kommt deshalb für die Ermittlung der Zielerreichungsgrade und der Kriteriengewichte im vorliegenden Falle nur eine Expertenbefragung in Betracht. Damit wird gewährleistet, daß alle relevanten Wirkungen der untersuchten Maßnahmen berücksichtigt und aufgrund der weitreichenden Betriebserfahrungen und Betriebskenntnisse zutreffend eingeschätzt werden. An der Befragung waren 12 Experten von HHA und Hamburg-Consult beteiligt, wobei die Auswahl mit der Maßnahme vorgenommen wurde, daß das gesamte Fachwissen im Unternehmen repräsentiert wird. Die Bewertung erfolgte in 2 Schritten:

— In einem ersten Schritt waren die Zielerreichungsgrade der 26 Bewertungskriterien direkt als Prozentwerte einzuschätzen.

— In einem zweiten Schritt war die Bedeutsamkeit der Kriterien im Rahmen der Unternehmensziele festzulegen.

Die Wirksamkeitsergebnisse für den Planungs-Nullfall und für die 4 Bewertungsalternativen sind in **Bild 4** dargestellt.

Daraus ergeben sich folgende wesentliche Aussagen:

— Der Planungs-Nullfall wird mit einer Wirksamkeit von rd. 63% eingestuft. Daraus wird deutlich, daß die Experten bei einem konventionellen U-Bahn-Betrieb noch erhebliche Verbesserungsmöglichkeiten sehen.

Unternehmensziele	Punkte	Betriebsziele	Pkte.	Kriterien	Pkte.	RZ
1. Verbesserung des Leistungsangebotes		1.1 Bedienungsqualität		1. Pünktlichkeit		
				2. Bedienungszuverlässigkt		
				3. Reisegeschwindigkeit		
				4. Fahrgastbedienung		
		1.2 Qualitätssicherung		5. Qualitätskontrolle		
				6. Qualitätsverbesserung		
2. Steigerung der Produktivität		2.1 Betriebsbereitschaft		7. Systemverfügbarkeit		
				8. Eingrenzbarkt. d. Störg.		
				9. Techn. Zuverl. d. Komp.		
		2.2 Leistungsfähigkeit		10. Sensor. Fähigkeiten		
				11. Kommunikative Fgkten.		
				12. Informationsverarbeitg.		
				13. Operative Fähigkeiten		
				14. Dispositive Fähigkeiten		
				15. Handhabung		
				16. Personalproduktivität		
3. Gewährleistung der Sicherheit		3.1 Betriebssicherheit		17. Betriebssicherheit		
		3.2 Schutz gg. Fremdeinwkg.		18. Schutz gg. Fremdeinwkg.		
		3.3 Notfallhilfe		19. Notfallhilfe		
		3.4 Prinzip persönl. Verantwt.		20. Prinzip persönl. Veranwtg.		
4. Beachtung sozialpolitischer Rahmenbedingungen		4.1 Arbeitsschutz		21. Arbeitsschutz		
		4.2 Personalanforderungen		22. Können		
				23. Arbeitsbelastung		
				24. Verantwortung		
				25. Umgebungseinflüsse		
		4.3 Arbeitsplatzsicherung		26. Arbeitsplatzsicherung		
Kontrolle d. Pkt. Summe	1000		1000		1000	

*) RZ = Rangziffer

Bild 3: Zielhierarchie des Nutzenmodells für die Bewertung eines U-Bahn-Betriebes

— Die Einführung einer dem ‚Stand der Technik' entsprechenden Ausrüstung und Betriebsweise wird mit einem erheblichen Wirksamkeitszuwachs auf rd. 76% bewertet. Bezogen auf den Planungs-Nullfall entspricht dies einer Steigerung um rd. 21%.

— Bei Einführung der ‚Streckenautomatisierung' steigt die Wirksamkeit auf rd. 80% an. Gegenüber dem Planungs-Nullfall bedeutet dies einen Zuwachs um rd. 27%.

— Mit der höchsten Wirksamkeit von rd. 82% wird erwartungsgemäß die ‚Automatische Zugsteuerung' mit Fahrpersonal als Zugbegleiter eingestuft. In bezug auf den Planungs-Nullfall entspricht dies einem Wirksamkeitszuwachs von rd. 30%.

— Die Einführung des ‚Automatischen Fahrbetriebes' ohne Zugbegleiter führt zu einer Wirksamkeit von rd. 80,5%. Sie liegt damit unter der der ‚Automatischen Zugsteuerung'.

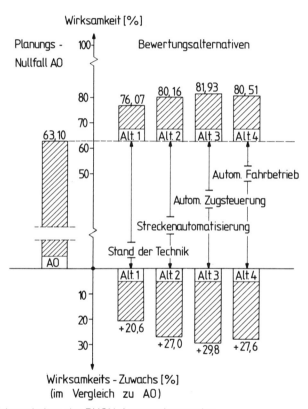

Bild 4: Wirksamkeiten der PUSH-Automationsstufen

Ergebnisse des Kostenmodells

Im Rahmen des Kostenmodells werden die wirtschaftlichen Auswirkungen der Bewertungsalternativen ermittelt. Die Investitionsrechnung wird als Teilkostenrechnung durchgeführt, d. h., es wird nicht auf die Gesamtkosten

(Vollkosten) des U-Bahn-Betriebes abgestellt, sondern auf die automationsbedingten Veränderungen in den Bereichen

— Investitionen
— Instandhaltungskosten
— Personalkosten
— Energiekosten.

Grundlage für die Ermittlung der untersuchungsrelevanten Positionen ist das Verursachungsprinzip. Die Rechnung erstreckt sich über einen Kalkulationszeitraum von 20 Jahren, bezogen auf den Kalkulationszeitpunkt t_0 = Ende 1984. In der Grundvariante werden die Rechnungsparameter Preissteigerungsrate mit p = 5% p.a. und Kalkulationszinssatz mit i = 8% p.a. festgelegt. Um die Sensitivität der Rechnungsergebnisse prüfen zu können, werden die Parameter in 7 Varianten verändert. Die Rechnungen werden mit bzw. ohne erfolgsverbessernde Berücksichtigung von GVFG-Fördermitteln durchgeführt.

		Alternative 1	Alternative 2	Alternative 3	Alternative 4
		Stand der Technik	Streckenauto- matisierung	Automatische Zugsteuerung	Automatischer Fahrbetrieb
Erstinvestitionen	(—)				
- zuwendungsfähig n. GVFG		61.820	12.238	7.698	1.945
- nicht zuwendungsfähig		—	—	13.780	1.060
Gesamt		61.820	12.238	21.478	3.005
Instandhaltungskosten	(—)	546	453	855	169
Personalkosten Erhöhung	(—)	414	—	—	—
Einsparung	(+)	—	1.126	—	3.636
Verminderung der Energiekosten	(+)	—	—	391	—

Tabelle 1:   Eingangswerte der Investitionsrechnung (Angaben in TDM bzw. TDM/Jahr - Basis 1984)

Die Zusammenstellung **(Tabelle 1)** zeigt die erforderlichen Erstinvestitionen und die Betriebskosten. Ausgehend vom Planungs-Nullfall werden für die einzelnen Ausbaustufen nur die jeweils zusätzlich erforderlichen Kosten ausgewiesen. Diese Betrachtung setzt also die Realisierung der jeweils vorgelagerten Alternative voraus und verdeutlicht damit den Beitrag jeder einzelnen Ausbaustufe zum Wirtschaftlichkeitsergebnis.

Zu den Investitionskosten der Alternative 4 ist anzumerken, daß bezüglich der notwendigen Schutzeinrichtungen für die Strecke und die Haltestellen nicht auf Erfahrungen des Referenzbetriebes zurückgegriffen werden kann. Nach dem Entwurf der BOStrab (§ 53) ist bei Fahrten ohne Fahrzeugführer regelmäßig zu überprüfen, daß der lichte Raum des Gleises von Personen und von sicherungstechnisch nicht erfaßbaren Hindernissen frei ist. Eine Projektierung und Kalkulation der hierfür notwendigen Maßnahmen und

Einrichtungen ist derzeit nicht möglich. Insoweit können hier zum erforderlichen Investitionsbedarf noch keine verbindlichen Aussagen gemacht werden.

Ein Teilziel von PUSH besteht in der Senkung des Traktionsenergieverbrauchs durch energieoptimale Fahrweise. Energieoptimales Fahren heißt, entbehrliche Haltezeiten nach abgeschlossenem Fahrgastwechsel in verlängerte Fahrzeiten zur nächsten Haltestelle umzusetzen. Den praktischen Nachweis hat PUSH im Versuchsbetrieb auf der Referenzanlage mit einer Energieeinsparung von 13,6% erbracht. Auf die Verhältnisse der Linie U2 übertragen ergibt sich ein Minderverbrauch an Traktionsenergie von rd. 15%.

Mit den genannten Eingangswerten für das Kostenmodell wird die Investitionsrechnung (jeweils mit und ohne GVFG-Mittel) durchgeführt. Zunächst werden die Ergebnisbeiträge der einzelnen Ausbaustufen dargestellt und sodann die wirtschaftlichen Auswirkungen in den systemtechnischen Zusammenhang gestellt. Dieser Ansatz geht von der Überlegung aus, daß das Wirtschaftsergebnis einer Alternative von den Ergebnissen der vorgelagerten Stufen beeinflußt wird. Als Bezugsbasis dient nun die Alternative 1 (Stand der Technik). Dieser Bezug ist zweckmäßig, weil damit ein Ausbauzustand repräsentiert wird, der die heutigen Anforderungen der Fahrgäste an einen modernen und leistungsfähigen U-Bahn-Betrieb erfüllt. Für die Errichtung neuer U-Bahn-Strecken wird dieser Standard zugrunde gelegt. Auf den Stand der Technik bezogen, ergeben sich für die Automationsalternativen 2-4 folgende kumulierte Ergebnisse **(Tabelle 2)**:

	Strecken-automatisierung	Automatische Zugsteuerung	Automatischer Fahrbetrieb
mit GVFG	./. 181	./. 3.189	+ 1.783
ohne GVFG	./. 929	./.4.407	+ 446

Tabelle 2: Ergebnisse des Kostenmodells (Annuitäten in TDM/Jahr) für die Automationsalternativen

Die Ergebniszusammenstellung zeigt bei der Vollautomatisierung des U-Bahn-Betriebes eine deutliche Ergebnisverbesserung. Allerdings kann diese Aussage nicht verbindlich getroffen werden, weil die nach § 53 BOStrab (Entwurf) notwendigen Sicherungsmaßnahmen derzeit nicht kalkuliert werden können. Es ist aber zu erwarten, daß sich hieraus ergebnisbelastende Wirkungen ergeben.

Die ‚Streckenautomatisierung' als Endausbaustufe bewirkt, daß die automationsbedingten Kosten durch die automationsbedingten Rationalisierungswirkungen annähernd aufgefangen werden und das Unternehmensergebnis nahezu unverändert bleibt (mit GVFG).

Über die ‚Streckenautomatisierung' hinausgehende Maßnahmen (Alternative 3) führen zu zusätzlichen Ergebnisbelastungen, solange Fahrpersonal als Zugbegleiter an Bord verbleibt.

Für alle Automationsalternativen gleichermaßen gilt, daß ihre Wirtschaftlichkeit aus Unternehmenssicht ganz maßgeblich vom Einsatz der Zuwendungen nach dem GVFG bestimmt wird.

Gesamtergebnis

Das Ergebnis der Kosten-Wirksamkeits-Analyse ergibt sich aus der Kombination der Ergebnisse des Nutzenmodells mit denen des Kostenmodells. Sie werden in einem Koordinatensystem dargestellt, wobei auf der Ordinate die Wirksamkeiten (in %), auf der Abszisse die Annuitäten (in TDM/Jahr) ausgewiesen werden **(Bild 5)**.

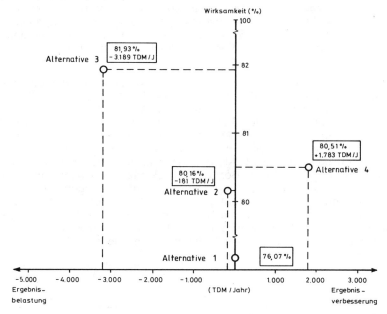

Bild 5: Ergebnis der Kosten-Wirksamkeitsanalyse, ausgehend vom Stand der Technik (GVFG-Berücksichtigung)

Aus den Kosten-Wirksamkeits-Ergebnissen ist erkennbar, daß alle Automationsalternativen zu Wirksamkeitssteigerungen gegenüber dem ‚Stand der Technik' führen. Von den Alternativen ist jedoch nur die Alternative 4 mit einer Ergebnisverbesserung verbunden. Die Alternativen 2 und 3 führen hingegen zu Ergebnisbelastungen. Um eine Rangfolgenaussage für die Automationsalternativen zu erhalten, werden die Ergebnisse des Kostenmodells in Relation zu denen des Nutzenmodells gesetzt. Auf diese Weise ergibt sich folgende Reihung für die Alternativen:

1. Automatischer Fahrbetrieb
2. Streckenautomatisierung
3. Automatische Zugsteuerung.

Die Rangfolge ist unabhängig von den Finanzierungsmodalitäten.

Das zur Bewertung von PUSH entwickelte Verfahren hat sich als geeignet erwiesen. Es ist so umfassend angelegt, daß es auch auf andere Automationsvorhaben angewandt werden kann.

32

Genehmigungsverfahren „PUSH"

Technische Universität Braunschweig, Institut für Verkehr, Eisenbahnwesen und Verkehrssicherung

Prof. Dr. Pierick

Förderungskennzeichen des BMFT: TV 8028

Zusammenfassung

Entsprechend dem Personenbeförderungsgesetz (PBefG) ist für den Neu- oder Umbau aller Anlagen und Fahrzeuge eines öffentlichen, spurgeführten Verkehrsmittels, wie der Hamburger Hochbahn, in einem besonderen Gewährleistungsverfahren der erforderliche Sicherheitsstandard nachzuweisen.

Beim Vorhaben „PUSH" wurde dieses Gewährleistungsverfahren mit Zustimmung der technischen Aufsichtsbehörde erstmalig in der Bundesrepublik „entwicklungsbegleitend" durchgeführt.

Die zum Abschluß des Verfahrens durch die technische Aufsichtsbehörde erteilte uneingeschränkte Betriebsgenehmigung für die PUSH-Anlagen und Fahrzeuge schreibt gleichzeitig die „entwicklungsbegleitende" Organisationsform des gesetzlichen Gewährleistungsverfahrens als „Stand der Technik" fest.

Die zugehörigen Organisationsunterlagen, Dokumentationsformen und Maßnahmenkataloge werden damit ebenfalls zu einem Maßstab, von dem bei künftigen vergleichbaren Vorhaben in der Bundesrepublik nicht abgewichen werden kann.

Summary

Cooresponding to the Personenbeförderungsgesetz (PBefG), for the construction or the reconstruction of all installations and vehicles of a guided public transport system like the overhead railway in Hamburg, the required standard of security is to be proved in a special proceeding of warranty.

With the agreement of the technical supervisory authority this proceeding of warranty was firstly executed - accompanying to the development - in connection with the project „PUSH".

The unrestricted authorization of operating for PUSH-equipment and vehicles which was conferred at the termination of the proceeding, simultaneously states the „kind of organisation of the legal proceeding of warranty" - accompanying to the development - as the „standard of technology".

The appropriate documents of organisation, modes of documentations and catalogs of measures become to a standard form which can not be deviated with future comparable projects in the Federal Republic of Germany.

Einleitung

Für die Hamburger Hochbahn AG als öffentliches, spurgeführtes Verkehrsmittel im Personennahverkehr gelten die gesetzlichen Bestimmungen des

— Personenbeförderungsgesetzes (PBefG)
  und der
— Rechtsverordnung für den Bau und Betrieb von Straßenbahnen (BOStrab)

Hinsichtlich der Sicherheit öffentlicher Verkehrsmittel schreiben diese Gesetzeswerke einerseits

— den zu gewährleistenden Sicherheitsstandard
und andererseits
— das zugehörige Verfahren zur Gewährleistung des Sicherheitsstandards

vor.

Sicherheitsstandard

Der Sicherheitsstandard wird gesetzlich festgelegt

— direkt durch Einzelvorschriften der gesetzlichen Texte,
und
— indirekt durch die Verweisung in Form eines unbestimmten Rechtsbegriffes auf den „Stand der Technik".

Der „Stand der Technik" umfaßt als kodifizierte Regeln:

— privatrechtlich, allgemein vereinbarte Vorschriften nach DIN, VDE, VDJ, VÖV, u. ä.

— privatrechtliche, betrieblich festgelegte Vorschriften z. B. der HHA.

Soweit keine kodifizierten Regeln vorliegen, sind auch nicht-kodifizierte Regeln nach dem Wirkungs-Analogie-Schluß anwendbar, die entsprechend dem § 2 des „BOStrab-Entwurfes „... gleiche Sicherheit auf andere Weise" gewährleisten.

Das Verfahren zur Gewährleistung des vorgeschriebenen Sicherheitsstandards der verkehrlichen und betrieblichen Anlagen eines öffentlichen Verkehrsunternehmens gliedert sich in zwei Abschnitte:

— den Sicherheitsnachweis, der vom Hersteller der Anlage und deren Betreiber zu erstellen ist
sowie
— die Prüfung des Sicherheitsnachweises durch die technische Aufsichtsbehörde oder durch einen von ihr beauftragten anerkannten Sachverständigen (§ 3 und 5 BOStrab).

Für das Vorhaben PUSH wurde das gesamte Verfahren zur Gewährleistung des Sicherheitsstandards bei der Fahrautomation und der Streckenautomation (Kreuzschienenverteiler) nicht, wie bisher im allgemeinen üblich, „entwicklungsanschließend", sondern „entwicklungsbegleitend" durchgeführt.

Die Durchführung eines entwicklungsbegleitenden Verfahrens erfordert in erster Linie die Aufstellung und ständige Fortschreibung verbindlich vereinbarter Organisationsunterlagen, bestehend aus:

— detailliertem Netzplan für die Erstellung und Behandlung der Unterlagen durch die beteiligten Institutionen

  • Betreiber
  • Hersteller
  • Prüfer
  • Aufsichtsbehörde

— detailliertem Unterlagenflußplan für die verschiedenen Dokumentarten des Betreibers und des Herstellers

- Aufgabendokumentation
- Konzeptdokumentation
- Realisierungsdokumentation

des Prüfers

- Fehlermeldung
- Prüfbericht
- Abnahmeprotokoll
- Erprobungsbericht
- Gesamt-Prüfbericht

der technischen Aufsichtsbehörde

- Zustimmungsbescheid
- Erprobungsgenehmigung
- Teilbetriebsgenehmigung
- Gesamtbetriebsgenehmigung

Die bei PUSH durchgeführte Organisation eines „entwicklungsbegleitenden" Gewährleistungsverfahrens einschließlich der genannten Organisationsunterlagen und der aufgeführten Dokumentationsarten gehören inzwischen rechtlich zum „Stand der Technik". Dies bedeutet, daß für vergleichbare künftige Anlagen des öffentlichen, spurgeführten Verkehrs die „entwicklungsbegleitende" Vorgehensweise Bestandteil des Sicherheitsstandards geworden ist, von dem künftig ohne Wirkungs-Analogieschluß („gleiche Sicherheit auf andere Weise") nicht abgewichen werden kann.

Sicherungsmaßnahmen

Die Sicherungsmaßnahmen, die beim Vorhaben „PUSH" zum Sicherungserfolg beitrugen, stellen sich naturgemäß zunächst nach dem grundsätzlichen Verhältnis zwischen Hard- und Software bei elektronischen Steuerungs- und Sicherungseinrichtungen ein. Etwa in Umkehrung des Verhältnisses wie es bisher bei elektromechanischen Einrichtungen üblich war, ist bei PUSH der Sicherungserfolg zu 15% durch Hardware-Maßnahmen und zu 85% durch Software-Maßnahmen gewährleistet.

Die angewandten und nachgewiesenen H a r d w a r e - S i c h e r u n g s m a ß n a h m e n gliedern sich in die nach Prioritäten geordneten Haupt-Kategorien

— Ausfallausschluß
  (Schwerkraft, Magnetismus, ...)

— Gefahrenausschluß
  (fail-safe, Ausfallerkennung, ...)

— Begrenzung der Gefahrenwahrscheinlichkeit
  (Prüffunktionen, überlagert, parallel, multiplex, ...)

Im Zusammenhang mit dem noch weiter aufzugliedernden Katalog der Hardware-Sicherungsmaßnahmen gehört es als Grundsatz für ihre Anwendung inzwischen zum Stand der Technik, daß eine im Prioritätenkatalog nachrangige Sicherungsmaßnahme erst dann angewandt werden darf, wenn die Anwendung einer vorrangigen nachweislich nicht möglich oder zumutbar ist.

In ihrer Sicherheit nachgewiesen und nach dem Stand der Sicherheitstechnik geprüft wurden als wesentliche Hardware-Elemente des Systems PUSH

— das Grundlogik-Element „SIMIS" mit vierzehn „SIMIS"-Baugruppen und

— achtunddreißig Anwendungsbaugruppen.

Für die angewandten und nachgewiesenen S o f t w a r e - S i c h e r u n g s - m a ß n a h m e n gilt ein ähnlicher Prioritätenkatalog:

— Fehlerausschluß
  (Verfahrens- und Programmrestriktionen, . . .)

— Fehlerabwehr
  (Dokumentations- und Programmierregeln, . . .)

— Fehleroffenbarung
  (Selbstprüfung, Fremdprüfung, Test, . . .)

mit der gleichen grundsätzlichen Anwendungsregel wie bei Hardware-Sicherungsmaßnahmen.

Aus den vielfältigen Erfahrungen, die im PUSH-Projekt zur Fortschreibung des Standes der Sicherheitstechnik bei Software-Produkten gewonnen werden mußten, sei aus dem Bereich der Maßnahmen zur Fehleroffenbarung als Beispiel für Wirkungsanalogieschlüsse das Anwendungsverhältnis zwischen Zweig- und Pfadtest auf ein Rechenprogramm aufgeführt. Einerseits kann festgehalten werden, daß die Beschränkung auf reine Zweigtests bei Rechenprogrammen die Sicherheitsbedingungen nicht erfüllt. Andererseits gilt aber auch, daß die Durchführung eines vollständigen Pfadtests den Prüfaufwand auch mit den heutigen rechentechnischen Hilfen gegen „unendlich" gehen läßt.

Im PUSH-Projekt war es möglich, zwischen diesen Extremen durch Wirkungs-Analogieschlüsse von den Software-Sicherungsmaßnahmen der elektromechanischen Technik auf die erforderlichen entsprechenden Maßnahmen in der Elektronik zu schließen, die insgesamt einen Prüfungsaufwand erfordern, der je nach der Komplexität der Sicherungslogik zwischen dem 1,5- bis 2-fachen des Aufwandes für einen reinen Zweigtest liegt.

Der Umfang der in ihrer Sicherheit nachgewiesenen und geprüften Software des Systems „PUSH" betrug:

— 75 000 byte (8-bit-Assembler-Programm) oder
— 1 300 Programmseiten oder
— 30 000 Programmzeilen

deren Prüfung sich zusammen mit der Hardware-Prüfung in

— 15 000 Testläufen
— 1 000 Fehlermeldungen
— 50 000 Dokumentseiten

zusammengefaßt in 93 Voll-Büroordnern DIN A4 niederschlägt.

Die zusammengefaßte Prüfdokumentation bildete die Grundlage, auf der die technische Aufsichtsbehörde im Dezember 1984 der Hamburger Hochbahn die uneingeschränkte Betriebserlaubnis für das System PUSH erteilte.

Zulassungsarbeiten für das vollautomatische Betriebsablaufsteuerungssystem SELTRAC auf der Referenzanlage Berlin

Berliner Verkehrs-Betriebe (BVG)
Berliner Verkehrs-Consulting (BVC)

K r a t k y (BVG), Vortragender
N i c k e l (BVC)

Förderungskennzeichen des BMFT: TV 80703

Zusammenfassung

Am 17. 5. 1985 beantragte die BVG die Zulassung des SELTRAC-Systems als Zugsicherungsanlage auf der Berliner U-Bahnlinie 4. Die hierzu erforderlichen Zulassungsaktivitäten gliedern sich in Erstellung und Prüfung von Sicherheitsnachweisen für das SELTRAC-System sowie seine Schnittstellen zum Stellwerk und zur Fahrzeugsteuerung, in Durchführung und Dokumentation von Abnahmeprüfungen an der Strecke und auf den Fahrzeugen sowie in die Aufstellung von Dienstvorschriften für Betriebsabwicklung und Instandhaltung.

Sumary

On 17.5.1985 the Berlin Transport Authority applied for the official acceptance of the SELTRAC-System as the unique train protection system on the Berlin underground line no. 4. The necessary acceptance activities can be broken down as follows: establishing and verification of the safety documents for the SELTRAC-System and its interfaces with both the signal box and the vehicle controls, documentation of acceptance tests of both trackside and vehicle-born equipment; establishing rules for operation and maintenance.

Einleitung

Das Projekt „Referenzstrecke Berlin" bildet die logische Fortsetzung der Erprobung des automatischen Betriebsablaufsteuerungssystems SELTRAC®, die seit 1977 auf der anwendungsnahen Versuchsanlage Berlin stattfand: Während auf der Versuchsanlage ohne die Störeinflüsse des Betriebsalltages lediglich das automatische Fahren erprobt wurde, haben wir auf der Referenzstrecke Berlin (U-Bahnlinie 4) das vollständige System der automatischen Betriebsablaufsteuerung SELTRAC mit sicherheitsrelevanten und nicht sicherheitsrelevanten Funktionen in ein komplexes Gesamtsystem der Liniensteuerung eingebunden mit

— zentralisierter Zugabfertigung über Fernsehanlagen

— zentralisierter Steuerung der Fahrgastinformations- und -kommunikationseinrichtungen

— Fernsteuerung und -überwachung der elektrischen Einrichtungen einschließlich Triebstromschalter.

Die technischen Einzelheiten wurden auf den BMFT-Statusseminaren 1978-83 dargestellt.

Dieses Gesamtsystem der automatisierten und zentralisierten Betriebsabwicklung befindet sich seit 1981 im Referenzbetrieb, d. h. im tagtäglichen Betriebseinsatz für die Fahrgastbeförderung.

Bisherige Betriebserfahrungen

Seit Projektbeginn bis 30. Juni 1985 wurden auf der 1,6 km langen Versuchsanlage bzw. der 2,9 km langen Referenzstrecke Berlin insgesamt rd. 1,8 Mio. Wagen-Kilometer im automatischen Betrieb unfallfrei zurückgelegt. Seit Oktober 1981 wickeln die Berliner Verkehrs-Betriebe (BVG) den gesamten fahrplanmäßigen Verkehr auf der U4 im vollautomatischen SELTRAC-Betrieb ab. Dabei sind bis 30. Juni rd. 1,4 Mio. Wagen-Kilometer geleistet worden **(Bild 1).**

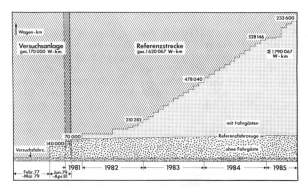

Bild 1: Betriebsleistungen im automatischen Betrieb von Projektbeginn bis 30. Juni 1985 (alle Angaben in Wagen-Kilometern)

Zur Zeit erarbeitet die Berliner Verkehrs-Consulting GmbH (BVC) im Rahmen der wissenschaftlichen Begleitung unseres Vorhabens Aussagen über die betrieblich-technische Bewährung der einzelnen Automatisierungskomponenten. Daher wären gegenwärtig quantitative Angaben noch verfrüht. Wir hoffen, hierüber auf dem nächsten Statusseminar detailliert berichten zu dürfen.

Im Rahmen der Zulassungsarbeiten für das SELTRAC-System hat die BVC jedoch folgende Ergebnisse einer Stichprobe im April/Mai 1985 vorgelegt:

— In 98,73% der Soll-Zug-Betriebs-Zeit befanden sich die Züge in einwandfreier Datenkommunikation zwischen Bordsteuergeräten und Operationszentrale (OPZ) und konnten ungestört vollautomatisch fahren.

— Nur in 1,27% der Soll-Zeit befanden sich die Züge nicht im ordnungsgemäßen automatischen Betrieb.

— Aus den gewichteten Abbrüchen der Datenverbindung und Zwangsbremsungen ergibt sich rechnerisch eine mittlere Zug-Betriebs-Zeit von 14.23 Stunden zwischen zwei Sicherheitsreaktionen.

— Bezogen auf den mittleren Betriebstag ergibt sich hieraus rechnerisch, daß täglich 3,2 Sicherheitsreaktionen auf der gesamten U-Bahnlinie 4 zu erwarten sind.
Die realen Werte liegen noch etwas günstiger, da häufig Zwangsbremsung und Abbruch der Datenverbindung als eine Einheit in einer Sicherheitsreaktionskette auftreten.

Dies sind zunächst einmal rein phänomenologische Daten, die die hinreichende betriebliche Verfügbarkeit des SELTRAC-Systems belegen. Die Störungsursachenforschung für die abschließende Bewertung des Systems lohnt sich erst, seit die SELTRAC-Entwicklung zum Abschluß gekommen ist und seit Anfang 1985 Rechnerzentrale wie Fahrzeuge einheitlich mit dem Endstand ausgerüstet sind. Daher befinden sich die Störungsursachen im Rahmen der diagnostischen Möglichkeiten, die das SELTRAC-System bietet, gegenwärtig noch in der Untersuchung.

Während der Entwicklungsphase war das SELTRAC-System zwar schon im vollen Einsatz und die Züge fuhren bereits automatisch, die Sicherheitsverantwortung lag jedoch noch bei der konventionellen Signaltechnik mit magnetischen Fahrsperren. Vor der Zulassung werden die SELTRAC-Züge an jedem „Rot" zeigenden Signal automatisch zum Halten gebracht. Daher konnte das Fahren auf elektrische Sicht zwischen den Stellwerksbereichen der Endbahnhöfe nur in nächtlichen Testfahrten erprobt werden. Hierzu wurde die OPZ-Software-Version „nach Sicherheitsnachweis" geladen und auf den Fahrzeugen eine Schaltung wirksam gemacht, die bei funktionierender Datenkommunikation mit der Rechnerzentrale auf dem Fahrzeug den Fahrsperren-Empfangsmagneten unwirksam schaltet.

Um diese Betriebsweise unter alleiniger Sicherheitsverantwortung des SELTRAC-Systems ohne Beachtung der Selbstblocksignale im normalen Fahrgastbetrieb zu ermöglichen, haben die Betriebsleiter der BVG am 17. 5. 1985 bei der Technischen Aufsichtsbehörde (TAB) die „Abnahme und Zulassung des Zugsicherungssystems für einen automatischen Zugfahrbetrieb mit linienförmiger Zugbeeinflussung" SELTRAC beantragt. Die hierfür erforderlichen Zulassungsarbeiten sollen im folgenden erläutert werden.

Zulassungsarbeiten

Übersicht über die Zulassungsaktivitäten

Kernstück des Zulassungsantrages ist natürlich der Funktions- und Sicherheitsnachweis (Fusina) für das SELTRAC-System, der von der Firma Standard Elektrik Lorenz AG (SEL) aufgestellt und von Herrn Dipl.-Ing. E. Murr,

Bundesbahnzentralamt München, als unabhängigem Gutachter geprüft wurde. Aus der Sicht der Berlinder Verkehrs-Betriebe (BVG) als Betreiber und Antragsteller soll jedoch hier das Zusammenspiel aller Zulassungsaktivitäten in den Vordergrund gestellt und nicht so sehr die Thematik eines Software-Funktions- und Hardware-Sicherheitsnachweises an sich vertieft werden.

Das SELTRAC-System ist eingebettet in das Gesamtsystem des U-Bahnbetriebes auf der Linie 4. Dementsprechend bestehen Schnittstellen zu verschiedenen anderen Komponenten des U-Bahnbetriebssystems, und die BVG hatte sicherzustellen, daß alle Schnittstellen durch entsprechende Dokumente abgedeckt werden. Als wesentliche Komponenten des U-Bahnbetriebssystems zeigt **Bild 2**

— Betrieb
— Stellwerk   )
— SELTRAC-System   ) Technik
— Fahrzeuge   )
— Instandhaltung der Technik-Komponenten.

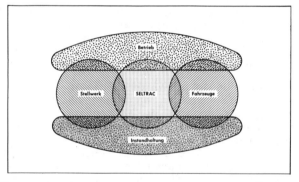

Bild 2: Die wesentlichen Komponenten des U-Bahnbetriebssystems auf der Linie 4 und ihre gegenseitigen Schnittstellen

Alle Komponenten besitzen untereinander Schnittstellen, die auf verschiedene Weise gegeneinander abgesichert werden müssen, nämlich von Fall zu Fall durch

— Sicherheitsnachweise
— Sicherheitsbetrachtungen
— Abnahmeprüfungen
— Dienstvorschriften.

Zwischen Stellwerk und SELTRAC-System werden sicherheitsrelevante Daten ausgetauscht über eine Verbindungsschaltung. Für diese Schaltung war ein gesonderter Sicherheitsnachweis zu erstellen und prüfen zu lassen.

Zwischen der Fahrzeugsteuerung und dem SELTRAC-Bordsteuergerät besteht eine Schnittstelle, deren Sicherheitsaspekte zu untersuchen waren. Ferner war der Sicherheitsnachweis für die Schaltung zu erbringen und zu prüfen, die bei einwandfrei funktionierender Automatik den Fahrsperren-empfänger auf dem Fahrzeug wirkungslos schaltet.

Zwischen dem Betrieb, ausgeübt durch Menschen im Stellwerk sowie auf den Fahrzeugen, und den Technikkomponenten waren durch präzise Dienstanweisungen für den ungestörten Normalbetrieb wie für Störungsfälle aller Art klare Verhältnisse zu schaffen. Der Mensch-Maschine-Schnittstelle war hier für Hilfs- und Ersatzhandlungen besondere Aufmerksamkeit zu widmen.

Sicherheit und Zuverlässigkeit der Technikkomponenten hängen u.a. von der Instandhaltung der Anlagen ab. Besondere Anforderungen der Sicherheit und Verfügbarkeit stellen spezielle Aufgaben an die Prüfungs-, Wartungs- und Instandsetzungsaktivitäten. Daher waren diese durch spezifische Instandhaltungsvorschriften zu regeln.

Welche Unterlagen und Dokumentationen im einzelnen erarbeitet wurden, um den Betrieb des SELTRAC-Systems mit Sicherheitsverantwortung im Gesamtzusammenhang des U-Bahnbetriebes zu gewährleisten, wird in **Bild 3** verdeutlicht. Die erstellten Dokumentationspakete sollen im folgenden erläutert werden.

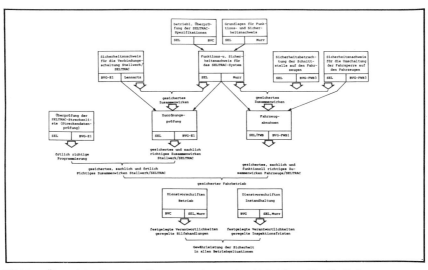

Bild 3: Übersicht über den Zusammenhang der Aktivitäten für die Zulassung des SELTRAC-Systems

Funktions- und Sicherheitsnachweis SELTRAC

Das Kernstück der Unterlagen zur Zulassung des SELTRAC-Systems bildet der Funktions- und Sicherheitsnachweis SELTRAC, der Nachweis der signaltechnischen Sicherheit der Betriebsablaufsteuerung mit Linienzugbeeinflussung.
Aufbauend auf entsprechenden Richtlinien und Grundsätzen umfaßt er für die ortsfeste 3-Rechnerzentrale (Operationszentrale OPZ) und für die fahr-

41

zeugseitigen Doppel-Mikroprozessor-Systeme (Bordsteuergeräte BSG) jeweils den Sicherheitsnachweis der Hardware sowie den anwendungsbezogenen Funktionsnachweis der Software. Ferner wird die Sicherheit der Datenübertragung zwischen den Fahrzeugen und der Zentrale nachgewiesen.

Bei großen Software-Systemen stellt die Prüfung eine besondere Problematik dar. Die verschiedenen Prüfverfahren wurden in problemorientiert abgestufter Weise angewandt, wobei der Funktionstest die Hauptlast der Software-Prüfung trug. Insgesamt wurden 452 Funktionstests durchgeführt, die sich wie folgt aufteilen:

50 Tests für das Ausgabeüberwachungsprogramm
258 Tests für die OPZ
144 Tests für das BSG.

Alle Funktionstests wurden eingehend aufgezeichnet, analysiert und dokumentiert.
Der Fusina wurde von der Herstellerfirma SEL erbracht, von Herrn Dipl.-Ing. E. Murr unabhängig geprüft und mit dem Prädikat „signaltechnisch sicher im Sinne der Eisenbahnsignaltechnik" versehen.

Betriebliche Überprüfung der SELTRAC-Spezifikationen

Wie bei jedem Sicherungssystem ist auch für das Betriebsablaufsteuerungssystem SELTRAC die betriebliche Aufgabenstellung von entscheidender Sicherheitsbedeutung.
Der Funktions- und Sicherheitsnachweis für das SELTRAC-System wurde unter der Voraussetzung erbracht, daß die spezifizierten Funktionen des Systems der geforderten betrieblichen Aufgabenstellung entsprechen. Die Erfüllung dieser Voraussetzung wurde durch die „betriebliche Überprüfung der SELTRAC-Spezifikationen" sichergestellt.

Für eine derartige Prüfaufgabe gibt es keinerlei formalisiertes Verfahren, mit dem man zwangsläufig sicherstellen könnte, daß das gesamte Spektrum der Betriebsabläufe unter den Bedingungen des normalen und des gestörten Betriebs berücksichtigt wird. Um dem Idealziel einer vollständigen Prüfung der betrieblichen Aufgabenstellung möglichst nahe zu kommen, bildete die Berliner Verkehrs-Consulting GmbH (BVC) ein interdisziplinäres Expertenteam aus den Fachbereichen
— Betrieb
— Eisenbahnsignaltechnik
— Fahrzeugtechnik
— Systemautomatisierung.

Die Experten dieser verschiedenen Fachabteilungen lasen mit ihren Kenntnissen und Erfahrungen - insbesondere mit ihrem einschlägigen LZB-Knowhow, das sie seit 1968 bei der BVG sammeln konnten - einzeln die SELTRAC-Spezifikationen durch und diskutierten sie gemeinsam. Hierdurch wurde das fachliche Spektrum weitgehend abgedeckt. Gerade durch den synergetischen Effekt der gemeinsamen Diskussion wurden Gedankengänge hervorgebracht, die mehr als die Summe der Erkenntnisse der einzelnen Experten bilden. Die Ergebnisse dieser Diskussionen wurden schriftlich festgehalten und der Entwicklerfirma präsentiert.

Bei der Prüfung der obersten Dokumentationsebene des SELTRAC-Systems, den Spezifikationen, ließen sich die Experten von folgenden vier Grundfragen leiten:

1. Hat SEL die von BVG/BVC genannten Aufgabenstellungen so verstanden, interpretiert und umgesetzt, wie dies von BVG/BVC gemeint war?

2. Sind sämtliche betrieblich erforderlichen Funktionen als Aufgabenstellung spezifiziert?

3. Sind die spezifizierten Funktionen betrieblich geeignet?
   D. h., es sind solche Funktionen auszusondern, die
   — betriebshemmend
   — praktisch nicht durchführbar
   — ohne Not dem bisherigen Betriebsablauf widersprechend
   — von falschen technischen Voraussetzungen ausgehend
   sind.

4. Entsprechen die spezifizierten Funktionen dem letzten Änderungsstand, der sich aus den jeweils aktuellen Erkenntnissen der Diskussion und des laufenden Betriebes ergeben hat?

Abschließend konnte das BVC-Expertenteam dem BVG-Betriebsleiter für Verkehr mitteilen, daß die SELTRAC-Spezifikationen „als Beschreibung der Aufgabenstellung anerkannt und damit für den Funktions- und Sicherheitsnachweis des SELTRAC-Systems zugrunde gelegt werden können".

Sicherheitsnachweis Verbindungsschaltung Stellwerk/SELTRAC

Auch für den Betrieb nach Zulassung des SELTRAC-Systems bleibt das konventionelle Spurplan-Stellwerk für die Referenzstrecke in Funktion. Es sichert in herkömmlicher Weise die Zugfahrten im Stellwerksbereich. Ein „Halt" zeigendes Stellwerkssignal wird auch weiterhin für SELTRAC einen Zielhaltepunkt der automatischen Fahrt darstellen (nur im Selbstblockbereich kann auf elektrische Sicht gefahren werden). Deshalb - und zur Verknüpfung mit sicherheitsrelevanten Informationen aus der zentralisierten Zugabfertigung - ist ein zugsicherungsmäßiger Informationsaustausch zwischen dem Stellwerk und dem SELTRAC-System mittels einer Verbindungsschaltung notwendig. Sie gewährleistet die Potentialtrennung zwischen den SELTRAC-Anlagen und den erdfreien Einrichtungen des Stellwerks.
Die Verbindnungsschaltung ist in Relaistechnik ausgeführt; der Sicherheitsnachweis wurde von der zuständigen Fachabteilung der BVG geführt und von Herrn Dipl.-Ing. K. Lennartz, Bundesbahnzentralamt München, geprüft. Die lückenlose Verzahnung zwischen den Sicherheitsnachweisen für das SELTRAC-System und der Verbindungsschaltung zu dem eigensicheren Stellwerk wurde gesondert dokumentiert. Die Überwachung der antivalent übertragenen Meldungen zwischen Stellwerk und OPZ geschieht durch die OPZ-Software. Die Wirksamkeit dieser Überwachung sowie die richtige Zuordnung der Meldekontakte zur Verarbeitungsebene im Rechnerprogramm wurde geprüft und dokumentiert.

Zuordnungsprüfung der Schnittstelle Stellwerk/SELTRAC

Durch den Funktions- und Sicherheitsnachweis SELTRAC und den Sicherheitsnachweis der Verbindungsschaltung zwischen Stellwerk und SELTRAC ist gewährleistet, daß Stellwerk und SELTRAC-System signaltechnisch sicher zusammenarbeiten, d. h. daß die ausgetauschten Informationen des einen Sicherungssystems im anderen Sicherungssystem nach den Regeln der Eisenbahnsignaltechnik sicher verarbeitet werden.

Daß die Informationen des einen Systems bei dem anderen System auch tatsächlich „an der richtigen Stelle" ankommen, wurde durch die Zuordnungsprüfung sichergestellt. Die praktisch durchgeführte Zuordnungsprüfung weist zusätzlich zu dem prinzipiellen Nachweis der Sicherheit der Verbindungsschaltung am Objekt nach, daß in der Streckenabbildung in der Operationszentrale tatsächlich genau diejenigen Elemente (Gleisabschnitt, Weiche, Signal etc.) mit der Information beaufschlagt werden, bezüglich derer das Stellwerk die jeweilige Information ausgegeben hat. (Diese Prüfung würde bei einem rein hardwaremäßig aufgebauten System der Prüfung der richtigen Verdrahtung entsprechen.)

Die Zuordnungsprüfung garantiert also im Zusammenhang mit den Sicherheitsnachweisen für SELTRAC und die Verbindungsschaltung ein nicht nur gesichertes, sondern auch sachlich richtiges Zusammenwirken von Stellwerk und SELTRAC-System.

Überprüfung der SELTRAC-Streckenliste

Das gesicherte und sachlich richtige Zusammenwirken von Stellwerk und SELTRAC-System allein reicht jedoch noch nicht; es war auch nachzuweisen, daß das SELTRAC-System örtlich richtig wirkt.
Um sicherzugehen, daß die in der Operationszentrale gespeicherte Streckenabbildung auch mit der Örtlichkeit auf der Strecke lagegenau übereinstimmt, wurde daher die „Überprüfung der SELTRAC-Streckenliste (Streckendatenprüfung)" vorgenommen. Hierbei wurde durch Abfahren der Strecke mit einem automatisch fahrenden Zug Punkt für Punkt nachgewiesen, daß die sicherungstechnisch bedeutsamen Stellen im Streckenprofil der Operationszentrale (Isolierstöße zwischen den Gleisabschnitten, Brechpunkte des Geschwindigkeitsprofils, Signal- und Bahnhofshaltepunkte etc.) so gelegt sind, daß sich die Züge in der Örtlichkeit richtig verhalten.

Sicherheitsbetrachtung der Schnittstelle auf den Fahrzeugen

Analog der Schnittstelle zwischen der SELTRAC-Rechnerzentrale und dem konventionellen Stellwerk besteht auf den Referenzfahrzeugen eine Schnittstelle zwischen dem SELTRAC-Bordsteuergerät (BSG) und der herkömmlichen Fahrzeugsteuerung.
Die Schnittstelle BSG/Fahrzeug gliedert sich in zwei Teile:

— Die Spannungsanschaltung versorgt sämtliche Subsysteme der Automation mit der notwendigen Eingangsspannung von 110 V. Weiterhin wird durch die Spannungsanschaltung der Zugriff des Bordsteuergerätes (BSG) zu den Zugsammelleitungen verriegelt, wenn die Bordsteuergeräte im Zug nicht eingeschaltet sind bzw. kein BSG durch die Operationszentrale (OPZ) aktiviert worden ist.

— Der Anpassungseinsatz ist das potentialtrennende Bindeglied zwischen den 24-V-Ausgangssignalen des BSG und der 110-V-Betriebsspannung der Zugsteuersignale.

Im Rahmen der Sicherheitsbetrachtung, die sich bis zur Hauptklemmleiste des Fahrzeuges erstreckt, wurden

— der Status der Druckluftbremse bei den möglichen Schaltzuständen der Betriebsarten-Wahleinrichtung

— Bauteilefehler in den Betriebsarten-Wahleinrichtungen
  • Betriebswahlschalter
  • Zusatzkontakte am Schlüsselschalter des Fahrpults

untersucht. Die Firma SEL stellte die Untersuchung an, die zuständige Fachabteilung der BVG prüfte sie.

Sicherheitsnachweis für die Umschaltung der Fahrsperre auf den Zügen

Auch nach der Zulassung des SELTRAC-Systems bleiben die Fahrsperrenmagneten an allen Signalen auf der Referenzstrecke wirksam. Dies ist notwendig,

— um den Mischbetrieb mit Fahrzeugen (Arbeitsfahrzeuge, in Sondersituationen auch Fahrgastzüge) zu sichern, die nicht mit einem funktionstüchtigen SELTRAC-Bordsteuergerät ausgerüstet sind

— um bei SELTRAC-Fehlern die Fortführung des gesicherten Zugbetriebes entsprechend dem von BVC ausgearbeiteten Störkonzept mit verschiedenen Permissiv-Varianten zu ermöglichen.

In den Referenzfahrzeugen wurde eine Schaltung eingebaut, die bei ordnungsgemäß funktionierender Datenkommunikation zwischen OPZ und BSG sowie intakten SELTRAC-Fahrzeugeinrichtungen den Fahrsperren-Empfangsmagneten auf dem Fahrzeug generell unwirksam schaltet.* Dadurch kann der Zug im Selbstblockbereich automatisch auf elektrische Sicht an „Halt" zeigenden Signalen vorbeifahren. Die Sicherheitsverantwortung, daß der Zug automatisch die nach wie vor gültigen Stellwerkssignale beachtet, liegt dann einzig beim SELTRAC-System.
Der Sicherheitsnachweis der entsprechenden Relais-Schaltung im Fahrzeug wurde von SEL aufgestellt und von der Fahrzeugabteilung der BVG geprüft.

Fahrzeugabnahmen

Die Sicherheitsnachweise und -betrachtungen für das SELTRAC-System sowie die Fahrzeugschnittstelle bürgen für ein gesichertes Zusammenwirken von Fahrzeugen und Betriebsablaufsteuerungssystem. Daß dieses Zu-

---

* (Wenn die OPZ ein entsprechendes Kommando ausgibt und nach Umschalten des Betriebsarten-Wahlschalters in die Stellung „Automatik" die Zwangsbremssprüfung erfolgreich abgeschlossen wurde.)

sammenwirken auch sachlich und funktionell richtig erfolgt, wurde durch die Abnahme der Referenzfahrzeuge nachgewiesen, über die entsprechende Abnahmeprotokolle geführt wurden.

Dienstvorschriften Betrieb

Nachdem das gesicherte, sachlich, örtlich und funktionell richtige Zusammenspiel von SELTRAC und Stellwerk einerseits und SELTRAC und Fahrzeug andererseits erwiesen war, waren die technischen Voraussetzungen für einen gesicherten Fahrbetrieb unter der Sicherheitsverantwortung der SELTRAC-Linienzugbeeinflussung erfüllt. Um die betrieblichen Voraussetzungen zu schaffen, wurden detaillierte Dienstvorschriften für alle an der Betriebsdurchführung und Instandhaltung beteiligten Personale erarbeitet und mit dem Prüfer für den Funktions- und Sicherheitsnachweis SELTRAC abgestimmt.

Zur richtigen Bedienung der SELTRAC-Einrichtungen, zur Festlegung der Verantwortlichkeiten sowie zur Regelung der Hilfshandlungen erstellte die Berliner Verkehrs-Consulting GmbH (BVC) Dienstvorschriften für die Zugfahrer und Weichensteller der BVG. Die Vorschriften berücksichtigen die Auflagen des Gutachters für den Funktions- und Sicherheitsnachweis des SELTRAC-Systems. Sie dienen zugleich als Ausbildungsmaterial für die Personalschulung.

Entsprechend der heutigen Betriebsorganisation bei der BVG sind die Dienstvorschriften so aufgebaut, daß der Weichensteller den Betrieb führt und im Bedarfsfalle dem Zugpersonal Anweisungen erteilt. Der Weichensteller ist zugleich „Operator" des SELTRAC-Systems und erhält zusätzlich zu den Stelltisch-Informationen vom SELTRAC-System Informationen mittels

— DPZ*-gesteuertem Farbdisplay
— DPZ*-gesteuertem alphanumerischen Display
— OPZ -gesteuertem alphanumerischen Display.

Am Weichenstellerarbeitsplatz steht auch die Regionalfunkstation.
Im gleichen Raum befinden sich die Monitore der zentralisierten Zugabfertigung und der Bahnhofsvorraum-Beobachtung sowie die Fernmelde- und -steuertafel für die elektrischen Anlagen. Insofern stehen dem Weichensteller vielfältige Möglichkeiten zur Verfügung, um sich - ggf. mit Hilfe anderer anwesender Kollegen - ein umfassendes Bild von der Echtzeit-Situation auf der gesamten Linie zu verschaffen.

Wesentliches Augenmerk mußte die BVC bei der Erstellung der Dienstvorschriften auf die Regelung bei Störungen des Normalbetriebes legen. Die Problematik beginnt beim Einsatz eines Zuges, wenn wegen eines technischen Fehlers oder einer Fehlbedienung des Zugfahrers die Einfahrt des Zuges in den automatischen Bereich mit selbsttätiger Prüfung der sicherheitsrelevanten Zuglänge nicht funktioniert und wenn dann z. B. aus Zeitmangel die Einfahrprozedur nicht an der gleichen Stelle im Aufstellgleis noch einmal wiederholt werden kann. Der Zug muß dann im Handbetrieb auf die Strecke hinausfahren und an einer anderen Einfahrstelle mit einer sicherheitskritischen Hilfshandlung des Weichenstellers in den automati-

---

* DPZ = nicht-sicherheitstechnische SELTRAC-Dispositionszentrale

schen Bereich übernommen werden.

Die Problematik setzt sich fort, wenn sich z. B. beim Fahren auf elektrische Sicht zwei Züge auf einem Gleisabschnitt befinden und der vordere infolge einer fahrzeugseitigen SELTRAC-Störung aus der Datenkommunikation mit der OPZ fällt. In diesem Fall muß der gestörte Zug von Hand weiterfahren, wenn dazu die erforderlichen Voraussetzungen erfüllt sind. Der Folgezug bleibt in der Datenkommunikation und muß - zum geeigneten Zeitpunkt vom Weichensteller aufgefordert - unter Verantwortung des Zugfahrers in permissiver Fahrweise vom Haltepunkt hinter der letzten noch bekannten Position des ausgefallenen Vorauszuges so weit fahren, bis die zugsicherungsmäßigen Bedingungen zur automatischen Weiterfahrt unter voller SEL-TRAC-Verantwortung wiederhergestellt sind.

Einen vollständigen Katalog der denkbaren Störungssituationen hatte die BVC schon während der SELTRAC-Entwicklung als Beratungsleistung für die SEL aufgestellt und der jeweiligen Störungsursache angepaßte Ersatzstrategien ausgearbeitet, mit denen man unter möglichst weitgehender Abstützung auf den intakten Teil des SELTRAC-Systems einen gesicherten Betrieb aufrecht erhalten kann.

Bei der Erstellung der entsprechenden Dienstvorschriften kam es nun darauf an, die Handlungen der beteiligten Bediensteten so minutiös zu regeln, daß

— klare Verantwortlichkeiten erkennbar sind

— die an verschiedenen Stellen agierenden Personen exakt und ohne Mißverständnisse miteinander zusammenarbeiten können.

Dabei mußten die Dienstvorschriften einerseits differenziert genug sein, um der bewußt abgestuften Systemreaktion auf die einzelnen Störungsfälle präzise Rechnung zu tragen. Andererseits mußten die Vorschriften so einheitlich gestaltet sein, daß sie leicht faßlich und merkbar sind und in Störfällen möglichst immer wieder die gleichen (Routine-) Handlungen vorgeschrieben sind. Erfreulicherweise geschehen Störungen nur sehr selten - leider mangelt es daher an betrieblicher Übung in der Durchführung der Entstörungshandlungen. Wenn dann in einer so seltenen Störungssituation jedesmal andere Handlungen erforderlich würden, könnte es leicht zur Überforderung des beteiligten Personals kommen. Da diese Erkenntnis die BVC bereits bei der Ausarbeitung der technischen Störungsreaktionen für die Entwicklungsingenieure der SEL leistete, konnte die beschriebene Problematik in den Betriebsdienstanweisungen gelöst werden.

Dienstvorschriften Instandhaltung

Aufbauend auf dem umfassenden SELTRAC-Wartungs- und Instandsetzungskonzept erstellten die BVG-Fachabteilungen Dienstvorschriften für die Instandhaltung der ortsfesten wie fahrzeugseitigen SELTRAC-Einrichtungen. Sie berücksichtigen die Auflagen des Gutachters für den Funktions- und Sicherheitsnachweis des SELTRAC-Systems. Dabei war es wesentlich, Fristen und Arbeitsumfänge der abgestuften Inspektionen festzulegen sowie die Verantwortlichkeiten zu regeln.

Die Tiefe der Instandhaltung ist grundsätzlich so definiert, daß sich die Suche nach Störungsursachen und die Instandsetzung auf die Baugruppen-Ebene zu beschränken hat. Defekte Baugruppen sind zu ersetzen und ggf. anderweitig zur Reparatur zu geben.

Anhand der Dienstanweisungen zur Instandhaltung sowie des SELTRAC-Wartungs- und Instandsetzungskonzeptes wurde und wird das Personal der zuständigen BVG-Signalmeisterei und -Fahrzeug-Betriebswerkstatt ge-

schult. Bei der theoretischen Schulung und praktischen unterweisung leistete die Herstellerfirma SEL tatkräftige Unterstützung.

Nachdem die genannten Zulassungsarbeiten in Form von

— Sicherheitsnachweisen und -betrachtungen
— Abnahmeprüfungen
— Dienstvorschriften

Automatischer Zug im Referenzbetrieb auf der Berliner U-Bahnlinie 4

erledigt waren, konnten die Betriebsleiter der BVG am 17. 5. 1985 die Zulassung des SELTRAC-Systems bei der TAB Berlin beantragen. Diese erteilte
nach der Abnahme des SELTRAC-Systems am 19. 07. 1985 die Betriebsgenehmigung, mit der der Intensiveinsatz des SELTRAC-Systems mit Fahrgästen ermöglicht wurde: In der Zeit vom 09. 09. - 27. 09. 1985 fuhren jeweils bis
zu 14 Referenzfahrzeuge im maximal verdichteten Takt im regulären Fahrgastbetrieb auf elektrische Sicht **(Bild 4).** Nach diesem Intensivbetrieb, der
den Schlußstein der wissenschaftlichen Begleitung setzt, wird der SEL-
TRAC-Betrieb im normalen Fahrplan fortgesetzt.

Sicherheitsstandards in Deutschland und in den USA

SNV Studiengesellschaft Nahverkehr mbH, Bergisch-Gladbach

Dr. Reinhardt

Förderungskennzeichen des BMFT: TV 8445

Zusammenfassung

Zwischen der Urban Mass Transportation Administration und dem Bundesminister für Forschung und Technologie ist ein gemeinsames Forschungsvorhaben zur Sicherheit spurgeführter Verkehrssysteme vereinbart worden. Im Oktober 1984 wurde auf einem deutsch-amerikanischen Expertentreffen das gemeinsam durchzuführende Arbeitsprogramm verabredet. Die Arbeiten der deutschen Partner zu Fragen der Software- und Hardware-Sicherheit haben begonnen, erste Ergebnisse liegen vor. Beispielhaft wird das Arbeitspaket „Hardware/Software-Abhängigkeit" vorgestellt.

Summary

The Urban Mass Transportation Administration (UMTA) and the Federal Ministry of Research and Technology came to an agreement upon a research project concerning the safety of guided transport systems. At an US-German meeting in October 1984 the experts agreed upon the joint working program. The German partners have started with their studies on software/hardware-safety, first results are present. As an example. the chapter „Hardware/Software interdependiencies" is presented.

Einführung

Seit 1973 besteht zwischen dem Bundesminister für Verkehr und dem Bundesminister für Forschung und Technologie einerseits sowie der Nahverkehrsabteilung des Verkehrsministeriums der Vereinigten Staaten von Amerika andererseits ein Vertrag über die Durchführung gemeinsamer Projekte (Memorandum of Understanding). Dieser Vertrag wurde durch eine Vereinbarung zur Durchführung eines gemeinsamen Vorhabens (Project Agreement) im Oktober 1983 konkretisiert. Im Vorhaben „Analyse des Hardware-Software Versagens in sicherheitskritischen Bereichen neuer Landverkehrssysteme" sollen folgende Einzelthemen behandelt werden:

— Neue Verfahren zur Berechnung, Quantifizierung und Bemessung der Sicherheit neuer Nahtransportsysteme

— Feststellung möglicher Auswirkungen eines bestimmten Software-/ Hardware-Versagens in sicherheitskritischen Signal- und Kontrolleinrichtungen spurgeführter Nahverkehrssysteme

— Technologieaustausch über Magnetbahnsysteme zur Auswahl des kostengünstigsten Systems.

Bei Gesprächen deutscher und amerikanischer Fachleute aus dem öffentlichen Nahverkehr über das gemeinsame Forschungsprogramm ergab sich ein besonderes Interesse an der Betrachtung des Einsatzes der Elektronik für Sicherheitsaufgaben im Verkehr, da man mit elektronischen Elementen

im Gegensatz zu Relais nicht ohne weiteres logische Abhängigkeiten mit Sicherheitsverantwortung nachbilden kann. Es sind bei Einsatz der Elektronik für Sicherungsaufgaben eine Vielzahl von Fragen zu beantworten, bei deren erschöpfender Behandlung z. T. in der Bundesrepublik Deutschland, z. T. in den USA schon große Fortschritte gemacht wurden. Der erhebliche Forschungsbedarf auf diesem Gebiet läßt sich in den USA und in der Bundesrepublik Deutschland verringern, wenn man auf vorliegende Ergebnisse des Partners zurückgreifen kann und seine Aktivitäten gemeinsam auf die wichtigsten Fragen konzentriert.

Von deutscher Seite aus hat eine entsprechende konkrete Ausfüllung des Regierungsabkommens begonnen: Der Bundesminister für Forschung und Technologie hat im Sommer 1984 einen Auftrag vergeben mit dem Titel „Deutsch-amerikanische Analyse der Sicherheitsprobleme bei Landverkehrsmitteln". Eine ähnliche Auftragserteilung an Forschungsinstitutionen in den USA durch das Department of Transportation steht bevor.

Projektbearbeitung

Auf einem ersten deutsch-amerikanischen Expertentreffen im Oktober 1984 wurden Inhalt und Durchführung des gemeinsamen deutsch-amerikanischen Vorhabens festgelegt: Es wurde ein Forschungsprogramm aufgestellt und den deutschen bzw. amerikanischen Partnern **(Bild 1)** zur Bearbeitung zugewiesen und ein Symposium zur Darstellung der Forschungsergebnisse verabredet.

Bild 1: Am Forschungsvorhaben beteiligte Institutionen

Das gemeinsam durchzuführende Arbeitsprogramm zu Themen wie Sicherheitsbetrachtung in der Prozeßindustrie, Hardware/Software Beziehungen, Korrektheitsprüfungen der Software, Software-Restmethoden u.a.m. enthält folgende Überschriften:

— Erfahrungen mit der Hardware/Software-Sicherheit bei in Betrieb befindlichen Verkehrssystemen

— Bedingungen und Erfahrungen allgemeiner Art zur Sicherheit

— Software-Sicherheit in anderen Gebieten: Kernkraft, Prozeßindustrie, Luftfahrt

— Methoden und Werkzeuge der Software-Sicherheit aufgrund von Forschungsergebnissen: Software-Versagen, Software-Zuverlässigkeit, Software-Fehlertoleranzen

— Analyse der Software-Bedingungen

— Spezialgebiete der Software-Sicherheit:
Simulationsprogramme, Handhabung von Tests.

Vom gemeinsam erstellten Programm sind auf deutscher Seite einige Punkte schon erfolgreich abgehandelt worden; andere Themen befinden sich in Bearbeitung. Es ist geplant, die vorläufig abgeschlossenen Arbeiten gegenseitig vorzustellen und zu diskutieren, um Anregungen und Kritik des ausländischen Partners zu berücksichtigen und somit im Sinne des Memorandum of Understanding zu einem besseren Verständnis deer jeweiligen technischen Grundsätze und Lösungen zu gelangen. Beispielhaft wird im folgenden ein abgeschlossenes Arbeitspaket vorgestellt.

Hardware/Software-Abhängigkeit

In der klassischen Relaistechnik wie auch bei mit diskreten elektronischen Bauelementen aufgebauten Sicherungseinrichtungen des spurgeführten Verkehrs wurde das sichere Verhalten dadurch nachgewiesen, daß für jeden anzunehmenden Ausfall gezeigt wurde, daß er sich nicht gefährlich auswirken kann. Diese Vorgehensweise wird heute als Ausfalleffektanalyse bezeichnet.

Der Einsatz der Mikroelektronik erfordert ein anderes Vorgehen, da es keine anwendbare Ausfall-Liste als eine Voraussetzung für die Ausfalleffektanalyse für integrierte Schaltkreise gibt. Diese Liste könnte sich z. B. auf das Verhalten von Signalen an der Schnittstelle defekter integrierter Schaltkreis-/Umwelt beziehen. Das Problem besteht darin, daß viele Zustände des Sachverhalts „Ausfall" auch im ausfallfreien Zustand auftreten und sich von diesen z. B. nur darin unterscheiden, daß sie unzeitig anliegen. Es gibt also bei vielen Ausfällen im integrierten Schaltkreis kein typisches Ausfallbild. Ein Beispiel dafür ist, daß ein Befehl in der Zentraleinheit falsch dekodiert wird und eine Reaktion erfolgt, die exakt einem anderen Befehl entspricht. Eine Ausfalleffektanalyse auf Logikgatterebene innerhalb eines hochintegrierten Schaltkreises ist nicht empfehlenswert:

- sie erfordert einen großen Aufwand, der wohl nur mit Rechnerunterstützung bewältigt werden kann (abgesehen vom Fehlerrisiko bei diesem Aufwand)

- mit jeder funktionsmäßig notwendigen Halbleiterstrecke in einem integrierten Schaltkreis sind viele weitere parasitäre verbunden, welche bei einem Ausfall aktiviert werden können und damit zu einem anderen Gattermodell des integrierten Schaltkreises führen.

Durch die Integration ist außerdem die Unabhängigkeit von internen Funktionsgruppen bei Ausfällen nicht mehr gesichert, so daß insgesamt die Simulation des Ausfallverhaltens als eine zweifelhafte Methode im Rahmen eines Sicherheitsnachweises anzusehen ist.

Aus den genannten Gründen muß das sichere Verhalten bei Ausfällen in Einrichtungen mit Mikroelektronik auf anderen konstruktiven Maßnahmen aufgebaut und nachgewiesen werden. Dieses Verhalten kann sowohl durch Eigenschaften der Software wie auch durch Hardwarestrukturen erreicht werden. Hierbei gibt es teilweise Alternativen, aber in vielen Fällen müssen mehrere Maßnahmen angewendet werden, die sich in ihrer Wirkung zur Ausfalloffenbarung ergänzen.

In **Tabelle 1** wird vergröbert dargestellt, welche Eigenschaften sich ergeben, wenn bestimmte Hardware-Strukturen mit verschiedenen Offenbarungsmechanismen kombiniert werden.

Es hat sich gezeigt, daß folgende Maßnahmen zur Ausfall-/Störungs- und Fehleroffenbarung vorgesehen werden:

- Mehrkanaligkeit und Vergleich
- Zeitüberwachung
- Redundante Datenspeicherung
- Plausibilitätschecks
- Selbsttest/Fremdtest.

Hinsichtlich der Wechselwirkung Hardware/Software wurden sichere Ein-/Ausgabekonzepte untersucht. Bei einkanaligen Rechner-Lösungen hängt das sichere Verhalten bei Ausfällen und Störungen wesentlich stärker von den Eigenschaften der Schnittstellen zum Prozeß ab als bei zweikanaligen Lösungen. Bei diesen hardwaremäßig einkanaligen Strukturen können Ausfälle und Störungen oftmals nur über Sicherheitsmaßnahmen bei den Ein-/Ausgaben offenbart werden. Dieses liegt zum Teil auch an der aus Aufwands- und Zeitgründen beschränkten Aussagekraft von Selbsttest und Fremdtest oder an Schwierigkeiten beim Unabhängigkeitsnachweis bei mehrkanaliger Software auf einkanaliger Hardware.

Es zeigte sich, daß unabhängig von den Prinzipien, nach denen bestimmte Ein-/Ausgänge aufgebaut werden, folgende wesentliche Anforderungen an die Software gestellt werden:

- Es müssen a l l e Ein-/Ausgänge abgefragt/getestet werden,
- die Tests sollten unabhängig vom Prozeßzustand möglich sein, also prozeßdatenunabhängig,

Hardware Struktur / Offenbarungsmechanismus	Zweikanalige, taktsynchrone Hardware	Zweikanalige, taktsynchrone Hardware	Einkanalige Hardware
externer Hardware-Vergleich	1.) Alle Ausfälle, Störungen und Fehler können offenbart werden, die zu unterschiedlichen zu vergleichenden Ergebnissen führen. 2.) In beiden Rechnern muß die gleiche Software bearbeitet werden, die in sich diversitär aufgebaut sein kann und dann einen zusätzlichen SW-Vergleich erfordert. 3.) Beide Hardware-Kanäle müssen gleich aufgebaut sein.	1.) wie links; durch die asynchrone Arbeitsweise sollen common-mode-failure und Störungen vermieden bzw. offenbart werden. 2.) Es können die Ergebnisse einkanaliger oder diversitärer Software verglichen werden. 3.) Die Hardware kann diversitär aufgebaut sein.	1.) entfällt bei einkanaliger Software 2.) Wenn nacheinander die gleiche Software zweimal bearbeitet wird, können alle Ausfälle und Störungen offenbart werden, die durch den unterschiedlichen Zeitpunkt der Bearbeitung zu unterschiedlichen Ergebnissen führen. 3.) Bei diversitärer Software können zusätzlich zu 2.) Fehler offenbart werden.
interner Software-Vergleich	wie oben; ein ausschließlicher interner Vergleich ist speziell bei diversitärer Software aus Aufwandsgründen vorteilhaft.	wie oben; die Synchronisation als Voraussetzung für den Vergleich wird vereinfacht	wie oben; es muß gewährleistet sein, daß bei Ausfällen und Störungen eine Offenbarung unterschiedlicher Ergebnisse weiterhin möglich ist.
Selbsttest (Software-Lösung)	Für Ausfälle und Störungen, die nicht datenflußabhängig offenbart werden (können), muß ein Selbsttest vorgesehen werden, um die Wahrscheinlichkeit für gefährliche Doppelausfälle und Störungen in beiden Kanälen ausreichend gering zu halten.	wie links	Die Ausfall- und Störungsoffenbarung durch Selbsttest ist die wichtigste Maßnahme bei einkanaliger Hardware. Der Selbsttest kann zeitintensiver werden in Abhängigkeit vom Grad der Vollständigkeit.
Fremdtest (Hardware-Lösung)	notwendig: Taktüberwachung u.U. sinnvoll: Watchdog-Funktion	u.U. sinnvoll: Watchdog-Funktion	Watchdog-Funktion notwendig, um Reaktionszeiten der Software (z. B. Häufigkeit des Selbsttests) zu überwachen.

Tabelle 1: Wesentliche Eigenschaften der Kombination aus verschiedenen Hardware-Strukturen und Offenbarungsmechanismen

— die Tests sollten so häufig vorgenommen werden, daß Mehrfachausfälle bis zur Offenbarung des ersten Ausfalls ausgeschlossen werden können,

- bei erkanntem Ausfall muß mindestens der betroffene Ausgang (nicht rückgängig machbar) als aktiv oder defekt gekennzeichnet werden; im allgemeinen ist der komplette Rechner abzuschalten,

- es sollte möglichst eine Unterscheidung bei Eingängen zwischen aktiv, passiv und defekt möglich sein,

- bei als defekt erkannten Eingängen denen dann die Eingangs- informationen aktiv zugeordnet wird, darf nicht wieder versucht werden, den wirklichen Eingangszustand zu lesen,

- in der Nutzungsfunktion dürfen nur aktuelle Daten verarbeitet werden,

- die Zustände aller Ausgänge müssen regelmäßig aktualisiert werden.

Elektronische Schnittstelleneinrichtungen: Stand der Arbeiten und erste Erfahrungen mit der Anlage in Essen

Stadtbahn-Gesellschaft Rhein-Ruhr mbH

Oertel

Förderkennzeichen des BMFT: TV 7915 8

Zusammenfassung

Eine speziell für den Nahverkehr entwickelte elektronische Schnittstelleneinrichtung stellt den gemeinsamen parallelen Anschluß von mehreren Prozeßrechneranlagen für automatische Zuglenkung, Fernsteuerung und Linienzugbeeinflussung an Stellwerke her. Diese Schnittstelleneinrichtung ist signaltechnisch sicher ausgeführt, sie besteht aus handelsüblichen Mikrorechnern. Eine daran angeschlossene Bedieneinrichtung ermöglicht sichere und komfortable Fernbedienung des Stellwerkes. Hierfür kommt ein hochauflösender Bildschirm mit ungewöhnlich großem Darstellungsbereich und Bedienung durch unmittelbare Berührung des Bildes zum Einsatz. Das System wurde erstmals im Juni 1984 in Form einer Pilotanlage an ein Streckenstellwerk angeschlossen. Nach erfolgreichen Testläufen konnte nach wenigen Monaten bereits der Zuglenkbetrieb aufgenommen werden. Das Jahr 1985 steht zur Erprobung aller Fernsteuerkomponenten zur Verfügung.

Summary

An electronic interface device specially designed for urban railway systems connects interlocking boxes with computer systems for automatic route-setting, as well as remote control and automatic train control. This device provides fail-safe features and consists of commonly available microprocessors.

Attached to it is a work station for the remote control system. It uses a high resolution colour display that bears safety responsibility too and allows for unusually large track diagrams. Remote control commands are entered by directly touching the appropriate symbols on the screen.

In June 1984 the system has actually been installed in an interlocking box as a prototype system. Following a successful period of testing the system was linked to the automatic train control after a few months. The year of 1985 will be used to test all components of the remote control system.

Betriebliche Aufgabenstellung

Stellwerke sichern die Zugbewegungen im spurgebundenen Schienen-Nahverkehr. Ihre Steuerung übernehmen Zuglenkrechner, die automatisch weit über 90% aller Stellbefehle erarbeiten und ausgeben. Die restlichen Stellbefehle müssen in Form manueller Bedienung über Fernsteuerungen von Zentralstellwerken aus gegeben werden. Zur Erzielung dichtester Zugfolgen und automatischer Fahrweise greift als drittes Führungssystem die Linienzugbeeinflussung auf das Stellwerk zu.
Die drei genannten Führungssysteme

— Zuglenkung
— Fernsteuerung
— Linienzugbeeinflussung

müssen - auf die Bedürfnisse des Nahverkehrs zugeschnitten - kostengünstig und technisch gleichartig mit dem Stellwerk verbunden werden **(Bild 1 und 2)**. Dadurch entsteht der Aufwand für signaltechnisch sichere Ausle-

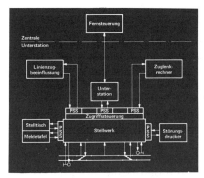 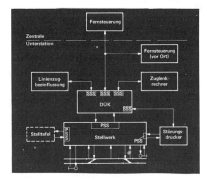

Bild 1: Konventionelle Lösung zur Ausschaltung von Automatisierungssystemen an Stellwerke

Bild 2: Datenübertrager und -konzentrator als Bindeglied zwischen Automatisierungssystemen und Stellwerk

gung der Stellwerksdaten und die Umsetzung der Meldungen von Relais- in Elektroniktechnologie nur einmal. Die Kommandos der drei Systeme sollen, selbsttätig nach Prioritäten geordnet, an das Stellwerk übermittelt werden. In diese Schnittstelleneinrichtung ist die Fernsteuerung zu integrieren, so daß deren Funktion mit minimalem Aufwand lediglich durch Anfügen einer Bedieneinrichtung realisiert werden kann. Die Bedienung soll über einen Farbbildschirm verwirklicht werden, auf dem das komplette Streckenabbild eines Stellwerkes darstellbar ist. Diese Bedieneinrichtung kann gleichartig sowohl vor Ort im Stellwerk als auch in einem Zentralstellwerk installiert werden **(Bild 3 und 4)**.

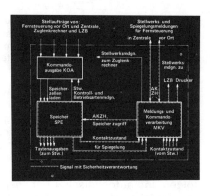

Bild 3: Praktischer Aufbau eines
DÜK im Streckenstellwerk
Wickenburgstraße in Essen

Bild 4: Blickschaltbild der DÜK-
Komponenten im Stellwerk

Technische Anforderungen

Die elektronische Schnittstelleneinrichtung mit integrierter Fernsteuerfunktion besteht aus einem 8/16 Bit-Mikrorechnersystem, dem sogenannten Datenübertrager und -konzentrator (DÜK). Dieser ist zweikanalig aufgebaut, um auch Aufgaben mit Anforderungen signaltechnischer Sicherheit zu übernehmen. Bei Ausfall eines Kanals bleiben dennoch alle nicht sicheren Funktionen des DÜK erhalten, so daß der weitaus größere Teil der Aufgaben - die Zuglenkung und die Fernsteuerung mit Regelhandlungen - hochzuverlässig weitergeführt werden kann. Dieses abgestufte Ausfallverhalten wird durch einen sicheren Software-Vergleich zwischen den Teilsystemen erreicht.

Der signaltechnisch sichere Bildschirm ist selbstüberwachend, so daß bisher notwendige Sicherheitsprüfungen durch den Bediener entfallen. Die Bedienung selbst erfolgt durch gezieltes Berühren von Fahrwegsymbolen auf der Bildschirmoberfläche. Damit werden schnelle Bedienfolgen, fehlerfreie Eingaben und leicht verständliche Bedienhandlungen erreicht.

Die Hardware ist durch weitgehende Verwendung handelsüblicher Bauelemente anstelle signaltechnischer Spezialbauteile gekennzeichnet. So zeichnet sich das sichere Bildschirmsystem durch die Verwendung serienmäßiger computer-boards mit 16 bit Architektur aus **(Bild 5 und 6)**.

Die Software ist zur Qualitätssicherung, besonders zur Fehlerabwehr, mit Hilfe eines rechnerunterstützten Spezifikationssystems in einer höheren Programmiersprache erstellt.

Detaillierte Angaben zur Aufgabenstellung und zur technischen Lösung finden sich in den Statusseminarberichten „Nahverkehrsforschung" VII, VIII, IX und XI.

56

 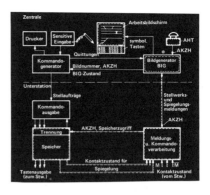

Bild 5: Praktischer Aufbau des Bild-
generators neben einem
Zuglenkrechner

Bild 6: Zusammenwirken von Fern-
steuereingabe, DÜK-Kompo-
nenten u. Bildschirmanzeige

Stand der Arbeiten

Die Installation der Pilotanlage wurde termingemäß im Juni 1984 im Stadt-
bahn-Streckenstellwerk Wickenburgstraße vorgenommen. Dieses Streckenstellwerk gehört zur ersten Stadtbahnstrecke im Rhein-Ruhr-Bereich und
wird von der Essener Verkehrs AG betrieben. Nach Einschalten der Pilotanlage konnte ein dreimonatiger, störungsfreier Dauerbetrieb in Melderich-
tung durchgeführt werden, der zum Test der Kopplung des Zuglenksystems
diente. Im **Bild 3** ist der DÜK im Relaisraum dieses Stellwerkes zu erkennen.
In der nächsten Stufe folgte die Erweiterung auf volle Zweikanaligkeit sowie
der komplette Anschluß des Zuglenksystems auch in Kommandorichtung.

Parallel dazu vollzog sich die Inbetriebnahme des Bildschirmsystems im
Streckenstellwerk und der Test der Kommandoausgabe über die Fernsteuerung noch ohne Hilfshandlungen. Im **Bild 5** ist die elektronische Einrichtung
zur Erzeugung des signaltechnisch sicheren Fernsteuerbildes als Prototyp
neben dem im Dauerbetrieb befindlichen Zuglenkrechner abgebildet. Das
Bemerkenswerte an dieser Elektronik ist die Tatsache, daß hier handelsübli-
che Baugruppen für signaltechnisch sichere Aufgaben Einsatz finden. Die
Verwendung eines 16-bit-Rechners (8086) stellt ebenfalls ein Novum in der
Signaltechnik dar.

Der DÜK lief auf Anhieb 3 Monate störungsfrei im einkanaligen Dauerbetrieb. Seit Dezember 1984 arbeitet der Zuglenkrechner dieses Stellwerks
über das DÜK-Doppelrechnersystem im planmäßigen Fahrgastbetrieb.

Während dieser praktischen Inbetriebnahme- und Erprobungsmaßnahmen
lief die Erstellung der Sicherheitsnachweise sowie deren Prüfung kontinuierlich weiter. Auf Anregung der Stadtbahn-Gesellschaft Rhein-Ruhr erarbeitete der Prüfer (Prof. Pierick) im Herbst 1984 eine Grundsatzaussage, die
- aufgrund der bisher vorgelegten Dokumente - folgenden Inhalt hat:

1. Zielsetzung und Aufgabenstellung sowie konzeptionelle Lösung sind in
   sich schlüssig dargestellt und tragen keine potentiellen Risiken.

2. Die Systembeschreibungen sind richtig, vollständig und widerspruchs-frei erfüllt.

3. Die Systemkomponenten können grundsätzlich signaltechnisch sicher realisiert werden, mit grundsätzlichen Problemen ist nicht mehr zu rechnen.

4. Es ist zu erwarten, daß die Inbetriebnahme am 1.6.1986 möglich sein wird.

Die einkanalige Bildschirmdarstellung ist voll getestet, sie läuft dauerhaft im Probebetrieb mit. Die Übertragung der Zugnummerndarstellung ist realisiert. die Ausgabe der Fernsteuerkommandos an die Pilotanlage wird zur Zeit getestet. Die **Bilder 7 und 8** zeigen den Probeaufbau eines Fernsteuerplatzes. Man erkennt die Bedienung über einen Griffel mit Überschallsender. Die. auf der unter dem Bildschirm befindlichen Platte, aufgemalten „Tasten" stellen die Gruppentasten eines Anschaltbereiches dar. Sie werden wie die Bildschirmoberfläche mit demselben Griffel bedient.

Bild 7:
Bedienung mit Ultraschallgriffel am Fernsteuermonitor im Stellwerk

Bild 8:
Einheitliche Bedienung von Bildschirmoberfläche und „Tastatur"-Ebene mittels Ultraschallgriffel

SEL testet derzeit an der Laboranlage **(Bild 9)** im Werk das zweikanalige Bildschirmsystem einschließlich des sicheren Bildvergleichers.

Neben der Inbetriebnahme der Pilotanlage im Streckenstellwerk Wickenburgstraße werden in zwei weiteren Stellwerken insgesamt vier weitere Datenübertrager und -konzentratoren zur Zeit in Betrieb genommen. Drei davon haben im Herbst 1985 die Ankopplung des Zuglenksystems im Streckenstellwerk Essen Hbf übernommen. Der fünfte DÜK wird für den Zuglenk- und Fernsteuerbetrieb im neuen Streckenstellwerk Messe/Gruga 1986 in Betrieb genommen werden.

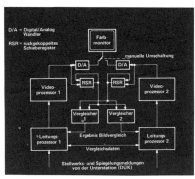

Bild 9: Pronzipanordnung Komponenten zur Erzeugung einer signaltechnisch sicheren, selbstüberwachenden Bildschirmdarstellung

Erste Erfahrungen

Die Zuverlässigkeit des Systems Datenübertrager und -konzentrator (DÜK) konnte in einem beinahe einjährigen Probebetrieb, davon ein halbes Jahr Doppelrechnerbetrieb, unter Beweis gestellt werden.

Durch praktische Tests an der Pilotanlage, die in ihrem Ausbau dem maximal möglichen sehr nahe kommt, konnten gute Erfahrungen in Bezug auf das zeitliche Verhalten des Gesamtsystems gewonnen werden.

Die Bedienungseigenschaften des Fernsteuersystems lassen einen positiven Anklang beim Betriebspersonal der Essener Verkehrs AG erwarten. Obwohl bisher weder Einweisungen noch gar regelmäßige Nutzung des Systems stattgefunden haben, konnten die positiven Reaktionen am Testsystem festgestellt werden. Die ist vor allem darauf zurückzuführen, daß die Bediener keinerlei Verständnisschwierigkeiten bei der Beobachtung der zur Zeit noch durch Techniker durchgeführten Bildschirmbedienung hatten. Vielmehr hat die erstrebte Analogie der Fernsteuerbedienung zur bisher bekannten Stelltischbedienung den erwünschten Erfolg gebracht: Der Bediener ist ohne nennenswerte zusätzliche Einweisung in der Lage mit der Bildschirmeingabe sachgemäß zu arbeiten.

H-Bahn Dortmund: 1½ Jahre Versuchsbetrieb, Integration in den ÖPNV

Siemens AG, Erlangen
DUEWAG Aktiengesellschaft
H-Bahn-Gesellschaft Dortmund mbH

E b e r s (H-Bahn-Gesellschaft Dortmund mbH), Vortragender
H e i n k e (Siemens)

Förderungskennzeichen des BMFT: TV 8312 8

Zusammenfassung

Die H-Bahn Universität Dortmund wurde am 2. Mai 1984 eröffnet. Seit diesem Zeitpunkt läuft der öffentliche Betrieb mit Fahrgästen.

Die ursprüngliche Betriebszeit montags bis freitags von 7.00 Uhr bis 17.00 Uhr mußte wegen der großen Nachfrage bald um anderthalb Stunden täglich verlängert werden. Im ersten Betriebsjahr wurden rund 67.000 Fahrzeugkilometer zwischen den Universitätsteilen unfallfrei zurückgelegt. Im Sommersemester 1984 betrug die durchschnittliche Benutzerzahl knapp 2.900 Personen pro Tag. Im darauffolgenden Wintersemester stieg dieser Wert auf über 4.300 Personen.

Ab 1. 4. 1985 wird Fahrgeld erhoben. Die Tarifeinführung verlief ohne nennenswerte Störungen.

Die während der ersten Betriebsmonate aufgetretenen Störungen wurden analysiert und deren Ursachen weitgehend beseitigt. Inzwischen liegt die Gesamtverfügbarkeit bei über 99%.

Im Rahmen des Forschungsvorhabens „Integration der H-Bahn in das ÖPNV-Netz der Stadt Dortmund" erfolgt derzeit die Abstimmung der Trassenführung für eine mögliche Erweiterung mit dem Planungsamt der Stadt sowie mit den Dortmunder Stadtwerken.

Sumary

The university of Dortmund H-Bahn system has been operating publicly since it was opened om May 2, 1984.

Due to the huge demand, the original operating times (Monday to Friday 0700 to 1700 h) soon had to be extended each day 1 1/2 h. In the first year of operation about 67.000 vehicle kilometres were covered between the parts of the university campus without an accident. In the summer term 1984 just less than 2900 people per day on average travelled on the H-Bahn. This figure rose to over 4300 in the following winter term.

Fares were introduced from April 1, 1985 without any significant interruptions.

The interruptions which occurred in the first months of operation were analyzed and most of the causes could be removed. In the meantime the overall availability is above 99%.

Alignment discussions are at present being held with the Dortmund town planning department and transport authorities with a view to a possible extension as part of the research project „Integration of the H-Bahn in the Dortmund public transport system".

Einleitung

Das Forschungsvorhaben „Versuchsbetrieb H-Bahn Dortmund" gliedert sich in zwei Teile:

— Erlangung der Betriebsgenehmigung

— öffentlicher Betrieb mit Fahrgästen

Teil 1 endete erfolgreich mit der feierlichen Eröffnung der H-Bahn Dortmund durch Bundesminister Dr. Riesenhuber am 02. Mai 1985. Hierüber wurde auf dem letzten Statusseminar berichtet.

Seit Mai 1985 läuft der öffentliche Betrieb mit Fahrgästen. Der vorliegende Bericht schildert die Ergebnisse des ersten Betriebsjahres und den Stand der Untersuchungen für die Anlagenerweiterung.

Betriebsergebnisse

Betriebszeiten

Daß es sich bei der H-Bahn-Anlage Dortmund - trotz uneingeschränkter Zulassung für den öffentlichen Personennahverkehr - z. Z. noch um ein fast ausschließlich inneruniversitär genutztes Verkehrssystem handelt, läßt sich schon an den täglichen Betriebszeiten ablesen, die ganz auf den Bedarf der Dortmunder Universität abgestimmt sind.

Die mit Beginn des öffentlichen Personenbetriebes am 02. 05. 1984 einge-führten Betriebszeiten von montags bis donnerstags in der Zeit von 7.00 Uhr bis 17.00 Uhr und freitags von 7.00 bis 16.30 Uhr erwiesen sich jedoch schon nach einigen Wochen als nicht ausreichend.

Die Verwaltung der Dortmunder Universität trat deshalb mit der Bitte an die H-Bahn-Gesellschaft heran, die Betriebszeiten während des Semesters zu verlängern.

Wie Fahrgastzählungen ergaben - auf die Ergebnisse wird später noch ausführlicher eingegangen - schien uns die gewünschte Verlängerung der Betriebszeiten gerechtfertigt.

Die folgende **Tabelle 1** gibt einen Überblick über die seit Oktober 1984 geltenden Betriebszeiten:

	Semester	Semesterferien
montags	7.00 — 18.30	7.00 — 16.30
dienstags	7.00 — 18.30	7.00 — 16.30
mittwochs	7.00 — 18.30	7.00 — 16.30
donnerstags	7.00 — 18.30	7.00 — 16.30
freitags	7.00 — 17.30	7.00 — 16.30
samstags	—	—
sonn- und feiertags	—	—

Betriebsleistung

Insgesamt wurden somit im ersten Betriebsjahr in 2559 Betriebsstunden rund 67.000 Fahrzeugkilometer zwischen den beiden Universitätsteilen unfallfrei zurückgelegt.

Unter Berücksichtigung eines Platzangebotes von 42 Plätzen pro Fahrzeug beläuft sich die Betriebsleistung somit auf rund 2.8 Millionen Platzkilometer.

Fahrgastzahlen

Zur Ermittlung der exakten Fahrgastzahlen werden regelmäßig Fahrgastzählungen durchgeführt. Studentische Hilfskräfte, die hierfür von der H-Bahn-Gesellschaft eingesetzt werden, haben darüber hinaus die Aufgabe, Fahrgastbefragungen durchzuführen.

Im Sommersemester 1984 lag die durchschnittliche Benutzerzahl bei knapp 2.900 Personen pro Tag.

Im darauffolgenden Wintersemester konnte ein Anstieg der Fahrgastzahlen um 48% auf durchschnittlich 4.310 Personen pro Tag registriert werden.

Die maximale Spitzenbelastung liegt bei 850 Fahrgäste/Stunde.

Die durchschnittlichen Fahrgastzahlen während der Semesterferien lagen 1984 bei 1330 Personen/Tag. Während der Semesterferien im Frühjahr 1985 stieg die Zahl der H-Bahn-Benutzer um 34% auf 1.790 Personen/Tag an.

Fahrgastbefragungen

Ziel des Versuchsbetriebs ist es, u. a. die Akzeptanz des Systems durch die Fahrgäste zu untersuchen, was durch die Erfassung der absoluten Fahrgastzahlen allein sicherlich in der geforderten Weise nicht zu erreichen ist.

Die Fahrgastbefragung erfolgt mit Hilfe vorgedruckter Fragebögen. Die Fragebögen waren so zusammengestellt, daß sie von den Fahrgästen während der 120 Sekunden dauernden Fahrt beantwortet werden konnten.

Gefragt wurde u. a.
— Wie gefällt Ihnen die Fahrt mit der H-Bahn?
— Fühlen Sie sich bei der Fahrt in der H-Bahn sicher?
— Wie beurteilen Sie den Fahrkomfort?
— Wie beurteilen Sie die gesamte H-Bahn-Anlage?
— Kommen Sie mit der Benutzung zurecht?
— nach dem Fahrzweck!
— nach der Benutzerhäufigkeit!
— nach dem Verkehrsmittel, mit dem früher diese Strecke zurückgelegt wurde.

Rund 70% aller Befragten sind Studenten, 15% sind an der Universität beschäftigt und 15% nutzen die H-Bahn als Zubringersystem zur S-Bahn oder besuchen die Universität.

Knapp 90% aller Befragten gefällt die Fahrt mit der H-Bahn gut.

Rund 85% der Fahrgäste fühlen sich während der Fahrt sicher, 5% unsicher, die restlichen äußerten keine Meinung.

Zwei Drittel beurteilen den Fahrkomfort, drei Viertel die gesamte Anlage mit gut.

Mit der Benutzung der H-Bahn kamen 99% zurecht, was sicherlich neben der leicht verständlichen und somit fahrgastfreundlichen Benutzertechnik auch auf die intensive Informationspolitik der H-Bahn-Gesellschaft in den ersten Betriebswochen zurückzuführen ist.

Die Frage nach dem Fahrtzweck wurde wie folgt beantwortet:

— zum/vom Arbeitsplatz	13%
— zum/vom Ausbildungsplatz	39%
— zur/von der Mensa	17%
— zur/von der S-Bahn	10%
— sonstiger Fahrtzweck	21%

55% der Befragten benutzen die H-Bahn täglich, 20% wöchentlich, die restlichen 25% seltener. 47% haben anstelle der H-Bahn früher den Weg mit dem Pkw zurückgelegt, der Rest zu Fuß oder mit dem Fahrrad.

Die Fahrgastzählungen sowie die Fahrgastbefragungen werden in regelmäßigen Abständen wiederholt, wobei die Fragebögen den Erfordernissen angepaßt werden.

Auswirkungen der H-Bahn auf den IV

Zur Erfassung der Auswirkungen auf den Individualverkehr wurde ein viertel Jahr vor Freigabe der H-Bahn für den Personenbetrieb an 2 Tagen eine IV Querschnittszählung im betroffenen Universitätsumfeld durchgeführt. Eine vergleichbare Zählung wurde fast auf den Tag genau ein Jahr später wiederholt.

Die Hoffnungen, die an die Inbetriebnahme der H-Bahn von den betroffenen Einwohnern des Ortsteils Groß-Barop geknüpft wurden, sind erfüllt worden. Das Pkw-Aufkommen lag vor der Freigabe der H-Bahn für den Personenverkehr um durchschnittlich 20% höher als heute, trotz weiter gestiegener Studentenzahlen.

Fahrgelderhebung

Die Betriebsgenehmigung für die H-Bahn - ausgestellt am 26. 04. 84 durch den Regierungspräsidenten in Arnsberg - war mit der Auflage versehen, bis Ende des Versuchsbetriebs Tarife einzuführen.

Dem ist die H-Bahn-Gesellschaft inzwischen nachgekommen. Am 01. 04. 1985, also mit Beginn des Sommersemesters '85, wurden folgende Tarife eingeführt:

— Semesterfahrausweis	DM 20,—
— Semesterfahrausweis für Studenten, Auszubildende und Schüler	DM 15,—
— Einzelfahrausweise (Gültigkeitsdauer 24 Stunden ab Entwertung)	DM 1,—

Gältige VRR-Fahrausweise werden anerkannt.

Die Tarifeinführung verlief ohne nennenswerte Störungen. Stichprobenkontrollen der Fahrausweise werden im Auftrag der H-Bahn-Gesellschaft von einem Dortmunder Dienstleistungsunternehmen durchgeführt.

Systemverfügbarkeit

Die Systemverfügbarkeit schwankte im ersten Betriebsjahr im Durchschnitt zwischen 95% und 97%.

Die aufgetretenen Betriebsunterbrechungen waren in erster Linie auf Ausfälle bzw. Störungen folgender Komponenten zurückzuführen:

— Stationstüren
— Fahrzeugtüren
— Antriebsregelung
— Druckluftanlage

Zur Erreichung einer akzeptablen Systemverfügbarkeit waren deshalb eine Reihe von technischen Veränderungen bzw. Verbesserungen notwendig, auf die im nächsten Abschnitt gesondert eingegangen wird.

An dieser Stelle soll allerdings schon darauf hingewiesen werden, daß diese mittlerweile abgeschlossenen Verbesserungsarbeiten den gewünschten Erfolg hatten.

Die Gesamtverfügbarkeit liegt inzwischen bei über 99%.

Technische Verbesserungen

Während der ersten Monate im öffentlichen Betrieb zeigte es sich, daß einige Komponenten und Anordnungen unter gewissen Bedingungen störungsanfällig wurden, was entweder zu Betriebsunterbrechungen führte oder einen vorzeitigen Bauteiletausch nötig machte. Die Störungsfälle wurden analysiert und entsprechende Verbesserungen vorgenommen. Hierzu seien die folgenden Beispiele genannt:

Türen / Andockeinrichtungen

Zur Personenerfassung im Bereich der Trittstufe haben die Bahnsteigtüren Tastplatten, welche bei geschlossenen Türen eingeklappt werden **(Bild 1).** Durch das Beschleunigen und Abbremsen der KLappen verstellten sich häufig die Schalter der Endlageerfassung. Das System wurde geändert und außerdem neue Stoßdämpfer eingebaut. Ursache häufiger Türstörungen war ein Verstellen der Endschalter bei Temperaturänderungen. Dies wurde behoben durch eine andere Anordnung der Endschalter. Außerdem wurde die Bodenführung der Türblätter verbessert. Nach dieser Maßnahme gab es auch keine Störungen mehr an den Druckwellenschaltern.

Stromrichter für die Fahrmotoren

An den Steuerbaugruppen für die Stromrichter kam es sporadisch zu kurzen Stromunterbrechungen, welche zum Fall der Hauptsicherung führten. Als

Bild 1: Stationstüren mit Tastklappen

Ursache wurden kleinste Kontaktunterbrechungen an den Steckeinrichtungen ermittelt. Aus Sicherheitsgründen wurden alle Steckeinrichtungen ausgewechselt und die kritischen Strompfade doppelt bzw. dreifach ausgeführt. Sicherungsfälle hat es seitdem nicht mehr gegeben.

Stromabnehmer

Die Stromschienen sind im Fahrbahnträger einseitig angeordnet, wobei in der Mitte der Trasse ein Seitenwechsel stattfindet. Die dortigen Stromschienenaufläufe werden mit 50 km/h befahren. Nach einigen Monaten schlagen sich die Wippengelenke an den Stromabnehmern aus **(Bild 2).**

1 Fahrmotor
2 Antriebsrad
3 Stromabnehmer
4 Untergurt
  Fahrbahnträger
5 Bremsbacken
6 Federspeicher
7 Fahrwerk-Rahmen

Bild 2: H-Bahn Stromabnehmer am Fahrwerk

In Zusammenarbeit mit der Herstellerfirma wurde die Konstruktion der Stromabnehmer geändert, womit auch der „geschobene" Stromabnehmer ein besseres Betriebsverhalten erfährt **(Bild 3)**. Außerdem wurden alle Gelenke robuster ausgeführt. Nach den bisherigen Erfahrungen laufen die Stromabnehmer einwandfrei. Die Abnützung der Kohlen ist nunmehr gleichmäßiger und geringer geworden.

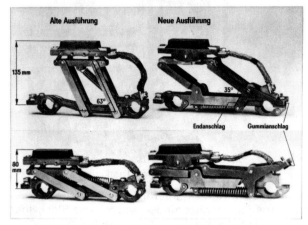

Bild 3: H-Bahn Fahrzeug-Stromabnehmer

Stromschienenaufläufe

Als flankierende Maßnahme zu den Änderungen an den Stromabnehmern wurden die Stromschienenaufläufe federnd angeordnet **(Bild 4)**. Aus Platzgründen befinden sich die dämpfenden Gummifedern außerhalb des Fahrbahnträgers.

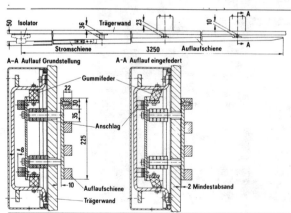

Bild 4: H-Bahn Fahrbahn Stromschienenauflauf

Beim Auflaufen der Stromabnehmer federn jetzt nicht nur die Stromabnehmer, sondern auch die Auflaufstücke zurück. Damit wird eine Senkung des Verschleißes bei den Stromabnehmern erwartet. Das Aufprallgeräusch hat sich erheblich vermindert.

Sicherungsschaltwerke

Während des Betriebes zeigte es sich, daß bei einer bestimmten Fahrzeugverteilung die Sicherungsschaltwerke einen unlöschbaren Zwangshalt „Defekte Sensoren" veranlaßten, obwohl die Sensoren in Ordnung waren.

Die Suche nach den Ursachen dieses sporadisch auftretenden Fehlers gestaltete sich recht schwierig und langwierig. Nach Eingrenzung aller möglichen Ursachen wurde schließlich der folgende Grund für das Ansprechen der Sicherungsschaltwerke gefunden:

Die Geschwindigkeitsmessung der Fahrzeuge erfolgt über Auslösung von Impulsen der BERO-Geber. Sobald sich zwei Fahrzeuge in einem SSW-Bereich befinden, erschien es unwahrscheinlich, daß zwei Impulsverarbeitungen in einem Bereich von ca. 200 Mikrosekunden zusammenfallen. Dies erfolgte jedoch ab und zu. Die Sicherungsebene leitet daraus einen Zwangshalt „Defekter Sensor" ab.

Zur Abhilfe wurde die Doppelanforderungs-Steuerbaugruppe entwickelt, die in dem geschilderten Fall einen der beiden Anforderungsimpulse um einen Paralle-Serien-Wandlerzyklus (ca. 169 µs) verzögert, so daß dadurch für die Geschwindigkeitsmessung keine nennenswerten Toleranzabweichungen entstehen.

Die neue Baugruppe wurde vom TÜV-Rheinland geprüft und abgenommen und von der Technischen Aufsichtsbehörde genehmigt.

Nach dem Einbau auf der Anlage sind die geschilderten Zwangshalte nicht mehr aufgetreten.

Kompressor

Bald nach Beginn des Fahrgastbetriebes zeigte es sich, daß sich bei schnellem Wechsel von beladener und leerer Kabine der Luftvorrat zur Bedienung der Luftfederung schnell erschöpfte. Durch den entstehenden Luftmangel wurde die Fahrt der Kabine gesperrt. Abhilfe brachte der Einbau eines Kompressors mit nahezu doppelter Förderleistung.

Lufttrockner

Bei der ersten großen Kältewelle 1985 kam es teilweise zum Einfrieren von Druckluftleitungen. Es zeigte sich, daß man auf den Einbau eines Lufttrockners nicht verzichten konnte. Die vorgenommenen Maßnahmen zeigten ihren Erfolg, als es bei der zweiten Kältewelle nicht mehr zu Ausfällen dieser Art kam.

Sonderfahrzeug

In der Wartungshalle ist die Geschwindigkeit des Sonderfahrzeuges auf 1 km/h begrenzt und wird überwacht. Durch eine Umschalteelektronik, die von Magneten am ersten Fahrbahnträger angeregt wird, wird nach Verlassen der Halle die volle Geschwindigkeit freigegeben. Bei Halleneinfahrt erfolgt der umgekehrte Vorgang. Beim Wechsel der Geschwindigkeitsbereiche kam es mehrfach zu Störungen. Diese führten zwar nicht zu höherer Geschwindigkeit in der Halle, jedoch zu Behinderungen auf der Strecke. Die Schaltung wurde vereinfacht und damit viel weniger störanfällig.

Auch die Überstiegseinrichtung zur Bergung von Fahrgästen aus den Personenfahrzeugen wurde vereinfacht **(Bild 5).**

Bild 5: Sonderfahrzeug, Überstiegseinrichtung

Stand der Untersuchungen Integration in den ÖPNV

Die H-Bahn-Gesellschaft Dortmund hat am 14. 01. 1985 beim BMFT einen Antrag auf Gewährung einer Bundeszuwendung für das Forschungsvorhaben „Integration der H-Bahn in das ÖPNV-Netz der Stadt Dortmund" gestellt.

Unmittelbar nach dem einstimmigen Ratsbeschluß der Stadt Dortmund vom 28. 02. 1985, durch den die H-Bahn-Gesellschaft aufgefordert wird, die Möglichkeiten und Konsequenzen einer Verlängerung der Stammstrecke mit dem Ziel einer verkehrlichen und tariflichen Einbindung in den ÖPNV der Stadt zu untersuchen, wurden vom BMFT die beantragten Mittel bewilligt.

Die Studiengesellschaft Nahverkehr wurde von der H-Bahn-Gesellschaft mit der Durchführung des Vorhabens beauftragt. Im Mai 1985 konnte mit den Arbeiten begonnen werden.

Der Schwerpunkt des Vorhabens liegt derzeit auf der Abstimmung der Trassenführung für eine mögliche Erweiterung mit dem Planungsamt der Stadt sowie mit den Dortmunder Stadtwerken. **Bild 6** zeigt das Untersuchungsgebiet.

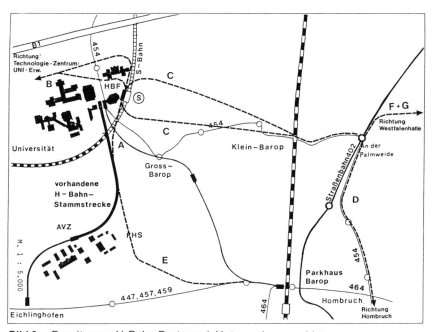

Bild 6: Erweiterung H-Bahn Dortmund, Untersuchungsgebiet

Eine Verlängerung der Stammstrecke in den Stadtteil Eichlinghofen als erster Schritt wird von allen Beteiligten favorisiert. Wir hoffen, bis zum Frühjahr 1986 die Detailplanung abschließen zu können und werden auf dem nächsten Statusseminar darüber berichten.

M-Bahn: Stand des gesamten F+E-Vorhabens

Senator für Verkehr und Betriebe (SnBuV)

AEG-Telefunken
Berliner Verkehrs-Betriebe (BVG)
Magnetbahn GmbH
SNV Studiengesellschaft Nahverkehr mbH, Berlin

F u h r m a n n (SNV)
L o e p e r (AEG)
R o s s k o p f (BVG)
D r. S c h u l z (Magnetbahn GmbH)
R ö s g e n (SnVuB)
S c h ü f f n e r (AEG), Vortragender

Förderungskennzeichen des BMFT: TV 8245

Zusammenfassung

Mit dem Planfeststellungsbeschluß, der sich bedauerlicherweise aufgrund von Widersprüchen verzögert, könnten die weiteren Bauarbeiten für die gesamte Stufe II beginnen.

Der Fahrweg wurde unter nennenswerten Gesichtspunkten weiterentwickelt. Dies trifft ebenso auf die Stützen zu. Es werden drei Stützentypen (einfache Regelstütze, aufgelöste Stahlstütze, Pavillon-Stütze) zur Anwendung kommen.

Das aus einem laufenden F+E-Abkommen bereitgestellte Fahrzeug wurde bis zum gegenwärtigen Zeitpunkt (Sept. 85) auf dem ca. 500 m langen Streckenabschnitt rund 7.000 Fahrzeug-Kilometer rechnergesteuert hin-und herbewegt. Anfang April 1986 wird das erste Serienfahrzeug fertiggestellt sein und in Betrieb genommen.

Im Bereich der M-Bahn-Betriebsleittechnik wurde für die Stufe I der Probebetrieb aufgenommen. Überwachungskurven des Sicherungssystems und die Geschwindigkeitsvorgaben der Zugsteuerung wurden nach den derzeitigen Möglichkeiten aufeinander abgestimmt und optimiert. Ebenso konnten Verbesserungen bei der Software in den Bereichen Zugsteuerung, Anpassung des Regelverhaltens der Motor- und Zugsteuerung erreicht werden.

Für Stufe II werden seit Anfang 1985 die Hardware- und Software-Aufgaben bearbeitet. wobei die Ergebnisse der Stufe I einfließen. Abstimmungsgespräche sind noch im Bereich des Störungsbetriebes erforderlich. Durch die Berücksichtigung von Bahnsteigtüren an den Haltestellen stellen sich neue Aufgaben in der Behandlung des Störbetriebes.

Summary

Because of certain objections, construction has been delayed for the entire stage II of the project.

Some notable technical improvements were added to the guidance rail and to the supports. Three typs of support will be used.

To date (Sept. 85) the vehicle, taken from a current R&D project, has been moved some 7000 km back and forth on tracks about 500 m in length, guided by a computer. As of April 1986. the first vehicle from a regular serial production will start to operate.

In the area of the M-Train guided by a control technology, testing of actual operation has begun. The suveillance-curves of the safety system have been coordinated with the speed-directives of the control system, to the extent possible at this stage. Software improvements were attained also in other areas of the general guidance system.

For stage II, hardware and software solutions are progressing while the results of stage I are being incorporated. Measures for potential break downs still have to be discussed, especially as regards their coordination. Platform doors at the stations pose some new problem in this respect.

Vorbemerkung

Im Statusseminar „Nahverkehrsforschung 84" wurde bereits über die Schwerpunkte Projektierung der Stufe I, Bau und Montage in Baustufe I, Planungsarbeiten für Baustufe II und das Zulassungsverfahren berichtet. Der Bericht über das XII. Statusseminar umfaßt nun den Stand des Planfeststellungsverfahrens, den Fahrweg, die Stützen, das Fahrzeug und die Betriebsleittechnik.

Planfeststellungsverfahren

Der erwartete Planfeststellungsbeschluß zum Oktober 1984 konnte aus folgenden Gründen nicht eingehalten werden:

— Einsprüche zum Erörterungstermin 24. 9. 84,

— Planungsänderungen der Tiefbauverwaltungen, insbesondere im Bereich „Bahnhof Kemperplatz" **(Bild 1)**,

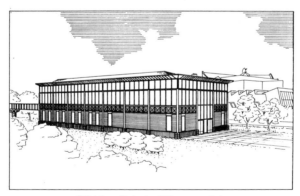

Bild 1:   Bahnhof Kemperplatz

— Wettbewerbsentscheid zum „Kulturforum Kemperplatz",

— Generelle Ablehnung des M-Bahn-Systems durch die Berliner Landesarbeitsgemeinschaft für Naturschutz e.V. (BLN) und Bund für Naturschutz.

Bis zum gegenwärtigen Zeitpunkt sind eine Vielzahl von Verfahrensschritten abgeschlossen, z. B. die förmliche Antragstellung, Bekanntmachung und Auslegung, Erörterungstermin, Bekanntmachung der Festsetzung des Planfeststellungsantrages (Planfeststellungsbeschluß vom 23. 05. 85), öffentliche Auslegung des Panfeststellungsbeschlusses und die Einhaltung der Rechtsmittelfrist von vier Wochen.

Im Juni und Juli 1985 wurden Widersprüche gegen den Planfeststellungsbeschluß vom 23. 05. 85 eingelegt. Dies führt zu einer weiteren Zeitverzögerung der Rechtskrafterlangung des Planfeststellungsbeschlusses.

Fahrweg

Die Fahrwegträgerkonstruktion wurde unter folgenden Gesichtspunkten weiterentwickelt **(Bilder 2, 3 und 4):**

— Maschinen-schweißgerechte Konstruktion.
  Dies sind insbesondere Längsnähte, Zugänglichkeit für Schweißverfahren mit Portalschweißmaschine.

Bild 2: Alter Fahrwegträger   **Bild 3:** Neuer Fahrwegträger

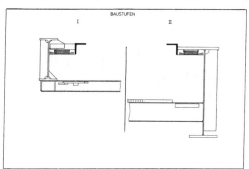

Bild 4: Vergleich alter/neuer Fahrwegträger

— Höhere Wirtschaftlichkeit: Durch schnelleren Materialdurchlauf geringere Bearbeitungszeiten.

— Variable Konstruktionsanpassung an geometrische Verhältnisse.
  Dies sind Überhöhungsrampen in den Übergangsbögen und Querneigungen in den Kurvenstücken.

— Verbesserung des äußeren Erscheinungsbildes, insbesondere glatte Oberflächenstruktur bei den fahrzeugnahen Teilen.

— Erhöhung des mechanischen Schutzes für das Antriebssystem.

Für die Baustufe 2 werden 78 Stück Brückenträger und eine Gleisverbindung benötigt, mit den Spannweiten von 15,84 m bis 30,60 m, d.h. es kommen Trägerhöhen von 1,00 - 1,80 m zur Ausführung. Die Zuordnung der Funktionsteile im Fahrwerk sind durch die Elektrotechnik und die Bauvorschriften des Notlaufstegs (Fluchtweg) bestimmt. Der bei der M-Bahn mögliche Notlaufsteg hat nun eine Geländerhöhe von 650 mm, die durch die Führungsschienen bestimmt ist. Die Ausrüstungsteile

— Antrieb
— Linienleiter
— Kabelkanäle

sind in Ausführung und Materialauswahl nach Erprobung in Baustufe 1 festgelegt worden. Die Stromschiene ist in ihrer Ausführung und Materialauswahl ebenfalls inzwischen erprobt worden.

Die Lagerung der Brückenträger erfolgt jeweils auf zwei allseitig beweglichen, einem längs beweglichen und einem festen Lager.

Stützen

Entsprechend dem Konzept des Planfeststellungsverfahrens kommen drei Stützentypen infrage. Gemäß den städtebaulichen Anforderungen wurden neben der einfachen Regelstütze eine aufgelöste Stahlstütze gewählt, die im wesentlichen aus Stahlrohrkonstruktion besteht **(Bild 5)**.

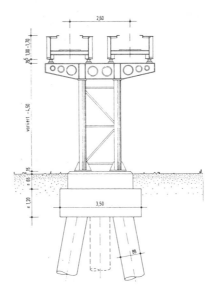

Bild 5: Aufgelöste Stahlstütze

Zur Ergänzung bzw. Aufnahme der Zugangsbauwerke zur Weiche kommen sog. Pavillon-Stützen mit integriertem Treppenaufgang zur Ausführung. Die Fundamente werden entsprechend dem erstellten Bodengutachten mit Bohrpfählen und Pfahlkopfplatte erstellt.

Fahrzeug

Prototyp

Durch die Verfügbarkeit der stillgelegten U-Bahn-Trasse haben sich für die Inbetriebnahme und den Erprobungsbetrieb günstige genehmigungsrechtliche Voraussetzungen ergeben, so daß kurzfristig aus einem anderen laufenden F+E-Vorhaben ein Fahrzeug zur Verfügung gestellt und auf die Trasse gebracht wurde. Dieses Fahrzeug enthält eine Vielzahl neuer Erkenntnisse und Verbesserungen sowie eine vollständige Ausrüstung als Serien-Prototyp **(Bild 6).**

Dieses Fahrzeug befindet sich seit Mitte Juni 1984 auf der Anlage und diente für eine Reihe von Inbetriebnahmen und Meßprogrammen für die Komponenten Antriebssteuerung, Betriebsleittechnik und Fahrzeugausrüstung. Ab Anfang August 1984 wurde nach einem Programm gefahren. Bis zum gegenwärtigen Zeitpunkt (Sept. 85) sind auf dem rund 500 m langen Streckenabschnitt ca. 7.000 Fahrzeug-Kilometer erzielt worden.

Bild 6: M-Bahn-Fahrzeug, Proptotyp   **Bild 7:** M-Bahn-Wartungsfahrzeug

Wartungsfahrzeug

Zur Unterstützung des Betriebes kommt zusätzlich ein dieselmotor-getriebenes Wartungsfahrzeug zum Einsatz **(Bild 7).**

Dessen Aufgabe sind im wesentlichen die eines Montage-Hilfsfahrzeuges beim Fahrwegbau und bei der Fahrwegausrüstung. Weiterhin hat dieses Fahrzeug Aufgaben als mobiler universeller Geräteträger und Arbeitsplattform für Instandhaltung und Inspektion des Fahrweges incl. Ausrüstung eines Rangiergerätes zum Bewegen der Fahrgastfahrzeuge außerhalb des mit dem Fahrweg-Wanderfeldantrieb ausgestatteten Bereiches und nicht zuletzt als Hilfsfahrzeug in Störungsfällen zu erfüllen.

Im letzteren Fall kann damit Personal rasch an beliebigen Stellen der Strecke oder an unterwegs stillstehende Fahrzeuge zur Störungsbeseitigung gebracht werden oder Fahrzeuge/Züge angekuppelt und abgeschleppt werden.

Serienfahrzeug

Auf der Grundlage des erarbeiteten Lastenheftes und des erprobten Prototyp-Fahrzeuges wurde Ende 1984 eine Ausschreibung für vier Wagenkästen durchgeführt.

Nach Erteilung des Auftrages im Januar 1985 begannen die Konstruktionsarbeiten, die durch verschiedene Auflagen bzw. betriebliche Randbedingungen notwendige Änderungen zu berücksichtigen hatten. Insbesondere waren folgende Aufgaben zu realisieren:

— Geänderte Türkonstruktion im Hinblick auf geometrische Verhältnisse an der Bahnsteigkante und Gemeinsamkeiten mit U-Bahnfahrzeugen.

— Einheitliche Türteilung am Fahrzeug und über die Kupplung im Zug, um im Rastermaß einer Türteilung eine maximale Anzahl von möglichen Haltepunkten realisieren zu können.

— Auflagen bezüglich der Gestaltung des Notausstieges in den Fluchtweg im Fahrwegträger.

— Geänderter Einbau verschiedener Ausrüstungsteile (Sprechanlage, Hilfsbedientafel).

— Verwendung von Werkstoffen im Fahrgastraum, die den neuesten Brandschutzrichtlinien entsprechen.

— Änderung des Bodenenergie-Versorgungskonzeptes (anstatt des sogenannten Haltestellenladungskonzeptes jetzt durchgehende 220 V-Versorgungsstrommaschine).

Die konstruktive Bearbeitung und die Fertigungsvorbereitungen sind mittlerweile weitgehend abgeschlossen und zum Berichtszeitpunkt hat die Herstellung des Wagenkasten-Rohbaus (Mechanteil) bereits begonnen.

Parallel dazu ist bereits die Bestellung von Teilen für die Schwebegestelle mit langer Lieferzeit erfolgt. Auch diesbezüglich wird die Fertigung in den nächsten Wochen in vollem Umfang beginnen. Gegenüber dem Prototyp waren hier keine nennenswerten Änderungen erforderlich.

Anfang April 1986 ist das erste Serienfahrzeug fertiggestellt **(Bild 8).**

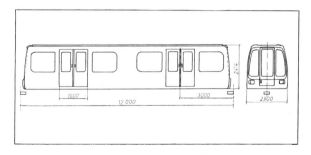

Bild 8: Serienfahrzeug

75

Aufgrund der Erkenntnisse aus der Baustufe I werden für den Traktionsteil in der Baustufe II einige Mofifikationen vorgenommen (Trassenmotorverguß, Motoranschluß, Pulswechselrichter-Regelung).

Betriebsleittechnik

Abschluß und Erfahrungen Baustufe I

Anläßlich der Statusseminare der vergangenen Jahre wurde ausführlich über den Aufbau der M-Bahn-Betriebsleittechnik berichtet. Im vergangenen Jahr galt ein Schwerpunkt der Darstellung der Ergebnisse der Prüffeldtests und -simulation **(Bilder 9 und 10).**

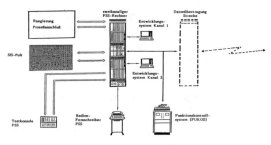

Bild 9: Prüffeldaufbau

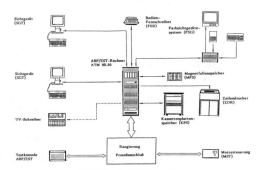

Bild 10: Prüffeldaufbau

Ab Mai 1984 erfolgte, beginnend mit dem Teilsystem Automatische Betriebsführung **(Bild 11),** die Umsetzung der Hardware auf dem U-Bahnhof Gleisdreieck. Dort wurde der Aufbau der bereits im Prüffeld auf die Anlagenbelange zugeschnittenen Komponenten mit entsprechender Funktionsinbetriebnahme Ende September 1984 abgeschlossen.

Danach konnte der Probebetrieb aufgenommen werden, wobei anfänglich die Abstimmung zwischen Überwachungskurven des Sicherungssystems und den Geschwindigkeitsvorgaben der Zugsteuerung optimiert werden mußte. Hier konnte offensichtlich die Prüffeldsimulation nicht fein genug durchgeführt werden. Desweiteren waren an einigen Punkten, wie z. B. bei der Abfahrt, dem Halt, den Langstatorabschnittsübergängen und dem Beginn von Langsamfahrstellen, Komforteinschränkungen im Fahrverhalten

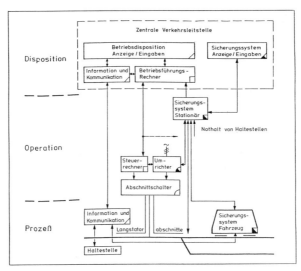

Bild 11: Disposition, Operation, Prozeß

zu erkennen. Beide Effekte konnten durch Software-Nacharbeiten an der Zugsteuerung und durch eine Anpassung des Regelverhaltens der Motorsteuerung und Zugsteuerung gemildert werden. Das derzeit installierte Sicherungssystem arbeitet funktional einwandfrei. Aufgrund nicht erwarteter mechanischer Verformungen der mitlaufenden Abstandskontrollen, die auch zur Wegeerfassung verwendet werden, wurden jedoch unerwartet hohe Feinortungstoleranzen gemessen.

Beginn Aktivitäten für Baustufe II

Der Ablauf der Arbeiten ist auf die Anforderung des Prüfungs- bzw. Zulassungsablaufs als erwarteter kritischer Weg ausgerichtet. Erster Meilenstein war hierfür die Erarbeitung einer für alle Beteiligten verbindliche Aufgabenstellung. Diese wurde als gemeinsames Ergebnis der Arbeitsgemeinschaft M-Bahn - unter der Federführung der AEG - pünktlich fertiggestellt. Daran schloß sich die Konzept- und Entwurfsbearbeitung für die Festlegung der endgültig zu realisierenden Konfiguration an. Diese wurde ebenfalls termingerecht abgeschlossen. Sie diente als Basis einer Grundsatzaussage des Prüfers bezüglich der Realisierbarkeit des Prüf- und Zulassungsverfahrens im geforderten Zeitrahmen.

Seit Anfang 1985 werden die HW- und SW-Aufgaben sowie die Projektierungen und Bauvorbereitungen zügig bearbeitet. Hierbei stellen sich Fragen im Zusammenhang mit der Störbetriebsbehandlung, mit der Einbindung besonderer Betriebsmittel, wie z. B. der Bahnsteigtüren, als besonders abstimmungs- und klärungsbedürftig heraus. Im Interesse eines termingerechten Projektverlaufs ist für die damit verbundenen Festlegungen aller Beteiligten besondere Eile geboten.

Diskussion

Leitung: Dr. Ing. E.h. Weigelt

Teilnehmer: Ebers, Dr. Jacob, Kratky, Kraudelat, Lüers, Dr. Meyer, Mies, Dr. Müller-Hellmann, Oertel, Prof. Pierick, Dr. Reinhardt, Rösgen u. a.

Referate: **Nutzen-Kosten-Untersuchung PUSH; Genehmigungsverfahren PUSH; Zulassungsarbeiten SELTRAC auf der Referenzanlage Berlin; Sicherheitsstandards in Deutschland und in den USA; Elektronische Schnittstelleneinrichtungen; H-Bahn Dortmund; M-Bahn Berlin**

Insbesondere wurde auf das Zulassungsverfahren PUSH und SELTRAC eingegangen und die Frage aufgeworfen, warum in Deutschland nur vom automatischen Betrieb geredet und dieser nicht wie in Frankreich auch realisiert wird. Der Grund dafür liegt in der technischen Sicherheitsauffassung. Frankreich, Amerika und andere Länder kennen für den Nachweis der Sicherheit mehr das Versicherungsprinzip, während es in der Bundesrepublik Deutschland mehr das Aufsichtsprinzip ist, das die Arbeiten bestimmt. Dieses Aufsichtsprinzip war bisher für die Einführung technischer Neuerungen hinderlich. Bei einer entwicklungsbegleitenden Sicherheitsarbeit, wie sie nun bei vielen Vorhaben praktiziert wird, ist es so, daß nach Erstellen der letzten Entwicklungsunterlagen im Prinzip auch die Genehmigung erteilt werden kann.

Beim Vorhaben PUSH der Hamburger Hochbahn hat der Fahrer keinerlei Bedienungsfunktionen mehr durchzuführen. Die Realisierung eines automatischen Betriebes ist somit technisch möglich. Es wurde festgestellt, daß die Zulassung eines fahrerlosen Betriebes mit der Technischen Aufsichtsbehörde Hamburg bereits angedacht und nach dem Ausnahmeparagraphen der BOStrab möglich gewesen wäre. Die Frage nach der Überwachung des Lichtraumprofiles ist beim fehlenden Fahrer für die Zulassung kein Hinderungsgrund, da dies auf dem Wege einer organisatorischen Sicherheit hätte gelöst werden können.

Es wurde darauf hingewiesen, daß der Vorstand der Hamburger Hochbahn letztlich über die Einführung eines fahrerlosen Zugbetriebes entscheiden muß. Dabei dürfte auch die arbeitsmarktpolitische Situation eine Rolle spielen.

Es wurde zum Ausdruck gebracht, daß ein fahrerloser Betrieb am einfachsten bei neuen Systemen wie z. B. der M-Bahn durchsetzbar ist. Dort sieht die Konzeption von vornherein einen fahrerlosen Betrieb und personalfreie Haltestellen vor. Damit ist auch ein Ansatz gegeben dies bei U-Bahnen durchzusetzen.

Als kritisch wurde der Aufwand für den Sicherheitsnachweis angesehen. Dieses Problem ist erkannt. Die zukünftige Prüf-Entwicklungsrichtung dürfte sein. daß der Datenverkehr zwischen Entwickler, Betreiber und Prüfer über den Datenträger Elektronik erfolgt.

Fahrzeugtechnik

Systemstruktur und Aufbau eines Fahrzeuges für den Stadtschnellbahnverkehr

Senator für Wissenschaft und Forschung, Berlin

AEG-Telefunken
SIEMENS AG
WAGGON UNION GmbH

B e i e r (Berliner Verkehrsbetriebe)
D o b b e r p h u l (Waggon Union)
F a l k (AEG-Telefunken)
D r. L i p i n s k y (SenWiForsch)
v. M ö l l e n d o r f f (AEG-Telefunken)
P o t t s c h i e s (Waggon Union), Vortragender
S a u e r (Siemens)

Förderungskennzeichen des BMFT: TV 8457

Kurzfassung

Am Beispiel eines Prototypfahrzeuges für die Berliner S-Bahn werden neue Komponenten für Nahverkehrsfahrzeuge entwickelt und erprobt. Im Vordergrund stehen Leichtbau, Energieökonomie, günstige Herstell- und Betriebskosten, Attraktivität für den Fahrgast. Es werden die Konzepte einiger hierfür wesentlicher Komponenten des neuen Fahrzeuges dargestellt.

Summary

A prototype vehicle for the Berlin S-Bahn serves as a model for the development and testing of new components for transit vehicles. The main emphasis is laid on light construction, economical use of energy, favourable production and operating costs, attractiveness for the passenger. A description is given of the concepts of some components of the new vehicle, which are essential for this purpose.

Einleitung

In Ergänzung zu den in den derzeitigen Bearbeitungsphasen theoretischen Arbeiten der Vorhaben Stadtbahn 2000 und SPNV 2000 wurde im Frühjahr 1984 das vorliegende Vorhaben begonnen. Die Betriebsübernahme der Berliner S-Bahn mit ihrem völlig veralteten Fahrzeugpark durch die Berliner Verkehrsbetriebe (BVG) bot die Gelegenheit, weitgehend losgelöst von einengenden Zwängen moderne, innovative Lösungen für die meisten Teilbereiche der S-Bahn-Fahrzeugtechnik zu entwickeln und zu erproben.

Es wird ein 8-Wagen-S-Bahnzug als Prototyp für eine kommende Neuausstattung der Berliner S-Bahn-Strecken entwickelt, gefertigt und erprobt.

Die Finanzierung dieses Projektes teilen sich BMFT, Senat von Berlin sowie die BVG und die beteiligte Industrie **(Bild 1).** Die Berliner Firmen AEG,

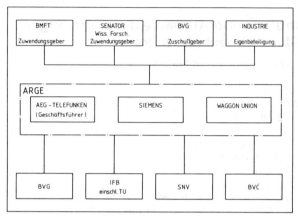

Bild 1: Projektorganisation

Siemens und Waggon-Union haben sich zu einer Arbeitsgemeinschaft zusammengeschlossen. Diese wiederum hat sich für Teilbereiche die Mitwirkung des Betreibers (BVG), des neugegründeten Institutes für Bahntechnik an der Technischen Universität (IFB), der Studiengesellschaft Nahverkehr (SNV) sowie der Berliner Verkehrsconsult (BVC) gesichert.

Das Projekt gliedert sich unter Leitung von AEG in die vier Abschnitte **(Bild 2):**

— Konzeption
— Entwicklung und Bau der Komponenten
— Integration zum Gesamtsystem
— Systemerprobung

Zur Zeit werden wesentliche Komponenten fertiggestellt und mit der Integration begonnen. Im Frühjahr 1986 wird mit der Inbetriebnahme gerechnet.

Aus der Fülle neuartiger Konzepte, die hier realisiert werden, kann nur eine Auswahl getroffen werden. Sie ist in

— Wagenbau
— Antrieb
— Steuer- und Informationstechnik

zu unterteilen.

Wagenbau

Gemäß Beschluß des Berliner Abgeordnetenhauses muß die S-Bahn in West-Berlin mit der S-Bahn in Ost-Berlin kompatibel bleiben (Stromversor-

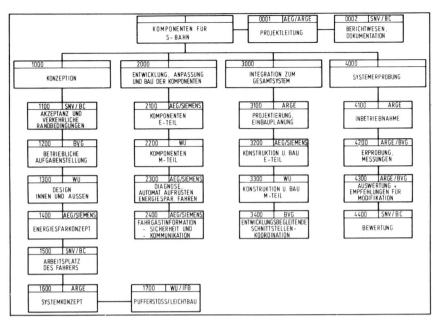

| 1000 | 2000 | 3000 | 4000 |

KOMPONENTEN FUR S-BAHN

| 0001 | AEG/ARGE | PROJEKTLEITUNG |
| 0002 | SNV/BC | BERICHTWESEN, DOKUMENTATION |

| 1000 KONZEPTION | 2000 ENTWICKLUNG, ANPASSUNG UND BAU DER KOMPONENTEN | 3000 INTEGRATION ZUM GESAMTSYSTEM | 4000 SYSTEMERPROBUNG |

| 1100 | SNV/BC | AKZEPTANZ UND VERKEHRLICHE RANDBEDINGUNGEN | 2100 | AEG/SIEMENS | KOMPONENTEN E-TEIL | 3100 | ARGE | PROJEKTIERUNG, EINBAUPLANUNG | 4100 | ARGE | INBETRIEBNAHME |

| 1200 | BVG | BETRIEBLICHE AUFGABENSTELLUNG | 2200 | WU | KOMPONENTEN M-TEIL | 3200 | AEG/SIEMENS | KONSTRUKTION U. BAU E-TEIL | 4200 | ARGE/BVG | ERPROBUNG, MESSUNGEN |

| 1300 | WU | DESIGN INNEN UND AUSSEN | 2300 | AEG/SIEMENS | DIAGNOSE, AUTOMAT. AUFRÜSTEN ENERGIESPAR. FAHREN | 3300 | WU | KONSTRUKTION U. BAU M-TEIL | 4300 | ARGE/BVG | AUSWERTUNG + EMPFEHLUNGEN FÜR MODIFIKATION |

| 1400 | AEG/SIEMENS | ENERGIESPARKONZEPT | 2400 | AEG/SIEMENS | FAHRGASTINFORMATION - SICHERHEIT UND - KOMMUNIKATION | 3400 | BVG | ENTWICKLUNGSBEGLEITENDE SCHNITTSTELLEN-KOORDINATION | 4400 | SNV/BC | BEWERTUNG |

| 1500 | SNV/BC | ARBEITSPLATZ DES FAHRERS |

| 1600 | ARGE | SYSTEMKONZEPT | 1700 | WU/IFB | PUFFERSTOSS/LEICHTBAU |

Bild 2: Projektstrukturplan

gung, Lichtraumprofil, Nord-Süd-Tunnel, Bahnhofslänge, Zugsicherung usw.).

In Anbetracht dieser wesentlichen Randbedingungen und der aus dem U-Bahn-Betrieb vorliegenden Erfahrungen wurde zur Erfüllung der geforderten Kompatibilität und im Interesse einer betrieblichen Flexibilität eine Gliederung des ca. 147 m langen Vollzuges in vier Doppeltriebwagen festgelegt. Im Gegensatz zu den alten Viertelzügen, hauptsächlich bestehend aus Trieb- und Beiwagen, werden die neuen Fahrzeuge mit zwei Führerräumen und Allachsantrieb mit Drehstromfahrmotoren ausgerüstet. Das Aussehen des Fahrzeugs wurde im Benehmen mit Betreiber und Hersteller von Prof. Lindinger gestaltet **(Bild 3)**.

Das Drehgestell ist wiegenlos, und der Wagenkasten stützt sich über die in Reihe geschaltete Luftfeder und Gummi-Metall-Schichtfeder (Notfeder) ab. Die Luftfederanlage ist als Dreipunktsteuerung mit Längsausgleich konzipiert. Entgegen der z. z. bei Nahverkehrsdrehgestellen in Deutschland vorherrschenden Tendenz wurde nicht ein Zweiachslängsantrieb mit Winkelgetrieben gewählt, sondern auf den Einzelachsantrieb mit vollabgefederten querliegenden Motoren zurückgegriffen. Hierüber wird nachfolgend noch berichtet. Diese sehr einfache Bauart ermöglicht die Verwendung eines H-förmigen verwindungsweichen Rahmens, wie er auch wegen der erwarteten Laufgüte in Laufdrehgestellen des ICE eingesetzt wird. Diese Ausführung ermöglicht eine kostengünstige Fertigung, da gängige Halbzeuge eingesetzt werden und ein niedriges Eigengewicht des Rahmens (ca. 0,7 t). Die Konstruktion berücksichtigt in besonderem Maße die Anforderungen an eine hohe Dauerfestigkeit. Der weitgehenden dynamischen Entkopplung

81

zwischen den Tauch- und Querbewegungen dient die Tiefanlenkung des Drehgestells mit Drehzapfen und Mitnehmertraverse mit Lemniskaten-Anlenkung. Hierdurch wird auch bei Anfahrt und Bremsung eine Verringerung der Achsent- bzw. -belastung erwartet. Die Radsätze sind durch Metall-gummi-Schichtfedern abgefedert.

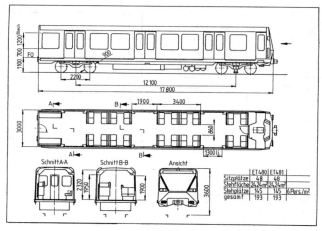

Bild 3: S-Bahn-Triebwagen

Eine umfangreiche Untersuchung ergab auf der Grundlage von 15 Bewertungskriterien einen leichten Punktevorsprung für die Stahl-Leichtbauweise für den Wagenkasten **(Bild 4).** Durch Nutzung eines relativ neuen Stahles

		STAHL		ALUMINIUM	
KRITERIUM	GEWICHTUNG	PKT	G * PKT	PKT	G * PKT
ENERGIEKOSTEN	0.15	8	1.20	8	1.20
OBERBAUBEANSPRUCHUNG	0.025	7	0.175	7	0.175
E - ANTRIEB	0.025	7	0.175	7	0.175
MATERIALKOSTEN	0.125	6	0.75	4	0.5
FERTIGUNGSKOSTEN	0.275	5	1.375	7	1.925
DURCHBIEGUNG	0.03	7	0.21	7	0.21
EIGENSCHWINGUNG	0.03	7	0.21	7	0.21
DAUERFESTIGKEIT	0.01	7	0.07	7	0.07
KORROSIONSVERHALTEN	0.02	8	0.16	6	0.12
ENERGIEAUFNAHMEVERMÖGEN	0.01	8	0.08	5	0.05
REPARATURAUFWAND	0.05	8	0.4	5	0.25
BRANDVERHALTEN	0.05	8	0.4	5	0.25
MATERIALVERFÜGBARKEIT	0.1	8	0.8	8	0.8
UNTERHALTUNGSAUFWAND	0.05	7	0.35	6	0.3
EIGENPRODUKTIONSANT.	0.05	7	0.35	5	0.25
ERGEBNIS	1.00		6.705		6.485

Bild 4: Bewertungsmatrix Stahl/Alubauweise

(W.-Nr. 1.4589/X5CrNiMoTi 142) wurde es möglich, einen beanspruchungsgerechten Formleichtbau zu erarbeiten, der auch im Rohbaugewicht mit der Aluminium-Vollintegralbauweise aus Großstrangpreßprofilen konkurrieren kann. Zur Verbindung der Elemente wird vorzugsweise das Widerstandspunktschweißen angewandt. Den Ausschlag für die Wahl der Stahl-Leichtbauweise gaben nach eingehender Diskussion im wesentlichen die erwarteten betrieblichen Vorteile. Hierzu gehört eine höhere Einschätzung von folgenden Eigenschaften:

— hohe Verformungsarbeit beim Aufprall (Fahrgastsicherheit)
— Brandverhalten (Fahrgastsicherheit)
— Dauerfestigkeit
— Korrosionsverhalten
— Reparaturaufwand

Beim Aufwand für den Bau der Wagenkästen kompensieren sich im wesentlichen die geringeren Materialkosten des Stahls mit den bei dieser Bauweise erforderlichen höheren Fertigungskosten.

In engem Zusammenhang mit einem leichten Wagenkasten ist auch die erforderliche „Pufferprüfkraft" zu sehen. Eine wichtige Zielsetzung, nämlich die Herabsetzung dieser Abnahmeprüfkraft von den üblichen 1.500 kN, konnte mit einem Wert von unter 1.000 kN erreicht werden. Dazu wird ein zweistufiger Energieverzehr in der Fahrzeugfront und der Kupplung verwirklicht, der im Hinblick auf die Kraft-Weg-Kennlinie neueste Forschungsergebnisse berücksichtigt **(Bild 5)**. Für diese Lösung wurde der Aufstoß eines

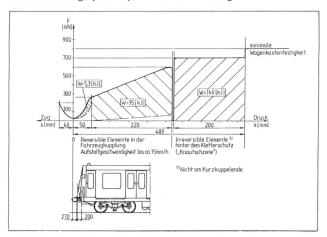

Bild 5: Kraft-Weg-Kennlinie der Energieverzehrelemente

8-Wagenzuges auf einen festgebremsten gleich langen Zug vorausgesetzt. Es wird dabei gefordert, daß bei einer Geschwindigkeit von 15 km/h keine bleibenden Verformungen am Wagenkasten entstehen, bis 25 km/h sollen sich diese auf definierte Zonen beschränken.

Antrieb

Die Auslegung des Antriebes wird durch die erforderlichen fahrdynamischen Leistungen bestimmt. Für die Berliner S-Bahn ist die Erhöhung der Fahrgeschwindigkeit auf 100 km/h zweckmäßig, um die Fahrzeiten vor allem auf den Außenstrecken zu verkürzen. Ein Kompromiß zwischen den gegebenen Netzverhältnissen, der erforderlichen Förderleistung, dem gewünschten Fahrkomfort und nicht zuletzt einer wirtschaftlichen Energieversorgung hat für die Antriebsanlage eine Motorleistung von 90 kW/Achse ergeben.

Die kleinste betriebsfähige Einheit, der Doppeltriebwagen, hat zwei in wesentlichen Teilen autarke Antriebsanlagen.

Die Starkstromausrüstung **(Bild 6)** besteht aus Überstromselbstschalter,

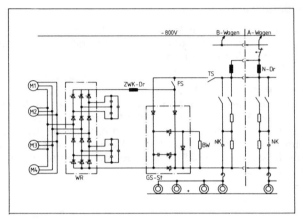

Bild 6: Starkstromschaltbild

Netzfilter, Gleichstromsteller, Zwischenkreisdrossel, Phasenfolgewechselrichter, Drehstrom-Asynchronmotoren und Bremswiderstand. Durch zweckmäßige Bremsvorgabe im Geschwindigkeitsbereich zwischen 100 ... 70 km/h und Optimierung der Regelung und der Kommutierungseinrichtungen im Wechselrichter konnte auf Bremswiderstände bzw. eine Abstufung der Bremswiderstände verzichtet werden.

Durch Einsatz von Abschaltthyristoren (GTO) konnten gegenüber GS-Stellern mit L-C-Umschwingkreisen folgende Vorteile erreicht werden: Von der Netzspannung unabhängige Kommutierungsfähigkeit, Geräuscharmut, besserer Wirkungsgrad, vergrößerter Stellbereich. Infolge der auf 500 Hz angehobenen Pulsfrequenz ist grundsätzlich die Verkleinerung der schweren, voluminösen und verlustleistungsbehafteten Netz- und Zwischenkreisdrossel möglich. Im vorliegenden Fall konnte dieses mit Rücksicht auf das vorhandene Signalsystem (50-Hz-Gleichstromkreise) nur zum Teil realisiert werden.

Der Wechselrichter ist als Drehstrombrückenschaltung mit Phasenfolgelöschung ausgeführt. Da systembedingt Löschthyristoren und Umschwingkreise zur Ladung und Umladung der Kommutierungskondensatoren nicht erforderlich sind, ergibt sich ein einfacher und betriebssicherer Aufbau mit Vorteilen hinsichtlich Aufwand, Verfügbarkeit und Wirkungsgrad.

Für den aus Haftwertgründen erforderlichen Allachsantrieb wurden quer eingebaute Gestellmotoren mit Läuferhohlwellen, Lamellenkupplung und

Stirnradgetriebe mit fest gelagertem Ritzel vorgesehen **(Bild 7)**. Diese sowohl vom Aufwand als auch den Betriebseigenschaften günstige Lösung wurde in dieser Form durch die gegenüber früheren Antrieben mit Gleichstrommotoren wesentlich kleineren Abmessungen von Drehstrommotoren realisierbar. Dabei wird durch elektrische Parallelversorgung der beiden Motoren mit einer gemeinsamen Drehstromfrequenz ein Hochdrehen einzelner Achsen bei schwierigen Anfahrten sicher vermieden.

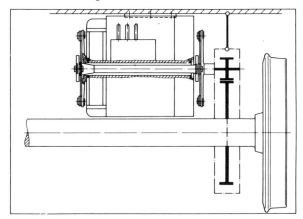

Bild 7: Antrieb, Gestellmotor mit Käuferhohlwelle, Stirnradgetriebe und Lamellenkupplung

Es ergeben sich gegenüber dem Zweiachslängsantrieb Vorteile hinsichtlich Gewicht, Wirkungsgrad, Lebensdauer und Wartungsaufwand. Außerdem konnte ein Drehzapfen und somit eine wünschenswerte Tiefanlenkung realisiert werden. Der bei Stirnradgetrieben kritisierten Geräuschbildung wird durch mehrere Maßnahmen begegnet. Hierzu gehören beidseitige Lagerung des Ritzels, Schrägverzahnung, Optimierung des Überdeckungsgrades und geräuschdämmende Maßnahmen am Getriebekasten. Zur Vereinfachung des Mechanteils und der elektrischen Hilfsbetriebeausrüstung wurde für den Motor Eigenbelüftung mit Luftansaug im Drehgestellbereich vorgesehen.

Steuer- und Informationstechnik

Die Aufgaben für die Zug- und Wagensteuerung sowie für die Diagnose und die Fahrgastinformation werden von mehreren Mikrocomputern übernommen. Wie aus dem Übersichtsbild **(Bild 8)** zu ersehen ist, kann man die Aufgaben in die Elektronische Zugsicherung (EZS), die Zugsteuerung, die Antriebsregelung und in ein zentrales Steuergerät (FEAG) unterteilen.

Zugsteuerung und Antriebsregelung

Das Fahren des Fahrzeuges erfolgt vom Triebfahrzeugführer und/oder von der EZS. Der Triebwagenführer wählt beim Fahren die Fahrzeuggeschwindigkeit und beim Bremsen einen kontinuierlichen Bremssollwert vor. Bei Betrieb mit EZS werden von dieser aufgrund der Information von der Strecke die maximal zulässigen Höchstgeschwindigkeiten und eine entsprechende

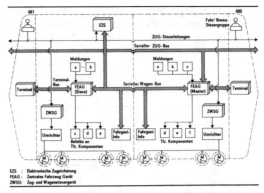

Bild 8: Elektronische Zug- und Wagensteuerung

Bremssollkurve vorgegeben. Der Fahrer hat bei Fahrt mit EZS jederzeit die Möglichkeit, eine kleinere Sollgeschwindigkeit oder einen höheren Bremssollwert vorzugeben (teilautomatische Ausführung).

Aus diesen Vorgaben ermittelt das rechnergesteuerte Zugsteuergerät des führenden Wagens die entsprechenden Sollwerte für Fahren und Bremsen und übermittelt diese Werte über eine Zugsteuerleitung an die anderen Triebwagen. In jedem Triebwagen befindet sich ein µC-Wagensteuergerät, das die Antriebsregelung des entsprechenden Triebwagens übernimmt. Aufgrund von Führungsgrößen und Zustandssignalen bildet es die für die Stromrichter notwendigen Ansteuersignale.

Zentrales Steuergerät (FEAG)

In jedem Triebwagen befindet sich ein Steuergerät (FEAG) **(Bild 9),** wobei

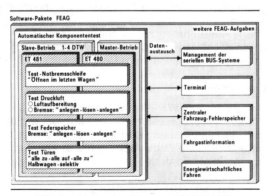

Bild 9: Zentrales Steuergerät (FEAG)

innerhalb eines Doppeltriebwagens das Gerät im A-Wagen immer als „Master", das im B-Wagen als „Slave" arbeitet. Die Datenübertragung zwischen den beiden Geräten erfolgt über den seriellen „Wagenbus". Im Fahrzeugver-

86

band stehen die jeweiligen Master-Geräte über den seriellen Zug-Bus miteinander in Verbindung. Die Master-Geräte übernehmen folgende Aufgaben:

— Fehler erkennen, speichern, bewerten und melden

Fast alle Subsysteme der Fahrzeuge, wie Antrieb, Steuerung, Türen, Hilfsbetriebeumrichter, Kompressor, Bremsen usw., sind über Leitungen an das entsprechende FEAG-Gerät angeschlossen und melden diesem fehlerhafte Zustände oder Betriebseinschränkungen, die dort gespeichert und zusätzlich über den seriellen Zug-Bus dem führenden FEAG-Gerät im besetzten Triebwagen mitgeteilt werden.

Für jeden Einzelfehler und für alle Fehlerkombinationen ist bei einer vorhandenen Wagenkonfiguration die Auswirkung auf die Verfügbarkeit des Zuges bekannt. Die vom führenden FEAG-Gerät durchgeführte Fehlerbewertung (schwer, mittel, leicht) und die Art der Fehler sowie der Fehlerort wird dem Triebfahrzeugführer über das vorhandene Terminal angezeigt.

— Energiesparendes Fahren

Das FEAG-Gerät wird so programmiert, daß es Kenntnis der Strecke, des Fahrplans, des Zugzieles und der aktuellen Uhrzeit hat. Bei Fahrzeitüberschuß bekommt der Triebfahrzeugführer ein Signal zum Abschalten des Antriebes. Hierdurch kann unter Einhaltung des Fahrplans Energie gespart werden.

— Automatischer Fahrzeugkomponententest

Um den Aufrüstvorgang der Fahrzeuge zu verkürzen, übernehmen die zentralen Steuergeräte für eine Reihe von Fahrzeugkomponenten einen automatisierten Funktionsnachweis. Durch Betätigen des Tasters „Aufrüsten" wird der Kontrollvorgang gestartet. Durch automatische Vorgaben wird schrittweise die ordnungsgemäße Funktion der Notbremsschleife, der Türanlagen, der Druckluftanlage und -bremse sowie der Federspeicherbremse geprüft und etwaige Fehler am Terminal angezeigt.

Fahrgastinformationen

Das Master-Gerät des führenden Doppeltriebwagens steuert über den Wagenbus und Zugbus alle für die Fahrgastinformationen vorgesehenen Anzeige- und Ansagegeräte, wie Zugzielanzeige, Haltestellenanzeige, Netzspinne und elektronische Haltestellenansage **(Bild 10)**.

Das akustische Informationssystem ermöglicht ein Ansprechen der Fahrgäste sowohl vom Fahrer als auch - über Funk - von der Betriebsleitzentrale. Nach dem Ziehen der Fahrgastnotbremse besteht Sprechverbindung zwischen Fahrgast und Fahrer. In einem digitalen Sprachspeicher sind sämtliche Bahnhofsnamen und Zusatzinformationen abgelegt. Sie werden durch ein Steuergerät ortsbezogen abgerufen und über die Lautsprecheranlage an den Fahrgast weitergegeben.

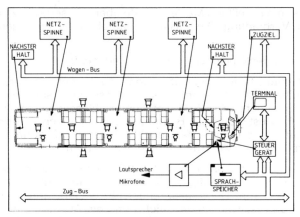

Bild 10: Fahrgastinformationssystem

Das optische Informationssystem besteht aus frontseitigen Zugzielanzeigern sowie aus Haltestellenanzeigern und einem „aktiven" Netzplan im Fahrgastraum. Bei den Anzeigern wird neben der Technik mit bistabilen Magnetplättchen (ANNAX) eine LCD-Anzeige erprobt. Erstmalig findet ein Netzplan Anwendung, auf dem die befahrene Strecke durch Ausleuchtung optisch hervorgehoben wird. Durch Blinken wird auf die nächste Haltestelle hingewiesen.

Sowohl dem Wagenbau als auch dem elektrischen Teil kann das Heiz- und Lüftungssystem für den Fahrgastraum zugeordnet werden. Aus verschiedenen Alternativen wurde aufgrund umfangreicher systemanalytischer Untersuchungen die in **Bild 11** gezeigte dezentrale Anordnung ausgewählt. Die Zufuhr frischer, sauberer Luft erfolgt sowohl beim Heizen als auch Lüften aus dem Dachraum. Die Luft wird in der Heizperiode durch dezentrale Geräte erwärmt. Um mit möglichst geringem Frischstrom und damit geringen Übertragungsverlusten zu heizen, wird die Heizenergie vorzugsweise in der Bremsperiode entnommen und in Wärmespeichern gespeichert.

Koordinierungsanschluß „S-Bahn, SPNV 2000 und Stadtbahn 2000"

Gemäß Entscheid des BMFT vom 29. 11. 1984 wird die Durchführung des o. g. Forschungsvorhabens von einem sachkundigen Koordinierungsausschuß begleitet. Aufgabe dieses Ausschusses ist es, die in den F+E-Vorhaben Stadtbahn 2000 und SPNV 2000 angefallenen Erfahrungen und Ergebnisse zu bewerten und - soweit fachlich möglich - auf das S-Bahn-Entwicklungsprojekt zu übertragen. Darüberhinaus soll der Ausschuß die weiteren Arbeiten in den drei Forschungsvorhaben aufeinander abstimmen und den „Know-How-Transfer" aus der Entwicklung des neuen S-Bahn-Fahrzeuges in die derzeit noch weitgehend „Software"-mäßig bearbeiteten anderen beiden Projekte sicherstellen.

Der Koordinierungsausschuß (KO) hat sich am 5. 12. 1984 konstituiert. In ihm sind Anwender aus den Bereichen S-Bahn (DB und BVG), Stadtbahn 2000 (EVAG) und SPNV 2000 (DB), Vertreter der Studiengesellschaften (SNV, IFB) und Vertreter der ARGE S-Bahn-Berlin zusammengefaßt.

Bereits die erste Sachdiskussion zeigte das starke Interesse an einem vertiefenden Gedankenaustausch, insbesondere auf den Gebieten Drehgestell, Dimensionierungsparameter, Wagenkastenbau, elektrische Komponenten, Fahrgastinformation, Bordnetzversorgung u.a.m. Es wurde daher anläßlich der koordinierenden Sitzung ein Arbeitskreis (AK/KO) aus Mitgliedern der BVG, der EVAG, der DB, der SNV und des IFB gegründet, um die vertiefenden Fachdiskussionen zu führen. Dabei soll es auch Aufgabe des AK sein, nach Abschluß des Projekts „Komponenten S-Bahn" einzelne dieser Komponenten nach Kosten-Nutzen-Gesichtspunkten zu beurteilen und hinsichtlich weiterer Anwendungen auszuwählen.

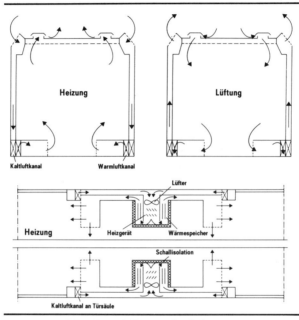

Bild 11: Luftführung im Fahrzeug

In den bisherigen Besprechungen des AK/KO wurde das Lasterheft für die neuen Triebzüge der Berliner S-Bahn systematisch auf Bereiche hin untersucht, die im gegenseitigen Interesse aller drei Forschungsvorhaben vertiefend behandelt werden sollen. Daraus sollen dann Empfehlungen für eine Serienkonstruktion abgeleitet werden. Vorrangig haben sich dabei die nachstehenden Bereiche herauskristallisiert:

— Abfertigungsverfahren
— Energiesparkonzept
— Wagenkastenbauweise (Stahlleichtbau, Aluminiumleichtbau)
— Drehgestellbauweise (Stahl, Aluminium) in Verbindung mit der Motor-Anordnung.

Zu den beiden letztgenannten Bereichen sind die weiteren Fortschritte des Vorhabens „S-Bahn-Komponenten" zunächst abzuwarten.

Der Bereich „Abfertigungsverfahren" wurde anhand von Praxisfällen analysiert mit der Entscheidung des KO, den Gesamtkomplex unabhängig vom Vorhaben „S-Bahn-Komponenten" weiter aufzuarbeiten und zu gegebener Zeit in die genannten drei Vorhaben einzubringen. Das Vorhaben „S-Bahn-Komponenten" bietet hierzu die Möglichkeit, im gleichen Einsatzfeld verschiedene Varianten von Abfertigungsverfahren zu erproben. Der Komplex wird seitens des IFB in Benehmen mit der SNV weiter verfolgt.

Es ist im Arbeitskreis vorgesehen, als nächstes die Frage des Energiesparkonzepts aufzugreifen.

Im übrigen wurde im Arbeitskreis die Übertragbarkeit innovativer Komponenten aus dem Vorhaben „S-Bahn-Komponenten" auf die Vorhaben SPNV und Stadtbahn 2000 geprüft. Der Fortschritt der Entwicklungen wird laufend verfolgt. Das IFB hat die Federführung im AK/KO übernommen. Die gegenseitige Unterrichtung ist sichergestellt.

SPNV 2000: Fahrzeug-Grundmodul

Deutsche Bundesbahn, Bundesbahn-Zentralamt München

Dr. Baur

Förderungskennzeichen des BMFT: TV 8428

Zusammenfassung

Das Projekt SPNV 2000 hat zum Ziel, auf der Basis verkehrspolitischer Vorgaben und der Unternehmensstrategie der DB für den Nahverkehr ein modular aufgebautes Fahrzeugkonzept zu entwickeln.

Im Vorhaben TV 8336 ist auf der Grundlage der Anwenderforderungen ein Anforderungskatalog aufgestellt und der Forschungs- und Entwicklungsbedarf definiert worden. Hierauf aufbauend wird im Vorhaben TV 8428 (SPNV 2000, Phase 2) eine Anzahl von Fahrzeuggrundmodul-Varianten entwickelt, aus denen mit Hilfe eines wertanalytischen Beurteilungsverfahrens und begleitender Kostenuntersuchungen Fahrzeuggrundmodule für den S-Bahneinsatz bzw. für den Ballungs- und Regionalverkehr ausgewählt werden. Diese Grundmodule sind als Basis für ein modulares, durch Schnittstellenvereinbarungen definiertes System von Fahrzeugkomponenten vorgesehen, das in einem Anschlußvorhaben entwickelt werden soll.

Parallel zu den konzeptionellen Arbeiten werden Kostenwirksamkeit und Verbesserungsmöglichkeiten bestehender gesetzlicher Vorschriften und DB-Bestimmungen untersucht.

Summary

The aim of project SPNV 2000 is to develop a modular structured vehicle concept on the basis of the transport policy specifications and corporate strategy of the Deutsche Bundesbahn (Federal German Railway).

A requirements catalogue has been drawn up on the basis of the user requirements in project TV 8336 and the research and development requirements have been defined. A number of basic vehicle module variations based on these requirements, is to be developed in project TV 8428 (SPNV 2000), from which basic vehicle modules for the rapid transit, for commuter and regional transport systems will be selected with the help of a value analysis evaluation procedure and relevant cost analyses. These basic modules are planned as the basis for a modular system defined by interface standardisations. The system itself will then be developed in a later project.

Parallel to the concept developments, cost effectiveness and improvements of existing legal regulations and Federal Railway provisions are examined.

Entwicklungsziel

In der Unternehmensstrategie der Deutschen Bundesbahn werden die Verantwortungsbereiche eigenwirtschaftliche Aufgaben, gemeinwirtschaftliche Aufgaben und staatliche Aufgaben unterschieden. Der öffentliche Personalnahverkehr zählt zu den gemeinwirtschaftlichen Aufgaben, weil hier die DB nicht eigenverantwortlich nach unternehmerischen Grundsätzen agieren kann, sondern in starkem Maß gemeinwirtschaftlich notwendige, soziale Aufgaben wahrnimmt und politische Zielsetzungen auf Bundes-, Landes- und Regionalebene verpflichtet ist. Hierin liegen auch die Gründe, daß der Schienenpersonennahverkehr (SPNV) als weitaus größter Teil des öffentlichen Personennahverkehrs der DB von allen DB-Geschäftsbereichen die größte Kostenunterdeckung und den höchsten Ausgleichsbedarf durch den Bundeshaushalt hat. Die Bundesregierung hat u. a. dieses Problem im Kabinettsbeschluß vom 23. 11. 1983 aufgegriffen, indem sie als Leitlinie festgelegt hat, daß für den Bau neuer S-Bahnen in den Ballungsräumen vorausgesetzt werden muß, daß dem Bund und der DB keine neuen Folgekosten entstehen.

Aus diesen Randbedingungen leitet sich für die DB als vorrangiges Ziel für die Weiterentwicklung des Schienenpersonennahverkehrs ab, das Verhältnis Aufwand zu Ertrag zu verbessern. Ein Schwerpunkt der Technologieentwicklung liegt in der Aufgabe, den Aufwand zu senken und an zukünftige Marktforderungen anzupassen. In diesem Rahmen ist das Entwicklungsprojekt „Schienenpersonennahverkehr (SPNV 2000)", das schwerpunktmäßig die Entwicklung eines zukünftigen, modular aufgebauten Fahrzeugkonzeptes für den gesamten Bereich des Schienenpersonennahverkehrs der DB beinhaltet, einzuordnen.

Aktueller Ausgangspunkt ist die Tatsache, daß der heute vorhandene Fahrzeugpark der DB für den Schienenpersonennahverkehr an großer Typen- und Komponentenvielfalt leidet und nur z.T. den gestiegenen Anforderungen unserer Kunden und der wirtschaftlich begründeten Forderung nach geringstmöglichen Kosten für Investition, Betrieb und Unterhaltung entspricht. Diese Situation trägt wesentlich dazu bei, daß sich das Verhältnis Aufwand zu Ertrag im Schienenpersonennahverkehr in den vergangenen Jahren zunehmend verschlechtert hat und z.Z. völlig unbefriedigend ist.

Um die Lebensfähigkeit des Schienenpersonennahverkehrs der DB langfristig zu sichern, ist es deshalb unumgänglich, die jeweils beste Produktionsmethode durch optimale Kombination der Produktionsfaktoren in Form der bekannten 3 M - Men, Money, Material - einzusetzen. Mit dem Vorhaben SPNV 2000 ist beabsichtigt, in einem mit den zukünftigen Anwendern Absatz und Produktion abgestimmten Umfeld ein modular aufgebautes Fahrzeug-konzept zu entwerfen, das diesen Zielen Rechnung trägt.

Stand der Arbeiten

Im Vorhaben TV 8336, über dessen Ergebnisse im Statusseminar 1984 Nah-verkehrsforschung berichtet worden ist, sind in einem ersten Schritt die

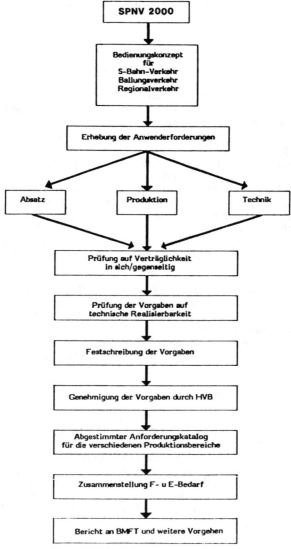

Bild 1: SPNV 2000, Strukturplan (Phase 1)

betrieblichen verkehrlichen und technischen Vorgaben für ein Nahverkehrskonzept SPNV 2000 ermittelt worden. Das hierfür gewählte Vorgehen zeigt **Bild 1**.

In der Übersicht **Bild 2** sind die wesentlichen für die Fahrzeuggrundmodule

	S-BAHN	BR-VERKEHR
SITZANORDNUNG	MITTELGANG, NEBENEINANDER 2 + 2 und	GEGENÜBER 2 + 2
SITZTEILER	1. KLASSE = 2. KLASSE (1700 mm)	
EINSTIEGE		
- SITZTEILER/TÜRSPUR	1	1,5 ... 3
- TÜREN	2-SPURIG	
FAHRGASTFLUSS/HALTEZEIT	0,6 MIN	1 MIN
(TÜRBEDIENUNG)	IM RAHMEN DES ABFERTIGUNGSVERF: (TF)	
WAGENÜBERGÄNGE	INNERHALB DER GRUNDEINHEITEN	
1./2. KLASSE	1/10	1/10
RAUCHER/NICHTRAUCHER	0/100	30/70
FAHRGASTSICHERHEIT	SICHERHEITSRAUM HINTER FÜHRERRAUM	
MEHRZWECKRAUM	JA, ABER KEIN EIGENER STAURAUM	JA
FENSTER	FENSTERTEILER = SITZTEILER	
WC	NEIN	JA
FAHRAUSWEISAUTOMATEN	NEIN	EVTL.
GETRÄNKEAUTOMATEN	NEIN	EVTL.
FUSSBODENHÖHE	CA 1 M	CA 1 M
STEHPLÄTZE/M^2	4	4
BAHNSTEIGHÖHEN	0,76/0,95 M	0,38/0,76 M
-LÄNGE	210 M	300 M
KRÜMMUNGSRADIEN BAHNSTEIG	400 M	180 M
KLEINSTE BETRIEBLICHE FAHRZEUGEINHEIT (SITZPL./ SITZ- + STEHPL.)		
- EINTEILIG	-	80 ... 90/0
- ZWEITEILIG	120/300	150/0
- DREITEILIG	195/420	-
MAX. ZUGLÄNGE	200 M	300 M
ABFERTIGUNGSVERFAHREN	NACH SPEZIFIZIERUNG DER ABSATZ- UND PRODUKTIONSWÜNSCHE NOCH FESTZULEGEN	

Bild 2: Anwenderforderungen für die Fahrzeuggrundmodule

relevanten Benutzerforderungen noch einmal zusammengefaßt. Man erkennt, daß die Vorgaben für die Einsatzbereiche S-Bahn und Ballungs-/Regionalverkehr z.T. deutlich voneinander abweichen und daher nicht daran gedacht werden kann, daß alle Wünsche der Anwender an die Technik mit einem Fahrzeugtyp zu erfüllen sind.

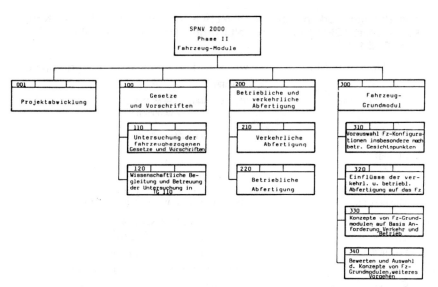

Bild 3: SPNV 2000, Projektstruktur Phase 2, Teil 1 (Fahrzeug-Grundmodule)

Die Projektstruktur der Phase 2, Teil 1 „Fahrzeug-Module" ist in **Bild 3** dargestellt.

AP 100

Im Arbeitspaket „Gesetze und Vorschriften", das im Unterauftrag an der TU Stuttgart bearbeitet wird, ist zu prüfen, ob und welche gesetzlichen Vorschriften und DB-Bestimmungen den Bau und Betrieb von Schienenfahrzeugen kostensteigernd beeinflussen und in welchem Umfang und mit welchen Konsequenzen Änderungen möglich sind. Als ein Kernproblem der gesetzlichen Bestimmungen - auch mit strafrechtlicher Relevanz - hat sich bei den bisherigen Untersuchungen die mangelhafte Aussageschärfe der Begriffe „Allgemeine Regeln/Stand/Neueste Erkenntnisse der Technik" und der ihnen in den einschlägigen Bestimmungen eingeräumte absolute Vorrang gegenüber der Wirtschaftlichkeit herausgestellt. Dieses Problem wird in den weiteren Arbeiten auch durch Vergleich mit den Bestimmungen in anderen Ländern noch genauer zu untersuchen sein. Das heute im SPNV übliche Sicherheitsniveau liegt weit über dem Sicherheitsniveau anderer Lebensbereiche, so daß es darauf ankommen wird, realistische Sicherheitsanforderungen (auch juristisch) zu definieren und den Zusammenhang zwischen Investitionsaufwand und Sicherheitszuwachs kritisch zu bewerten.

Ferner sind die derzeitigen Lastannahmen und Bemessungskriterien für Fahrzeugkomponenten einschl. Werkstoffestigkeitsdaten überarbeitungsbedürftig. Anstelle der bisherigen Dimensionierung nach vereinbarten statischen Kriterien sollte die dynamische Beanspruchung maßgebend sein, wobei auch zu berücksichtigen ist, daß spezialisierte Fahrzeuge z. B. für den SPNV u.U. einfacheren Anforderungen genügen können als Fahrzeuge, die im Eisenbahnbetrieb freizügig eingesetzt werden. In diesem Zusammen-

94

hang ist in der Auslegungspraxis von Vorschriften zu unterscheiden zwischen dem internationalen Fahrzeugeinsatz und dem überschaubaren SPNV-Einsatz spezieller Fahrzeuge, für die z. B. durch Berücksichtigung empfehlender UIC-Merkblätter vermeidbarer Mehraufwand entstehen kann.

Auch die Tatsache, daß die Dimensionierung langer Fahrzeuge mit großem Raumangebot mehr von der Einhaltung bestimmter Biegeeigenfrequenzen als von Lastannahmen bestimmt wird, bietet bei Verkürzung der Stützweiten und Vereinfachung der Laufwerke Optimierungsmöglichkeiten.

Einer Überprüfung bedarf auch der bisher noch erhebliche Aufwand für Führerstände. Durch den Einsatz moderner Technologien (Funkfernsteuerung, Datenübertragung, Prozeßüberwachung) ist hier erhebliches Rationalisierungspotential zu vermuten.

AP 200

Für die betriebliche und verkehrliche Abfertigung im zukünftigen SPNV liegen Grobkonzepte der Anwender vor, die für die bisherigen Arbeiten ausreichend waren. Für die weiteren Untersuchungen sind die Abteilungskonzepte zu detaillieren und mit den Anwendern abzustimmen.

AP 300

Auf der Basis des o.e. Anforderungskataloges ist eine Reihe von Grundmodulvarianten entworfen worden, die sowohl Triebwagenlösungen als auch lokbespannte Wendezüge umfassen. In **Bild 4** sind als Beispiel zwei Triebwagenlösungen für den S-Bahn-Verkehr dargestellt, die die Vorgaben des Anforderungskataloges erfüllen. Hervorzuheben ist, daß hier auch ein einteiliger Grundmodul mit Jakobs-Drehgestell in die Bewertung aufgenommen

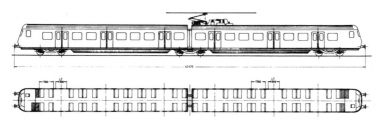

SPNV 2000 - Einteilige Grundeinheit S-Bahn

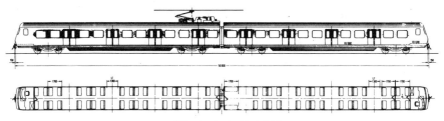

SPNV 2000 - Zweiteilige Grundeinheit S-Bahn

Bild 4:   Triebwagen-Grundmodule für den S-Bahnverkehr (Beispiel)

95

wurde, der die Anforderungskriterien an ein zweiteiliges Fahrzeug erfüllt, obwohl ein einteiliges S-Bahnfahrzeug nicht ausdrücklich gefordert war. Entsprechend **Bild 4** zeigt **Bild 5** ein S-Bahn-Grundmodul als Wendezuglösung.

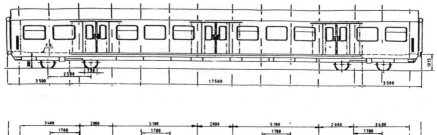

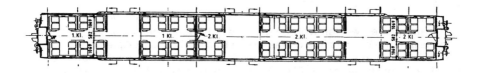

Bild 5: Wendezug-Grundmodul für den S-Bahnverkehr (Beispiel)

Doppelstocklösungen sind als Grundmodulvarianten nicht in die Bewertung einbezogen worden, weil sie zur Erfüllung der Anwenderforderungen nicht erforderlich sind, dagegen die Erfüllung einiger Vorgaben z. B. in den Bereichen Einstiege/Fahrgastwechsel und Wagenübergänge behindern würden.

Insgesamt sind mit den Vorgaben des Anforderungskataloges 12 Grundmodul-Varianten für den S-Bahn-Verkehr und 6 Varianten für den Ballungs-/ Regionalverkehr mit einem einheitlichen Rastermaß der Sitz- und Fensterteilung von 1700 mm ausgearbeitet worden, wobei auch grundsätzliche Anforderungen der Anwender für die verkehrliche und betriebliche Abfertigung berücksichtigt wurden. Diese insgesamt 18 Fahrzeugvarianten sind auf wertanalytischer Basis beurteilt worden.

Im Rahmen des Bewertungsverfahrens sind die 13 Oberkriterien nach **Bild 6** mit insgesamt 67 Unterkriterien in einem zweistufigen Verfahren gewichtet worden, so daß zu jedem Unterkriterium ein Relativgewicht gehört. Die Gewichtungen wurden so gewählt, daß sich für die Oberkriterien des Bereiches

— Absatz   40%
— Produktion   40%
— Technik   20%

der Gesamtgewichtung von 100% ergeben. Durch Benotung der Relativgewichte ergibt sich je Unterkriterium ein Absolutgewicht, wobei für die Benotung 3 Stufen möglich waren:

1 nicht akzeptable Lösung
2 akzeptable Lösung
3 gute Lösung.

ABSATZ

1. RAUMANGEBOT

2. ANORDNUNG DER RÄUME

3. AUSSTATTUNGSMÖGLICHKEIT
   (SERVICE-EINRICHTUNGEN)

4. ÄUSSERES UND INNERES ERSCHEINUNGSBILD

PRODUKTION

5. BETRIEBLICHE EINSETZBARKEIT
   (INFRASTRUKTUR)

6. FAHRDYNAMIK

7. BETRIEBLICHE HANDHABUNG
   (ZUGBILDUNG/ABSTELLUNG)

8. KUPPLUNG

9. FAHRGASTWECHSEL

TECHNIK

10. RAUMVERHÄLTNISSE

11. KONSTRUKTIONSAUSFÜHRUNG

12. INSTANDHALTUNG

13. REINIGUNG/WAGENUNTERSUCHUNG

Bild 6: Oberkriterien für die wertanalytische Beurteilung der Fahrzeuggrundmodul-Varianten

Die Grundmodulvariante mit der größten Gesamtsumme von Absolutgewichten ergibt die günstigste Lösung.

Die in die Bewertung einbezogenen 12 Konzeptvarianten für den S-Bahnverkehr unterschieden sich einerseits in der Anzahl der Wageneinheiten je Fahrzeuggrundmodul und dem Antriebskonzept (Triebwagen/Wendezug) und andererseits in der Anzahl und Breite der Einstiege je Fahrzeuggrundmodul. Die 65 Varianten des Ballungs-/Regionalverkehrs wiesen Unterschiede in der anzahl der Wageneinheiten je Grundmodul und im Antriebskonzept auf.

Um ein Fahrzeugkonzept anhand der 67 Bewertungskriterien vollständig beurteilen zu können, muß ein kompletter Fahrzeugentwurf vorliegen. Der notwendige Bearbeitungstiefgang würde bei 16 Fahrzeugentwürfen zu einem nicht akzeptablen Arbeitsaufwand führen. Deshalb ist in einem ersten Bewertungsdurchgang mit 37 Kriterien, für die aufgrund des Bearbeitungsstandes bewertbare Konzepteigenschaften vorhanden waren, von den Bereichen Absatz, Produktion und Technik eine Reihung der vorgelegten Grundmodul-Entwürfe nach dem Erfüllungsgrad der Anwenderforderungen vorgenommen worden. Danach schneidet für den S-Bahn-Verkehr die zweiteilige Triebwageneinheit mit 50 m Länge über Puffer, 8 Einstiegen je Fahrzeugseite und 142 Sitzplätzen bzw. 356 Sitz- und Stehplätzen am besten ab. Für den Ballungs- und Regionalverkehr wurde eine einteilige Triebwagen-Grundeinheit mit Jakobs-Mittendrehgestell, einer Länge über Puffer von 37,5 m, 4 Einstiegen je Fahrzeugseite und 96 Sitzplätzen als günstigste Lösung ausgewählt.

Es muß betont werden, daß die Ergebnisse dieser ersten Bewertung vorläufigen Charakter haben. Mit einer vereinfachten Kostenbewertung für alle 16 Fahrzeugvarianten ist noch zu prüfen, ob u. U. gravierende Kostenunterschiede eine Korrektur des Bewertungsergebnisses erfordern.

Weiteres Vorgehen

Die Analyse der geltenden Vorschriften und der Sicherheitsanforderungen für den zukünftigen Schienenpersonennahverkehr ist weitgehend abgeschlossen. Aus dieser Bestandsaufnahme werden Vorschläge für eine Modifizierung und Ergänzung bestehender Vorschriften abgeleitet, wobei insbesondere die Kostenwirksamkeit angepaßter Vorschriften unter Beachtung rechtlicher Randbedingungen von Bedeutung ist.

Danach ist, wie erwähnt, das Konzept der betrieblichen und verkehrlichen Abfertigung zu verfeinern und nach Festlegung der Fahrzeuggrundmodule für den S-Bahn- und Ballungs-/Regionalverkehr in die als Folgeaktivität geplante Difinitionsphase für die modular strukturierten Fahrzeugkomponenten einzubeziehen.

Die abgeschlossene Vorauswahl der Fahrzeug-Grundmodule wird durch eine vereinfachte Kostenbewertung überprüft. Anschließend sind die bisher gut bewerteten Grundmodulvarianten soweit zu detaillieren, daß eine Bewertung aller Beurteilungskriterien möglich ist und ein Grundmodul für den S-Bahn- bzw. Ballungs-/Regionalverkehr ermittelt werden kann. Maßgebend für die Auswahl ist nicht nur das Ergebnis der wertanalytischen Beurteilung durch die Anwender, sondern auch eine Kostenbewertung, die neben den Investitions- und Unterhaltungskosten auch die Kosten für den Einsatz der Fahrzeuge in der Produktion enthält. Es ist beabsichtigt, diese Kosten durch Vergleichsrechnung mit Hilfe eines simulierten Einsatzprogramms in einem repräsentativen Einsatzbereich zu ermitteln.

Für die Folgearbeiten im Rahmen eines beabsichtigten Anschlußvorhabens steht dann ein auf breiter Basis abgestimmtes Fahrzeugkonzept zur Verfügung, das die Grundlage für ein modulares, durch Schnittstellenvereinbarungen definiertes System der Fahrzeugkomponenten darstellen wird.

Technologiepaket Stadtbahn 2000

SNV Studiengesellschaft Nahverkehr mbH, Hamburg

Albrecht (VAG)

Förderungskennzeichen des BMFT: TV 8109, TV 8221

Zusammenfassung

Im Vorhaben „Technologiepaket Stadtbahn 2000" sind wesentliche Untersuchungen zu Komponenten abgeschlossen worden. Als besonders innovativ hat sich das Einzelrad-Einzelfahrwerk herausgestellt. Neben der Weiterführung der Erprobung dieser Komponenten tritt als nächster Schritt der Bu von Prototypfahrzeugen als Erprobungsträger und Grundlage späterer Serien in den Vordergrund. Ein modulares Entwurfs- und Konstruktionssystem ist hierbei die Voraussetzung für die Anwendung in bestehenden und neugeschaffenen Bahnnetzen.

Summary

Within the project „Light Rail Vehicle Technology 2000" important enhancements of components have been achieved. The most innovative of these is the single wheel, radial steerable truck which already has been successfully tested on streetear tracks. Along with further component test, design and construction of prototype vehicles will be essential. These will serve as demonstrator or state of the art vehicles. A modular design will be the mast important feature of these vehicles to makes them suitable to existing and new networks.

Einleitung

Innerhalb des Themenkreises „Modulare Fahrzeugsysteme" steht auch das Vorhaben „Technologiepaket Stadtbahn 2000".

Anknüpfend an die Statusseminare der letzten drei Jahre sei hier festgehalten, daß das Vorhaben (mit der Kurzbezeichnung) „Stadtbahn 2000" ein Innovationskonzept für Straßenbahn, Stadtbahn und U-Bahn beinhaltet. Seine Vorgehensweise ist komponentenbezogen. Die Entwicklung und Erprobung von Komponenten erfolgt unter Einbeziehung von Betreibern in Form von Unteraufträgen für einzelne Arbeitspakete, die sowohl an Projektausschußmitglieder, an Hochschulinstitute und letztlich auch an die Industrie vergeben werden.

In dem Vorhaben sind drei Phasen vorgesehen, zunächst werden Studien und Konzeptionen erarbeitet, dann Erprobungen von Komponenten durchgeführt, und als Abschluß stellt man sich vor, ein vollständiges Fahrzeug als Erprobungsträger und Prototyp zu bauen.

Ausgangslage

Die Ausgangslage ist in den vorangegengenen Statusseminaren bereits beschrieben worden, daher hier nur ein kurzer Überblick: Typenvielfalt und kleine Serien kennzeichnen die Fahrzeugparks unserer Betriebe und auch.- die laufenden Beschaffungsaufträge. Zielsetzung sind deshalb die Verbesserungsmöglichkeiten durch Standardisierung und Komponentenoptionierung vor allem zur Senkung von Kosten, Gewicht und Verschleiß. Nicht zu vergessen ist an dieser Stelle die Herausforderung durch kostengünstige Systeme, wie Gelenkbus, Duo-Bus und O-Bahn.

Stand

Im Statusseminar 1983 wurde über Verbesserungen der Fahrwerke, insbesondere über Drehgestelloptimierung, berichtet. Auch wurden erstmals theoretische Untersuchungen über neuartige Einzelradlaufwerke vorgetragen, die als mechanisch selbstregelnde Systeme ohne externe Steuerelemente von der Trasse oder vom Wagenkasten auskommen.

Im Statusseminar 1984 wurde dieses Laufwerk als mathematische Simulation vorgestellt. Es wurde ferner über Lastannahmen mit dynamischen Arbeiten berichtet, die inzwischen bereits in Fahrzeugentwürfe - Beispiel S-Bahnzug Berlin - Eingang gefunden haben. Ferner wurde über das integrierte Bord-Steuersystem als leitungssparendes System innerhalb des Fahrzeuges berichtet.

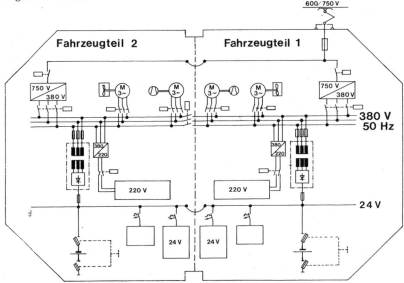

Bild 1: Standardisiertes Bordnetz in Modultechnik

Einzelne Komponenten:

— Bordnetz der Fahrzeuge **(Bild 1)**
Es wurde eine Untersuchung abgeschlossen, die ein Bordnetzkonzept mit statischem Umrichter in redundanter Anordnung, mit einer Zugsammelschiene von 380 V, 50 Hz als Standardfrequenz und einer Wagensammelschiene von 24 V = vorsieht. Auf diese Weise lassen sich Standardgeräte der Niederspannungs- und Fahrzeugtechnik verwenden. Diese Lösung wird in neuen U-Bahn-Triebwagen der Hamburger Hochbahn bereits Anwendung finden.

— Heizung und Lüftung **(Bild 2)**
Auch dieses Arbeitspaket ist abgeschlossen. Das erarbeitete Heizungs- und Lüftungssystem ist gekennzeichnet durch dezentrale Anordnung der Heizaggregate, kurze Luftkanäle und - als wesentliche Innovation - Wärmespeicher zur Vergleichmäßigung der Luftaustrittstemperatur. Außerdem ist ein energiesparender Taktbetrieb vorgesehen, bei dem die Heizung nur während der Bremsphase des Fahrzeugs freigegeben wird. Auf diese Weise steigt der Wirkungsgrad der Netzbremsung.
In mehreren Fahrzeugserien ist diese Heizung bereits eingesetzt, so beispielsweise bei der U-Bahn in Nürnberg, bei den Stadtbahnwagen in Bochum, bei der Straßenbahn in Trondheim - also auch schon ein Exporterfolg - und bei den künftigen S-Bahnzügen in Berlin.

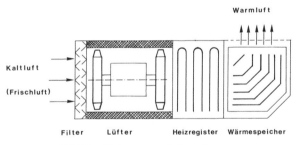

Bild 2: Heizaggregat-Anordnung

— Geräteanordnung und Ergonomie
Im praktischen Betrieb bestehen häufig Schwierigkeiten bei Wartung und Instandhaltung. Daraus ergaben sich intensive Überlegungen hinsichtlich der Bauform von Geräten und deren Anordnung im Fahrzeug, Bisher waren die zahlreichen Geräte, die die elektrische, elektronische und pneumatische Ausrüstung ausmachen, an vielen Stellen im Fahrzeug - gewissermaßen „explosionsartig" - verteilt. Dies führt zu riesigen Leitungslängen in den Fahrzeugen.

Zukünftig werden die Einzelgeräte in Gerätecontainern zusammengefaßt. Sie werden an Ankerschienen unter dem Fahrzeugfußboden aufgehängt und sind durch entsprechende Klappen seitlich und von unten gut zugänglich **(Bild 3)**. Auch innerhalb des Wagenkastens sollen die Kleingeräte nicht mehr in jedem Sitzkasten, sondern in Einbaurahmen zentral untergebracht werden **(Bild 4).**

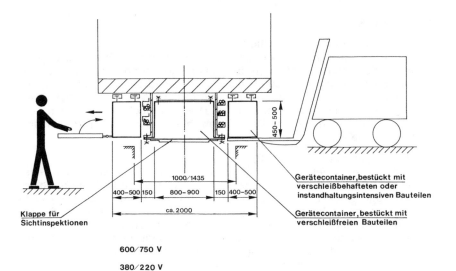

Bild 3: Gerätecontainer

Bild 4: Nutzbare Einbauräume

Für die Leitungsverbindungen sind leicht einzubauende vorgefertigte Leitungsbündel vorzusehen, auf Kabelpritschen aufgelegt oder in vorgefertigte Kabelkanäle eingelegt.
Anwendung finden diese Lösungen, die auch ergonomische Gesichtspunkte des Wartungspersonals berücksichtigen, bereits in verschiedenen U-Bahn-Wagen.

— Integriertes Bord-Steuersystem **(Bild 5)**
Wie oben schon erwähnt, ist das Konzept eines adersparenden Leitungssystems, auf dem Informationen in Form von Telegrammen weitergeleitet werden und an das ein Mikroprozessor-Zentralgerät und die Peripheriegeräte über entsprechende Schnittstellen angekoppelt sind, theoretisch erarbeitet. Vorversuche finden in einem Stadtbahnwagen in Essen statt. Die weitere Überführung dieser Technologie in die Praxis ist in Hamburg bei U-Bahnwagen und in Berlin bei S-Bahnzügen eingeleitet.

— Einzelrad-Einzelfahrwerk
Das Einzelrad-Einzelfahrwerk stellt zweifellos die wichtigste Innovation des Vorhabens dar. Dies gilt insbesondere unter dem Gesichtspunkt der Gewichtsverminderung im Vergleich zum konventionellen Drehgestell-Laufwerk **(Bild 6).**
Es handelt sich um ein neuartiges System, das die radiale Einstellung der Räder im Bogen durch Selbstregelung bewirkt. Es arbeitet mit den Kräf-

102

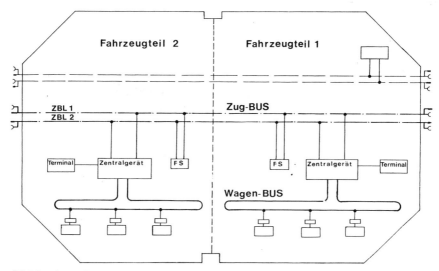

Bild 5: Integriertes Bordsteuersystem

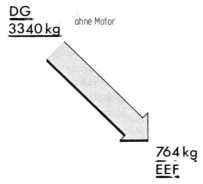

Bild 6: Gewichtsvergleich zwischen konventionellem Drehgestell und Einzelrad-Einzelfahrwerk

ten zwischen Rad und Schiene. Es benötigt keine Servosysteme mechanischer. elektrischer oder hydraulischer Natur. Kein anderes System bietet diesen Vorteil der Selbstregelung: ein Straßenfahrzeug braucht ein Lenkrad oder eine Steuerung von der Trasse her, z. B. beim Spurbus. Das Rad-Schiene-System kann sich auch in engsten Bögen selbst regeln. Wichtig ist hierfür der Verzicht auf die durchgehende Radsatzwelle. Es müssen freilaufende Losräder verwendet werden, um alle Bedingungen für ein geometrisch und drehzahlmäßig richtiges Abrollen zu erfüllen. Als Beispiel wird ein ausgeführtes erstes Erprobungsfahrwerk dargestellt **(Bild 7 und 8).** Mit diesem Laufwerk sind zahlreiche Fahrversuche und Probefahrten auf Gleisanlagen der Rheinbahn, Düsseldorf, durchgeführt worden.

103

Bild 7: Einzelrad **Bild 8:** Erprobungsfahrwerk

In einem Erprobungslaufwerk, welches aus einem Langträger besteht, der sich an einem Ende auf ein konventionelles Straßenbahn-Drehgestell abstützt und am anderen Ende auf das Einzelrad-Einzellaufwerk, sind weitere Probefahrten vorgenommen worden. Hierbei haben sich die Eigenschaften des neuen Laufwerkes in eindrucksvoller und erfolgreicher Weise bestätigt. Jedem Beobachter bleibt der Unterschied beim Bogenlauf in deutlicher Erinnerung. Besonders überzeugend ist die Tatsache, daß der Spurkranz beim Einzelrad-Laufwerk nicht - wie beim Drehgestell - blankgeschabt ist, sondern völlig rostig bleibt. Das ist der beste Beweis für die richtige radiale Einstellung. Dies eröffnet auch die Perspektive, die wir suchen: die Minderung des Verschleißes an Rad und Schiene.

Als nächste Schritte sind die Antriebs- und Bremsfragen zu bearbeiten. Man muß ein Differential einbauen bzw. andere, neuartige Antriebe verwenden. Hierfür muß ein weiteres Laufwerk gebaut und erprobt werden. Darüber laufen bereits Verhandlungen mit einem Hochschulinstitut, einem Hersteller und einem Verkehrsbetrieb.

Nützlich ist hier ein Blick ins Ausland. Lenkachslaufwerke sind in vielen neuen, z.T. auch neuartigen Fahrzeugen in Erprobung oder bereits im Betrieb. Zu nennen sind Lüttich, Paris, London, Rotterdam, Vancouver. Überall wird die Notwendigkeit der Verschleißminderung genauso gesehen wie bei uns. Das bestätigt unsere Überlegungen. Allerdings darf festgestellt werden, daß das selbstregelnde Einzelrad-Einzelfahrwerk bisher noch nirgends verfolgt worden ist. Hier sind wir wirklich innovativ.

Infrastrukturanalyse

Eine gründliche Analyse der Infrastruktur der bestehenden Netze in der BRD ist abgeschlossen. Es ergibt sich eine große Vielfalt bei den Spurweiten, Gleisradien, Gleisachsabständen, Bahnsteighöhen usw. Es gibt Wagenbreiten von 2,20 bis 2,65 m. Daraus folgt, daß Einheitsfahrzeuge nicht praktikabel und nicht durchsetzbar sind. Stattdessen muß ein Entwurfs- und Konstruktionssystem geschaffen werden, nach dem die Fahrzeuge „modular" hergestellt werden können. Dies soll nach Möglichkeit in rationeller Weise für Baugruppen und ganze Wagenkästen auf denselben, verstellbaren Vorrichtungen geschehen.

Auch hier ist ein Blick ins Ausland nützlich. Dort sind zahlreiche neue Stadtbahnnetze geplant und gebaut worden. Man sollte meinen, daß man hierfür das ideale Fahrzeug gefunden hätte und es allgemein verwenden würde. Genau das Gegenteil ist der Fall. Auch hier gibt es eine lange Liste der Wagenbreiten: von 2,30 bis 2,70 m. Bei Wagenlänge, Überhang, Kopfform und anderen Fahrzeugmerkmalen ist die Vielfalt noch größer. Insofern lautet auch hier die Erkenntnis und die Folgerung, daß eine Vereinheitlichung nicht möglich ist und daß ein Entwurfsprinzip modularer Art gefunden werden muß, wenn wir unsere Exportchancen nutzen wollen.

Weiteres Vorgehen

Die nächsten Schritte des Vorhabens „Stadtbahn 2000" bestehen darin, das modulare Entwurfs- und Konstruktionssystem zu konzipieren und zu formulieren. Hieran wird der Projektausschuß maßgeblich mitarbeiten.

Eine Typenreihe von Fahrzeugen, als Vier-, Sechs- und Achtachser, mit ein-, zwei- oder mehrteiligen Wagenkästen, als Ein- oder Zweirichtungswagen, für Meter- und Normalspur muß entworfen werden **(Bild 9).**

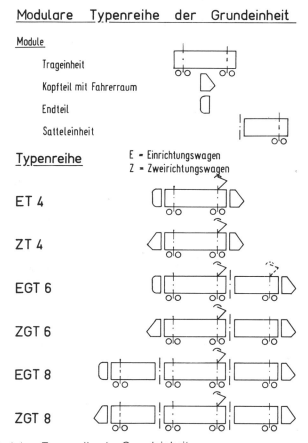

Bild 9: Modulare Typenreihe der Grundeinheit

Baugruppen wie Wand, Decke, Fußboden können normiert und sogar standardisiert werden. Paßstücke in Decke und Fußboden erlauben entsprechende Anpassung an die geforderte Wagenbreite **(Bild 10).**

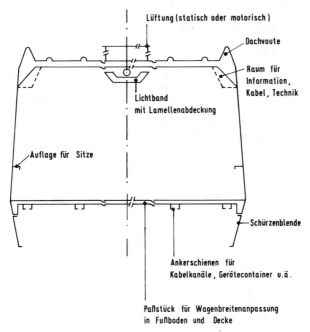

Bild 10: Wagenbreitenanpassung

Aus dieser Typenreihe sollen dann Prototypen, ganze Fahrzeuge, als Erprobungsträger von Komponenten - aber auch als „demonstrator" oder „state of the art car" - gebaut werden. Wahrscheinlich wird dies mit einer Arbeitsgemeinschaft geschehen, über deren Bildung bereits Verhandlungen mit Verkehrsbetrieben (z. B. Düsseldorf und Mannheim) eingeleitet sind.

Wichtig für die breite Anwendung der Forschungs- und Entwicklungsergebnisse ist die Freigabe und Zugänglichkeit der Unterlagen wie Schaltpläne und Konstruktionsunterlagen. Nur wenn die Unterlagen allen Herstellern zugänglich sind, hat der Einsatz öffentlicher Mittel einen Sinn, und es wird Doppelarbeit vermieden.

Der Verband öffentlicher Verkehrsbetriebe und seine Betriebe als Anwender stehen für die bevorstehenden Schritte aktiv zur Verfügung.

Noch eine Schlußbemerkung: Vielleicht sollte man bei diesem komplexen Vorhaben, das sehr viele einzelne Komponenten einschließt und teilweise noch unter einem geringen Bekanntheitsgrad leidet, ein Signet als eine Art Markenzeichen einführen. Dies könnte jeder fertigen Komponente verliehen werden, den Förderer herauszustellen, die Motivation der Beteiligten erhöhen, als verbindendes Element dienen und gleichsam das Prädikat deutscher Nahverkehrstechnologie bilden.

Leichtbau durch beanspruchungsgerechte Auslegung von Nahverkehrsfahrzeugen; Teil 1: Überarbeitung der Lastannahmen für BO Strab-Fahrzeuge

SNV Studiengesellschaft Nahverkehr mbH, Hamburg

Prof. Dr. Bugarcic (TU Berlin), Vortragender
Geers (DUEWAG Düsseldorf)
Meier-Plate (ÜSTRA Hannover)

Förderungskennzeichen des BMV: 70004/83

Zusammenfassung

Für die Festigkeitsauslegung von Stadtverkehrs-Schienenfahrzeugen sind gegenwärtig die in den sechziger Jahren erarbeiteten und 1970 letztmalig veröffentlichten „Lastannahmen und Sicherheiten für Schienenfahrzeuge" (1) maßgebend. Sie wurden aus Erfahrungswerten abgeleitet, wie sie damals bei den zur sicheren Seite hin ausgelegten Reisezug-Güterwagen vorlagen.

Zwar ist im Laufe der Zeit eine kaum mehr überschaubare Vielfalt an neuen Berechnungsverfahren - bis zur Methode der Finiten Elemente hin - entwickelt worden. Die erzielte Genauigkeitssteigerung ist aber nur eine scheinbare, da die eingesetzten dynamischen Stoßzuschläge sowie Abnahmeprüfkräfte immer noch auf den überlieferten Erfahrungswerten beruhen.

Mit Hilfe des Prinzips der fortschreitenden Baugruppenzerlegung konnten die vorherrschenden Unsicherheiten bei der Bemessung und Eingabe der dynamischen Einflußparameter soweit eingeebnet werden, daß die während der Fahrt dauernd wirksamen Grundbeanspruchungen eines Bauteils zum einen wesentlich genauer als bisher und zum anderen in klar nachvollziehbaren Rechenoperationen ermittelt werden können.

Ähnlich verhält es sich mit den nur zeitweise wirksamen Zusatzbeanspruchungen, deren statische und dynamische Eingabedaten präzisiert und den heutigen Erfordernissen angepaßt werden konnten.

Zwar mußten die aus Gleisunebenheiten und Gleisunstetigkeiten resultierenden Beschleunigungsamplituden und Schwingungsfrequenzen der einzelnen Baukomponenten zunächst aus älteren Meßprotokollen abgeleitet werden, jedoch läßt sich diese Schwachstelle bis zur endgültigen Verabschiedung der Richtlinien durch gezielte Streckenversuche relativ leicht beheben.

Summary

The „Load Assumptions and Safety Margins for Rail Vehicles (1)" worked out in the sixties and last published in 1970, are still the determining factor in current stress design of urban transit rail vehicles. They are derived from empirical values available at that time for long-distance passenger train carriages and goods wagons. These values had been calculated with a large safety margin.

Since then, of course, a huge number of new methods of calculation - right up to the method of finite elements - have been developed. The degree to which there has been any increase in accuracy is, however, rather academic, as the dynamic impact factors and acceptance testing forces currently used are still based on the empirical values which have been handed on.

With the help of the principle of progressive analysis of elements it has been possible to level out the prevailing uncertainty in the measuring and application of dynamic values. so that the basic stress on an individual component effective during the trip can be calculated with considerably more accuracy than in the past and determined in well defined arithmetic steps.

Similar success has been achieved with the additional occasional stresses whose static and dynamic parameters have been defined more precisely and matched to current requirements.

Initially. of course. the acceleration amplitudes and oscillation frequency of individual components. resulting from irregularities and inconsistencies in the rail track, hat to be derived from the old measurements. However, these weaknesses can be relatively easily corrected by specific line testing before the regulations are finalized.

Zielsetzung

Die in den sechziger Jahren erarbeiteten und 1970 letztmalig veröffentlichten „Lastannahmen und Sicherheiten für Schienenfahrzeuge" (1) sind seit geraumer Zeit in folgenden Punkten korrektur- und ergänzungsbedürftig:

— Umstellung auf das neue internationale Einheitensystem,

— Berücksichtigung der betriebs- und sicherheitstechnischen Neuerungen,

— Einarbeitung der den Anforderungs-Leichtbau betreffenden Forschungs- und Entwicklungsergebnisse,

— Beseitigung der vorherrschenden Unsicherheiten in der Bemessung und Handhabung dynamischer Einflußparameter.

Daher ist im Auftrage des Bundesministers für Verkehr der Entwurf neuer Empfehlungen für die Festigkeitsauslegung von Personenfahrzeugen der konventionellen Rad-Schiene-Technik - soweit sie der Verordnung über den Bau und Betrieb der Straßenbahnen (BOStrab) unterliegen - erarbeitet worden.

Ergebnisse

Obwohl die Berechnungs- und Einschätzverfahren der Dimensionierung gegen Zeitfestigkeit im Schienenfahrzeugbau noch nicht anwendungsreif sind, ergeben sich aus der präziseren, baugruppenbezogenen Eingabe der dynamischen Kraftwirkungen neue Ansatzpunkte für den Anforderungs-Leichtbau von Stadtverkehrs-Schienenfahrzeugen mit Gewichtseinsparungen zwischen 10 und 20%.

Besonders eindrucksvoll trat dies bei der Umsetzung der den Pufferstoß betreffenden Forschungsergebnisse (2) auf den in Entwicklung befindlichen Berliner S-Bahn-Triebwagen zu Tage, wobei sich u.a. auch neue Aspekte für den Stoffleichtbau von Wagenkästen ergeben haben.

Zur Zeit wird in einem neu gebildeten Unterausschuß des Deutschen Institutes für Normung geprüft, ob der vorliegende Entwurf als Grundlage für die generelle Überarbeitung der einschlägigen Schienenfahrzeug-Richtlinienwerke dienen kann.

Nachstehend seien die wichtigsten Abschnitte des Entwurfes in ihrem vollen Wortlaut wiedergegeben, da Kürzungen oder Umschreibungen der ohnehin auf das Wesentliche beschränkten Ausführungen den Informationswert des Beitrages stark beeinträchtigen würden.

Definition der Massen und Kräfte

Der Zusammenhang zwischen Massen (Gewichten) m_i einerseits und Lasten (Gewichtskräften) Q_i sowie Beschleunigungskräften F_i andererseits ergibt die Grundgleichung

$$\text{Kraft} = \text{Masse} \times \text{Beschleunigung}$$

wobei für die Lasten jeweils die Erdbeschleunigung g und für die Beschleunigungskräfte jeweils die Bewegungsbeschleunigung a_i des Objektes eingesetzt wird.

$$Q_i = m_i \times g$$
$$F_i = m_i \times a_i$$

Alle weiteren Kräfte, wie Antriebs-, Wind- und Reibungskräfte, werden ebenfalls mit F_i bezeichnet.

Die dem Festigkeitsnachweis zugrunde zu legenden Lasten setzen sich zusammen aus der konstanten Fahrzeug-Eigenlast und den veränderlichen Lasten, mit denen das Fahrzeug beladen wird.

Definition der wichtigsten Fahrzeuglasten:

Die L e e r l a s t Q_l ist die Last des unbeladenen Fahrzeuges mit allen fest ein- oder angebauten Teilen.

Die E i g e n l a s t Q_e ist die Last des lauffähigen unbeladenen Fahrzeuges, bei welchem zu der Leerlast Q_l die Lasten der im Ausrüstungsplan aufgeführten Geräte, Werkzeuge und Ersatzteile, der Füllungen der Transformatoren, Getriebe, Schaltanlagen, Radsatzlager und sonstigen maschinellen Einrichtungen hinzukommen.

Die B e t r i e b s l a s t Q_b ist die Last des betriebsfähigen Fahrzeuges, welche sich aus der Eigenlast Q_e, den Lasten der Fahrbediensteten (Fahrzeugführer, Zugbegleiter; gerechnet mit 800 N/Pers.), der Kühlwasserfüllung und der Füllung der Warmwasserheizung sowie den Kraftstoff- und Sandvorräten zusammensetzt.

Die N u t z l a s t Q_n ist die aus der jeweiligen Fahrgastbesetzung sich ergebende Last, welche betriebs- und nachfragebedingt starken Schwankungen unterworfen und in ihrem Höchstwert durch die Nutzlast nach BOStrab Q_{nmax} begrenzt ist.

Die höchste N u t z l a s t Q_{nmax} entspricht der Nutzlast nach BOStrab. Sie ist je Fahrgastsitzplatz mit 750 N und je m^2 Stehplatzfläche mit 5000 N anzusetzen.

Als Stehplatzflächen sind n i c h t anzusehen:

a) die auf den Boden projizierten Flächen von Sitzplätzen nebst Rücken- und Armlehnen zuzüglich der Flächen für die Füße der sitzenden Fahrgäste. Die letztgenannten Flächen sind mit einer Länge entsprechend der Sitzbreite und einer Tiefe von 300 mm anzusetzen. Beträgt bei gegenüberliegenden Sitzen die Gesamttiefe weniger als 600 mm, so ist mit dem vorhandenen Tiefenmaß zu rechnen. Beträgt die Gesamttiefe mehr als 600 mm, so ist d) zu berücksichtigen.

b) durch Fahrbedienstete (Fahrzeugführer, Zugbegleiter) beanspruchte Flächen,

c) Trittstufen und Flächen, die nur zum Ein- und Aussteigen betreten werden müssen. Bei gegenüberliegenden Türen gehört eine der beiden fußbodenbündigen Trittstufenabdeckungen zur Stehplatzfläche,

d) Flächen, die wegen zu geringer Abmessungen hierfür geeignet sind,

e) Flächen, über denen die lichte Höhe weniger als 1950 mm beträgt,

f) durch Notübergänge, Aborte, Waschräume beanspruchte Flächen.

D i e G e s a m t l a s t (H ö c h s t l a s t) O_h ist die aus der Betriebslast Q_b und der höchsten Nutzlast $Q_{n\,max}$ sich ergebende Fahrzeug-Gesamtgewichtskraft.

D i e Z w e i d r i t t e l l a s t Q_t setzt sich aus der Betriebslast Q_b und der Nutzlast Q_n zusammen, welche sich aus einer $2/3$-Besetzung sämtlicher Fahrgastsitze (ohne Notsitze), d.h. mit 500 N/Sitz, und einer $2/3$-Besetzung der Stehplatzflächen, d.h. mit 3333 N/m², ergibt.

Die R a d l a s t Q ist der im Fahrzeugstillstand bei waagerechtem und ebenem Gleis auf ein Rad entfallende Anteil der Fahrzeug-Gesamtlast Q_h.

Die R a d s a t z l a s t Q_s ist der im Fahrzeugstillstand bei waagerechtem und ebenem Gleis auf einen Radsatz entfallende Anteil der Fahrzeug-Gesamtlast Q_h.

Werden Radlast Q oder Radsatzlast Q_s in Untersuchungen und Berechnungen anders ermittelt, ist dieses sowohl zusätzlich zu bezeichnen als auch zu definieren, z. B. „aus Fahrzeug-Eigenlast Q_e.

Die R e i b u n g s l a s t Q_r ist der im Fahrzeugstillstand bei waagerechtem und ebenem Gleis auf die angetriebenen bzw. gebremsten Radsätze entfallende Anteil der Gesamtlast Q_h.

Die A n f a h r r e i b u n g s l a s t Q_{ra} ist der im Fahrzeugstillstand bei waagerechtem und ebenem Gleis auf die angetriebenen Radsätze entfallende Anteil der Gesamtlast Q_h.

Die B r e m s r e i b u n g s l a s t Q_{rb} ist der im Fahrzeugstillstand bei waagerechtem und ebenem Gleis auf die gebremstem Radsätze entfallende Anteil der Gesamtlast Q_h.

Anmerkung:

Die Beanspruchung stellt den Übergriff für Kraft- und Momentenwirkungen dar, welchem ein Bauteil ausgesetzt ist.

Die Spannung ist die auf der Querschnittsfläche bzw. auf das Flächenwiderstandsmoment bezogene Beanspruchung eines Bauteils.

Die Beanspruchbarkeit gibt die ertragbare Beanspruchung eines Bauteiles an. Sie hängt u. a. vom Werkstoff sowie von der Formgebung und Fertigung des Bauteiles ab.

Grund- und Zusatzbeanspruchungen

Grundbeanspruchungen sind während der Fahrt dauernd wirksam.

Zusatzbeanspruchungen treten nur zeitweise auf.

Grundbeanspruchungen

Die Grundbeanspruchungen werden zum einen durch die konstante Fahrzeuglast, zum anderen durch die veränderliche Nutzlast und zum dritten durch die aus Gleisunebenheiten sowie -unstetigkeiten resultierenden Bauteilbeschleunigungen und -schwingungen bewirkt, wie sie für das Ausrollen eines Fahrzeuges auf geradem, ebenem, durchgehend geschweißtem Gleis kennzeichnend sind.

Ausgehend vom Prinzip der fortschreitenden Baugruppenzerlegung sind den einzelnen Schwingungsebenen und Krafteinleitungspunkten eines Fahrzeuges nachstehende Beschleunigungsamplituden a_i und Schwingungsfrequenzen f_i für die Ermittlung der aus den Massenträgheitskräften resultierenden Beanspruchungskomponenten im Geschwindigkeitsbereich zwischen 50 und 100 km/h zuzuordnen.

— Beanspruchungen aus Lasten und vertikalen Massenträgheitskräften

• Wagenkasten **(Bild 1)**

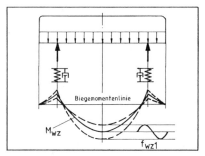

$M_{wz} \,\hat{=}\,$ Biegemoment aus den eigenen Lasten   [Nm]

$M_{wz}^{*} \,\hat{=}\,$ Biegemoment aus den eigenen Lasten und vertikalen Massenträgheitskräften   [Nm]

$g \quad \hat{=}\,$ Erdbeschleunigung [m/s²]

$$M_{wz}^{*} \,\hat{=}\, M_{wz} \left[1 \pm \frac{a_{wz1}}{g} \right] \quad [\text{Nm}]$$

Bild 1: Wagenkastenbeanspruchung aus seinen eigenen vertikalen Gewichts- und Massenträgheitskräften.

Beschleunigungsamplitude	a_{wzl} = 0,5 - 1,0 m/s²

Je nach Ausführung des Wagenkastens und seiner drehgestellseitigen Federungs- und Dämpfungselemente kann statistisch mit einer Frequenz der Tauch- und Nickschwingungen $f_{wz1.1}$ = 1 - 3 Hz gerechnet werden. Die aus der Biegeeigenfrequenz ($f_{wz1.2}$ = 4 - 16 Hz) resultierenden zusätzlichen Beanspruchungen sind bei den Wagenkästen der Stadtverkehrs-Schienenfahrzeugen in der Regel vernachlässigbar gering.

• **Drehgestellrahmen**

a) Teilbeanspruchungen aus Lasten und Massenträgheitskräften des Wagenkastens **(Bild 2)**

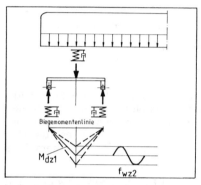

$M_{dz1} \triangleq$ Biegemoment aus den Lasten des Wagenkastens [Nm]

$M_{d\dot{z}1} \triangleq$ Biegemoment aus den Lasten und vertikalen Massenträgheitskräften des Wagenkastens [Nm]

$$M_{d\dot{z}1}= M_{dz1} \left[1 \pm \frac{a_{wz2}}{g} \right] \quad [Nm]$$

Bild 2: Drehgestellrahmen-Beanspruchung aus den vertikalen Wagenkasten-Gewichts- und Massenträgheitskräften.

Beschleunigungsamplitude	a_{wz2} = 0,5 - 1,0 m/s²

Je nach Ausführung der zwischen Wagenkasten und Drehgestellrahmen geschalteten Federungs- und Dämpfungselemente kann statistisch mit einer Frequenz der Wagenkasten-Tauchschwingungen f_{wz2} = 1 - 3 Hz gerechnet werden.

b) Teilbeanspruchungen aus eigenen Lasten und Massenträgheitskräften **(Bild 3)**

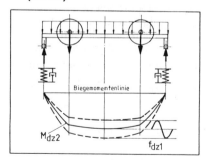

$M_{dz2} \triangleq$ Biegemoment aus den eigenen Lasten [Nm]

$M_{d\dot{z}2} \triangleq$ Biegemoment aus den eigenen Lasten und vertikalen Massenträgheitskräften [Nm]

$$M_{d\dot{z}2}= M_{dz2} \left[1 \pm \frac{a_{dz1}}{g} \right] \quad [Nm]$$

Bild 3: Drehgestellrahmen-Beanspruchung aus den eigenen vertikalen Gewichts-und Massenträgheitskräften.

$$\boxed{\text{Beschleunigungsamplitude} \qquad a_{dz1} = 3 - 6 \ \text{m/s}^2}$$

Je nach Ausführung der zwischen Radsatz und Drehgestellrahmen geschalteten Federungs- und Dämpfungselemente kann mit einer Frequenz der Tauchschwingungen $f_{dz1.1} = 8 - 10 \ \text{Hz}$ gerechnet werden. Die Spannungsamplituden aus der Biegeeigenfrequenz des Drehgestellrahmens $f_{dz1.2} \gg 30 \ \text{Hz}$ sind in der Regel vernachlässigbar gering.

c) Zusammensetzen der Teilbeanspruchungen

Da dem Festigkeitsnachweis gegen Streckgrenze ein phasengleiches Einschwingen der beteiligten Fahrzeug-Baukomponenten (Wagenkasten, Drehgestellrahmen nebst Anbauteilen) mit der größten vorkommenden Beschleunigungsamplitude a_{izmax} zugrunde gelegt wird, gilt hier

$$M_{d\dot{z}} = M_{dz1} \left[1 + \frac{a_{wz2max}}{g} \right] + M_{dz2} \left[1 + \frac{a_{dz1max}}{g} \right]$$

Demgegenüber können beim N a c h w e i s d e r D a u e r - b z w . Z e i t f e s t i g k e i t die dynamischen Beanspruchungskomponenten einzeln ausgewiesen und zu einer für das jeweilige Betriebsgeschehen repräsentativen Schwingungsbeanspruchung zusammengefaßt werden, sofern hierfür abgesicherte Lastkollektive vorliegen.

• **Radsatzwelle**

a) Teilbeanspruchungen aus Lasten und Massenträgheitskräften des Wagenkastens **(Bild 4)**

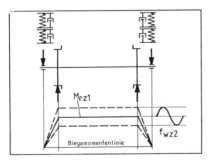

$M_{rz1} \triangleq$ Biegemoment
   aus den Lasten des
   Wagenkastens [Nm]

$M_{r\dot{z}1} \triangleq$ Biegemoment aus den
   Lasten und vertikalen
   Massenträgheitskräften
   des Wagenkastens [Nm]

$$M_{r\dot{z}1} = M_{rz1} \left[1 \pm \frac{a_{wz2}}{g} \right] \quad [\text{Nm}]$$

Bild 4: Radsatzwellen-Beanspruchung aus den vertikalen Wagen-Gewichts- und Massenträgheitskräften.

$$\boxed{\text{Beschleunigungsamplitude} \qquad a_{wz2} = 0{,}5 - 1{,}0 \ \text{m/s}^2}$$

Ferner ist die mit dem Rollvorgang einhergehende umlaufende Biegebeanspruchung der Radsatzwelle aus M_{rz1} zu berücksichtigen.

b) Teilbeanspruchungen aus Lasten sowie Massenträgheitskräften des Drehgestellrahmens und seiner Anbauteile **(Bild 5)**

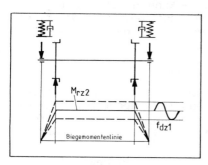

$M_{rz2} \hateq$ Biegemoment aus den Lasten des Drehgestellrahmens und seiner Anbauteile [Nm]

$M_{r\dot{z}2} \hateq$ Biegemoment aus den Lasten sowie vertikalen Massenträgheitskräften des Drehgestellrahmens und seiner Anbauteile [Nm]

$$M_{r\dot{z}2} = M_{rz2} \left[1 \pm \frac{a_{dz2}}{g} \right] \quad [Nm]$$

Bild 5: Radsatzwellen-Beanspruchung aus den vertikalen Gewichts- und Massenträgheitskräften des Drehgestellrahmens und seiner Anbauteile.

Beschleunigungsamplitude $\qquad a_{dz1} = 3 - 6 \ m/s^2$

Ferner ist die mit dem Rollvorgang einhergehende umlaufende Biegebeanspruchung der Radsatzwelle aus M_{rz2} zu berücksichtigen.

c) Teilbeanspruchungen aus eigenen Lasten und Massenträgheitskräften **(Bild 6)**

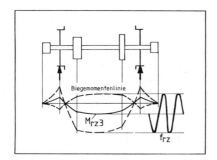

$M_{rz3} \hateq$ Biegemoment aus den eigenen Lasten [Nm]

$M_{r\dot{z}3} \hateq$ Biegemoment aus den eigenen Lasten und vertikalen Massenträgheitskräften [Nm]

$$M_{r\dot{z}3} = M_{rz3} \left[1 \pm \frac{a_{rz}}{g} \right] \quad [Nm]$$

Bild 6: Radsatzwellen-Beanspruchung aus den eigenen vertikalen Gewichts-Massenträgheitskräften.

Oberbau-Ausführung mit		Vignolschienen	Rillenschienen
Beschleunigungs-amplitude a_{rz}	Starräder	$20 - 30 \ m/s^2$	$30 - 40 \ m/s^2$
	gummigef.Räder	$15 - 20 \ m/s^2$	$20 - 30 \ m/s^2$

In erster Näherung ergibt sich die Schwingungszahl f_{rz} aus der Biegeeigenfrequenz des kompletten Radsatzes.

Die mit dem Rollvorgang einhergehende umlaufende Biegebeanspruchung der Radsatzwelle aus M_{rz3} ist im vorliegenden Falle vernachlässigbar gering.

Die Radsatzwellen werden derzeit nach gesonderten Vorschriften ausgelegt. Das hier dargestellte Verfahren soll eine differenzierte Berechnung ermöglichen.

d) Zusammensetzen der Teilbeanspruchungen

Entsprechend gilt für den Festigkeitsnachweis gegen Streckgrenze

$$M_{r\dot{z}} = M_{rz1}\left[1 + \frac{a_{wz2max}}{g}\right] + M_{rz2}\left[1 + \frac{a_{dz2max}}{g}\right] + M_{rz3}\left[1 + \frac{a_{rzmax}}{g}\right]$$

Beim Nachweis der Dauer- bzw. Zeitfestigkeit können auch im vorliegenden Falle die dynamischen Komponenten einzeln ausgewiesen und zu einer für das jeweilige Betriebsgeschehen repräsentativen Schwingungsbeanspruchung zusammengefaßt werden, sofern hierfür abgesicherte Lastkollektive vorliegen.

— Wagenkasten-, Drehgestellrahmen- und Radsatz-Grundbeanspruchungen aus den horizontalen Massenträgheitskräften

In gleicher Reihenfolge sind die Bauteil-Grundbeanspruchungen aus den horizontalen Massenträgheitskräften zu ermitteln, wobei die in **Tabelle 1** ausgewiesenen Beschleunigungsamplituden und Schwingungsfrequenzen in den einzelnen Schwingungsebenen des in der Geraden ausrollenden Fahrzeuges **(Bild 7)** angesetzt werden können.

Bezugsebene nach Bild 2	Bezeichnung	Beschleunigungs-amplitude	Schwingungsfrequenz (statistisch)	
		m/s²	Hz	Bemerkung
1	Wagenkasten-Schwerpunktsebene oberhalb der Drehgestell-anlenkpunkte	a_{wy1} 0,8 - 1,0	f_{wy1} 1 - 2	Je nach Radsatz- und Drehgestellgeometrie sowie Beschaffenheit der Federungs- und Führungselemente
2	Schwerpunktsebene des kompletten Drehgestellrahmens oberhalb d. Radsatzlager	a_{dy1} 1,5 - 3,0	f_{dy1} 1 - 10	
3	Radsatz- bei Schwer- Starrädern punkts- bei gummi- ebene gef. Rädern	a_{ry} 5 - 8 3 - 5	f_{ry} 1 - 2	

Tabelle 1: Beschleunigungsamplituden und Lastwechselzahlen zur Ermittlung der horizontalen Massenträgheitskräfte des in der Geraden auslaufenden Fahrzeuges gemäß Bild 7

Ergänzend hierzu sei vermerkt, daß Wagenkasten und Drehgestelle sowohl translatorische Schwingungen in y-Richtung als auch rotatorische Bewegungen um die z-Achse ausführen können.

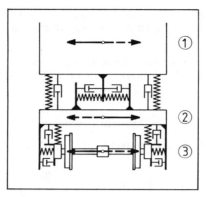

Bild 7: Fahrzeug-Querschnitt mit den Wirklinien der horizontalen Massenträgheitskräfte.

Die Beanspruchungen aus den rein translatorischen Schwingungsvorgängen ergeben sich aus der gleichsinnigen Wirkung der Beschleunigungsamplitude a_{wyl} an den Drehgestell-Anlenkpunkten bzw. a_{dyl} an den Radsatzanlenkpunkten entsprechend **Bild 8.**

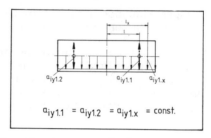

$$a_{iy1.1} = a_{iy1.2} = a_{iy1.x} = const.$$

Bild 8: Ansatz der Beschleunigungsamplituden a_{wyl} bzw. a_{dyl} bei rein translatorischen Schwingungsvorgängen in y-Richtung.

Die Beanspruchungen aus den rein rotatorischen Schwingungsvorgängen um die z-Achse ergeben sich aus der gegensinnigen Wirkung der Beschleunigungsamplitude a_{wyl} bzw. a_{dyl} entsprechend **Bild 9.**

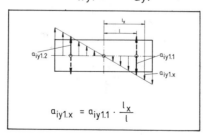

$$a_{iy1.x} = a_{iy1.1} \cdot \frac{l_x}{l}$$

Bild 9: Ansatz der Beschleunigungsamplituden a_{wyl} bzw. a_{dyl} bei rein rotatorischen Schwingungsvorgängen um die z-Achse

Dem Festigkeitsnachweis ist der für das betrachtete Bauteil jeweils ungünstigste Beanspruchungsfall zugrunde zu legen.

— Gegenseitige Schwingungsbeeinflussung

Bei gegenseitiger Schwingungsbeeinflussung der Fahrzeugbaukomponenten muß der Verstimmungsfaktor der einzelnen Frequenzen mindestens 1,4 betragen.

Zusatzbeanspruchungen

Die Zusatzbeanspruchungen werden bewirkt durch
— Kräfte aus Beschleunigungs- und Bremsvorgängen
— Kräfte des Bogenlaufes
— Verwindungskräfte, hauptsächlich aus Gleisbogen-Überhöhungen
— Kräfte der Weichenfahrt
— Kräfte aus oberbauseitigen Besonderheiten wie z. B. Schienenstöße und Schienenriffeln
— Windkräfte
— Aufstoßkräfte, hauptsächlich aus Rangiervorgängen
— Kräfte beim Anheben eines Fahrzeuges
— Kräfte bei Ausfall oder Bruch von Federelementen

Sie sind den ausgewiesenen Grundbeanspruchungen bei der Bildung von Beanspruchungskombinationen zu überlagern. Hierbei wird vorausgesetzt, daß die Grundbeanspruchungen stets wirksam bleiben, zumal die für den Geradeauslauf angesetzten Gleisunebenheiten sowie -unstetigkeiten auch beim Bogenlauf und bei der Weichenfahrt gleichermaßen vorhanden sind. Daher sind in den Richtwerten für die Berechnung der Beschleunigungskräfte diejenigen der Grundbeanspruchungen im folgenden nicht enthalten.

— Kräfte aus Beschleunigungs- und Bremsvorgängen

Sofern keine konkreten Vorgaben seitens des Betreibers vorliegen, können für die Ermittlung der aus Anfahr- und Bremsvorgängen resultierenden Zusatzbeanspruchungen die in **Tabelle 2** wiedergegebenen Beschleunigungs- bzw. Verzögerungswerte zugrunde gelegt werden.

Für die Ermittlung der Beanspruchungen des Einzelaggregates beim Festigkeitsnachweis gegen Streckgrenze sind nachstehende Reibungsbeiwerte anzusetzen:

- zwischen Rad und Schiene
$u_{rmax} = 0,4$ bei Anfahrvorgängen
$u_{rmax} = 0,6$ bei Bremsvorgängen

- zwischen Magnetschuh und Schiene
$u_{gmax} = 0,4$

— Kräfte des Bogenlaufes

- Fliehkräfte
Die Zentrifugalbeschleunigung für die Fliehkraftberechnung beträgt

$a_{yz1} = 2{,}0 \text{ m/s}^2$ für den Festigkeitsnachweis gegen Streckgrenze
$a_{yz2} = 1{,}0 \text{ m/s}^2$ für den Nachweis der Dauer- bzw. Zeitfestigkeit

- Gleitwiderstände und Radsatzführungskräfte des Bogenlaufes
  Bei der Ermittlung der Gleitwiderstände und Führungskräfte ist von
  nachstehenden Reibungsbeiwerten im Rollkontakt zwischen Rad und
  Schiene auszugehen:
  für den Festigkeitsnachweis gegen Streckgrenze $\mu_r = 0{,}4$
  für den Nachweis der Dauer- bzw. Zeitfestigkeit $\mu_r = 0{,}2$

Bezeichnung	Für die Ermittlung der Massenträgheitskräfte in den Hauptanlenk- und Abstützpunkten beim Nachweis		Für die Ermittlung der Beanspruchungen des Einzelaggregates beim Nachweis
	1) der Dauer- bzw. Zeitfestigkeit	2) gegen Streckgrenze	3) der Dauer- bzw. Zeitfestigkeit
	(Betriebswerte)	(Spitzenwerte)	(Betriebswerte)
Anfahrbeschleunigung [m/s²]	1,0 - 1,5	1,5 - 2,0	1,5 - 2,0
Bremsverzögerung über den Rad/Schiene-Kontakt allein [m/s²]	1,0 - 2,0	3,0 - 4,0	2,0 - 3,0
Bremsverzögerung über die Schienen-Bremsmagnete allein [m/s²]	0,5 - 1,0 ($\mu_g = 0{,}2$)	1,0 - 2,0 ($\mu_g = 0{,}4$)	2,0 - 3,0
Bremsverzögerung über den Rad/Schiene-Kontakt u. die Schienen-Bremsmagnete[m/s²]	1,5 - 3,0	4,0 - 6,0	- . -

Tabelle 2: Repräsentative Anfahrbeschleunigungs- bzw. Bremsverzögerungswerte für BOStrab-Fahrzeuge

- Verwindungskräfte aus Gleisbogenüberhöhungen
  Unter Berücksichtigung der jeweils ungünstigsten anlagentechnischen
  Gegebenheiten sind die Wagenkasten-Verwindungskräfte für den Betriebszustand zu ermitteln, bei dem sich das eine Drehgestell in dem
  stetig überhöhten Gleisbogenabschnitt und das andere im ebenen Gleisabschnitt befindet. Demgegenüber soll sich bei der Ermittlung der Radentlastung sowie der Laufwerks-Verwindungskräfte das eine Drehgestell
  in der Überhöhungsrampe und das andere im ebenen Gleisabschnitt
  befinden.

Soweit aus den Verwindungskräften nennenswerte Bauteil-Beanspruchungen hervorgehen, ist dem Festigkeitsnachweis gegen Streckgrenze
die Fahrzeug-Gesamtlast Q_h, dem Festigkeitsnachweis gegen Dauerbruch die Zweidrittellast Q_t zugrunde zu legen. Demgegenüber ist für die
Ermittlung der Entgleisungssicherheit (5) die Betriebslast Q_b maßgebend.

— Kräfte der Weichenfahrt

Solange keine abgesicherten Meßergebnisse vorliegen, sind die oben
aufgeführten Beschleunigungsamplituden wie folgt zu vervielfachen. Die

daraus resultierenden Beanspruchungen sind den Grundsatzbeanspruchungen des ausrollenden Fahrzeuges hinzuzuzählen **(Tabelle 3).**

| Bezeichnung | | Vervielfachungsfaktor n für | | | |
| | | Vignol- und Tiefrillenweichen | | Flachrillenweichen | |
		gegen Dauer-bzw Zeitfest.	gegen Streck- grenze	gegen Dauer-bzw Zeitfest.	gegen Streck- grenze
Geradeausfahrt	vertikal	3,0	4,0	4,0	5,0
	horizontal	0,5	0,75	0,75	1,0
Abzweigfahrt	vertikal	3,0	4,0	4,0	5,0
	horizontal	1,5	2,0	1,5	2,0

Tabelle 3: Vervielfachungsfaktoren der zu den unter Abschnitt „Grundbeanspruchungen" ausgewiesenen Beschleunigungsamplituden für die Weichenfahrt

— Kräfte aus oberbauseitigen Besonderheiten

Soweit es sich nur um gelaschte Schienenstöße handelt, sind die aufgeführten vertikalen Beschleunigungsamplituden mit dem Faktor $n = 0,5$ zu vervielfachen.

Die aus Schienenriffeln resultierenden Beschleunigungsamplituden und Schwingungszahlen müssen von Fall zu Fall bestimmt werden.

— Windkräfte

Auf die vom Wind getroffene Ebene, welche durch die Mittellängsachse des Fahrzeuges gelegt wird, sind beim Festigkeitsnachweis gegen Streckgrenze Winddrücke bis zu 600 N/m^2 und beim Nachweis der Dauer- bzw. Zeitfestigkeit solche bis zu 400 N/m^2 anzusetzen.

— Aufstoßkräfte

• Fahrzeuge, die im Zugverband eingesetzt werden und über automatische, selbstzentrierende Mittelpufferkupplungen verfügen.

Die auftretenden dynamischen Kräfte hängen von der Zahl und Masse der zu einem Zugverband zusammengekuppelten Fahrzeugeinheiten, von der Aufstoßgeschwindigkeit sowie von der Art und Charakteristik der zwischengeschalteten Arbeitsglieder ab.

Werden der tragenden Wagenkastenstruktur Stoßabbau- und Energieverzehreinrichtungen vorgeschaltet, deren resultierendes Gesamtarbeitsdiagramm entsprechend **Bild 10** eine stetig ansteigende Kraft-Weg-Charakteristik aufweist, so läßt sich die Aufstoßendkraft F_{xend} von Fall zu Fall rechnerisch ermitteln (2).

Der hierbei vorausgesetzten Zugauffahrt auf eine stehende, festgebremste Wagengruppe sind die in **Tabelle 4** wiedergegebenen Aufstoßgeschwindigkeiten zugrunde zu legen.

Unter Berücksichtigung einer gewissen Schutzstufe ergibt sich dann die Wagenkasten-Abnahmeprüfkraft zu $F_{xWK} = 1,1\ F_{xend}$.

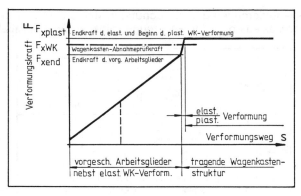

Bild 10: Stetig ansteigende Kraft-Weg-Charakteristik einer optimierten Stoßab-
bau- und Energieverzehreinrichtung

Bezeichnung	Richtgeschwindigkeit [km/h]	
	für die Endkraft der Kupplungsfeder	für die Endkraft aller der tragenden Wagenkastenstruktur vorgeschalteten Arbeitsglieder
Fahrzeuge mit Magnet-schienenbremsen und Sandstreu-einrichtungen	3 - 4	6 - 8
Fahrzeuge mit Magnet-schienenbremsen oder Sandstreu-einrichtungen	4 - 5	8 - 10
Fahrzeuge ohne Magnet-schienenbremsen und ohne Sandstreu-einrichtungen	5 - 6	12 - 15

Tabelle 4: Richtgeschwindigkeiten für die Ermittlung der dynamischen Aufstoß-
endkräfte

Dementsprechend ist der erste Rohbau-Wagenkasten einer neuen Bauart einer Prüfstandsbeanspruchung - unter gleichzeitiger Aufbringung
folgender Lasten bzw. Kräfte - zu unterziehen.

Gleichmäßig verteilte Beladung, dem Gewicht der vollständigen Wagenkastenausrüstung entsprechend;

Einleitung der aus der Abnahmeprüfkraft F_{xWK} resultierenden Kraft-
komponenten in die tragende Konstruktion, wie sie sich aus der Anordnung der vorgeschalteten Arbeitsglieder ergibt.

Hierbei ist sicherzustellen, daß unter dem Einfluß der Gewichts- und
Längskräfte - insbesondere an den Krafteinleitungspunkten - keine blei-
benden Verformungen am Wagenkasten auftreten und die zulässigen
Spannungen nicht überschritten werden.

120

Um die Energieumsetzung bei schweren Auffahrunfällen auf die dann ohnehin beschädigte Zugfront zu konzentrieren und die nachgeschalteten Zugverbandsglieder vor Deformation zu schützen, soll die Längskraft für die plastische Verformung der tragenden Wagenkastenstruktur F_{xplast} nur so hoch angesetzt werden, wie dies zur Abdeckung der Fertigungstoleranzen gegenüber der Wagenkasten-Abnahmeprüfkraft F_{xWK} unbedingt notwendig ist.

Die Befestigungs- oder Anlenkvorrichtungen der Fahrzeug-Anbauteile (wie Drehzahpfen, Bremskonsolen, Motorlagerungen, Transformatoraufhängungen usw.) sollen die Massenträgheitskräfte aus nachstehender Aufstoß-Verzögerung a_{xk} aufnehmen können:

$$a_{xk} = \frac{F_{xend}}{20} \qquad [m/s^2]$$

$F_{xend} \triangleq$ Endkraft der vorgeschalteten Arbeitsglieder   [kN]

Werden die bislang üblichen kupplungs- und wagenkastenseitigen Arbeitsglieder mit gestufter Kraft-Weg-Charakteristik verwendet, so müssen Aufstoßendkraft F_{xend} und Aufstoßverzögerung a_{xk} von Fall zu Fall rechnerisch oder experimentell nachgewiesen werden.

- Fahrzeuge, die nicht im Zugverband eingesetzt werden.

Hierbei muß lediglich für den Abschleppfall sichergestellt werden, daß die auftretenden Zug- und Stoßkräfte keine bleibenden Verformungen am Wagenkasten hervorrufen bzw. die zulässigen Spannungen nicht überschritten werden.
Bedingt durch die Spurbindung sowie die vergleichsweise geringe Bremsfähigkeit der Stadtverkehrs-Schienenfahrzeuge, empfiehlt sich im Hinblick auf Auffahrunfälle im Straßenverkehr jedoch der Ansatz der in **Tabelle 5** ausgewiesenen Richtwerte für die Festigkeitsauslegung des Wagenkastens, wobei seine Druckprüfung bei gleichmäßig verteilter Beladung, dem Gewicht der vollständigen Wagenkastenausrüstung entsprechend, erfolgen sollte.

Bezeichnung	Fahrzeuge mit vorgeschalteter Wagenkasten-Knautschzone	Fahrzeuge ohne vorgeschalteter Wagenkasten-Knautschzone
Wagenkasten-Abnahmeprüfkraft	$F_{xWq} = 75$ kN über Untergestellrahmen	$F_{xWq} = 100$ kN über Untergestellrahmen
Richtkraft für das Einsetzen der plast. Verformung d. Wagenkasten-Knautschzone	$F_{xKplast} = 50$ kN	-.-

Tabelle 5:   Aufstoßrichtkräfte für Fahrzeuge, die nicht im Zugverband eingesetzt werden

Die Befestigungs- und Anlenkvorrichtungen der Fahrzeug-Anbauteile müssen die Massenträgheitskräfte aus nachstehender Aufstoßverzögerung aufnehmen können:

Fahrzeuge ohne vorgeschalteter
Wagenkasten-Knautschzone $a_{xk} = 15$ m/s^2

Fahrzeuge mit vorgeschalteter
Wagenkasten-Knautschzone $a_{xk} = 10$ m/s^2

— Kräfte beim Anheben eines Fahrzeuges

Die Biege- und Beulsteifigkeit des Wagenkastens muß ein Anheben des
leeren Fahrzeuges

a) an den für Instandhaltungszwecke vorgesehenen Krafteinleitungspunkten und
b) an den bei Eingleisvorgängen in Betracht kommenden Kopf- und
Kupplungsquerträgern

zulassen.

— Kräfte beim Ausfall oder Bruch von Federelementen

Sollte der Ausfall oder Bruch von Federelementen nicht ganz ausgeschlossen werden können, so sind die oben aufgeführten vertikalen und
horizontalen Beschleunigungsamplituden mit einem Faktor n zu vervielfachen, welcher sich aus dem Zusammenwirken des jeweiligen Ersatz-
gliedes mit den noch intakten Schwingungskomponenten des Fahrzeuges im ungünstigsten Falle ergibt.

Festigkeitsnachweise

Da die Berechnungs- und Einschätzverfahren der Bauteilauslegung gegen
Zeitfestigkeit zwar im Grundsatz entwickelt, nicht aber für die allgemeine
Anwendung im Schienenfahrzeugbau aufbereitet sind, beschränken sich
die Empfehlungen vorerst auf die Berechnung gegen Streckgrenze
und den Nachweis der Dauerfestigkeit. In beiden Fällen handelt es
sich um bekannte Verfahrensweisen, so daß hier auf eine Wiedergabe der
dafür vorgesehenen Beanspruchungskombinationen verzichtet werden soll.

Literaturverzeichnis

(1) Lastannahmen und Sicherheiten für Schienenfahrzeuge, Leichtbau der Verkehrsfahrzeuge 14 (1970) Sonderheft II

(2) Bugarcic, H. u. Schneider, F.-M.,
Experimentelle und rechnerische Erfassung der bei Stadtschnellbahn-Fahrzeu-
gen im Rangierbetrieb auftretenden Frontalstöße sowie Erstellung von Dimensio-
nierungs- und Konstruktionsrichtlinien für deren Wagenkästen,
Abschlußbericht des BMV-Forschungsauftrages Nr. 70 100/81
Berlin, Februar 1984

(3) Bugarcic, H.
Entwicklungstendenzen im modernen Schienenfahrzeugbau
Vortrag auf der VÖV-Jahrestagung 1983
Alba-Verlag, Düsseldorf 1983

(4) Bugarcic, H. u. Schneider, F.-M.,
Pufferstoß und Wagenkasten-Abnahmeprüfkraft bei Stadtverkehrs-Schienen-
fahrzeugen
Nahverkehrsforschung '84, Statusseminar XI
BMFT, Bonn 1984

(5) Heumann, H.
Grundzüge der Führung der Schienenfahrzeuge
Sonderdruck aus „Elektrische Bahnen" Jahrgänge 1950 bis 1953

Leichtbau durch beanspruchungsgerechte Auslegung von Nahverkehrsfahrzeugen; Teil 2: Beanspruchungsgerechte Auslegung durch Berücksichtigung der Lastspielzahlen

SNV Studiengesellschaft Nahverkehr mbH, Hamburg

Dr. Naumann

Förderungskennzeichen des BMV: 70004/83

Zusammenfassung

Ausgehend von der Überarbeitung der Lastannahmen für die Festigkeitsberechnung von Schienenfahrzeugen des Nahverkehrs wird aufgezeigt, daß mit dieser Überarbeitung keinesfalls alle Fragen gelöst sind, die den Weg zu einem im Nahverkehr dringend erforderlichen Schub in Richtung Leichtbau vorbereiten sollen.

Die nahverkehrstypischen Betriebsbedingungen infolge kurzer Haltestellenabstände und erheblicher Nutzlaständerungen entlang der Linie wirken sich in charakteristischer Weise auf die Beanspruchungen eines Schienenfahrzeugs auf. Dies wird am Beispiel von Randfaserpunkten eines Wagenkastens qualitativ erörtert.

Die Abschätzung von Lastspielzahlen macht deutlich, daß ein Großteil der stärksten Beanspruchungen zum Teil weit unterhalb der für die Dauerfestigkeit maßgeblichen Lastspielzahlen einzuordnen ist. Eine Bemessung auf Dauerfestigkeit unter Zugrundelegung herkömmlicher Lastkombinationen führt demnach vielfach zur Überdimensionierung.

Als Handlungsbedarf wird ein Weg aufgezeigt, der sich eignet, zu einem Bemessungsverfahren mit Berücksichtigung der tatsächlichen betrieblichen Randbedingungen und somit der Betriebsfestigkeit zu gelangen. Ein solches Verfahren könnte dazu beitragen, künftige Fahrzeuge durch Nutzung heute vorhandener Traglastreserven leichter als bisher zu bauen.

Summary

Based on the reassessment of design loads for design strength calculations for public transit rail vehicles, it has been shown that this reassessment has, by no means, answered all the questions which have been raised in preparation for an urgently needed thrust towards lightweight construction in the public transit sector.

The typical transport operating conditions resulting from shorter distances between stops and considerable changes in payloads along the route have a characteristic effect on the stresses to which a rail vehicle is subjected. This is qualitatively examined taking material stress at certain points on the edges of the vehicle body into account.

The estimated numerical data of the load cycle clearly indicates, that a large proportion of the most severe stresses must be classified far below the load cycle data determining the permanent design strength. Dimensioning of design strength based on conventional load combinations only leads, in many cases, to overdimensioning.

A method has to be devised by which dimensioning can be carried out taking the actual operational limiting conditions, and, therefore the operational design strength, into consideration. Such a procedure could help to ensure that vehicles are constructed even lighter in the future making use of the existing payload reserves.

Einleitung

Die folgenden Ausführungen basieren zum einen auf den Ergebnissen der überarbeiteten Lastannahmen für BOStrab-Schienenfahrzeuge entsprechend dem Vortrag von Professor Bugarcic, zum anderen beinhalten sie aber auch Erkenntnisse, die zusammen mit Experten aus der Waggon-Industrie und aus der Forschung und mit Betreibern gewonnen wurden. Diese Erkenntnisse haben jedoch bisher noch nicht zu unmittelbar umsetzbaren Ergebnissen führen können, und zwar aus Gründen, die im letzten Teil des Vortrages noch deutlich werden.

Anlaß, besonders über die Lastannahmen im Nahverkehr nachzudenken, ist zum einen dessen typische Betriebsform. Diese ist durch kurze Haltestellenabstände, häufige Anfahrten und Bremsungen, relativ niedrige Höchstgeschwindigkeiten und große Nutzlaständerungen gekennzeichnet. Sie unterscheidet sich deutlich von der des Fernverkehrs. Zum anderen sind es die Berechnungsverfahren, die in den 50er und 60er Jahren zuletzt überdacht wurden und bei denen offenbar die Betriebsbedingungen des Fernverkehrs besondere Berücksichtigung fanden.

Es erscheint daher geboten, den heutigen Stand der Berechnungsverfahren kritisch mit dem Ziel zu überdenken, den Leichtbau der Fahrzeuge vor allem durch Einbeziehung der Lastspielzahlen in die Berechnung zu fördern. Zwangläufig werden damit weitere wichtige Fragen berührt:

— Mit welchen Spannungsamplituden sind diese Lastspiele aufgrund der konstruktiven Auslegung verbunden (Fragen der Gestaltfestigkeit, Kerbspannungen)?

— Sind die Spannungsamplituden von gleicher oder veränderlicher Größe (Gesichtspunkte der Betriebsfestigkeit)?

Solche Überlegungen gehören im Kfz-Bau heute zum Stand der Technik. Darüber hinaus haben selbst im Bereich des stählernen Brückenbaus Gesichtspunkte der Betriebsfestigkeit bereits Berücksichtigung in den einschlägigen Regelwerken gefunden.

Insofern erscheint es aussichtsreich, auch für den Schienenfahrzeugsektor analoge Gedanken einer künftigen normativen Regelung zugrunde zu legen.

Entsprechende Überlegungen sind bereits von Mitgliedern des damit befaß-
ten DIN-Normausschusses in allgemeiner Weise vorgebracht worden. Außerdem befaßt man sich in internationalen Eisenbahn-Ausschüssen kritisch mit den derzeit angewendeten Berechnungs- und Auslegungsverfahren.

Welchen Erfordernissen muß die Gestalt eines Bauteils eines Schienenfahrzeugs genügen? Sie muß außer den durch Funktion und Geometrie vorgegebenen Anforderungen auch solche des Betreibers nach Zugänglichkeit und Austauschbarkeit, insbesondere von Verschleißteilen, erfüllen. Ferner wird die Bauteilgestalt sowohl von Randbedingungen des Herstellers, wie Fertigungsfragen in Bezug zur Stückzahl, von firmenspezifischen Antriebskonzepten und firmenseitigen Baukastensystemen als auch von allgemeinen Erfahrungen mit Schadensfällen oder mit deren Ausbleiben beeinflußt. Der Leichtbau wird zwar meist in die Überlegungen einbezogen, kann sich aber angesichts anderer massiver Forderungen häufig nicht so durchsetzen, wie es seiner Bedeutung für die Betriebskosten, die Überbaubeanspruchung und die Investitionskosten des Fahrzeuges angemessen ist.

Besondere Bedeutung hat die Festigkeitsberechnung vor allem bei hochbeanspruchten Bauteilen. Da diese Teile meist Richtschnur der Auslegung auch der weniger stark belasteten Teile hinsichtlich Bauteilabmessungen, Werkstoff- und Fertigungsgüte sind, kommt ihnen in der Regel eine Schlüsselrolle für die Komponentenbemessung zu. Werden die kritischen Teile großzügig, d.h. mit hohen Sicherheiten bemessen, so gilt dies in der Regel auch für die unkritischen benachbarten Komponenten.

Großzügige Bemessung bedeutet aber in aller Regel hohes Gewicht. Sie bedeutet nur dann auch eine hohe Sicherheit, wenn sie einhergeht mit einer beanspruchungsgerechten Feingestaltung der Komponenten. Mangelt es an dieser beanspruchungsgerechten Feingestaltung, wird die großzügige Bemessung sogar zur Notwendigkeit, um Ermüdungsbrüche innerhalb der Nutzungsdauer auszuschließen.

Die Realisierung des Leichtbaugedankens muß also ansetzen bei einer optimalen Gestaltung der Bauteile und bei einer realitätsbezogenen Berechnung, die insbesondere auch geeignet sein muß, der Güte der Bauteilgestaltung Rechnung zu tragen.

Erst bei Vorliegen eines derartigen Instrumentariums wird es möglich sein, bei neuen Fahrzeugkonstruktionen gezielt zu realen Gewichtsersparnissen zu gelangen.

Die einschlägige automobiltechnische Literatur spiegelt das sehr hohe Niveau der festigkeitsbezogenen, durchweg EDV-gestützten Berechnungen und der begleitenden Experimente auf Prüfständen und im praktischen Einsatz wieder. Wer die entsprechenden Überlegungen auf dem Nahverkehrs-Schienenfahrzeug-Sektor verfolgt, darf mit Recht Zweifel hegen, ob die heutigen Festigkeitsberechnungen dem methodisch möglichen Leichtbau ausreichend Rechnung tragen.

Die hier vorgetragenen Gedanken sollen einen Impuls geben, nach der Präzisierung der sogenannten Lastannahmen auch präziser in der rechnerischen Behandlung und konstruktiven Umsetzung dieser Annahmen bei neuen Schienenfahrzeugen zu werden.

Dies setzt zunächst einmal eine Beschäftigung mit den speziellen Gegebenheiten des Nahverkehrs voraus.

Nutzlastverlauf und Folgerungen

Die Nutzlast wird bisher in der Regel bei den Berechnungen als konstant angesetzt. Dieses mag in etwa für einen Schienen-Güterwagen zutreffen, der auf langen Strecken mit unveränderter Ladung und mäßiger, weitgehend gleichförmiger Geschwindigkeit rollt. Der Nahverkehr ist jedoch durch kurze Haltestellenabstände und damit verbundene Beschleunigungs- und Bremsvorgänge sowie durch Nutzlaständerungen entlang der Strecke geprägt. Bei einer typischen Durchmesserlinie kann der Verlauf der Nutzlast über der Zeit bei einem Nahverkehrsfahrzeug durch eine Sinusschwingung angenähert werden, vgl. **Bild 1** - rechts oben. An den Linienenden ist die Nutzlast Null und erreicht in der Regel in der Innenstadt ihr Maximum. Der untere Bildteil zeigt, daß auch innerhalb eines Tages erhebliche Schwankungen auftreten (Hauptverkehrszeit, Nebenverkehrszeit, Spätverkehrszeit). Außerdem treten Leerfahrten auf, in denen die Nutzlast Null ist. Darüber hinaus gibt es seltene Sonderfälle mit höchsten Nutzlasten (Bildteil rechts), die z. B. bei Massenveranstaltungen auftreten. Ihre Häufigkeit ist jedoch außerordentlich gering, z. B. mit einmal pro Woche anzusetzen. Ein Überschlag zeigt bereits an dieser Stelle, daß bei einer 30jährigen Lebensdauer nur mit einer entsprechenden Lastwechselzahl von $1,5 \times 10^3$ zu rechnen ist. Die maximale Nutzlast beansprucht also in ganz eindeutiger Weise das Fahrzeug im Z e i tfestigkeitsbereich. Erst wenn die in der Berechnung angesetzte Maximallast mit einer Lastspielzahl von ca. 10^6 bis 10^7 aufträte, wäre mit Dauerfestigkeit zu rechnen.

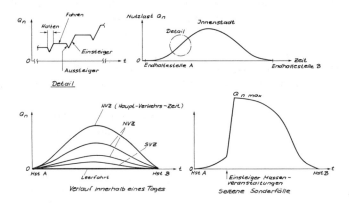

Bild 1: Nutzlast-Verlauf entlang einer Nahverkehrslinie

Mit den folgenden Bildern soll verdeutlicht werden, daß auch bei anderen für die Berechnung wichtigen Eingangsgrößen nicht von konstanten Lasten auszugehen ist. Auch für diese Lasten wird sich der bisherige Ansatz in den Berechnungsverfahren, diese Lasten zwar als dynamisch, aber mit konstanter Größe anzusehen, als nicht zutreffend erweisen. Im **Bild 2** ist dies für den sogenannten vertikalen „Stoßzuschlag" dargestellt. Dieser Stoßzuschlag enthält den Spannungsanteil, der sich infolge dynamischer Effekte (Eigenschwingung, fremderregte Schwingung) als Zusatz zu den statisch angesetzten Spannungen der Eigen- und Nutzlasten ergibt. Das Beispiel ist für die Punkte 1 und 2 auf der unteren Zugfaser des Wagenkastens aufgezeichnet. Es dient nur der Veranschaulichung. Ähnliche Überlegungen gelten sowohl für andere Punkte des Wagenkastens als auch für komplexer beanspruchte Bauteile, z. B. Teile des Drehgestellrahmens.

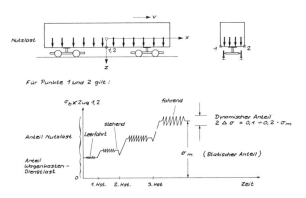

Bild 2: Biegezugspannungen im Wagenkasten aufgrund der Vertikallasten

Von Bedeutung ist, daß die Höhe des Spannungsausschlages $\Delta\sigma$ mit zunehmender Mittelspannung σ_m ansteigt. Ein mindestens proportionaler Zusammenhang, hier Faktor 0,1 bis 0,2 ist nach allgemeiner Erfahrung und nach Analogiemessungen aus dem Fernverkehrssektor zu erwarten. Von Bedeutung für das Berechnungsverfahren ist, daß die maximalen dynamischen Spannungsamplituden aufgrund vertikalen „Stoßes" bei maximaler Last auftreten. Das heißt, in der Mehrzahl der niedrigen Nutzlasten sind auch die dynamischen Anteile der absoluten Höhe nach sehr gering. Die dynamischen Spannungsamplituden sind also stark veränderlich.

Darf bisher davon ausgegangen werden, daß die Nutzlasten einschließlich der dynamischen Anteile sogenannte schwellende Beanspruchungen hervorrufen, d.h., daß die Spannung das Vorzeichen nicht wechselt, so ist bei der Betrachtung von seitlich wirkenden Lasten auch von Wechsellasten, d.h. Vorzeichenänderungen, auszugehen. Dies wird im **Bild 3** verdeutlicht. Der untere Teil des Bildes zeigt die Zugspannung im mittleren Bereich des Wagenkastens aufgrund von dynamischen Vorgängen in Y-Richtung (hochfrequente Schwingungen). Zusätzlich sind die quasistatischen Kräfte infolge unausgeglichener Seitenbeschleunigung zu berücksichtigen. Im **Bild 3** ist die Fahrt durch einen Bogen und Gegenbogen schematisch dargestellt. Auch hier kann allgemein festgehalten werden, daß es sich um nicht konstante Vorgänge handelt und daß auch hier die Nutzlast einen Einfluß auf die Spannungsausschläge ausübt.

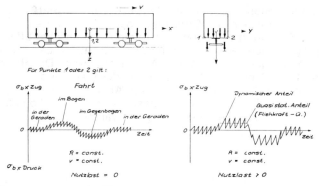

Bild 3: Biegespannungen im Wagenkasten aufgrund von Horizontallasten

Untersucht man die bisher als konstant innerhalb eines Beladungszustandes angesetzten dynamischen Anteile noch im Detail, wie im **Bild 4** für die vertikalen Stoßzuschläge erläutert, so stellen sich die bisher konstant angesetzten dynamischen Zusatzspannungen in der Größe als variabel heraus. Die Amplituden nehmen mit wachsender Fahrgeschwindigkeit zu. Die größten Ausschläge treten nur innerhalb bestimmter Zeitspannen bei höheren Geschwindigkeiten auf, vgl. unterer Bildteil. Diese Zusammenhänge müssen allerdings für die rechnerische Anwendung noch im Detail, insbesondere experimentell, untersucht werden.

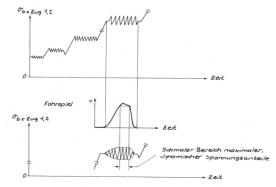

Bild 4: Genaue Betrachtung der dynamischen Spannungsanteile aufgrund des Fahrspiels

Rechnerische Behandlung von Überlagerungen

Der nächste Arbeitsschritt betrifft die Überlagerung der hier einzeln ermittelten Lastanteile mit dem Ziel, die bisher getroffenen Vereinfachungen und Berechnungsmethoden visuell zu verdeutlichen. **Bild 5** zeigt, wie für den betrachteten einfachen Fall die Spannungsausschläge in den betrachteten Punkten 1 und 2 aufgrund von Biege-Zug- bzw. -Druckspannungen durch eine einzige Sinusschwingung ersetzt werden. Diese Sinusschwingung hat eine Doppelamplitude, die durch die größte Überspannung σ_0 und die

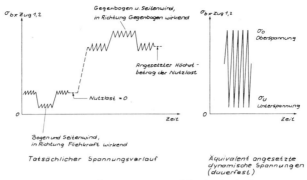

kleinste Unterspannung σ_u gebildet wird. Bei vielen Berechnungen wird die Nutzlast als eine Konstante angesetzt, was geringere Spannungsausschläge bewirkt, aber am grundsätzlichen Vorgehen nichts ändert.

Die heute übliche Festigkeitsrechnung legt diese Über- und Unterspannungsgrenze einer Berechnung gegen Dauerfestigkeit zugrunde und unterstellt ein Schwingungsverhalten gemäß äquivalent angesetzter Sinusschwingung.

Diese Behandlung der Festigkeitsberechnung muß einen mit Werkstoffausnutzungsfragen befaßten Ingenieur zum Nachdenken anregen. Das genannte Vorgehen wäre gerechtfertigt, wenn die Schwingzahl nicht nur der hochfrequenten Schwingungen, sondern auch der tieffrequenten Grundschwingung in der Nähe der für die Dauerfestigkeitsrechnung relevanten Lastspielzahlen von 2×10^6 für Werkstoffe aus Stahl und 1×10^7 für Aluminiumwerkstoffe erreichen oder überschreiten würde. Dies ist aber weder für die maximale Nutzlast nach BOStrab noch für die im Betrieb mit etwa 4 Personen/m² auftretende praktisch maximale Nutzlast der Fall. Insofern ist zu erwarten, daß bei einer konsequent durchgeführten Berechnung auf Dauerfestigkeit nicht unerhebliche Reserven in den tragenden und führenden Elementen vorhanden sind.

Dies führt zur Frage, nach welchen Berechnungsverfahren zusammengesetzte Beanspruchungen ermittelt werden können, bei denen die dem Betrag nach größten Komponenten im Zeitfestigkeitsbereich, andere, dem Betrag nach kleinere Komponenten aber im Dauerfestigkeitsbereich liegen. Zur Darstellung dieses Sachverhaltes eignen sich die bekannten Darstellungen mit der Wöhler-Linie. **Bild 6** verdeutlicht schematisch das Vorgehen am Beispiel einer Schwellbeanspruchung durch eine einfache Sinusschwingung. Der rechte Bildteil zeigt oben die Bemessung auf Zeitfestigkeit und unten auf Dauerfestigkeit. Dieses Vorgehen ist strenggenommen nur bei Sinusschwingungen zulässig und realitätsnah.

Idealisiert man dagegen zusammengesetzte, komplizierte Beanspruchungs-Zeit-Funktionen durch sinusförmige, sogenannte einstufige Beanspruchungen in der Größe der rechnerischen Maximalbeanspruchung, so bewegt man sich nach Auskunft von Werkstoffachleuten mit der Bemessung nach Dauerfestigkeit zwar auf der sicheren Seite, muß aber eine ziemliche

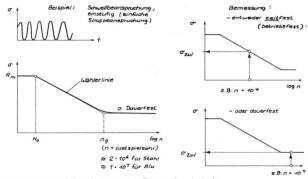

Bild 6: Bemessung auf Betriebs- und Dauerfestigkeit

Überdimensionierung in Kauf nehmen. Daher wurden und werden Verfahren entwickelt, bei denen zusammengesetzte Beanspruchungen in ihre Bestandteile aufgelöst, Schädigungsanteile je Bestandteil ermittelt und Lebensdauerbetrachtungen angestellt werden. Dabei wird der Schädigungsanteil mit einer modifizierten Wöhler-Linie ermittelt und eine sogenannte „Schadens-Akkumulations-Rechnung" durchgeführt. Schematisch zeigt dies **Bild 7**. Die aus den Bestandteilen 1 und 2 zusammengesetzte Schwingung ist durch die Punkte 1 und 2 im Diagramm gekennzeichnet. Die Schnittpunkte mit der fiktiven Wöhler-Linie 1' und 2' müssen bei Schwingungszahlen N1 bzw. N2 erfolgen, die jeweils über den tatsächlichen Schwingzahlen n1 bzw. n2 liegen. Die Abhängigkeiten sind durch z.T. empirisch gefundene, z.T. theoretisch untermauerte Funktionen abzuleiten. Es sei auf das einschlägige Schrifttum verwiesen.

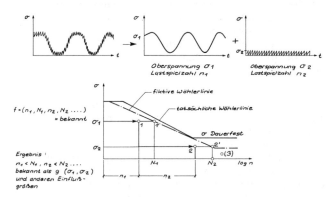

Bild 7: Vorgehen bei der Schadensakkumulation

Von Bedeutung in dem im **Bild 7** vorgestellten Verfahren ist, daß die Kenntnis der Lastspielzahlen n und N dazu beitragen kann, größere Spannungen zuzulassen, als es der Dauerfestigkeitslinie entspricht. Allerdings tragen auch Schwingungen mit Amplituden, die knapp unterhalb der Dauerfestigkeit liegen, z. B. im **Bild 7** σ_2, zur Schädigung des Werkstoffs bzw. Bauteils

130

bei. Sehr kleine Spannungen, z. B. σ_3, haben nach diesem Verfahren keinen Einfluß auf die Schadensakkumulation, auch wenn sie mit hohen Lastspielzahlen auftreten.

An dieser Stelle sei angemerkt, daß die zahlenmäßige Darlegung dieser Zusammenhänge in der Literatur und in einschlägigen Veröffentlichungen noch nicht so eindeutig festgelegt ist, daß man hier vom Stand der Technik sprechen könnte. Insbesondere bestehen Probleme bei der Eingrenzung der Bandbreiten von Einflußfaktoren (z. B. Kerben), wenn nicht Versuchsergebnisse zur Seite gestellt werden können. Entsprechende Veröffentlichungen mit Präzisierung der Vorgehensweise und Eingrenzung der Bandbreiten sind in Vorbereitung.

Das erforderliche Expertenwissen ist also vorhanden. Es erfordert allerdings eine anwenderfreundliche Aufbereitung für die aufgezeigten Beanspruchungs-Verhältnisse der Schienenfahrzeuge des Nahverkehrs. Die schwierigste Aufgabe ist dabei in einer Ableitung zutreffender Beanspruchungskollektive zu sehen. Dafür gilt es ein praktikables Konzept zu erarbeiten.

Abschätzung der Lastspielzahlen

Im Betriebslauf treten die einzelnen Beanspruchungen als Kollektive auf, d.h. bestimmten Beanspruchshöhen sind bestimmte Lastspielzahlen zugeordnet. Beispielsweise läßt sich aus dem Verlauf der Nutzlast - vgl. **Bild 1** - ein solches Kollektiv ableiten. Solche Kollektive sind speziell für Nahverkehrsfahrzeuge - soweit dies bekannt ist - noch nicht abgeleitet worden. Daher sollen im folgenden einzelne Parameter abgeschätzt werden, um sich so diesen Lastkollektiven zu nähern. Von Bedeutung ist zunächst die Zahl der Lastspiele, unabhängig von der Größe der damit verbundenen Belastung. Im **Bild 8** sind die wichtigsten Gesamt-Lastspielzahlen verschiedener typischer Belastungen für die typische Betriebsweise eines Stadtbahnwagens bei einer Lebensdauer von 32 Jahren abgeschätzt.

		Wirkungsrichtung	zeitlicher Verlauf	Lastspielzahlen bei 32 Jahren 10^3 10^4 10^5 10^6 10^7 10^8 10^9	Bemerkungen
1	Eigenlast und Nutzlast 1.1 Eigenlast 1.2 Nutzlast	z (+) z (+)		ständig wirkend / 2	berechnet
2	Zugehörige dynam. Lasten 2.1 z - Richtung 2.2 y - Richtung 2.3 x - Richtung	z (+) y (∓) x (∓)		1 bis 1	geschätzt noch zu ermitteln
3	Kräfte des Bogenlaufs 3.1 Fliehkräfte 3.2 Verwindungskräfte 3.3 Radsatzgleiten, Radsatzführung	y (+) Torsion (+) x (+), y (+)		2 bis 5 / 2 bis 5	geschätzt geschätzt zu untersuchen
4	Windkräfte	y (+)		1 bis 1	grob geschätzt
5	Kräfte der Weichenfahrt	z (+), evtl. x, y		1 bis 1	geschätzt
6	Kräfte durch Stöße	zu untersuchen			zu untersuchen
7	Kräfte durch Riffeln				zu untersuchen

Bild 8: Abschätzung der Gesamt-Lastspielzahlen verschiedener Belastungen

Die Lastspielzahlen der wichtigsten Belastungen, wie Nutzlast, Kräfte des Bogenlaufs, Wind- und Weichenfahrtkräfte, liegen durchweg im Zeitfestigkeitsbereich. Lediglich der Gesamtumfang der hochfrequenten, dynamischen Lasten (Nummer 2 im **Bild 8**) erstreckt sich eindeutig im Dauerfestigkeitsbereich. Dies bedeutet aber nicht, daß auch für diese Zusatzlasten die Maximalwerte notwendigerweise den Dauerfestigkeitsbereich erreichen.

Aus **Bild 8** wird auch der Untersuchungsbedarf für einzelne Lasten deutlich, vgl. Bemerkungen.

Als einzige konstant wirkende Last erweist sich die Eigenlast des Fahrzeugs.

Form der Lastkollektive

Zur Abschätzung des dynamischen Einflusses der Einzellasten ist die Kenntnis der Form der Lastkollektive erforderlich. Basierend darauf, lassen sich die Spannungskollektive an den interessierenden Stellen des betrachteten Bauteils ermitteln.

Während gemäß **Bild 9** für viele Lasten die Kollektivform gemäß Variante A zutreffen möge, wird für die Nutzlast ein Verlauf gemäß Variante B im unteren Bildteil erwartet. Näher ist dies im **Bild 10** aufgetragen. Der gesamte Kollektivumfang von ca. 2×10^5 gemäß **Bild 8** wird durch die Teillasten nicht erreicht. Die das Bauteil am stärksten beanspruchenden Maximallasten, die maximale Nutzlase nach BOStrab und die 2/3-Last - das ist mit 2/3 der maximalen Nutzlast nach BOStrab die im Betrieb häufiger zu erwartende praktische Höchstlast -, sind eindeutig im Zeitfestigkeitsbereich angesiedelt, d.h. im Größenordnungsbereich von 10^3 und 10^4 Lastspielen in 32 Jahren.

Im oberen Teil des **Bildes 11** sind die erwarteten Lastkollektive einzelner, wichtiger Beanspruchungen, bezogen auf einen Punkt eines Bauteils - z. B. die seitlichen Randfasern der Wagenkastenmitte gemäß **Bild 2** - qualitativ dargestellt. Die erwarteten Hauptspannungsanteile liegen sämtlich im Zeitfestigkeitsbereich, d.h. unter 10^6 Lastspielen.

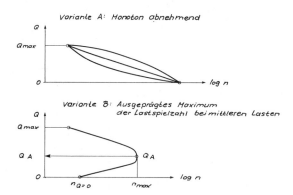

Bild 9:   Denkbare Formen von Lastkollektionen

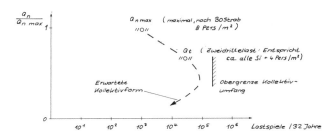

Bild 10: Einige Punkte des Nutzlast-Kollektivs

Bemessung von Bauteilen

Die derzeitige Bemessungspraxis - im unteren Teil des **Bildes 11** grafisch verdeutlicht - nimmt auf diese Einordnung keine Rücksicht. Die wichtigsten dynamischen Anteile werden gemäß Anordnung im Bildteil rechts in den Dauerfestigkeitsbereich verlegt. Die Amplituden gehen von konstanten Mittelwerten aus. Sämtliche Beanspruchungen sind phasengleich überlagert. Diese vermutlich mit geringer Häufigkeit auftretende Kombination stellt die Lastannahme für die Auslegung des Bauteils auf Dauerfestigkeit dar. Im linken Teil des Bildes ist demonstriert, daß die seltenen Lastfälle bei maximaler Last in gleicher oder ähnlicher Kombination gegen die Streckgrenze gerechnet werden, um eine Sicherheit gegen Gewaltbruch zu gewährleisten.

Es wird deutlich, daß das heutige Verfahren eine starke Vereinfachung dargestellt, da es die Beanspruchungen nur an zwei extremen Punkten des dynamischen Geschehens betrachtet und insbesondere im Dauerfestigkeitsbereich zur Überdimensionierung neigt. An diesem Vorgehen ändern auch die neuen Empfehlungen zur Festigkeitsrechnung nichts Grundlegendes. Allerdings werden als ein Schritt in die richtige Richtung nicht mehr alle Beanspruchungen phasengleich addiert, sondern es werden verschiedene Kombinationen vorgeschlagen, von denen man annimmt, daß sie für das Dauerfestigkeitsverhalten repräsentativ sind.

Aus der Interpretation der Entstehung der alten Lastannahmen erschien ein solches Vorgehen in den Fällen statthaft und sinnvoll, in denen besonders hohe einzelne Lastfälle - z. B. der Pufferstoß bzw. sein statisches Äquivalent, die „Abdrückkraft" für den Wagenkasten - ohnehin bemessend wirkten. Hier sind bekanntlich aus dem Nahverkehrsbereich die Anstöße gekommen, bisher ungerechtfertigt hohe Pufferstöße bei neuen Fahrzeugen nennenswert zu reduzieren.

Um diesen reduzierten Anforderungen an den Wagenkasten und an andere Elemente durch leichtere Bauweise praktische Bedeutung zu verschaffen, ist es notwendig, sich nunmehr den bemessend wirkenden dynamischen Beanspruchungen eingehender als in der Vergangenheit zu widmen. Erst dann kann ein neuerlicher Schub in Richtung Leichtbau erwartet werden.

Bei der Festigkeitsberechnung maßgeblicher Teile von Nahverkehrsschienenfahrzeugen kann der Weg über die Berücksichtigung der sogenannten Betriebsfestigkeit gehen. Ein denkbarer Weg ist nachfolgend aufgezeigt:

133

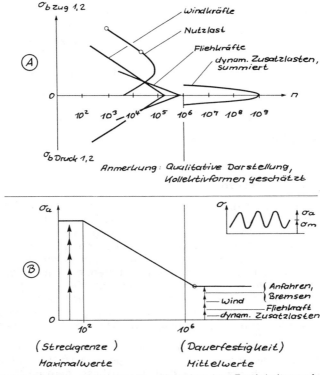

Bild 11: Tatsächliche Verhältnisse (A) u. Vorgehen laut Festigkeitsempfehlung (B)

1. Beanspruchungs-Zeit-Funktion über ausreichend langen Zeitraum ermitteln und statistisch auswerten

2. Wirkung der einzelnen Lasten nach Richtung, Größe und Lastspielzahlen an betrachteten Punkten ermitteln (Teil-Kollektive)

3. Gesamtkollektiv durch Überlagerung der Einzelkollektive ermitteln, dabei
   - auf betrachtete Stelle beziehen („Einflusslinien")
   - nach Belastungsart unterscheiden
     (Spannungsverhältnis, wechselnd, schwellend, allg. Fall)

4. Resultierendes Kollektiv zu „fiktiver Wöhlerlinie" in Bezug setzen. Dies kann formal auf einen modifizierten Dauerfestigkeitsnachweis hinauslaufen.

5. Einbeziehen weiterer Einflüsse, z. B.
   - Material
   - Kerbwirkungen aufgrund Form, Oberfläche, Schweißnaht usw.
   - Eigenspannungen
   - Größe (bei Biegung und Torsion)
   - Sicherheitsbeiwerte

6. Umsetzung der Ergebnisse in ein praktisch handhabbares Verfahren

Ausblick

Die Realisierung der aufgezeigten methodischen Entwicklung wird nicht ohne erhebliche Bemühungen durchzuführen sein.

Als Meilensteine einer solchen Entwicklung sind anzusehen:

— Ermittlung nahverkehrstypischer Betriebskollektive und Betriebslastenkollektive;

— Ableitung eines geeigneten Berechnungsverfahrens unter Berücksichtigung der Betriebsfestigkeit.

Die Betriebskollektive beschreiben die wichtigsten Einflußgrößen des Betriebes, wie Gesamtgewicht des Fahrzeugs, als Funktion von Ort, Tageszeit, Wochentag und Jahreszeit sowie die Verteilung der Windkräfte in Abhängigkeit von den wichtigsten Parametern, wie z. B. Bebauung und Jahreszeit.

Die Betriebslastenkollektive müssen zum einen die quasistatischen und weitgehend deterministischen Betriebszustände, wie Bogenfahrt sowie Anfahrt und Bremsen, zum anderen die dynamischen, weitgehend stochastischen Belastungen infolge der Fahrt des Fahrzeugs abdecken.

Dies wird nicht ohne eingehende Messungen möglich sein, die jedoch vor dem Hintergrund eines zielorientierten Berechnungsverfahrens ausgeführt und ausgewertet werden sollten.

Begleitende Lebensdauerbetrachtungen müssen der Festlegung der zu berücksichtigenden Lastspielzahlen dienen.

Für den zentralen Punkt eines geeigneten Berechnungsverfahrens existieren die allgemeinen Grundlagen und das Expertenwissen. Dieses muß allerdings so aufbereitet werden, daß die Berechnung den typischen Bedingungen des Baus und Betriebs der Schienenfahrzeuge im Nahverkehr entspricht. Dabei kann bereits jetzt abgesehen werden, daß zwei typische Fälle zu berücksichtigen sind:

a) seltene, aber hohe Beanspruchungen, wie Pufferstoß oder Fahrt mit maximaler Nutzlast,
b) häufigere mittelhohe Beanspruchungen, wie Fahrt mit niedrigen und mittleren Nutzlasten.

Dabei wird die Auftretenswahrscheinlichkeit der Beanspruchungskombinationen realitätsnah zu berücksichtigen sein.

Es gilt, das vorhandene Expertenwissen und die Kenntnis der Betriebsvorgänge im Nahverkehr interdisziplinär so zusammenzubringen, daß nach eingehender Analyse sich als Synthese ein anwender- und anwendungsorientiertes Berechnungsverfahren ergibt.

Erste Ansätze zu einer Analyse wurden hiermit vorgestellt. Erste Kontakte zu Experten sind geknüpft. Es fehlt noch die projektbezogene Zusammenarbeit mit dem Ziel, dem Leichtbau der Schienenfahrzeuge einen neuen Impuls zu geben.

Diskussion

Leiter: Albert

Teilnehmer: Ahlbrecht, Dr. Baur, Brandt, Prof. Bugarcic, Giese, Dr. Li-
             pinsky, Mies. v. Moellendorf, Dr. Müller-Hellmann, Dr. Nau-
             mann, Rappenglück u. a.

Referate: **Systemstruktur und Aufbau eines Fahrzeuges für den Stadt-
             schnellbahnverkehr; Modulare Fahrzeugkonzepte SPNV
             2000, Stadtbahn 2000; Leichtbau von Nahverkehrsfahrzeu-
             gen: Teil 1 - Überarbeitung von Lastannahmen für die BO-
             Strab-Fahrzeuge; Teil 2: - Beanspruchungsgerechte Ausle-
             gung durch Berücksichtigung der Lastspielzahlen**

Systemstruktur und Aufbau eines Fahrzeuges für den Stadtschnellbahnverkehr

Auf die Frage, wo die Elektrotechnik zur Gewichtseinsparung an diesem
Fahrzeug beiträgt, wurden Kompaktbauweise und die Einführung von Bus-
Systemen (z.B. IBIS-Bus) anstelle von Kabelbäumen genannt. Die An-
triebsmotoren in moderner Drehstromtechnik mit Aluminiumgehäuse für
Motor und Getriebe tragen ebenso dazu bei wie der Ersatz von Relaissteue-
rungen durch Rechnertechnik und der Einsatz von GTO-Stellern für den
Antrieb. Für das nächste Statusseminar wurden hierzu detaillierte Aussagen
angekündigt.

Modulare Fahrzeugkonzepte SPNV 2000 und Stadtbahn 2000

Es wurde die Frage nach der Abstimmung der SPNV-Fahrzeugmodule für
die Bundesbahn mit denen des VÖV aus Stadtbahn 2000 gestellt. Hierzu
wurde ausgeführt, daß zur Zeit versucht wird, eine Einigung auf ein einheitli-
ches Fahrzeuggrundmodul herbeizuführen. Dabei ist vorgesehen, sich so
weit wie möglich auf vorhandene Technologien - auch aus dem VÖV -abzu-
stützen. Insgesamt sind 18 Varianten des Fahrzeugs vorgesehen, es ist
allerdings nicht beabsichtigt, sich an die VÖV-Bedingungen hinsichtlich
Fahrzeugquerschnitt und Stromversorgung anzupassen. Hierdurch würde
Fahrzeugbreite verschenkt, außerdem gäbe es Schwierigkeiten z. B. beim
Anfahren von Bahnsteigen.

Leichtbau von Nahverkehrsfahrzeugen

Auf die Frage nach der möglichen Gewichtseinsparung bei Stadtbahnfahr-
zeugen durch Überarbeitung der Lastannahmen wurden 40% bei Stahlwa-
genkästen. 20% beim Drehgestell und etwas mehr als 20% beim Radsatz
genannt.

Weiterhin wurde aufgezeigt, daß es momentan kein Verfahren gibt, die
Komponente der Zeitfestigkeit in den Schienenfahrzeugbau einzubringen.
Rechnerisch sind die tatsächlichen Belastungen detailliert nicht erfaßbar;
Lastkollektive wurden bisher nicht aufgenommen, da der Aufwand sehr
hoch ist. Dieser Weg muß aber - analog zum Kraftfahrzeug- und Flugzeug-
bau - beschritten werden, um einen echten Leichtbau zu ermöglichen. Von

Seiten der Waggonbauindustrie wurde jedoch auf Schwingungsprobleme bei leichten Fahrzeugen hingewiesen, zusätzlich sei durch die Nutzbremse die Wertigkeit der Gewichtseinsparung auf den Energieverbrauch bezogen verringert worden. Außerdem sei die Dimensionierung nach Dauerfestigkeit klar und pragmatisch für Hersteller und Betreiber, so daß Streitigkeiten nach 12. 15 oder 20 Jahren nicht auftreten. Es fehlt gegenüber der Luftfahrt- und der Automobilindustrie das eigene Versuchsfeld. Für den Test einer Rohbaustruktur, für die der Hersteller Gewährleistung übernehmen muß, ist sehr viel Zeit und Geld notwendig, hierin liegt die Problematik.

Zur möglichen Gewichtsersparnis durch Abkehr von der 15 KV-Versorgung beim Nahverkehr der Bundesbahn wurde bemerkt, daß mit dieser Stromversorgung die Leistungsfähigkeit der Fahrzeuge viel besser sei und die Rückspeisung der Bremsenergie ins Netz problemloser sei als bei Gleichstromversorgung. Eine zusätzliche Stromschiene bereitet zudem erhebliche Schwierigkeiten bei Weichen, Brückengeländern etc.

Infrastrukturmaßnahmen

Möglichkeiten der Kostensenkung beim Tunnelbau für U- und Stadtbahnen

Studiengesellschaft für unterirdische Verkehrsanlagen e.V. - STUVA

Dr. Blennemann

Förderungskennzeichen des BMV: 70117/82

Zusammenfassung

Die verkehrliche Wirksamkeit von U- und Stadtbahnen ist erwiesen. Die hohen Kosten für Aus- und Neubaumaßnahmen erfordern jedoch Überlegungen zur effizienteren Nutzung der verfügbaren Geldmittel. Die Ansätze zur Kostensenkung sind außerordentlich vielfältig. Die wirkungsvollsten Maßnahmen und Entscheidungen können in einem sehr frühen Stadium der grundsätzlichen Konzeptionen von Netzgrößen sowie Trassen- und Gradientenführung getroffen werden. Je weiter Planung, Entwurf und Bau fortgeschritten sind, desto geringer werden die Möglichkeiten der Kostenreduzierung.

Die Entscheidungen über die Art der Maßnahmen können in der Regel nur im Einzelfall gefällt werden.

Summary

The positive effects of urban underground railways and light railways regarding the traffic situation of urban aeras are well known.
The high costs for building new and rebuilding existing lines make it necessary to study possibilities for a more efficient use of the available funds.

The possibilities of cost reduction are manifold. The most powerful measures and decisions can be taken in a very early stage of basic planning of network systems as well as routing and alignement. In later stages of planning, design and construction the possibilities of cost reduction are less efficient.

The decisions regarding the kind of measures can only be taken for a certain situation.

Aufgabenstellung

Die unterirdische Führung von U- und Stadtbahnstrecken stellt ein außerordentlich wirksames Mittel zur Entflechtung von Verkehrsströmen und zur Verbesserung der Verkehrsverhältnisse in den Städten dar. Darüber hinaus wurden derartige Baumaßnahmen vielfach als Anlaß genutzt, um z. B. die städtebauliche Situation der städtischen Kernbereiche grundlegend zu verbessern.

Die Erstellung von unterirdischen Strecken und Haltestellen für Stadtschnellbahnen hat sich im Lauf der Bautätigkeit praktisch kontinuierlich verteuert. **Tabelle 1** gibt einige neue Anhaltswerte für die Gesamtkosten sowie die längenbezogenen Kosten jeweils gemittelt über größere Streckenlängen sowie im Vergleich dazu Werte aus den Jahren 1955 bis 1966. Folgende Anmerkungen bzw. Feststellungen sind hierzu zu beachten:

ZEILE	STRECKE	BAUJAHR	STRECKEN-LÄNGE M	UNGEFÄHRE GESAMTKOSTEN FÜR DAS SCHLÜSSELFERTIGE BAUWERK	
				MIO. DM	DM/M
1	BERLIN LINIE G VON SPICHERNSTRASSE BIS LEOPOLDPLATZ	1955/61	7 070	194	27 500,--
2	BERLIN LINIE C VON ALT-TEMPELHOF BIS ALT-MARIENDORF	1961/66	3 455	83	24 000,--
3	HAMBURG STRECKE RATHAUS BIS WANDSBEK-GARTENSTADT	1955/62	9 400	230	24 500,--
4	MÜNCHEN U 8/1, SCHEIDPLATZ BIS PERLACH-SÜD	1971/80	16 000	1115	69 700,--
5	DORTMUND BAUABSCHNITT A	1969/84	10 300	740	71 800,--
6	HANNOVER B-SÜD, AEGI BIS ELKARTALLEE	1976/82	2 272	195	85 800,--

Tabelle 1: Überschlägliche Gesamtkosten für ausgeführte U-/Stadtbahnstrecken

— Die Zahlen können und sollen nur ein Gefühl für Größenordnungen vermitteln und generelle Tendenzen aufzeigen. Sie sind nicht direkt miteinander vergleichbar, da die örtlichen Bedingungen sehr unterschiedlich sind.

— Auch die Zahlen nach **Tabelle 1** bestätigen jedoch nicht die zuweilen geäußerten Pauschalaussagen über die „immensen Kosten des U-/Stadtbahnbaus von weit über 100 Mio DM pro km". Die Kosten sind vielmehr nur sehr differenziert nach örtlichen Verhältnissen, Bauverfahren, Haltestellenabständen, einbezogener Streckenlänge etc. zu betrachten.

— Die Kostensteigerungen dürften z.T. auf die allgemeinen Preissteigerungen der Wirtschaft zurückzuführen sein. **Tabelle 2** gibt jedoch anhaltswerte dafür, daß die Kostenzunahme im Baubereich stärker war als es z. B. der Zunahme der allgemeinen Lebenshaltungskosten entspricht.

INDEX	BASISJAHR	1962	1980	QUOTIENT 62/80
LEBENSHALTUNGS-KOSTEN [1]	1976 = 100	58	117	2,02
BAUPREISE INSGESAMT	1962 = 100	100	287	2,87
BAUPREISE "SONSTIGER ÖFFENTLICHER TIEFBAU" [2]	1970 = 100	70	171	2,44

1) ALLE PRIVATEN HAUSHALTE

2) ÖFFENTLICHER TIEFBAU OHNE STRASSENBAU

Tabelle 2: Indexwerte der Preisentwicklung

Die akute Problematik dieser Entwicklung liegt darin, daß seit ca. 1978/79 das Finanzvolumen im Rahmen der GVFG-Förderung absolut gesehen praktisch konstant geblieben ist, so daß bei steigenden Kosten immer weniger gebaut werden kann. Der Baufortschritt und damit die Fertigstellung der Netze werden dadurch z.T. erheblich verzögert. Dies wiederum birgt die Gefahr, daß die Zweckmäßigkeit des Mitteleinsatzes für diese Maßnahmen in der Öffentlichkeit und in politischem Raum insgesamt infrage gestellt wird.

Der heute und sicherlich auch in Zukunft eingeschränkte finanzielle Spielraum der öffentlichen Hand macht eine Überprüfung der Einflußfaktoren auf die Kosten notwendig. Darauf aufbauend kann der wirklich erforderliche Aufwand festgelegt werden.

Im Rahmen des Vorhabens werden die vielfältigen Einflußfaktoren auf die Kosten von unterirdischen Abschnitten im U- und Stadtbahnbau analysiert und Möglichkeiten zur Kostensenkung diskutiert. **Bild 1** gibt einen Überblick über die verschiedenen Kategorien, die hier zu berücksichtigen sind. Die Maßnahmen und/oder Entscheidungen in den verschiedenen Bereichen sind sehr unterschiedlich kostenwirksam. Grundsätzlich gilt, daß die Beeinflußbarkeit der Kosten umso größer ist, je früher eine Maßnahme oder Festlegung im Gesamtablauf der Stadien Grundsatzentscheidungen (z. B. Netzgröße, Niveaulage) - Planung (z. B. Trassenführung, Tiefenlage) - Entwurf (z. B. Bauverfahren) - Ausführung (z. B. Ausstattung) greift.

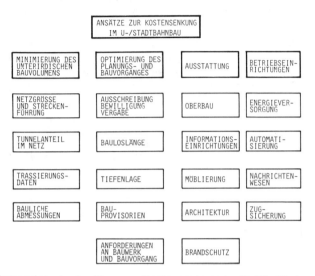

Bild 1: Kategorien von Ansätzen zur Kostensenkung im U-/Stadtbahn-Tunnelbau

Im folgenden werden aus der Fülle der Einzelansätze zur Kostensenkung vier Beispiele aus unterschiedlichen Kategorien mit unterschiedlicher Kostenrevelanz aufgezeigt.

Beispiele für Ansätze zur Kostensenkung im U-/Stadtbahnbereich

Netzgrößen

Die Gesamtkosten eines Netzes werden außer durch die Einheitskosten, z. B. je lfd. m Tunnel, durch die Gesamtnetzlänge sowie die Anteile von Tunnelstrecken innerhalb eines festgelegten Netzes bestimmt. Hier sind letztendlich im politischen Raum unter Berücksichtigung von verkehrlichen und wirtschaftlichen Gesichtspunkten sowie von Aspekten der Attraktivität, des Städtebaus und des Umweltschutzes die Vorgaben und Ausführungskonzepte zu beschließen.

Für einzelne Städte bzw. Ballungsräume führt die Bewertung und konkrete Ausfüllung diese Kriterien naturgemäß zu unterschiedlich großen Netzen. Weiterhin kommt es im konkreten Fall einer Stadt im Laufe der Zeit zu

Änderungen der Zielvorstellung und/oder Rahmenbedingungen z. B. im Hinblick auf die Bevölkerungsentwicklung, den Motorisierungsgrad, die Siedlungs- und Verkehrspolitik etc. In Anbetracht der langen Zeiträume für den Bau einzelner Linien (Größenordnung 10 Jahre) sowie insbesondere eines neuen Gesamtnetzes (mehrere Dekaden) sind daher Anpassungen in den Gesamtnetzkonzeptionen sowie in den Planungen der Trassen- und Gradientenführung einzelner Linien unumgänglich.

Als Beispiel, das stellvertretend für andere steht, sei hier kurz die Entwicklung des Münchener U-Bahnnetz geschildert. 1955 wurden die ersten konkreteren Überlegungen für ein U-Bahnnetz von insgesamt ca. 56 km Streckenlänge erarbeitet. Nach Zwischenstadien, in denen man u. a. ein U-Straßenbahnsystem favorisierte, wurde 1970 eine Netzkonzeption für eine U-Bahn mit einer Streckenlänge von 89 km Länge beschlossen. Eine Überprüfung der Planungsvoraussetzungen, der verkehrlichen Notwendigkeiten sowie nicht zuletzt der Kosten führte dazu, daß 1978 die Gesamtnetzlänge durch Änderungen in der Planung einzelner Linien, insbesondere im Münchener Norden, zunächst auf 76 km reduziert wurde.

Mit diesem Beispiel soll verdeutlicht werden, daß die Planung von U- und Stadtbahnnetzen ein dynamischer Prozeß ist. Beschlüsse über Netz- und Linienplanungen können jeweils nur eine Zielvorgabe für einen überschaubaren Zeitraum sein. Sie bedürfen entsprechender Aktualisierung und Überprüfung, insbesondere wenn mit dem Bau einer neuen Linie begonnen werden soll. Die Überprüfung der Planung ist jedoch unbedingt erforderlich, da hier Entscheidungen gefällt werden, die insgesamt einen Kostenrahmen von mehreren 100 Mio DM betreffen können. Bereits realisierte oder im Bau befindliche Netzteile oder Strecken müssen dann jedoch durch eine konsequente Ausrichtung von Beschlüssen z. B. zur Stadtentwicklung, zur generellen Verkehrspolitik u. ä. gestützt werden.

Tiefenlage

Die Tiefenlage eines Bahnsystems insgesamt bzw. einzelner Streckenabschnitte wird von verschiedenen Faktoren bestimmt:

— Über dem Tunnelbauwerk muß in der Regel Raum für Leitungen, Kabel etc. bleiben. Die Mindestüberdeckungshöhe hierfür beträgt 1,5 bis 2,0 m.

— Müssen Gebäude unterfahren werden, ist der bautechnisch erforderliche Abstand zu den Fundamenten einzuhalten.

— Haltestellen sollten aus Attraktivitätsgründen (Überwindung von Höhenunterschieden) sowie zur Verringerung von Investitions- und Betriebskosten (z. B. Fahrtreppen) möglichst dicht unter der Geländeoberfläche liegen.

— Im Hinblick auf den Energieverbrauch ist eine Kuppen-Wannen-Trassierung zweckmäßig, bei der die Strecke zwischen zwei Stationen durch einen Tiefpunkt geführt wird, so daß die jeweilige Neigung den Anfahr- bzw. Bremsvorgang unterstützt.

— Im Ausland wird z. T. das Vorhandensein günstiger Bodenverhältnisse als Argument zur Errichtung der Tunnelanlagen auch in größerer Tiefe benutzt. Beim U- und Stadtbahnbau in der Bundesrepublik Deutschland ist dieser Gesichtspunkt in der Regel von untergeordneter Bedeutung.

Bei offener Bauweise beeinflußt die Tiefenlage die Kosten des Tunnelbaus in entscheidendem Maße. In **Bild 2** sind die prozentualen Kostenveränderungen von Haltestellen mit Mittelbahnsteig in Abhängigkeit von der Tiefenlage dargestellt. Durch Entscheidungen in dieser Frage können Kosten in einer Größenordnung von mehreren 10 Mio DM beeinflußt werden.

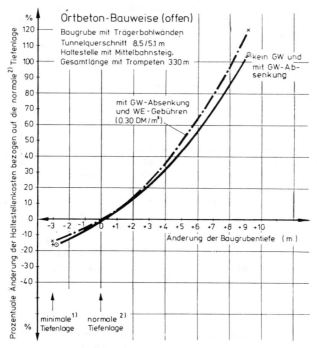

Bild 2: Prozentuale Veränderung von Haltestellenkosten bei Änderung der Tiefenlage

Anmerkungen: 1) 2,0 m Tunnelüberdeckung
2) mit Fußgängergeschoß über dem Tunnel; 5,0 m Überdeckung
3) WE = Wassereinleitung

Bei geschlossenen Bauweisen von Streckentunneln ist die Kostenabhängigkeit aus konstruktiver Sicht weniger ausgeprägt. Hier können jedoch z. B. Aufwendungen für Wasserhaltungsmaßnahmen ebenfalls erheblich zu Buche schlagen. Bei Haltestellen treten mit größerer Tiefenlage höhere Bau- und Betriebskosten für die Zugangsanlagen auf.

Bahnsteiglänge

Insgesamt beeinflußt das Volumen des unterirdischen Bauwerks in erheblichem Maße die Gesamtkosten. Als Beispiel sei hier die Bahnsteiglänge diskutiert. Die Abhängigkeit der Baukosten von der Bahnsteiglänge ist beispielhaft in **Bild 4** dargestellt. Überschläglich kann man davon ausgehen, daß sich je 10 m Verlängerung oder Verkürzung der Bahnsteiglänge die Kosten um ca. 3 bis 5% verändern, bezogen auf Haltestellen mit 100 m langen Bahnsteigen.

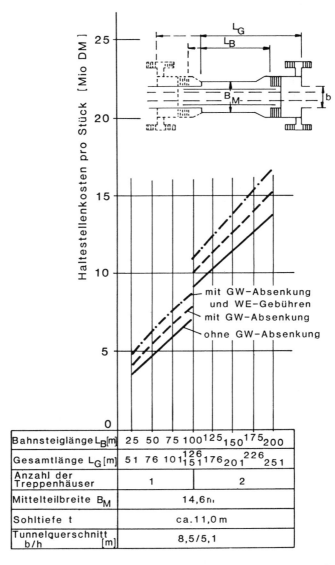

Bahnsteiglänge L_B[m]	25 50 75 100 ^{125}150 ^{175}200
Gesamtlänge L_G [m]	51 76 101 $^{126}_{151}$176 201 ^{226}251
Anzahl der Treppenhäuser	1	2
Mittelteilbreite B_M	14,6 m
Sohltiefe t	ca. 11,0 m
Tunnelquerschnitt b/h [m]	8,5/5,1

Bild 3: Beispiel für die Kosten von Haltestellen mit Seitenbahnsteigen in offener Ortbetonbauweise in Abhängigkeit von der Bahnsteiglänge (ab 100 m Bahnsteiglänge werden 2 Treppenhäuser vorausgesetzt)

Üblicherweise liegt die Bahnsteiglänge als konstante Größe für die Planung eines U- oder Stadtbahnnetzes fest. Dabei ist die für die größte Streckenbelastung erforderliche maximale Zuglänge maßgebend. Einflußfaktoren hierfür sind z. B. die zu erwartende Spitzenbelastung, die angestrebte Beförderungsqualität, die Wirtschaftlichkeit des Betriebes, die Erschließung des Einzugsgebietes, die Netzform im Hinblick auf Streckenverzweigungen sowie die Linienführung und -verknüpfung. Die bisherige starre Festlegung der Bahnsteiglänge für ein Gesamtnetz bedeutet, daß auch bei Linien mit geringeren Spitzenbelastungen hohe Investitionen für Anlagen getätigt werden müssen, deren maximale Kapazität auch auf lange Sicht nicht ausgelastet sein wird.

Zur Senkung der Tunnelbaukosten im U- und Straßenbahnbau bestehen hinsichtlich der Bahnsteiglänge zumindest theoretisch mehrere Ansätze:

— Die Bahnsteiglänge wird in einem Netz für die einzelnen Strecken entsprechend deren Verkehrsbelastung in den Stufen variiert, die der Länge der kleinsten betrieblichen Zugeinheit entsprechen.

— Stadtbahnnetze werden häufig auf lange Sicht mit vorhandenen Fahrzeugen betrieben, die eine Zugbildung und damit die Ausnutzung der vollen Bahnsteiglänge nicht zulassen. Darüber hinaus sind Anschlußstrecken - besonders wenn sie im Straßenraum liegen - im Strecken- und Haltestellenausbau z.T. erst sehr langfristig auf die Standards des Stadtbahnbaus umrüstbar. Hier können bereits eingetretene oder auf Grund neuer Entwicklungen auch langfristig zu erwartende Trends im Fahrgastaufkommen zu der Erkenntnis führen, daß eine Reduzierung der Ausbaustandards für Streckenverlängerungen möglich ist.

— Für Übergangsstadien können solche Haltestellen bei geringerem Fahrgastaufkommen mit kürzeren Bahnsteigen angelegt werden, bei denen eine später erforderliche Verlängerung ohne wesentlichen zusätzlichen Aufwand möglich ist.

— Eine weitere Alternative besteht darin, den Ausbau von Teilbereichen des Bahnsteigs sowie ggfs. von Zwangsanlagen zunächst zurückzustellen. Die Investitionskosten würden sich zwar nur geringfügig verringern (keine Verringerung der Rohbaukosten, anteilige Verringerung der Ausbaukosten) die Einsparungen an Betriebskosten (Beleuchtung, Betrieb von Rolltreppen, Reinigung, Wartung etc.) können jedoch - zumindest für einige Jahre - beträchtlich sein.

Insgesamt zeigen diese Überlegungen, daß eine größere Flexibilität in der Bemessung der Anlagen für U- und Stadtbahnen zu Kosteneinsparungen führen kann. Zumindest ist eine Verlagerung von Kosten auf zukünftige Ausbaustufen möglich. Der Kostenrahmen, der hiervon betroffen ist, kann im Einzelfall im Bereich von mehreren 10 Mio DM liegen.

Einschaliger Ausbau bei geschlossenen Bauweisen

Bei der Herstellung von Tunneln für städtische Schienenbahnen in geschlossener Bauweise gelangte in den letzten Jahren überwiegend die Neue Österreichische Tunnelbauweise (NÖT) zur Anwendung. Dabei wird die Tunnelauskleidung zur Zeit üblicherweise zweischalig ausgeführt. Die erste

Schale - aus Spritzbeton - dient der Hohlraumsicherung. Die anschließend eingebrachte Ortbetoninnenschale nimmt endgültig die statischen Lasten auf und stellt die erforderliche Wasserundurchlässigkeit sicher. **Bild 4** gibt einen Anhalt für die Kostenverteilung bei dieser Bauweise. Wenn die Spritzbetonschale als einzige und endgültige Tunnelauskleidung ausgeführt werden könnte, ließen sich Einsparungen erreichen. Diese beträfen sowohl den Bodenaushub (Verkleinerung des Ausbruchdurchmessers durch Wegfall der Innenschale) als auch vor allem Material- und Personalkosten für die Erstellung der Innenschale. Durch den Wegfall eines Arbeitsganges würde schließlich auch die Bauzeit verkürzt.

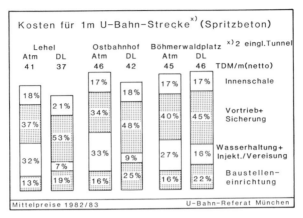

Bild 4: Kostenvergleich und -aufgliederung für verschiedene Baulose in Spritzbetonbauweise bei der U-Bahn München

Beim Stadtbahnbau in Gelsenkirchen und in Bochum wurde in jeweils 100 m langen Versuchsabschnitten die Herstellung von einschaligen Tunnelauskleidungen in Spritzbetonbauweise erprobt, in Gelsenkirchen mit Stahlfaserspritzbeton und Gitterbögen **(Bild 5)**, in Bochum im Rahmen eines Forschungsprojektes mit normalem Spritzbeton, Mattenbewehrung und Gitterbögen in verschiedenen Kombinationen.

Zusammenfassend lassen sich folgende Ergebnisse aufzeigen:

— Die rein konstruktiven Anforderungen der Bauausführung ergaben keine unlösbaren Probleme. Es konnte in beiden Fällen eine den statischen und bautechnischen Ansprüchen entsprechende Tunnelauskleidung hergestellt werden.

— Ein Schlüsselproblem der Anwendung der einschaligen Spritzbetonbauweise stellen die Anforderungen der Dichtigkeit dar. Undichtigkeitsquellen sind im wesentlichen die Bereiche der Bewehrungseinlagen und hier insbesondere die Ausbaubögen (Gitterträger oder Vollprofile), da wasserleitende Bereiche z. B. im Spritzschatten der Bewehrung bzw. Bögen nicht zu vermeiden sind. Weitere Undichtigkeiten können entstehen durch Rißbildung infolge der frühen Belastung des jungen Spritzbe-

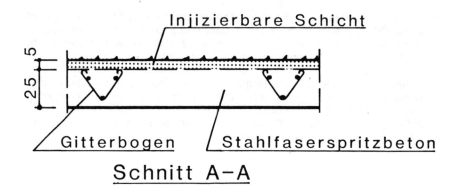

Injizierbare Schicht

Gitterbogen   Stahlfaserspritzbeton

Schnitt A–A

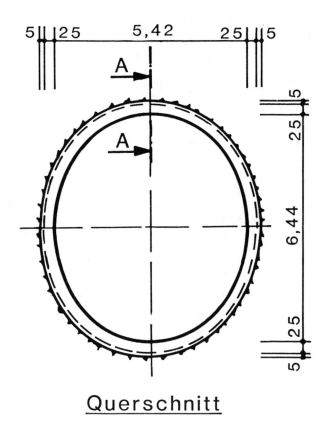

Querschnitt

Bild 5: Konstruktionsprinzip der einschaligen Stahlfaserspritzbetonauskleidung beim Stadtbahnbau in Gelsenkirchen

tons durch den Gebirgsdruck, durch Temperaturveränderung (z. B. Erwärmung durch den Abbindevorgang und nachfolgende Abkühlung auf Umgebungstemperatur), durch Schwinden bei Austrocknung des Betons sowie durch die unvermeidbare Inhomogenität der Betonschale im Bereich der zahlreichen Arbeitsfugen. Es konnte zwar beobachtet werden, daß ein Teil der Undichtigkeiten im Laufe der Zeit (ca. 1/2 Jahr) zusintert, eine zuverlässige Methode zur Erzielung einer ausreichenden Dichtigkeit kann jedoch - insbesondere bei Tunneln im Grundwasser - hierin nicht gesehen werden.

In den Versuchsabschnitten wurden verschiedene Wege zur Nachdichtung der Leckstellen beschritten. Bei dem Gelsenkirchner Tunnel mit Stahlfaserspritzbeton wurde in einem Teilabschnitt vor dem Aufbringen des Spritzbetons und dem Setzen der Gitterbögen eine Mörtelschicht aus Blähton, Zement, Schnellbinder, Kleber und Kunststoffasern auf das Gebirge aufgespritzt. Dieser Mörtel wies einerseits die erforderliche Druckfestigkeit auf, andererseits hatte er ein ausreichendes Porenvolumen, damit durch nachträgliche Injektionen in die Mörtelschicht ein vollflächiger Dichtungsschleier hergestellt werden konnte. Die Undichtigkeiten im Bereich der Gitterbögen konnten jedoch auch hiermit nicht vollständig beseitigt werden.

Bei dem Bochumer Tunnel mit normaler Spritzbetonauskleidung war mit dem Setzen der Gitterbögen ein daran befestigter Injektionsschlauch eingebaut worden. Dieser Schlauch hält einen Kanal zum Einpressen des Injektionsgutes frei. Beim Einpressen der Injektionsflüssigkeit öffnet sich die Schlauchummantelung teilweise, so daß das Injektionsgut in poröse Betonbereiche (Risse, Fehlstellen etc.) eindringen kann. Es werden verschiedene Injektionsmaterialien, z. B. mit unterschiedlicher Viskosität, erprobt, um eine optimale Abdichtung, auch mit flächenhafter Wirkung, zu erzielen. Der Erfolg dieser Maßnahmen kann noch nicht endgültig beurteilt werden, da das Forschungsprojekt, in dessen Rahmen die Versuche durchgeführt werden, noch nicht abgeschlossen ist.

— In beiden Versuchsabschnitten konnte die Wirtschaftlichkeit der Bauweisen gegenüber einer vergleichbaren zweischaligen Ausführung noch nicht unter Beweis gestellt werden. Für den Tunnel mit Stahlfaserspritzbeton (Gelsenkirchen) wird dies darauf zurückgeführt, daß die Auffahrstrecke zu kurz und die erreichte mittlere Vortriebsgeschwindigkeit von 1,0 m pro Tag zu gering war. Eine entscheidende Steigerung der Vortriebsgeschwindigkeit bei größeren Auffahrlängen wird jedoch für möglich gehalten.

Im Falle des Tunnels mit Spritzbetonauskleidung (Bochum) verursachen die nachträglichen Injektionen zur Erzielung einer ausreichenden Dichtigkeit einen hohen Kostenaufwand, der in der Größenordnung liegt, wie er für eine Innenschale erforderlich gewesen wäre.

Zum Kostenvergleich ist darauf hinzuweisen, daß Stahlfaserspritzbeton ca. viermal so teuer ist, wie normaler Spritzbeton (Größenordnung ca. DM 400,- pro m^3 gegenüber DM 100,- pro m^3). Einsparungen ließen sich hier nur erzielen, wenn in Zukunft eine Verringerung der Stabbewehrung beim Stahlfaserspritzbeton möglich wäre. Weiterhin sind Verbesserungen der Spritztechnik erforderlich, da sich ca. 1/3 der Fasern im Rückprall befindet.

Die Gesamteinsparungen würden aber in keinem Fall den Kosten entsprechen. die heute für eine Innenschale bei herkömmlicher Spritzbetonbauweise mit zweischaliger Auskleidung anfallen (ca. 3 - 4 TDM/lfdm bei eingleisigem Tunnel). Hierbei ist auch zu berücksichtigen, daß die einschalige Auskleidung mit ca. 25 bis 35 cm Dicke stärker ausgeführt werden muß als die äußere Spritzbetonschale bei zweischaliger Ausführung mit ca. 15 cm Dicke (Dicke der Innenschale ca. 30 bis 40 cm).

Um unnötig viele Fehlstellen in der Tunnelauskleidung zu vermeiden, ist bei der Bauausführung einer wasserundurchlässigen Spritzbetonschale für diese in jedem Fall mehr Sorgfalt und damit größerer Arbeits- und Zeitaufwand zu veranschlagen als für die Spritzbetonschale bei der zweischaligen Bauweise. Das bisherige Abrechnungssystem (z. B. nach Vortriebsleistung) für die Vortriebsmannschaften muß dementsprechend den Anforderungen der einschaligen Bauweise angepaßt werden, wobei z. B. die Qualität der Ausführung mitberücksichtigt werden kann. Eine Schulung des Personals, insbesondere des Düsenführers, erscheint dringend erforderlich.

Zusammenfassend lassen sich die Entwicklungsmöglichkeiten von einschaligen Tunnelauskleidungen bei Spritzbetonbauweisen folgendermaßen beurteilen: Wie die Versuchsausführungen zeigen, ist die statisch und bautechnisch einwandfreie Ausführung einer Spritzbetonschale als alleinige Auskleidung realisierbar. Erhebliche Verbesserungen und Vereinfachungen sind jedoch erforderlich, um eine ausreichende Dichtigkeit der Auskleidung ohne aufwendige Nachbesserungsmaßnahmen zu erreichen. Eine Herabsetzung der Anforderungen hinsichtlich des mittleren Dichtigkeitsgrades könnte hier hilfreich sein. Die Bildung von Tropfwasser sollte jedoch - zumindest im Ulmen- und Kalottenbereich - ausgeschlossen werden. Hinsichtlich der im Sohl- und unteren Wandbereich zulässigen Wassermengen sind im Einzelfall die laufenden Aufwendungen für die Wasserableitung zu berücksichtigen (Energie- und Unterhaltungskosten, Wassereinleitungsgebühren, ggfs. Klärung und Aufbereitung des Wassers vor Einleitung in den Vorfluter).

Der Gesamtkostenrahmen, der hier zur Diskussion steht, dürfte in der Größenordnung von einigen Mio DM pro km Tunnelstrecke liegen.

Gesamtergebnis

Wie diese wenigen Beispiele zeigen, sind die Möglichkeiten zur Kostensenkung im Tunnelbau für U- und Stadtbahnen außerordentlich vielfältig. Sie können sehr unterschiedliche Kostenrahmen betreffen, je nach dem, in welchem Stadium der Realisierung eines Projektes sie ansetzen und wirksam werden. **Bild 6** enthält hierzu eine schematische Darstellung der Beeinflußbarkeit von Baukosten in den verschiedenen Phasen der Projektrealisierung mit der Angabe der jeweils beeinflußbaren Kostendimensionen.

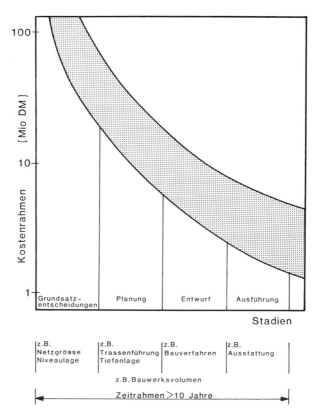

Bild 6: Kostenrelevanz von Entscheidungen und Maßnahmen im U- und Stadtbahnbau

Die Untersuchung liefert eine Fülle von Beispielen, wie im Einzelfall kostenbewußt geplant und gebaut werden kann. Die Anwendbarkeit der verschiedenen Hinweise muß jedoch in Abhängigkeit von den örtlichen Bedingungen für das jeweilige konkrete Projekt geprüft werden.

Es ist nicht möglich, durch eine Aufsummierung der verschiedenen Ansätze zur Kostensenkung festzustellen, daß die Kosten des Tunnelbaus für U- und Stadtbahnen bei Anwendung bestimmter Maßnahmen in der Summe um einen bestimmten Betrag oder Prozentsatz verringert werden könnten. Dazu sind die örtlichen Randbedingungen zu vielfältig und die Einflußmöglichkeiten außerhalb des technisch/wissenschaftlichen Bereiches zu groß. Die Ergebnisse der Arbeit sollen jedoch dazu beitragen, das Kostenbewußtsein im ingenieurmäßigen Denken weiter zu fördern und die Kostenrelevanz von Forderungen im technischen und im nichttechnischen Bereich herauszustellen.

Planungs- und Entscheidungshilfen zur Effizienzkontrolle der Angebotsgestaltung im ÖPNV

Hamburg-Consult Gesellschaft für Verkehrsberatung
und Verfahrenstechniken m.b.H. (HC),
Prognos AG,
Hamburger Verkehrsbund (HVV)

Pasquay (HVV)

Förderungskennzeichen des BMV: 70 116/83

Zusammenfassung

Ziel dieses Forschungsvorhabens ist es, ein methodisches und praktisches Rüstzeug für Vorher-Nachher-Erhebungen zu schaffen, mit denen die Effizienz von angebotsverändernden Maßnahmen beurteilt werden kann. Ein Anwender-Leitfaden, dem die methodischen Überlegungen zugrunde liegen, soll den Planern und Entscheidern als Arbeitshilfsmittel bei der Konzipierung von Vorher-Nachher-Untersuchungen dienen. Als erster Anwendungsfall für das neu geschaffene Instrumentarium wird eine Vorher-Nachher-Untersuchung über die Auswirkungen der 1984 eröffneten Harburger S-Bahn im Bereich des Hamburger Verkehrsverbundes durchgeführt.

Der nachstehende Bericht behandelt die methodischen Grundlagen einer Erhebungskonzeption. Der Anwender-Leitfaden ist zur Zeit in Arbeit. Die Vorher-Erhebung bei der Harburger S-Bahn fand im August/September 1983 statt, die Nachher-Erhebung ist für den Herbst 1985 vorgesehen.

Summary

The objective behind this research work is the setting up for methodical and practical instruments to assess efficiency of measures aiming at the modification of conditions in public transportation systems. A manual, which is based on the methodical researches, shall provide as support for planners and managers in public transport. The first application concerning these researches is the exploration of the effects of a new light rapid transit line in the trafic network of the Hamburg Transportation Community (HVV) opened in 1984.

The following report deals with the methodical researches about a census which might be put into practise. The manual is now at work. The ex-ante census in the catchment area of the new Hamburg light rapid transit line has been realised in autumn 1984; the ex-post census shall be effected in autumn 1985.

Entwicklungsziel

Die öffentlichen Nahverkehrsunternehmen sehen sich angesichts wachsender Defizite zunehmend gezwungen, ihr Verkehrsangebot den veränderten strukturellen und finanziellen Bedingungen anzupassen. Vor diesem Hintergrund ist es äußerst wichtig, die Wirkungen von Angebotsveränderungen möglichst genau zu erfassen, vorrangig im Sinne einer Effizienzkontrolle von durchgeführten Maßnahmen, darüber hinaus aber auch als Entscheidungshilfe für zukünftige Planungen. Unter Angebotsveränderungen sind hierbei sowohl investive als auch nichtinvestive Maßnahmen zu verstehen; diese können angebotserweiternd, angebotsumschichtend oder auch angebots-vermindernd wirken.

Vorher-Nachher-Untersuchungen sind die Kernstücke von Effizienzkontrollen. Das Hauptziel dieses Forschungsvorhabens besteht darin, ein methodisches und praktisches Rüstzeug für Vorher-Nachher-Untersuchungen zu schaffen, damit die Auswirkungen von angebotsverändernden Maßnahmen möglichst vollständig erfaßt sowie die Auswirkungen unterschiedlicher Maßnahmen miteinander verglichen werden können.

Die bislang bekanntgewordenen Vorher-Nachher-Untersuchungen sind uneinheitlich und größtenteils auch unvollständig. Oft stehen diesen Kontrollverfahren auch die Vorbehalte gegenüber, es könnten negative Auswirkungen oder gar Planungsmängel aufgedeckt werden.

Hier geht es aber keineswegs um eine betriebsbezogene Nachkalkulation oder um die Verteilung von Zensuren an die Planungsverantwortlichen. Vielmehr hat die Effizienzkontrolle zum Ziel, aus praktischen Erfahrungen - seien es positive oder negative - zu lernen und die gewonnenen Erkenntnisse für die weiteren Planungen zu nutzen. Darüber hinaus kann die Effizienzkontrolle, wenn sie sämtliche Nachfragekomponenten systematisch erfaßt, als Grundlage für zielgruppenorientierte Marketing-Maßnahmen dienen, mit denen sich erstrebte Wirkungen verstärken oder unerwünschte korrigieren lassen.

Das Forschungsprojekt ist in drei Abschnitte aufgeteilt.

— Im ersten Teil werden die methodischen Grundlagen für Vorher-Nachher-Untersuchungen erarbeitet.

— Daran schließt sich der Entwurf für den Anwender-Leitfaden an, der Planern und Entscheidern als Arbeitshilfsmittel dienen soll.

— Im dritten Teil, der sich inhaltlich auf die vorhergehenden stützt, wird das Arbeitsverfahren für Effizienzkontrollen in einem ersten praktischen Anwendungsfall erprobt. Hierfür bot sich die im August 1984 vollständig in Betrieb genommene S-Bahn nach Harburg/Neugraben an. Mittels einer umfassenden Vorher-Nachher-Erhebung werden die Auswirkungen dieses umgestalteten Verkehrsangebotes für den Hamburger Süden untersucht.

Stand des Projektes

Methodische Grundlagen

Literaturanalyse

Ausgangspunkt für die methodischen Untersuchungen war eine systematische Auswertung von Veröffentlichungen über bereits durchgeführte Untersuchungen zu den Auswirkungen angebotsverändernder Maßnahmen sowie die Sichtung sonstiger einschlägiger Literatur. Für die Analyse der vorliegenden Untersuchungen wurde ein spezielles Auswertungsschema verwendet, das insbesondere Aufschluß über die angewandten Erhebungsmethoden liefern sollte **(Bild 1).**

```
PRÜFPUNKTE FÜR DAS AUSWERTUNGSSCHEMA

— Gegenstand der Untersuchung
— Betroffenes Verkehrssystem
— Kontrollierte Maßnahmen und Wirkungsarten
— Wirkungsraum und Wirkungszeitraum
— Methoden für die Wirkungskontrolle
— Art der Datenerhebung
— Erkenntnisbeitrag zum F+E-Vorhaben
```

Bild 1: Prüfpunkte für die Literaturauswertung

Unter Einbeziehung der Ergebnisse der Literaturanalyse ist der Projektabschnitt „Methodische Grundlagen für Vorher-Nachher-Untersuchungen" in folgende Arbeitsbereiche unterteilt worden:

— Entwicklung einer Erhebungskonzeption für die Effizienzkontrolle von Einzelmaßnahmen im ÖPNV

— Entwicklung einer maßnahmespezifischen Fragebogenkonzeption

— Modell zur Bestimmung von Veränderungen in der Angebotsqualität.

— Grundlagen der Kosten- und Erlösberechnung im Rahmen der Effizienzkontrolle

— Indirekte Wirkungen und Probleme ihrer Quantifizierbarkeit

— Gesamtbeurteilung der Effizienz von angebotsverändernden Maßnahmen

Erhebungskonzeption

Betrachtet man die Effizienzkontrolle als Bestandteil eines gesamthaften Planungsprozesses, so sind, wie in **Bild 2** dargestellt, zunächst die Ziele zu definieren, die mit der Planung erreicht werden sollen. Sehr verkürzt können diese Zielsetzungen mit den Oberbegriffen

— Befriedigung der Verkehrsnachfrage,
— Wirtschaftlichkeit der Verkehrsbedienung sowie
— Gesamtgesellschaftliche Zielsetzungen

charakterisiert werden. Die Aufschlüsselung des Begriffes „Befriedigung der Verkehrsnachfrage" führt zu den Determinanten der Verkehrsnachfrage, die sich mit den geläufigen Begriffen

— Zeitaufwand für die Reise,
— Verfügbarkeit des Verkehrsmittels,

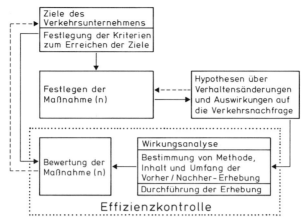

Bild 2: Ablauf des Planungsprozesses

— Reisekomfort,
— Information vor und während der Reise,
— Kosten der Benutzung usw.

umreißen lassen. Ein Modell, das die Veränderungen in diesem Bereich nachvollziehbar macht, wird noch kurz erläutert.

Die Maßnahmen zur Beeinflussung der Verkehrsnachfrage sind in **Tabelle 1** zusammengefaßt. Obwohl die Maßnahmen im Individualverkehr nicht dem unmittelbaren Zugriff der Verkehrsbetriebe unterliegen, sind sie wegen ihrer Bedeutung hier mitaufgeführt.

Den in **Tabelle 1** dargestellten Maßnahmen zur Beeinflussung der Verkehrsnachfrage sind nun die möglichen Maßnahmewirkungen gegenüberzustellen. Die Wirkung (Wirkungshypothese) stützt sich auf Indikatoren der Angebotsqualität, die mehr oder minder stark durch die Maßnahme „beaufschlagt" werden.

Bild 3 gibt einen Überblick über die zu erwartenden Wirkungen von Maßnahmen in bestimmten Verkehrsbereichen. Bei den Wirkungen wird nach Primärwirkungen auf die Angebotsqualität des ÖPNV (bzw. des IV) und nach sekundären, aus den Primärwirkungen folgenden Auswirkungen unterschieden. Das Verkehrsverhalten ist wiederum in situatives, d.h. kurzfristiges und generelles, langfristiges Mobilitätsverhalten unterteilt. Schließlich wird auch eine grobe Abschätzung der Wirkungsintensitäten vorgenommen. Die Wirkungsintensitäten werden jeweils nur innerhalb der beiden Wirkungskategorien (primäre, sekundäre Wirkungen) miteinander verglichen. Insgesamt werden allerdings die primären Wirkungen generell höher eingeschätzt als die sekundären.

Sofern eine Maßnahme in bestimmten Wirkungsbereichen als hoch intensiv eingestuft wird ist zu erwarten, daß die Maßnahme bereits bei geringerem Umfang „greift" und bei größerem Umfang folglich eine hohe Wirkung erwartet werden kann. Umgekehrt werden wenig intensiv eingeschätzte Wirkungen einer Maßnahme nur bei entsprechend starker Ausprägung dieser Maßnahme in bemerkenswertem Umfang zum Ausdruck kommen.

Verkehrliche Maßnahmen zur Beeinflussung der Nachfrage im ÖPNV		
Verkehrssystem	Maßnahmenbereich	Beispiele für nachfragebeeinflussende Maßnahmen
ÖPNV	Netz- und Liniengestaltung	Linienänderungen, Änderung in der Netzverknüpfung, Veränderung der Haltestellenabstände
	Fahrplan	Änderungen in der Bedienungshäufigkeit, Verbesserung der Anschlüsse
	Verkehrssteuerung	Verbesserung der Pünktlichkeit durch Einführung eines rechnergestützten Betriebsleitsystems, Anschlußdisposition bei Fahrplanabweichungen
	Fahrweg	Bussonderspuren, Bevorrechtigung bei Lichtsignalanlagen, Busschleusen
	Haltestellen	Verbesserung der Umsteigebedingungen, der Zugänglichkeit, des Witterungsschutzes
	Fahrzeug	Verbesserung des Sitzplatzund Raumangebotes, Verbesserung der Fahreigenschaften des Fahrzeuges
	Tarif	Veränderung der räumlichen, zeitlichen, personenbezogenen Gültigkeit von Fahrausweisen
	Fahrscheinverkauf	Einrichtung von Verkaufsstellen, Verbesserung der Automatengestaltung, Mobiler Beratungsdienst
	Information	Fahrplaninformationssystem, Tarifinformation, Werbung, Einsatz neuer Informationsmedien
IV	Verkehrsplanung	Gestaltung des Straßen-, Radund Fußwegenetzes
	Verkehrssteuerung	Zeitliches und räumliches Sperren von Straßen, Lichtsignalsteuerungen, Geschwindigkeitsregelungen
	Verkehrsplanung ruhender Verkehr	Parkraumkontingentierung in der Innenstadt, Parkleitsystem, Parkkontrollsystem
Systemübergreifende Maßnahmen	Übergang zwischen den Verkehrsmitteln	Ausbau von: Park and Ride, Kiss and Ride, Bike and Ride

Tabelle 1: Maßnahmen zur Beeinflussung der Nachfrage

Maßnahmenbereich / Wirkungsbereich	Primärwirkungen — Angebotsqualität im ÖV bzw. Verkehrsqualität im IV									Sekundärwirkungen — situatives Verkehrsverhalten				Sekundärwirkungen — generelles Mobilitätsverhalten		
	ÖV/IV Erreichbarkeit (Zugang, Abgang)	ÖV zeitliche Verfügbarkeit	ÖV Wartezeit	ÖV/IV Fahrzeit (IV incl. Parkplatzsuchzeit)	ÖV Umsteigehäufigkeit Umsteigezeit	ÖV/IV Zuverlässigkeit, Pünktlichkeit	ÖV Komfort	ÖV Informiertheit	ÖV Preis	Fahrtenhäufigkeit im ÖPNV	Zielwahl (ggf. Fahrtweite) im Gelegenheitsverkehr	Verkehrsmittelwahl	Routenwahl im ÖPNV	PKW-Verfügbarkeit	Wohnortwahl	Arbeitsort-wahl
ÖPNV Zahl und Lage der Haltestell.	⬤			●	●	·	●			●	·	●	⬤	·	·	
Netzgestaltung		·			⬤	·		●		●	·	●	⬤	·		
Fahrplan		●	⬤	●	⬤	·				●	·	●	·	·		
Betriebssteuerung			·			⬤				·		·				
Fahrweg				●			●			·		·				
Haltestelle							●			·		·				
Fahrzeug			·				⬤			·		·				
Tarif								●	⬤	●	·	●	·			
Verkauf							·	·				·				
Fahrgastinformation							·	⬤		·	·	·	·			
IV / ÖV Übergang	⬤			●		·						·	●	·		
Maßnahmenkombination		●	●	⬤	⬤	⬤	⬤	●		⬤		⬤	⬤	●	·	·
IV Planung d. fließend. Verkehrs			●		●							⬤		⬤	●	·
Planung d. ruhend. Verkehrs	⬤		●									⬤		⬤		·
Verkehrssteuerung						⬤						·		·		

Legende: Relative Wirksamkeit innerhalb einer Wirkungskategorie:
- ⬤ starke Intensität
- ● mittlere Intensität
- · geringe Intensität keine oder sehr geringe Wirkung

Bild 3: Maßnahme-Wirkungs-Katalog

Hohe Wirkungsintensitäten, insbesondere beim Verkehrsverhalten, sind in den meisten Fällen nur durch Maßnahmekombinationen zu erreichen. Die Überlegungen zu den Vor- und Nachteilen der verschiedenen Methoden für die empirische Erfassung von maßnahmespezifischen Auswirkungen lassen sich wie folgt zusammenfassen:

1. Es sollte prinzipiell mit Haushaltsbefragungen gearbeitet werden. Andere Befragungen, wie z. B. Betriebs- und Schülerbefragungen, sind als Ergänzung anzusehen.

2. Im allgemeinen ist der mündlichen Befragung der Vorzug zu geben. Von der mündlichen Befragung sollte dann abgesehen werden, wenn

   — es sich lediglich um eine Kontroll- oder zusätzliche Erhebung handelt und
   — wenn sich eine mündliche Befragung wegen der Eindeutigkeit des Maßnahme-Wirkungszusammenhangs nicht lohnt.

3. Es sind grundsätzliche Zufallsstichproben mit Quotenvorgabe vorzuziehen, da die Methode der statistisch-repräsentativ ausgewählten Befragungspersonen in der Datenlage ihre Beschränkung findet und eine reine Zufallsstichprobe zu große statistische Unsicherheiten birgt (Verzerrung der Repräsentativität). Allerdings ist der Übergang zwischen Zufallsstichprobe mit Quotenvorgabe zu der Methode der exakt statistisch-repräsentativ ausgewählten Befragungspersonen fließend.

4. Eine Quotenvorgabe bezüglich soziodemografischer Faktoren ist aus Daten- und Datenschutzgründen generell nur beschränkt möglich (z. B. „Geschlecht" und mit der Einschränkung „Alter"). Hier muß im Einzelfall auf Zusatzinformationen zurückgegriffen werden (z. B. Ausländeranteil in bestimmten Wohnquartieren). Für bestimmte Merkmale (z. B. Haushaltsgröße) ist die statistische Repräsentativität ex-post zu prüfen.

5. Die Stichprobengröße ist in erster Linie von der beabsichtigten Schichtung, der Untergliederungstiefe der Ergebnisse, der Verteilung der Erhebungsmerkmale und der Genauigkeitsanforderung abhängig. Die Anzahl der befragten Personen darf bei tiefster Schichtung nicht unter den Wert eines Mikrozensus fallen. Vor jeder Befragung ist deshalb ein Auswertungsplan zu erstellen, der die Schichtungsmerkmale genau aufzeigt.

6. Bei der Auswahl der Befragten nach räumlichen Gesichtspunkten sind die Siedlungsstruktur im Einflußbereich der angebotsverändernden Maßnahme, die Lage der Wohn- und Arbeitsstätten zum Verkehrsnetz sowie die vorhandenen und die zu erwartenden Nachfragereaktionen im Vorher-Nachher-Vergleich zu berücksichtigen.

7. Die Entscheidung, ob Paneluntersuchungen oder Trenduntersuchungen vorzunehmen sind, ist von der Aufgabenstellung unabhängig. Paneluntersuchungen haben gegenüber den Trenduntersuchungen den großen Vorteil, daß kleinere Stichproben verwendet werden können. Allerdings können durch die Panelsterblichkeit systematische Verzerrungen auftreten.

8. In der Regel sollte mit Stichtagsbefragungen gearbeitet werden. Allerdings gibt es eine Reihe von Fragestellungen, die eine Durchschnittsbefragung zulassen.

9. Einstellungsfragen können die Motivation für bestimmte Verhaltensweisen aufdecken. Zusätzlich hängt der Einsatz von Einstellungsfragen von der Zielsetzung der Effizienzkontrolluntersuchung ab.

10. Um eine Befragung unter Anwendungsbedingungen auf ihre Eignung zu untersuchen, ist ein „Pretest" vorzunehmen.

11. Um externe Einflüsse (regional und überregional) sowie nichtmaßnahmebezogene Einflüsse im Untersuchungsraum selbst von den Maßnahmewirkungen zu isolieren, ist es sinnvoll, regionale und überregionale Vergleichsdaten heranzuziehen oder eine vergleichbare Kontrollgruppe zu befragen, die nicht von der Maßnahme betroffen ist.

Die Empfehlungen für den zweckmäßigsten Einsatz im praktischen Anwendungsfall sind in **Bild 4** auszugsweise dargestellt.

Maßnahmebezogene Fragebogenkonzeption

Aufbauend auf den methodischen Überlegungen war nun eine Fragebogenkonzeption zu entwickeln, die den aus der Praxis bekannten Fragestellungen und Auswertungsmöglichkeiten genügen sollte.

Die Fragen wurden bausteinförmig in die vier Hauptblöcke

Erhebungs-arten / Maßnahme-typen	Haushalts-befragung	Personen-befragung	Fahrgast-befragung im Fahrzeug	Fahrgast-befragung an der Haltestelle	Betriebs-/Schul-befragung (Zusatz-befragung)	Struktu-rierte Gruppen-befragung (Zusatz-befragung i.d.R. bei großen Maßnahmen)
1. Netzgestaltung groß	xxx				xxx	xxx
2. Netzgestaltung klein		xxx				
3. Liniengestaltung groß	xxx				xxx	xxx
4. Liniengestaltung klein		xxx				
5. Fahrplangestaltung groß	xxx				xxx	xxx
6. Fahrplangestaltung klein		xxx				
7. Verkehrsweggestaltung						

Bild 4: Einsatz der Erhebungsmethoden

1. Sozioökonomie/Soziodemografie
2. Mobilität
3. Verkehrsverhalten und
4. Einstellung/Motiv

mit insgesamt rd. 50 Bausteinen unterteilt und für die verschiedenen Erhebungsverfahren jeweils gesondert zusammengestellt.

Damit können nun für jeden Maßnahmetyp (bzw. die Maßnahmegruppe), anhand des festgestellten zweckmäßigsten Erhebungsverfahrens, die notwendigen Fragestellungen baukastenförmig zusammengestellt und in einen Fragebogen überführt werden.

Modell zur Bestimmung von Veränderungen in der Angebotsqualität

Das Modell zur Bestimmung von Qualitätsveränderungen ist ein Instrument, welches es ermöglicht, die Auswirkungen von Maßnahmen im ÖPNV auf ihre Qualität für die potentiellen Nutzer zu quantifizieren. Diese Erweiterung des Kreises der betroffenen Personen von den tatsächlich mit dem ÖPNV fahrenden Fahrgästen auf alle potentiellen Fahrgäste ist dabei der wesentliche Unterschied zu konventionellen Betrachtungsweisen, bei denen beispielsweise pauschale Reisezeitvergleiche lediglich in Bezug auf die tatsächlich nachgefragten Relationen zur Qualitätsbeurteilung des Angebots herangezogen werden.

Der Grundansatz für die Beurteilung von Veränderungen der Qualität des Angebotes ist recht einfach. Das Angebot wird zunächst in einem Vorher-Zustand anhand ausgewählter Kriterien in der weiter unten beschriebenen Weise beurteilt. Diese Beurteilung erfolgt aus der Sicht der potentiellen Nutzer, das sind Personen, die - unabhängig vom tatsächlich benutzten Verkehrsmittel - mit öffentlichen Nahverkehrsmitteln reisen könnten. Für diese Personen wird mit Hilfe des Modells das Qualitätsniveau des Verkehrsangebotes „vorher" und „nachher" bestimmt und mit dem tatsächlich ausgeübten Verhalten dieser Personen - ausgedrückt zum Beispiel im Anteil der ÖPNV-Wähler an der Gruppe - verglichen.

Aus der Fülle individueller potentieller Fahrten sind diejenigen auszuwählen, die ein möglichst repräsentatives Abbild für die Gesamtheit aller zu beurteilenden Fahrten liefern. Diese Auswahl leistet die zuvor beschriebene Erhebungskonzeption für die empirische Analyse der maßnahmespezifischen Auswirkungen.

Bei der Auswahl der Kriterien zur Beurteilung der Angebotsqualität ist das zu erwartende Ausmaß an ausgelösten Nachfragereaktionen ausschlaggebend. Die Untersuchung beschränkt sich auf die vier allgemein als bedeutsam anerkannten Kriterien

— Reisezeit von Tür zu Tür,
— An- und Abmarsch,
— zeitliche Verfügbarkeit der Verkehrsmittel sowie
— Direktfahren/Umsteigen.

Es spricht jedoch nichts dagegen, bei speziellen Maßnahmen andere bzw. zusätzliche Qualitätskriterien heranzuziehen und in ähnlicher Weise wie die vier oben genannten Merkmale zu operationalisieren.

Das vorgestellte Modell erlaubt es, die Qualität von Maßnahmen im ÖPNV für jedes Kriterium einzeln zu quantifizieren. Dabei kann die Qualität sowohl in den originären Meßgrößen (beispielsweise die mittlere Reisezeit für die Ortsveränderungen in Minuten) als auch in „neutralen", an den definierten Mindest- und Höchstgrenzen der Kriterien ausgerichteten Bewertungspunkten gemessen und dann gewichtet werden.

Zusammen mit der Beobachtung des Verkehrsmittelwahlverhaltens der Verkehrsteilnehmer aus den Vorher-Nachher-Erhebungen und den Auswertungen von Zählungen und Befragungen in den Verkehrsmitteln sind damit zwei wesentliche Voraussetzungen zur Effizienzkontrolle gegeben.

Grundlagen der Kosten-/Ertragsermittlung als Bestandteil der Effizienzkontrolle

In diesem Abschnitt waren die Möglichkeiten zu untersuchen, wie kosten- und ertragswirksame Einflüsse von Angebotsveränderungen im ÖPNV erfaßt werden können. Dazu ist es notwendig, zunächst die wichtigsten Kostenbegriffe zu erläutern sowie die verschiedenen Arten der Kostenrechnungen darzustellen, um danach allgemein verwendbare Erfassungsmöglichkeiten aufzuzeigen. Auch für die Kosten- und Ertragsseite besteht das Ziel, eine anwendergerechte Anleitung zu erarbeiten, die von Mindestanforderungen ausgeht, die im Einzelfall erweitert werden können. Diese Anforderungen beziehen sich ausschließlich auf die Wirkungserfassung von Einzelmaßnahmen und nicht auf die grundsätzlichen Fragen der Kosten-/Ertragsrechnung der einzelnen Verkehrsbetriebe. Außerdem kann diese Untersuchung lediglich die Grundlagen für die Wirkungserfassung darlegen, aber keine verbindlichen Berechnungsvorschriften ermitteln.

Unabhängig von den grundsätzlichen Möglichkeiten der betrieblichen Kostenrechnung muß sich ein praxisnahes Verfahren in erster Linie an den verfügbaren Kostendaten sowie den Zuordnungsmöglichkeiten zu einer angebotsverändernden Maßnahme (bzw. einem Maßnahmebündel) ausrichten. Da die Effizienzkontrolle u. a. auch das Ziel hat, die Auswirkungen unterschiedlicher Maßnahmen so weit wie möglich sinnvoll vergleichbar zu machen, sollten sich die Ansätze für die Kosten-/Ertragsrechnung auf bereits eingeführte Verfahren beziehen.

Als Strukturrahmen kann der zwischenbetriebliche Vergleich der im VÖV und BDE zusammengeschlossenen Verkehrsunternehmen dienen, an dem sich rund die Hälfte der Verkehrsbetriebe freiwillig beteiligen. Dieser zwischenbetriebliche Vergleich ist gegliedert nach

1. Erträgen (in Pfg/Beförderungsfall)
2. Erfolgsrechnung bezogen auf 100 Platzkilometer
3. Ertragspositionen
4. Kostenstellen- und Kostenartenrechnung
5. Besonderen Kennziffern
6. Kennziffern zum Bereich Betrieb und Verkehr
7. Absolute Zahlen für die Bildung von Kennziffern

Ebenso wichtig wie eine praxisorientierte Strukturierung ist jedoch die Frage der Zurechenbarkeit von Kosten bzw. Erträgen zu einer bestimmten Maßnahme.

Je nach Sachlage kann im Rahmen der Effizienzkontrolle mit Grenzkosten oder aber mit Durchschnittskosten gerechnet werden.

Eine Rechnung mit Grenzkosten bedeutet, daß die tatsächliche Kostenzunahme (-abnahme) einer spezifischen Maßnahme erfaßt wird; d.h. aufgrund der Auslastung von Wagenpark und Personal etc. werden die zusätzlich notwendigen Kostengüter (z. B. Personal, Fahrzeuge, Energie) ermittelt und mit den am Markt üblichen Preisen (Opportunitätskosten) bewertet. Die Grenzkosten umfassen hier sowohl die zusätzlichen variablen als auch die sprungfixen Kosten. Durchschnittskosten sind dagegen über bestimmte Schlüssel zugeordnete Kosten, wobei von Durchschnittskostenansätzen bzgl. der Schlüssel ausgegangen wird (z. B. Kosten pro Wagenkilometer des Gesamtbetriebes).

Für die Effizienzkontrolle sind beide Vorgehensweisen möglich; bei größeren Maßnahmen (z. B. neue Strecke, neue Linie) ist die Grenzkostenberechnung geeigneter und der damit verbundene hohe Erfassungs- und Berechnungsaufwand im allgemeinen auch zu rechtfertigen.

Indirekte Wirkungen und Probleme ihrer Quantifizierbarkeit

Eine Untersuchung über die Effizienzkontrolle von angebotsverändernden Maßnahmen hat sich in erster Linie mit den quantifizierbaren Auswirkungen im Bereich von Angebot (Betreiber) und Nachfrage (Benutzer) zu befassen und hierzu ein möglichst verallgemeinerbares Kontrollinstrumentarium (in Form einer Erhebungskonzeption) zu erarbeiten.

Ein zusätzliches Problem stellen die durch Angebots-Maßnahmen induzierten (indirekten) Folgewirkungen auf die Allgemeinheit dar. Hierbei handelt es sich vor allem um

— städtebauliche Effekte,
— Umwelt-/Energieeffekte,
— Wachstums- und Struktureffekte,

— modale Verkehrsverlagerungen und
— Verkehrssicherheit.

Derartige Effekte lassen sich häufig nicht eindeutig einer bestimmten Maßnahme zuordnen und werfen auch aus anderen Gründen eine Reihe von Quantifizierungsproblemen auf.

Art und Umfang der Einbeziehung von „Auswirkungen auf die Allgemeinheit" sind im Rahmen dieser Untersuchung an den drei umfassendsten schematischen Erfassungsanleitungen geprüft worden, nämlich anhand der

— Richtlinien für die Anlage von Straßen, Teil: Wirtschaftlichkeitsuntersuchungen (RAS-W)
— Anleitung für die standardisierte Bewertung von Verkehrswegeinvestitionen des ÖPNV (Standardisierte Bewertung des ÖPNV) und
— Bewertungsverfahren im Rahmen der Aufstellung des Bundesverkehrswegplanes (BVWP)

Alle drei Bewertungsanleitungen versuchen, eine quantitative Erfassung sämtlicher relevanter Projektwirkungen vorzunehmen und die Projekte mittels eines Bewertungsschemas hinsichtlich ihrer Vorzugswürdigkeit gegeneinander abzuwägen.

Am Beispiel der „Standardisierten Bewertung" wird deutlich, daß Umwelteffekte (einschließlich Flächenverbrauch, wasserwirtschaftliche Beeinträchtigungen. Natur- und Landschaftsschutz) und Energieeffekte nahezu vollständig (wenn auch mit sehr vereinfachenden Indikatoren) erfaßt werden. Dasselbe gilt für die Verkehrssicherheit. Bei den städtebaulichen Effekten erfolgt (mit Ausnahme der raumordnerischen Wirkungen) lediglich eine verbale Erörterung, aber keine quantitative Erfassung. Wachstums- und Struktureffekte werden ebenfalls nur verbal abgehandelt. Die Bewertung der Einzelwirkungen (-nutzen) erfolgt in - voneinander unabhängigen - Nutzwert- und Kosten-Nutzen-Analysen.

Dies bedeutet, daß auch im Rahmen dieses Verfahrens die indirekten Wirkungen nur partiell quantifiziert werden konnten.

Eine Synopse der verschiedenen Verfahren macht deutlich, daß die Notwendigkeit einer Einbeziehung indirekter Wirkungen von (investiven) Maßnahmen im Verkehrssektor erkannt ist, und daß eine Reihe von Vorschlägen existieren, wie eine derartige Einbeziehung erfolgen könnte. Zwar beziehen sich alle diese Vorschläge auf eine antizipative Bewertung von Verkehrsinvestitionsvorhaben, jedoch schließt dies keineswegs aus, derartige Ansätze auch bei einer ex-post-Kontrolle von Maßnahmen im Sinne der vorliegenden Untersuchung einzusetzen. Allerdings ist hierbei zu beachten, daß sich viele der gemachten Vorschläge gerade nicht auf kleinräumliche bzw. kleinere Maßnahmen beziehen.

Die in dieser Untersuchung geprüften Verfahren zur Beurteilung der Wirkungen im Bereich „Allgemeinheit" sind teilweise sehr aufwendig bzw. erfordern ein umfangreiches Datenmaterial, das vielfach nicht verfügbar ist oder nur mit hohem Aufwand erzeugt werden kann. Eine pragmatische Vorgehensweise scheint angezeigt zu sein, wenngleich ein Patentrezept hier nicht vorgeführt werden kann.

Die gesellschaftlichen Wirkungen im Bereich „Umwelt" mit den Teilzielen einer verringerten Geräusch- und Abgasbelastung sowie verminderter Trennwirkungen und im Bereich „Stadt- und Raumstruktur" sollten nach Ansicht der Bearbeiter vorwiegend zur Beurteilung herangezogen werden. Dabei sind Quantifizierungen nur in besonderen Fällen sinnvoll und notwendig, zumeist wird die verbale Erläuterung ausreichen. Ein „geschlossenes" Bewertungsverfahren wird für die Effizienzkontrolle nicht empfohlen.

Anwenderleitfaden für Effizienzkontrollen

Der Anwenderleitfaden war zum Zeitpunkt dieser Berichterstellung gerade in Arbeit, deshalb kann hier nur ein grober Überblick über die beabsichtigte Vorgehensweise gegeben werden.

Der Leitfaden soll die methodischen Grundlagen für die Effizienzkontrolle aufgreifen und diese in praxisorientierte Arbeitshilfen für die mit der Vorbereitung und Durchführung von Vorher-Nachher-Erhebungen befaßten Entscheider und Bearbeiter umwandeln.

Unter anderem sollte der Leitfaden auf folgende Fragen verwertbare Antworten geben:

— Ist eine Wirkungskontrolle bei einer bestimmten Maßnahme überhaupt sinnvoll bzw. durchführbar?

— Was ist Gegenstand der Untersuchung, welche Aspekte müssen einbezogen werden, wie wird die Maßnahme abgegrenzt?

— Welche Wirkungen sind bei der Maßnahme zu erwarten?

— Wie lassen sich die (erwarteten) Wirkungen erfassen und messen?

— Welche Erhebungsmethoden kommen in Betracht?

— Wie lassen sich festgestellte Veränderungen als Wirkungen einer Maßnahme zuordnen?

— Wie können die unterschiedlichen Wirkungen zu einer Gesamtbeurteilung zusammengeführt werden?

Vorher-Nachher-Untersuchung zu den Auswirkungen der Harburger S-Bahn

Am 25. September 1983, mit Beginn des Winterfahrplans, ist die Harburger S-Bahn nach jahrzehntelangen Planungen und zehnjähriger Bauzeit in Betrieb gegangen. In der ersten Stufe endete die neue Linie S3 von Pinneberg über Altona, Jungfernstieg, Hauptbahnhof führend in Harbug Rathaus. Knapp ein Jahr später, am 05.08.1984, wurde der durchgehende Betrieb bis zum Linienendpunkt Neugraben eröffnet.

Das Einflußgebiet der Harburger S-Bahn umfaßt den gesamten Süderelberaum und reicht weit in das niedersächsische Umland hinein. In diesem Gebiet leben insgesamt mehr als 450.000 Menschen, davon etwa 200.000 in dem mit Bus und S-Bahn bedienten Süderelberaum. Im 10 Minuten-Fußwegbereich um die acht Haltestellen der neuen S-Bahn wohnen ca. 70.000 Personen. Neben den dichtbesiedelten Wohngebieten erschließt die Harburger S-Bahn auch bedeutende Arbeitsstättengebiete und Bereiche mit zentralen Funktionen, wie z. B. die im Zusammenhang mit der S-Bahn neugestaltete Harburger City.

Wie im übrigen Verkehrsgebiet des Hamburger Verkehrsverbundes übernimmt auch im Südelberaum die Schnellbahn als Rückgrat der Verkehrsbedienung die Hauptverkehrsströme über größere Entfernungen. Das Busnetz ist auf die Schnellbahn ausgerichtet worden und leistet die Zubringer- und Verteilerdienste. Konkurrierende Parallelverkehre zwischen Bus und Schnellbahn wurden beseitigt und durch gute Anbindungen der Busse an die S-Bahn-Haltestellen ersetzt.

Bild 5 zeigt die Siedlungs- und Verkehrsstruktur im Einzugsbereich der Harburger S-Bahn. Die mit herkömmlichen Planungshilfsmitteln erstellten Prognosewerte für das Verkehrsaufkommen (Haltestellenzugang: 59.000 Fg/Tag, maximale Querschnittsbelastung: 36.000 Fg/Tag und Richtung, rd. 100.000 Linienabschnittsbeförderungsfälle pro Tag zwischen Hamburger Hauptbahnhof und Neugraben) beinhalten auch einen Anstieg des Verkehrsaufkommens aufgrund des Attraktivitätszuwachses.

Die Prognosewerte sind nach den inzwischen durchgeführten Zählungen bereits jetzt erreicht. Mit Hilfe der Vorher-Nachher-Erhebung sollen nun die bisher ausgelösten Wirkungen und Veränderungen im Verkehrsverhalten analysiert und darüber hinaus die noch nicht oder nur teilweise ausgeschöpften Nachfragepotentiale ausfindig gemacht werden.

Die Vorher-Nachher-Erhebung wird nach sorgfältiger Abwägung aller methodischen Gesichtspunkte sowie in Kenntnis des gesetzten finanziellen Rahmens für die Erhebung als mündliche Haushaltsbefragung durchgeführt.

Auf der Basis eines sogenannten Auswirkungskatasters, der eine kleinräumige Beurteilung der Veränderungen im Verkehrsangebot ermöglicht, wurden insgesamt 10 repräsentative Teilgebiete innerhalb des Einzugsbereichs der Harburger S-Bahn ausgewählt und hierfür eine Zufalls-Stichprobe beim Einwohner-Zentralamt gezogen. Die Lage der Teilgebiete ist aus **Bild 5** zu entnehmen. Jede der Stichproben enthält jeweils 450 Anschriften von Personen, die bereits mindestens 18 Jahre alt sind und die das 75. Lebensjahr noch nicht überschritten haben. Über diese Personen wurde eine entsprechende Zahl von Haushalten determiniert.

Die Befragung erfolgte als mündliches Interview. Hierfür konnten rd. 70 erfahrene Mitarbeiter des Statistischen Landesamtes gewonnen werden, so daß von vornherein eine gute Qualität der Interviews zu erwarten war. Der Fragebogen ist aus den Bausteinen der zuvor beschriebenen Fragebogenkonzeption entwickelt worden.

Nach dem Pretest und der Einweisung der Interviewer wurde die eigentliche Feldarbeit mit den Interviewerbesuchen in den ausgewählten Haushalten zwischen dem 29. August und dem 16. September 1983 durchgeführt. Die Besuche wurden zuvor auf dem Postwege schriftlich angekündigt. Die Antwortquote war mit rund 79% erfreulich hoch. 10% verweigerten die Befragung, rd. 11% waren in der Befragungszeit nicht erreichbar.

HARBURGER S-BAHN

Siedlungs- und
Verkehrsstruktur

Bild 5: Siedlungs- und Verkehrsstruktur Harburger S-Bahn

Die Auswertungsarbeiten haben Anfang 1984 begonnen. Im April 1984 ist zusätzlich eine Betriebsstättenbefragung als ex-post-Erhebung durchgeführt worden. Die Nachher-Befragung der Haushalte ist für den Herbst 1985, d.h. rund zwei Jahre nach der Teilinbetriebnahme bzw. ein Jahr nach der Vollinbetriebnahme der Harburger S-Bahn, vorgesehen. Die Vorher- und Nachherbefragungen werden jeweils von Zugangszählungen an den Haltestellen, Querschnittszählungen an den Bemessungsquerschnitten sowie kombinierten Zählungen und Befragungen in den betroffenen Buslinien begleitet. Die zwischen dem Vorher- bzw. Nachher-Zeitpunkt durchgeführten vereinfachten Zählungen dienen später als Stützpunkte für die Beurteilung der zeitlichen Entwicklung der Verkehrsnachfrage.

Weiterer Projektablauf, zu lösende Probleme

Die Vorbereitungen für die Nachher-Erhebung im Herbst 1985 sind im Gange. Nach den dargelegten methodischen Überlegungen zur Erhebungskonzeption wird grundsätzlich eine Panel-Befragung, d.h. die Befragung identischer Haushalte zum Vorher- und Nachher-Zeitpunkt angestrebt. Es ist allerdings nicht sicher, ob bei der Nachher-Befragung eine ausreichend große Rücklaufquote auf dieser Basis erreichbar ist. Das Risiko einer (aus mehreren Gründen denkbaren) hohen „Panelsterblichkeit", die den gesamten Auswertungsplan in Frage stellen könnte, erscheint so hoch, daß vorsichtshalber die gezogenen Stichproben für die repräsentativen Teilgebiete „aufgefüllt" werden sollen. Über die sich hieraus ergebenden Konsequenzen für die Auswertung bzw. die Beurteilung der Nachfragereaktionen wäre zu einem späteren Zeitpunkt zu berichten.

Die gesamte Untersuchung soll Ende 1985 im wesentlichen abgeschlossen sein.

Verbesserte Methoden zur Körperschall- und Erschütterungsminderung

Studiengesellschaft für unterirdische Verkehrsanlagen e.V - STUVA

Dr. Blennemann

Förderungskennzeichen des BMFT: TV 8329

Zusammenfassung

Körperschall und Erschütterungen bei innerstädtischen Bahntunneln können am wirkungsvollsten durch Maßnahmen am Oberbau gemindert werden. Ein neues hochelastisches Schienenlager führt unter bestimmten Randbedingungen zu hohen Pegelminderungen. Die nachträgliche Sanierung einer Strecke ist möglich. Als sehr problematisch hat sich immer wieder die Frage der Prognose von Körperschall und Erschütterungen erwiesen. Überdimensionierungen von Oberbauformen oder die Notwendigkeit nachträglicher Sanierungen sind nicht auszuschließen. Verbesserte Prognoseverfahren, die dies vermeiden, werden entwickelt. Insgesamt dürften damit Einsparungen an öffentlichen Mitteln bei Gewährleistung eines ausreichenden Anliegerschutzes möglich sein.

Summary

Structure borne sound and vibration radiated from urban railway tunnels can most effectively be diminished by means of a special track bed. With a new high resilient rail fastener high reductions of vibration levels have been gained under certain conditions. Rebuilding a track bed after it has been taken into operation is also possible.
Prediction of structure borne sound and vibration has proved to be very difficult. It can not be excluded, that either track beds are dimensioned to good regarding their vibration reducing properties, or that rebuilding a track is necessary to get the required vibration damping effect. To avoid this, better prediction methods will be developed. In total, savings in public funds will be gained together with a sufficient protection of residents.

Aufgabenstellung

Im Rahmen des Forschungsprogramms des BMFT „Lärm- und Erschütterungsminderung im Schienennahverkehr" wurde 1983 die erste Phase abgeschlossen. Zahlreiche neue Erkenntnisse zu Fragen der Entstehung von Luftschall und Erschütterungen bei Schienenbahnen sowie zu Minderungsmaßnahmen konnten erarbeitet werden [1].

Bei der Weiterführung des Programms ergibt sich eine Schwerpunktverschiebung zugunsten von Forschungsvorhaben, die Fragen des Körperschall- und Erschütterungsschutzes behandeln. Die Ursache liegt im wesentlichen darin, daß einerseits deutlich geworden ist, welche Kostenrelevanz diese Thematik hat (Faktor bis zu 1 : 5 zwischen den Kosten für normalen Schotteroberbau und für eine hochwirksame schwingungsmindernde Oberbauform). Andererseits wurde jedoch auch in zunehmendem Maße erkannt, welche Unsicherheiten bei der Prognose von Erschütterungen und damit in der Festlegung der wirtschaftlich und technisch richtigen Oberbauform bestehen. Praktische Erfahrungen bestätigen, daß sowohl Überdimensionierungen vorkommen (hochwirksamer und damit kostenaufwendiger Oberbau, wo auch eine einfachere Lösung ausgereicht hätte), als auch Nachbesserungen notwendig werden (aufwendige Nachrüstung von Strecken, wenn die schwingungsmindernde Wirkung des vorhandenen Oberbaus nicht ausreicht).

Die Schwierigkeiten der Prognose von Körperschall und Erschütterungen sind im wesentlichen in der Vielfalt der Einflußparameter und ihrer Kombinationsmöglichkeiten sowie ihrer Wechselwirkungen begründet.

Von den Anforderungen der Praxis her sind drei Situationen zu unterscheiden, aus denen unterschiedliche Aufgabenstellungen resultieren:

— Tunnel und Oberbau sind fertiggestellt, der Betrieb ist aufgenommen. Es stellt sich heraus, daß Belästigungen der Anlieger auftreten, obwohl dies nicht erwartet wurde. Aufgabe: Korrektur der Situation durch nachträgliche Maßnahmen am Oberbau. Hier kann weitgehend durch Messungen der Emissionen und Immissionen unter Fahrzeuganregung festgestellt werden, welche Maßnahmen erforderlich und ausreichend sind.

— Der Tunnel ist fertiggestellt, aber der Oberbau noch nicht eingebaut. Aufgabe: Der „richtige" Oberbau ist festzulegen. Hier sind Messungen unter Fahrzeugbetrieb nicht möglich. Durch geeignete „Ersatzanregung" des Rohbautunnels muß das Schwingungsverhalten des Gesamtsystems analysiert und auf Fahrzeuganregung umgerechnet werden. Die erforderliche Dämmwirkung des Oberbaus ist zu berechnen.

— Eine Bahntrasse wird geplant, aber mit dem Bau wurde noch nicht begonnen. Aufgabe: Erstellung einer Prognose zu den zu erwartenden Immissionen und grobe Festlegung der ggfs. erforderlichen Minderungsmaßnahmen. In diesem Stadium sind Messungen nur begrenzt möglich und aussagekräftig (z. B. Schwingungsausbreitung im Boden und Schwingungsverhalten von bestehenden Gebäuden jeweils bei künstlicher Anregung). Die Aussagen müssen daher im wesentlichen auf Vorstellungen über Gesetzmäßigkeiten und mehr oder weniger fundierten Erfahrungswerten beruhen.

Eine weitere Erschwerung tritt in allen Fällen ein, wenn zusätzlich geplante Anliegergebäude in die Betrachtungen einbezogen werden sollen.

Dieser komplexen Problematik wurde in der Fortsetzung des Forschungsprogramms Rechnung getragen, indem entsprechende Vorhaben bewilligt wurden bzw. im weiteren Ablauf noch geplant sind.

Körperschall- und Erschütterungsminderung durch hochelastische Schienenlager

Die schwingungsmindernde Wirkung von elastischen Schienenlagerungen wird wesentlich von deren Steifigkeit bestimmt. In einem Vorhaben des Programms [2] wurde u.a. ermittelt, welchen Einfluß eine Variation der Schienenlagersteifigkeit auf die Emissions- und Immissionswerte an Tunnelstrecken hat. Für diese Untersuchungen wurde ein neu entwickeltes hochelastisches Schienenlager (CentriCon, **Bild 1**) eingesetzt. Die Steifigkeit dieses Lagers kann vor Ort durch Veränderungen der Vorspannung in gewissen Grenzen variiert werden. Da diese Lager auf bereits in Betrieb befindlichen Strecken nachträglich eingebaut wurden, bestand die Möglichkeit, den Einfluß hochelastischer Schienenlager im Vergleich zu Standard-Oberbauformen zu ermitteln. Letztere Untersuchung ist besonders im Hinblick auf eine nachträgliche Sanierung von Strecken in immissionstechnischer Hinsicht relevant. Eine weitere wesentliche Aufgabe bestand in der Weiterentwicklung von hochelastischen Schienenlagern für den Weichenbereich. Diese Lager wurden ebenfalls so gebaut, daß ihre Vorspannung variiert werden konnte.

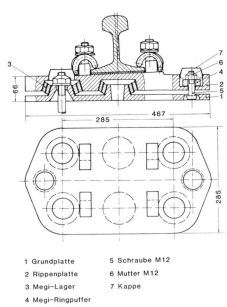

1 Grundplatte	5 Schraube M12
2 Rippenplatte	6 Mutter M12
3 Megi–Lager	7 Kappe
4 Megi–Ringpuffer	

Bild 1: Hochelastisches Schienenlager „CentriCon"

Die Untersuchungen wurden in vier verschiedenen Tunnelabschnitten der Stadtbahn Mühlheim/Ruhr und Bochum durchgeführt. Gemessen wurden der Körperschall innerhalb des Tunnels, der Körperschall und der Luftschall in den benachbarten Gebäuden sowie erstmals die dynamischen Kräfte unter den Schienenlagern. Je zwei Tunnelabschnitte waren mit und je zwei ohne Schotterbett ausgeführt. Bei den Nullmessungen war in den schotterlosen Strecken der Oberbau Nürnberg 1 a (mit Walker-Element) vorhanden. In den beiden anderen Strecken lag ein normaler Schotteroberbau mit Holzschwellen und ca. 30 cm Schotterbetthöhe (zwischen Tunnelsohle und Schwellenunterkante) vor.

Nach den Nullmessungen wurden alle 4 Strecken mit einem hochelastischen Schienenlager (CentriCon) ausgerüstet. Über eine Vorspannschraube kann die Federrate dieser Elemente im Einbauzustand um den Faktor 2 (max/min) variiert werden. Dies ergibt eine mögliche Variation der Eigenfrequenz des Fahrzeug-Oberbausystems von   2. In der schotterlosen Strecke wurden die hochelastischen Schienenlager sowohl auf der freien Strecke als auch in einer Weiche eingebaut. In Abhängigkeit von der Einbausituation (freie Strecke, Weiche, Schotterbereich) wurden Elemente mit unterschiedlicher Basis-Federrate vom Herstellerwerk geliefert. Bei den Messungen wurde die Federrate von diesem Basis-Zustand aus in beiden Richtungen variiert. Dies wurde durch Lösen und Anziehen der Vorspannschrauben realisiert.

Die wesentlichsten Ergebnisse der durchgeführten Untersuchung sind:

— Oberhalb von ca. 10 Hz betragen die dynamischen Restkräfte, die von einem rollenden Fahrzeug über ein Schienenlager in die Tunnelsohle eingeleitet werden, weniger als 500 N.

— In den schotterlosen Streckenabschnitten konnten diese Kräfte durch den Einbau der hochelastischen Schienenlager deutlich vermindert werden. Eine Variation der Vorspannstufen zeigte dagegen einen geringeren Einfluß auf den Betrag der Restkräfte (ca. ± 2 dB).

— Unterhalb von 10 Hz wurden die Restkräfte bestimmt durch die Größe der statischen Radlasten. Je weicher die Schienenlagerungen sind, um so geringer sind auch diese quasistatischen Kräfte (die Radlast verteilt sich bei weicheren Lagern auf mehrere Stützpunkte). Beim Walker-Lager beträgt die über ein Schienenlager eingeleitete Restkraft ca. 1/3 und beim CC-Lager ca. 1/5 der Radlast Q.

— In den beiden Schotterstrecken wurden durch den Einbau der hochelastischen Schienenlager deutliche Minderungen des Körper- und des Luftschalls - sowohl im Tunnel als auch in den benachbarten Gebäuden - erzielt. Z. B. wurde der sekundäre Luftschallpegel in den Anliegergebäuden dieser beiden Strecken i.M. um ca. 18 dB gemindert (Beispiel s. **Bild 2**). Für die beiden schotterlosen Streckenabschnitte ergab sich dagegen nur eine Minderung des Luftschallpegels um ca. 5 dB. Letzteres ist auf die in diesen beiden Streckenabschnitten vorhandenen Tunnelrandbedingungen zurückzuführen (Tunnelgeometrie und -ausführung, Körperschallbrücken im Boden zwischen Tunnel und Gebäuden, Resonanzkopplungen). Die Körperschallpegel wurden in gleicher Größenordnung wie die Luftschallpegel reduziert.

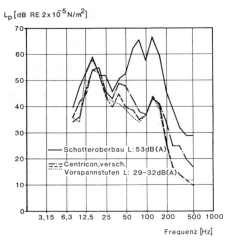

L_p [dB RE 2×10^{-5} N/m^2]

Frequenz [Hz]

Bild 2: Beispiel für die Luftschallminderung in einem Anliegergebäude - Hochelastisches Schienenlager auf Holzschwelle im Schotter im Vergleich zu
normalem Schotteroberbau [2]

— Die Variation der Federraten der Schienenlager wirkte sich auf die Kör-
per- und Luftschallpegel in der Größenordnung von maximal ± 3 dB aus
(Variation um den Basis-Zustand der Schienenlager). Diese Wirkung
wurde in allen Meßquerschnitten festgestellt.

— Ein Vergleich mit Meßergebnissen aus anderen Untersuchungen zeigte
eine gute Übereinstimmung der schwingungsmindernden Wirkung von
hochelastischen Schienenlagern.

Insgesamt hat die durchgeführte Untersuchung gezeigt, daß durch den
Einbau hochelastischer Schienenlager die Luftschall- und Erschütterungs-
immissionen in den Anliegergebäuden deutlich gemindert werden können.
Die Höhe der Minderung hängt dabei sehr wesentlich ab von den örtlichen
Tunnelrandbedingungen. Durch die Einbaumöglichkeiten auf vorhandenen
Betonbalken bzw. auf Holzschwellen im Schotterbett können Tunnelstrek-
ken in immissionstechnischer Hinsicht auch nachträglich saniert werden.

Ersatzanregung zur Untersuchung von Rohbautunneln

Wenn ein Bahntunnel im Rohbau fertiggestellt ist, sind wesentliche Elemente des Gesamtschwingungssystems vorhanden. Der Einfluß des Tunnels,
des umgebenden Bodens sowie der Anliegergebäude auf die Schwingungs-
immissionen könnten ermittelt werden. Das Problem besteht darin, eine
geeignete - insbesondere leicht handhabbare - Anregungsquelle zu finden,
so daß aus dem damit ermittelten Schwingungsverhalten des Systems auf
das Verhalten unter Fahrzeuganregung rückgeschlossen und der Oberbau
mit den notwendigen aber auch ausreichenden schwingungsmindernden
Eigenschaften festgelegt werden kann.

Geeignete Anregungsmechanismen zur Untersuchung des Schwingungsverhaltens von Strukturen dieser Art sind z. B. Unwuchterreger, Vibrations-

168

platte und Impulshammer. In einem U-Bahntunnel mit schotterlosem Oberbau wurden hiermit erste vergleichende Versuche durchgeführt [3]. Außerdem wurde die Schwingungsausbreitung im Tunnel und in Nachbargebäuden unter Fahrzeuganregung gemessen. Mit der Vibrationsplatte und dem Impulshammer konnten Signale erzeugt werden, die denen infolge Fahrzeuganregung ähnlich sind **(Bild 3)**. Zur Ermittlung von Bezugsgrößen ist es erforderlich, nicht nur die Schwingantworten der Strukturen sondern jeweils auch die eingeleiteten Kräfte - z. B. auch unter Vibrationsplatten - zu bestimmen. Hierfür wurden spezielle Vorrichtungen entwickelt.

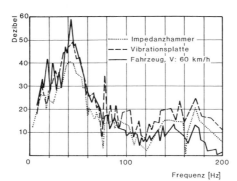

Bild 3: Schwingschnellespektren verschiedener Erreger. Meßort: U-Bahn Nürnberg; Anregung im Tunnel, Meßpunkt auf dem Kellerfußboden im Anliegergebäude [3]

Der Stand der Arbeiten läßt erwarten, daß es möglich sein wird, aus Messungen in einem Rohbautunnel mit künstlicher Anregung die zu erwartende Fahrzeugerregerfunktion abschätzen zu können. Durch Impedanzbetrachtungen läßt sich dann die erforderliche Einfügungsdämmung des Oberbaus bestimmen. Diese Ansätze sind noch durch weitere Messungen zu erhärten.

Entwicklung von Prognoseverfahren

Eine schwingungstechnische Begutachtung einer unterirdischen Bahntrasse sollte bereits im Planungsstadium erfolgen, damit Festlegungen mit baulichen Kosequenzen (z. B. größere Tunnelhöhe für ein Masse-Feder-System) bereits frühzeitig berücksichtigt werden können. Mit dem weiteren Planungs- und Baufortschritt können dann die Aussagen detailliert und präzisiert bzw. an Hand von Messungen überprüft werden, so daß eine technisch und wirtschaftlich optimale Auslegung der Maßnahmen zur Minderung von Erschütterungen und Körperschall möglich ist.

Im Rahmen des Forschungsprogramms werden drei Ansätze zur Verbesserung der Möglichkeiten der Prognose von Körperschall und Erschütterungen beschritten:

— Bei der analytisch-mathematischen Methode [4] werden die Emission (Erregung der Schwingungen im Kontaktbereich Rad-Schiene), die Transmission (Fortleitung der Schwingungen in der Tunnelstruktur und im Boden) sowie die Immissionen (Ausbreitung und Abstrahlung der Schwingungen in Anliegergebäuden) in einem F-E-Modell abgebildet

169

und nachvollzogen. Der Ansatz für die Anregung orientiert sich dabei an Messungen bei typischen Fahrzeugen und Verhältnissen (Straßenbahn, Stadtbahn, U-Bahn, S-Bahn). Nach Bestimmung der für die Schwingungsausbreitung maßgebenden Bodenparameter liefert die Modellrechnung z. B. eine „Prognose" für ein Frequenzspektrum für einen bestimmten Ort in der Nähe der Trasse. Die Übereinstimmungen zwischen Messung und Rechnung sind bei eindeutigen Verhältnissen (Gleiszustand, Geologie etc.) recht gut **(Bild 4a)**. Für andere Gegebenheiten können jedoch auch größere Abweichungen vorkommen **(Bild 4b)**. Ursache hierfür können z. B. Störstellen im Gleis sein (Schienenstöße, Schwellenhohllage). Derartige Effekte lassen sich jedoch in einem Prognosemodell nicht berücksichtigen, da sie nicht vorhersehbar sind. Die laufenden Arbeiten befassen sich vorrangig mit den Fragen der Immission. Dabei werden geeignete Modelle zur Abbildung von Gebäudestrukturen (Stabmodelle, Rahmenmodelle) in Ansatz gebracht. Die Rechenergebnisse bedürfen jedoch noch einer detaillierten Überprüfung durch Messungen.

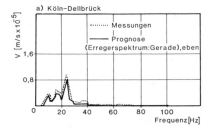 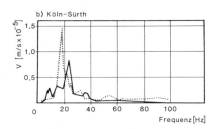

Bild 4: Vergleich von Messungen und Prognose zur Ausbreitung von Erschütterungen an ebenerdigen Bahntrassen (Gerade Strecke; B-Wagen, V = 60 km/h; Abstand von der Gleisachse: 33,5 m) [5]

— Ein zweiter Weg zur Verbesserung der Grundlagen von Prognoseverfahren für Erschütterungen und Körperschall besteht in der statistischen Auswertung vorhandenen Datenmaterials [7]. Im Rahmen von Gutachten und Forschungsarbeiten sind in den letzten Jahren eine Fülle von Messungen zur Schall- und Erschütterungssituation in der Umgebung von innerstädtischen Schienenbahnen durchgeführt worden. Es soll versucht werden, dieses Material, soweit es zugänglich ist, systematisch auszuwerten. Durch eine Katalogisierung der Gegebenheiten und Einflußparameter, unter denen die jeweiligen Ergebnisse gewonnen werden, soll es ermöglich werden, für Prognosefälle bei jeweils ähnlichen Randbedingungen Voraussagen über die zu erwartenden Körperschall- und Erschütterungsimmissionen zu machen. Als problematisch erweist sich allerdings, daß in der Vergangenheit die Meßbedingungen nicht immer in den Detailliertheitsgrad erfaßt worden sind, wie es zur Erarbeitung von Abhängigkeiten erforderlich gewesen wäre. Für die Ausbreitung der Schwingungen in der Tunnelstruktur und im Boden sind dennoch bereits brauchbare Ansätze für Voraussagen erkennbar. Die noch vorhandenen Streubereiche müssen durch weitere Analysen noch eingeengt werden. Sehr schwierig ist die Vorhersage des Schwingungsverhaltens von Gebäuden. Maßgebend hierfür ist die große Vielfalt der Ausbildung von

Gebäudestrukturen im Hinblick auf Abmessungen, Baumaterialien, Gründung etc. Dies führt z. B. dazu, daß in einer Gebäudekategorie mit vergleichbarer Struktur Pegelunterschiede zwischen dem Kellergeschoß und dem Erdgeschoß von bis zu 43 dB bei vergleichbarer Anregung festgestellt wurden. Für die Umwandlung von Körperschall in Luftschall in den Räumen treten ähnliche Streubreiten auf, so daß insgesamt Prognoseaussagen für Gebäude z. Z. noch sehr unsicher sind. Im weiteren Verlauf des Forschungsprogramms sollen umfangreiche Messungen zum Schwingungsverhalten von Gebäuden mit systematischer Erfassung aller Einflußparameter durchgeführt werden, damit die Basis des Prognoseverfahrens auch in diesem Bereich verbessert werden kann.

— Bei der diagnostischen Methode [6] wird das Schwingungsverhalten einzelner Bestandteile des Gesamtschwingungssystems analysiert und mit geometrischen Abmessungen, Materialeigenschaften etc. erklärt. Z. B. führt eine Berechnung der Impedanzen (Maß für den Schwingungswiderstand) von Tunnelsohlen mit relativ einfachen Annahmen zu guten Übereinstimmungen mit gemessenen Werten. Bei Tunnelwänden und -decken sind diese Abweichungen größer, da hier z. B. stärkere Inhomogenitäten der Bettung auftreten. Die gesamte Schwingungs- und Körperschallübertragungsstrecke vom Oberbau über den Tunnel und den Baugrund in die benachbarten Gebäude soll im Rahmen der weiteren Bearbeitung des Vorhabens nach dem Baukastenprinzip analysiert werden, so daß Veränderungen der örtlichen Gegebenheiten leicht berücksichtigt werden können.

Die Komplexheit der Materie ließ es gerechtfertigt erscheinen, verschiedenen Ansätze zur Verbesserung der Prognosemöglichkeiten für Erschütterungen und Körperschall bei Schienenbahnen zu untersuchen. In der Endphase der Arbeiten soll sichergestellt werden, daß Konsistenz in den Aussagen erzielt wird, so daß für die praktische Anwendung eine entsprechend einfache Handhabbarkeit mit erhöhter Aussagegenauigkeit erzielt wird.

Der volkswirtschaftliche Nutzen kann bereits beträchtlich sein, wenn nur auf wenigen Streckenabschnitten von innerstädtischen Bahnsystemen Überdimensionierungen oder nachträgliche Sanierungen, die gleichermaßen kostenaufwendig sind, vermieden werden.

Schlußbemerkungen

Erschütterungen und Körperschall, die von innerstädtischen Bahntunneln ausgehen sowie der dadurch induzierte sekundäre Luftschall sind in ihrer Wirkung auf Anlieger negativer zu beurteilen als direkte Verkehrslärmimmissionen. Die Trassen führen oft durch reine Wohngebiete mit geringen Immissionspegeln aus dem oberirdischen Verkehr, so daß die Störwirkung größer sein kann. Auf die Betroffenen wirken die Immissionen z.T. ungünstiger als direkter Luftschall, da kein unmittelbarer Bezug zu einer Quelle hergestellt werden kann. Außerdem ist es den Betroffenen nicht möglich, z. B. durch das Schließen von Fenstern oder durch Einbau von Spezialfenstern die Situation zu verändern.

Durch die umrissenen Arbeiten sollen Grundlagen geschaffen werden, die es ermöglichen, bei wirtschaftlichem Einsatz öffentlicher Mittel den notwendigen Anliegerschutz zu gewährleisten.

Literaturverzeichnis

[1] Groß, K.:
„Schall- und Erschütterungsschutz im Schienennahverkehr - Übersicht über die Ergebnisse des Forschungsprogramms 1978 bis 1983"
Schriftenreihe „Verminderung des Verkehrslärms in Städten und Gemeinden";
Bericht 16; Hrsg.: STUVA e.V., Köln, im Auftrage des BMFT; Köln 1984

[2] Krüger, F.:
„Minderung der Schwingungsabstrahlung von U-Bahn-Tunneln durch hochelastische Gleisisolationssysteme unter verschiedenen Tunnelrandbedingungen"
Ingenieurbüro Uderstädt - IBU -, Essen/STUVA e.V., Köln; Schriftenreihe „Verminderung des Verkehrslärms in Städten und Gemeinden - Teilprogramm Schienennahverkehr"; Bericht 17; Hrsg.: STUVA e.V., Köln, im Auftrage des BMFT; Köln 1985

[3] -
„Ermittlung von Kenngrößen aus Messungen an Rohbautunneln zur Festlegung des aus Immissionsschutzgründen notwendigen Oberbaus", STUVA e.V., Köln

[4] -
„Rechenmodell für die Ausbreitung von Erschütterungen"
Bundesanstalt für Materialprüfung (BAM), Berlin

[5] Auersch, L./Krüger, F.:
„Untersuchung zur Ausbreitung und Minderung von Erschütterungen an Trassen des schienengebundenen Stadtverkehrs im Geländeniveau"
Schriftenreihe „Verminderung des Verkehrslärms in Städten und Gemeinden - Teilprogramm Schienennahverkehr";
Bericht 9; Hrsg.: STUVA e.V., Köln, im Auftrage des BMFT; Köln 1983

[6] -
„Untersuchung des Einflusses von Tunnelkonstruktion, Verbau und Baugrund im Hinblick auf die Schwingungsminderung und Immissionsprognose"
TÜV-Rheinland e.V., Köln

[7] -
„Verbesserung der Prognosegenauigkeit für Erschütterungsemissionen und -immissionen bei Bahntunneln - statistische Methode"
Ingenieurbüro Uderstädt, IBU, Essen

Diskussion

Leitung: A l b e r t

Teilnehmer: Amler. Dr. Blennemann, Dr. Müller-Hellmann, Pasquay u. a.

Referate: **Möglichkeiten der Kostensenkung beim Tunnelbau; Planungs- und Entscheidungshilfen zur Effizienzkontrolle der Angebotsgestaltung im ÖPNV; Verbesserte Methoden zur Körperschall- und Erschütterungsminderung**

Planungs- und Entscheidungshilfen zur Effizienzkontrolle im ÖPNV

Die Frage. ob sich beim VÖV eine Arbeitsgruppe mit diesem Thema beschäftigt wurde bejaht. In dieser Arbeitsgruppe soll das Thema jedoch nicht nur statistisch-wissenschaftlich, sondern mehr querschnittsbezogen bearbeitet werden.

Auf die Frage nach einem Anwenderleitfaden wurde ausgeführt, daß sich dieser in der Erstellung befindet und sich in zwei Blöcke teilen läßt: zum einen den methodischen Block und zum anderen der Anwendungsfall. Ferner wurde ausgeführt, daß die finanzielle Seite bei Untersuchungen dieser Art miteinbezogen werden muß, was selbstverständlich der Anwenderleitfaden mitleisten sollte. Zusammenfassend läßt sich sagen, daß man von Minimalmaßnahmen über Vorher-Nachher-Betrachtungen und schließlich zur kompletten Erhebung vernünftige Abstufungen festzulegen sind.

Möglichkeiten der Kostensenkung beim Tunnelbau für U- und Stadtbahnen

In der ersten Frage wurde nach dem Zusammenhang zwischen Fahrzeuglänge und Breite, dem Einfluß auf die Bahnsteiglänge, nach Wannen- und Kuppenfahrtechnik und dem Gewichtseinfluß gefragt. Die Antwort machte deutlich. daß einerseits die Systeme in sich konsistent bleiben müssen, andererseits auch die Belange des Betriebes zu berücksichtigen sind. Ein weiterer wesentlicher Faktor ist die Attraktivität für den Fahrgast, z. B. Erleichterung des Einstieges.

Für die Übertragung der Überlegungen auf Fürth wurde zu Bedenken gegeben. daß Fürth keine eigene U-Bahn baut, sondern lediglich eine Verlängerung der Nürnberger U-Bahn erhält. Es wäre nicht sinnvoll, hier ein eigenes Schnellbahnnetz aufzubauen. Im weiteren Diskussionsverlauf wurde darauf hingewiesen. daß das Forschungsvorhaben lediglich einige Einflußfaktoren aufzeigen sollte und eine Entscheidungshilfe sein soll.

Mit dem Hinweis. daß die Lebensdauer von ortsfesten Anlagen auf 100 Jahre angesetzt werden soll. maschinentechnische Ausrüstungen wie z. B. Rolltreppen nur 10-20 Jahre Lebensdauer haben und wie dies bei der Planung zu berücksichtigen wäre, wurde die letzte Frage gestellt. Hierzu wurde angeführt. daß es schwierig ist hier eine Optimierung vorzunehmen, zumal es kaum möglich ist, eine Vorhersage über die technische Entwicklung der nächsten 20 Jahre zu machen.

Fachgruppe II: Straßengebundener Nahverkehr

Dual-Mode-Bussysteme

Spurbus-Demonstration und weitere Anwendungen

Daimler-Benz AG

Dr. Niemann

Förderungskennzeichen des BMFT: TV 8229

Zusammenfassung

Die Komponenten Spurführung für die Fahrt auf eigenen Trassen und Elektrotraktion steigern die Attraktivität des Omnibusbetriebes auf das Niveau von Schienenbahnen. Neuentwickelte Spurführungssysteme schränken die Straßentauglichkeit der Fahrzeuge nicht ein und erlauben schnelles Ein- und Ausfahren an den Trassen mit Spurführungen.

Die Möglichkeit des raschen Wechsels erspart den Fahrgästen Umsteigevorgänge und den Betreibern Kosten gegenüber Bahnsystemen durch Mitbenutzung der öffentlichen Straßen in Gebieten geringer Verkehrsbelastung. Speziell entwickelte Bautechniken ermöglichen bei aufgeständerter Trasse oder im Tunnel erhebliche Kosteneinsparungen für die Fahrwege mit Spurführung.

Der Fahrkomfort auf diesen Trassen ist sehr gut. Strecken für spurgeführte Busse mit Dieselantrieb sind in Essen seit 5 Jahren und gehen in Adelaide (Südaustralien) im Jahr 1986 in Betrieb. Planungsstudien für weitere Strecken (Regensburg, Delft) werden bearbeitet. Für den Elektroantrieb von Bussen wurden neue leichtere, kleinere Komponenten (Chopper. Fahrmotoren) entwickelt (von AEG).

Diese neuen Komponenten gestatten den Bau von DUO- Gelenkbussen mit Diesel- und Elektroantrieb ohne Einschränkung des Komforts (Bodenhöhe) und der Fahrgastkapazität. Der DUO-Betrieb ermöglicht die Einsparung von Kosten für das Fahrleitungsnetz und ist genauso flexibel wie der reine Dieselbetrieb.

Die Hauptnachteile des Elektrobetriebes 'höhere Kosten' und geringere Flexibilität können dadurch abgebaut bzw. vermieden werden. Die ersten Vorserien-Fahrzeuge wurden bei Betreibern (Essen und Esslingen) im praktischen Betrieb erprobt. Nach der Umstellung auf die neue Standardlinienbusgeneration (0 405/0 405 G) werden in den Jahren '86/87 die ersten 18 Serienfahrzeuge nach Essen für den (spurgeführten) Parallelbetrieb mit Stadtbahnen in einem existierenden Tunnel und handgelenkte Dieselfahrt in den Außenbezirken geliefert.

Die Verkehrsbetriebe Esslingen planen nach der Erweiterung ihres Fahrleitungsnetzes ebenfalls die Anschaffung weiterer Fahrzeuge. Andere Betreiber in Deutschland untersuchen die optimale Länge von Fahrleitungsnetzen und zeigen starkes Interesse für die (Wieder-) Einführung der Elektrotraktion im Busbetrieb.

Summary

Guidance components for separate tracks and electric traction raise the attractivity of bus operation to the level of railway systems. Newly developed guidance systems do not restrict the ability of the vehicles for road operations and permit a rapid changing between road and track (with guidance system).

In comparsion to railway systems, this possibility reduces the number of passenger transfers and allows authorities to save track costs because public roads can be used in areas with a low traffic volume. Especially developed construction methods for guideways enable cost savings for elevated tracks or tunnels. The riding comfort is comparable to good railway comfort.

Tracks for diesel driven guided busses have been in operation in Essen (Germany) for 5 years. In Adelaide (South Australia) a track will be opened in March '86. Planning studies for other cities (Regensburg, Delft) are dealt with at the moment. For electric traction of busses new low weight and smaller components (choppers, traction motors) are being developed by AEG. These new components enable the design of duo-articulated busses with diesel and electric drive systems without restricting comfort (floor hight) and passenger capacity.

The alternative operation with diesel engine or electric motor contributes to save costs with regard to the network. The flexibility of operation is the same as for diesel operation. The main disadvantages of electric traction, i.e. higher costs and lower flexibility can thus be avoided.

The first vehicles from a preseries production have been tested by two authorities (Essen and Esslingen). At present the adaption of the drive systems to the new generation of city busses is being carried out.

In '86/87 18 vehicles of series production will be delivered to Essen. These vehicles are provided for parallel operation with light rail in an existing tunnel in the inner city. In the suburbs they will operate manuelly steered and diesel driven. The authority in Esslingen is planning to extend the overhead wire network and to order more vehicles. Other authorities in Germany investigate into an optional overhead wire network. They are interested in (re-) introducing electric traction in bus operation.

Systemcharakteristik Spurbus

Flexibilität und Wirtschaftlichkeit durch Benutzung der öffentlichen Straßen und des Dieselantriebs zeichnen den Omnibusbetrieb aus.

Unpünktlichkeit und geringe Reisegeschwindigkeit auf hoch belasteten Straßennetzen sowie Abgasbelästigung sind seine gravierendsten Nachteile.

Spurführung und Elektrotraktion sind die wichtigsten technischen Komponenten, um die Attraktivität des Omnibusbetriebes an diejenige von Schienenbahnen anzugleichen.

Spurführungssysteme, welche die Straßentauglichkeit der Fahrzeuge nicht einschränken, erlauben die Benutzung kostengünstiger eigener Trassen wo die Verkehrssituation es erfordert und gestatten den Betrieb auf normalen Straßen, wo die Belastung dieses zuläßt, um damit Kosten zu sparen **(Bild 1)**.

Die neuentwickelten Spurführungssysteme ermöglichen den Wechsel vom handgelenkten zum spurgeführten Betrieb bei Geschwindigkeiten (von 40 km/h), die keine wesentlichen Betriebshinderungen darstellen, so daß im

Linienverlauf Spurführungsstrecken und Straßenfahrt abwechseln können und eine sehr flexible Netzgestaltung möglich ist. Dem Fahrgast werden dadurch Umsteigevorgänge erspart. Die Fahrzeugflotte ist universell im Straßennetz einsetzbar. Das System ist schrittweise ausbaubar.

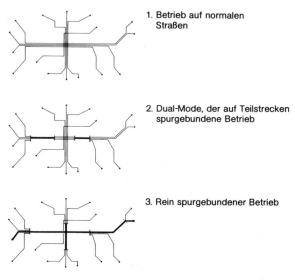

1. Betrieb auf normalen Straßen

2. Dual-Mode, der auf Teilstrecken spurgebundene Betrieb

3. Rein spurgebundener Betrieb

Bild 1: Ausbaustufen des Nahverkehrssystems O-Bahn: Straßenverkehr, Spurbusbetrieb (Dual Mode), Zugbetrieb (Mischbetrieb)

Neuentwickelte Bautechniken für den Fahrweg mit Spurführung erbringen Kosten- und Platzeinsparungen bei aufgeständerten Trassen und im Tunnel. Bei ebenerdigen Trassen können durch die Platzersparnis z. B. Gebäudesubstanz oder Baumbestände erhalten oder bestehende Schienentrassen mit engem Lichtraumprofil (mit-) benutzt werden **(Bilder 2, 3, 4)**.

System \ Niveau	Hochlage (Brücke)	ebenerdig	im Tunnel
Straße	2,0	0,6	1,7
O-Bahn-Fahrweg	1	1	1
Gleis	1,6	1	1,4

Bild 2: Vergleich der Fahrwegkosten

Spurbusse mit mechanischer Führung und Dieselantrieb sind seit 5 Jahren bei der Essener Verkehrs AG im praktischen Betrieb.

Die guten Erfahrungen veranlaßten den Betreiber zum weiteren Ausbau der Strecken. Über die technische Entwicklung der Spurführungssysteme und

176

die Demonstrationsstrecken wurde in den vorhergehenden Statusseminaren ausführlich berichtet.

Vor ca. 3 Jahren wurde mit der Entwicklung neuer Elektrokomponenten für
Omnibusse begonnen, um dieser Antriebsart Einsatzchancen im Omnibusbetrieb z. B. für die in Essen geplante Tunneldurchfahrt zu eröffnen.

Bild 3: Duo-Bus mit Spurführung auf   **Bild 4:** Spurbus (Dieselantrieb)
einer Mischbetriebsstrecke   in Essen
in Essen

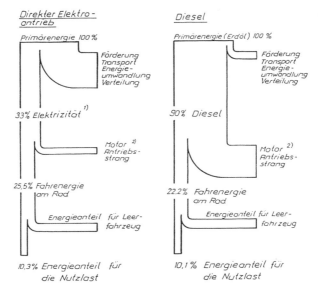

Bild 5: Primärenergieausnutzung: Direkter Dieselantrieb und Dieselantrieb beim
Gelenkbus

177

Vor- und Nachteile des Elektroantriebs im Omnibus

Im Omnibusbetrieb hat der Elektroantrieb im Gegensatz zum Schienenverkehr bisher keine große Verbreitung gefunden, obwohl einige Vorteile gegenüber dem Dieselantrieb seine Verwendung sehr sinnvoll erscheinen lassen. Die Vorteile gegenüber dem Dieselantrieb sind kurz zusammengefaßt folgende:

— Die fehlenden Abgasemissionen mindestens am Einsatzort der Fahrzeuge, das sind meistens die hochbelasteten Innenstadtzonen.

— Die Möglichkeit, alternativ zum Erdöl andere Energiequellen für Verkehrszwecke nutzen zu können.

— Das geringere Anfahrgeräusch, während das Geräusch bei Konstantfahrt so stark von Achsen und Reifen bestimmt wird, daß gegenüber einem gekapselten Dieselmotor keine Geräuschverringerung zu erzielen ist.

— Die Primärenergieausnutzung ist bei über Fahrleitungen gespeisten Fahrzeugen (etwa) gleich gut wie bei dieselgetriebenen **(Bild 5)**.
Sie kann gegenüber dem Dieselbetrieb noch deutlich verbessert werden, wenn beim Elektroantrieb die Möglichkeit der Bremsenenergierückgewinnung genutzt wird.

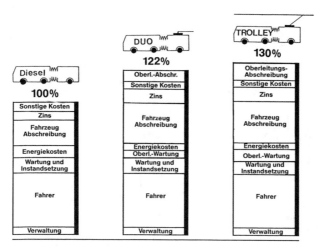

Personalkosten:
Fahrer
Wartung und Instandsetzung
Verwaltung
Oberleitung-Wartung

Bild 6: Jahresbetriebskosten für Gelenkbusse in einem Planungsbeispiel

Die Nachteile des Elektroantriebes gegenüber dem Dieselantrieb sind hingegen die geringere Flexibilität im Betrieb und die hohen Kosten für die stationären Anlagen (Fahrleitungen, Unterwerke) und auch die Elektroausrüstungen der Fahrzeuge.

Vergleich mit dem Schienenbetrieb

Beide Nachteile haben im Schienenverkehr wenig oder gar keine Bedeutung. Die Flexibilität des Betriebes ist im Schienenverkehr durch die ausschließliche Spurbindung der Fahrzeuge ohnehin auf einem viel niedrigeren Niveau als bei lenkbaren Straßenfahrzeugen definiert, so daß die Bindung an den Fahrdraht ohne Einfluß ist.

Die Kosten für Fahrleitungen und zugehörige Infrastruktur stellen im Schienenbetrieb nur einen zusätzlichen Kostenfaktor zu den ohnehin hohen Fahrwegkosten dar, der deshalb immer leicht akzeptiert wird. Im Omnibusbetrieb auf normalen Straßen sind die Fahrleitungskosten demgegenüber die alleinigen Kosten, die am Fahrweg entstehen und deshalb besonders ins Gewicht fallen.

Die Kosten für die in kleinen Losgrößen gefertigten Schienenfahrzeuge sind ebenfalls wesentlich höher als für in Serie gefertigte Omnibusse, so daß die gesamte prozentuale Verteuerung durch einen Elektroantrieb gegenüber dem auch bei Schienenfahrzeugen technisch möglichen Dieselantrieb gering ist.

Mehrkosten der Elektrotraktion im Omnibusbetrieb

Wie hoch die durch den Einsatz von Elektrotraktion im Omnibusbetrieb verursachten Zusatzkosten sind, wurde anhand eines Planungsbeispiels berechnet **(Bild 7)**.

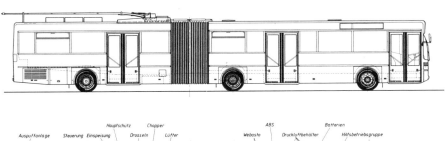

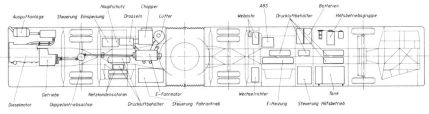

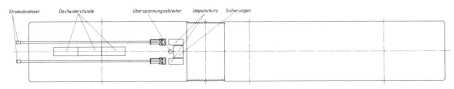

Bild 7: Duo-Gelenkbus 0305 GTD

Bei der größten für den Duo-Bus-Betrieb sinnvollen Ausbaustufe (ca. 30% des Liniennetzes unter Fahrleitung) erhöhen sich die Jahresbetriebskosten gegenüber dem Dieselbetrieb trotz der erheblich teureren Fahrzeuge und der Aufwendungen für die Infrastruktur nur um ca. 22% da bei beiden Betriebsarten ein gleich hoher Grundkostenanteil für Personal, Energie und (Diesel-)Fahrzeuge getragen werden muß **(Bild 6)**. Die Differenz verringert sich sogar auf nur ca. 16%, wenn z. B. für den Fahrleitungsbau in Deutschland 85% GVFG-Mittel eingesetzt werden können. Der Trolleybusbetrieb verursacht natürlich infolge des größeren Fahrleitungsnetzes noch höhere Mehrkosten (ca. 30%) gegenüber dem Dieselantrieb.

Beim Einsatz von GVFG-Mitteln verringern sich diese Mehrkosten auf ca. 19%.

Mit den noch höheren Mehrkosten ist beim Trolleybusbetrieb dann außerdem noch der Nachteil der geringeren Flexibilität gekoppelt.

Die beiden genannten Nachteile - Mehrkosten und eingeschränkte Flexibilität - sind wohl bisher die Hauptursache für die geringe bzw. sogar abnehmende Verbreitung des Elektroantriebes bei Omnibussen gewesen.

Neuentwicklungen von Elektro-/Duo-Antrieben für Omnibusse

Entwicklungsziele

Neuentwicklungen müssen vor allem zum Ziel haben, die beiden Nachteile des Elektroantriebes, hohe Kosten und geringe Flexibilität, abzubauen.

Um eine große Flexibilität auch bei der Nutzung von Elektrotraktion zu erhalten, wurde der Duo-Bus mit (volleistungsfähigem) Diesel- und Elektroantrieb entwickelt.
Der Duo-Antrieb gestattet es, mit gegenüber dem Liniennetz reduzierten Fahrleitungsnetzen auszukommen und somit Installations- und Unterhaltungskosten hierfür zu sparen.

Fahrzeugkonstruktion Duo Bus O 305 G/O 405 G

Fahrzeugkonzept

Das Fahrzeugkonzept Duo-Bus mit 2 Antriebsanlagen mit voller Leistungsfähigkeit, nämlich Dieselmotor und Automatikgetriebe einerseits und Elektroantrieb andererseits, stellt natürlich die höchsten Anforderungen bezüglich kleinem Bauvolumen und geringerem Gewicht an die Elektrokomponenten **(Bild 7)**.

Erst Neuentwicklungen dieser Komponenten im Rahmen dieses Forschungsvorhabens von AEG ermöglichten die Realisierung eines Fahrzeugkonzeptes mit weitgehend unabhängigen Antriebsanlagen und den Komfortmerkmalen (niedriger Wagenboden) der modernen Dieselfahrzeuge **(Bild 7)**. Die Forderung nach möglichst großer Unabhängigkeit der beiden Antriebsanlagen wurde erfüllt, indem die als Doppelantriebsachse ausgebildete Hinterachse im Elektrobetrieb direkt vom Fahrmotor angetrieben wird **(Bild 7)**. Dieses Konzept erlaubt die Verwendung des vollkommen serienmäßigen Dieselmotor-Getriebe-Aggregats.

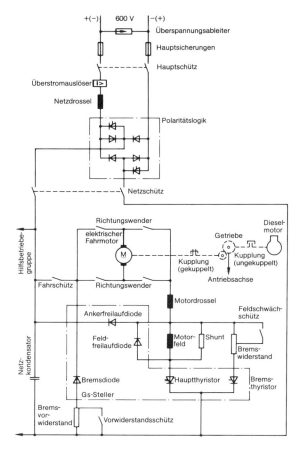

Bild 8: Starkstromschaltung des Gleichstromstellers mit Abschalt-(GTO-)Thyristoren

Für den direkten elektrischen Antrieb der Treibachse wurde ein Gleichstromreihenschlußmotor vorgesehen, dessen Leistungsabgabe durch eine Choppersteuerung variiert wird **(Bild 8)**. Dieses System gestattet außerdem die Rückspeisung von elektrischer Energie ins Netz beim Bremsen.

Bild 9: Elektrischer Fahrmotor für Duo-Bus. (Entwicklung AEG)

181

Auch der Gleichstromsteller der Fahr-Bremssteuerung stellt eine Neuentwicklung dar. Die (erstmalige) Bestückung eines solchen Gerätes mit sog. Abschalt- (GTO-) Thyristoren ermöglicht es, infolge der besseren Schaltdynamik, die Taktfrequenz um den Faktor 2 auf 500 Hz zu erhöhen, außerdem erfordert diese Thyristorenbauart keine besonderen Löschschaltungen (Umschwingeinrichtungen).

Die infolge der höheren Taktfrequenz kleiner ausfallende Glättungsdrossel, das kleinere Eingangsfilter, der Wegfall der Umschwingeinrichtungen und der mit ihnen verbundenen Wärmeverluste, erlauben eine Einsparung von Bauraum (ca. 60%) und eine Gewichtsreduzierung (ca. 40%) des Gleichstromstellers gegenüber bisher gebräuchlichen Geräten. Die durch die fehlenden Umschwingeinrichtungen wegfallenden elektrischen Verluste sind außerdem gleichbedeutend mit einer Verbesserung des Wirkungsgrades. Darüber hinaus entfällt mit ihnen auch eine Geräuschquelle, so daß ein mit Abschaltthyristoren ausgerüsteter Gleichstromsteller leiser arbeitet.

Der elektrische Direktantrieb führt beim Schubgelenkbus mit Heckdieselmotor zum Einbau des Elektromotors mittig unterflur vor der Doppelantriebshinterachse **(Bild 7)**. Die Einhaltung der niedrigen Wagenbodenhöhe von nur 718 mm einerseits und einer ausreichenden Bodenfreiheit von 245 mm andererseits schränken die Bauhöhe des Elektromotors auf 445 mm ein **(Bild 9)**. Leistungsanforderungen (Dauerleistung 180 kW) und Bauraum ergeben eine Motorauslegung mit hoher Maximaldrehzahl von 4000 min^{-1} **(Bild 10)**.

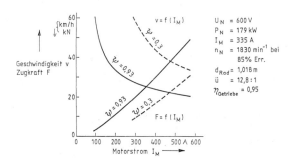

Bild 10: Kennlinien des elektrischen Fahrmotors für Duo-Bus

Neben der Schaltkupplung für die Umschaltung von Diesel- auf Elektroantrieb und umgekehrt muß deshalb in der Doppelantriebsachse noch ein Stirnradsatz zur Drehzahlreduktion an der Ritzelwelle auf etwa das Niveau des Dieselmotors (U_{max} = 2200 min^{-1}) untergebracht werden.

Die Zugkraft des Motors an den Treibrädern mit 50 kN **(Bild 10)** ist somit für Beschleunigungsvorgänge des maximal ca. 27 t schweren Fahrzeugs an der Komfortgrenze (durch Regelung begrenzt) und Steigungsfahrt mehr als ausreichend.

182

Bild 11: Mechanisch spurgeführter Gelenkomnibus 0305 G auf der O-Bahn-Strecke in Adelaide (Australien)

Aggregateanordnung

Die Gruppierung der Choppersteuerung unterflur in seitlichen Kästen neben dem Fahrmotor erlaubte den Einbau eines gemeinsamen Kühlgebläses für die Fremdbelüftung des Motors und der Steuerung. Die erstmalige Anwendung der Fremdbelüftung des Motors im Duo-Bus ermöglicht eine hohe Überlastung der Maschine beim Anfahren und an Steigungen mit den genannten Zugkräften. Darüber hinaus verbessert sie den Wirkungsgrad und vermindert das Laufgeräusch. Außerdem wurden so kurze Verbindungskabel und damit Gewichtseinsparungen möglich.

Hilfsbetriebsgruppe, Akkumulatoren, Dieseltank und Elektroheizung wurden aus Gewichtsgründen im Vorderwagen untergebracht. Auf dem Fahrzeugdach befinden sich außer den Stromabnehmern und der Hauptsicherung der Verpolschutz, der Netzkondensator und die Bremswiderstände.

Mit der beschriebenen Aggregateverteilung wurde bereits beim Prototyp an der höchstbelasteten Hinterachse eine Achslast von 11,2 t beim vollbesetzten Fahrzeug eingehalten.

Die Weiterentwicklung soll eine Reduzierung auf die in Deutschland in Zukunft zulässigen 11 t bringen, so daß Ausnahmegenehmigungen nicht mehr erforderlich sind. An der Mittel- und Vorderachse werden die heute zulässigen Achslasten von 10 t bzw. 6,3 t beim Prototyp gerade erreicht.

Es wurde somit ein Duo-Bus-Konzept realisiert, das folgende Eigenschaften besitzt:

— Gleiche Komfortmerkmale wie beim Standardlinienbus, wie niedriger, ebener Wagenboden, bequemer Einstieg, breiter Mittelgang.

— Gleiche Fahrgastkapazität (bei entsprechender Bestuhlung) wie bei Dieselgelenkbus.

— Hohe Verfügbarkeit durch unabhängige Antriebe.

— Ausnutzung der Vorteile des Schubgelenkprinzips wie gute Traktion sowohl im Diesel- als auch im Elektrobetrieb.

Im Rahmen des Forschungsvorhabens wurden zunächst Prototypen auf der Basis des noch gefertigten Gelenkbusses O 305 G gebaut.

Zwischenzeitlich erfolgte die Entwicklung der neuen Standardlinienbusgeneration O 405/0 405 G.

Das grundsätzliche Konzept des elektrischen Direktantriebs von einem Fahrmotor mittig unterflur im Nachläufer auf die letzte (dritte) Achse alternativ zum Dieselmotor wurde auch bei diesem Fahrzeug beibehalten.

Demonstrationsbetrieb, Anwendungen

Demonstraktionsbetrieb in Essen

Seit 5 Jahren verkehren in Essen dieselgetriebene Spurbusse mit mechanischer Führung. Von den 25 Fahrzeugen wurden inzwischen mehr als 5 Mio Wagenkilometer zurückgelegt **(Bild 4)**.

Die guten Erfahrungen mit der Spurführung ermutigten die Essener Verkehrs AG zum weiteren Ausbau der Strecken von anfangs 1,3 auf nunmehr über 6 km Länge.

Die weitere Planung umfaßt auch den Umbau eines Stadtbahntunnels zur Mischbetriebsstrecke für Busse und Bahnen.

Dieser Tunnelbetrieb erfordert zwingend den Einsatz des Elektroantriebs der Duo-Busse und natürlich auch einer Spurführung.

Im Jahre 1983 wurden vier Duo-Busse mit elektrischem Direktantrieb und neuen Elektrokomponenten gebaut. Eines der Fahrzeuge wird in Rastatt erprobt. Ein weiteres Fahrzeug wurde an die Essener-Verkehrs AG geliefert und wird dort im praktischen Betrieb erprobt. Die anderen beiden Fahrzeuge befinden sich bei den Städtischen Verkehrsbetrieben Esslingen im praktischen Einsatz. Selbstverständlich erforderten die Betriebserfahrungen der ersten Monate noch einige Modifikationen der neuen Komponenten. Sie betrafen sowohl die Doppelantriebsachse im mechanischen Teil als auch die Elektrokomponenten.

Die aufgezählten Beanstandungen stellen keine prinzipiellen Mängel des elektrischen Direktantriebes dar. Vielmehr kann gesagt werden, daß sich dieses Prinzip nunmehr auch im Duo-Bus bewährt hat, nachdem die Entwicklung leichter und kleiner Elektrokomponenten Fahrzeuge mit ausreichender Fahrgastkapazität hat realisierbar werden lassen.

Mit spurgeführten Duo-Bussen hat im Laufe des Demonstrationsbetriebs in Essen (und Esslingen) ein Nahverkehrsfahrzeug Betriebsreife erlangt, das in den Außenbezirken handgelenkt und dieselgetrieben verkehrt.

In den Innenstädten kann es einer Stadtbahn gleich die Fahrgäste mit Elektroantrieb auf eigener Trasse ans Ziel befördern.

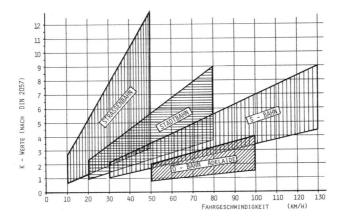

Bild 12: Komfortmessungen von verschiedenen Nahverkehrssystemen

Der Übergang des Fahrzeugs von der Straße auf die eigene Trasse erspart den Fahrgästen häufiges Umsteigen.

Weitere Anwendungen

Adelaide

In Adelaide. Südaustralien, ist eine 12 km lange Spurbusstrecke im Bau **(Bild 11)**.

Die Übergabe der ersten Hälte (6 km) in den praktischen Betrieb wird im Februar 86 erfolgen. Die endgültige Fertigstellung der gesamten Strecke ist für das Jahr 1988 vorgesehen.

Ab Februar 86 werden 92 Omnibusse, davon 51 Gelenkbusse Typ O 305 G und 41 Solowagen O 305 über die Strecke fahren.

Der große Haltestellenabstand von ca. 3 km erlaubt eine Fahrzeitverkürzung durch eine hohe maximale Betriebsgeschwindigkeit von 100 km/h.

Fahrkomfortmessungen erbrachten den Nachweis für die hohe Laufgüte der Fahrzeuge im spurgeführten Betrieb bei diesen hohen Geschwindigkeiten. Die Möglichkeit zum späteren Einsatz von Elektrotraktion wurde bei der Planung vorgesehen **(Bild 12)**.

Planungen

Planungen für weitere Spurbusstrecken laufen z. Z. in Regensburg (Bustunnel) und in den Niederlanden.

In den Planungsfällen Delft, Amstelveen-Amsterdam und Zoetermeer-Rotterdam wird z. Z. erwogen, den auf diesen Strecken geplanten Straßenbahnausbau durch Spurbusstrecken zu ersetzen.

Verkehrsbetriebe und Planer sind gegenwärtig damit beschäftigt, mit Durchführbarkeitsstudien die Einsatzmöglichkeit der Spurbustechnologie auf den
genannten Strecken und deren Kostenvorteile nachzuweisen.

Kommunalpolitische Entscheidungen zugunsten des einen oder anderen
Systems sind bisher aber noch nicht gefallen.

Spurbuseinsatz auf schwach belasteten Schienenstrecken

Köln-Frechen-Benzelrather-Eisenbahn der
Kölner Verkehrs-Betriebe AG

Köhler, SNV
Montada, BDE Köln (Vortragender)

Förderungskennzeichen des BMFT: TV 8433 2

Zusammenfassung

Ziel dieses Forschungsvorhabens ist es, im Gegensatz zur Betriebserprobung von
Spurbussen in Ballungszentren wie z. B. in Essen und Fürth, die Praxiseinführung von
Spurbussen auf schwach belasteten Schienenstrecken in ballungsnahen Räumen zu
untersuchen.

Oft existieren parallel zu Buslinien Schienenstrecken, die nur wenig oder überhaupt
nicht genutzt werden. Der Spurbus kann solche Schienentrassen mitbenutzen, um
Störungspunkte im Straßennetz zu umgehen. Dadurch bietet sich mit dem Einsatz des
Spurbusses die Möglichkeit, schwach belastete Schienenstrecken unter Wahrung
raumordnerischer und verkehrspolitischer Zielsetzungen aufrecht zu erhalten.

Folgende Fälle kommen prinzipiell für die Nutzung von Schienentrassen durch den
Spurbus in Betracht und werden in diesem Forschungsvorhaben untersucht:

— gemeinsamer Spurbus-/Schienenbetrieb auf gleichem Fahrweg einer Bahntrasse
  (kombinierte Spurbus-/Gleisführung): z. B.: Ersatz der
  Stadtbahnlinie 2 der Kölner Verkehrs-Betriebe AG in der Relation Köln-Frechen
  durch den Spurbus.

— paralleler Spurbus-/Schienenbetrieb mit jeweils eigenem Fahrweg auf einer Bahntrasse:
  z. B.: Streckenabschnitt Bergisch Gladbach - Bensberg (ca. 4 km)
  Mitbenutzung der Trasse einer DB-Güterzuganschlußstrecke für 2 Gewerbegebie-
  te durch den Spurbus

  und

— ausschließlicher Spurbusbetrieb auf einer Bahntrasse
  z. B.: Streckenabschnitt Wiesbaden - Taunusstein (Aartalbahn)
  (ca. 10 km)
  aufgelassen durch die DB seit 24.09.1983.

Ein vierter Planungsfall ist zur Zeit noch nicht definiert.

Summary

The aim of this project, in contrast to the operational testing of guided buses in conurbations such as Essen and Fürth, is to investigate the practical operation of guided buses on rail tracks subjected to a low traffic loading in regions near the conurbations.

Very often bus lines can be found running parallel to railway tracks which are scarcely if at all utilized. The guided bus can be deployed on such tracks in joint operation, in order to avoid disruptions in the road network. Deployment of the guided buses thus offers the possibility of maintaining the under-utilized rail tracks in adherence to land planning and transport policy objectives.

The following cases are most interesting as far as utilization of rail tracks by guided busses is concerned, and are being investigated in this study:

— combined guided bus/rail vehicle operation on the same track (combined guided bus/track guidance):

    e.g. Replacement of the light rail line 2 of the Kölner Verkehrs Betriebe AG on the route between Cologne and Frechen by a guided bus.

— parallel guided bus/rail vehicle operation on separate tracks along one right-of-way:

    e.g. track section Bergisch Gladbach - Bensberg (approx. 4 km) Joint utilization of the right-of-way of a German Federal Railway (DB) goods train connection for 2 industrial areas by the guided bus and

— exclusively guided bus operation on a railway track

    e.g. route section Wiesbaden - Taunusstein (approx. 10 km) (Aartalbahn), out of service by the DB since 24.09.83

A final planning study has not been defined yet.

Einleitung

Der Spurbus kann, wie im Demonstrationsbetrieb für den mechanisch spurgeführten Bus in Essen nachgewiesen, in der Fläche frei im Straßennetz operieren und in bestimmten Bereichen auf einer besonderen Trasse unabhängig vom Individualverkehr betrieben werden. Seine Konzeption erlaubt auch den gemeinsamen Betrieb mit Schienenfahrzeugen (z. B. Mischbetrieb mit Straßenbahnen in Essen auf der Wittenbergstraße).

Ziel dieses Vorhabens ist es, im Gegensatz zur Betriebserprobung in Ballungszentren, wie z. B. in Essen und in Fürth, die Praxiseinführung von Spurbussen auf schwach belasteten Schienenstrecken in ballungsnahen Räumen zu untersuchen.

Die derzeitige Situation im Einzugsbereich solcher Schienenstrecken ist dadurch gekennzeichnet, daß die Leistungsfähigkeit des Busbetriebes auf der Straße durch zahlreiche Störquellen beeinträchtigt wird.

Oft existieren parallel zu Buslinien Schienenstrecken, die nur wenig oder überhaupt nicht genutzt werden. Der Spurbus kann solche Schienentrassen mitbenutzen, um die genannten Störungspunkte im Straßennetz zu umgehen.

Dadurch bietet sich mit dem Einstz des Spurbusses die Möglichkeit, schwach belastete Schienenstrecken unter Wahrung raumordnerischer und verkehrspolitischer Zielsetzungen aufrecht zu erhalten sowie dem gerade in der Region beobachteten Fahrgastrückgang entgegenzuwirken.

Folgende Fälle der Nutzung von Schienentrassen durch den Spurbus sind prinzipiell möglich **(Tabelle 1)**:

Spurbusfahrwege auf Bahntrassen	
Anordnung	Einsatzfall
Busspur neben einer 1-gleisigen Bahnstrecke **(paralleler Fahrweg)**	**Bergisch Gladbach**
Busspur auf einem Gleis **(Mischfahrweg)**	**Köln - Frechen**
Busspur auf Bahndamm **(Einzelfahrweg)**	**Wiesbaden - Taunusstein**

Tabelle 1:   Nutzung von Schienentrassen durch den Spurbus

1. Ein gemeinsamer Spurbus-/Schienenbetrieb auf gleichem Fahrweg einer Bahntrasse (kombinierte Spurbus-/Gleisführung).

    Dieser möglichen Nutzungsart einer Schienentrasse entspricht der Einsatzfall der Köln-Frechen-Benzelrather Eisenbahn der Kölner Verkehrs-Betriebe AG, bei dem die jetzige Stadtbahnlinie 2 in der Relation Köln Aachener Straße/Lind - Frechen (ca. 5 bzw. 7 km je nach Variante) durch den Spurbus ersetzt werden soll.

2. Ein paralleler Spurbus-/Schienenbetrieb mit jeweils eigenem Fahrweg auf einer Bahntrasse.

    Beispiel für eine derartige Nutzung ist der untersuchte eingleisige Streckenabschnitt Bergisch Gladbach - Bensberg (ca. 4 km) einer DB Güterzuganschlußstrecke für 2 Gewerbegebiete und

3. Der ausschließliche Spurbusbetrieb auf einer Bahntrasse.

    Dafür ist der eingleisige Streckenabschnitt Wiesbaden - Taunusstein (ca. 11 km) der seit 24.09.1984 von der DB aufgelassenen Aartalbahn ein entsprechender Anwendungsfall.

Ein repräsentativer 4. Einsatzfall wird z. Zt. noch gesucht.

Als generelle Vorteile des Einsatzes von Spurbussen auf schwach belasteten Schienenstrecken werden gesehen **(Tabelle 2)**::

— die Verbesserung der Schnelligkeit, Pünktlichkeit und Zuverlässigkeit des Betriebsablaufes auf den Buslinien,

— eine verbesserte Wirtschaftlichkeit durch Beschleunigung des Busumlaufs.

— die Einrichtung von ungebrochenen Verkehrsverbindungen zwischen wichtigen Aufkommensschwerpunkten (Erhaltung der Flexibilität des Busses in der Fläche) und

— die Verminderung der Arbeitsbelastung für den Busfahrer.

Betroffene	Wirkungen	Verbesserungen
Fahrgast	● Schnelligkeit ● Pünktlichkeit ● Zuverlässigkeit ● kein Umsteigen	Attraktivität
Betreiber	● Sicherheit ● Flexibilität ● Wirtschaftlichkeit 　● Fahrzeugbedarf 　● Personalkosten 　● Energiekosten	Wirtschaftlichkeit
Allgemeinheit	● Umweltschutz	Sozialer Nutzen

Tabelle 2: Nutzen des Einsatzes von Spurbussen

Die Initiative für den Praxiseinsatz von Spurbussen auf schwach belasteten Schienenstrecken geht vom Bundesverband Deutscher Eisenbahnen (BDE), seinen Mitgliedsbetrieben sowie auch von kommunalen Gremien aus und begründet sich vorrangig in der Erwartung einer verbesserten betriebswirtschaftlichen Situation.

Antragsteller gegenüber dem BMFT ist die Köln-Frechen-Benzelrather Eisenbahn der Kölner Verkehrs-Betriebe AG. Die SNV Studiengesellschaft Nahverkehr mbH bearbeitet als deren Unterauftragnehmer das Gesamtvorhaben.

Die Laufzeit des Vorhabens erstreckt sich vom 01.07.1984 bis 31.12.1986.

1. Einsatzfall „Köln-Frechen"

Die Stadtbahnlinie 2 der Kölner Verkehrs-Betriebe AG von Köln-Frechen soll ab Aachener Straße bzw. ab Köln-Lind durch einen Spurbus ersetzt werden, da das dort vorhandene Fahrgastaufkommen von im Mittel 2.500 Personen/Tag/Richtung der Leistungsfähigkeit von Buslinien entspricht. Es ist jedoch nicht möglich, einen leistungsfähigen Busbetrieb einzurichten, da die für diese Linienführung in Frage kommende Dürener Straße durch ein hohes Kraftfahrzeugverkehrsaufkommen, insbesondere verursacht durch die Autobahnanschlußstelle Frechen, völlig überlastet ist.

Auf der Stadtbahnstrecke der Linie 2 verkehren ab Köln Lind - Frechen (ca. 5 km) bereits heute täglich etwa 15 - 20 Güterzüge der Köln-Frechen-Benzelrather-Eisenbahnen im Mischbetrieb mit der Linie 2.
Es sollen zwei Varianten untersucht werden. Die Variante 1 geht davon aus, den Verkehr der Linie 2 im Stadtbereich auf die Linie 1 zu verlagern und ab

189

Köln-Braunsfeld unter Mitbenutzung der vorhandenen Eisenbahnstrecke bis Frechen (ca. 7 km). durch den Einsatz spurgeführter Busse zu ersetzen. In der Stadt Frechen soll der Spurbus dann den Bahnkörper verlassen und im Straßennetz flexibel dem Verkehrsaufkommen folgen **(Bild 1).**

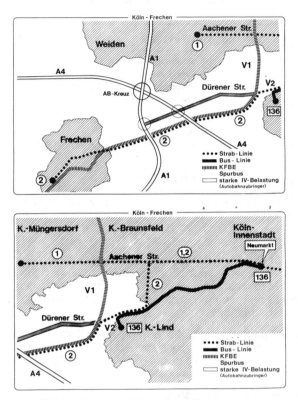

Bild 1: Spurbus-Einsatzfall „Köln-Frechen"

Bei Variante 2 soll die vorhandene Buslinie 136 Neumarkt nach Köln-Lindenthal über die derzeitige Endhaltestelle bis Frechen verlängert werden, um somit den Fahrgästen aus Frechen eine ungebrochene Verkehrsverbindung zum Stadtzentrum Köln zu ermöglichen.

Technische Konzeption

Der vorhandene Oberbau, bestehend aus schweren Schienen, Holz- bzw. Betonschwellen im Schotter läßt die überlagerte Herstellung eines Busfahrweges aus Schwellen- oder Fahrbahnbalken ohne Schwierigkeiten zu.

Es ist daran gedacht, Fahrzeuge und Strecke mit mechanischen Spurführungselementen auszurüsten.

Die vorhandenen Gleise der Eisenbahnstrecke sind durch Gleisbildstellwerke, herkömmliche Gleisfreimeldeanlagen und Signale der Eisenbahnsignalordnung gesichert.

Es muß davon ausgegangen werden, daß die spurgeführten Busse sich der vorhanden Blocksicherung der Eisenbahngleise anpassen. Für gummibereifte Fahrzeuge kommt die vorhandene Gleisfreimeldeanlage nicht in Betracht, da ihre Funktion aus dem Achskurzschluß bzw. aus der Achszählung abgeleitet wird. Somit wird eine Überlagerung der herkömmlichen Gleisfreimeldeanlage notwendig. Dabei sollen die Erfahrungen der Phase 3 des Demonstrationsbetriebes in Essen sehr stark genutzt werden.

Die technische Analyse der vorhandenen Strecke ist erfolgt. Schwierigkeiten gibt es zur Zeit durch die fehlende Kompatibilität der verschiedenen Lichtraumprofile (EBO/BO-Strab/Spurbus) bei gleichzeitiger Nutzung vorhandener baulichen Anlagen (wie z. B. Bahnsteige, Umfahrung von Schienenweichen usw.), die jedoch in Zusammenarbeit mit Fahrzeug- und Fahrwegherstellern einer Lösung zugeführt werden. Finanzierungsträger ist neben dem BMFT die Köln-Frechen-Benzelrather-Eisenbahn der Kölner Verkehrs-Betriebe AG.

2. Einsatzfall „Bergisch Gladbach - Bensberg"

Die öffentliche Nahverkehrsbedienung zwischen den beiden Ortsteilen Gladbach und Bensberg der Stadt Bergisch Gladbach mit je ca. 50.000 Einwohnern wird heute von Buslinien wahrgenommen. diese konzentrieren sich im Straßenzug Bensberger Straße - Gladbacher Straße (L 288). Durch inner- und überörtlichen Verkehr ist diese Verbindungsachse sehr stark belastet Behinderungen des ÖPNV sind dadurch unvermeidbar und treten regelmäßig in größerem Umfang auf **(Bild 2).**

Als Alternative bietet sich für die Führung des Spurbusses die Bundesbahntrasse zwischen Gladbach und Bensberg (ca. 4 km) an. Diese Strecke wird in geringem Umfang von der Deutschen Bundesbahn (DB) für die Güterbeförderung genutzt (6 Güterwagen/Woche). Die Strecke verläuft ca. 700 m bis 900 m westlich der L 288.

Ein Teil des Verkehrsangebotes der Buslinien in der L 288 (Durchgangsverkehr) könnte mit Spurbussen im Zuge dieser Gütertrasse abgewickelt werden.

Eine bereits im Jahre 1984 im Auftrag der Stadtverwaltung Bergisch Gladbach durchgeführte Voruntersuchung konnte mit positiven Ergebnissen und einer Empfehlung zur Fortsetzung der Untersuchungen abgeschlossen werden. Seit Ende des Jahres 1984 werden im Rahmen dieses BMFT-Forschungsvorhabens folgende Schwerpunkte detailliert untersucht:

— die Einbettung der Spurbus-Schnellverbindung in das vorhandene Verkehrsnetz

— Netzverknüpfungen

— Verkehrsaufkommen

— Trassierung

— Technik
   und

— Kosten

Die Erstellung eines Busfahrweges üblicher Bauart kann wegen des erforderlichen größeren Breitenbedarfs nicht auf der sich zum größten Teil in Dammlage befindlichen Bundesbahntrasse realisiert werden.

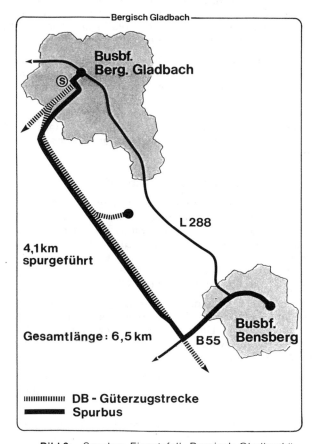

Bild 2: Spurbus-Einsatzfall „Bergisch-Gladbach"

Mit der Stadtverwaltung, den politischen Entscheidungsträgern sowie den Verkehrsträgern (der Kraftverkehr Wupper-Sieg AG Leverkusen und dem Regionalverkehr Köln GmbH) und dem zukünftigen Verkehrsverbund Rhein-Sieg, wurden die bisherigen Ergebnisse diskutiert und gemeinsam Möglichkeiten für eine praktikable Anwendung dieser Spurbusschnellverbindung erörtert.
Finanzierungsträger der Untersuchung ist neben dem BMFT die Stadtverwaltung Bergisch Gladbach.

3. Einsatzfall „Wiesbaden-Taunusstein"

Die Regionalverkehrsverbindungen zwischen dem Rheingau-Taunus-Kreis und der Landeshauptstadt Wiesbaden werden derzeitig durch Buslinien

- überwiegend Bahnbuslinien - geschaffen. Diese regionalen Buslinien haben auch den Schienenersatzverkehr der seit September 1983 durch die DB aufgelassenen Aartalbahn in der Relation Wiesbaden - Bad Schwalbach übernommen und erreichen Wiesbaden größtenteils über die Bundesstraße B 54 **(Bild 3).**

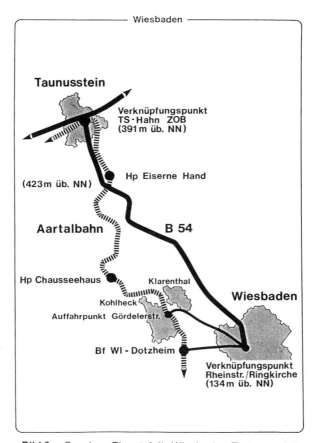

Bild 3:   Spurbus-Einsatzfall „Wiesbaden-Taunusstein"

Im Abschnitt der stärksten Steigung bei der Überwindung des Taunuskammes, von rd. 6%, ist die B 54 z.T. einspurig ausgebaut. Dabei stehen dem Verkehr in Richtung Taunusstein (Bergrichtung) zwei Fahrstreifen zur Verfügung, während der nach Wiesbaden einströmende Verkehr einspurig verläuft.

Der talwärtige Verkehrsfluß und damit auch die Linienbusse des Regionalverkehrs werden relativ stark vom gesamten Anteil des langsam fahrenden Schwerlastverkehrs beeinträchtigt. Dabei können Fahrzeitverluste in der Hauptverkehrszeit bis zu einer Größenordnung von 6 - 7 Minuten (im Mittel 3 Minuten) auftreten. In der Gegenrichtung existieren auf den einstreifigen

Fahrbahnabschnitten analoge Verhältnisse vorrangig in der nachmittäglichen Verkehrsspitze.

Im Jahre 1984 wurden für eine Spurbus-Schnellverbindung „Wiesbaden-Taunusstein" die aufgelassene Aartalbahn und die B 54 untersucht.

Die Voruntersuchung wurde mit der Empfehlung an die Landeshauptstadt Wiesbaden abgeschlossen, die ermittelten positiven Ergebnisse bei der Steigerung der Schnelligkeit, Pünktlichkeit und Zuverlässigkeit in einer Durchführbarkeitsuntersuchung im Rahmen des BMFT-Forschungsvorhabens unter ausschließlicher Nutzung eines noch größeren Streckenabschnittes der Aartalbahn noch weiter auszubauen.

Vorgesehener Finanzierungsträger ist neben dem BMFT der Magistrat der Landeshauptstadt Wiesbaden und der Rheingau-Taunus-Kreis.

Mit der Entscheidung der politischen Entscheidungsträger über die Fortsetzung der Untersuchungen ist im Juli dieses Jahres zu rechnen. Alle Projektbeteiligten sind an einer Fortsetzung dieser Untersuchung sehr interessiert.

4. Einsatzfall

Ein weiterer geplanter Einsatzfall ist zur Zeit noch nicht definiert. Über gezielte Kontakte mit Nahverkehrsunternehmen, in deren Umfeld sich stillgelegte DB-Schienenstrecken befinden und Präsentationen über die Spurbustechnologie vor dem Deutschen Städte- und Gemeindebund soll ein repräsentativer 4. Einsatzfall für dieses Forschungsvorhaben gefunden werden.

Fazit

Die positiven Ergebnisse der bisherigen Untersuchungen in Wiesbaden, Bergisch Gladbach und Köln weisen nach, daß das Einsatzspektrum des Spurbusses durch dessen Praxiseinführung auf schwach belasteten Schienenstrecken in ballungsnahen Räumen wesentlich erweitert werden kann.

Der Spurbus kann in derartigen Einsatzfällen sowohl für die Fahrgäste als auch für die Betreiber durchaus eine attraktive und betriebswirtschaftliche Alternative zum Schienenpersonennahverkehr sein. Die Verallgemeinerung der bisherigen Ergebnisse wird zeigen, daß aufgelassene bzw. schwach belastete Schienenstrecken durch den Einsatz des Spurbusses verkehrlich wieder oder besser genutzt unter Wahrung raumordnerischer und verkehrspolitischer Zielsetzungen aufrechterhalten werden können.

Spurbuseinsatz im Tunnel; Abgasproblematik und andere offene Fragen

Regensburger Verkehrsbetriebe GmbH

Hetzenecker

Förderungskennzeichen des BMFT: TV 8460 A

Zusammenfassung

Eine bereits im Dezember 1983 fertiggestellte „Planungsstudie zum Einsatz von automatisch quergeführten Bussen in Regensburg" hat gezeigt, daß eine Verbesserung der unbefriedigenden Verkehrsverhältnisse in der Regensburger Altstadt verkehrspolitisch sinnvoll nur durch die Verlagerung des ÖPNV in einen das Stadtzentrum unterquerenden Bustunnel möglich wäre. Erste Diskussionen mit Vertretern der zuständigen Behörden, Interessengruppen und Politikern haben gezeigt, daß Fragen zum Grundwasser, zur Absaugung der Dieselabgase und zu einem Teilaspekt der Liniengestaltung noch einer detaillierten Bearbeitung bedürfen. Diese Fragen werden in einer ergänzenden Untersuchung seit Beginn dieses Jahres geklärt. Erste verbindliche Ergebnisse liegen bereits vor.

Summary

A study for lateral guidance buses in Regensburg which was already accomplished in December 1983 has proved that the unsatisfactory traffic situation downtown ancient Regensburg city can only be improved by transferring the public transit into a bus tunnel crossing the centre of the city. First initial discussions on this with representatives of the administration, pressure groups, and politicians have shown that questions on the groundwater, on how to suck off the diesel exhaust gas and on a special detail about the planning of the bus lines are still to be solved more detailed. All these questions have to be cleared in an additional study since the beginning of this year. First reliable results have been made.

Vorbemerkung

In den vergangenen Jahren war wiederholt auf den Statusseminaren über die besonderen verkehrlichen Probleme in der Regensburger Altstadt berichtet worden. Das historische Straßennetz ist gekennzeichnet durch enge Straßen und Gassen, die dem heutigen Verkehr nicht gewachsen sind. Nachdem eine Erweiterung der Verkehrsflächen aufgrund der geschützten Bausubstanz nicht möglich ist, müssen andere Wege zur Lösung des Verkehrsproblems gegangen werden. Das Konzept der Verkehrsplaner besteht im wesentlichen darin, den Durchgangs-Individualverkehr aus der Altstadt auf leistungsfähige Umfahrungsrouten zu verdrängen, indem Teilstrecken der Durchgangsrouten gesperrt und in Fußgängerzonen umgewandelt werden.

Obwohl die Durchmesserlinien des ÖPNV von den Sperrungen ausgenommen sind und ihre alten Trassen unverändert befahren können, bleiben dennoch die bisherigen Probleme des ÖPNV ungelöst. Das Befahren der engen Altstadtstraßen mit den großen und schweren Fahrzeugen ist problematisch, insbesondere dann, wenn zu bestimmten Zeiten erheblicher

Individualverkehr hinzukommt. In den neugeschaffenen Fußgängerbereichen stellen die Busse des ÖPNV in den Engstellen eine Behinderung und Belästigung dar, die die Attraktivität dieser Bereiche erheblich schmälert. Auch zeigt die Erfahrung, daß die ÖPNV-Trassen durch die Altstadt immer wieder für kürzere oder längere Zeit durch Baumaßnahmen, Veranstaltungen u. a. gesperrt sind und dann an der Peripherie der Altstadt gelegene Umgehungsstraßen befahren werden müssen.

In einer im Dezember 1983 fertiggestellten, vom Bundesminister für Forschung und Technologie und vom Bayerischen Staatsministerium für Wirtschaft und Verkehr geförderten „Planungsstudie zum einsatz von automatisch quergeführten Bussen in Regensburg" wurde nachgewiesen, daß eine Verbesserung dieser unbefriedigenden Verkehrsverhältnisse in der Altstadt nur über die Verlagerung des ÖPNV in einen, das Stadtzentrum unterquerenden, Bustunnel erreichbar wäre. Die technische Realisierbarkeit des Tunnels unter der besonderen Berücksichtigung der historischen Bausubstanz wurde in dieser Studie mit positivem Ergebnis detailliert untersucht.

Offene Fragen

Bereits während der Durchführung der Planungsstudie war das Tunnelvorhaben von Vertretern der zuständigen Behörden, Interessengruppen und Politikern diskutiert worden. Neben Zustimmung zu diesem Vorhaben wurden auch ablehnende Stimmen laut. Den meisten der von den Tunnelgegner vorgebrachten Bedenken und Argumenten kann aufgrund der fundierten Untersuchungen der Planungsstudie begegnet werden. Insbesondere kann die wiederholt vorgebrachte, schwerwiegende Befürchtung entkräftet werden, durch die zum Teil sehr geringe Überdeckung würden die setzungsempfindlichen historischen Gebäude beim Tunnelvortrieb Schaden erleiden.

Andererseits zeigten diese Diskussionen, daß folgende Detailpunkte noch nicht überzeugend beantwortet werden konnten:

— Die Auswirkung der Tunnelröhre auf die Grundwasserströmung un den Grundwasserstand

— Der Nachweis, daß bei der vorgeschlagenen Abgasabsaugung der Tunnel freigehalten werden kann von gesundheitsschädlichen oder auch nur geruchsbelästigenden Dieselabgasen

— Die Anpassung des Liniennetzes an die Tunneltrasse im Bereich der westlichen Tunnelrampe.

Nachdem für die Realisierung des Bustunnels eine politische Entscheidung des Stadtrates von Regensburg erforderlich ist und dieser seine Entscheidung mit der erforderlichen Sicherheit treffen können muß, werden diese Fragen nun in ergänzenden Detailuntersuchungen überprüft.

Grundwasserprobleme

In den erwähnten Diskussionen war immer wieder die Befürchtung geäußert worden, durch die absperrende Wirkung des Tunnels würde es auf der Bergseite zu einem Anstau des Grundwassers kommen und auf der Talseite zu einer Absenkung, zumal der Tunnel senkrecht zur Strömungsrichtung des Grundwassers liegt. Dadurch würden sich schädliche Auswirkungen auf die Fundamente der empfindlichen historischen Gebäude in der Altstadt ergeben.

Zur Klärung dieser Frage wurden die seit Mai 1981 im monatlichen Abstand durchgeführten Grundwasserstandsmessungen über die im Trassenbereich des Tunnels eingerichteten Pegel herangezogen. Diese weisen natürliche Schwankungen des Grundwasserspiegels im Beobachtungszeitraum von 0,16 m bis 1,13 m aus. Dabei sind die Schwankungen umso größer, je näher an der Donau der Pegel liegt. Da der Beobachtungszeitraum noch relativ klein ist, muß für die Lebensdauer des Tunnels mit noch größeren Schwankungen des Grundwasserspiegels gerechnet werden.

Die anhand der geologischen und hydrologischen Verhältnisse vom Grundbauinstitut der Landesgewerbeanstalt in Nürnberg durchgeführten Berechnungen ergeben demgegenüber nur einen zusätzlichen Anstau des Grundwassers infolge der teilweise absperrenden Wirkung des Tunnels von höchstens 0,1 m. Dies ist eine Größenordnung, die innerhalb der natürlichen Schwankungsbreite des Wasserspiegels des unbeeinflußten Grundwassers liegt und die daher keine Auswirkungen auf die Bauwerke entlang der Tunneltrasse haben wird.

Abgasabsaugung

Durch die Festlegung auf den dieselmotorischen Antrieb der Fahrzeuge auch im Tunnel ist eine wirkungsvolle Abgasentsorgung erforderlich. Die im Rahmen der abgeschlossenen Planungsstudie zunächst untersuchte konventionelle Längslüftung mit Stahlventilatoren hat den Schwachpunkt, daß die Abgase, wenngleich erheblich verdünnt, im Gebiet der Altstadt an mehreren Stellen ausgeblasen werden müssen. Zudem haben die Ventilatoren einen hohen Energiebedarf.

Dieses nicht überzeugende Ergebnis führte zu dem Vorschlag, das Dieselabgas direkt abzusaugen; es entstand die sogen. Schnorchellösung. Die Busse werden dabei mit als Sonderausstattung von allen Herstellern erhältlichem Dachauspuff ausgerüstet. Das Auspuffrohr mündet frei in ein schiffchenförmiges Rohrstück, das nach unten in einen konischen Teil ausläuft. Dieses Schiffchen ist seitlich pendelbar über einem Sockel auf dem Busdach befestigt. Durch das Pendeln können die relativ geringen seitlichen Wankbewegungen des Spurbusses ausgeglichen werden. Bei der Fahrt im Tunnel wird das Schiffchen in einem unten geschlitzten, in ca. 3,40 m Höhe in Fahrtrichtung verlegten Saugrohr entlanggeführt. Der Schlitz dieses Rohres ist mit Gummilippen abgedichtet, die durch den durch Ventilatoren erzeugten Unterdruck zusammengepreßt werden. Zwischen diesen Dichtlippen läuft das Schiffchen wie ein Reißverschluß entlang.

Dieses Konzept der direkten Abgasabsaugung verspricht gegenüber der konventionellen Lösung folgende Vorteile:

— Der Energiebedarf für die Ventilatoren ist nur ein Zehntel dessen der Längslüftung, da im Prinzip nur das Abgas mit relativ geringen Mengen an Nebenluft bewegt werden muß.

— Das Abgas kann problemlos zu den Tunnelrampen an der Peripherie der Altstadt verbracht werden. Die umstrittenen Abluftschächte in der Altstadt werden nicht erforderlich.

— Das konzentrierte Abgas kann vor dem Ausblasen einer Abgaswäsche unterzogen werden.

— Im Tunnel und an den unterirdischen Haltestellen wird weitestgehende Abgasfreiheit erwartet.

— Luftbewegung (Zug) infolge der Lüftungsventilatoren tritt an den unterirdischen Haltestellen nicht auf.

Das grundsätzliche Funktionieren der Abgasabsaugung wurde auf dem Spurbusversuchsgelände in Rastatt auf einem 150 m langen oberirdischen Streckenabschnitt bereits nachgewiesen **(Bild 1).**

Bild 1: Abgasabsaugung auf der Spurbusversuchsanlage der Fa. Daimler-Benz in Rastatt

Im Rahmen des laufenden Verbundobjektes soll nun von der Fa. Daimler-Benz in einem 700 m langen, stillgelegten Eisenbahntunnel bei Wertheim eine Versuchsanlage errichtet werden. Hier soll durch Fahrversuche demonstriert werden, daß in einem Spurbustunnel durch die direkte Absaugung der Dieselabgase weder objektiv meßbare gesundheitsbeeinträchtigende Schadstoffkonzentrationen noch subjektiv wahrnehmbare Geruchsbelästigungen auftreten.

Mit der Errichtung der Versuchsstrecke im Wertheimer Tunnel war Anfang Mai begonnen worden. Bis Ende Mai konnte die Fahrspur weitgehend fertiggestellt werden. Bevor jedoch mit der Montage der bereits vorgefertigten Baugruppen der Abgasabsaugung begonnen werden konnte, wurde vom Landratsamt des Main-Spessart-Kreises auf Betreiben der Gemeinde Kreuz-Wertheim ein Baustopp verfügt. Als Begründung wurde angeführt, daß für die Versuchsanlage eine Genehmigung nach der bayerischen Gemeindeordnung erforderlich sei. Offensichtlich haben aber auch emotionale politische Gründe für diesen Schritt eine Rolle gespielt. Aufgrund der zwischenzeitlich erfolgten Bemühungen und nach der Invention des Bayerischen Staatsministeriums für Wirtschaft und Verkehr sind die Mißverständnisse ausgeräumt. Mit der Aufhebung des Baustopps wird in Kürze gerechnet, so daß die Arbeiten fortgeführt werden können.

Verzweigung und Kreuzung im Spurbustunnel

In der abgeschlossenen Planungsstudie war ein 2-spuriger Tunnel ohne Abzweigungen oder Kreuzungen zugrunde gelegt worden. Infolge der städtebaulichen Erfordernis, die Tunnelrampe außerhalb des Altstadtkerns anzubringen, mußte der derzeitige Liniennetzknoten im Westen der Altstadt noch weiter nach Westen verschoben werden. Durch gezielte Umgestaltung des Liniennetzes kann für 3 der 4 Tunnellinien eine gute Trassierung außerhalb des Tunnels erreicht werden. Für die 4. Linie ergab sich aber das Problem, daß durch die Weiterführung nach Westen infolge der Tunnelröhre ein deutlicher Umweg außerhalb des Tunnels inkauf genommen werden muß, der zudem durch ein verkehrsberuhigtes Wohngebiet führt.

Eine deutliche Verkürzung der Trasse sowie deren Verlauf in einer Hauptverkehrsstraße ließe sich für diese Linie durch eine Verzweigung noch im Tunnel realisieren. Diese Abzweigung muß ca. 100 m vor dem westlichen Tunnelportal erfolgen, hätte eine unterirdische Länge von 100 m und eine offene Rampe von ca. 50 m Länge. Neben der verkehrlichen und baulichen Einbindung dieser zusätzlichen Rampe in die örtlichen Regensburger Verhältnisse ist auch grundsätzlich zu klären, wie Verzweigungen und Kreuzungen im Spurbustunnel zu gestalten sind, insbesondere unter Berücksichtigung des vorgeschlagenen Lüftungskonzeptes der direkten Abgasabsaugung. Die Arbeiten zu diesen Detailproblemen sind bereits aufgenommen worden; verbindliche Ergebnisse werden in Kürze vorliegen.

Weiteres Vorgehen zur Realisierung des Spurbustunnels

Für die Realisierung des Bustunnels ist eine politische Entscheidung des Stadtrates von Regensburg erforderlich. Nachdem die noch offenen Fragen bereits erfolgreich geklärt sind oder in Kürze beantwortet sein werden, muß das Vorhaben nun im Stadtratsplenum in Form einer Vorlage eingebracht werden. Aufgrund der bereits erfolgten Abstimmung zwischen der Geschäftsführung der Regensburger Verkehrsbetriebe, der Verwaltung der Stadt Regensburg und maßgeblichen Politikern wird eine entsprechende Vorlage noch in diesem Jahr von der Mehrheitsfraktion im Plenum eingebracht.

Geographisches Institut
der Universität Kiel
Neue Universität

Untersuchungen zur Verkehrssicherheit in städtischen Straßentunneln

Universität Stuttgart, Institut für Straßen- und Verkehrswesen

F e i e r (Vortragender)
L e n t z
Prof. Dr. S t e i e r w a l d

Förderungskennzeichen des BMV: 77033/83

Zusammenfassung

Brauchbare Erkenntnisse zur Verkehrssicherheit in Straßentunneln, die eine Beurteilung in wirtschaftlicher und betrieblicher Hinsicht erlauben würden, liegen bisher nicht vor. Die wesentlichen Aufgaben der Forschungsarbeit sind die Erhebung der Einzelunfälle an ausgewählten Tunnelanlagen sowie die Verkehrsverhältnisse zum Zeitpunkt des Unfalls auf der Untersuchungsstrecke und die Ermittlung von Unfallkennziffern getrennt nach Unfall und Verkehrsmerkmal. Eine Abschätzung der Sicherheitswirkung betrieblicher Einrichtungen soll dadurch möglich sein.

Bisher wurden 5 Tunnelanlagen in den Städten Stuttgart, Heidelberg und Berlin ausgewertet. Weitere Tunnelanlagen in Essen und Hamburg sollen in die Untersuchung miteinbezogen werden, wobei der Verkehrsablauf durch Erhebung von Geschwindigkeitsprofilen miterfaßt werden soll. Erste Ergebnisse zeigen, daß die Unfallraten in den untersuchten Tunnelanlagen deutlich geringer sind als wie auf vergleichbaren Strecken außerhalb der Tunnelanlagen. Von den beobachteten Unfällen konnte der überwiegende Teil der Gruppe der „Unfälle im Längsverkehr" zugewiesen werden. Gemessen am Schadensbild ergab sich, daß Fahrunfälle innerhalb und außerhalb der Tunnelstrecke nicht differieren. Interessant ist auch die Tatsache, daß Auffahrunfälle im Bereich von Lichtsignalanlagen einen höheren Personenschaden beinhalteten als außerhalb dieser Bereiche. Auch scheint sich abzuzeichnen, daß Auffahrunfälle in Tunnelstrecken, die sich nicht im Einflußbereich von Lichtsignalanlagen ergeben, größere Schadenshöhen aufweisen als außerhalb von Tunnelstrecken. Wegen der spezifischen Eigenheiten jeder Tunnelstrecke ist ein direkter Vergleich der Tunnelanlagen untereinander nicht möglich. Ein Vergleich abgegrenzter Teilbereiche erscheint jedoch durchführbar, sofern die Abgrenzung aufgrund des Verkehrsablaufs und der erhobenen Fahrprofile erfolgt. Entsprechende Erhebungen auf ähnlichen Stadtstraßen ohne Tunnelanlagen sind vorgesehen, wobei eine Quantifizierung des Unfallgeschehens solcher Teilbereiche anhand der Kriterien Geschwindigkeit und Beschleunigungsverteilung denkbar ist.

Summary

Useful information, which would allow an evaluation in both economic and operating terms, on traffic safety in road tunnels does not as yet exist. The prime tasks of the research are to survey individual accidents in selected tunnels and the traffic conditions at the time of the accident on the accident section and to establish separate statistics for the accident and the traffic features. An estimate of the safety impact of operating facilities should thus be possible.

Up to now 5 tunnels in the cities of Stuttgart, Heidelberg and Berlin have been assessed. Further tunnels in Essen and Hamburg are to be considered in the investigation, where the traffic flow is to be recorded by surveying the speed characteristics. First results show that the accident rates are considerably lower in the tunnels investigated than on comparable road sections outside the tunnels. The predominant proportion of the accidents observed could be allocated to the group 'accidents in longitudinal traffic'. As measured on the extent of the damage, the results were that traffic accidents did not differ inside and outside the tunnel. The fact is also interesting that rear-end collisions in the vicinity of traffic signals reveal greater injuries to persons than those away from such areas. Similarly it appears to stand out that rear-end collisions in tunnels not affected by traffic signals reveal higher impact costs than those outside tunnels. Due to the specific characteristics of each tunnel, it is not possible to compare each tunnel directly with another. A comparison of defined part section is carried out on the basis of traffic flow and the traffic contours surveyed. Corresponding surveys on similar urban roads without tunnels are planned, whereby a quantification of the accident in such part sections based on the criteria speed and acceleration distribution is concervable.

Aufgabenstellung und Ziele

Die Frage der Verkehrssicherheit in Straßentunneln ist im Rahmen von Kosten-Nutzen-Untersuchungen eine wesentliche Komponente der Wirkungsanalyse. Brauchbare Erkenntnisse würden die Beurteilung der Verkehrssicherheit in wirtschaftlicher und betriebstechnischer Hinsicht erlauben. Notwendige Sicherheitseinrichtungen und Verkehrslenkungsmaßnahmen könnten dadurch abgeschätzt werden. Aufgrund der besonderen verkehrstechnischen und betriebstechnischen Bedingungen in Straßentunneln ist die Übertragung der Sicherheitsverhältnisse der freien Strecken auf die Tunnelanlagen nicht möglich. Analogieschlüsse vom bekannten Unfallgeschehen in städtischen Verkehrsnetzen auf das Unfallgeschehen innerhalb von Tunnels unter Berücksichtigung des Konfliktpotentials, scheint wegen des veränderten Fahrverhaltens auf Tunnelstrecken ebenfalls nicht möglich. Die wesentlichen Aufgaben der Forschungsarbeit sollen

— die Sammlung und Zusammenstellung der bekannten Literatur unter Berücksichtigung der Unfalluntersuchungen auf freien Strecken,
— die Auswahl geeigneter Tunnelanlagen innerorts und im Übergangsbereich,
— die Erhebung der Daten der Einzelunfälle und der zugehörigen Verkehrsverhältnisse zum Zeitpunkt des Unfalls auf den Untersuchungsstrecken,
— die Ermittlung von Unfallkennziffern getrennt nach Unfall- und Verkehrsmerkmalen,
— die Abschätzung der Sicherheitswirkung betrieblicher Einrichtungen der Tunnelanlagen

sein.

Eine erste Literaturauswertung zum Forschungsauftrag ergab unterschiedliche, wie auch widersprüchliche Ergebnisse. Während italienische Untersuchungen [22] zu dem Ergebnis kommen, daß

— die Unfallrate für PKW's im Tunnel höher ist als außerhalb sowie
— mehr Auffahrunfälle als außerhalb auftreten und
— die Unfallschwere im Tunnel geringer ist,

lassen andere Autoren eher das Gegenteil erkennen. Zu erwähnen sind hier Untersuchungen in der Schweiz [19], die ergaben, daß anteilmäßig Auffahrunfälle in den Tunneln häufiger sind, die Unfallraten jedoch bei allen Unfalltypen geringer sind als außerhalb der Tunnelstrecken. Hotop [20] kam bei seinen Untersuchungen im Hamburger Elbtunnel zu ähnlichen Ergebnissen.

	Gegenverkehrs-tunnel	Richtungsverkehrs-tunnel	Autobahn N 1
Unfallziffer U_R	0,95	0,63	1,3
U_R Typ 1	0,26	0,22	0,68
U_R Typ 6	0,66	0,41	0,55
U_R Auffahrunfälle	0,26	0,25	0,33
U_R Überholunfälle	0,24	0,12	0,22
U_R Typ 7	0,03	0,01	0,07

Tabelle 1: Unfallraten nach [19]

Untersuchung der Unfallsituation in ausgewählten Straßentunneln

Beschreibung der Objekte

Der derzeitige Stand der Bearbeitung umfaßt die Auswertung der Unfälle über einen Zeitraum von 5 Jahren an 5 innerstädtischen Straßentunneln. Es sind folgende Objekte:
1. Wagenburgtunnel, Stuttgart
2. Planietunnel, Stuttgart
3. Schloßbergtunnel, Heidelberg
4. Gaisbergtunnel, Heidelberg
5. Tunnel Flughafen Tegel, Berlin.

Wagenburgtunnel

Der Wagenburgtunnel liegt im Zentrum von Stuttgart und verbindet die östlich gelegenen Neckarvororte mit dem Bahnhofsvorplatz. Ausgebaut und in Betrieb befindlich ist die Südröhre, die einen zweispurigen Querschnitt aufweist und im Gegenverkehr betrieben wird. Der Tunnel umfaßt eine Länge von 824 m und steigt in Richtung Osten mit bis zu 5,73% an. An beide Portale schließt sich ein lichtsignalgeregelter Knotenpunkt an. Die jeweils zweispurigen Zufahrten zu den Portalen werden im unmittelbaren Portalbereich auf je 1 Fahrspur zusammengezogen. Mit Tagesverkehrsstärken von bis zu 40.000 Fahrzeugen pro Tag ist der Wagenburgtunnel einer der höchstbelastetsten Straßentunnel. Eine ausgeprägte Morgenspitze stadteinwärts und Abendspitze verdeutlicht die Radiallage der Tunnelstrecke.

Planietunnel

Das Verkehrsbauwerk Planietunnel besteht aus zwei getrennten Tunnelröhren mit je 2 Fahrspuren. Als Besonderheit weist diese Tunnelanlage in beiden Richtungen im Tunnel jeweils einen Verzweigungsbereich auf. Untersucht wurde jedoch lediglich die Nordröhre, da diese mit einer Länge von 550 m und ohne indirekte Rampenführung am Anfang und Ende der Tunnelstrecke besonders geeignet erschien. Der Planiedurchbruch ist Teil einer innerstädtischen Nord-Süd-Verbindung und ist gleichzeitig Querspange zweier Tangentialstraßen. Die Tagesganglinie zeigt somit auch eine ausgeprägte Morgen- und Abendspitze, die in etwa gleich hoch sind. Der DTV beträgt ca. 20.000 Fahrzeuge/Tag innerhalb der Nordröhre.

Schloßbergtunnel, Heidelberg

Der Schloßbergtunnel in Heidelberg ist Teil einer Ost-West-Radialen, welche aus dem Neckartal kommend das Zentrum von Heidelberg erschließt. Im Zuge dieser Straßenverbindung liegt außer dem Schloßbergtunnel auch der Gaisbergtunnel. Beide Tunnelanlagen wurden ehemals als Eisenbahntunnel erbaut und in den 50er Jahren zu Straßentunneln umgebaut. Der Schloßbergtunnel ist insgesamt 920 m lang, weist einen zweispurigen Querschnitt auf und wird im Gegenverkehr betrieben. Jeweils an die Portale schließt sich ein lichtsignalgesteuerter Knoten an. Mit einem DTV von ca. 9.500 Fahrzeugen/Tag ist diese Strecke weit von ihrer Leistungsfähigkeitsgrenze entfernt. Die Straßenverbindung, die in ihrem weiteren Verlauf Richtung Innenstadt richtungsgetrennt mit jeweils 2 Fahrspuren geführt wird, enthält in der Stadtauswärtsrichtung den Gaisbergtunnel.

Gaisbergtunnel

Der Gaisbergtunnel ist 320 m lang, weist einen zweispurigen Querschnitt auf und wird im Richtungsverkehr betrieben. Während am Anfang des Tunnels die Zufahrt über eine Lichtsignalanlage geregelt ist. schließt sich am Ende des Tunnels ein zweispuriger Querschnitt ohne Einmündungen und Kreuzungen auf einer Länge von 200 m an. Der DTV beträgt im Bereich des Gaisbergtunnels ca. 11.500 Fahrzeuge/Tag. Die Tagesganglinien der beiden Tunnelanlagen in Heidelberg sind durch die Radiallage, durch eine starke Abendspitze stadtauswärts und eine ebenso starke Morgenspitze stadteinwärts geprägt.

Flughafentunnel Tegel

Der Tunnel Flughafen Tegel unterquert im Nordwesten Berlins das Flughafengelände des Flughafens Berlin Tegel und verbindet die Bundesautobahn Berlin-Hamburg und den Eichborndamm mit dem Kurt-Schumacher-Damm. Die Untersuchungsstrecke liegt radial zur Stadt, so daß mit Richtungsunterschieden im morgendlichen und abendlichen Spitzenverkehr gerechnet werden kann. Die Länge des Tunnels beträgt ca. 1.000 m und besteht aus 2 zweispurigen Hauptröhren und jeweils 1 zweispurigen Zufahrts- und Ausfahrtsröhre. Vorgelagert ist dem Tunnelbauwerk eine ca. 370 m lange Trogstrecke. Eine Besonderheit dieser Tunnelanlage ist der Verzweigungsbereich innerhalb des Tunnels von Süden her kommend in Richtung Autobahn Hamburg und Kurt-Schumacher-Platz. Es wird dabei die Fahrtbeziehung von Süden nach Norden (Hamburg) über eine halbdirekte Führung, welche einen Radius von ca. 100 m aufweist, geführt.

Durchgeführte Erhebungen

Für alle aufgeführten Objekte wurden die Unfälle über einen Zeitraum von fünf Jahren bei den zuständigen Polizeidienststellen erhoben. Aufgenom-

men und ausgewertet wurden alle Angaben der Seite 1 der Verkehrsunfall-
anzeige. Weitere Erhebungen waren:

— Verkehrszählungen der Straßenbaulastträger,
— Pannenstatistiken und Störungsmeldungen,
— Verkehrs- und Unfallanalysen Dritter.

Lückenlose Verkehrszählungen über einen längeren Zeitraum lagen bei den
bisher untersuchten Objekten lediglich für den Wagenburgtunnel vor. Nach
Zusammenführung des Datenmaterials mit den Unfalldaten war eine eindeutige Zuordnung der Verkehrsstärke zum Zeitpunkt des Unfalls möglich. Für
die anderen Tunnelbauwerke wurden lediglich die DTV-Werte aus den vorliegenden Zählungen sowie ergänzenden Eigenerhebungen berechnet. Um
das Fahrverhalten auf den Tunnelstrecken sowie den anschließenden oberirdischen Strecken besser beurteilen zu können, wurden für den Bereich des
Gaisbergtunnels und Schloßbergtunnels in Heidelberg Geschwindigkeits-
ganglinien von Einzelfahrzeugen und Fahrzeugkollektiven über einen ganzen Tag aufgezeichnet und zu Geschwindigkeitsprofilen aufbereitet. Einbezogen in die Betrachtungen wurden die Untersuchungen des Verkehrsablaufs anderer Institutionen. Zur Abgrenzung von Bereichen, die aufgrund
der Lage, des Entwurfs und des Verkehrsablaufs mit Elementen außerhalb
von Tunnelstrecken verglichen werden können, dienen die Geschwindigkeitsprofile.

Verkehrsablauf und Geschwindigkeitsverhalten

Die Fundamentaldiagramme für die Tunnelobjekte Wagenburgtunnel,
Stuttgart, und Schloßbergtunnel, Heidelberg, sind der Literatur [26] entnommen **(Bilder 1 bis 4).**

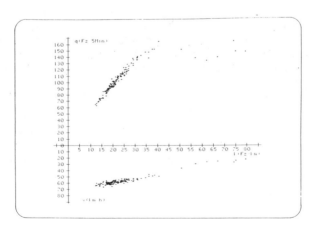

Bild 1: Fundamentaldiagramm: Wagenburgtunnel, Werktag, stadteinwärts
(Bergabspur)

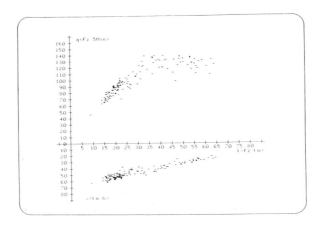

Bild 2: Fundamentaldiagramm: Wagenburgtunnel, Werktag, stadtauswärts
(Bergauspur)

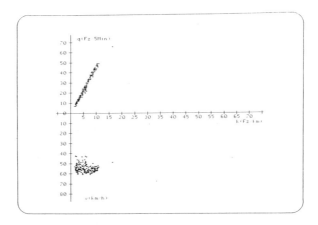

Bild 3: Fundamentaldiagramm: Schloßbergtunnel, Werktag, stadteinwärts

Neben der starken Auslastung des Wagenburgtunnels ist der Steigungsein-
fluß von 5,7% deutlich aus dem Fundamentaldiagramm abzulesen. Während
sich in Bergabrichtung stabile Verhältnisse bis zu einer Verkehrsstärke von
150 Fz/min bei mittleren Geschwindigkeiten von 50 km/h ablesen lassen,
erkennt man, daß in Bergaufrichtung ab einer Verkehrsstärke von 150
Fz/min die mittleren Geschwindigkeiten deutlich abnehmen und sich einem
Wert von 20 km/h nähern. Die Ergebnisse für den Schloßbergtunnel in
Heidelberg zeigen, daß bei den geringen Verkehrsstärken von höchstens 60
Fz/min keine Abhängigkeit der mittleren Geschwindigkeiten von der Verkehrsstärke zu erkennen ist. Die Ergebnisse der erhobenen Geschwindig-
keitsganglinien sind in **Bild 5** als Geschwindigkeitsprofile aufgezeichnet. Für
den Schloßbergtunnel sind deutlich die homogenen Verhältnisse in den
erhobenen Fahrtprofilen erkennbar. Nach einer jeweiligen Beschleuni-

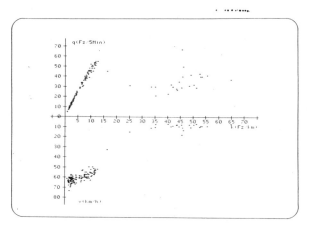

Bild 4: Fundamentaldiagramm: Schloßbergtunnel, Werktag, stadtauswärts

gungsphase am Anfang der Tunnelstrecken wird - unabhängig von der Verkehrsstärke - eine konstante Geschwindigkeit bis zum Ende der Tunnelstrecke eingehalten. Diese Geschwindigkeiten liegen in einem relativ engen Bereich von im Mittel 55 km/h stadteinwärts und 60 km/h stadtauswärts. Die Geschwindigkeitsprofile für den Gaisbergtunnel zeichnen sich durch eine sehr starke Streuung und einen unstetigen Verlauf über die Strecke aus. Die Fahrprofile sind durch Spurwechselvorgänge und Behinderungen und damit durch unterschiedliche Beschleunigungs- und Abbremsvorgänge gekennzeichnet. Allgemein ist festzustellen, daß das Geschwindigkeitsniveau zur Mitte des Tunnels ansteigt und am Ende des Tunnels leicht abfällt. Für die Strecken zwischen den Tunnelanlagen und der parallel zum Gaisbergtunnel verlaufenden Stadteinwärtsrichtung sind anhand der Fahrprofile die vielfältigen Einflüsse aus den unterschiedlichen Funktionen der Straße (Erschließen, Ruhender Verkehr, Kreuzen/Einmünden) erkennbar. Auffallend ist hierbei, daß neben den wiederkehrenden Abbrems- und Beschleunigungsvorgängen an den lichtsignalgeregelten Einmündungen zufällige Einflüsse, die zu Fahrmanöver und Abbremsvorgängen führen, zu erkennen sind. Die Verteilung aller Unfälle im Längsverkehr, wie sie in **Bild 5** parallel dargestellt ist, läßt zumindest qualitativ den Zusammenhang zwischen Fahrmanöver, Konfliktsituationen und Unfällen erkennen.

Unfälle

Art der Unfälle

Entsprechend dem von den Länderverwaltungen eingeführten Unfalltypenkatalog wurden alle Unfälle nach der Konfliktsituation klassiert. Für den Bereich der Tunnelstrecken und deren Anschlußbereiche ergaben sich durch die eingeschränkten Konfliktmöglichkeiten nur folgende Unfalltypen:

Typ 1: Fahrunfall

Typ 6: Unfälle im Längsverkehr wie
Gegenverkehrsunfälle
Spurwechselunfälle
Auffahrunfälle

Typ 7: Sonstige Unfälle.

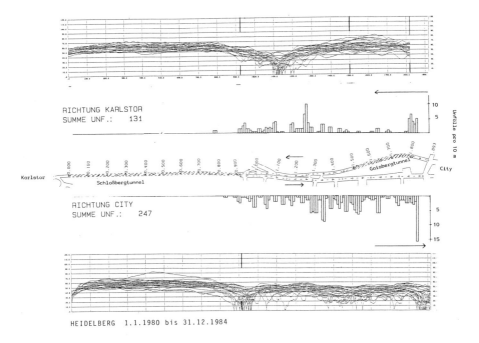

HEIDELBERG 1.1.1980 bis 31.12.1984

Bild 5: Geschwindigkeitsprofile und Unfalldichte der Unfälle im Längsverkehr in
[U/10 m];
Heidelberg: 1.1.1908 bis 31.12.1984

Die Verteilung der Unfalltypen für die untersuchten Strecken ergibt sich wie
folgt:

	Anzahl der Unfälle	Typ 1 %	Typ 6 %	Typ 7 %
Planietunnel	61	80	17	3
Gaisbergtunnel	36	72	20	8
Schloßbergtunnel	11	0	73	27
Wagenburgtunnel	42	10	88	2
Tegel-Tunnel	58	57	46	7

Tabelle 2: Aufteilung nach Unfalltypen

Auffallend ist, daß der Anteil der Fahrunfälle in den zweispurigen Richtungs-
verkehrstunnel überwiegt, während die Gegenverkehrstunnel hauptsächlich

Unfälle im Längsverkehr aufweisen. Daraus Schlüsse zu ziehen wäre allerdings verfrüht, da sich die Fahrunfälle - in allen Fällen - an einzelnen kritischen Trassierungsbereichen konzentrieren. Als der für alle Tunnelanlagen wichtigster Unfalltyp ist der Unfall im Längsverkehr zu sehen. Eine weitere Untergliederung zeigt, daß dabei die Auffahrunfälle zu 80% dominieren. Unfälle mit dem Gegenverkehr konnten nur im Wagenburgtunnel und dort im Bereich der Portale, jeweils im Anschluß an den Verengungsbereich von zwei auf eine Fahrspur, festgestellt werden. Hinsichtlich der Unfallfolgen ergeben sich je nach Verkehrscharakteristik des Untersuchungsabschnitts und der Art des Unfalltyps unterschiedliche Werte. Als Kostengrundlage wurden neben dem polizeilich festgestellten Sachschaden die Kostenansätze von Emde [27] gewählt. Hier zeigte sich, daß

— Fahrunfälle innerhalb und außerhalb der Tunnelstrecken nicht wesentlich in der Schadenshöhe differieren,

— Spurwechselunfälle deutlich geringere Folgen aufweisen als Auffahrunfälle,

— Auffahrunfälle im Einflußbereich von Lichtsignalanlagen einen höheren Personenschaden verursachen, als außerhalb solcher Einflußbereiche,

— Auffahrunfälle im Bereich der Tunnelstrecken, sofern ein unmittelbarer Einfluß von Lichtsignalanlagen nicht erkennbar ist, größere Schadenshöhen aufweisen als auf Strecken außerhalb von Tunnelanlagen.

Verteilung der Unfälle

Eine Verteilung der Unfälle über die Untersuchungsstrecke „Wagenburgtunnel" ist in den **Bildern 6 und 7** enthalten. Auffällig sind die hohen Unfalldichten in den Stauräumen der Knoten und in den Tunnelzufahrten mit deren Verengungsbereichen, wobei in Richtung Hauptbahnhof deutlich mehr Unfälle zu erkennen sind, als in der Gegenrichtung. Inwieweit diese Unterschiede auf die Verkehrszusammensetzung, den Verkehrsablauf und die Topographie zurückzuführen sind, läßt sich ohne Erhebungen zum Verkehrsablauf mit Berücksichtigung der Geschwindigkeitsprofile nicht beantworten.

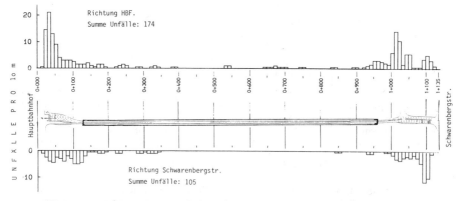

Bild 6: Unfalldichte aller Unfälle; Wagenburgtunnel: 1.1.1979 bis 30.4.1984

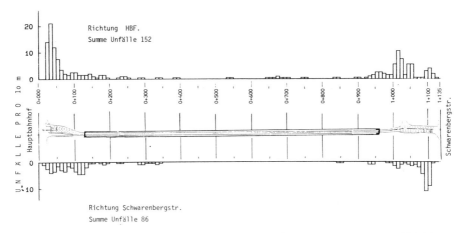

Bild 7: Unfalldichte der Unfälle im Längsverkehr; Wagenburgtunnel: 1.1.1979 bis 30.4.1984

Bezogene Unfallgrößen

Als bezogene Unfallgrößen wurden

- die Unfallrate U_R
- die Verunglücktenrate VU_R
- die Schadensrate SCH_R

gebildet. Nachstehend sind die Unfallraten für alle Unfälle sowie für Fahrunfälle und Auffahrunfälle wiedergegeben.

	Wagenb.-tunnel	Wagenb.-tunnel + Anschl.	Schloßb.-tunnel	Gaisb.-tunnel	Anschluß-strecken Heidelberg	Tegel o. Verzwei-gung
Gesamt	0,75	3,46	0,67	5,26	12,9-17,7	1,50
Fahrunfälle	0,17	0,87	—	3,80	0,63-0,72	0,50
Auffahrunfälle	0,61	2.26	0,37	0,88	5,60-6,10	0,42

Tabelle 3: Unfallraten der Untersuchungsstrecken

Eine Aufteilung der Raten nach den stündlichen Verkehrsmengen war für den Bereich des Wagenburgtunnels wegen der lückenlosen Zähldaten möglich. Ein wesentliches Ergebnis ist der Verlauf der Unfallrate, welche entgegen den Erfahrungen auf Außerortsstraßen keine Abhängigkeit von der Verkehrsstärke aufzeigt. Eine mögliche Erklärung ist, daß die Zahl der Fahrunfälle irrelevant ist, infolge der lichtsignalgeregelten Knoten bei jeder Verkehrsstärke haltende Fahrzeuge anzutreffen sind und damit das Risiko von Auffahrunfällen permanent gegeben ist. Betrachtet man die Unfallfolgen d.h. die Verunglücktenrate und die Gesamtschadensrate, so ist deutlich eine Erhöhung mit abnehmender Verkehrsstärke zu erkennen. Dies deckt sich mit bisherigen Untersuchungen auf Außerortsstraßen, für die bei allen Unfalltypen eine Erhöhung der Gesamtschadensrate mit abnehmender Verkehrsstärke nachgewiesen wurde **(Bild 8)**.

209

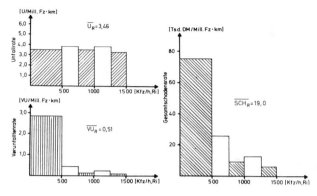

Bild 8: Gesamtstrecke aller Unfälle; Wagenburgtunnel: 1.1.1979 bis 30.4.1984

Weiteres Vorgehen

Die bisherigen Zwischenergebnisse zeigen, daß wegen der örtlichen Eigenheiten jeder Untersuchungsstrecke ein direkter Vergleich der Anlagen untereinander nicht möglich ist. Ebenso gilt dies für die den Tunnelanlagen vorgelagerten Zufahrten. Ein Vergleich abgegrenzter Einzelbereiche erscheint jedoch möglich, sofern die Abgrenzung aufgrund des Verkehrsablaufs durchgeführt werden kann. Als zweckmäßig hat sich bisher der für die Untersuchungsstrecken in Heidelberg angewandte Versuch erwiesen, die Fahrprofile zu erheben, wobei neben der Geschwindigkeit jede beobachtete Verkehrsbehinderung bzw. Konfliktsituation festgehalten wird. Mit entsprechenden Erhebungen auf äußerlich ähnlichen Stadtstraßen ohne Tunnelanlagen sollte es möglich sein, jeweils den Tunnelanlagen vergleichbare Teilstrecken abzugrenzen. Eine Quantifizierung des Unfallgeschehens solcher Teilbereiche anhand der Kriterien Geschwindigkeits- und Beschleunigungsverteilung erscheint möglich.

Durch die Erweiterung des bestehenden Arbeitsprogramms soll das bisherige Ziel der Erarbeitung von Kriterien zur Abschätzung des Unfallrisikos im innerstädtischen Straßentunnel im Hinblick auf wirtschaftliche Vergleichsrechnungen und der Bewertung von Sicherheitseinrichtungen gewährleistet bleiben.

Literaturverzeichnis

[1] RAFF, M.S.
The Interstate Highway Accident Study
Public Roads 1953, H. 6, S. 170 ff

[2] BELMONT, D.M.
Accident versus width of paved shoulders on California two-lane
tangents - 1951 and 1952
HRB Bulletin 117 (1956) S. 1 ff

[3] SMEED, R.J.
Road design in relation to traffic movement and road safety
The Journal of the Institution of Municipal Engineers,
Vol. 81, Nr. 3 (1954), S. 129 ff

[4] BITZL, F.
Überprüfung der Werte für den Unfallgrad von Straßenquerschnitten in den
RAL-Q 1956
München, 1960

[5] BITZL. F.
Der Sicherheitsgrad von Straßen
Bonn, 1964

[6] CHARLESWORTH, G.; COBURN, T.M.
The Influence of Road Layout on Speeds and Accidents in Rural Areas
The Public Works and Municipal Services Congress,
Session 14.11.1956, Heft Nr. 11

[7] VERSACE
Factor Analyses of Roadway and Accident Data
HRB Bulletin 240

[8] PFUNDT, Konrad
Vergleichende Unfalluntersuchungen auf Landstraßen
Bonn, 1969

[9] LEUTZBACH, W.
Untersuchungen über den Zusammenhang zwischen Verkehrsunfällen und dem
Verkehrsablauf auf einem Abschnitt der Bundesautobahn Frankfurt - Mannheim
Karlsruhe, 1966

[10] LEUTZBACH, W.; HOLZ, S.
Unfallraten und stündliche Verkehrsstärken auf Stadtstraßen
Zusammenfassung
Zeitschrift für Verkehrssicherheit 27, 1981, Heft 1, S. 13 ff

[11] KLÖCKNER, J.H.
Unfallcharakteristik des RQ 12,50
Bonn-Bad Godesberg, 1981

[12] GWYNN
Relationship of Accident Rates and Accident Involvement with Hourly Volumes
Traffic Quaterly, XXI, 3 (July 1967)

[13] KARAJAN
Entwicklung einer Konzeption zum Einsatz dynamischer Verkehrsbeeinflus-
sungssysteme in einem Autobahnkorridor
Dissertation, Stuttgart 1977

[14] BRILON, W.
Unfallgeschehen und Verkehrsablauf
Bonn-Bad Godesberg, 1976

[15] LEUTZBACH, W.; HOLZ, S.
Unfallraten und stündliche Verkehrsstärken auf Stadtstraßen
Zeitschrift für Verkehrssicherheit, 1981, Heft 1, S. 13

[16] HARDER, G.; KINZEL, O.
Möglichkeiten der Einbeziehung von Unfallkosten im städtischen Bereich in die
RAS-W unter besonderer Berücksichtigung des Mengengerüstes.
FA 01.066 S 79 K des BMV
Hannover 1982

[17] Permanent International Association of Road Congresses (PIARC) Hrsg.:
Road Tunnels Committee XVth World Congress,
Mexico 1975, Documentation Digest
Paris

[18] FREIBAUER, B.
Bemessungsgrundlagen für die Lüftung von Straßentunneln.
Wien, 1978

[19] GRAF, U.; GHIELMETTI, M.
Beleuchtung und Unfallhäufigkeit in Straßentunneln
1978

[20] HOTOP, R.
Untersuchung des Verkehrsablaufes im Bereich des Hamburger Elbtunnels
Bonn-Bad Godesberg, 1983

[21] Road Tunnels Committee
XVI. Weltstraßenkongress, Wien 1979
Bericht des technischen Kommitees für Straßentunnel
Wien, 1979

[22] Analyse des accidents en tunnel
Autostrada SpA (Italien)

[23] WAUTERS, P.
Analyse des Pannes et Accidents dans les tunnels
Centre d'Etudes des Tunnels, Ecole Nationale des Traveaux Publics de l'Etat

[24] RAMPFYLDE, A.P.
Speed/flow relationships in road tunnels
TRRL Supplementary Report. 455
Crowthorne, 1979

[25] BALTZER, W.
Verkehrsablauf und Querschnittsgestaltung in Straßentunneln
Mitteilung Nr. 12, Inst. für Straßenwesen, Erd- und Tunnelbau RWTH
Aachen, 1984

[26] BALZ, W.; ZACKOR, H.
Verkehrstechnische Einsatzbedingungen von Verkehrsleitsystemen für Straßen-
tunnel
Ingenieurbüro Steierwald/Schönharting
Stuttgart, 1982

[27] EMDE, W.
Einheitliche Kostensätze für die volkswirtschaftliche Bewertung von Straßen-
verkehrsunfällen
Straße und Autobahn, Heft 9/1979

Wirtschafts- und strukturpolitische Hemmnisse für E-Busse

SNV Studiengesellschaft für Nahverkehr mbH, Hamburg

Koch

Förderungskennzeichen des BMFT: TV 8220

Zusammenfassung

Zehn Jahre Forschungstätigkeit unter Einsatz erheblicher staatlicher Förderungsmittel haben bis heute nicht nennenswert zu einer Markterschließung für elektrisch betriebene Obus/Duo-Bussysteme beitragen können.

Es wird daher der Versuch unternommen, die Hemmnisse aufzuzeigen, die bisher einer breiteren Einführung elektrisch betriebener Bussysteme, insbesondere Obus-/Duo-Bussysteme, entgegenstehen. Derartige Einführungshemmnisse können sowohl im technischen und wirtschaftlichen Bereich liegen, als auch Aspekte der Zulassung und Genehmigung von Obussystemen sowie die Akzeptanz durch die verschiedenen Beteiligten betreffen.

Ausgehend von einer Analyse derartiger Einführungshemmnisse werden Vorschläge zu deren Überwindung bzw. Reduzierung erarbeitet. Zur Erreichung dieser Ziele werden insbesondere die Bereiche Fahrzeugtechnik, Infrastruktur, Wirtschaftlichkeit, rechtliche Rahmenbedingungen, Akzeptanz durch Betroffene sowie Umweltbedingungen betrachtet. Neben einer Analyse dieser Gesichtspunkte, wie sie sich in der Bundesrepublik Deutschland darstellen, werden auch Erfahrungen aus dem benachbarten europäischen Ausland, in welchem Obusse verstärkt im Einsatz sind, einbezogen.

Es zeigen sich vermehrt Interdependenzen sowohl hinsichtlich der unterschiedlichen Hemmnisse als auch hinsichtlich der entsprechend zu ergreifenden Maßnahmen zu deren Überwindung. Staatliche Institutionen (Bund und Länder), Betreiber und Kommunen sowie Fahrzeug- und Anlagenhersteller, aber auch die Energieversorgungsunternehmen sind in diesem Zusammenhang als Förderungsträger in besonderem Maße angesprochen.

Summary

Ten years of research activity supported by considerably sums of government money have not, up to now, led to any notable success in opening up the market for electrically driven trolley/Duo busses.

An attempt has therefore been undertaken to get to the roots of the obstacles which have until now hindered a broader based deployment of electrically driven bus systems and especially trolley/Duo bus systems. It is possible that such obstacles do not only lie in the technical and economic sectors but could also be found in such questions as licensing and certification of trolley bus systems or acceptance by the various different parties concerned.

Based on an analysis of such obstacles, recommendations are being drawn up to combat or reduce them. In order to achieve this, special attention is being given to questions relating to vehicle technology, infrastructure, economy, legal limitations, acceptance by the parties concerned and the environment. Aside from an analysis of these questions as they are directly related to the Federal Republic of Germany, the researchers have also drawn on the experience of neighbouring European countries in which trolley buses are in more common use.

There appear to be an increasing number of interdependent factors relating both to the various obstacles as well as to the relevant measures required to overcome them. Government institutions (state and federal), operators and communities as well as vehicle and equipment manufacturers, and also the energy supply companies are all particularly affected in their role as financial sponsors.

Einleitung

Seit etwa zehn Jahren hat ein verstärktes Bewußtsein hinsichtlich Fragen des Energieeinsatzes und der Umweltbeeinträchtigungen von Verkehrssystemen in vielen Ländern zu einer stärkeren Diskussion über elektrisch betriebene Bussysteme geführt. Nachdem in den letzten Jahren auf dem Sektor des Individualverkehrs (IV) verstärkte Anstrengungen für einen umweltschonenden Betrieb unternommen worden sind, müssen auch beim öffentlichen Verkehr weitere Fortschritte angestrebt werden.

Im Rahmen der Forschung und Entwicklung wurden daher in den letzten Jahren in verschiedenen Ländern Obusse weiterentwickelt und neue Formen elektrisch betriebener Bussysteme entwickelt und erprobt. Zu nennen sind hier insbesondere Duo-Busse, Batterie-Busse und Hybrid-Busse.

Auch im Bereich des öffentlichen Personennahverkehrs (ÖPNV) der Bundesrepublik ist in den letzten Jahren eine Vielzahl von Forschungsvorhaben zur Entwicklung bzw. zum Einsatz von elektrisch betriebenen Bussen durchgeführt worden. Dabei stand insbesondere die Frage im Vordergrund, wie der besonderen Verantwortung des Nahverkehrs hinsichtlich Mobilitätsvorsorge, Energie- und Umweltaspekten verstärkt Rechnung getragen werden könnte. Trotz des Einsatzes erheblicher Förderungsmittel hat die ca. zehnjährige Forschungsförderung durch das Bundesministerium für Forschung und Technologie (BMFT) und das Bundesministerium für Verkehr (BMV) bis heute zu keiner Markterschließung für elektrisch betriebene Bussysteme, insbesondere Obus/Duo-Bussysteme, geführt. Lediglich mehrere Demonstrationsvorhaben wurden realisiert.

Ziele der Untersuchung

Mit der hier referierten Untersuchung wird der Versuch unternommen, die Hemmnisse aufzuzeigen, die bisher einer breiteren Einführung elektrisch betriebener Bussysteme, insbesondere Obus/Duo-Bussysteme, entgegenstehen. Derartige Einführungshemmnisse können sowohl im technischen und wirtschaftlichen Bereich liegen, als auch Aspekte der Zulassung und Genehmigung von Obussystemen sowie die Akzeptanz durch die verschiedenen Beteiligten betreffen.

Ausgehend von einer Analyse derartiger Einführungshemmnisse wurden Vorschläge zu deren Überwindung bzw. Reduzierung erarbeitet. Zur Erreichung dieser Ziele ist eine Betrachtung insbesondere der Bereiche Fahrzeugtechnik, Infrastruktur, Wirtschaftlichkeit, rechtliche Rahmenbedingungen, Akzeptanz durch Betroffene sowie Umweltbedingungen erforderlich. Neben einer Analyse dieser Gesichtspunkte, wie sie sich in der Bundesrepublik Deutschland darstellen, wurden auch Erfahrungen aus dem benachbarten Ausland, in welchem Obusse verstärkt im Einsatz sind, herangezogen.

Ausgangslage

Weltweit befanden sich Ende 1983 rund 35.000 Obusse in ca. 300 Städten im betrieblichen Einsatz. Eine Aufteilung auf die einzelnen Erdteile ergibt folgendes Bild:

	Fahrzeuge	Betriebe
BRD	100	3
Westeuropa	2.500	54
Osteuropa (ohne UdSSR)	2.300	29
UdSSR	25.000	172
Nordamerika	1.300	9
Mittel- und Südamerika	1.700	12
Asien, Australien und Ozeanien	2.400	28
Afrika	50	1
Gesamt	ca. 35.000	ca. 300

Die Entwicklung der elektrischen Antriebstechnologie von Bussen hat zu neuen technischen Lösungen geführt. Neben der Weiterentwicklung des Obusses wurden der Batteriebus, der Duo-Bus, der Hybridbus und der Schwungradbus neu konzipiert.

Duo-Busse mit zwei 100%-Antrieben werden in der Bundesrepublik Deutschland, Frankreich und Italien erprobt. Während in Frankreich und der Bundesrepublik Deutschland bereits Fahrgastbetrieb mit diesen Fahrzeugen durchgeführt wird, sind in Italien nur Prototypfahrzeuge realisiert. Ein Schweizer Duo-Bus befindet sich in der Projektierungsphase.

Duo-Busse werden in der Bundesrepublik Deutschland seit 1974 entwickelt und erprobt. Derzeit sind Fahrzeuge der dritten Generation im Einsatz. Während in der ersten Entwicklungsphase ausschließlich die Netz-/Batterie-Variante konkretisiert wurde, ist aufgrund der nicht sehr ermutigenden Ergebnisse auch eine Netz-/Diesel-Variante entwickelt worden. Das Netz-/Diesel-Konzept hat in der Folge seine prinzipielle Tauglichkeit nachweisen können. Das Netz-/Batterie-Konzept kann zur Zeit den Verkehrsbetrieben nicht empfohlen werden, da die Traktionsbatterien heute noch zu schwer, zu störanfällig, zu wartungsaufwendig, zu leistungsschwach, zu kurzlebig und damit insgesamt zu unwirtschaftlich sind.

Hybridbusse sind in größerer Stückzahl lediglich in der Bundesrepublik erprobt worden. Versuche mit Prototypen sind aus dem europäischen Ausland vorwiegend aus Italien und England bekannt.

Batteriebusse sind, ebenso wie Hybridbusse, im Flottenversuch über einen langen Zeitraum nur in der Bundesrepublik Deutschland erprobt worden. Allerdings sind in vielen Ländern Batterie-Prototypbusse (z. B. Bulgarien) realisiert und getestet worden.

Fahrzeuge mit einem vollwertigen Gyroantrieb (Schwungradantrieb) werden derzeit nur in den USA erprobt. Dieses Fahrzeugkonzept befindet sich jedoch bisher noch in der Versuchsphase.

In der Bundesrepublik sind neben dem „reinen" Obus - mit Stand 1984 - in den letzten zehn bis zwölf Jahren insgesamt etwa 50 Linienbusse für den Elektroantrieb entwickelt und gebaut worden.

Von den genannten Fahrzeugentwicklungen mit elektrischem Antrieb, Obus, Duo-Bus, Hybridbus, Batteriebus und Schwungradbus ist nach heutigem Kenntnisstand der Schwungradbus aus rein technischer Sicht nicht in der Lage, die im Verkehrsbetrieb zu bewältigenden Aufgaben zu erfüllen. Für den Hybridbus, den Netz-/Batterie-Duo-Bus und für den Batteriebus müssen Einschränkungen gemacht werden: Aufgrund der nicht voll befriedigenden Eckdaten der derzeit verfügbaren Batterietechnologie (Blei-Säure-Batterie), die bei allen drei genannten Bustypen Eingang findet, scheint ein wirtschaftlich sinnvoller Einsatz derzeit nicht möglich zu sein. Mit dem praktischen Einsatz neuerer, leistungsfähigerer Batterietechnologien (Natrium-Schwefel-Batterie) kann erst langfristig gerechnet werden.

Obusse und Duo-Busse (Netz/Diesel) sind aus technischer Sicht für den Einsatz im Verkehrsbetrieb geeignet, wenn auch hier eine technologische Weiterentwicklung im Hinblick auf eine obusimmanente Systemoptimierung sinnvoll erscheint. Auf dem Gebiet der technischen Komponentenentwicklung zeigen sich neue Ansätze (Drehstromantrieb etc.).

Bei der Frage nach der Wirtschaftlichkeit von Obussen wird meistens der Dieselbus als Vergleichsmaßstab herangezogen. Aufgrund der ähnlichen Leistungsfähigkeit der Fahrzeuge ist es möglich, die einzelnen fahrzeugspezifischen Kostenkomponenten vergleichend gegenüberzustellen. Die auftretenden Unterschiede zwischen beiden Bussystemen sind im wesentlichen in der abweichenden Traktionsweise und in einigen durch den Antrieb bedingten Merkmale begründet.

Eine Aussage über die Wirtschaftlichkeit eines Obussystems gegenüber einem Dieselbusbetrieb kann allerdings nur ein umfassender Systemvergleich geben. Eine entsprechende Vergleichsrechnung wurde im Rahmen der Untersuchung am Beispiel des Verkehrsgebietes Kassel durchgeführt. Dabei zeigte sich, daß ein Verkehrssystem, das weitgehend mit Obussen betrieben wird (ca. 91% der Betriebsleistung) jährliche Mehrkosten von 8% (5,58 Mio DM) gegenüber einem vergleichbaren Dieselbusbetrieb aufweist.

Die Anschaffungspreise für Obusfahrzeuge liegen weltweit um ca. 40 - 120% über den Preisen gleichgroßer Dieselbusse. Die **Tabelle 1** gibt einen Überblick über die gegenwärtige Situation in verschiedenen Ländern Westeuropas. Beachtenswert ist, daß die Mehrkosten der Obusse in der Bundesrepublik Deutschland mit ca. 96 - 115% an der Obergrenze der Bandbreite liegen.

Die sehr ungünstige Relation bei den Beschaffungspreisen (1984: TDM 410 für den Gelenk-Dieselbus und TDM 660 für den Gelenk-Obus) wird allerdings durch die höhere Nutzungsdauer der Obusse etwas kompensiert.

Neben den Investitionskosten für Infrastruktureinrichtungen sowie den Betriebskosten für die Instandhaltung der Fahrzeuge und Stromversorgungseinrichtungen wurden ferner die Betriebskosten, die sich bezüglich der Antriebsenergie der Fahrzeuge ergeben, als zweiter bedeutsamer Faktor hinsichtlich der Wirtschaftlichkeit untersucht.

| Land | Stadt | Jahr | Anschaffungsbetrag in TDM[1] | | | |
| | | | Obus | | Dieselbus | |
			Standard	Gelenk	Standard	Gelenk
Bundesrepublik Deutschland	Solingen	1982	–	650	225	330
	Kaiserslautern	1983	–	700	225	325
Frankreich	–	1981	406	–	252	–
Niederlande	Arnheim	1982	430	–	249	–
Österreich	Salzburg	1982	348	498	252	356
Schweiz	–	1979	401	596	293	434
	Lausanne	1983	631	–	–	641

[1] Die Preise wurden auf der Grundlage der in dem jeweiligen Jahr gültigen Devisenkurse umgerechnet.

Tabelle 1: Anschaffungspreise für Obusse und Dieselbusse

Die Energiekosten, die den Anstoß für die Renaissance des Obuseinsatzes gegeben haben, stellen im Rahmen von Wirtschaftlichkeitsuntersuchungen vielfach den größten Teil der elektrisch betriebenen Busse dar. Im Hinblick auf die zukünftige Energiepreisentwicklung ist mit einer weiteren Verbesserung zu rechnen.

Die Traktionskosten werden durch die Faktoren spezifischer Energieverbrauch der Fahrzeuge und Energiepreis bestimmt **(Tabelle 2)**. Dabei besitzt z. B. der Zweiachs-Obus beim Sekundärenergieverbrauch einen systemimmanenten Vorteil von fast 40% (ca. 2,5 kWh/Fzgkm gegenüber ca. 0,4 l/Fzgkm $\hat{=}$ 4,1 kWh/Fzgkm). Während im Ausland dieser Vorteil durch günstigere Strompreise auf die Traktionskosten übertragen werden kann, geht er in der Bundesrepublik Deutschland vollständig verloren. Die Strompreise in den deutschen Obusbetrieben liegen mit 21,3 bis 28,6 Pf/kWh fast doppelt so hoch wie in den meisten anderen europäischen Ländern. Daher ist die Energiekostenrelation zwischen Obus und Dieselbus sehr ungünstig.

| Land | Stadt | Bustyp | Energiekosten in DM pro km[1] | | Energiekostenrelation |
			Obus	Dieselbus	Obus : Dieselbus
Bundesrepublik Deutschland	Esslingen	Standard	0,45	0,42	1,07
	Kaiserslautern	Standard	0,45	0,42	1,17
		Gelenk	0,58		
	Solingen	Standard	0,54	0,41	1,32
Frankreich		Standard	0,35	0,43	0,81
Niederlande	Arnheim	Standard	0,346	0,348	0,99
Österreich	Salzburg	Standard	0,12	0,47	0,26
		Gelenk	0,18	0,59	0,31
Schweiz	Lausanne	Standard	0,25	0,40	0,63
	Winterthur	Gelenk	0,34	0,38	0,89

[1] Die Kosten wurden auf der Grundlage der in dem jeweiligen Jahr gültigen Devisenkurse umgerechnet (Preisstand 1982/83).

Tabelle 2: Traktionskosten von Obussen und Dieselbussen

Hinzuweisen ist in diesem Zusammenhang auf staatliche Förderungsmaßnahmen. In der Bundesrepublik Deutschland werden die ortsfesten Anlagen, die für den Betrieb eines Obussystems benötigt werden, durch das Gemeindeverkehrsfinanzierungsgesetz (GVFG) des Bundesministers für Verkehr finanziell gefördert.

Finanzielle Unterstützungen für den Kauf von Fahrzeugen werden hingegen nicht bundesweit geleistet. Lediglich in einigen Bundesländern (z. B. Nordrhein-Westphalen, Rheinland-Pfalz) gibt es hier nennenswerte Förderungsprogramme.

Darstellung der Hemmnisse und Überwindungsansätze

Im Folgenden sind die wichtigsten wirtschaftlichen und strukturpolitischen Hemmnisse, wie sie sich im Laufe der Untersuchung dargestellt haben, aufgeführt. Die entsprechenden Ansätze zu ihrer Überwindung werden thesenartig beigeordnet.

Technische Hemmnisse

Im Vergleich zum europäischen und außereuropäischen Ausland nimmt die deutsche Fahrzeug- und Elektroindustrie auch im Bereich der Obusentwicklung eine Spitzenposition ein. Spitzentechnologie mußte deshalb in der Regel nicht importiert werden. Unter Ausnutzung aller technologischen Möglichkeiten muß konsequent weiterhin eine zielgerichtete Forschung betrieben und eine Weiterentwicklung aller Komponenten erreicht werden.

Das Know-How und der hohe technologische Stand der deutschen Industrie müssen die Voraussetzung dafür schaffen, daß für jeden Einsatzbereich relativ einfach und kostengünstig eine entsprechende Technologie bereitgestellt werden kann.

Die teilweise sehr großzügig ausgelegten unterirdischen Verkehrsanlagen sowie die derzeit gefahrenen Zugfolgezeiten bei Stadtbahnsystemen erlauben es in vielen Betrieben, auch spurgeführte Busse durch die meistens im Innenstadtbereich liegenden unterirdischen Fahrwege zu führen. Eine derartige Nutzung der Stadtbahntunnel ist jedoch nur mit Hilfe des elektrischen Antriebes möglich, da bei den Dieselbussen der Aufwand für die Entlüftung des Tunnels finanziell zu hoch wäre.

Es sind infolgedessen die Voraussetzungen zu schaffen, daß die bereits vorhandenen Infrastrukturen im Innenstadtbereich durch die Kombination elektrischer Antriebs- und Spurführungstechnologien besser genutzt werden können.

Ein wesentlicher Nachteil, der dem Obus in der Vergangenheit angelastet wurde, war die völlig starre Gebundenheit an das Energieversorgungssystem. Der Obus war nicht in der Lage, auf eventuell auftretende Störungen, z. B. mechanische Störungen, Behinderung durch Unfälle, elektrische Störungen, zu reagieren.

Die konsequente Weiterentwicklung von Zweit-Fahrantrieben kann hier den technologiebedingten Nachteil der völligen Fahrdrahtabhängigkeit weitestgehend beseitigen und eine flexible Betriebsführung ermöglichen.

Die Batterietechnik hat bis heute auf dem Obussektor noch keinen Durchbruch erreicht. Die bisher relativ geringe Speicherkapazität und die dadurch notwendigen Zusatzmaßnahmen, wie z. B. Zwischenladung, stellen im Hinblick auf Wirtschaftlichkeit und Betriebsablaufsteuerung immer noch eine Hemmschwelle für den massiven Einsatz dieser Technologie dar.

Erst durch die konsequente Weiterentwicklung elektrischer Energiespeicher im Hinblick auf eine höhere Leistungsfähigkeit und bessere Wirtschaftlichkeit kann der Batteriebus zu einem ebenbürtigen Partner im ÖPNV werden.

Hinsichtlich der Stromabnehmer sind vornehmlich zwei Ansatzpunkte zu nennen.

Die seit Jahrzehnten im Einsatz befindlichen manuellen Stromabnehmer-Einzugsvorrichtungen mit Seilen und Blockiersystem genügen nicht mehr den heutigen Ansprüchen. Für den modernen Obusbetrieb und für den Duo-Bus-Betrieb werden vermehrt automatisch arbeitende, mit Stellmotoren ausgerüstete Stromabnehmersysteme eingesetzt. Die entsprechenden Entwicklungsmodelle bzw. Prototypenanlagen werden in den Bedienungselementen noch nicht den Anforderungen des täglichen Busbetriebs hinsichtlich Bedienungssicherheit und Robustheit gerecht.

Die Bedienungsmöglichkeiten von zu entwickelnden automatisch und halbautomatisch arbeitenden Stromabnehmersystemen müssen folglich den Anforderungen im Busbetrieb angepaßt sein, wobei insbesondere das Schwingungsverhalten von Stromabnehmer und Fahrdraht bei der Konstruktion berücksichtigt werden muß.

Infrastrukturelle Hemmnisse

Bei vielen Diskussionen mit Fachleuten, Betreibern, Politikern und Benutzern wird als großer Nachteil elektrisch betriebener Busse sehr häufig der optische Eindruck der Fahrleitungen angeführt, die als störend und umweltfeindlich angesehen werden. Die Verdrahtung durch verschmutzte Isolatoren, verrostete Verspannungsdrähte, überdimensionierte Stahlmasten und Maueranker sowie schwergewichtige Kreuzungen und Weichen prägen und prägten das Bild in den Obusstädten.

Der optische Eindruck der Fahrleitung für Obusse/Duo-Busse muß also durch technische Weiterentwicklung akzeptabler gestaltet werden, damit nicht durch Einsprüche von Anliegern oder indirekt Betroffenen die Einführung neuer Strecken behindert wird.

Nach den Erfahrungen von Obusbetreibern in der Bundesrepublik, in Europa und Übersee ist die mechanische Zuverlässigkeit heutiger Energieübertragungssysteme dringend verbesserungsbedürftig. Im täglichen Betrieb mit Obussen/Duo-Bussen sind Schwachstellen im Fahrleitungsnetz bekannt, die zu nicht unerheblichen Betriebsstörungen, Fahrtenausfällen und Kosten führen.

Fahrleitungen und Fahrleitungseinrichtungen wie Weichen, Kreuzungen und Kurvenschienen usw. sind technisch zu verbessern, damit die Vorteile der modernen Obus/Duo-Bus-Fahrzeugtechnik genutzt werden können.

Neben den rein technischen Überlegungen zum Energieversorgungskonzept steht die Kompatibilität zu den genormten Stadtbahnnetzen von 750 V im Vordergrund.

Neue Leistungselektroniken sowie GTO- und Wechselrichtertechniken können Impulse für kostengünstigere Neukonzeptionen in der Energieversorgung ergeben. Darüber hinaus und unabhängig davon können zentrale Überwachungs- und Bedienungsfunktionen anstelle einer dezentralen Anordnung die Energieversorgung des Obus-Duo-Bus-Betriebes vereinfachen und verbilligen.

Aus der historischen Entwicklung des Obusses ist ableitbar, daß die Energieversorgungsunternehmen (EVU) die Einführung elektrisch betriebener Busse wesentlich mit vorangetrieben haben, da in ihrem ursächlichen Interesse als Stromlieferant dies ein bedeutender Verbrauchermarkt war. Diese einmalige Rolle sollten die EVU auch heute bei einer möglichen Renaissance des Obusses wieder einnehmen.

Insbesondere für kleine und mittlere Verkehrsbetriebe wäre es in diesem Zusammenhang sinnvoll, die Schnittstelle und den Verantwortungsbereich zwischen Betreiber und Energielieferant zwischen Oberleitung und Stromabnehmer zu legen, um die Unternehmen von dem Problemkreis „Stromversorgung" zu entlasten.

Ökonomische Hemmnisse

Bei der Produktion von Dieselbussen verteilen sich die anfallenden Grundkosten aus Entwicklung, Errichtung von Fertigungseinrichtungen etc. auf relativ große Produktionsmengen. Die dadurch realisierte Kostendegression wird noch verstärkt durch die Übernahme von Komponenten aus der Lkw-Produktion, wie z. B. Antriebsaggregaten.

Demgegenüber bieten sich für die elektrisch angetriebenen Busse unter den gegenwärtigen Produktionsbedingungen nur geringe Einsparungsmöglichkeiten. Elektrofahrzeuge werden aufgrund der geringen Stückzahlen heute in Einzel- bzw. in Kleinserienfertigung erstellt.

Um den Obus langfristig in der Bundesrepublik Deutschland zu etablieren, wäre es möglicherweise schon ausreichend, wenn innerhalb eines kurzen Zeitraumes - quasi als Initialzündung - eine größere Fahrzeugserie (mindestens ca. 100 Einheiten) produziert werden könnte. Die anteiligen Entwicklungskosten pro Fahrzeug ließen sich dadurch für Folgeaufträge erheblich senken.

Die relativ hohen Produktionskosten für Obusfahrzeuge müssen entsprechend durch eine Verbesserung der produktionstechnischen Rahmenbedingungen verringert werden.

Die deutschen und viele europäische Verkehrsbetriebe verlangen für ihre Neufahrzeuge die Übernahme des jeweils neuesten Standes der Technik. Dies führt vielfach zu technischen Lösungen, die zu „überladen" erscheinen und ein beträchtliches Störungspotential in sich bergen. Neben der Bereitstellung von hochqualifiziertem, teurem Wartungspersonal müssen für die neue Technik auch höhere Anschaffungsbeträge in Kauf genommen werden.

Bei einem Kostenvergleich im Obus-Versuchsbetrieb von Johannesburg, Republik Südafrika, zeigten sich bei Fahrzeugen mit identischen mechanischen Komponenten (Aufbau, Fahrgestell) aufgrund der sehr unterschiedlichen E-Ausrüstung beträchtliche Unterschiede in den Fahrzeugbeschaffungskosten. Die Investitionskosten für einen Doppeldeckerobus lagen zwischen ca. TDM 400 (Variante mit konventioneller Schützsteuerung) und TDM 500 (Variante mit Gleichstromstellersteuerung und Nutzbremsung); Preisstand jeweils 1982/83.

Für die Durchsetzung einer größeren Verbreitung des Obusverkehrs ist es daher erforderlich, auch die Entwicklung von technisch weniger aufwendigen Obuskonzepten zu verstärken.

Obusantriebe haben eine längere Lebensdauer als Dieselmotoren, während den restlichen Fahrzeugkomponenten der Obusse, zumal wenn sie aus der Dieselbusfertigung abgezweigt werden, eine wesentlich kürzere Nutzungszeit zuzumessen ist.

Um gegenüber den Dieselbussen konkurrenzfähig zu werden, muß die Lebensdauer des mechanischen Teils der elektrisch betriebenen Fahrzeuge durch bau- und wartungstechnische Maßnahmen derjenigen der elektrischen Anlage angenähert werden. Durch die Verwendung moderner und wartungsfreundlicher Elektromotoren und E-Ausrüstungen sowie durch weitere konstruktive Maßnahmen am Fahrzeug ist weiterhin der zu den Dieselbussen bestehende Kostenvorteil im Bereich der Instandhaltungskosten weiter auszubauen.

Aus der Forderung nach dem Ersatz möglichst vieler Dieselbusse durch Obusse einerseits und aus dem Streben nach möglichst niedrigen Kosten für die Stromversorgungsanlage andererseits resultiert die Frage nach der optimalen Netzgröße von Obussystemen. Je stärker das Obusnetz auf die meistfrequentierten Streckenabschnitte begrenzt bleibt, um so niedriger sind die spezifische, z. B. auf den Fahrzeugkilometer bezogenen Stromversorgungskosten, sofern eine gewisse Mindestnetzgröße nicht unterschritten wird.

Davon ausgehend sind die Kosten der Stromversorgungs- und -verteilungseinrichtungen durch geeignete Systemauslegung und Materialauswahl möglichst gering zu halten. Darüber hinaus können die Kosten für die Unterhaltung der Stromversorgungsanlagen durch die Verwendung neuartiger Materialien und Komponenten sowie durch geeignetere Wartungs- und Instandhaltungsstrategien gegenüber herkömmlichen Anlagen verringert werden.

Verkehrsbetriebe, die von den Elektrizitätsversorgungsunternehmen wie normale Sonderabnehmer behandelt werden, zahlen mit durchschnittlich 24 Pfg/kW einen im Vergleich zu anderen Ländern relativ hohen Strompreis.

Die im europäischen Vergleich sehr hohen und daher für den Obus nachteiligen bundesdeutschen Strompreise müssen durch Sonderbehandlung der öffentlichen Verkehrsbetriebe abgebaut werden.

Sonstige Hemmnisse

Am schwersten lassen sich die Hemmnisse in den Bereichen Recht, Verkehrspolitik. Akzeptanz und Energie quantifizieren. Gerade die Fragen der Baugenehmigung, der Durchsetzbarkeit, der verkehrlich sinnvollen Nutzung aus Umwelt- und Energiegründen scheinen bei der Einführung von elektrisch betriebenen Bussystemen eine herausragende Rolle zu spielen. Das Fehlen einer zukunftsorientierten Öffentlichkeitsarbeit von Industrie, Betreibern und Politikern hat dazu geführt, daß die Möglichkeiten der elektrischen Traktion im Rahmen des Busverkehrssystems nicht ausreichend berücksichtigt worden sind. Im einzelnen können folgende Ansätze zur Überwindung dieser Hemmnisse genannt werden:

— Die bei der Errichtung neuer Obus/Duo-Bus-Linien vorgeschriebene Planfeststellung ist weitestgehend zu vereinfachen, um das Genehmigungsverfahren verwaltungstechnisch und zeitlich abzukürzen.

— Von seiten der Bundesregierung bzw. des zuständigen Ressortministeriums ist das Bekenntnis zur Bevorrechtigung des ÖPNV vor dem IV und zur Unterstützung des elektrischen Antriebs stärker zu akzeptieren.

— Aufgrund der spezifischen Vorteile der elektrisch betriebenen Busse im Energie- und Umweltbereich sollte der Gesetzgeber die wirtschaftlichen Faktoren bei der Einführung bzw. beim Einsatz von elektrisch angetriebenen Bussen verbessern.

— Die Förderung eines Demonstrationsvorhabens als Obus/Duo-Bus-Verkehrssystem in einer typischen Fallstadt soll die Leistungsfähigkeit des elektrischen Antriebs nachweisen.

— Die Diskussion um Verbesserungen im Umweltbereich soll und muß von den Großraumbetrachtungen, z. B. Bundesrepublik Deutschland, auf den Kleinraum (Mikro) verlagert werden.

— Die Skepsis der Betreiber gegenüber elektrisch betriebenen Bussen muß abgebaut werden.

— Für den Obus/Duo-Bus ist durch geeignete Werbung ein verstärkter Bewußtseinsbildungsprozeß bei der Bevölkerung einzuleiten.

— Von seiten der Fahrzeughersteller und der beteiligten Industrie ist durch aktives Marketing und durch Vor-Ort-Demonstration die Meinungsbildung bei Politikern und Betreibern für den Obus/Duo-Bus zu forcieren.

— Bei den Verkehrsbetrieben ist durch Aufklärungsarbeit seitens staatlicher Institutionen eine Bewußtseinsbildung im Hinblick auf die mittel- bis langfristige Energiesituation herbeizuführen.

— Im Hinblick auf die Eröffnung neuer Marktchancen sollten die Energieversorgungsunternehmen ihre Absatzpolitik für die öffentlichen Verkehrsbetriebe überdenken bzw. ändern.

Förderungsträger

Ausgehend von den verschiedenen Ansatzbereichen und der Vielzahl von Maßnahmen zur Überwindung der Einführungshemmnisse kristallisieren sich verschiedene Institutionen als Förderungsträger heraus. Zu nennen sind insbesondere:

— Staatliche Institutionen (Bund. Länder)
— Fahrzeug- und Anlagenhersteller
— Energieversorgungsunternehmen
— Betreiber und Kommunen.

Im Interesse einer allgemeinen Verbesserung des öffentlichen Personennahverkehrs sollten auch die verschiedenen betroffenen Interessengruppen (z. B. VDEW und VÖV) die Vorteile des elektrischen Antriebes im Rahmen des Busverkehrssystems stärker propagieren.

Elektronische Spurführung Fürth: Kurzbericht über das Demonstrationsvorhaben

Daimler Benz AG. Stuttgart
MAN. München
SNV Studiengesellschaft Nahverkehr mbH. Hamburg
Stadtentwicklungsamt Fürth
Stadtwerke Fürth

J o k u s c h (Stadt Fürth)

Förderungskennzeichen des BMFT: TV 8108, TV 8339

Zusammenfassung

Der Demonstrationsbetrieb mit elektronisch spurgeführten Bussen in Fürth wird nach einem Erprobungsbetrieb von ca. 18 Monaten am 8.12.1985 beendet. Die Erfahrungen und die Resonanz in der Öffentlichkeit gegenüber der elektronischen Spurführung sind sehr positiv. Daher sind Überlegungen im Gange, einen Referenzbetrieb unter Praxisbedingungen im Innenstadtbereich von Fürth durchzuführen. Als weiterer Vorteil der elektronischen Spurführung wird gesehen, daß das Leitkabel grundsätzlich auch für weitere Funktionen (Fahrgastinformation, Lichtsignalbeeinflussung, Übertragung von Fahrzeugzustandsdaten) genutzt zu werden.

Summary

The test demonstration using electronically guided busses in Fürth will end after test operations of about 15 months on 8th December 1985. The experience and response from the public are positive with respect to the electronic guidance. Thus, it is being considered that a comparative test under actual conditions be conducted in the inner city area of Fürth. A further advantage of electronic guidance is taken to be that the guidance cable can be used for other functions (passenger information, traffic light influences. transmission of vehicle status data).

Bericht

Am 28.05.1984 wurde auf einem Teilstück von ca. 1.400 m Länge die elektronische Spurführung in Betrieb genommen. Seit dieser Zeit verkehren die Fahrzeuge im öffentlichen Linienverkehr.

Eingesetzt wurden von Anfang an 2 Fahrzeuge des Herstellers MAN, später auch eines des Herstellers Daimler Benz.

Während des Demonstrationsvorhabens traten verschiedene technische Schwierigkeiten auf, die durch Nachbesserungen weitestgehend behoben werden konnten.

Wichtig ist festzustellen, daß keinerlei sicherheitsgefährdende Situationen auftraten.

Aufgrund der Auflagen durften die Fahrzeuge im Winterbetrieb nicht im Linienverkehr eingesetzt werden. Testfahrten zeigten jedoch, daß das Fahrverhalten nahezu identisch mit dem handgelenkter Busse ist.

Im derzeitigen Erprobungsstadium fordern die Fahrzeuge vom Fahrer eine vorausschauendere Fahrweise. Dies ist vor allem durch die sonstigen Verkehrsteilnehmer bedingt, die an straßenbahnähnliche Verhaltensweisen nicht mehr gewöhnt sind.

Die Akzeptanz bei den Fahrgästen ist gut, insbesondere bedingt durch die höhergelegene Haltestelle an der Luisenstraße.

Ausblick

Das Demonstrationsvorhaben wird am 08.12.1985 beendet, da dann die Strecke abgebaut wird. Es ist aufgrund der guten Erfahrungen jedoch vorgesehen, das Projekt in Fürth fortzuführen. Entscheidend wird jedoch für die weitere Verbreitung die Finanzierung durch Dritte sein.

Schlußbemerkung

Das Demonstrationsvorhaben kann am 19.09.1985 mittags im Rahmen des Statusseminars besichtigt werden. Die Demonstrationsbusse werden vor der Stadthalle Fürth bereitstehen.

Diskussion

Leitung: Prof. Meyer

Teilnehmer: Prof. Girnau, Koch, Ludwig, Dr. Niemann, Montada, Pasquay u.a.

Referate: **Spurbus-Demonstration und weitere Anwendungen; Spurbuseinsatz auf schwachbelasteten Schienenstrecken; Spurbuseinsatz im Tunnel, Abgasproblematik; Untersuchungen zur Verkehrssicherheit in städtischen Straßentunneln; Wirtschafts- und strukturpolitische Hemmnisse für E-Busse**

Spurbus-Demonstration und weitere Anwendungen

Auf die Frage, warum der Spurbus nicht nur in Engstellen sondern auch dort eingesetzt wird, wo keine Begrenzungen sind oder wo Busspuren möglich wären, wurde ausgeführt, daß der Spurbus nicht nur bei Engstellen in Frage käme, sondern wegen seiner Sicherheit auch bei höheren Geschwindigkeiten gegenüber dem gelenkten Bus Vorteile bietet. Bei der Anwendung Spurbus - Adelaide war der Unterschied zwischen Busstraße und Spurführung in den Investitionskosten sehr gering - 62 Mio. gegen 68 Mio. austral. Dollar -für den spurgeführten Betrieb. Darüberhinaus konnte in Adelaide durch Pfahlgründung die Spurbusstrecke von Hebungen und Senkungen des Bodens unabhängig gemacht werden, so daß auch bei den Unterhaltskosten Vorteile erwartet werden. Als weiterer Grund für die Entscheidung zugunsten des Spurbusses in Adelaide war der zu erwartende hohe Fahrkomfort.

In den Niederlanden stehen einige Stadtbahnstrecken zum Ausbau an. Hierzu werden von den Verkehrsbetrieben und Kommunalverwaltungen zur Entscheidungsfindung Studien zur Kostengegenüberstellung zwischen Bahnausbau und Spurbuseinsatz durchgeführt.

Spurbuseinsatz auf schwachbelasteten Schienenstrecken

Bei gemischtem Betrieb auf Schienenstrecken ist Spurführung unbedingt notwendig. Bei reinem Spurbusbetrieb auf stillgelegten Strecken ist es sicherlich untersuchenswert, ob eine durchgehende Spurführung aufgrund der vorgegebenen Zwänge (z.B. Platzverhältnisse) erforderlich ist. Hinsichtlich der Problematik bei Gegenverkehr auf einspurigen Spurbusstrecken wurde entgegnet, daß Ausweichstellen vorgesehen werden, wo sich die Busse nach Fahrplan begegnen. Eine Signalisierung ist auf solchen Strecken notwendig.

Wirtschafts- und strukturpolitische Hemmnisse für E-Busse

Zu den Betriebskosten für O- und Trolleybusse wurde angemerkt, daß die im Referat gemachten Angaben aufgrund unterschiedlicher Energiepreise nicht vergleichbar sind. Der Anteil der Energiekosten an den Betriebskosten ist vergleichbar gering; bei der Instandhaltung ist der Trolleybus selbst etwas günstiger, hinzu kommen hier aber die Kosten für die Instandhaltung der Oberleitung.

Spurbuseinsatz im Tunnel in Regensburg

Auf die Frage, ob man mit einer Abgasabsauganlage nach Regensburger Muster auf die Duo-Busse für den Tunnelbetrieb in Essen verzichten könne und wie groß der Querschnitt der Abgasleitung in Abhängigkeit von der Streckenlänge sei, wurde entgegnet, daß in Regensburg bei 1,5 km Streckenlänge 35 cm Durchmesser für die Abgasleitung ausreichend sei. Vom Platzbedarf ist dieses Rohr unkritisch, da wegen der Bauweise im Schildvortrieb ausreichend Leerraum über dem Tunnel vorhanden ist. In Essen würde eine derartige Anlage bei Realisierbarkeit viele Probleme lösen, politisch ist jedoch der Ersatz der Straßenbahn in Essen nur durch elektrisch betriebene Fahrzeuge möglich, hierbei spielen Differenzkosten zum Dieselbus keine Rolle.
Der Energieverbrauch für die Abgasabsauganlage beträgt ca. 40 KVA gegenüber 400 KVA für die konventionelle Längslüftung des gesamten Tunnels. so daß auch Lärmprobleme durch die Lüfter nicht zu erwarten sind. Eine zusätzliche Lüftung der Tunnelröhre ist nicht nötig, hier reicht die Kolbenwirkung der durchfahrenden Fahrzeuge aus.

Energiesparende Antriebe

Stand der Entwicklung des Antriebs- und Energierückgewinnungssystems des umweltfreundlichen Müllsammelfahrzeugs

M.A.N. München

L e x e n
v . K o r f f (Vortragender)

Förderungskennzeichen des BMFT: TV 8246

Zusammenfassung

Ziel des Vorhabens ist der Bau eines umweltfreundlichen Müllsammelfahrzeuges. Durch den Einsatz eines Antriebssystems mit Bremsenergierückgewinnung soll gegenüber konventionellen Müllsammelfahrzeugen ein niedrigerer Kraftstoffverbrauch, ein reduzierter Lärmpegel sowie geringere Umweltbelastung durch Abgase erreicht werden

Bau und Inbetriebnahme des ersten Prototypen (16 t) sind abgeschlossen. Komponentenmessungen am ZFF-Prüfstand haben Aufschluß über das Verhalten der Hydraulikkomponenten im Antriebsstrang gegeben.

Summary

Objective is to develop a garbage truck having minimum negative impact on the environment. Fuel consumption is lowered and noise level and exhaust emissions reduced by using a regenerative braking system.

A first prototype (16 t) has already been put into operation. Tests carried out on the ZFF test bed have demonstrated the specific response of the hydraulic units in the drive line

Stand des Vorhabens

Im Oktober 1985 wurde der erste Prototyp des umweltfreundlichen Müllsammelfahrzeuges fertiggestellt und dem Betreiber (BSR) für Messungen zur Verfügung gestellt.

Bau und Inbetriebnahme sind erfolgreich abgeschlossen **(Bild 1).** Das Fahrzeug kann termingerecht ausgeliefert werden. Der zweite Prototyp steht vor der Fertigstellung.

Betriebszustände, Speicherhydraulik und Regelung entsprechen der Zielsetzung.

Bei ZFF wurde ein Prüfstand aufgebaut, der sich sowohl für Komponenten- als auch für Systemuntersuchungen eignet.

Erste Komponentenmessungen haben Schwachstellen der verwendeten Hydroeinheiten aufgezeigt.

Serienmäßige Hydroeinheiten eignen sich nur bedingt für ein Bremsen-energierückgewinnungssystem.

Leckagen. Verstellzeiten, zulässige Drehzahlen, Geräusche und Anschluß-möglichkeiten müssen verbessert werden. Zusammen mit den zuständigen Hydraulikfirmen müssen Möglichkeiten gefunden werden, Hydrokomponenten zu entwickeln, die den speziellen Anforderungen einer Bremsenergierückgewinnung gerecht werden.

Bild 1:   Umweltfreundliches Müllsammelfahrzeug

Anforderungen, Betriebszustände

Geringer Treibstoffverbrauch und Umweltbelastung sowie erhöhter Bedien- und Fahrkomfort unterscheiden das umweltfreundliche Müllsammelfahrzeug von Müllsammelfahrzeugen mit konventionellem Antrieb.

Die gewählte Antriebsstruktur **(Bild 2)** verdeutlicht den Wunsch mit geringen Änderungen am konventionellen Müllsammelfahrzeug Bremsenergiespeicherung zu ermöglichen. Die gespeicherte Energie kann für den Müllvorgang oder zum Anfahren genutzt werden.

Zu den konventionellen Komponenten des Antriebsstranges und der Müllhydraulik kommen zusätzlich ein sekundärseitiger Nebenantrieb (Pos. 5)

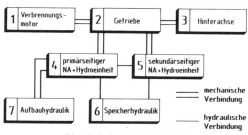

Bild 2:   Antriebsstruktur

und die Speicherhydraulik (Pos. 6) hinzu. Ein Fahrzeugrechner übernimmt die Regelung des Antriebsstranges. Aufbau und Speicherhydraulik wurden vorerst nicht zusammengelegt. Je nach Wunsch ist der Betrieb mit oder ohne Speicherhydraulik möglich.

Die im **Bild 2** dargestellte Antriebsstruktur ermöglicht folgende Betriebszustände **(Bild 3):**

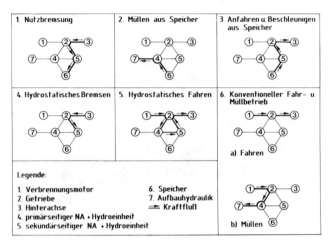

Bild 3: Betriebszustände

Hydrostatisches Bremsen mit Energiespeicherung

Wird das Bremspedal vom Fahrer betätigt, wird anfangs nur die sekundärseitige Hydroeinheit angesteuert. Die Betriebsbremse spricht nur ab einem bestimmten Pedalweg, nach Überwindung eines Druckpunktes, an.

Durch Ausschwenken der Hydroeinheit arbeitet diese Punpe und fördert Öl aus dem ND-Speicher in den HD-Speicher. Hat der HD-Speicher den maximal zulässigen Arbeitsdruck (420 bar) erreicht, schließt er und es kann hydrostatisch oder mit der Betriebsbremse gebremst werden.

Betrieb der Aufbauhydraulik mit gespeicherter Energie aus HD-Speicher

Der Speicher kann entweder während des Bremsvorganges oder mit dem Motor über die primärseitige Hydroeinheit aufgeladen werden.

Während des Müllvorganges mit Speicherbetrieb arbeitet die primärseitige Hydroeinheit (P_1) als Motor und treibt die zur Aufbauhydraulik gehörenden Pumpen (P_4 und P_5) an. Ist der Speicher leer, wird die Kupplung K_1 geschlossen und der Verbrennungsmotor liefert die für den Müllvorgang notwendige Energie. Gleichzeitig wird der HD-Speicher geladen. Ist der Speicher wieder geladen, kann der Müllvorgang mit der gespeicherten Energie ablaufen.

Der Motor wird in einem verbrauchsgünstigen Bereich des Motorkennfeldes gefahren.

Hydrostatisches Anfahren und Beschleunigen

Wird die gespeicherte Energie während des Müllvorganges nicht aufgebraucht. kann diese für den Anfahrvorgang genutzt werden. Das Fahrzeug fährt rein hydrostatisch an und beschleunigt bis der Speicher entleert ist. Dann folgt die Beschleunigung mit Hilfe des Verbrennungsmotors.
Am Ende eines Beschleunigungsvorganges ist der Speicher „leer", d.h. er kann wieder Bremsenergie speichern.

Hydrostatisches Bremsen ohne Speicherung

Ist der Speicher während eines Bremsvorganges aufgeladen, kann weiter rein hydraulisch gebremst werden.
Die angefallene Energie wird in einem Überdurckventil in Wärme umgewandelt.

Rein hydrostatisches Fahren

Für „Schleichfahrten" kann das Fahrzeug rein hydrostatisch fahren. Dabei wird die primärseitige Hydroeinheit vom Verbrennungsmotor angetrieben. Sie arbeitet als Pumpe und fördert Öl zu der sekundärseitigen Hydroeinheit, die als Motor arbeitet. Diese überträgt das Abtriebsmoment auf die Hinterachse.

Konventioneller Fahr- und Müllbetrieb

Bei Bedarf kann der Betrieb auf konventionellen Fahr- und Müllbetrieb umgestellt werden. Dabei wird die Speicherhydraulik außer Betrieb gesetzt.

Antriebsstrang mit Speicherhydraulik

Um den o. g. Anforderungen zu entsprechen, wurde ein Antriebsstrang mit Speicherhydraulik entwickelt **(Bild 4).**

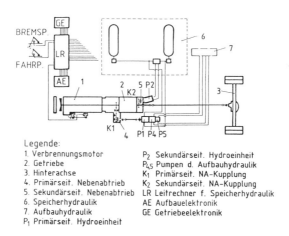

Legende:
1. Verbrennungsmotor
2. Getriebe
3. Hinterachse
4. Primärseit. Nebenabtrieb
5. Sekundärseit. Nebenabtrieb
6. Speicherhydraulik
7. Aufbauhydraulik
P_1 Primärseit. Hydroeinheit

P_2 Sekundärseit. Hydroeinheit
$P_{4,5}$ Pumpen d. Aufbauhydraulik
K_1 Primärseit. NA-Kupplung
K_2 Sekundärseit. NA-Kupplung
LR Leitrechner f. Speicherhydraulik
AE Aufbauelektronik
GE Getriebeelektronik

Bild 4: Antriebsstrang mit Speicherhydraulik

Primär- und sekundärseitige Nebenabtriebe des automatischen Getriebes (Pos. 4 und 5) ermöglichen die Nutzbremsung und die Nutzung der gespeicherten Energie für den Müllvorgang oder das Anfahren und Beschleunigen des Fahrzeuges.

Die primär- und sekundärseitige Hydroeinheit (P_1 und P_2) arbeitet in einem geschlossenen Hydrauliksystem.

Während eines Speichervorganges wird dem ND-Speicher Öl entnommen und in den HD-Speicher gefördert. Dabei arbeitet P_1 oder P_2 als Pumpe. Wird der HD-Speicher entladen und die Energie genutzt arbeitet P_1 oder P_2 als Motor. Das Öl fließt in den ND-Speicher zurück.
Die durch Leckagen in den Öltank geflossene Ölmenge wird mit Hilfe einer vom Verbrennungsmotor angetriebenen Pumpe ersetzt.

Ergebnisse

Im Rahmen der Inbetriebnahme wurden Messungen durchgeführt. Maßgebend bei der Beurteilung des Systems ist die bei einem Bremsvorgang gespeicherte Energie **(Bild 5).**

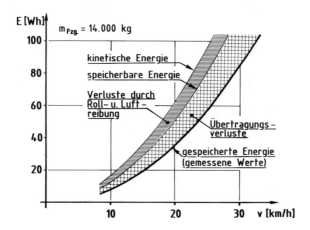

Bild 5: Energiebilanz einer Nutzbremsung

Dabei ist zu beachten, daß jeder Fahrzeuggeschwindigkeit eine kinetische Energie entspricht. Zieht man die Verluste (Rollreibung, Luftwiderstand, mechanische Verluste im Antriebsstrang) in Betracht, bleibt nur ein Teil der kinetischen Energie für die Speicherung. Die effektiv gespeicherte Energie ist zusätzlich noch mit dem mechanisch-hydraulischen Wirkungsgrad der Hydroeinheiten behaftet.

Bei der Entnahme der gespeicherten Energie muß der Speicherwirkungsgrad berücksichtigt werden.

Die wichtigsten Betriebsparameter während eines Fahr- und Müllzyklus sind in **Bild 6** zu sehen. Besondere Beachtung verdient dabei das Aufladen des

HD-Speichers während eines Bremsvorganges, sowie der Müllvorgang mit der gespeicherten Energie.

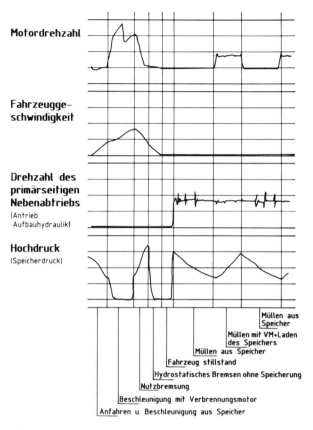

Motordrehzahl

Fahrzeugge-
schwindigkeit

Drehzahl des
primärseitigen
Nebenabtriebs
(Antrieb
Aufbauhydraulik)

Hochdruck
(Speicherdruck)

Müllen aus
Speicher
Müllen mit VM+Laden
des Speichers
Müllen aus Speicher
Fahrzeug stillstand
Hydrostatisches Bremsen ohne Speicherung
Nutzbremsung
Beschleunigung mit Verbrennungsmotor
Anfahren u. Beschleunigung aus Speicher

Bild 6: Drehzahlen und Drücke während eines Zyklus

Weiteres Vorgehen

Das Fahrzeug wird in Berlin einem Meßprogramm unterzogen. Dabei werden auf der gleichen Strecke wie bei der Voruntersuchung Fahrzeug- und Betriebsdaten aufgenommen.

Eine Auswertung der Meßdaten wird Aufschluß über Akzeptanz und Wirtschaftlichkeit des umweltfreundlichen Müllsammelfahrzeuges geben. Gleichzeitig wird auch die Absenkung des Lärmniveaus sowie die Reduzierung der Abgasmengen untersucht.

Ergebnisse des Prüfstands- und Fahrerprobung bei Hydrobus III

M.A.N. München

Hagin
v. Korff (Vortragender)

Förderungskennzeichen des BMFT: TV 8307

Zusammenfassung

Zur Rückgewinnung der Bremsenergie hat die M.A.N. in mehreren Schritten ein Antriebssystem (Hydrobus III), bestehend aus einem Diesel-Motor, einem hydromechanischen Leistungsverzweigungsgetriebe und Druckspeichern entwickelt.

Aufbauend auf den Ergebnissen aus den Fahrversuchen mit einem Lkw als System- und Meßgeräteträger und aus den Prüfstandsversuchen bei den Entwicklungspartnern wurden nun der Hydrobus III mit Speicher und ein weiterer Bus ohne Speicher, jedoch mit stufenlosem Getriebe, fertiggestellt und in Betrieb genommen.

Summary

Several M.A.N. development have led to a brake energy recovery system, concisting in a Diesel engine, an own hydromechanical infinitely variable transmission (IVT) and pressure tanks (Hydrobus III).
The test of each component, as well as those of the system built in in a driving truck equipped with measuring devices resulted in the implementation and in the taking into operation of the Hydrobus III as well as of a bus equipped with the IVT alone.

Entwicklungsziel

Für den Zeitraum 1984 bis Mitte 1985 wurden folgende Hauptaufgaben gestellt:

Die Konstruktion, der Aufbau und die Inbetriebnahme eines SL 200-Busses, ausgerüstet mit einem prüfstandserprobten Hydrobus III-Antrieb.

Der Antrieb, dargestellt in **Bild 1,** wurde bereits bei den Status-Seminaren „Nahverkehrsforschung" 1983 und 1984 ausführlich beschrieben.

Andere Ziele waren: Verbesserungen der Komponenten, Betriebsstrategie und Regelung, und die Durchführung der theoretischen Untersuchungen sowie der dazu erforderlichen Prüfstandsversuche.

Stand des Projekts

Diese gestellten Ziele wurden weitgehendst erreicht.

— Der Bus mit stufenlosem Getriebe (SHL) und mit Speicher wurde konstruiert, aufgebaut und befindet sich programmgemäß in der Fahrversuchsphase.

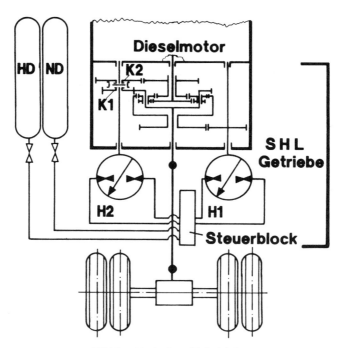

Bild 1: Hydrobus III-Antrieb

— Die Umstellung des stufenlosen Getriebes von Lamellenkupplungen auf Synchronklauenkupplungen hat zu erheblichen konstruktiven und regelungstechnischen Vereinfachungen geführt.

— Prüfstandsarbeit an der M.A.N.-NT-Regelung und an dem neu konzipierten, um ca. 20 kg erleichterten Rexroth-Hochdruck-Alu-Steuerblock hat die Schaltzeiten von den ursprünglichen 3,5 s auf 0,2 s (!) reduziert.

— Vollastschaltungen, d.h. ohne Eingangsmomenteinbruch, wurden erfolgreich erprobt. Vorläufig (um die Kupplungen bis zur Vervollständigung der Regelung zu schonen) wird während der Schaltung eine 40%-tige Eingangsmomentreduzierung vorgenommen, was jedoch den Fahrkomfort nicht beeinträchtigt.

— Vergleichsuntersuchungen der Universität der Bundeswehr Hamburg haben die Zweckmäßigkeit der speziell entwickelten 250 cm³ Hydromatik-Hydroeinheiten und der 420 bar Hydac-Speicher bestätigt. Die auf 420 bar einheitlich erhöhte Druckgrenze ermöglicht - nach Bedarf - die Ausnutzung der vollen Leistungsfähigkeit der Anlage, und entspricht somit der Betriebsstrategie und der Regelungsauslegung. Im tatsächlichen Linieneinsatz liegen die Busverzögerungswerte durchschnittlich bei 0,7 m/s². Die dadurch erreichbare Speicherdrücke von weniger als 350 bar begünstigen den Wirkungsgrad des Systems.

— Aufgrund von Doppeldichtringen an den Kolben befinden sich die neuen 250 cm³ Hydroeinheiten auch bei diesem Druckniveau in einem günstigen Wirkungsgradbereich. Gegenüber den bis jetzt verwendeten Hydroeinheiten weisen die neuen, bei kleinerem Gewicht, eine um 100% gesteigerte Eckleistung auf.

— Zur Erhöhung der Systemsicherheit bei Regelausfall wurde bei der Fa. Hydromatik die Entwicklung eines automatischen Rückschwenkes der Hydrostaten auf 0-Fördervolumen bei der maximalen Drucküberschreitung veranlaßt. Diese Vorrichtungen sind hardwaremäßig bereits vorhanden. Deren Funktion wurde im Rahmen einer Dauererprobung der Hydroeinheiten bei Hydromatik Mitte September 1985 bestätigt.

— Untersuchungen der Ölausströmung beim Druckspeicher unter Berücksichtigung der Busdynamik erwiesen eine um 4° nach hinten-unten geneigte Einbaulage des Speicheranschlusses als günstig. Die Einbaulage der Speicher beim Hydrobus III entspricht bereits dieser Erkenntnis.

— Für weitere Verbesserung der Ausströmung hat die Fa. Hydac eine neue Blase mit geänderter Form entwickelt und zur Verfügung gestellt.
Mit den o. g. Maßnahmen wird eine Minimierung der Restvolumina und damit eine maximale Ausnutzung der Speicherkapazität erreicht.

— Auf Veranlassung von M.A.N. und im Auftrag der Fa. Hydac an die Firma Korkmaz Systems Engineering-Berlin wird eine Entwicklung von neuen Energieträgern für Speicher (Stickstoffersatz) zur Erhöhung des Energiehaushaltes durchgeführt.

— Ein neuer, programmierbarer Regler, welcher sämtliche Änderungen der Betriebsstrategie ermöglicht, wurde von der Neuen Technologie entwickelt und ist bereits im Hydrobus III eingebaut.

Erkenntnisse aus den Fahr- und Prüfstandversuchen

Zur Systemerprobung wurde ein Lkw mit Meßgeräten als Hydrobus ausgerüstet.

Bild 2 und 3 zeigen Auszüge aus den Schrieben, die während der Inbetriebnahme dieses Hydro-Lkw's entstanden.
Auf den linken Seiten dieser Bilder werden Beschleunigungen ohne Speicher, auf den rechten Fahrzyklen mit eingeschaltetem Speicher dargestellt.
Bild 2 zeigt die zeitlichen Verläufe des Fahrpedalwinkels (α_p), der Motordrehzahl (n_M), der Fahrzeuggeschwindigkeit (V) und des Druckes (p) im Speicher.
Hier ist zu erkennen, daß bei Speicherbetrieb während der Beschleunigung bei gleichbleibender Pedalstellung die Motordrehzahl durch die Regelung stark gedrückt wird. Das bringt die gewünschte Frühentleerung des Speichers, hat jedoch als Folge eine Erhöhung der Beschleunigungszeit um 3 - 4 s. Umgekehrt läuft der Motor in anderen Betriebsphasen einschließlich beim Bremsen wesentlich höher als für die jeweilige Phase erforderlich. Dies führt zu hohen Schleppverlusten bzw. höheren spezifischen Verbräuchen.

Aus diesen Erkenntnissen ergibt sich als nächste Verbesserung die Erhöhung des Beschleunigungs- und Nutzbremsvermögens sowie die Reduktion der Motordrehzahl.

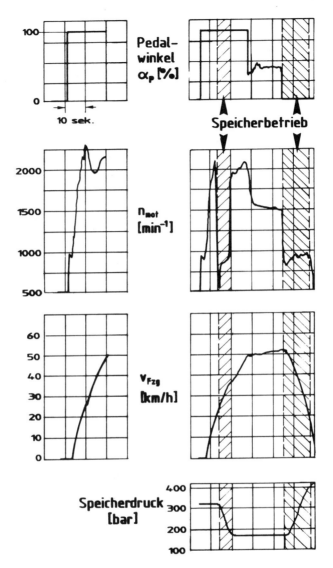

Bild 2: Zeitliche Verläufe des Fahrpedaleswinkels (α_p). der Motordrehzahl (n_M). der Fahrzeuggeschwindigkeit (V) und des Druckes (p) im Speicher

Bild 3 zeigt den zeitlichen Verlauf der Fahrzeuggeschwindigkeit (V), der Drehzahlen (n_{H1} und n_{H2}) und der Winkel (α_{H1} und α_{H2}) der Hydrostaten H_1 und H_2 (dargestellt in **Bild 1**).

Die Teilausnutzung von H_1 während des Betriebs mit Speichern ist die Ursache für die niedrigen Beschleunigungs- und Verzögerungswerte und wird noch verbessert.

235

Die zackigen Verläufe von $_H$ und n_H werden durch einen stetigen Regelungsprozeß geglättet.
Messungen in Lkw's und auf dem Prüfstand haben erwiesen, daß bei den relativ hohen Arbeitsdrücken im Speicherbetrieb, die Leckagen der bis jetzt angewendeten Hydrostaten zu hoch sind. Es wurde auch in manchen Fällen festgestellt. daß bei niedrigem Druck (25 bar) die Verstellung der Hydrostaten zu langsam erfolgt.

Diese Feststellungen bestätigen die Notwendigkeit des Einsatzes der neuentwickelten 250 cm^3 Hydroeinheiten, die bis jetzt allerdings noch nicht zur Verfügung standen.
Trotz dieser Probleme steht fest, daß der Hydro-Lkw seit Monaten ohne Ausfälle einsatzbereit ist. Das Fahren mit diesem Lkw stellt keine weiteren Ansprüche an den Fahrer.

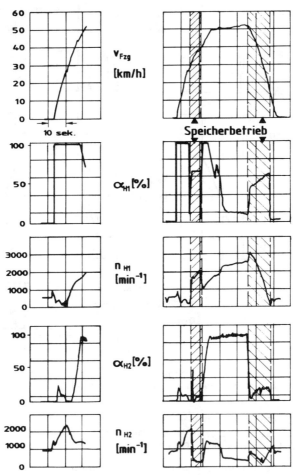

Bild 3: Zeitliche Verläufe der Fahrzeuggeschwindigkeit (V), der Drehzahl (n_{H1} und $_{H2}$) und der Winkel (α_{H1} und α_{H2}). der Hydrostaten H_1 und H_2.

Geplante Arbeiten

Unter Berücksichtigung der Systemvorgaben und der Erprobungsergebnisse laufen oder sind bereits folgende Arbeiten erfolgt:

— Reduzierung der Motor- und Systemverluste durch
  • Begrenzung der max. Motordrehzahl auf 1800 1/min,
  • Reduzierung der Motordrehzahl entsprechend dem Leistungsbedarf bis auf 900 1/min,
  • Leerlaufdrehzahl des Motors (ohne Treibstoffzufuhr) beim Bremsen

— Erhöhung der Beschleunigung bzw. des Verzögerungsvermögens durch
  • vollen Einsatz des Motors nach Bedarf auch während des Speicher-Betriebs
  • Ausnutzung des gesamten Verstellbereichs der Hydroeinheit H_1

— Verringerung der Leckageverluste und Erhöhung des Nutzbremsverzögerungsvermögens durch den Einsatz der neuen, noch zu liefernden 250 cm Hydroeinheiten.

Andere Aufgaben sind: Inbetriebnahme der bedarfsoptimierten Ölversorgung, der Einsatz der neuen Hydac-Speicherblase, die Eliminierung des Zusatztanks und anschließend Dauerfunktionserprobungen und Messungen

Magnet-Motor und Magnetdynamischer Speicher für Nahverkehrsbusse

Magnet-Motor GmbH, Starnberg

Heidelberg
Dr. Ehrhart (Vortragender)
Dr. Reiner
Stickel

Förderungskennzeichen des BMFT: TV 8314

Zusammenfassung

Bei der Magnet-Motor GmbH wird ein neuartiger diesel-elektrischer Antrieb mit Magnetdynamischem Zwischenspeicher für Nahverkehrsbusse entwickelt. Es wird der Stand der Entwicklung dargestellt und über die Ergebnisse der Fahrerprobung mit Magnet-Motor und Magnetgenerator sowie über die bisherigen Messungen am Magnetdynamischen Speicher berichtet. Abschließend werden einige Überlegungen zum wirtschaftlichen Nutzen dieses Busantriebes für den Anwender dargelegt.

Summary

At the Magnet-Motor GmbH a new kind of diesel-electric propulsion with magnetodynamic energy storage for local transport buses is being developed. The state of development is shown and a report is given both of the results of the test-runs with magnet motor and magnet generator and of measuring results of the magnetodynamic storage. Concluding, some thoughts are given to the economic benefit of this bus propulsion for the user.

Entwicklungsziel

Das Ziel des Vorhabens ist die Entwicklung eines dieselelektrischen Antriebs mit Speicher für Nahverkehrsbusse, das diese in Bezug auf Kraftstoffverbrauch, Betriebskosten und Umweltverträglichkeit verbessert.

Die Komponenten dieses neuartigen Antriebs wurden in den vorangegangenen Statusseminaren im einzelnen vorgestellt und erläutert. Es sind dies:

— Magnet-Motor und Magnetgenerator nach dem Prinzip des multiplen Elektronik-Dauermagnetmotors (MED)

— Multiple Stromsteuerung (MSS) mit digitaler Funktion und Prozessorsteuerung

— Magnetdynamischer Speicher (MDS)

Im Zusammenwirken bilden diese Komponenten ein stufenloses elektrisches Leistungsverzweigungsgetriebe. Die erforderliche Leistung für Fahrvorgänge wird dem Speicher entnommen.

Für die Speisung des Zwischenspeichers ist daher ein Konstantleistungsaggregat ausreichend, bestehend aus Dieselmotor und daran angeflanschtem MED-Generator, das nur ca. 30 - 40 kW abgeben muß.
Dadurch kann eine erhebliche Reduzierung des Kraftstoffverbrauches - und damit der Betriebskosten - und eine drastische Abnahme der Schadstoff- und Lärmemissionen erreicht werden.

Die Zusammenhänge, die diesen Überlegungen zugrunde liegen, sind in **Bild 1** dargestellt. Die maximale Motorleistung konventioneller, dieselgetriebener Nahverkehrsbusse wird nach dem Leistungsbedarf für kurzzeitige Anfahrvorgänge ausgelegt. Während der Beharrungsfahrt arbeitet der Dieselmotor daher in verbrauchsungünstigen Kennfeldbereichen.

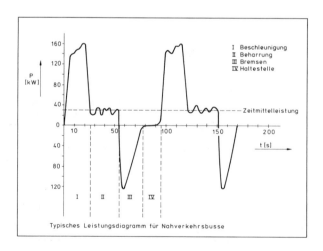

Bild 1: Leistungs-Zeit-Diagramm für Nahverkehrsbusse

Der mittlere Leistungsbedarf über die Zeit beträgt bei Rückführung der Bremsenergie aber nur etwa 20 - 25% der maximal erforderlichen Motorleistung. Dieser kann durch die kleine Diesel-Generatoreinheit abgedeckt werden.

Damit ist erstmals ein Busantrieb realisierbar, bei dem die dieselmotorische Leistungsabgabe konstant über die Zeit erfolgen kann.

In **Bild 2** ist dargestellt, wie die oben vorgestellten Antriebskomponenten im Erprobungsträgerfahrzeug, das auf dem letzten Statusseminar mit Diesel-Elektro-Antrieb vorgestellt wurde, in der Entwicklungsstufe mit MDS-Zwischenspeicher angeordnet werden.

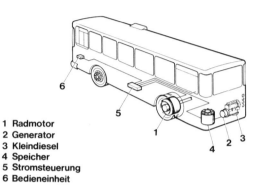

1 Radmotor
2 Generator
3 Kleindiesel
4 Speicher
5 Stromsteuerung
6 Bedieneinheit

Bild 2: Konfiguration der Antriebskomponenten im Diesel-Speicher-Elektrobus

Bild 3: Erprobungsträger-Fahrzeug

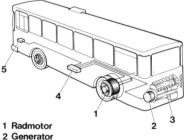

1 Radmotor
2 Generator
3 6 Zyl. Diesel Motor
4 Stromsteuerung
5 Bedieneinheit

Bild 4: Konfiguration der Antriebskomponenten im Diesel-Elektro-Bus

Da der Schwerpunkt der Entwicklungsarbeiten im Berichtszeitraum - insbesondere in 1985 - bei Bau, Prüfstands- und Fahrerprobung mit dem MDS lag, wurde auf den unterflurigen Einbau des Speichers aus versuchstechnischen Gründen bisher verzichtet.

Fahrerprobung mit dem Versuchsbus

Beschreibung der Fahrzeugkonfiguration

Bild 3 zeigt den Magnet-Motor-Versuchsbus, der zum Statusseminar XI des BMFT in Berlin erstmals für Fahrversuche zur Verfügung stand. Die Gesamtkonfiguration des Versuchsfahrzeugs, insbesondere die eingerüsteten neuartigen Komponenten von Magnet-Motor, sind in **Bild 4** dargestellt.

Es sind dies die zwei MED-Radnabenmotoren, die in den jeweils inneren Felgen an der Hinterachse eingebaut sind. Ohne Zwischenschaltung eines Getriebes arbeiten sie direkt auf die Räder, sie erzeugen somit 1 : 1 die vollen Vortriebsmomente des Busses. Die elektrische Leistung wird vom Magnetgenerator erzeugt, der an den Dieselmotor direkt angeflanscht ist. Die Steuerung der elektrischen Leistung zwischen den Motoren und dem Generator in Abhängigkeit von den Vorgaben Gas und Bremse des Fahrers vermittelt die digital gesteuerte Leistungselektronik.

Überblick über die durchgeführten Meßfahrten

Die ersten Testfahrten mit dem Magnet-Motor-Versuchsbus wurden auf innerstädtischen Routen in Berlin bei der Präsentation anläßlich des Statusseminars Ende Juni 1984 durchgeführt. Nach der Überführung des Fahrzeugs an den Firmensitz Starnberg wurde hier der eingehende Versuchsbetrieb aufgenommen.

Die Routen umfaßten sowohl innerstädtische Fahrten in München und Starnberg. zum größten Teil im „Stop and Go-Verkehr", als auch Überlandfahrten.

Der Übersichtsplan **(Bild 5)** zeigt sämtliche Fahrtrouten (mit Ausnahme der Fahrten in Berlin), die im Laufe der Fahrerprobung mehrmals durchfahren wurden.

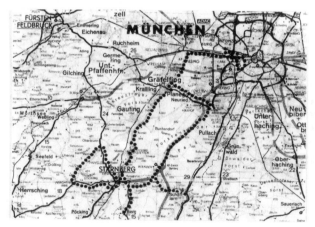

Bild 5: Versuchs- und Meßfahrten mit dem Diesel-Elektro-Bus

Die Routen wurden so gewählt, daß Meßfahrten sowohl in der Ebene, als auch an Steigungs- und Gefällestrecken durchgeführt werden konnten.

Durchgeführte Messungen und Ergebnisse der Fahrerprobung

Die bei den Fahrten mit dem Diesel-Elektrobus durchgeführten Tests und Messungen erstreckten sich auf folgende Punkte:

— Steigfähigkeit (Beschleunigung) und Anfahrschub
— Höchstgeschwindigkeit
— Temperaturverhalten in MED-Radnabenmotoren und MED-Generator
— Fahrverhalten und Geräusche
— elektrische Leistungsflüsse.

Die Anfahrschubkraft F wurde im Mittel von mehreren Messungen zu

$F = 25000$ N

bestimmt. Bei voller Belastung des Busses mit 16 t Gesamtgewicht bedeutet dies eine Steigfähigkeit von rund 16%.

Die im Übersichtsplan gekennzeichneten Fahrtrouten beinhalten Steigungen mit Werten bis zu 10%, sie wurden alle problemlos durchfahren. Darüberhinaus wurden auch Anfahrttests mit dem Fahrzeug in Steigungsstrecken erfolgreich durchgeführt.

Die erreichte Höchstgeschwindigkeit in der Ebene lag bisher bei rund 65 km/h.

Für die Temperaturmessungen im Generator und in den Radnabenmotoren wurden vor der Einrüstung der Komponenten in den Versuchsbus entsprechende Temperatursonden an ausgewählten Meßstellen positioniert. Es waren dies jeweils Sonden am Statoreisen und am Wicklungskupfer. Ihre geeichten Ausgangsspannungen wurden während der Fahrten mit einem Schreiber aufgezeichnet.

Als typisches Beispiel zeigt **Bild 6** einen Ausschnitt aus einem Temperaturmeßschrieb. Dabei wurden die Wicklungstemperaturen in beiden Radnabenmotoren, die Statoreisentemperatur im linken Radnabenmotor, sowie die Temperatur im Raum zwischen den Generatorwicklungen mitgeschrieben.

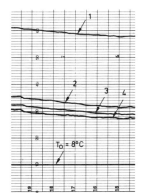

1 Generator, Raum zwischen den Wicklungen
2 Rechter Radnabenmotor, Wicklungskupfer
3 Rechter Radnabenmotor, Statoreisen
4 Linker Radnabenmotor, Wicklungskupfer
  Maßstab: T : 1,5 K / Skt
           t : 50 s / Skt

Bild 6: Meßprotokoll (Ausschnitt), Temperaturmessungen

Auf der Abszisse entspricht ein Skalenteil einer Temperaturerhöhung von T = 1,5 K, die Zeitachse ist mit 50 s pro einem Skalenteil geeicht. Die auf dem Abschnitt wiedergegebene Meßzeit beträgt ca. 10 min, aufgenommen nach rund einer Stunde Fahrzeit. In den Radnabenmotoren ergaben sich mittlere Temperaturanstiege von rund 30 K, der Generator erwärmte sich um rund 70 K. Dieser höhere Wert wurde, wie Temperaturverteilungsmessungen zeigten, durch den mechanisch direkt mit dem Generator verbundenen Dieselmotor bewirkt. Die gemessenen Temperaturerhöhungen ergaben somit relativ niedrige Werte.

Das Meßprotokoll in **Bild 7** zeigt die Strom-Zeit-Kurven einer Testfahrt, während der die elektrische Wirkung des Magnetdynamischen Speichers (MDS) durch einen Satz Bleibatterien simuliert wurde. Für diese Meßreihe wurde die Generatorleistung auf ca. 40 kW gedrosselt, wodurch die elektrischen Endausbauverhältnisse mit Kleindiesel und Generator kleiner Leistung nachgeahmt wurden.

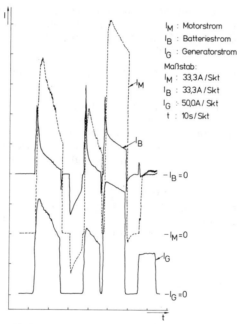

Bild 7:   Meßprotokoll (Ausschnitt), Strom-Zeit-Messungen

Die Kurven zeigen die Aufteilung der Ströme aus dem Generator, aus und in die Batterie sowie von und zu den Motoren. Die positiven Spitzenwerte des Motorstroms von rund 200 A wurden bei Anfahrvorgängen nach verkehrsbedingtem Stillstand gemessen.

Der in die Batterien fließende Strom wird durch den Ladezustand der Bleibatterien begrenzt. Deshalb kann aus diesem Strom nicht auf die rückspeisbare Leistung geschlossen werden.

Prüfstandserprobung des Magnetdynamischen Speichers (MDS)

Der Magnetdynamische Speicher (MDS) stellt die für den Fahrbetrieb erforderliche Antriebsleistung bereit. Er wird durch ein Konstantleistungsaggregat, bestehend aus Dieselmotor und angeflanschtem MED-Generator gespeist.

Der MDS besteht aus zwei Hauptkomponenten, der Schwungmasse, ausgeführt als Glasfaserwickelkörper und der Motor-/Generatoreinheit in MED-Technik. Beide Komponenten sind in platzsparender Bauweise in einem Vakuumgehäuse untergebracht.

Der Leistungsfluß erfolgt ausschließlich elektrisch über die MSS. Die MSS ermöglicht sowohl die generatorische wie auch die motorische Betriebsweise des MDS.

Aus den experimentellen Erfahrungen mit Vorgängermodellen entstand der für das Versuchsträgerfahrzeug gebaute Prototyp MDS 5.

Der nutzbare Energieinhalt des MDS 5 reicht aus, um in dieser ersten Versuchsversion den halbbeladenen Bus 4-5 mal von 0 auf 50 km/h zu beschleunigen.

Die Prüfstandsläufe des MDS 5 **(Bild 8)** wurden im Februar 1985 aufgenommen. Es wurde zunächst das Zusammenwirken der Komponenten MDS, Leistungs-, Steuerungselektronik und Lastsimulation erprobt und erste Optimierungsarbeiten vorgenommen.

Bild 8:   MDS 5 auf dem Prüfstand

Die experimentelle Überprüfung der elektrischen Grunddaten Spannung, Strom und Leistung ergab Übereinstimmung mit den Auslegungsdaten.

Ebenso erwies sich die außen am MDS-Gehäuse installierte Kühlung bisher als voll ausreichend. Bei Langzeittests sind Maximaltemperaturen in den Statorspulen von etwa 120° C zu erwarten. Die Temperaturfestigkeit der verwendeten Materialien liegt jedoch oberhalb von 180° C.

Die Probeläufe zur Untersuchung der mechanischen Eigenschaften ergaben eine einwandfreie Funktion der mechanischen Komponenten wie z. B. der Schmierung der Lager im Vakuum oder der magnetischen Lagerentlastung. Das mechanische Schwingungsverhalten konnte optimiert werden. Weitere Prüfstandsläufe dienten der Anpassung der Steuerung für den Einsatz des MDS im Bus.

Die Steuerung überwacht die elektrische Spannung im Gleichstrom-Zwischenkreis. Sinkt die Spannung durch Abgabe von Beschleunigungsleistung an die Radmotoren ab, speist der MDS Energie in den Gleichstrom-Zwischenkreis nach und stabilisiert dadurch die Spannung.

Umgekehrt speisen bei Bremsvorgängen die Radmotoren Energie in den Zwischenkreis zurück. Durch die damit verbundene Spannungserhöhung wird der MDS zum Nachladen veranlaßt.

Für das Gesamtsystem Diesel-Speicher-Elektrobus charakterisierte Messungen konnten am stationären Prüfstand nicht durchgeführt werden. Die Funktionserprobung und Ermittlung systemspezifischer Daten wird daher im Versuchsbus durchgeführt. Wie **Bild 9** zeigt, wurde auf Grund der besseren Zugänglichkeit bei der Datenaufnahme als Einbauort der hintere Teil des Fahrgastraums gewählt. Die elektrische Integration und erste Inbetriebnahme des MDS im Versuchsbus wird im August/September 1985 durchgeführt. Anschließend sind die ersten Versuchsfahrten mit dem Diesel-Speicher-Elektrobus geplant.

Bild 9: Einbau des MDS 5 in das Erprobungsträgerfahrzeug

Zusammenfassung des Stands der Arbeiten und technischer Ausblick

Der Zeitplan **(Bild 10)** verdeutlicht noch einmal die bisher im Jahr 1985 durchgeführten Arbeiten sowie die geplanten Aktivitäten.

Die Fahrerprobung des Diesel-Elektro-Versuchsbusses ist um Juni 1985 abgeschlossen.

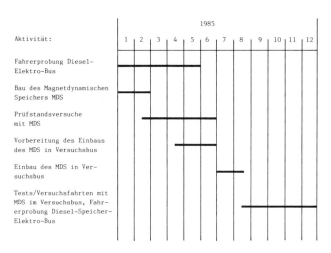

Bild 10: Zeitplan (Stand 31.05.1985)

Die Erstellung des Magnetdynamischen Speichers MDS mit Prüfstandsmontage war Ende Februar 1985 beendet, so daß zu diesem Zeitpunkt die Prüfstandsversuche beginnen konnten.

Mit dem Einbau des MDS in das Versuchsfahrzeug Anfang September 1985 konnten die ersten Versuchsfahrten mit dem Diesel-Speicher-Elektrobus durchgeführt werden.

Für die eigentliche Fahrerprobung des Diesel-Speicher-Elektro-Busses stehen somit noch mehrere Monate zur Verfügung.

Überlegungen zur Wirtschaftlichkeit und Umweltverträglichkeit

Wirtschaftlichkeit

Die Betriebskosten für Standardlinienbusse im Nahverkehr setzen sich nach Auskunft mehrerer größerer Verkehrsbetriebe wie in **Bild 11** dargestellt zusammen. Etwa 1/3 der Betriebskosten können durch Veränderungen am Antriebssystem beeinflußt werden.

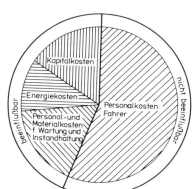

Bild 11: Betriebskostenanteile für Nahverkehrsbusse

245

Die wesentlichsten Kostenarten sind dabei die Kraftstoffkosten und die durch Beschaffungspreis und Lebensdauer der Busse bestimmten Kapitalkosten.

Die Kraftstoffkosten sind außer vom jeweiligen Preis für Dieselkraftstoff (DK) vor allem von der Betriebsweise der Busse abhängig, die ihrerseits durch die Netzgeometrie, die Topografie und die Straßenverkehrsverhältnisse bestimmt wird. Aus diesem Grunde wird zu Vergleichszwecken ein häufig verwendeter Fahrzyklus herangezogen **(Bild 12)**.

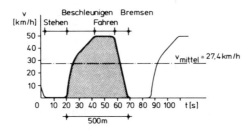

Bild 12: Standard-Fahrzyklus für Nahverkehrsbusse

Für diesen Fahrzyklus ergibt sich unter den übrigen Annahmen

— Fahrzeuggewicht   12,4 t (halbe Nutzlast)
— max. Motorleistung   147 kW

ein DK-Verbrauch von ca. 38 l/100 km. In der Praxis liegen die Kraftstoffverbräuche nach Angaben mehrerer großer Verkehrsbetriebe im VÖV bei ca. 40 - 45 l/100 km, da die Halteabstände meist kürzer sind.

Ausgehend von einem Busbetrieb in Magnet-Motor-Technik ergibt sich für diesen Standard-Fahr-Zyklus das in **Bild 13** dargestellte Leistungs-Zeit-Diagramm. Dabei wird deutlich, daß in diesem Fall erheblich weniger Energieverluste auftreten, als beim konventionellen Busantrieb.

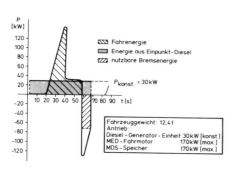

Bild 13: Leistungs-Zeit-Diagramm für Diesel-Speicher-Elektrobus

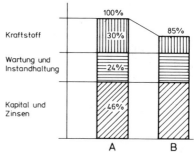

A: Standard-Linienbus
B: Diesel-Speicher-Elektrobus

Bild 14: Vergleich relevanter Betriebskosten

Der Kraftstoffverbrauch für einen Kleindiesel mittlerer Drehzahl und ca. 30 kW Dauerleistung kann dabei mit ca. 18 - 22 l DK/100 km angesetzt werden. Dies würde eine Kraftstoffeinsparung von ca. 40 - 50% gegenüber herkömmlichen Bussen entsprechen **(Bild 14)**. Bei einem Preis von ca. 1,--DM/l DK, einer mittleren Verbrauchsreduzierung von ca. 40 auf ca. 20 l DK/100 km und einer mittleren Laufleistung von ca. 60.000 km je Bus und Jahr ergibt sich eine mögliche Betriebskostenreduzierung von etwa 12.000,-- DM je Bus und Jahr.

Das aufgrund der prinzipiellen Wartungsarmut der Magnet-Motor-Antriebskomponenten und der verschleißarmen Betriebsweise des Konstantleistungsaggregates vorhandene Einsparpotential im Bereich „Wartung und Instandhaltung" wurde hier noch nicht berücksichtigt, da quantifizierbare Aussagen erst nach einer betriebsnahen Erprobung des gesamten Antriebskonzeptes möglich sind.

Umweltverträglichkeit

Nach Angaben des Bundesministeriums für Verkehr und des Umweltbundesamtes Berlin belasten Nahverkehrsbusse die innerstädtische Umwelt der Bundesrepublik mit jährlich etwa 100.000 t Schadstoffen. Dabei stellt insbesondere die Ruß- und Partikelemission ein Problem dar.

Der Diesel-Speicher-Elektrobus ermöglicht es, durch die besonderen Eigenschaften seines Antriebs die Schadstoffemissionen eines Nahverkehrsbusses um über 90% zu reduzieren:

— der niedrigere Kraftstoffverbrauch führt direkt zu einer proportionalen Abnahme der Schadstoffemission;

— eine weitere Senkung der Emissionen ergibt sich aus der Optimierung des Konstantleistungs-Dieselmotors auf einen Betriebspunkt;

— die Partikelemission ist äußerst gering, da der Kleindiesel ständig mit gleicher Leistung und Drehzahl betrieben wird;

— diese konstante Betriebsweise des Kleindiesels ermöglicht zudem eine unproblematische Reinigung der Restabgase.

Eine Geräuschkapselung des Konstantleistungs-Dieselmotors ist problemlos durchführbar.

Somit kann der Diesel-Speicher-Elektroantrieb für Nahverkehrsbusse nicht nur dazu beitragen, die wirtschaftliche Situation des ÖPNV zu verbessern, sondern auch die innerstädtische Umwelt zu entlasten. Er stellt also gleichermaßen eine einzel- und gesamtwirtschaftlich ernstzunehmende Perspektive dar.

Insofern zeichnen sich die nächsten Entwicklungsschritte bereits ab:

— anwenderorientierte Weiterentwicklung der Antriebskomponente und deren Vorerprobung in möglichst seriennahen Prototyp-Fahrzeugen der neuen Generation VÖV II mit dem Ziel der Erreichung der Liniendiensttauglichkeit und danach

— eine breiter angelegte Betriebserprobung unseres Antriebes bei Verkehrsbetrieben, wofür bereits entsprechende Vorgespräche geführt wurden.

Ein Antriebskonzept für den Stadtbus der 90er Jahre

Institut für Aggregatetechnik und Verkehrsfahrzeuge GmbH, Berlin (IAV)
Neoplan Gottlob Auwärter GmbH & Co., Berlin
SNV Studiengesellschaft Nahverkehr mbH, Berlin
Volkswagenwerk AG, Wolfsburg

Jänsch (IAV)
Rattay (IAV)
Voß (IAV)
Wiedemann (VW), Vortragender

Förderungskennzeichen des BMFT: TV 8365 1

Zusammenfassung

Das im Rahmen des Forschungsvorhabens „Stadtbusantriebskonzept 1990" vorgestellte Antriebssystem hat die Ziele:

— rationeller Einsatz der Antriebsenergie
— Verminderung der Abgasemission
— Verminderung der Geräuschemission
— Erhöhung des Fahrkomforts

Als geeignete Maßnahmen werden die Vatiation des Hubvolumens durch den Einsatz
von zwei kleineren Dieselmotoren anstatt eines Großmotors, das freie Ausrollen des
Fahrzeugs bei traktionsloser Fahrt und das automatische Abschalten der Triebwerke,
wenn keine Antriebsleistung erforderlich ist, in einem Versuchsträger vom Typ SK1
erprobt. Der Antrieb besteht ausschließlich aus Serienteilen. Die Kupplungen sind
pneumatisch und die Getriebe hydraulisch betätigt. Ein Motor-Getriebe-Managementsystem übernimmt die Steuerung des gesamten Antriebssystems.

In ersten Fahrerprobungen war zu überprüfen, ob die in einer theoretischen Voruntersuchung vorhergesagten Zielerträge hinsichtlich Kraftstoffverbrauch und Fahrleistungen erreicht werden können.
Dabei hat sich gezeigt, daß, obwohl im Versuchsträger noch Wirbelkammermotoren
installiert sind, für instationären Betrieb (Zyklusfahrt) ein Verbrauchsvorteil möglich
ist. Für Konstantfahrt beträgt der gemessene Minderverbrauch bereits 15 ... 25%.
Durch den Einsatz von direkteinspritzenden Dieselmotoren und durch eine weitere
Optimierung der Betriebssteuerung werden die prognostizierten Verbrauchseinspa-
rungen mit Sicherheit erreicht.

Summary

The drive system introduced in conjuction with the research project „Municipal Bus
Drive Concept 1990" has been developed with the following objectives:

— greater fuel economy from the drive system
— reduction of exhaust pollution
— noise reduction
— increase in driving comfort

The following measures have been tested on a Type SK1 test setup for implementation
of the above goals:

— installation of two smaller diesel engines instead of one larger engine
— free coasting of the vehicle during non-powered travel
— automatic switch-off of the power unit when no propulsive output is required.

The drive system consists exclusively of standard-production parts. The clutch systems are pneumatic, and the transmission gears are hydraulically operated. A motor-transmission management system provides control of the entire power train.

In initial driving tests, investigation was made of whether the intended benefits predicted in theoretical preliminary tests would in fact be achieved with respect to fuel consumption and driving performance.

Results have been determined here to the effect that fuel consumption advantages can in fact be achieved for transient operations (cyclical travel), although swirl-chamber engines are still installed on the test setup. The measured savings in fuel consumption for continious travel already amount to 15 ... 25%.

The predicted fuel-consumption savings will surely be achieved once direct-injection diesel engines are installed for testing, and after optimization of the operational control system is performed.

Einleitung

Um den gesellschaftlich bedeutsamen Forderungen nach Einsparung von Energieressourcen und Reduzierung der Belastung des ökologischen Systems durch den Verkehr nachzukommen, wird im Rahmen des Forschungsvorhabens „Stadtbusantriebskonzept 1990" ein unkonventionelles Antriebssystem für Stadtlinienbusse vorgestellt, das sich an den Zielen:

— rationeller Einsatz der Antriebsenergie
— Verminderung der Abgasemission
— Verminderung der Geräuschemission
— Erhöhung des Fahrkomforts

orientiert und folgende Merkmale aufweist:

● Anstatt eines Großmotors zwei kleinere Dieselmotoren mit entsprechender Gesamtleistung
● Motor-Getriebe-Managementsystem zur Überwachung des Triebwerkeinsatzes und der Lastaufteilung sowie der automatisch betätigten Kupplungen und Stufenschaltgetriebe
● Freies Ausrollen des Fahrzeugs bei traktionsloser Fahrt
● Automatisches Abschalten der Motoren, wenn keine Antriebsleistung erforderlich ist
● Nutzung von seriennahen bzw. Großserienkomponenten

Im Rahmen einer Voruntersuchung sind die möglichen Strukturen für ein Antriebssystem mit zwei Dieselmotoren erarbeitet worden. Dabei wurde angestrebt, beim Aufbau des Antriebssystems nur Serien- und Vorserienkomponenten zu berücksichtigen, die die Gewähr für ein anwendungsnahes Antriebskonzept bieten. Die Untersuchung berücksichtigt Konzepte für den Ein- und Mehrachsenantrieb und unterschiedliche Möglichkeiten der Leistungssummierung.

Zwei Strukturen, die sich als besonders geeignet herausgestellt haben, werden in einem Standard-Kleinbus SK1 **(Bild 1)** und einem Standard-Linienbus SLII **(Bild 2)** erprobt.

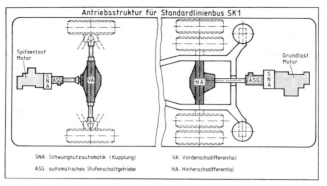

Bild 1: Bi-Motor-Antriebskonzept für Versuchsträger SK1

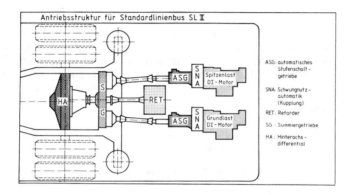

Bild 2: Bi-Motor-Antriebskonzept für Standard-Linienbus SLII

Der SK1, der als Versuchsträger konzipiert ist, hat ein Antriebssystem, bei dem die Vorder- und Hinterachse durch je einen kompletten Teilantrieb angetrieben werden. Bei einem zweiten Konzept, das im SLII installiert wird, wirken beide Teilantriebe über ein Summiergetriebe auf die Hinterachse. Das Fahrzeug ist für erste Probeeinsätze bei Verkehrsbetrieben vorgesehen.

Ziel einer Rechnersimulation war es, erstens festzustellen, wie das entworfene Antriebssystem auszulegen und zu betreiben ist, um maximale Zielerträge bezüglich der oben genannten Ziele zu ermöglichen, und zweitens aufzuzeigen, welcher Nutzen von einem derartigen Antriebskonzept zu erwarten ist. Der Vergleich mit einem konventionell angetriebenen Fahrzeug ermöglicht eine Nutzwertanalyse.

Die theoretischen Untersuchungen zeigen, daß mit zwei kleineren Dieselmotoren und den serienmäßigen Kennungswandlern ein Antriebssystem möglich ist, welches in seinem Verbrauchsverhalten einem herkömmlichen System überlegen ist. Die errechenbaren Fahrleistungen entsprechen denen heutiger Fahrzeuge.

Im einzelnen wird sich das Konzept durch folgende Vorteile auszeichnen:

- 16% Kraftstoffersparnis durch Variation des Hubvolumens und Ausnutzung der Bestbereiche der Motoren mit Hilfe des Motor-Getriebe-Managementsystems,
20% bei zusätzlicher Leerlauf- und Schubabschaltung
- Reduzierung der Abgasmenge im Traktionsbetrieb durch weniger Kraftstoffeinsatz
- Schadstoff- und Geräuschlosigkeit bei traktionsloser Fahrt und bei Fahrzeugstillstand durch automatisches Abschalten der Motoren, wenn keine Antriebsleistung erforderlich ist
- Verbesserung des Leistungsgewichts durch eine um ca. 200 kg leichtere Antriebsstruktur
- Verbesserung der Wirtschaftlichkeit für den Betreiber durch Senkung der Betriebskosten

Ein Standard-Kleinbus ist bereits mit einem Bimotorantrieb ausgerüstet. Im Fahrzeug ist vorne ein 4-Zylinder- und hinten ein 6-Zylinder-Dieselmotor installiert. Kupplungen und Getriebe sind Serienteile, jedoch pneumatisch bzw. hydraulisch betätigt.
Die Ergebnisse der ersten Erprobung mit Verbrauchs- und Fahrleistungsmessungen liegen vor. Über sie soll im folgenden berichtet werden.

Die Versuchsfahrzeuge

Die zu vermessenden Busse unterscheiden sich in den Antriebseinheiten und in einigen, für die Vergleichbarkeit der Meßergebnisse aber unwesentlichen, Karosserie- und Ausstattungsdetails.
Bezüglich der Fahrwiderstände, wie Luft-, Roll- und Steigungswiderständen, gibt es keine grundsätzlichen Unterschiede, da die Abmessungen der Karosserie nur geringfügig differieren und Bereifung und Fahrzeuggewicht identisch sind.
Durch Zuladung von mit Wasser gefüllten Behältern wurden die Busse auf ein Gewicht von 7100 kg gebracht, was in etwa der halben Zuladung entspricht. Auf der Fahrzeugwaage im Prüfgelände der Volkswagenwerk AG in Ehra-Lessien wurde die exakte Einhaltung des angestrebten Gewichts überprüft.

Serienstadtlinienbus SK1-1980

Da bei der Fa. Neoplan kein SK1-1980 verfügbar war, wurde auf ein Fahrzeug der Stadtwerke Lüdenscheid **(Bild 3)** zurückgegriffen.

Bild 3: Vergleichsfahrzeug SK1-1980   **Bild 4:** Versuchsfahrzeug SK1-1990

Der Bus ist im serienmäßigen Zustand, ausgestattet mit einem 5,7 l Dieselmotor von MAN (Typ MAN DO 226M) mit einer Maximalleistung von 100 kW und einem 5-Gang-Schaltgetriebe von ZF.

Biomotorbus SK1-1990

Bild 4 zeigt den Bimotorbus SK-1990. Bei den verwendeten Motoren handelt es sich zur Zeit noch um die 4- und 6-Zylinder-Dieselmotoren der Großserie. Sie arbeiten nach dem Wirbelkammerverfahren und sind mit Abgasturboladern ausgerüstet. Die maximale Leistung des 2,4 l 6-Zylinder-Motors beträgt 75 kW, die des 1,6 l 4-Zylinder-Motors 52 kW.
Daß zum Zeitpunkt der Messung die später zum Einsatz kommenden direkteinspritzenden, ebenfalls abgasturbogeladenen Motoren noch nicht verfügbar waren, muß bei der Beurteilung der Kraftstoffverbrauchswerte berücksichtigt werden.

Eine elektronische Steuereinheit übernimmt das Motor-Getriebe-Management. Je nach Lastenwunsch des Fahrers, den er über Betätigung des Fahrpedals vorgibt, und in Abhängigkeit von der Fahrzeuggeschwindigkeit und einem abgespeicherten Fahrprogramm entscheidet der Rechner, ob und welche Motoren aktiviert werden:

— Abschalten beider Motoren bei Nullast
— Betreiben des Grundlastmotors (6-Zyl.) bei Teillast
— Betreiben beider Motoren bei größerem Lastwunsch bis Vollast

Darüberhinaus steuert der Rechner über den Stellhebel an der Einspritzpumpe die eingespritzten Kraftstoffmengen und entscheidet, welcher Getriebegang eingelegt wird.

Das Versuchsprogramm

Das Versuchsprogramm umfaßte Kraftstoffverbrauchsmessungen und Fahrleistungsmessungen. Der Schwerpunkt lag selbstverständlich bei den Verbrauchsmessungen, da die Verminderung des Brennstoffkonsums ein wesentlicher Vorteil des Antriebskonzepts 1990 ist.

Die Fahrleistungsmessungen sollen als Nachweis dafür verstanden werden, daß die Verbrauchsvorteile nicht durch Reduzierung des Beschleunigungs- oder Steigvermögens erreicht wurden, bzw. daß die VÖV-Vorgaben eingehalten wurden.

Im einzelnen wurden folgende Meßfahrten durchgeführt:

— Fahrleistungsmessungen
  • Beschleunigungstest von 0 km/h ... 100 km/h bei möglichst maximalem Ausschöpfen der Motorleistung
  • Steigungsmessungen an 7,5%-igen, 16%-igen und 20%-igen Steigungen mit stehendem und fliegendem Start und darauffolgender maximaler Beschleunigung

— Kraftstoffverbrauchsmessungen
  • während Konstantfahrt
  • während Zyklenfahrt, und zwar

a) entlang eines sog. Stadtzyklusses im Prüfgelände der Volkswagenwerk AG, Ehra-Lessien

b) im Stadtverkehr von Berlin, bei den durch Hinterherfahren hinter einem Linienbus der Linienverkehr simuliert wurde (diese Fahrten sind mit dem SK1-1990 derzeit noch nicht abgeschlossen)

Bis auf die Fahrten im „Linienbetrieb" wurden alle Messungen auf dem Prüfgelände in Ehra-Lessien durchgeführt.

Um die Meßergebnisse vom SK1-1980 und vom SK1-1990 weitestgehend vergleichbar zu machen, wurde dafür gesorgt, daß die Meßstrecken identisch waren und jeweils der gleiche Fahrer eingesetzt wurde.

Versuchsdurchführung und Ergebnisse

Fahrleistungsmessungen

Zur Ermittlung des Beschleunigungsvermögens wurde auf der Höchstgeschwindigkeitsstrecke im Prüfgelände Ehra jeweils 10 Meßfahrten mit den Bussen durchgeführt.

Dabei wurden folgende Randbedingungen eingehalten:

— Fahrpedal in „Kickdown"-Stellung
— Ausdrehen der Gänge bis knapp unterhalb der Abregeldrehzahl (SK1-1980 ca. 3000 U/min, SK1-1990 ca. 4200 U/min)
— möglichst kurze Schaltzeiten (beim SK1-1990 wegen der automatischen Kupplungsbetätigung nicht zu beeinflussen)

Der Startpunkt für die Beschleunigungsmessung wurde rechnerisch ermittelt, so daß kein Meßfehler durch zu frühes oder zu spätes Losfahren entstand. Infolge Fahrer- oder Umwelteinflüssen streuten die Meßwerte um ca. ± 5% um den Mittelwert.

Bild 5 zeigt die gemessenen Beschleunigungszeiten im Vergleich SK1-1980/SK1-1990. Erwartungsgemäß weist der SK1-1990 aufgrund seiner überlegenen Motorleistung bessere Beschleunigungswerte auf.

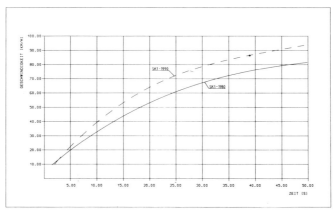

Bild 5:   SK1-1980 / SK1-1990 Beschleunigungsvergleich

Die Beschleunigungsversuche mit stehendem Start auf einer 7,5%-igen Steigung ergaben ähnliche Vorteile beim SK1 **(Bild 6)**. Beide Busse erreichten auf der ca. 250 m langen Meßstrecke eine Maximalgeschwindigkeit über 30 km/h.

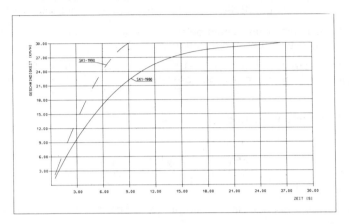

Bild 6: SK1-1980 / SK1-1990 Beschleunigungsvergleich an 7,5%-iger Steigung

Kraftstoffverbrauchsmessung

Die Konstantfahrmessungen wurden auf der Hochgeschwindigkeitsstrecke des Prüfgeländes durchgeführt. Die Ermittlung des Konstantverbrauchs erfolgte im Bereich 10 km/h bis 100 km/h in Schritten von 10 km/h.
Bild 7 zeigt die Konstantfahrverbräuche des Serienbusses SK1-1980 (durchgezogene Linie) und des Bimotorbusses SK1-1990 (gestrichelt). Zugrundegelegt wurden in beiden Fällen die absoluten Bestwerte. Gefahren wurde im größtmöglichen Getriebegang (in der Regel im 5. Gang), sowie beim SK1-1990 bis zu 50 km/h nur mit dem 4-Zyl.-Motor und oberhalb davon im Bimotorbetrieb.

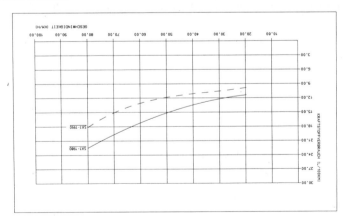

Bild 7: SK1-1980 / SK1-1990 Konstantfahrverbrauch - Vergleich der absolut besten Werte

254

Bild 8 zeigt das Einsparpotential des Bimotorkonzepts gegenüber der Serie beim Stadtkleinbus.

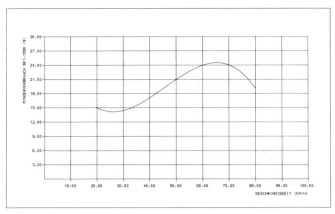

Bild 8: SK1-1980 / SK1-1990 Konstantfahrverbrauch - Einsparpotential beim SK1-1990 (absolute Bestwerte)

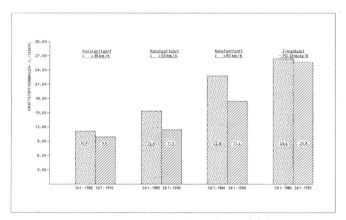

Bild 9: Kraftstoffverbrauchsvergleich

Der sog. Stadtzyklus im Prüfgelände Ehra wurde auf der Strecke 10 gefahren. Die Streckenlänge beträgt ca. 11400 m. Der Zyklus hat 12 Haltepunkte mit Haltezeiten von 15 und 40 sec. Die Maximalgeschwindigkeit zwischen den Haltepunkten wird bestimmt durch die Beschaffenheit der Strecke, geht aber auf „freien" Strecken nie über 50 km/h hinaus.

Beim SK1-1980 wurde beschleunigt mit übertretenem Fahrpedal (kickdown-Stellung), beim SK1-1990 genügte die Vollgasstellung, um etwa die gleichen mittleren Beschleunigungen zu erzielen. Die Verzögerungen wurden so gewählt, daß subjektiv die im Stadtlinienbus üblichen Verzögerungen nicht überschritten wurden.

Bild 9 zeigt das Ergebnis der Zyklenfahrt neben den Konstantfahrverbräuchen bei drei ausgewählten Geschwindigkeiten.

Bemerkenswert ist, daß der SK-1990 trotz der Wirbelkammermotoren auch im instationären Fahrbetrieb einen leicht geringeren Kraftstoffverbrauch aufweist als der durch einen direkteinspritzenden Dieselmotor angetriebene SK1-1980.

Schlußbetrachtung

Trotz der noch nicht eingesetzten verbrauchsgünstigeren DI-Triebwerke konnte ein erheblicher Minderverbrauch im stationären Betrieb verzeichnet werden.

Obwohl im Versuchsfahrzeug zum Zeitpunkt der Messung Wirbelkammermotoren installiert waren, die, im Vergleich zu Direkteinspritzern, einen erheblich höheren spezifischen Kraftstoffverbrauch haben, konnten bei den Zyklenfahrten gleiche oder sogar leicht geringere Kraftstoffverbräuche als beim Serienfahrzeug festgestellt werden. Daß sich im stationären Betrieb sogar ein Minderverbrauch von 15 bis 25% ergibt, läßt das Erreichen des angestrebten Ziels einer 16-20%-igen Kraftstoffersparnis im späteren Linienbetrieb als durchaus wahrscheinlich erscheinen.

Diskussion

Leitung: Teubner

Teilnehmer: Boegner, Dr. Erhart, Hagin, v. Korff, Lexen, Scheelhaase, Stickel, Wiedemann u. a.

Referate: **Entwicklungsstand des Antriebs- und Energierückgewinnungssystems des umweltfreundlichen Müllsammelfahrzeugs; Prüfstands- und Fahrerprobung des Hydrobus III; Magnetmotor und magnetdynamischer Speicher für Nahverkehrsbusse; Antriebskonzept für den Stadtbus der 90er Jahre**

Antriebs- und Energierückgewinnungssystem des umweltfreundlichen Müllsammelfahrzeuges

Insbesondere wurde die Höhe der Energieeinsparung diskutiert. Durch die Bremsenenergierückgewinnung sollen beim Müllsammelfahrzeug von derzeit durchschnittlich 64 l/100 km zwischen 10 und 20% eingespart werden können.

Magnetmotor und magnetdynamischer Speicher für Nahverkehrsbusse

Der angegebene derzeitige durchschnittliche Kraftstoffverbrauch von 44 l/100 km für Stadtbusse wurde für zu hoch gehalten, in Essen lägen die Verbräuche zwischen 37 und 40 l/100 km.
Die Radnabenmotoren beim MM-Antrieb erreichen maximale Momente von je ca. 12.500 Nm, aus Kosten- und Gewichtsgründen will man aber bei künftigen Fahrzeugen auf Radnabenmotoren verzichten. Auf die Frage nach den Kreiselmomenten des magnetdynamischen Speichers und deren Auswirkung bei Kippen und Befahren von Bordsteinen wurde auf dessen kardanische Aufhängung verwiesen.

Beförderungssysteme für Behinderte

TELEBUS: Weiterentwicklung und Übertragung

SNV Studiengesellschaft Nahverkehr mbH, Berlin

Senst (SNV)
Laux (SNV)
Keil (LA für Zentrale Soziale Aufgaben, Berlin), Vortragender

Förderungskennzeichen des BMFT: TV 7864

Zusammenfassung

Die Arbeiten im Forschungsvorhaben „Telebus-Fahrdienste für Behinderte" konzentrieren sich in letzter Zeit insbesondere auf die Weiterentwicklung der Systemkomponenten im Hinblick auf eine weitere Effektivierung des Gesamtsystems, nachdem der Nachweis der technischen Realisierbarkeit und Praxistauglichkeit der Einzelkomponenten erbracht werden konnte. Erste Erfolge zeigen sich bereits darin, daß in diesem Jahr die Beförderungsleistung um mehr als 10% gesteigert werden kann, ohne dabei die Gesamtkosten des Fahrdienstes gegenüber dem Vorjahr erhöhen zu müssen.

Von wesentlicher Bedeutung ist die Weiterentwicklung von Hard- und Software in der Steuerzentrale. Die Inbetriebnahme eines neuen, wirtschaftlichen Rechnersystems ermöglicht die Außerdienststellung des bereits sechs Jahre alten Zentralrechners, dessen Reparaturanfälligkeit und Betriebskosten immer größere Probleme aufwarfen. Parallel dazu erfolgen die Anpassung und Ergänzung der Software, wobei einerseits bestehende Programmsysteme weiter effektiviert und noch anwenderfreundlicher gestaltet werden und andererseits zusätzliche Programmteile zu implementieren sind, die durch die Ausweitung des Fahrtenangebotes und des damit verbundenen Abrechnungsverfahrens erforderlich werden.

Zur Weiterentwicklung des Betriebskonzeptes wurden sowohl praktische Erprobungen als auch Simulationen durchgeführt. Zur Entlastung des Fahrdienstes von kostenintensiven Kurzfahrten wird derzeit ein Kurzstreckenschiebedienst für Rollstuhlfahrer getestet. der dezentral operiert und bisher gute Erfolge erzielt hat. Dagegen wird die Einbeziehung des Berliner Schnellbahnnetzes in die Behindertenförderung wegen des erforderlichen behindertengerechten Umbaus der Bahnhofszugänge nur langfristig wirtschaftlich werden. wie entsprechende Simulationen zeigen.

Vor dem Hintergrund. daß die bereits seit über 4 Jahren im Einsatz befindlichen NEOPLAN-Busse demnächst ihre Laufleistungen erreicht haben werden und daher eine neue Fahrzeuggeneration zu beschaffen ist, wurden Untersuchungen und Erprobungen zur Verbesserung der Wirtschaftlichkeit des Fahrzeugeinsatzes durchgeführt. Dabei wurde zum einen die Konzeption für eine neue Bus-Fahrzeuggeneration erarbeitet. die auf Bauteile von erprobten Serienfahrzeugen aufbaut und eine baukastenförmige Gesamtkonzeption darstellt. Der erste Wagen dieser Bauart könnte gegen Ende des Jahres 1985 in die betriebliche Erprobung gehen. Zum anderen zeigte der probeweise Einsatz von behindertengerechten Pkw-Kombi-Fahrzeugen, daß auch diese eine sinnvolle Ergänzung des Busfahrzeugparkes darstellen. Von diesen Fahrzeugen werden ebenfalls mehrere zum Jahresende in Dienst gestellt werden. Somit ist insgesamt die bisherige Einsatzkonzeption mit zwei Fahrzeugarten (Busse und Taxis) zugunsten einer Konzeption mit drei Fahrzeugarten (Busse, Kombi-Fahrzeuge, Taxis) verändert worden.

Zur konkreten Vorbereitung von weiteren Anwendungsfällen im Bundesgebiet wurden in mehreren Städten bzw. Landkreisen verschiedener Größenordnung probeweise NEOPLAN-Telebusse im Fahrdienst eingesetzt. Wegen der finanziellen Restriktionen der örtlichen Dienststellen waren diese Einsätze nur befristet, und es konnten noch keine intensiven Maßnahmen (z. B. Einrichtung bzw. Ausbau einer Steuerzentrale) durchgeführt werden; jedoch zeigen die bisherigen Einsatzergebnisse, daß eine Anwendung in anderen Einsatzfällen realisierbar ist und auch von den Behinderten entsprechend nachgefragt wird.

Summary

In the recent past. ongoing work on the project „Telebus-Service for the Handicapped" has concentrated mainly on further developments of systems components for the purpose of making the overall system even more effective; Studies had shown the technical feasibility and practical applicability of the single components.

The first sign of success is an increase in total use of about 10% - without any increase in operating costs.

A crucial factor is the further development of hardware and software for the dispatch center. A new. more economical computer has replaced the six-year-old central unit which had begun to pose serious problem in terms of frequent repairs and overall expense. The respective software is being adjusted and supplemented, in part by increasing the effectiveness of older programs and by making them more responsive to the needs of users, in part by adding programs or parts of programs as required by the newly expanded services and the subsequent financial computations.

The operational concept has been tested in practice as well as by simulation. In order to relieve the service from cost-intensive short trips, a decentralized service for wheelchair-users has been established, with service-personnel pushing the wheelchairs for the relatively short distance - with considerable success so far. Plans to include the rapid transit network, however, will prove economical only in the long run, as simulation have demonstrated; too many changes in the access areas would have to be made in order to adapt them to the needs of the handicapped.

Since the NEOPLAN-buses presently in use will, after four years, shortly reach the end of their life-expectancy, a new generation of vehicles will be needed; studies and tests have been conducted to find ways to increase their performance and cost-effectiveness. On the one hand, a concept for a new generation of vehicles was developed based on components of the proven models from serial production, representing a kind of modular overall conception; the first such vehicle could be taken into operational tests towards the end of 1985. On the other hand, tests of specially adapted passenger cars have shown them to be a useful supplement to the bus fleet; some of these will be used as well by the end of the year. This means that the previous conception based on two kinds of vehicles (buses and taxis) has been replaced by a conception using three kinds (buses, taxis, combined vehicles).

In several instances, NEOPLAN-Telebuses have been tested in other communities and urban areas of various size, in order to prepare their potential use elsewhere. Financial restrictions have limited the time-range of these experiments, and no investments (such as a dispatch center) have ensued. Nevertheless, the preliminary results show that such application elsewhere is feasible and meets with a respective demand on the part of the handicapped.

Entwicklung des Telebus-Fahrdienstes

Im Rahmen des Forschungsvorhabens „-Telebus- für Behinderte in Berlin (West)" sind technische Komponenten zu entwickeln und im praktischen

Betrieb zu testen, die für eine bedarfsgesteuerte Beförderung von Behinderten, insbesondere Rollstuhlfahrern, sinnvoll sind. Dabei geht es zum einen um den Aufbau eines rechnergestützten Bedarfsbus-Betriebes, bei dem die Behinderten im Tür-zu-Tür-Verkehr unter Zurverfügungstellung der jeweils notwendigen Hilfen (z. B. Tragen im Treppenhaus) Fahrten zur Teilnahme am Leben in der Gemeinschaft durchführen können. Zum anderen sind auch neue, behindertengerechte Fahrzeuge zu entwickeln, um die bisher die Behinderten-Beförderung eingesetzten Transporter-Fahrzeuge durch geeignete Fahrzeuge ersetzen zu können.

Die in den ersten Jahren des seit 1979 durchgeführten Betriebes entwickelten Komponenten der Steuerzentrale sowie Fahrzeuge sind nun bereits vier bis sechs Jahre unter realen Bedingungen im Einsatz. In ständiger Rückkopplung zwischen Forschung und Betrieb konnten dabei vorhandene Systemschwächen erkannt werden. Sie bildeten die Grundlage für die technische Weiterentwicklung dieser Komponenten mit dem Ziel einer weiterverbesserten Wirtschaftlichkeit einerseits sowie Fahrgastfreundlichkeit andererseits.

Seit 1981 wird - im Gegensatz zum eigentlichen Forschungsvorhaben - der Betrieb des Telebus-Fahrdienstes aus Mitteln des Berliner Landeshaushaltes finanziert. Für die Jahre 1984 und 1985 standen bzw. stehen dabei jeweils 12,119 Mio. DM zur Verfügung. Dabei nahm die Zahl der zur Teilnahme am Fahrdienst zugelassenen Personen in den letzten 12 Monaten nochmals um 1100 Behinderte zu; sie beträgt zum 30. 6. 1985 rd. 6000. Entsprechend erhöht sich auch die Zahl der durchgeführten Fahrten; im Jahre 1984 wurden insgesamt 180.144 Fahrtwünsche ausgeführt, für 1985 ist eine Erhöhung dieser Zahl auf rd. 222.700 vorgesehen. Bei der in beiden Jahren gleichen Höhe der Finanzierung ergibt sich damit eine weitere Steigerung der Effektivität des Fahrdienstes; die Kosten je Beförderungsfall konnten um DM 4,14 auf DM 55,68 gesenkt werden und haben damit seit der Aufnahme des Betriebes in jedem Jahr kontinuierlich abgenommen **(Bild 1)**.

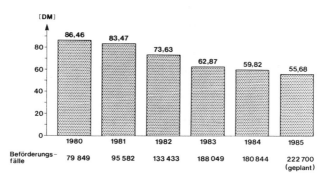

Bild 1: Entwicklung der Kosten je Beförderungsfall im Telebus-Fahrdienst

Wesentlich zu dieser Reduzierung des Kostensatzes haben sowohl die Weiterentwicklung der Steuerzentrale und Programmsysteme als auch die effektivere Gestaltung des Betriebes beigetragen. So wird zur Zeit konsequent das Ziel verfolgt, die Aufgaben der Betriebsgesellschaft alleinig in die einer zentralen Leitstelle zu überführen und den Fahrzeugeinsatz in überwiegendem Maße durch Subunternehmer durchführen zu lassen.

Der Anteil der von betriebseigenen Telebussen durchgeführten Einsatzstunden wurde im letzten Jahr von 32% auf 22% reduziert. Dadurch wird die für die effektive Durchführung des Fahrbetriebes notwenige Flexibilität in der Fahrzeugeinsatzplanung erreicht, die sich möglichst kurzfristig an dem angemeldeten Bedarf orientieren muß. Seit Februar 1985 ist es beispielsweise erstmals möglich, die Telebusse so flexibel einzusetzen, daß kein vorangemeldeter Fahrtwunsch mehr abgelehnt werden muß. Dadurch konnte wiederum auf die Anwendung des Kapazitätsabschätzungsprogramms bei der Fahrtwunschannahme verzichtet werden. Längerfristig ist zu erwarten, daß damit auch die wegen der Kapazitätsengpässe aufgegebenen Vorbestellungen „auf Verdacht" zurückgehen werden und somit der Anteil der Stornierungen von Fahrtwünschen, die die Effektivität des Gesamtsystems empfindlich reduzieren, weiter sinken wird.

Eine weitere Änderung der Betriebsstrategie besteht darin, die Zahl der Fahrteinbindungen, bei denen mehrere Fahrgäste mit sich zeitlich und örtlich annähernd überlagernden Fahrtwünschen von einem Bus - unter Inkaufnahme von Umwegfahrten für einzelne Fahrgäste - befördert werden, auf die betrieblich günstigsten Fälle zu beschränken. Die Erfahrungen der Vergangenheit haben hier gezeigt, daß in vielen Fällen die kostenmäßigen Nachteile des dabei erforderlichen Einsatzes eines Busses (statt zweier Pkw's) die Vorteile der Zusammenlegung zweier Fahrten annähernd aufwogen, wobei im Beförderungskomfort durch die Umwegfahrten und Unwägbarkeiten der zu erwarteten Ankunftszeit erhebliche Einbußen für die Behinderten entstanden. Entsprechend ist auch bei der bevorstehenden Fahrzeugneubeschaffung der Einsatz von behindertengerechten Pkw's vorgesehen.

Weiterentwicklung der Bedarfssteuerung

Die im Jahre 1978 angeschaffte Rechnerkonfiguration in der Steuerzentrale (PDP 11/70) war nach über sechs Jahren Betriebszeit technisch veraltet, störungsanfällig und nicht mehr wirtschaftlich zu betreiben. So fielen monatlich allein rund DM 6.000,- an Wartungskosten für den Rechner sowie rund DM 8.000,- für die übrigen Betriebskosten (Raummiete, Klimatisierung, Bedienpersonal usw.) an. Die Weiterentwicklung auf dem Hardware-Sektor ist zwischenzeitlich so weit fortgeschritten, daß heute entsprechend leistungsfähige Rechner mit erheblich geringerem Aufwand (rd. DM 2.500,-/Monat) eingesetzt werden können (z. B. keine Klimatisierung des Rechnerraumes, erheblich weniger Stellfläche, größere Wartungsintervalle usw.).

Aus diesem Grunde wurde zur Sicherstellung eines effektiven und zuverlässigen Betriebes in der Steuerzentrale die Anschaffung eines neuen Rechners vorgenommen. Dieses Rechnersystem vom Typ PDP 11/73 ist zum einen kompatibel mit dem bisher eingesetzten Rechner, so daß wesentliche Elemente der Peripheriegeräte und die vorhandene Software problemlos übernommen werden konnten, und entspricht zum anderen den Anforderungen an ein modulares, übertragbares Rechnersystem, das im Rahmen der Arbeiten zum Telebus-Systemkonzept gefordert wurde.

Die Konfiguration des Rechnersystems erfolgte entsprechend den derzeitigen Betriebserfordernissen in der Steuerzentrale. Das System besteht aus dem Hauptrechner mit einem Speicher von 1 Megabyte, einem Bandgerät, das insbesondere dem Datentransfer zu externen Rechner dient (z.B. Aktualisierung der Straßendatei bei Senatsdienststellen), einer Wechselplatte, die hauptsächlich für die langfristige Datensicherung (z.B. Monatsstatistik) benötigt wird und einer Winchesterplatte für den aktuellen Datenbedarf. Des weiteren sind mehrere Ein- und Ausgabegeräte vorgesehen, wobei insgesamt bis zu 18 Bedienplätze für die Fahrtwunschannahme und Fahrtwunschverwaltung realisiert werden können. Als neue Komponente, die bei der alten Rechenanlage nicht vorhanden war, wird noch eine abgesetzte Datenstation zu integrieren sein. Diese Station wird in einer der dezentralen Fahrzeugeinsatzstellen eingerichtet werden und über Wählleitungen und Modem mit dem Zentralrechner verbunden werden. Vorgesehen ist, die aus der Vordisposition erhaltenen Fahrzeugeinsatzdaten mittels dieser Datenverbindung an die Einsatzstelle zu leiten, um sie dort in gedruckter Form der abgesetzten Datenstation zu entnehmen und den Fahrern mit auf das Fahrzeug geben zu können **(Bild 2)**.

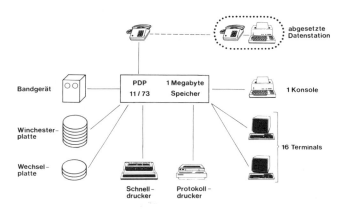

Bild 2:   Hardwarekonfiguration beim Telebus-Fahrdienst

Neben der Aktualisierung der eingesetzten Hardware wurden auch die vorhandenen Programmsysteme weiter effektiviert und noch anwendungsfreundlicher gestaltet. Zudem waren bzw. sind noch weitere Programmteile zu implementieren, die durch die Ausweitung des Fahrtenangebotes z. B. auf Dauerbuchungen und Gruppenfahrten sowie durch die zusätzlichen Anforderungen der Abrechnungsverfahren mit Fahrgästen undSubunternehmern erforderlich wurden.

Insgesamt ergibt sich nach Abschluß der Weiterentwicklung und Komplettierung der Programmsysteme folgende Struktur der Software-Module **(Tabelle 1)**:
Die F a h r t a u f t r a g s v e r w a l t u n g ist die Grundlage des gesamten Systems. Sie dient der Auftragsannahme und bereitet die Fahrtaufträge so auf, daß sie von anderen Programmen (z. B. Disposition, Statistik) weiterverarbeitet werden können.

Fahrauftragsverwaltung	Betriebsleiterprogramme	Fahrzeugeinsatzdateiverwaltung
Berechtigtendateiverwaltung	Dispositionsprogramme	Fahrzeugroutenverwaltung
Verkehrsnetzverwaltung	Fahrzeugkommunikationsprogramme	Statistik + Abrechnung

Tabelle 1: Gesamtübersicht der Softwaremodule

Die Berechtigtendateiverwaltung beinhaltet die Pflege und Zugriffsverarbeitung der Datei der zugelassenen Fahrdienstbenutzer. Sie stellt deren Adresse (meist Startort der Fahrten) sowie personenbezogene Daten zur Verfügung.

Die Verkehrsnetzverwaltung bildet die Grundlage für die Disposition. Sie hat die Aufgabe, die Adressen, die Start- und Zielpunkte der Fahrten darzustellen, auf Plausibilität zu prüfen und sie dem Verkehrsnetz („512-Knoten-Netz") zuzuordnen.

Die Betriebsleiterprogramme gestatten den Eingriff in den Systemablauf der einzelnen Module, insbesondere die Veränderung von Parametern. Alle Eingriffe sind passwortgeschützt.

Die Dispositionsprogramme dienen der Ermittlung der optimalen Fahrtrouten unter Berücksichtigung der verkehrlichen und betrieblichen Randbedingungen. Die Dispositionszeit beträgt 4 sec/Fahrtwunsch.

Die Fahrzeugkommunikation ist zur Regelung des Datenaustausches zwischen Steuerzentrale und Fahrzeuge erforderlich. Sie gibt Fahrtanweisungen an die Fahrzeuge und erhält Meldungen zum aktuellen Fahrzeugstatus.

Die Fahrzeugeinsatzdateiverwaltung stellt dem System die entsprechend den Einsatzplänen disponierbaren Fahrzeuge mit ihren spezifischen Daten (z. B. Beförderungskapazität) zur Verfügung.

Die Fahrzeugroutenverwaltung verarbeitet und verwaltet alle Daten, die zur Disposition benötigt und erzeugt werden. Sie stellt den zentralen Teil für die Disposition dar.

Die Statistik und Abrechnung dient der Nachbereitung der angemeldeten und durchgeführten Fahraufträge. Sie läßt durch die Anwendung unterschiedlichster personen- und fahrtspezifischer Filter rd. 200 verschiedene Auswertungen zu.

Weiterentwicklung des Betriebskonzeptes

Zur Entlastung des Fahrdienstes von Kurzfahrten, verbunden mit dem Angebot, Hilfe auch bei kurzen Wegen (unter 500 m) zu leisten, wird seit April 1985 in einem Modellversuch zusätzlich ein Kurzstreckenschiebedienst durchgeführt.

Träger dieser Leistung sind drei Berliner Sozialstationen. Das Angebot erstreckt sich auf diejenigen Telebusberechtigten, die im fußläufigen Einzugsbereich dieser Sozialstationen wohnen (ca. 6% aller Berechtigten).

Es konnten bisher alle vorliegenden Aufträge termingerecht durchgeführt werden. Die anfangs zurückhaltende Nachfrage steigt seit Mai stark an. Im Juni erreichte die Mobilität der Telebus-Berechtigten im Kurzstrecken-Schiebedienst bereits 15% der des Telebus-Fahrdienstes.

Bei anhaltenden positiven Erfahrungen soll der Dienst flächendeckend auf Berlin (West) ausgedehnt werden.

In einem nächsten Schritt ist ein Modellversuch vorgesehen, der den Telebusberechtigten Begleitung und Tragehilfe im Zusammenhang mit Telebusfahrten anbietet.

Ziel dieser Modellversuche ist die Ermittlung und Bewertung von Strategien für die Ablösung von kostenintensiven Fahrtaufträgen mit Beifahrern im Telebus-Fahrdienst.

Im Telebus-Fahrdienst werden Personen befördert, die aufgrund körperlicher Beeinträchtigungen Linien des öffentlichen Personennahverkehrs (ÖPNV) nicht oder nur unter unzumutbaren Bedingungen benutzen können. Ein wesentlicher Anteil dieser Benutzungsschwierigkeiten entfällt auf den Zugang zu Haltestellen und Bahnhöfen sowie den Einstieg in die Fahrzeuge des ÖPNV. Bei einem entsprechenden behindertengerechten Ausbau könnten sehr viele Telebus-Berechtigte öffentliche Verkehrsmittel benutzen. Dieser Ausbau, der auch für alle anderen „Verkehrsbehinderten" von Vorteil wäre. ist sehr kostenintensiv und daher nur sehr langfristig realisierbar. Ein Anfang müßte in Berlin mit der entsprechenden Umgestaltung der U- und S-Bahnhöfe beginnen, da nur das Schnellbahnsystem die Verknüpfung der wichtigsten Verkehrsschwerpunkte gewährleistet.

Auf der Grundlage der Fahrtwunschdaten des Telebus-Fahrdienstes wurde deshalb eine Simulation durchgeführt, mit der die maximal mögliche Schnellbahnbenutzung einschließlich aller Ein- und Ausstiegsvorgänge je Bahnhof durch Telebus-Berechtigte ermittelt wurde. Aufgrund dieser Benutzerfrequenz wurde eine Dringlichkeitsreihung für den behindertengerechten Ausbau der Bahnhöfe erarbeitet.

Unter optimalen Bedingungen könnten danach nach dem Umbau aller 151 Berliner Bahnhöfe rd. 30% der Telebus-Fahrten mit den Schnellbahnsystemen U- und S-Bahn durchgeführt werden.

Ausgehend von einem Mindestausbau von sechs Bahnhöfen und drei Umsteigebahnhöfen, bei dem maximal 0,2% der Telebus-Beförderungen übernommen werden könnten, steigt der Anteil bei 50 nutzbaren Haltepunkten progrssiv auf rd. 18% und erreicht mit 100 Bahnhöfen bereits die Größenordnung von 30% **(Bild 3)**.

Die Kosten des behindertengerechten Ausbaus des ÖPNV lassen sich - auch überschlägig - nicht angeben, da die spezielle Situierung und Ausstattung jeder Haltestelle einzeln berücksichtigt werden muß.

Eindeutig kann jedoch bereits jetzt festgestellt werden, daß Einsparungen im Telebus-Fahrdienst durch entsprechende Verlagerungen von Fahrten zur Schnellbahn rein wirtschaftlich die Investititons- und Unterhaltungskosten der Umrüstungsmaßnahmen alleine nicht rechtfertigen können.

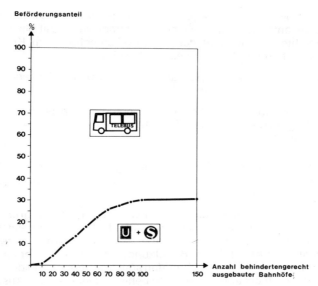

Bild 3: Möglicher Beförderungsanteil von Telebus-Berechtigten mit Schnellbahnen

Weiterentwicklung des Fahrzeugkonzeptes

Der im Fahrdienst eingesetzte Fahrzeugpark besteht überwiegend aus behindertengerechten Kleinbussen und Taxis. Die Kleinbusse wurden dabei im Rahmen dieses Vorhabens entwickelt und sind seit 1981 im Einsatz. Eine Beschreibung dieser Fahrzeuge vom Typ NEOPLAN 906 T ist im Heft „Nahverkehrsforschung '82" enthalten. Die inzwischen vierjährige Erprobungsdauer zeigte, daß sich die Busse nicht in dem ursprünglich erwarteten Maße bewährt haben. Die Probleme liegen hierbei sowohl auf technischer als auch auf wirtschaftlicher Seite, wobei die in der Unzuverlässigkeit der komplizierten Technik begründeten Einsatzausfälle die Wirtschaftlichkeit natürlich stark negativ beeinflussen.

Aus diesen Gründen wurde für die „zweite Generation" der Telebusse ein technisch einfacher gestaltetes Fahrzeug konzipiert, bei dem mehr die Betriebsanforderungen im Vordergrund stehen. Im einzelen ist folgenden Anforderungen Rechnung zu tragen:

— niedriger Anschaffungspreis
— reduzierter Treibstoffverbrauch
— einfachere Gestaltung der Technik
— erhöhte Betriebszuverlässigkeit
— Verringerung des Eigengewichtes
— größere Wendigkeit
— preiswerte Ersatzteilbeschaffung
— dichtes Service-Netz
— multifunktionaler Einsatz

Gute Voraussetzungen für die Erfüllung dieser Anforderungen bietet der Rückgriff auf bereits bestehende Fahrzeugserien größerer Fahrzeughersteller, um sicherzustellen, daß die Fahrzeugkomponenten bereits mehrfach erprobt sind und eine hohe Standsicherheit gegeben ist. Jedoch existiert in der Bundesrepublik zur Zeit kein Hersteller, der ein Serienfahrzeug im Lieferprogramm hat, das ohne Umbauten die Anforderungen eines multifunktionalen Kleinbusses, insbesondere in Bezug auf die Behindertenbeförderung. erfüllt. Das wegen des für den Ein- und Ausstieg von Rollstuhlfahrern notwendigen Absenkens des Wagenkastens erforderliche Fahrzeugkonzept mit Frontantrieb und niedrig gestaltetem Fahrzeugboden ist bisher noch nicht auf dem Markt.

Jedoch bilden die VW-LT-Modelle, die in Kürze mit Allradantrieb angeboten werden, zum heutigen Zeitpunkt eine optimale Grundlage für die Erstellung eines behindertengerechten Kleinbusses. Bei Weglassen des nach hinten gehenden Antriebsstranges ergibt sich ein Fronttriebkopfkonzept mit der Möglichkeit der Absenkung des Fahrzeugbodens im Heck. Insgesamt läßt sich damit der VW-LT mit geringerem Aufwand unter weitgehender Verwendung von Serienbauteilen zu einem behindertengerechten Kleinbus umgestalten **(Bild 4)**.

Bild 4: VW-LT als behindertengerechter Kleinbus

In diesem neukonzipierten Fahrzeug, das 4,80 m lang und 2,00 m breit ist, können bis zu vier Rollstühle sowie vier Begleitpersonen (incl. Fahrer) befördert werden. Einige wesentliche Fahrzeugdaten für den NEOPLAN-Bus (1. Telebus-Generation) und den VW-Bus (2. Telebus-Generation) sind in der folgenden **Tabelle 2** gegenübergestellt:

	N 906 T	VW-LT
Länge	6.450 mm	4.800 mm
Breite	2.380 mm	2.040 mm
Höhe	2.515 mm	2.300 mm
Radstand	4.410 mm	3.250 mm
Bodenfreiheit	290 mm	200 mm
Wendekreis	20,0 m	16,5 m
Rollstuhlstellplätze	max. 7	max. 4

Tabelle 2: Gegenüberstellung der behindertengerechten Kleinbusse NEOPLAN 906 T und VW-LT

Um das neue Fahrzeug auf eine breitere Basis bezüglich der möglichen zu produzierenden Stückzahlen zu stellen, wurde nicht nur die Eignung für die Beförderung behinderter Fahrgäste untersucht. So ist durch das Fahrzeugkonzept ebenfalls sichergestellt, daß der Bus - bei entsprechender Bestuhlung - als kleiner Stadtbus für den allgemeinen ÖPNV, z. B. im Spätverkehr oder im Bedarfsbetrieb, eingesetzt werden kann.

Zur Zeit befindet sich das erste dieser behindertengerechten Fahrzeuge in der Konstruktion. Eine Erprobung im Telebus-Fahrdienst wäre ab Jahresende 1985 möglich.

Parallel zur Entwicklung dieses neuen Kleinbusses wurde der Einsatz von neuen, marktgängigen behindertengerechten Pkw-Kombi-Fahrzeugen im täglichen Betrieb getestet. Hierbei handelt es sich um Fahrzeuge der Typen

— Ford Escort
— Opel Kadett und
— VW Caddy,

die einen rundum verglasten Ladeaufbau besitzen, der das Einfahren eines in einem Rollstuhl sitzenden Behinderten durch eine im Fahrzeugheck angeordnete Tür sowie die Mitfahrt einer Begleitperson im hinteren Fahrgastraum (Klappsitz) gestattet. Nach anfänglichen Schwierigkeiten, die sich insbesondere auf die Geräumigkeit des hinteren Fahrgastraumes bezogen, sind die Fahrzeuge - in modifizierter Form - zwischenzeitlich sehr gut von den Fahrgästen angenommen worden, da hier erstmals Rollstuhlfahrern, die nicht auf einen Fahrzeugsitz (z.B. Taxi) umgesetzt werden können, ein taxiähnlicher Verkehr ohne die Inanspruchnahme der größeren Telebusse angeboten werden kann.

Mit diesen neuen Pkw-Fahrzeugen wird es auch für den Betreiber möglich, das bereits oben angesprochene Ziel der Minimierung von Einbindungen mit vom Einsatz her sehr kostengünstigen Fahrzeugen zu erreichen. Die Anschaffung von sechs dieser Fahrzeuge für den Fahrdienst ist für das Ende des Jahres 1985 vorgesehen. Damit ist die bisher im Betrieb ausgeübte Praxis des Einsatzes von zwei unterschiedlich zu disponierenden Fahrzeugarten (Busse und Taxis) zugunsten einer noch flexibleren Einsatzkonzeption mit drei Fahrzeugarten (Busse, Kombi-Fahrzeuge, Taxis) aufgegeben worden.

Übertragung auf weitere Anwendungsfälle

Ein Ziel des Vorhabens -Telebus- ist es, sicherzustellen, daß alle entwickelten Komponenten - einzeln oder als komplettes System - außer für Berlin (West) auch auf andere Anwendungsfälle in der Bundesrepublik Deutschland übertragbar sind. Dabei ist die Vielzahl der denkbaren Anwendungsfälle in die drei Oberbereiche Großstadt, Kleinstadt und ländlicher Raum gegliedert. Die theoretische Übertragbarkeit wurde dabei bereits durch mehrere Studien im Rahmen des Forschungsvorhabens nachgewiesen (vgl. Nahverkehrsforschung '83).

In einem zweiten Schritt ist jetzt damit begonnen worden, die praktische Erprobung von Fahrdienstes für Behinderte mit Telebussen in verschiedenen Einsatzräumen vorzunehmen. Dabei geht es primär darum, die organisatorischen Möglichkeiten der Übernahme bzw. Zusammenfassung von Behindertenbeförderungen, die zumeist von karitativen Verbänden oder Behinderteneinrichtungen unkoordiniert in Eigenregie durchgeführt werden, auszuloten und mit Hilfe der örtlichen Behörden und politischen Entscheidungsträger auszuschöpfen. So liegen die Schwierigkeiten bei der Einrichtung eines Fahrdienstes derzeit überwiegend im finanziellen und organisatorischen, jedoch nicht im technischen Bereich.

Für die Durchführung von Anwendungsfällen liegen zwischenzeitlich mehr Anfragen von Städten und Kreisen vor, als im Rahmen des Forschungsvorhabens durchführbar sind. Dabei befinden sich die einzelnen Vorklärungen und Vorbereitungen zur Übertragung durchaus in unterschiedlichen Entwicklungsstadien. Die probeweise Durchführung eines Fahrbetriebes unter Zurverfügungstellung von NEOPLAN-Telebussen ist bereits in mehreren Fällen erfolgt, zuletzt beispielsweise in Wuppertal und Düsseldorf. Die Städte Braunschweig und Lüneburg haben ebenfalls Interesse angemeldet.

Aufgrund der zusätzlichen Betriebskosten, die dabei von den Kommunen übernommen werden müssen, und der nur in beschränktem Umfang für derartige Einsatzfälle zur Verfügung stehenden Telebus-Fahrzeuge waren diese Einsätze bisher nur befristet und dienten u. a. der Erfassung der realen Nachfragepotentiale. Eine Entscheidung für die Übertragung des Telebus-Systems ist für die örtlichen Dienststellen allerdings mit investiven Maßnahmen verbunden (z. B. Einrichtung bzw. Ausbau der Steuerzentrale, Beschaffung von Fahrzeugen und Personal), die nur längerfristig in den kommunalen Haushalten Berücksichtigung finden können. Von daher ist mit der ersten vollständigen Durchführung eines Übertragungsfalles nicht vor dem nächsten Jahr zu rechnen.

Insgesamt haben jedoch die bisherigen Einsatzergebnisse gezeigt, daß eine Anwendung des Telebus-Fahrdienstes in anderen Einsatzfällen durchaus technisch und betriebsorganisatorisch realisierbar ist und Nachfragepotentiale bei den Behinderten - nach kurzer Akzeptanzphase - vorhanden sind, die eine wirtschaftliche Betriebsdurchführung gestatten.

Behindertengerechter PKW

SNV Studiengesellschaft Nahverkehr mbH, Berlin

Kirscht (SNV), Vortragender

Förderungskennzeichen des BMFT: TV 8216

Zusammenfassung

Für Behinderte, die unter Zuhilfenahme von geeigneten am Markt befindlichen Hilfseinrichtungen in der Lage sind, einen PKW zu fahren, die sich aber nicht ohne fremde Hilfe vom Rollstuhl in das Fahrzeug umsetzen können, wurde ein E-Rollstuhl entwickelt, der mit Hilfe einer fahrzeugseitigen Einhebevorrichtung als Fahrersitz genutzt werden kann.

Summary

An E-wheelchair was developed for those handicapped persons who are able to drive a specially equipped passenger car, yet are unable to move from the wheelchair into the driver's seat without assistance. The distinguishing feature of this wheelchair is that, with the help of a lift installed at the side of the car, it can be used as a driver's seat.

Ziel des Vorhabens

Ziel dieses Forschungsvorhabens, das vom Bundesminister für Forschung und Technologie sowie dem Berliner Senator für Verkehr und Betriebe gefördert wird, ist die Steigerung der Mobilität von Behinderten.

Die im Zusammenhang mit diesem Forschungsvorhaben gesondert ins Auge gefaßte Zielgruppe sind die Behinderten, die einerseits unter Ausnutzung von am Markt befindlichen behindertengerechten Fahrzeugausstattungen über die Voraussetzung verfügen, ein Kraftfahrzeug zu führen, andererseits aber durch die Behinderung nicht in der Lage sind, sich ohne fremde Hilfe von einem Rollstuhl in einen Fahrersitz umzusetzen.

Hauptzielrichtung der Entwicklungsaktivitäten war es also, einen E-Rollstuhl zu konstruieren, der sowohl als normaler E-Rollstuhl - allerdings mit vergleichsweise kurzer Reichweite - eingesetzt werden kann als auch im Fahrzeug die Voraussetzung für eine fahrzeuggerechte Sitzposition mit den daran zu knüpfenden Anforderungen erfüllt.

Im Unterschied zur normalen Betriebsweise eines E-Rollstuhls sind an Rollstühle, die gleichzeitig als Fahrersitz in einem Fahrzeug genutzt werden sollen, höhere Anforderungen zu stellen. Diese Anforderungen resultieren im wesentlichen aus der höheren Beanspruchung des Insassen durch andere fahrdynamische Voraussetzungen im Kraftfahrzeug. Als wichtigste Anforderungen sind zu nennen:

— Anpassung der Sitzposition in Höhe und Fahrzeuglängsachse
— Langzeitkomforteigenschaften
— Seitenführungseigenschaften
— gegebenenfalls Möglichkeit zur Anpassung der Polsterung an bestimmte Ausprägungen von Behinderungen
— Kompatibilität mit einem geeigneten Rückhaltesystem
— Sichere Verankerung des Rollstuhl-Fahrersitzes im Fahrzeug

Im Zuge der Entwicklungsaktivitäten zeigte sich, daß die Realisierung der Ansprüche in bezug auf den E-Rollstuhl sowie der entsprechenden fahrzeugseitigen Einhebevorrichtung wesentlich schwerer zu realisieren waren als ursprünglich angenommen. Es wurde deshalb beschlossen, die Aktivitäten auf den fahrersitzgeeigneten Rollstuhl mit der dazugehörigen fahrzeugseitigen Einhebevorrichtung zu konzentrieren.

Das mit der Entwicklung des Systems beauftrage Battelle-Institut in Frankfurt realisierte auf der Grundlage der modifizierten Anforderungen an das System einen Prototypen eines fahrersitzgeeigneten Rollstuhls, einschließlich einer fahrzeugseitigen Einhebevorrichtung.

Das System ist durch folgende Merkmale gekennzeichnet:

— E-Rollstuhl mit einer ca. Reichweite von 4 km und motorisch einziehbarem Fahrwerk

— Integration eines Recarositzes in die Rollstuhlstruktur, einschließlich der im Sitz integrierten motorischen Lehnenverstellung

— motorisch schwenkbare Bein- und Fußstützen

— fahrzeugseitige translatorische Einhebevorrichtung, gekennzeichnet durch zwei motorisch bewegte Tragschienen mit integrierter Arretierung für den Rollstuhl, die den Einstieg sowohl von der linken als von der rechten Fahrzeugseite her gestattet

— elektronische Ansteuerung der Einzelfunktionen über Drucktasten, die zu jedem Zeitpunkt die Unterbrechung eines Einstiegs- oder Ausstiegsvorganges gestatten

  • Vorwahlmöglichkeit des Einstiegsvorganges durch Angabe der Ist-Position des Rollstuhls sowie der gewünschten Endposition im Fahrzeug
  • durch Leuchtdioden gekennzeichnete Hinweise für die Bedienung der Folgefunktionen (Ablauflogik)
  • interne Verriegelung des Systems zum Schutz gegen Fehlbedienung.

Der Prototyp des Rollstuhls sowie der Einhebevorrichtung wurde integriert in einen Versuchsträger in Form einer Rohkarosse des VW Golf Typ II, der zur Kosteneinsparung nur mit Fahrwerk und Rädern versehen wurde.

Die am Fahrzeug durchgeführten Modifikationen betreffen im Versuchsträgerstadium im wesentlichen die Entfernung der B-Säule sowie die Gestaltung der hinteren Fahrzeugtüren als Schiebetüren. Darüber hinaus wäre es erforderlich, bei der Entwicklung des Fahrzeuges in einen funktionsfähigen Zustand die Bodengruppe durch Einziehung eines zusätzlichen Y-Trägers zu verstärken als auch das Lenkrad nach oben klappbar zu gestalten.

Um die Bedienung des Automatikgetriebes sicherzustellen, müßte je nach Art der Behinderung des Insassen entweder der Wählhebel verlegt oder aber eine elektromechanische Ansteuerung des Getriebes vorgesehen werden.

Im Zuge des weiteren Vorgehens innerhalb des Vorhabens soll unter Berücksichtigung der Funktionssicherheit des Systems eine theoretische Analyse des realisierten Systems sowie gegebenenfalls eine Überarbeitung mit dem Ziel erfolgen, zu kostengünstigeren Lösungen zu kommen.

Diskussion

Leitung: T e u b n e r

Teilnehmer: Dr. Flenker, Keil, Kirscht, Dr. Meyer, Peckmann, Petzel, Senst, Wiedemann u. a.

Referate: **TELEBUS-Weiterentwicklung und Übertragung; Behindertengerechter Pkw; Anwendungschancen neuer Nahverkehrstechnologien**

Telebus

Auf die Frage nach den im Vortrag angesprochenen technischen Problemen beim Telebus wurden Probleme mit den bisherigen Fahrzeugen und der bisherigen Rechneranlage benannt. Es hat sich gezeigt, daß die Neoplan-Fahrzeuge für den TELEBUS-Betrieb vom Fassungsvermögen zu groß sind. Es ist für den Betrieb kostengünstiger und für die Behinderten auch attraktiver, mit kleineren Fahrzeugeinheiten zu fahren. Die neue Rechneranlage vom Typ PDP 11/73 ist leistungsfähiger und in der Wartung wesentlich billiger. Die vorhandene Software konnte übertragen werden.

Wegen der Wirtschaftlichkeit und der neuen Komponenten glaubt man, daß das Telebussystem demnächst auf andere Einsatzbereiche übertragen werden kann.

Durch den Telebus ist der Druck auf den ÖPNV nach behindertengerechter Gestaltung nicht geringer geworden, die Behinderten sind aber über diesen Sonderfahrdienst froh und dankbar.

Behindertengerechter Pkw

Auf die Frage, ob für den Behindertengerechten Pkw in der dargestellten Form überhaupt Markt- bzw. Realisierungschancen bestehen, wurde dessen Marktfähigkeit grundsätzlich bejaht. Die zur Zeit bestehenden Kosten müssen jedoch noch deutlich reduziert werden. Einer Kostensenkung steht jedoch entgegen, daß bei dem heutigen Automatisierungsstand in der Kfz-Produktion für ein solches Fahrzeug eine Sonderfertigung bei einem kleineren Fahrzeug- oder Aufbauhersteller notwendig ist. Probleme ergeben sich auch aus der Produkthaftpflicht des Herstellers, d.h. es sind Sicherheitsnachweise für Straßenlage, Crash-Test etc. durchzuführen. Hier sind kleine Spezialhersteller oft überfordert. Es wäre hilfreich, im Rahmen dieses Vorhabens Richtlinien bzw. Kennwerte für solche Spezialbetriebe zu erarbeiten.

Umsetzung von Forschungsergebnissen

Anwendungschancen neuer Nahverkehrstechnologien

Senator für Wissenschaft und Forschung Berlin (West)
SNV Studiengesellschaft Nahverkehr mbH, Berlin

Dr. Hellmann (SNV)
Dr. Märtin (SenWiForsch)
Dr. Rothholz (SNV)
Sparmann V. (SNV), Vortragender

Förderungskennzeichen der BMFT: TV 8407

Zusammenfassung

Ziel des Gesamtvorhabens ist es, eine breitere Umsetzung von neuen Nahverkehrs-technologien aus F + E-Vorhaben des BMFT durch eine gezielten Einsatz von Strate-gien. Begleitmaßnahmen und Instrumente der Produktumsetzung zu erreichen. Mit dem Vorhaben sollen die Ausgangsbedingungen für Innovationen in der deutschen Verkehrs-Wirtschaft (insbesondere auch für kleine und mittlere Unternehmen) ver-bessert werden, um die wirtschaftliche Leistungs- und Wettbewerbsfähigkeit zu stei-gern sowie Technologievorsprünge zu halten. Dazu werden Umsetzungsbedingun-gen analysiert und Umsetzungsstrategien maßgeschneidert für die entsprechende Technologie erarbeitet. Im Mittelpunkt des Vorhabens stehen praktische Produktum-setzungen von neuen Entwicklungen aus öffentlich geförderten Nahverkehrsvorha-ben. Den Produktumsetzungen werden Umsetzungs- und Erfolgskontrollen ange-schlossen. Im Rahmen dieses Arbeitsschrittes sind Nutzen-Kosten-Untersuchungen durchzuführen, und es ist ein Standardmodell für Umsetzungsstrategien und -kontrol-len zu entwickeln.

Summary

The overall goal of the project is to achieve a broader application of new Mass Transit Technologies from the R + D projects of the German Ministry of Research and Technology by applying goal-oriented strategies, supporting measures and instru-ments for product application in the transport market.
It is intended through the project to improve the conditions for innovations within the German transport industry (especially for small and medium sized firms), in order to increase the economic efficiency and competitive ability as well as to maintain techno-logy advantages.
Therefore market conditions have to be analysed and application strategies tailored for the respective technology have to be developed. The focus of the project are product implementations of new technologies derived from publicly financed mass transit projects. Product implementations will be supplemented by control techni-ques.
Additionally cost benefit analysis will be applied and a standard model for implemen-tation strategies and control techniques will be developed.

Zielsetzung

Ziel des Forschungsvorhabens „Anwendungsforschung und Umsetzungs-kontrolle für neue Technologien im öffentlichen Personennahverkehr" ist es, eine breitere Umsetzung von Entwicklungen aus F + E-Vorhaben des BMFT im Bereich der Nahverkehrstechnologie zu erreichen. Mit dem Vorhaben sollen, neben dem eigentlichen Ziel der erfolgreichen Produktanwendung, die Ausgangsbedingungen für weitere Innovationen in der deutschen Industrie verbessert werden, um den hohen Leistungsstand der deutschen Verkehrswirtschaft zu halten.

Aufgrund der Förderung des BMFT (in Verbindung mit den Ländern) von Entwicklungen neuer Technologien im Verkehrsbereich hat insbesondere der öffentliche Personennahverkehr in der Bundesrepublik Deutschland einen hervorragenden Stand erreicht. Der technische Stand der deutschen Nahverkehrsindustrie liegt im internationalen Vergleich in der Spitzenklasse. Verglichen mit diesem Stand bleiben die Umsetzungserfolge der deutschen Nahverkehrsindustrie hinter den Erwartungen zurück. Die Förderung des BMFT reichte bislang von der Grundlagenforschung bis zur technischen und betrieblichen Erprobung. Damit konnte zwar für den Einzelfall eine erfolgreiche Erprobung für die Anwendung der neuen Technologien grundsätzlich nachgewiesen werden. Die Praxis zeigt jedoch, daß für die breitere Umsetzung von neuen Technologien ein weiterer Forschungsbedarf besteht, um technologisch weitgehend abgeschlossene Forschungsprojekte bei der Umsetzung - national wie international - zu unterstützen.

Das Förderprogramm des BMFT deckt im wesentlichen die Grundlagenarbeit, die Entwicklung und Erprobung von Systemen und Systemkomponenten im Nahverkehr bis zur Einsatzreife ab. Es ist bislang nicht deutlich genug gesehen worden, daß bis zur Erreichung des Marktes ein Forschungsbedarf zur Überbrückung der Entwicklungslücke zwischen F + E-Stadium und erfolgreicher Anwendung besteht **(Bild 1)**.

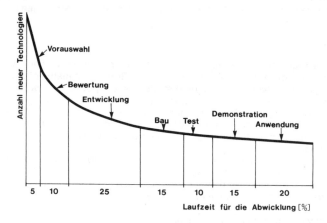

Bild 1: Ausscheidungskurve neuer Technologien

Tatsächlich zeigten sich nach Abschluß von Forschungsprojekten im ÖPNV erhebliche Probleme bei der Umsetzung der entwickelten Systeme bzw. Teilsysteme und Komponenten. Die Schwierigkeiten bei der Einführung von Forschungsprodukten und beim Übergang auf Serienfertigung sind bisher

nicht genau genug analysiert worden. Neben der Verbesserung und Attraktivitätssteigerung für die Nahverkehrsbenutzer können durch Förderung von
technologischen Innovationen positive Beschäftigungseffekte am Arbeits-
markt erwirkt werden. Dadurch wird zur Steigerung der wirtschaftlichen
Leistungs- und Wettbewerbsfähigkeit der deutschen Verkehrswirtschaft
beigetragen.

Zur Erreichung dieser übergeordneten Ziele der Forschungsförderung bedarf es zusätzlicher Anschübe in Richtung auf die konkrete Umsetzung.
Diese Unterstützung zu gewähren, ist eine wichtige Aufgabe des vorliegenden Forschungsvorhabens.

Aus den hier aufgeführten Gründen stellt das Vorhaben eine notwendige
und wichtige Ergänzung der bisherigen Forschungsförderung durch Bund
und Länder dar und steht in einem unmittelbaren Zusammenhang mit den
förderpolitischen Zielen der Förderprogramme im Verkehrsbereich.
Gleichzeitig soll durch das Vorhaben die deutsche Industrie international
bessere Ausgangsbedingungen erhalten, um gegenwärtig bestehende Un-
gleichgewichte in Wettbewerbssituationen abbauen zu können. Diese Un-
gleichgewichte sind darauf zurückzuführen, daß andere Nationen mit großem finanziellen Aufwand und starker staatlicher Unterstützung in allen
Phasen der Verkehrsberatung international präsent sind. Hierzu werden
staatliche bzw. halbstaatliche Generalunternehmer, wie z. B. die französi-
sche SOFRETU oder die kanadische UTDC, eingeschaltet, die in allen Phasen von der Verkehrsplanung über die Errichtung von Verkehrssystemen bis
zur Betriebsunterstützung im Auftrag und zum Teil auf Kosten ihres Hei-
matstaates und seiner Industrie tätig sind.

Vor diesem Hintergrund hat das vorliegende Vorhaben die Aufgabe, den im
internationalen Maßstab herausragenden wissenschaftlichen und technischen Leistungen der deutschen Verkehrswirtschaft auch international entsprechende Anerkennung zu gewährleisten und die praktische Umsetzung
zu fördern.

Mit der Anwendungsforschung und Unterstützung der Umsetzung für neue
Verkehrstechnologien werden die nachstehenden wichtigen Einzelziele verfolgt:

— Ermittlung der technischen Anwendungsspektren und der wirtschaftlichen Anwendungsgrenzen der öffentlich geförderten Nahverkehrstechnologien

— Analyse der Einsatzvoraussetzungen und technologischen Anforderungen bei potentiellen Betreibern

— Erleichterung der Umsetzung der Verkehrstechnologien durch Durchführung von Assessment-Studien, Pre-Feasibility- und Feasibility-Stu-
   dien für konkrete Anwendungsfälle

— Erarbeitung von Empfehlungen zur Durchführung technologischer An-
   paßarbeiten an ÖPNV-Technologien zur Verbesserung der Anwendungschancen

— Beratung öffentlicher Verkehrsbetriebe im In- und Ausland zur Beseitigung von Hemmnissen bei der Einführung moderner ÖPNV-Technologien

— Unabhängige Beratungsleistung zur Steigerung der internationalen Anerkennung deutscher Nahverkehrstechnologien

— Übertragung von Technologie- und Betriebs- know-how von deutschen Referenzanlagen für moderne ÖPNV-Technologien

— Entwicklung eines Konzeptes zur Anwendung von Umsetzungsstrategien und zur Durchführung von Umsetzungskontrollen für neue Technologien

Problemstellung

Die folgenden Schlüsselfragen charakterisieren die Problemstellung des Forschungsvorhabens:

(1) „Welche Gründe waren für die Probleme bei der Umsetzung der inzwischen abgeschlossenen Nahverkehrs-Forschungsprojekte verantwortlich?"

(2) „Welche der neuen Nahverkehrssysteme haben angesichts der veränderten verkehrspolitischen und wirtschaftlichen Bedingungen reelle Umsetzungschancen?"

(3) „Welche Teilsysteme und Komponenten sind mit den gegenwärtigen Verkehrssystemen kompatibel - also für Ersatz- und Ergänzungszwecke geeignet?"

(4) „Welche Strategien und Instrumente fördern die Umsetzung in konkrete Leistungsangebote - verbunden mit den angestrebten beschäftigungspolitischen Effekten?"

Neben der Beantwortung dieser Fragen muß auch eine genaue Analyse der Hemmnisse bei der Umsetzung vorgenommen werden. Beispiele dieser Hemmnisse sind:

— Geldknappheit in Ländern und Kommunen
— Finanzierungsprobleme auch im Ausland
— Preisdruck ausländischer Konkurrenz
— Sättigungstendenzen
— Skepsis gegenüber modernen Technologien
— kein ausreichender Nachweis des erfolgreichen Dauerbetriebs mit modernen Technologien
— Personalprobleme bei neuen Technologien

Der Vielzahl von Schwierigkeiten bei der Einführung neuer Technologien steht allerdings der Zwang zu einem kostengünstigeren Betrieb gegenüber.

Energiekosten- und Personalkosteneinsparungen sowie Fragen des Umweltschutzes und der Ergonomie zeigen einen wachsenden Stellenwert. Wenn ein Verkehrsbetrieb langfristig wirtschaftlich und leistungsfähig arbeiten will, kann er auf neue Technologien nicht verzichten. Mittelfristig bestehen die Chancen für moderne Technologien im Ersatz- und Erweiterungsbedarf gegenwärtiger Systeme bzw. Systemkomponenten aufgrund von Verschleiß und technologischer Veralterung. Es bleibt festzustellen, daß der Markt für die Anwendung k o m p l e t t e r ÖPNV-Systeme gegenwärtig nur begrenzte Umsetzungsmöglichkeiten bietet, während die Einführung von Teilsystemen und Systemkomponenten insbesondere wegen des Zwanges zu wirtschaftlicher Betriebsweise erfolgversprechender ist.

Lösungskonzepte

Genauso wichtig wie die Entwicklung und Bereitstellung der ÖPNV-Technologien ist die Information der potentiellen Abnehmer über die technischen und wirtschaftlichen Vorteile der einzelnen Systeme, Teilsysteme und Komponenten. Nur wenn es gelingt, die abnehmerseitigen Anschaffungs-Entscheidungsprozesse mit Hilfe von Durchführbarkeitsstudien sowie Informations- und Kommunikationsinstrumente gezielt zu beeinflussen, ist der Umsetzungserfolg sicherzustellen. Dies bedeutet die Bereitstellung von Konzeptionen, die auf die Erfordernisse der jeweiligen Projekte und Zielgruppen zugeschnitten sind.

Aus diesen Analysen ergeben sich Anhaltspunkte für Art und Gestaltung der einzusetzenden Maßnahmen.

(1) Abnehmerorientierte Maßnahmen

— Kommunikations- und Informationsarbeit mit Hilfe von Medienwerbung, Pressearbeit, PR, Direktwerbung, Messen und Ausstellungen, Kongresse und Tagungen usw.

— Individuelle Beratung, Durchführbarkeitsstudien, Einsatzvoraussetzungen, Anwendungsvorteile, Finanzierungsmöglichkeiten, Consultingaufgaben usw.

— Know-how-Transfer von Referenzanlagen

(2) Anbieterorientierte Maßnahmen

— Einbindung der in Frage kommenden Hersteller in die - systemorientierten - Kommunikations- und Informationsaktivitäten

— Individuelle Vermittlung von Markt- und Marketing-know-how Beratung über Umsetzungsmöglichkeiten incl. Kooperations-, Finanzierungs-oder Exportfragen

— Beratung bei der Durchführung notwendiger Anpaßtechnologien

— Beistellung von Kooperationspartnern von Consulting-/Contractor-/Herstellerfirmen

Zur Überprüfung der Wirksamkeit der durchgeführten Maßnahmen sind mittel- bis langfristig Kontrollmaßnahmen durchzuführen. Hierzu zählen:

— Feedback-Messung der abnehmerorientierten Maßnahmen (Image, Bekanntheitsgrad, Entscheidungseinfluß)

— Folgewirkung der anbieterorientierten Maßnahmen (Image, Bekanntheitsgrad, Beschäftigungseffekte)

Sachstand

In dem Versuch, die vielfach festgestellten Probleme bei der Marktdurchdringung mit neuen Technologien zu beseitigen und wesentliche Voraussetzungen für eine erfolgreiche Serienfertigung zu schaffen, mußte eine Auswahl von möglichst erfolgversprechenden Produkten getroffen werden, Es werden damit gleichzeitig die Rahmenbedingungen für Innovationen in der Wirtschaft verbessert, wobei speziell auch den kleineren und mittleren Betrieben Unterstützungen hinsichtlich einer besseren Marktdurchdringung geboten werden.

Durch die Einbindung von Entwicklern, Herstellern, Betreibern und Forschern sowie Verwaltung und Politik aus Land und Bund in einem Projekt wird die gegenseitige Abstimmung und die Kooperation in den betroffenen Anwendungsbereichen verbessert.

Hinsichtlich der Finanzierung ist eine wesentliche Beteiligung der betroffenen Industrien erforderlich, so daß hier Hilfe zur Selbsthilfe im Sinne einer Förderung der Eigeninitiative von Industrie und Forschung geleistet wird. Das Fließschema der Arbeitsebenen in diesem Forschungsvorhaben zeigt **Bild 2**.

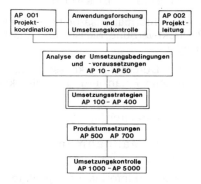

Bild 2: Struktur des FuE-Vorhabens Anwendungsforschung

Den Schwerpunkt des Vorhabens bilden die Umsetzungsstrategien. Die Erarbeitung von Umsetzungsstrategien (AP 100 - 400) bezieht sich auf sechs anwendungsreife Verkehrssysteme bzw. Verkehrstechnologien, die als Teilprojekte P1 - P6 wesentlicher Hardware-Bestandteil der „Anwendungsforschung" sind **(Bild 3)**.

Im weiteren werden in übergreifenden Teilprojekten (P7 - P9) Instrumente von allgemeinerer Anwendungsbreite für die einzelnen Technologiesysteme und -komponenten erarbeitet. Die hier zu erarbeitenden Instrumente haben Übertragbarkeitscharakter auf alle zu untersuchenden Technologien **(Bild 3)**.

Aus den übergreifenden Teilprojekten sind bisher eine Vielzahl von Instrumenten und Strategien zur erleichterten Einführung der ausgewählten Verkehrstechnologien erarbeitet worden. Die projektbezogenen Ergebnisse in den Teilprojekten P1 - P6 stellen einen Momentbetrachtung des augenblicklichen Sachstandes dar und werden kontinuierlich entsprechend dem Projektfortschritt weiterentwickelt.

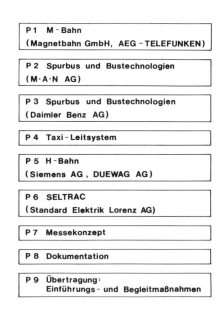

P 1   M - Bahn
(Magnetbahn GmbH, AEG - TELEFUNKEN)

P 2   Spurbus und Bustechnologien
(M·A·N AG)

P 3   Spurbus und Bustechnologien
(Daimler Benz AG)

P 4   Taxi - Leitsystem

P 5   H - Bahn
(Siemens AG , DUEWAG AG)

P 6   SELTRAC
(Standard Elektrik Lorenz AG)

P 7   Messekonzept

P 8   Dokumentation

P 9   Übertragung:
Einführungs - und Begleitmaßnahmen

Bild 3: Teilprojekte (P1 - P6) der Anwendungsforschung

Um eine ungestörte Projektabwicklung zu ermöglichen wurde mit den jeweiligen Industriepartnern Vertraulichkeit über den aktuellen Projektstand vereinbart. Jedoch erfolgt die Erarbeitung der Umsetzungsstrategien und -maßnahmen in einem übertragbaren Vorgehensmuster einheitlich für alle Technologien **(Bild 4)**. In eigener Verantwortung der Industrie erfolgt die Technologieanpassung an die lokalen Bedingungen hinsichtlich technologischer, betrieblicher, verkehrspolitischer, städteplanerischer und geographisch/klimatischer Vorgaben. Umsetzungserleichternde Aktivitäten im Bereich der Marktanalyse, Umsetzungsintrumente und -maßnahmen werden durch unabhängige Beratungsleistungen und Präsentationen erbracht. Starke Unterstützungsaufgaben kommen hierbei Feasibility Studien und der Know-how-Übertragung von Referenzanlagen durch unabhängige wissenschaftliche Beratungsinstitutionen zu. Die Umsetzungsfelder werden für die jeweilige Technologie getrennt einer sorgfältigen Analyse- und Vorbereitungsphase ausgewählt, so daß sichergestellt ist, daß im Rahmen der Anwendungsforschung nicht zwei Verkehrstechnologien um denselben Anwendungsfall konkurrieren.

Die bisherigen Ergebnisse und Anwendungserfolge bestätigen die Richtigkeit der Entscheidung, in einem Forschungsvorhaben die breitere Anwendung von öffentlich geförderten neuen ÖPNV-Technologien weltweit zu untersuchen und voranzutreiben. Insbesondere im gemeinsam abgestimmten Vorgehen von Industrie, neutralen Verkehrsberatungsunternehmen, Marktforschungsinstituten sowie öffentlichen Institutionen und Betreibern liegt das Erfolgskonzept dieses Forschungsvorhabens.

Die Marktnähe der einzelnen Technologien in diesem Forschungsvorhaben hat einen unterschiedlichen Reifegrad; entsprechend ist darauf die finanzielle Eigenbeteiligung der Industrie abgestimmt. Im zeitlichen Verlauf sinkt mit dem Grad der Erreichung größerer Marktnähe der öffentliche Förderanteil am Projekt für die jeweilige Technologie bis zu einer 100%-igen Eigenbeteiligung durch die Industrie **(Bild 5)**.

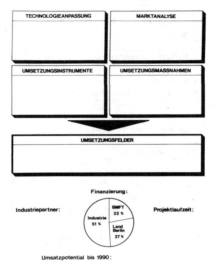

Bild 4: Vorgehensmuster für die Erarbeitung von Umsetzungsstrategien und -maßnahmen

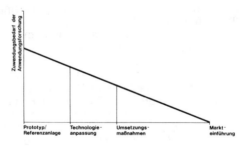

Bild 5: Abhängigkeit zwischen Zuwendungsbedarf und Entwicklungsstand

Die Zwischenergebnisse sollen abschließend wie folgt zusammengefaßt werden:

— Entwicklungserfolge von Strategien und Instrumenten zur erleichterten Anwendung von Systemen, Teilsystemen und Komponenten in konkreten Anwendungsfällen

— Analyseergebnisse der spezifischen Umsetzungsbedingungen und -voraussetzungen in Industrieländern, Schwellenländern und Entwicklungsländern

— Präsentationserfolge der technischen und wirtschaftlichen Leistungsfähigkeit der Verkehrstechnologien auf Referanzanlagen vor ministeriellen und kommunalen Entscheidungsträgern verschiedener Länder

— erfolgreiche Messepräsentationen

— erfolgreiche Vertragsunterschriften zur Systemeinführung

— Umsetzungs- und Anwendungserfolge im Produktprogramm der beteiligten Industrie

Zusammenfassung

Die hier erarbeiteten Instrumente im Rahmen der Umsetzungsstrategien sind einerseits produktspezifisch auf die umzusetzenden Technologien (M-Bahn, Spurbus, H-Bahn, SELTRAC) entwickelt und eingesetzt worden, haben aber darüber hinaus auch Allgemeinheits- bzw. Übertragbarkeitscharakter bei der Umsetzungsplanung weiterer Technologien, die bisher noch nicht in das konkrete Umsetzungsstadium einbezogen worden sind (DUO-Bus, Taxi-Leitsystem sowie weitere noch nicht im Vorhaben aufgenommene Technologien). Darin liegt gerade der ökonomische Vorteil der Anwendungsforschung, daß konkrete Ergebnisse bei der Umsetzung einer einzelnen Technologie auf weitere ÖPNV-Technologien übertragen werden können. Durch die Dokumentation dieser Ergebnisse wird ein vollständiges Instrumentarium für den Einsatz von Umsetzungsstrategien und -instrumenten anwendungsreif verfügbar gehalten.

Fachgruppe III:
Leittechnik und Verkehrsplanung im Nahverkehr

Leittechnik 1, Betriebsführungstechnik, Betriebsleitsysteme

Entwicklung und Einführung von BISON am Beispiel der Personaldisposition

SNV Studiengesellschaft Nahverkehr mbH, Hamburg

Dr. Bents

Förderungskennzeichen des BMFT: TV 8401

Zusammenfassung

Die erreichte Grenzbelastung der öffentlichen Haushalte, insbesondere aber auch ein attraktiver Fahrpreis zur Erhaltung eines angemessenen ÖPNV-Anteils erfordern eine möglichst kostenarme Erstellung der Verkehrsleistung. Dies ist u.a. durch den verstärkten Einsatz der EDV erreichbar. Das Vorhaben BISON will den Verkehrsunternehmen die dafür notwendigen Programme zugänglich machen.

EDV-Anwendung hat eine Reihe von Kostenaspekten. So werden die Kosten im geplanten. gesteuerten bzw. disponierten Bereich durch den EDV-Einsatz reduziert. Aber auch die Kosten für die Anschaffung und Nutzung der EDV müssen möglichst gering gehalten werden. Dies wird bei den Programmen zum einen durch Standardisierung und Kostenteilung, zum anderen durch eine konzeptionelle und datenmäßige Integration erreicht.

Ferner kann die Entwicklung und Pflege des Programmsystems durch eine ingenieurmäßige Vorgehensweise unter Verwendung erprobter Entwicklungswerkzeuge zur Kosteneinsparung bei Installation und Betrieb des BISON-Systems beitragen. Die Nutzung aller dieser Kosteneinsparungsmöglichkeiten im Sinne der ÖPNV-Unternehmen wird durch das Vorhaben BISON erreicht.

Bei der Bearbeitung des BISON-Vorhabens wurden zunächst die Gesamtstruktur und ein Konzept für die Datenhaltung erstellt. Ferner war bei der Teilsystementwicklung systematisch vorzugehen. Die dazu im einzelnen vorgesehenen Arbeitsschritte werden im folgenden zunächst mit Inhalt und Ziel, ihre organisatorische Umsetzung in die Praxis danach beispielhaft anhand der Spezifikationsarbeiten für das Teilsystem „Personaldisposition" dargestellt. Der Entwicklungsstand zu den einzelnen Arbeitsschwerpunkten wird überblickartig beschrieben.

Für die BISON-Teilsystemrealisierung ist eine Reihe von systemtechnischen Realisierungswegen vorgesehen, um BISON möglichst aufwandsarm in die vorhandenen Systemumgebungen einfügen zu können. Der zugehörige rechtlich-organisatorische Rahmen für die einzelnen Realisierungswege wird kurz umrissen.

Weiter wird stichwortartig beschrieben, welche Arbeiten der Anwender durchführen muß, um die BISON-Teilsysteme mit Erfolg in seinem Unternehmen nutzen zu können. Dazu gehört nicht zuletzt auch eine intensive Beteiligung des Betriebsrates sowie der betroffenen Mitarbeiter, damit die neuen Organisationsabläufe den Bedürfnissen der Mitarbeiter möglichst gut entgegenkommen. Denn Sozialverträglichkeit ist eine unbedingte Voraussetzung für den Erfolg beim Einsatz neuer EDV-Systeme.

Summary

The limitations imposed on public spending, but also especially the demand for attractive fare prices to maintain a sufficient proportion of public transport service mean that transport performance must be kept as inexpensive as possible. This is possible with the increased use of EDP among other things. The BISON project aims to provide the transport companies with the necessary programmes.

A series of cost aspects must be considered when using EDP. The deployment of EDP means that costs for planning, control and disposition can be reduced. However, the costs for the purchase and running of EDP systems must also be kept to a minimum. This can be achieved firstly by standardization and cost sharing and secondly by the integration of all sub-systems both from a conceptional and data-handling point of view.

Furthermore, the development and maintenance of the programsystem can help to save costs when installing and running the BISON system, provided the correct engineering procedures are carried out using tried and tested development tools. As far as the transport companies are concerned, all this cost saving potential is utilized by the BISON project.

In order to achieve this, the total structure of BISON and a concept for data storage were worked out. Development of the sub-systems was systematically carried out. The various work steps towards achieving this are presented with their structure and objectives, according to their practical, organizational application using the example of the specification work carried out for the sub-systems „Personnel disposition".

A series of systems oriented steps are planned for the realization of the BISON sub-systems in order to be able to introduce BISON with as little cost and effort as possible into the existing system structure.

Furthermore, there is a description in note form of the work which must be carried out by the user before he can introduce BISON sub-systems effectively into his operation. This involves intensive cooperation on the part of the works council a swell as those employees who will be affected so that the new organizational procedures meet the requirements of the employees as far as possible. The social acceptability is an essential prerequisite for the success of any new EDP system.

Ausgangslage

Aus sozialen, raumordnerischen und ökologischen Gründen ist dem ÖPNV ein angemessener Anteil am kommunalen und regionalen Verkehr zu erhalten. Dies setzt einen hinreichend attraktiven Fahrpreis voraus. Wegen der erreichten Grenzbelastung der Öffentlichen Haushalte können aber weiter steigende ÖPNV-Defizite nicht mehr abgedeckt werden. Es ist daher dringend erforderlich, die Verkehrsleistung durch den Einsatz moderner Technologien auf allen Ebenen der Verkehrsunternehmen möglichst kostenarm zu erbringen.

Ein wichtiger Ansatzpunkt dazu ist die Verbesserung der Betriebsführung mit Hilfe moderner, optimierender Steuerungsverfahren. Um für Betriebsführungsentscheidungen wirksam zu sein, müssen die Informationen zeitnah zur Verfügung stehen und auf einer hinreichend detaillierten Datenbasis aufsetzen. Die Entscheidungsdaten müssen stark aggregiert sein, bei Bedarf aber auch in differenzierter Form schnell abgerufen werden können. Dies setzt eine weitere Intensivierung der Informationsverarbeitung einschließlich der Nutzung aller Möglichkeiten voraus, die durch die modernen Werkzeuge der sogenannten „Individuellen Datenverarbeitung" möglich sind.

Abgesehen von Teilbereichen in den Unternehmensverwaltungen werden Informationen heute im wesentlichen immer noch durch die Mitarbeiter der Verkehrsunternehmen bearbeitet. Eine Intensivierung der Datenerfassung, der Datenhaltung sowie der Datenauswertung und Informationsverarbeitung ist aus Kostengründen aber nur über maschinell gestützte Verfahren möglich.

Eine Nutzung der gegebenen Rationalisierungsmöglichkeiten durch die Verkehrsunternehmen scheitert bislang noch daran, daß die benötigten Verfahren in Form von Anwendungssoftware nicht zur Verfügung stehen und deren Einstellung die finanziellen und arbeitstechnischen Möglichkeiten eines Einzelunternehmens bei weitem übersteigen. Es ist Absicht des Vorhabens BISON, diesem Mangel abzuhelfen und den Verkehrsunternehmen die Vorteile der modernen elektronischen Technologien auch im Betriebs- und Instandhaltungsbereich zugänglich zu machen.

Zielsetzung

Oberstes Ziel des BISON-Vorhabens ist die Verbesserung der betrieblichen Abläufe und damit die Reduzierung der Kosten. Im folgenden soll auf die verschiedenen Aspekte der Kostenreduzierung im BISON-Vorhaben kurz eingegangen werden.

Auswirkungen durch die Anwendung der BISON-Teilsysteme

Die heute genutzten manuellen Verfahren zur Planung und Steuerung der Betriebsabläufe können aus Aufwandsgründen nur eine begrenzte Anzahl von Kriterien einbeziehen, die darüber hinaus häufig nur nach dem subjektiven „Fingerspitzengefühl" des Bearbeiters zur Anwendung kommen. Bei Verwendung von EDV-gestützten Verfahren dagegen können die zu planenden bzw. zu steuernden Prozesse mit Hilfe von Operations-Research-Verfahren im Hinblick auf eine Vielzahl von Zielkriterien (Zielfunktion) hin optimiert werden. Die dabei zugrunde zu legenden Zielkriterien sind vorher zu vereinbaren. Neben rein wirtschaftlichen Zielen (weniger Kosten) können dabei auch personalpolitische (z.B. gleichmäßige Überstundenverteilung) Ziele angestrebt werden.

Der wesentliche Nutzen des BISON-Vorhabens für die ÖPNV-Unternehmen ergibt sich also aus der Anwendung der Teilsysteme, die es den Sachbearbeitern ermöglichen, einerseits die Betriebsabläufe im Unternehmen aufgrund detaillierterer und optimierend genutzter Informationen besser zu planen, andererseits bei Planabweichungen gezielter eingreifen zu können.

Kostenreduzierung durch Integration

Eine weitere wesentliche Kostenreduzierung ergibt sich durch die Integration der BISON-Teilsysteme. Durch die Vorgabe einer Gesamtstruktur werden die Teilsysteme so entwickelt, daß weder funktionale Überschneidungen noch funktionale Lücken im Gesamsystem vorkommen. gleichzeitig wird dadurch sichergestellt, daß alle von den einzelnen Teilsystemen benötigten Eingangsdaten innerhalb der Funktion erstellt bzw. erfaßt werden, bei der dies am sinnvollsten ist. Datenlücken werden somit ebenfalls vermieden. Damit sind alle Voraussetzungen für eine schnelle, aufwandsarme und wenig fehleranfällige Informationsverarbeitung geschaffen.

Im Gegensatz dazu stehen Programmkomplexe, die aus unverbunden entwickelten Insellösungen bestehen. Diese erfordern einen erheblichen zusätzlichen EDV-technischen und organisatorischen Aufwand, um für die einzelnen Teilsysteme die Eingangsdaten korrekt zur Verfügung zu stellen. Die Redundanz der Daten und die Komplexität der Datenflüsse stellen bei der Verknüpfung von Inselprogrammen eine erhebliche Fehlerquelle dar, die im BISON-System vermieden wird.

Kostenreduzierung durch Standardisierung

Die Kosten-Nutzen-Relation bei der Anwendung EDV-gestützter Planungs-, Steuerungs- und Informationsverfahren wird weiter verbessert, wenn der Aufwand für den Einsatz der Verfahren verringert wird. Bedingt durch den technologischen Fortschritt sind heute die Kosten für die Softwareentwicklung und -pflege größer als die reinen Hardware-Kosten. Die Softwarekosten für das einzelne Verkehrsunternehmen können aber durch Standardisierung wesentlich reduziert werden. Statt vielfache Kosten für im wesentlichen doch ähnliche Individualprogramme bei den einzelnen Verkehrsunternehmen fallen nur Einmalentwicklungskosten für das Standardprogramm an. Die Standardisierung verursacht vergleichsweise höhere Kosten. Dafür bietet ein Standardprogramm im allgemeinen aber auch einen im Vergleich zu Individualprogrammen größeren Funktionsumfang.

Die Pflege von Programmen verursacht bis zu ihrer Ablösung durch neue Programme erfahrungsgemäß Kosten, die das 2- bis 3-fache des Entwicklungsaufwandes betragen können. Durch die Standardisierung wird erreicht, daß die Kosten für die Entwicklung und insbesondere auch für die Pflege auf eine Vielzahl von anwendenden Verkehrsunternehmen umgelegt werden können. Die Software-Kosten für das einzelne Verkehrsunternehmen werden damit also sowohl kurz- als auch langfristig durch die Standardisierung entscheidend verringert.

Das BISON-Programmsystem enthält implizit das technisch-organisatorische Know-how der mitarbeitenden Institutionen, das über die standardisierten Programme allen Verkehrsunternehmen zur Verfügung gestellt wird. Die bei der Anwendung von den einzelnen Unternehmen gemachten Erfahrungen - und zwar die Erfahrungen aller Anwender - fließen konzentriert bei der Pflege und Fortentwicklung in die Programme ein und kommen danach allen Anwendern gleichermaßen wieder zugute. Die Standardisierung ermöglicht also auf einfache Weise sowohl einen Know-how-Transfer als auch eine zusammenfassende Know-how-Fortentwicklung.

Kostenreduzierung durch Anwendung von Software-Werkzeugen

Eine weitere Reduzierung der Entwicklungskosten im BISON-Vorhaben ergibt sich durch die ingenieurmäßige Anwendung von Software-Werkzeugen. Die Erstellung und Pflege der BISON-Teilsysteme erfolgt dadurch wesentlich produktiver im Vergleich zu einer manuellen Erarbeitung. Dies reduziert weiter den auf die einzelnen Verkehrsunternehmen entfallenden Entwicklungsbeitrag.

Für die Arbeitsschritte „Systemspezifikation" und „Systementwurf" wird im BISON-Vorhaben das EDV-gestützte Entwicklungs- und Dokumentationsverfahren proMod eingesetzt. Dieses vom BMFT geförderte Verfahren beruht auf den Methoden „Structured Analysis" (SA) und „Modular Design" (MD) und ist insbesondere für die Entwicklung datenflußorientierter Verfahren geeignet.

Diese Methoden lassen sich wie folgt kurz charakterisieren:

Die SA-Methode ist ein graphisch gestütztes Verfahren zur funktionalen Beschreibung von Systemen, wobei die Verarbeitungsfunktionen selbst und die für die Funktionen benötigten sowie die von den Funktionen erzeugten Daten bis ins kleinste Detail immer weiter zerlegt und verfeinert (strukturiert) werden. Diese Methode eignet sich damit sehr gut für die Problemanalyse und die Systemspezifikation. Ihr EDV-gestützter Einsatz erzwingt die Entwicklung eines formal konsistenten Systems.

Die MD-Methode ist eine entwurfsunterstützende, formale Beschreibungsmethode, die, auf einer inhaltlich vollständig beschriebenen und gegliederten Spezifikation aufbauend, zu einem modularen Systementwurf führt. In diesem Systementwurf sind die Schnittstellen zwischen allen Modulen und Funktionen vollständig und konsistent definiert. Die Aufrufhierarchien zwischen den Modulen sind ebenfalls vollständig beschrieben und überprüft.

Entwicklung des BISON-Systems

Die System-Entwicklungsarbeiten lassen sich wie folgt gliedern:

— „Übergeordnete Arbeiten" mit Schwerpunkten
  • Gesamtstruktur und
  • Datenhaltung,

— „Entwicklungsarbeiten zu den einzelnen Teilsystemen".

Gesamtstruktur

Für die Entwicklung eines integrierten Programmsystems ist der Rahmen einer Gesamtstruktur erforderlich, um einerseits zu kleinen, einzeln ablauffähigen und eine Aufgabe voll abdeckenden Einheiten zu kommen und um andererseits funktionale Überschneidungen und Lücken sowie Dateninkonsistenzen zu vermeiden.

Kriterien für die Abgrenzung der Subsysteme auf den verschiedenen Hierarchieebenen der Gesamtstruktur waren einerseits die funktionale Abgeschlossenheit der Aufgaben und deren organisatorische Einbettung in die Verkehrsunternehmen, andererseits sollte, teilweise damit deckungsgleich, eine möglichst schwache datentechnische und funktionale Kopplung der Subsysteme erreicht werden. Auf diese Weise kann der Komplexitätsgrad der systeminternen Beziehungen gering gehalten und damit der Entwicklungsaufwand reduziert werden.

Die aufgrund dieser Kriterien erstellte Gesamtstruktur umfaßt alle Aufgaben eines Verkehrsunternehmens. Es sind also auch die Verwaltungsaufgaben enthalten, für die bewährte Standardprogramme zur Verfügung stehen. Die Verwaltungsaufgaben müssen in der Darstellung der Gesamtstruktur enthalten sein, da sie über Schnittstellen zur Datenstruktur aus den übrigen Bereichen Informationen erhalten und auch dorthin liefern.

Im folgenden ist die Gesamtstruktur dargestellt, wobei wegen des Umfangs nur für die Integrationskreise „Fahrzeuginstandhaltung" und „Fahrbetrieb" die Funktionen der tieferen Hierarchieebenen wiedergegeben sind. Wegen der besseren Übersichtlichkeit wurde die Gesamtstruktur dabei in HIPO-Form dargestellt **(Bild 1 bis 3).**

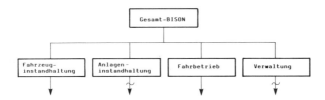

Bild 1:   Gesamtstruktur BISON-Ebene der Integrationskreise

Datenhaltung

Die Integration von EDV-Teilsystemen erfolgt über die Daten, die zwischen den einzelnen Programmen ausgetauscht werden. Die Daten sind entsprechend den Anforderungen der einzelnen Programme so zu strukturieren, daß der Informationsfluß problemlos erfolgen kann. Diese Strukturierung muß zukunftssicher sein; d.h., die Anforderungen später zusätzlich eingebauter Bausteine sind bereits vorab zu berücksichtigen. Aber auch Anwendungen, die heute noch gar nicht absehbar sind, sollen möglichst keine Strukturänderungen, höchstens Erweiterungen, in der Datenhaltung erzeugen.

Auf der Basis neuester wissenschaftlicher Erkenntnisse wurde ein BISON-Datenhaltungskonzept erarbeitet, das die genannten Bedingungen erfüllt. Basis dafür ist das sogenannte „Kanonische Datenmodell in der 3. Normalform". Für die Bearbeitung des logischen Datenmodells nutzt das BISON-Team das Modellierungswerkzeug „Designmanager". Das logische Datenmodell ist unabhängig von speziellen Datenbankenformen, läßt sich jedoch mit dem angesprochenen Modellierungswerkzeug in jede Datenstrukturform überführen, die jeweils von den bei dem Verkehrsunternehmen hierarchischen, netzwerkartigen - bzw. relationalen Datenbanken bzw. einfachen Datenhaltungsformen gefordert wird.

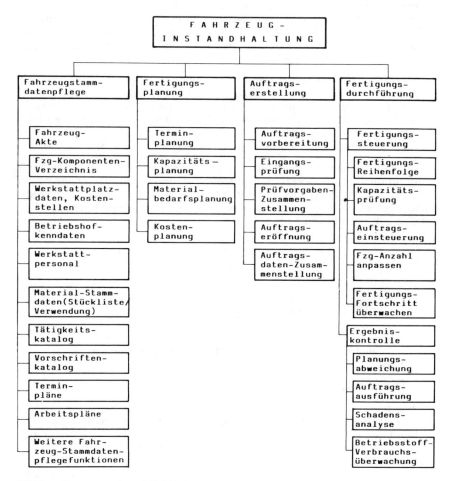

Bild 2: Gesamtstruktur BISON-Funktionen im Integrationskreis „Fahrzeuginstandhaltung"

Das BISON-Datenhaltungskonzept wurde im Kreise von EDV-Spezialisten aus Verkehrsunternehmen bereits abschließend diskutiert. Darauf aufbauend erfolgt nunmehr schrittweise die Datenkonstrukturierung im Rahmen der Teilsystementwicklung.

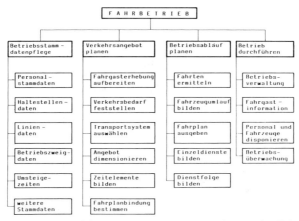

Bild 3: Gesamtstruktur BISON-Funktionen im Integrationskreis „Fahrbetrieb"

Vorgehen bei der Teilsystementwicklung

Die Entwicklung der Teilsysteme folgt dem heute üblichen Phasenkonzept. Die dabei zu durchlaufenden Arbeitsschritte sind im **Bild 4** dargestellt. Diese Abbildung enthält auch die begleitenden Arbeitsschritte, auf die im folgenden aber nicht näher eingegangen werden soll. Inhalt und Ziel der Arbeitsschritte sind bei der Entwicklung aller Teilsysteme gleich. Die Hauptarbeitsschritte lassen sich wie folgt kurz charakterisieren:

Zu Beginn der Konzeptionsphase wird im Arbeitsschritt B e d a r f s a b - s t i m m u n g im betreffenden Arbeitskreis zusammen mit Verkehrsunternehmen das zu bearbeitende Teilsystem funktional abgegrenzt und das zu erreichende Ziel vereinbart. Eine weitere wichtige Funktion dieses Arbeitsschrittes ist die Schaffung einer gemeinsamen Terminologie.

Aufgabe des nächsten Arbeitsschrittes „Grobentwurf" ist es, das Teilsystem funktional aufzugliedern, das gewünschte W a s in einem ersten Ansatz grob zu beschreiben und mit den Verkehrsunternehmen inhaltlich abzustimmen.

Den Abschluß der Konzeptionsphase bildet die S y s t e m s p e z i f i k a t i o n. In ihr wird der Grobentwurf weiter bis auf die Datenelementebene aufgegliedert und jede Aktivität, die im Teilsystem Daten erarbeitet, einzeln beschrieben. Damit liegt dann detailliert fest, w a s das Teilsystem - unabhängig von der benutzten Hardware und der zur Verfügung stehenden Betriebssoftware - leisten soll. Ferner werden die Datenbeziehungen als Grundlage für die Datenmodellierung festgelegt.

Die Realisierungsphase beginnt mit dem S y s t e m e n t w u r f (häufig auch Programmentwurf genannt). In diesem Arbeitsschritt werden die in einer Systemspezifikation festgelegten, logischen Funktionen und Daten strukturiert und unter Berücksichtigung der technischen Rahmenbedingungen in maschinell speicherbare, physische Datenstrukturen sowie programmierbare Vorgaben umgesetzt. Die Ablaufstrukturen werden durch Pseudocode dargestellt. Dieser Arbeitsschritt ist zum Teil bereits abhängig von der einzusetzenden Hard- und Softwarekonfiguration.

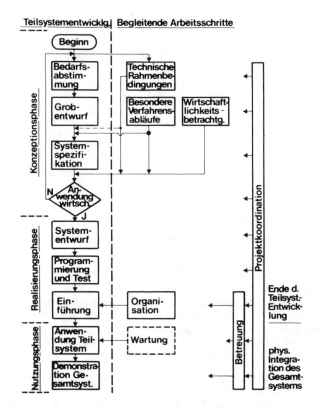

Bild 4: Ablauf der Systementwicklung bei den BISON-Teilsystemen mit begleitenden Arbeitsschritten sowie Einbettung in das Gesamtvorhaben

Das proMod-System unterstützt diese Arbeiten durch die „Modular Design"-Methode sowie durch Transferprogramme, welche die Systemspezifikationsergebnisse EDV-mäßig für diesen Arbeitsschritt verfügbar machen.

Die P r o g r a m m i e r u n g mit den nachfolgenden T e s t s erfolgt als vorletzter Schritt in der Realisierung eines Teilsystems. Die Codierung ist in einer geeigneten, höheren Programmiersprache durchzuführen, um die Anwendung der Programme auf Rechnern verschiedener Hersteller zu erleichtern.

Ferner ist beabsichtigt, die Entwicklungstools sowie die Möglichkeiten einer SQL-Spracheinbettung, die durch die ausgewählte Erstrealisierungssystemumgebung geboten werden, möglichst weitgehend zu nutzen, um eine gute Entwicklungsproduktivität zu erreichen. Die gewählte Erstrealisierungssystemumgebung ist auf sehr vielen Rechnern verfügbar, so daß die Auswahl der zu benutzenden Hardware nur bedingt eingeschränkt ist. Das Erstsystem soll durch entsprechende Modifikationen der Schnittstellen in einem 2. Schritt auch für andere Rechner verfügbar gemacht werden.

Die Realisierung eines Teilsystems endet mit der Einführung. In diesem Arbeitsschritt sollen verschiedene Maßnahmen festgelegt werden, die in einem Installations- und Einführungsplan zu beschreiben sind.

Spezifikation des Personaldispositionssystems

Die Spezifikation für das Teilsystem „Personaldisposition" wurde entsprechend der beschriebenen Vorgehensweise schrittweise erarbeitet und in einem speziellen Arbeitskreis mit sechs namhaften, unterschiedlich strukturierten Verkehrsunternehmen eingehend durchgesprochen und hinsichtlich der Funktionen abgestimmt. Dieses gemeinsame Einarbeiten ist einerseits sehr zeitaufwendig, andererseits wird dadurch aber sichergestellt, daß alle benötigten Funktionen vorhanden und akribisch genau beschrieben sind. Die Konsistenz der Spezifikation wird darüber hinaus durch den pro-Mod-Einsatz sichergestellt.

Dieses Vorgehen beim Baustein PERDIS ist aus der Zielsetzung ‚Vielfachverwendbarkeit bei den Verkehrsunternehmen', aber auch aus der Sache heraus erforderlich. Denn es muß möglichst ausgeschlossen werden, daß das System bei den Anwendern erst noch ausreifen muß. Die enge organisatorische Verknüpfung des Systems „Personaldisposition" mit der Betriebsdurchführung verlangt ein ausgereiftes System vom ersten Einsatztag an, da größere Fehler zu einem organisatorischen Chaos in der Betriebsabwicklung führen könnten.

Diese akribisch genaue Spezifikation mit einem Umfang von mehr als 400 Seiten ist aber auch für eine anwendungsarme Wartung des Systems erforderlich. Bekanntlich betragen die Wartungskosten eines Programms in der Regel das Mehrfache der Entwicklungskosten. Diese Kosten können nur durch eine ausgiebige und genaue Spezifikation gering gehalten werden, die auch den Vorteil hat, daß bei technologischen Umbrüchen auf dem EDV-Sektor die erforderliche Neuprogrammierung auf der Spezifikation aufsetzen kann. Denn die funktionalen Anforderungen der Verkehrsunternehmen ergeben sich aus deren Aufgaben und sind daher relativ unveränderlich.

Das EDV-gestützte Personaldispositionssystem umfaßt alle Aufgaben der Diensteinteilung, die von der langfristigen Zuteilung der Fahrer zu den Diensten und der Einplanung aller bekannten Abwesenheiten im Verfügungsdienstbereich bis zum kurzfristigen Einsetzen der Sitzreserve am aktuellen Betriebstag reichen. Alle Ereignisse werden für das Betriebstagebuch protokolliert. Am Ende des Betriebstages werden die Informationen statistisch ausgewertet und die Daten für die Zeitkontenführung (Lohnabrechnung) bereitgestellt.

Der Personaldisposition vorgelagerte Teilsysteme sind

— ‚Fahrzeugumlauf bilden',
— ‚Einzeldienste bilden',
— ‚Dienstfolge bilden' und
— ‚Urlaubsplanung'.

Nachgelagert sind die Teilsysteme

— ‚Lohndaten zusammenstellen‘,
— ‚Unfälle bearbeiten‘ und
— ‚Leistungsstatistiken erstellen‘.

Innerhalb des BISON-Systems liefern die vorgelagerten Teilsysteme die für die Personaldisposition benötigten Daten so, daß sie direkt weiterverwendet werden können. Entsprechendes gilt für die Datenlieferung der ‚Personaldisposition‘ an die nachgelagerten Teilsysteme. An dieser vielfältigen Verknüpfung wird deutlich, wie notwendig die Integration der in Verkehrsunternehmen genutzten, EDV-gestützten Systeme ist.

Erstrealisierung der Personaldisposition

Das Teilsystem Personaldisposition wurde in einem abschließenden, intensiven ‚Walk through‘ im Arbeitskreis „Personaldisposition" sowie, getrennt davon, bei der SNV zusammen mit bisher nicht beteiligten Mitarbeitern überprüft. Dabei nahm jeder Mitarbeiter einen bestimmten Standpunkt (Anwender, „Wartungsorakel", „Standard-Prüfer", unparteiischer Dritter) ein, von dem aus er die Spezifikationsunterlagen beim „Walk through" betrachtete. Bei dieser intensiven Durcharbeit konnten noch einige, wenige Ungereimtheiten abschließend geklärt werden.

Die nächsten Arbeitsschritte sind ‚Systementwurf‘, ‚Programmierung/Test‘ sowie ‚Einführung bei den Verkehrsunternehmen‘. Da diese Arbeitsschritte teilweise von den in den Unternehmen verwendeten Hardware-/Software-Komponenten abhängen, sind die erstellten Programme z.T. unternehmensspezifisch. Es ist daher erforderlich, daß die Verkehrsunternehmen sich an der Durchführung der genannten Arbeitsschritte finanziell beteiligen.

Dazu wurde das Teilsystem den Verkehrsunternehmen auf zwei Informationsseminaren vorgestellt und in allen Details diskutiert. Auf der Basis von vier sich beteiligenden Pilotanwendern wurde den Verkehrsunternehmen ein Angebot für die Realisierung des PERDIS-Systems auf der Basis einer gegebenen Erstrealisierungssystemumgebung zugesandt.

Als Erstrealisierungssystemumgebung wurde eine relationale Datenbank ausgewählt, die auf vielen Rechenanlagen und Betriebssystemen ablauffähig ist. Diese Datenbank stellt eine Reihe von Entwicklungstools für eine besonders effiziente Programmrealisierung zur Verfügung. Abhängig von den verwendeten Betriebssystemen können alle gängigen Programmiersprachen verwendet werden. Die Datenbank verfügt über eine besondere SQL-Sprachoberfläche (SQL = Structured Query Language), die es gestattet, SQL-Befehle unmodifiziert in Programmen zu verwenden. Auf diese Weise können die E-/A-Operationen, die bei einigen BISON-Bausteinen den größten Anteil am Programmieraufwand erfordern, besonders effizient erstellt werden. Testwerkzeuge sowie Maskenerstellungs-Tools werden ebenfalls zur Verfügung gestellt.

Da die SQL-Sprachoberfläche dem ANSI-Kommitee zur Verabschiedung als Standard vorgelegt wurde, darüber hinaus nahezu alle Hersteller die Absicht bekundet haben, für ihre Datenbank eine SQL-Sprachoberfläche zu installieren, kann die Benutzung der SQL-Sprachoberfläche als produktivitäts-steigerndes, zukunftssicheres Mittel betrachtet werden.

SQL ist eine Sprache der sogenannten 4. Generation, die eine relativ einfa-che Auswertung der Unternehmensdatenbestände durch den Fachbereich ermöglicht. Dabei ist in die Datenbank auch ein Schutz der Datenbestände gegen Nicht-Zugriffsberechtigte bis hinunter auf die Datenelementebene integriert. Durch die sogenannte „Individuelle Datenverarbeitung" können viele spontane Datenauswertungswünsche bereits im Fachbereich, z. B. in der SQL-Sprache, formuliert und EDV-mäßig bearbeitet werden, ohne daß die EDV-Abteilung damit belastet ist. Deren Aufgabe ist es dann nur noch, die Korrektheit der Datenbestände sicherzustellen. Die langwierige Bean-tragung und Formulierung der Auswertungswünsche mit anschließender prozeduraler, und damit aufwendiger, Programmierung, entfällt.

Von den Möglichkeiten der gewählten Erstrealisierungssystemumgebung wird aber nur zum Teil Gebrauch gemacht, damit die Teilsysteme mit relativ einfachen Mitteln und mit nur geringem Änderungsaufwand auch für andere Systemumgebungen - sofern dies gewünscht wird - verfügbar gemacht werden können.

Mögliche systemtechnische Realisierungswege

Der technologische Entwicklungsstand im Bereich der Datenverarbeitung ist bei den Unternehmen des ÖPNV sehr unterschiedlich.

So gibt es Unternehmen, die bisher nur abgeschlossene Anwendungssy-steme im Bereich der Verwaltung benutzen. Für EDV-Anwendungen im betrieblich-technischen Bereich ist dann im allgemeinen zusätzlich eine MICRO-/MINI-Rechenanlage anzuschaffen., die aufwärtskompatibel (Fami-lienkonzept) sein sollte. Diese Unternehmen verfügen über keine eigenen Programmierkapazitäten. Besonderes Kennzeichen dieser Unternehmens-gruppe ist, daß die Systemumgebung, im wesentlichen bestehend aus Da-tenbank und TP-Monitor, noch nicht festliegt. Diese Unternehmensgruppe wird bei Interesse für BISON unter dem Begriff „MICRO-BISON-Anwender" zusammengefaßt.

Andere Verkehrsunternehmen besitzen oder benutzen Groß-DV-Anlagen (Mainframe-Anlagen) mit den verschiedensten Formen der Datenhaltungs-organisation (ISAM-organisiert, hierarchische, netzwerk-artige, quasi-rela-tionale und relationale Datenbankformen). Zum Teil ist die Datenverarbei-tung noch batch-orientiert, aber auch Dialoganwendungen haben sich viel-fach schon durchgesetzt. Rechenanlagen, Datenbanken, Betriebssysteme und TP-Monitore der verschiedensten Hersteller und Entwickler sind im Einsatz.

Die Kapazität der vorhandenen EDV-Anlage (Mainframe) ist hinreichend groß, um zusätzliche Anwendungen bearbeiten zu können. Im Hinblick auf besondere Anforderungen kann die EDV-Anlage noch ausgebaut werden. In eng begrenztem Umfang stehen diesen Unternehmen auch Programmier-kapazitäten zur Verfügung. Wesentliches Kennzeichen dieser Gruppe ist, daß die Systemumgebung für zusätzliche Anwenderprogramme festliegt und auf absehbare Zeit nicht geändert werden soll. Diese Unternehmensgruppe wird bei Interesse für BISON unter dem Begriff „Mainframe-BISON-Anwender" zusammengefaßt.

Für beide Gruppen von Verkehrsunternehmen sind diesen Bedingungen gemäße Realisierungs- und Verbreitungswege zu konzipieren. Nach dem Diskussionsstand vom April 1985 zeichnen sich die nachfolgend beschriebenen, systemtechnischen Realisierungswege für das Personaldispositionssystem ab. Diese Wege gelten dann auch für das BISON-System insgesamt.

Das Programmsystem wird so in Module gegliedert, daß die E-/A-Funktionen und die fachtechnischen Funktionen (Kernprogramm) modulmäßig getrennt sind. Darüber hinaus werden die Module so untergliedert, daß die Kopplungen der Teilmodule untereinander möglichst gering sind. Auf diese Weise können einerseits Know-how-Fortschritte bei der späteren Fortentwicklung des Systems problemlos integriert werden, zum anderen ist das System relativ flexibel hinsichtlich der Anforderungen an die Systemumgebung. Für die Programmierung werden geeignete höhere Programmiersprachen gewählt.

Entsprechend den unterschiedlichen Anforderungen der Verkehrsunternehmen werden folgende systemtechnische Varianten **(Bild 5)** voraussichtlich realisiert:

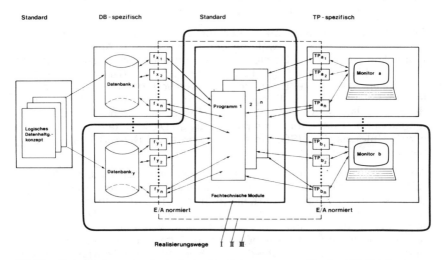

Bild 5: Potentielle systemtechnische Realisierungswege für das BISON-System

Realisierungsweg (I):

Die Verkehrsunternehmen erhalten vom BISON-Koordinator nur den fachmännischen Programmteil (Kernprogramm). Die Anforderungen an die E-/A-Operationen dagegen werden nur als Datenstruktur beschrieben, so daß die Funktionsmodule für die E-/A-Operationen sowohl auf der Datenhaltungs- als auch auf der Monitorseite von den Verkehrsunternehmen selbst erstellt werden können. Die Datenspeicherung und die Datenzugriffe kann das Verkehrsunternehmen im Hinblick auf die Möglichkeiten seiner Systemumgebung und seiner DV-technischen Organisation optimieren.,

Realisierungsweg (II):

Die E-/A-Operationen werden sowohl auf der Datenhaltungs- als auch auf der Monitorseite (evtl. einschließlich eines Batch-Eingangs) in Richtung auf die fachtechnischen Programmteile (Kernprogramm) normiert, müssen aber im Hinblick auf die jeweils vorgefundene Datenhaltungsform und den verwendeten TP-Monitor noch programmiert werden. Diese Aufgabe obliegt dem anwendenden Verkehrsunternehmen, kann evtl. aber auch als spezielle Dienstleistung von der SNV erbracht werden.

Realisierungsweg (III):

Das Teilsystem wird komplett mit einer Erstrealisierungsumgebung übergeben. Die Erstrealisierungsumgebungen wurden so ausgewählt, daß sie auf möglichst vielen Betriebssystemen und Rechenanlagen verfügbar sind. Bei den Rechenanlagen wurde dabei besondere Rücksicht auf die Größenklasse genommen, die für Verkehrsunternehmen mit bisher nur geringen DV-Aktivitäten in Frage kommt.

Eine der augenblicklich in Aussicht genommenen Erstrealisierungssystemumgebungen verfügt über eine quasi-standardisierte (wie dargelegt) Auswertesprache der 4. Generation sowie eine Reihe von Entwicklungstools, die jedoch nicht in die zu erstellenden Programme eingebettet sind. Sie stören damit das bereits angesprochene Modularisierungs- und Normierungskonzept nicht, ermöglichen jedoch eine hohe Produktivität bei der Programmierung. Auf diese Weise sollen besonders stabile BISON-Teilsysteme erarbeitet werden.

Ob und wie die beschriebenen Realisierungswege gegangen werden können, ist noch nach technischen und wirtschaftlichen Gesichtspunkten zu untersuchen. Ferner ist noch die Abstimmung mit dem „Lenkungsausschuß im Vorhaben BISON", mit dem BISON-Auftraggeber und mit den zuständigen VÖV-Arbeitskreisen herbeizuführen. Bei Besprechungen mit Verkehrsunternehmen zeichnet sich aber bereits jetzt ab, daß insbesondere die Realisierungswege I und III den Wünschen der Verkehrsunternehmen entsprechen.

Die rechtlich-organisatorische Seite der Realisierung von BISON-Teilsystemen ist bei den Realisierungswegen I und III sehr ähnlich. So soll die Realisierung mit anteiliger finanzieller Beteiligung der Pilotanwender jeweils für G r u p p e n von Verkehrsunternehmen mit gleicher oder ähnlicher Systemumgebung durchgeführt werden, nur in Ausnahmefällen für Einzelunternehmen.

Grundlage der Realisierung ist die standardisierte Systemspezifikation, für die einmalig ein Nutzungs- sowie jährlich ein Pflegebeitrag zu entrichten ist. Die Systemspezifikation und der Systementwurf werden z e n t r a l auf dem proMod-System des BISON-Koordinators gewartet. Das gleiche gilt für die vom BISON-Koordinator oder in seinem Auftrag erstellten Programmteile (Kernprogramme beim Realisierungsweg I) bzw. Programme (Komplettprogramme beim Realisierungsweg III).

Die durch den BISON-Koordinator zentral angebotene Hilfestellung bei Problemen sowie die Gewährleistung und die Zukunftssicherung beziehen sich dabei jeweils nur auf die unter der Regie des BISON-Koordinators durchgeführten Arbeiten.

Die Einnahmen aus der Verbreitung fließen einem BISON-Entwicklungsfond zu, der dazu dient, das BISON-System weiterzuentwickeln. Die in den BISON-Fördervereinen zusammengeschlossenen Anwender können Empfehlungen zur Weiterentwicklung geben, die danach jeweils mit dem BMF T abzusprechen sind.

Aufgaben des Anwenders bei der Einführung

Die Einführung eines DV-Systems setzt im allgemeinen organisatorische Änderungen beim Anwender voraus. Diese sind teilsystemspezifisch und liegen erst nach Abschluß des Arbeitsschrittes „Systementwurf" im Groben fest. Auch wirken sich hier die verwendete Hardware-/Software-Konfiguration sowie die organisatorisch-technisch bedingte, lokale Verteilung der Sachbearbeitung entsprechend der Situation der einzelnen Verkehrsunternehmen stark aus. Deshalb wird die Einführungsproblematik hier nur stichwortartig angerissen.

Wichtigste Voraussetzung für die schrittweise Einführung von BISON-Teilsystemen ist eine ausführliche Information des Betriebsrates und der von der Umorganisation direkt betroffenen Mitarbeiter; jedoch sollten auch die mittelbar betroffenen Mitarbeiter bei der Erstinformation nicht vergessen werden. Im allgemeinen ist die Information des Betriebsrates sogar noch zu vertiefen, indem Schritt für Schritt die Funktionen und die zukünftigen Arbeitsabläufe durchgesprochen werden. Dabei können sicherlich die vorgesehenen Arbeitsabläufe zum Teil noch im Sinne einer besseren Sozialverträglichkeit und damit einer höheren Akzeptanz verbessert werden.

Entsprechend dem gewählten Realisierungsweg (I), (II) oder (III) ist das jeweilige Teilsystem im Hinblick auf die vorhandene DV-Organisation evtl. zu ergänzen bzw. die Organisation der Arbeitsabläufe den Programmvorgaben anzupassen. Dazu sind die zukünftigen, sachlichen Zuständigkeiten der einzelnen Mitarbeiter, der Ort des jeweiligen Arbeitsplatzes, die Anlagenkonfiguration, die verbalen und maschinellen Kommunikationswege, die Gestaltung der evtl. notwendigen Datenerfassungsbelege, die Archivierung der Dokumente mit ihren Sicherheitsanforderungen, die Datensicherung, der Datenschutz, die Organisation der Rückfallebene etc. festzulegen und umzusetzen.

Als nächstes müssen die Mitarbeiter gründlich eingewiesen und geschult werden. Ferner sind die Grunddaten sowie die ersten Bewegungsdaten zu erfassen und mit diesen „echten Daten" eine Reihe von Tests durchzuführen. die schließlich mit einem Massendaten- sowie dem Abnahmetest enden. Danach wird das System in den Betriebsalltag eingeführt, indem jeweils schrittweise in einer Art Parallelbetrieb mehr und mehr Aufgabenkomplexe von der manuellen in die EDV-gestützte Bearbeitung überführt werden. Als Abschluß der Einführung ist es sinnvoll, zur Einübung einen Notfallbetrieb durchzuführen.

Sozialverträglichkeit

Die Erhaltung der Arbeitsplätze im ÖPNV setzt seine Finanzierbarkeit durch die öffentlichen Haushalte sowie seine Akzeptanz bei den potentiellen Nutzern voraus. Dazu sind einerseits günstige Fahrpreise und ein attraktives Angebot, andererseits aber auch die Eindämmung der steigenden Kosten notwendig. Wesentliches Mittel dazu ist die Nutzung aller technischen Möglichkeiten. Dies hat eine Änderung der Arbeitssituation, insbesondere im Planungs- und Dispositionsbereich, zur Folge. Diese Änderungen sollten für die betroffenen Mitarbeiter möglichst sozialverträglich sein, was am ehesten zu erreichen ist, wenn diese Mitarbeiter die neuen Arbeitsabläufe mitgestalten.

Sozialverträgliche Gestaltung setzt aber auch eine langfristige Personalplanung in den Verkehrsunternehmen voraus. Denn neu mit einer Aufgabe betraute Mitarbeiter haben im allgemeinen geringere Schwierigkeiten mit einer neuen Organisationsform. Die Akzeptanzschwelle ist also erniedrigt. Auch sollte die Realisierung von Kostenreduzierungen parallel gehen mit dem natürlichen Ausscheiden der Mitarbeiter durch Erreichen der Altersgrenze. Umsetzungen oder sogar Abqualifizierung der Tätigkeit und der Bezahlung sollten auf jeden Fall für die betroffenen Mitarbeiter ausgeschlossen werden.

Stand der Arbeiten

Der Entwicklungsstand der Arbeiten im BISON-Vorhaben ist überblickartig in den **Bildern 6 bis 8** (Stand: September 1985) dargestellt.

Die „übergeordneten Arbeiten", welche die Basis für die konsistente Entwicklung des integrierten BISON-Systems bilden, sind nahezu abgeschlossen **(Bild 6).** Im Arbeitsschwerpunkt „Systemumgebungen" steht noch die Abstimmung mit dem „Lenkungsausschuß im Vorhaben BISON" sowie die Abstimmung mit dem BMFT aus. Die „Datenstrukturierung" und die Erarbeitung von „Begriffsdefinitionen" sind begleitend zur Entwicklung der Teilsysteme fortzuführen.

Aufgabenschwerpunkte	Stand	Fortführung
1. Rahmenlastenheft	Fertig	Aktualisierung
2. Entwicklungssystem	proMod	—
3. Funktionale Gesamtstruktur	Fertig	—
4. Datenhaltungskonzept	Kanonische DB in 3.N.F.	—
5. Datenstrukturierung	Nutzersichten erstellt, Erstharmonisierung	Teilsystementwicklungsbegleitend
6. Begriffsdefinitionen	ca. 300 Begriffe definiert	Ergänzungen
7. Systemumgebungen	In Abstimmung	—

(Stand: September 1985)

Bild 6: Stand der Arbeiten (September 1985) bei den „Übergeordneten Aufgabenschwerpunkten" im Vorhaben „BISON"

Im Bereich der „Fahrzeuginstandhaltung" **(Bild 7)** sind die Teilsysteme „Arbeitspläne" und „Auftragserstellung" bereits fertig spezifiziert, bei den übrigen Arbeiten der Phase III beträgt der Fertigstellungsgrad 65%.

Aufgabenschwerpunkte	Grobentwurf	Systemspezifikation
1. Schadensstatistik	+	30%
2. Technische Erprobung	IV	IV
3. Fertigungsplanung	+	70%
4. Arbeitspläne	+	+
5. Materialwesen	50%	IV
6. Auftragserstellung	+	+
7. Tauschteilwesen	30%	IV
8. Fertigungssteuerung	+	80%
9. Betriebsmittel	IV	IV
10. Garantiebearbeitung	IV	IV
11. Budget / Kosten	+	30%
12. Werkstattpersonal	+	30%

Legende: + = Arbeit abgeschlossen
% = Fertigstellungsgrad
IV = In Phase IV bearbeitet   (Stand: September 1985)

Bild 7: Stand der Arbeiten (September 1985) bei der Spezifizierung der Teilsysteme im Bereich „Fahrzeuginstandhaltung"

Im Betriebsbereich **(Bild 8)** sind die Teilsysteme „Personaldisposition" (PERDIS) und „Fahrgastinformation" (STAFI) abschließend spezifiziert, bei den übrigen Arbeiten der Phase III beträgt der Fertigstellungsgrad 70%.
Die Spezifikation der Teilsysteme werden schrittweise neben- und nacheinander erarbeitet. Die Realisierung der Teilsysteme und deren Einführung in die Verkehrsunternehmen kann ebenfalls nacheinander erfolgen, wobei es möglich ist, Bausteine einzeln, einzeln nacheinander oder auch gruppenweise integriert zum Einsatz zu bringen.

Aufgabenschwerpunkte	Grobentwurf	Systemspezifikation
1. Verkehrsplanung (AFON)	+	70%
2. Fahrplanerstellung (EPON)	+	90%
3. Dienstplanerstellung (EPON)	+	90%
4. Personaldisposition (PERDIS)	+	
5. Fahrzeugdisposition (BEDIS)	+	30%
6. Betriebspersonal	90%	0%
7. Fahrgastinformation (STAFI)	+	+
8. Fahrausweisabrechnung	+	20%
9. Unfälle / Schäden	+	90%
10. Budget / Kosten	80%	0%
11. Leistungsanalysen	IV	IV
12. Einnahmeabrechnung	100%	20%

Legende: + = Arbeit abgeschlossen
% = Fertigstellungsgrad
IV = In Phase IV bearbeitet   (Stand: September 1985)

Bild 8: Stand der Arbeiten (September 1985) bei der Spezifizierung der Teilsysteme im Betriebsbereich einschließlich der „Einnahmeabrechnung"

Die Verkehrsunternehmen sehen die Vorteile, die das BISON-System ihnen bietet und drängen auf die Realisierung der Bausteine. Doch gibt es Probleme mit der anteiligen Finanzierung (in Einzelfällen: anteilige Komplementärfinanzierung), da die Verkehrsunternehmen durch budgetmäßige oder rechtlich-organisatorische Restriktionen gebunden sind.

Die Realisierung der Teilsysteme PERDIS und STAFI ist in die Wege geleitet. Es finden intensive Gespräche mit einer Reihe namhafter Verkehrsunternehmen statt, die diese Teilsysteme in ihre Unternehmen einführen und die Komplementärfinanzierung der Realisierungsarbeiten übernehmen wollen. Weitere Pilot-Anwender, die die Vorteile des BISON-Systems möglichst rasch für sich nutzen wollen, sind willkommen.

Weiteres Vorgehen

Neben der Realisierung und der Einführung des Teilsystems ,Personaldisposition' muß noch eine Reihe weiterer Teilsysteme aus den Bereichen „Fahrbetrieb" und „Fahrzeuginstandhaltung" spezifiziert werden. Daneben sind teilsystemweise die Datenverknüpfungen zu erarbeiten und in das logische BISON-Datenhaltungsmodell einzuarbeiten.

Einige BISON-Teilsysteme werden bei Partnern erarbeitet. Deren Ergebnisse werden kontinuierlich bei der SNV in das EDV-gestützte Entwicklungs- und Dokumentationssystem proMod eingeführt und auf Konsistenz, Vollständigkeit sowie Integrierbarkeit in das BISON-Gesamtsystem überprüft.

Damit ist abzusehen, daß den ÖPNV-Unternehmen - sofern diese willens sind, die Realisierung und Einführung mitzutragen - in absehbarer Zeit ein Programmsystem zur Verfügung stehen wird, das ihnen die EDV-gestützte Bearbeitung ihrer operativen Aufgaben im Fahrbetriebs- sowie Instandhaltungsbereich ermöglicht.

Angebotsdimensionierung und Fahrplanbildung im ÖPNV (AFON) unter Berücksichtigung Flexibler Betriebsweisen

Hamburger Hochbahn AG (HHA)

Dr. Kirchhoff (Hamburg-Consult)

Förderungskennzeichen des BMFT: TV 8402 7

Zusammenfassung

Ziel des Projektes ist es, rechnergestützte Verfahren für die Angebotsdimensionierung und die Fahrplanbildung zu entwickeln. Dabei sollen neben dem Linienbetrieb auch die Flexiblen Betriebsweisen einbezogen werden. Durch den Einsatz rechnergestützter Planungsverfahren wird angestrebt, Kapazitätsreserven frei zu setzen, die manueller Planung nicht zugänglich sind. Das vorliegende Projekt ist in das Projekt BISON III eingebunden. Dort wird u. a. eine einheitliche Datenstruktur geschaffen, auf die die hier entwickelten Verfahren zurückgreifen können. Das Projekt umfaßt die Arbeitsschritte Problemanalyse und Lösungskonzept, Betriebliche Anforderungen,

Lösungsmodelle für die wichtigsten Funktionen sowie Systemspezifikation in Form eines Lastenheftes. Die Programmierung der Verfahren ist einer späteren Phase vorbehalten. Um die Funktionsfähigkeit der Lösungsmodelle und die betriebliche Akzeptanz der entsprechenden Funktionen sicherzustellen, werden allerdings sogenannte Software-Prototypen entwickelt.

Die Dimensionierung des Angebots besteht aus der Auswahl der Betriebsform der Netzbildung und der Festlegung der Bedienungshäufigkeit. Für die Netzbildung wird ein Algorithmus verwendet, der minimale Beförderungszeiten und minimales Umsteigen gewährleistet. Im Dialog zwischen Rechner und Planer können betriebliche Erfordernisse berücksichtigt und wirtschaftlich günstige Lösungen gefunden werden. Bei der Fahrplanbildung des straßengebundenen ÖPNV werden die Gesetzmäßigkeiten des Straßenverkehrs, wie tageszeitliche Schwankungen der möglichen Fahrgeschwindigkeit und zufällige Störeinflüsse berücksichtigt. Dies zwingt zu einer stochastischen Betrachtungsweise. Die Fahrplanbildung setzt sich zusammen aus der Vorgabe von Fahrzeiten entlang der einzelnen Linien und der zeitlichen Verknüpfung dieser Linien untereinander. Neben optimalen Anschlußverhältnissen werden ausreichende Anschlußelastizitäten angestrebt, damit für eine spätere Betriebssteuerung, z. B. mittels RBL eine ausreichende Manövrierfähigkeit gegeben ist.

Summary

The aim of the project is to develop a computer aided procedure for the service planning and schedule formation. Thereby incorporating route line running as well as flexibility running. Setting free capacity reserves which can't be obtained with manual control is aimed for through the use of computer supported planning procedures. The above project is included in „BISON III". There is, among others, a unified data structure formed on which the here developed procedure can use. The project includes the problem analysis and the concept solution, the operational requirements, the solution-model for the most important functions as well as system specification. Programming procedure is reserved for a later stage. In order to ensure the functioning of the solution-model and the operating acceptability of the relevant functions so called software prototypes will be developed.

The service planning consists of a choice of the form of running of network formation and the fixing of the maintenance frequency. An algorism will be employed to ensure a minimum in nominal running times and a minimum in transfers. Operating requirements can be considered and better economic solutions can be obtained by intercommunication between planner and computer. The daily periodical deviation in the possible running times and coincidental disruptions will be considered in the roadbound public transport schedule formation. This demands a stoical approach. The schedule formation is put together ffrom the running time data of the individual lines/routes and the intersecting time of these lines with each other. Besides optimal transfer conditions sufficient transer flexibility is aimed for so that in a later phase of operational control enough room for maneuver is provided.

Ausgangslage

Die Verkehrs- und Betriebsplanung wird gegenwärtig noch weitergehend manuell durchgeführt. Bei der manuellen Planung ist der Planer in seinen Möglichkeiten begrenzt. Er kann die Komplexität größerer Netze nicht mehr überblicken und die Vielzahl an Daten nicht mehr bewältigen. Deshalb erreicht er nur selten optimale Lösungen. Hier liegt ein Ansatzpunkt für den Einsatz der EDV. Die Unterstützung durch EDV versetzt den Planer in die Lage, eine größere Zahl von Varianten zu untersuchen und aufgrund von Entwurfshilfen näher an das Optimum heranzukommen. Der Planungsvorgang wird dadurch nicht zum „Schwarzen Kasten", sondern läuft als Dialog zwischen Planer und Rechner ab: Der Planer nutzt weiterhin seine Kreativität und fällt die Entscheidung über die möglichen Maßnahmen. Der Rechner analysiert die Auswirkungen der einzelnen Maßnahmen und führt den Planer in Richtung auf das Optimum. Dadurch können Kapazitätsreserven freigesetzt werden.

Diese Planungsphilosophie ist Grundlage der Entwicklung von EDV-gestützten Verfahren für die Angebotsdimensionierung und Fahrplanbildung im ÖPNV, die in den Rahmen des Projektes BISON eingebunden ist.

Bei den rechnergestützten Planungsverfahren muß unterschieden werden zwischen Verfahren des Datenmanagements und Verfahren der Optimierung. Durch Verfahren des Datenmanagements wird dem Planer bzw. Disponenten der Umgang mit den Daten erleichtert. Die Verwaltung der Dateien erfolgt maschinell, die jeweils benötigten Daten werden ihm in geeigneter Form auf einen Bildschirm dargestellt und die Folgen von Datenmanipulationen werden aufgezeigt. Das Planungs- und Steuerungsproblem muß nach wie vor manuell gelöst werden. Qualitative Verbesserungen in der Planung und Steuerung können nur indirekt erreicht werden. Durch das rechnergestützte Datenmanagement werden die Fehlermöglichkeiten verringert und dem Planer bzw. Disponenten wird eine bessere Übersicht über die Daten gegeben. Darüber hinausgehende Verbesserungen des Angebotsniveaus und Einsparungen von Betriebsmitteln lassen sich erst erzielen, wenn rechnergestützte Optimierungsverfahren eingesetzt werden. Aus diesem Grunde steht die Optimierung im Mittelpunkt dieses Vorhabens.

Aufbau des Projektes

Das Projekt gliedert sich in folgende Aufgaben

— Dimensionierung des Angebots
  - Angebotsdimensionierung im Linienbetrieb
  - Angebotsdimensionierung bei flexiblen Betriebsweisen

— Bildung der Fahrzeiten für die einzelnen Streckenabschnitte
  - Fahrzeitbildung im Linienbetrieb
  - Fahrzeitbildung im Richtungsbandbetrieb

— Bildung von Anschlüssen zwischen den Linien bzw. Zonen
  - Analyse bestehender Anschlußverhältnisse
  - Verbesserung bestehender Anschlußverhältnisse

Die Dimensionierung des Angebots und die Fahrplanbildung beschränken sich nicht auf den Linienbetrieb nach Bahnen und Bussen, sondern beziehen darüber hinaus auch flexible Betriebsweisen ein. Das Projekt baut in dieser Hinsicht auf dem kürzlich abgeschlossenen, vom BMFT geförderten Projekt „Grundlagenuntersuchungen zu flexiblen Betriebsweisen von Bussystemen" auf. Nach der Steuerungssoftware, die gegenwärtig von den Betreibern der Probebetriebe RUFBUS und RETAX entwickelt wird, soll hier die Planungssoftware entwickelt werden. Sie soll sowohl für Netze mit flexiblen Betriebsweisen als auch für Netze mit herkömmlichem Linienbetrieb anwendbar sein. Der Aufbau des Projektes ist in **Bild 1** dargestellt.

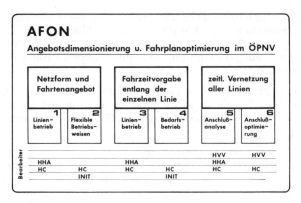

Bild 1: Aufbau des Projektes

Die üblichen Arbeitsschritte für die Entwicklung von Software sind in **Bild 2** dargestellt.

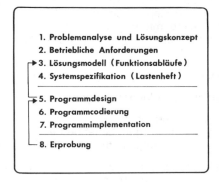

1. Problemanalyse und Lösungskonzept
2. Betriebliche Anforderungen
→ 3. Lösungsmodell (Funktionsabläufe)
4. Systemspezifikation (Lastenheft)

→ 5. Programmdesign
6. Programmcodierung
7. Programmimplementation

└ 8. Erprobung

Bild 2: Schritte der Softwareentwicklung

Zwischen dem Arbeitsschritt Lösungsmodell, den Arbeitsschritten der Programmerstellung und dem Arbeitsschritt Erprobung bestehen Rückkoppelungen. Diese Rückkoppelungen sind umso stärker, je komplexer das Verfahren ist. Wenn sich in einem Arbeitsschritt zeigt, daß Ergebnisse vorhergehender Arbeitsschritte verändert werden müssen, dann ist die Änderung umso schwerwiegender, je stärker die Rückkoppelungen sind und je später im Arbeitsablauf sie auftritt. Wenn sich z. B. erst bei der Erprobung zeigt, daß Veränderungen notwendig sind, reichen diese Änderungen im Regelfall zurück bis zum Arbeitsschritt Lösungsmodell und bedingen u. U. eine völlige Neufassung der Programme. Dies ist aber schon deshalb besonders schwerwiegend, weil nach den Erfahrungen vergleichbarer Projekte die Kosten für die Programmerstellung etwa doppelt so hoch sind wie für die Arbeitsschritte bis zur Systemspezifikation.

Aus den Auswirkungen, die die Rückkoppelungen, insbesondere unter Kostengesichtspunkten haben, leitet sich die Forderung ab, für die Spezifikation im Lastenheft einen möglichst hohen Grad an Endgültigkeit zu erreichen. Die dort spezifizierten Algorithmen müssen wirksam und handhabbar sein. Diese Forderung läßt sich nur erfüllen, wenn die Algorithmen vor die Festlegung im Lastenheft für die endgültige Softwareerstellung im Sinne eines „Rapid Prototyping" verifiziert werden. Damit entsteht zwischen dem Arbeitsschritt Lösungsmodell und dem Arbeitsschritt Systemspezifikation ein zusätzlicher Arbeitsschritt „Verfahrensprototypen". In diesem Arbeitsschritt werden für diejenigen Teile des Verfahrens, die komplexe Algorithmen aufweisen, Prototypen entwickelt und erprobt. Im vorliegenden Fall geht es dabei nicht nur um die Funktionsfähigkeit der Verfahrensbausteine, sondern auch um ihre betriebliche Akzeptanz, z. B. von Seiten des Betriebsrats.

Die Abfolge der Arbeitsschritte wird dadurch in folgender Weise erweitert (**Bild 3**).

1. Problemanalyse und Lösungskonzept
2. Betriebliche Anforderungen
3. Lösungsmodell (Funktionsabläufe)
4. Verfahrensprototypen
5. Systemspezifikation (Lastenheft)

6. Programmdesign
7. Programmcodierung
8. Programmimplementation

9. Erprobung

Bild 3: Zwischenschaltung von Software-Prototypen

Durch die Zwischenschaltung des Arbeitsschritts „Verfahrensprototypen" werden die eingangs genannten Rückkoppelungen wesentlich verringert.

Auch wenn durch die Entwicklung und Erprobung von Verfahrensprototypen zusätzliche Kosten entstehen, kann doch davon ausgegangen werden, daß die Kosten für die Gesamtentwicklung infolge von Einsparungen bei der Programmerstellung sinken. Mit dem Verfahren des „Rapid Prototyping" werden schon vor der Systemspezifikation in Teilbereichen Programme erstellt und erprobt. Dadurch wird aber die endgültige Programmerstellung nicht vorweggenommen. Sie wird nur wesentlich erleichtert und ihr Risiko wird verringert. Die während der Phase des „Rapid Prototyping" durchgeführten Programmierarbeiten können für die endgültige Programmerstellung weitgehend genutzt werden.

Dimensionierung des Angebots

Ziel der Dimensionierung des Angebots ist die Bestimmung der in den verschiedenen Teilen des Einsatzgebietes und zu den verschiedenen Verkehrszeiten am besten geeigneten Betriebsform, die Bildung eines entsprechenden Netzes, die Festlegung von Fahrzeuggröße und Fahrzeugzahl sowie die Festlegung der Bedienungshäufigkeit für die einzelnen Linien bzw. Zonen. Die Betriebsform hängt ab von der Stärke und Bündelung der Verkehrsnachfrage. Im Interesse eines möglichst kostengünstigen Betriebs werden Verkehrsbeziehungen, bei denen Stärke und Konzentration der Verkehrsnachfrage hoch sind, nach wie vor im Linienbetrieb bedient. Für Verkehrsbeziehungen mit mittlerer Stärke und Konzentration ist es im Regelfall wirtschaftlicher, die starre Linienbildung aufzugeben und das entsprechende Teilgebiet in Form von Richtungsbändern zu bedienen. Flächenbetrieb eignet sich nur, wenn Stärke und Konzentration der Verkehrsnachfrage sehr gering sind und die Verkehrsnachfrage keine ausgeprägte räumliche Struktur aufweist.

Bei der Netzbildung wird angestrebt, ein Verkehrsgebiet so zu erschließen, daß möglichst geringe Wege zwischen den Siedlungsschwerpunkten und den Haltestellen zurückzulegen sind und die Fahrgäste möglichst schnell und ohne Umsteigen ihr Ziel erreichen (räumlicher und zeitlicher Aspekt). Gleichzeitig sollen die zu erbringenden Betriebsleistungen und damit die Betriebskosten so gering wie möglich gehalten werden. Diese beiden gegensätzlichen Ziele führen zu einem Optimierungsproblem.

Bei der Angebotsbemessung geht es um die Ermittlung der Bedienungshäufigkeit sowie die Bestimmung von Fahrzeugtyp und erforderlicher Fahrzeuganzahl auf den einzelnen Linien (quantitativer Aspekt). Hierbei handelt es sich um ein Dimensionierungsproblem. Ziele der Bemessung sind, einerseits das Angebotsniveau möglichst hoch festzulegen, andererseits den Betriebsaufwand (Fahrzeuganzahl, Betriebsleistung) möglichst niedrig zu halten.

Die Eingabe- und Ausgabedaten sind in **Bild 4** dargestellt. Der Angebotsstandard ist dabei durch Mindestwerte für die Haltestellendichte und die Bedienungshäufigkeit sowie durch Höchstwerte für die Fahrzeugauslastung im maßgebenden Querschnitt gekennzeichnet. Diese Vorgaben sind keine aus dem Planungsvorgang heraus entstehenden Größen, sondern müssen vom Entscheidungsträger festgelegt werden.

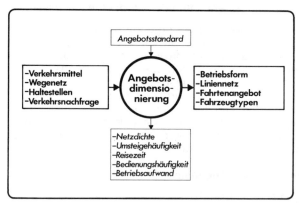

Bild 4:   Ein- und Ausgabedaten für die Angebotsdimensionierung

Bei der Bestimmung der Betriebsform geht es darum, in Abhängigkeit von der Verkehrsnachfragestruktur diejenige Kombination von Betriebsformen herauszufinden, die insgesamt die wirtschaftlichste Bedienung erlaubt. Die anschließende Festlegung der Netzform innerhalb der einzelnen Betriebsformen zielt auf eine Minimierung der Reiseweiten und der Umsteigehäufigkeit sowie eine Minimierung des Betriebsaufwandes ab. Dafür gibt es zwei unterschiedliche methodische Ansätze: Der eine baut das Netz aus einzelnen Streckenabschnitten induktiv auf, während der andere von Durchmesserlinien mit den stärksten Belastungen ausgeht und daraus das Netz deduktiv ableitet. Beide Ansätze befinden sich bereits in der praktischen Anwendung. Im vorliegenden Projekt wird von einem Ansatz ausgegangen, der das Netz schrittweise nach dem Kriterium der maximalen Direktfahrer aufbaut.

Die Festlegung der Fahrzeuggröße (sofern nicht von einem vorgegebenen Fahrzeugpark auszugehen ist) und der Fahrzeugzahl sowie der Bedienungshäufigkeit steht wiederum in engem Zusammenhang mit der Betriebsform und muß deshalb auch zusammen mit der Bestimmung der Betriebsform erfolgen. Ausgangsgröße sind die Verkehrsnachfrage sowie der angestrebte Angebotsstandard. Angesichts der tageszeitlichen Schwankungen der Verkehrsnachfrage sind Verkehrszeiten gleicher Nachfragestruktur abzugrenzen und jeweils gesondert zu dimensionieren. Dabei kann es vorkommen, daß in bestimmten Teilgebieten zu den unterschiedlichen Tageszeiten unterschiedliche Betriebsformen vorzusehen sind.

Mit Hilfe eines rechnergestützten Verfahrens für die Angebotsdimensionierung lassen sich nicht nur die herkömmlichen Aufgaben der Netzbildung und der Angebotsbemessung lösen, sondern es ist darüber hinaus möglich, die Auswirkungen unterschiedlicher Randbedingungen und Vorgaben auf die Attraktivität und Wirtschaftlichkeit des ÖPNV abzuschätzen. Damit wird das Verfahren auch zu einem Instrument zur Erarbeitung von Entscheidungshilfen für unternehmerische oder politische Entscheidungen. Typische Aufgabenstellungen zeigt **Bild 5**.

Anwendung des Verfahrens der Angebotsdimensionierung

- Überarbeitung vorhandener Netze
- Anpassung vorhandener Netze an veränderte Ausgangsdaten
- Überprüfung des Fahrzeugeinsatzes
- Einführung alternativer Betriebsformen
- Analyse der Auswirkungen veränderter Vorgaben
- Beurteilung von Veränderungen im Netz

Bild 5: Anwendungsmöglichkeiten für ein Verfahren der Angebotsdimensionierung

Bildung der Fahrzeiten für die einzelnen Streckenabschnitte

Im straßenunabhängigen Schienenverkehr (Schnellbahn) treten während der Fahrt zwischen zwei Haltestellen kaum Störungen auf. Zeitschwankungen entstehen lediglich an den Haltestellen beim Fahrgastwechsel. Diese Zeitschwankungen können durch Fahrzeitrückhalte in den anschließenden Fahrzeiten i.d.R. wieder ausgeglichen werden. Im straßengebundenen ÖPNV weist die Fahrzeit zwischen den Haltestellen jedoch mehr oder weniger große Schwankungen auf. Ursache der Fahrzeitschwankungen sind Einflüsse, die vom individuellen Straßenverkehr auf den ÖPNV ausgehen. Diese Fahrzeitschwankungen setzen sich zusammen aus periodischen Anteilen und nichtperiodischen Anteilen. Die nichtperiodischen Schwankungen lassen sich weiter zerlegen in systematische Anteile und zufällige Anteile. Da die realen Fahrzeiten nicht aus Gesetzmäßigkeiten des Straßenverkehrs kausal abgeleitet werden können, müssen sie aufgrund von Messungen bestimmt werden. Diese Meßwerte können entweder durch Probefahrten, Auswertungen und Betriebsdaten bei Rechnergesteuerten Betriebsleitsystemen oder durch fahrzeugseitige spezielle Meßgeräte gewonnen werden. Die Bereitstellung von Meßwerten ist nicht Gegenstand dieses Vorhabens. Das Vorhandensein solcher Meßwerte wird vorausgesetzt.

Systematische Abweichungen von einem als ideal anzusehenden Fahrzeugprofil deuten auf systematische Störungen des Fahrtablaufs hin. Solche systematischen Störungen sollten nach Möglichkeit durch Änderungen der betrieblichen und baulichen Randbedingungen (Vorfahrtsregelungen, Signalprogramme der LSA, Lage der Haltestellen usw.) beseitigt werden. Die verbleibenden systematischen Störungen müssen in die Festlegung der Fahrzeiten eingehen. Die zufälligen Schwankungen sagen aus, mit welcher Wahrscheinlichkeit bestimmte Fahrzeiten eingehalten werden können. Sofern die Fahrzeiten größere tageszeitliche Schwankungen aufweisen, müssen Stundengruppen mit unterschiedlichen Fahrzeitvorgaben abgegrenzt werden. Bei der Fahrplanbildung sind eine hohe Produktivität (geringer Betriebsmittelaufwand), eine gute Merkfähigkeit des Fahrplans (Taktfahrplan) und eine hohe Zuverlässigkeit des Betriebsablaufs (Pünktlichkeit) anzustreben. Diese Ziele sind in der Regel gegenläufig, so daß eine Optimierungsaufgabe vorliegt. Für diese Optimierungsaufgabe gibt es bisher noch kein einsatzfähiges Verfahren, sondern lediglich erste Lösungsansätze.

Die Eingabe- und Ausgabedaten sind in **Bild 6** dargestellt.

Bei der Bildung von Fahrzeiten ist zwischen Linien und Richtungsbändern zu unterscheiden. Für Flächenbetrieb entfällt die Bildung von Fahrzeiten, weil die Routen und damit auch die Fahrzeiten ausschließlich on-line gebildet werden.

Beim Linienbetrieb errechnen sich die Fahrzeiten für die einzelnen Streckenabschnitte und die gesamte Linie als Summe der Fahrzeiten zwischen den einzelnen Haltestellen. aufgrund der Streuungen in den Fahrzeiten ergeben sich im straßengebundenen ÖPNV Wahrscheinlichkeitsverteilungen für die Fahrzeiten. Im straßenunabhängigen Schienenverkehr lassen sich die Schwankungen in den Haltestellenaufenthaltszeiten durch Zeitrückhalte in den Fahrzeiten wieder ausgleichen, so daß hier von gleichbleibenden Fahrzeiten für die einzelnen Streckenabschnitte ausgegangen werden kann. Ziel dieser Verfahrensschritte sind die Bildung von Fahrzeitvorgaben für bestimmte Streckenabschnitte sowie die Abgrenzung von Tageszeitbereichen unterschiedlicher Fahrzeitvorgaben **(Bild 7)**.

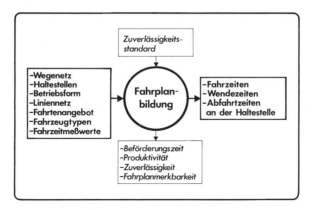

Bild 6:   Ein- und Ausgabedaten für die Fahrzeitbildung

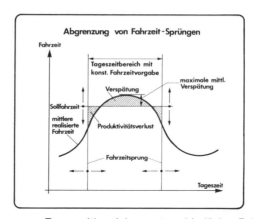

Bild 7:   Abgrenzung von Tageszeitbereichen unterschiedlicher Fahrzeitvorgaben

Beim Richtungsband ist die Festlegung von Fahrzeiten schwieriger: Die Linien-Umlaufzeiten setzen sich aus der Gesamtfahrzeit und der Wendezeit zusammen. Die Wendezeit besteht aus festliegenden Anteilen (z. B. Kurbelzeit, Pausenzeit) und einem variablen Anteil für den Ausgleich von Verspätungen. Die Länge der erforderlichen Verspätungsausgleichszeiten hängt von der Streuung der Fahrzeiten ab. Je größer die auftretenden Fahrzeitschwankungen sind, umso länger muß die Verspätungsausgleichszeit sein. Bei ihrer Festlegung muß vorgegeben werden, mit welcher Sicherheitswahrscheinlichkeit die Verspätungen ausgeglichen werden sollen. Die Gesamtlänge der Wendezeit muß außerdem mit den vorgesehenen Bedienungsintervallen (Taktzeiten) in Einklang gebracht werden. Dabei müssen ggf. Veränderungen in den Fahrzeiten vorgenommen werden. Als weiteres Teilziel dieses Blocks soll deshalb ein Verfahren entwickelt werden, das die Wendezeiten und damit die gesamten Umlaufzeiten optimiert. Die Fahrtrouten und damit auch die Fahrzeiten der Umläufe werden davon bestimmt, welche Haltestellen bei einem Umlauf Fahrgastwechselvorgänge aufweisen. Da dies vom Zufall abhängt, sind Fahrtroute und Fahrzeit für einen Umlauf im Richtungsband zusätzlich zu den Schwankungen infolge der IV-Einwirkung mit weiteren Schwankungen aufgrund der Schwankungen in der Verkehrsnachfrage behaftet. Teilziel dieses Blocks ist es daher, ein Verfahren zu entwickeln, das unter Berücksichtigung der Schwankungen, die im Richtungsband auftreten für alle wahrscheinlichen Haltestellenkombinationen jeweils optimale Fahrtrouten mit jeweils kürzesten Fahrzeiten ermittelt und für das Richtungsband insgesamt Wahrscheinlichkeitsverteilungen für die Gesamtfahrzeit angibt. Diese Aufgabe der Wendezeitoptimierung stellt sich beim Richtungsband in gleicher Weise wie bei der Linie.

Bildung von Anschlüssen

Durch die räumliche Verknüpfung der Linien bzw. Zonen werden die Umsteigepunkte festgelegt und durch die zeitliche Verknüpfung die Umsteigezeiten. Die absoluten Abfahrzeiten an den einzelnen Haltestellen können erst nach Festlegung der Anschlußzeiten angegeben werden. Entsprechend der Fahrzeitstreuungen der miteinander zu verknüpfenden Linien ergeben sich für jeden Anschlußpunkt Wahrscheinlichkeiten, mit denen der Anschluß bei einer vorgegebenen Anschlußzeit eingehalten werden kann. Je länger die Anschlußzeit gewählt wird, desto höher ist die Anschlußsicherheit, desto höher ist aber auch die mittlere Umsteigewartezeit für den Fahrgast. Das Optimierungsproblem besteht im Ausgleich zwischen gewählter Umsteigewartezeit und gewählter Sicherheitswahrscheinlichkeit.

In vermaschten Netzen lassen sich nicht an allen Netzknotenpunkten günstige Anschlüsse herstellen. Es kommt vielmehr in der Regel zu Unverträglichkeiten in den Anschlußzeiten **(Bild 8)**.

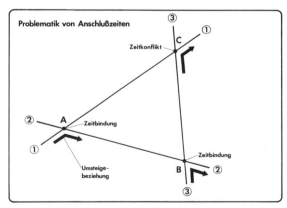

Bild 8: Problematik von Anschlüssen

Aufgabe des Verfahrens der Anschlußoptimierung ist es, die Widersprüche aufzudecken und soweit wie möglich auszugleichen. Ausgangspunkt für diese Ausgleichsverfahren sind bei bestehenden Netzen die vorhandenen Anschlußverhältnisse und bei neu zu entwerfenden Netzen sogenannte Anschluß-Nullfälle. In einem ersten Schritt sind im bestehenden Netz oder im Null-Netz die vorhandenen Anschlußverhältnisse zu analysieren. Dabei interessieren insbesondere die Zeitreserven, die an den einzelnen Umsteigepunkten vorhanden sind. Erstes Teilziel dieses Blocks ist daher die Entwicklung eines entsprechenden Analyseverfahrens. Die Analyse der Anschlußverhältnisse liefert bereits Hinweise für eine verbesserte Steuerung des Betriebsablaufs. Sie gibt dem Disponenten an, welche Spielräume in den Anschlußzeiten der einzelnen Umsteigepunkte vorhanden sind.

Zweites Teilziel ist sodann die Entwicklung eines Ausgleichsverfahrens zum Ausgleich der Unverträglichkeiten in den Anschlußzeiten. In einem ersten Verfahrensschritt sind die Anschlußbedingungen in den einzelnen Netzpunkten festzulegen. Sie hängen ab von der Bedeutung der Umsteigepunkte im Gesamtnetz, die Zahl der umsteigenden Fahrgäste, der Fahrtenfolge des anschließenden Systems sowie den Umsteigewegen. Der Vergleich zwischen Anschlußbedingungen und Anschlußverhältnissen zeigt auf, wo und in welchem Ausmaß Unverträglichkeiten in den Anschlußzeiten bestehen. In einem zweiten Verfahrensschritt sind diese Unverträglichkeiten auszugleichen. Dabei wird es teilweise notwendig sein, die Randbedingungen, die durch die räumliche Verknüpfung der Systemelemente und die Fahrzeiten zwischen den Haltestellen gegeben sind, zu verändern. Das Ausgleichsverfahren mündet in die Festlegung der endgültigen Abfahrzeiten für die einzelnen Haltestellen sowie die Anschlußelastizitäten im Netz. Die Anschlußelastizität kennzeichnet den Spielraum, der im Hinblick auf die Anschlußsicherung im Verkehrsablauf vorhanden ist.

Erfolgsaussichten des Projektes

Die Erfolgsaussichten des Projektes sind gut. Rechnergestützte Entwurfsverfahren gehören in vielen anderen Gebieten bereits zum üblichen methodischen Handwerkszeug. Über die Verfahren zur Fahrplanoptimierung im ÖPNV haben die Antragsteller konkrete Vorstellungen; sie haben bereits Ansätze dazu entwickelt. Die Rückgriffsmöglichkeiten auf praktische Erfahrungen, die sowohl die Hamburger Hochbahn AG als auch der Hamburger Verkehrsverbund mit den verschiedenen Aspekten der Fahrplanerstellung haben, gewährleisten den Anwendungsbezug der Verfahren.

Für den ÖPNV ist die Anwendung rechnergestützter Entwurfsverfahren, die einen Eingriff des Planers ermöglichen, neu. Technische Risiken bestehen darin, den straßengebundenen ÖPNV hinreichend genau mit Hilfe statistischer Methoden zu erfassen. Hier liegen noch keine Erfahrungen vor. Ebenso ist noch nicht bekannt, wieweit die in stark vermaschten Netzen vorhandene Anschlußelastizität ausreicht, um zufriedenstellende Lösungen bie der Anschlußplanung zu erreichen.

Für die zu entwickelnden Verfahren besteht in der Praxis ein dringender Bedarf, denn die Problematik der Fahrplanoptimierung stellt sich bei allen Verkehrsbetrieben. Die Verkehrsbetriebe sind jedoch nicht in der Lage, die hohen Entwicklungskosten für eine umfassende Lösung allein zu tragen. Da angestrebt wird, das Gesamtverfahren der Fahrplanoptimierung modular aufzubauen und für die einzelnen Module selbständige Verfahrensschritte zu entwickeln, wird schon in einer früheren Bearbeitungsphase eine breite Anwendung möglich sein. Die Anwendungskosten sind gering, denn außer der Rechnerbenutzung ist keine weitere Hardware erforderlich.

BON: Einsatzerfahrungen und Übertragbarkeit des Betriebsleitsystems

ÜSTRA Hannoversche Verkehrsbetriebe AG

B u d i g
D r . F e l z (Vortragender)
W i t t e

Förderungskennzeichen des BMFT: TV 7961

Zusammenfassung

Das standardisierte rechnergesteuerte Betriebsleitsystem BON wurde am 28. Mai 1984 offiziell in Betrieb genommen. Damit ging die Integrationsphase in die Phasen der Erprobung und Systemoptimierung über. Die bisherigen Erfahrungen haben gezeigt, daß sich der relativ hohe Aufwand bei den konzeptionellen Arbeiten zur Erreichung eines modularen Systemaufbaus mit sauber definierten Schnittstellen gelohnt hat. Während der Betriebserprobung als sinnvoll erkannte Modifikationen konnten problemlos realisiert werden und haben zur Verbesserung der Zuverlässigkeit und betrieblichen Nutzbarkeit beigetragen. Das mit Ende des Forschungsvorhabens (Mitte 1985) verfügbare optimierte System ist in seinen Komponenten als Standardsystem anerkannt und wird (insbesondere das Integrierte Bord-Informations-System IBIS) in zahlreichen Verkehrsbetrieben eingesetzt. Die gegenwärtigen laufenden Ausschreibungen von Betriebsleitsystemen durch Verkehrsbetriebe, bei denen von verschiedenen Generalunternehmern BON-Systeme angeboten werden, lassen erwarten, daß das Gesamtsystem in weiteren Anwendungen genutzt wird.

Summary

On May 28, 1984 the standardized operating control system BON went into operation officially. The phase of integration changed into the phases of testing and optimization of the system.
The results have so far proved the success of the relatively great efforts in the conception of a modular system structure with clearly defined interfaces. Modifications, recognized as efficient during operational testing, can be realized without problems. They have contributed to the improvement of the reliability and operational use. The optimized system, available at the end of the research project (middle of 1985), is appreciated in its components as standard and is (especially the integrated on-board-information-system IBIS) applied in numerous transportation companies. The actual call for tenders by transportation companies for operating control systems are signifing that over-all-system will be used in further applications.

Projektstand zu Beginn des Berichtzeitraums

Am 28. 5. 1984 wurde das Standardisierte Betriebsleitsystem BON offiziell in Betrieb genomen. Damit wurden die Phasen der Entwicklung und Integration, über die anläßlich früherer Statusseminare berichtet wurde, erfolgreich abgeschlossen. Es begann die betriebliche Erprobung, deren Ziele wie folgt beschrieben werden:

— Beurteilung der t e c h n i s c h e n Auslegung der Systemkomponenten und des Gesamtsystems sowie der technischen Zuverlässigkeit (i. w. „Hardware")

— Beurteilung der b e t r i e b l i c h e n Handhabbarkeit und Effizienz, das bedeutet u. a. die Beurteilung der Umsetzung betrieblicher Vorgaben in die zentrale „Software"

— Untersuchung der Ü b e r t r a g b a r k e i t des Systems auf andere Verkehrsbetriebe (eins der wichtigsten Ziele des Forschungsvorhabens - die Standardisierung).

Schon in den ersten Phasen der Erprobung hat sich das Konzept des modularen Systemaufbaus mit sauber definierten Schnittstellen bewährt. Die gute Anpassungsfähigkeit ermöglicht Verbesserungs- und Optimierungsmaßnahmen mit geringem Aufwand. Diese Arbeiten sind nach und nach („schritthaltend") während der Erprobung durchzuführen. Nur so kann am Ende des Probebetriebs - gleichbedeutend mit dem Ende des Projekts - ein ausgereiftes und in weiteren Anwendungen problemlos einsetzbares System entstehen.

Das System BON ging mit dem Beginn der Erprobung in den breiten Betriebseinsatz. Dies war aufgrund der Leistungsmerkmale des Systems - z. B. Übernahme des gesamten Funkkontaktes zwischen Fahrzeugen und Betriebsleitstelle - sinnvoll bzw. erforderlich. Insbesondere im Stadtbahnbereich mit streckenbezogenen Abhängigkeiten/Beeinflussungen aller eingesetzten Linien untereinander, schien ein partieller Einsatz von BON auf einzelnen Linien nicht vertretbar. Die zahlreichen Schritte der Systemintegration mit stufenweisen Abnahmen rechtfertigen weiterhin die Übernahme in den laufenden Betrieb „auf breiter Front" schon am Beginn des Probebetriebs.

Der gegenwärtige Ausbau des Systems umfaßt den gesamten Stadtbahnbereich mit 6 Linien (Gesamtlinienlänge ca. 110 km, ca. 200 Fahrzeuge) sowie 5 Omnibuslinien (Gesamtlinienlänge ca. 45 km, ca. 60 Fahrzeuge).

Technische Erfahrungen

Das Gesamtsystem mit seinen Komponenten ist in **Bild 1** dargestellt. Zu den Bereichen

— Fahrzeugausrüstung IBIS
— Datenfunk
— Ortsbaken
— Fahrgastinformationsanlagen

sowie zu speziellen Testwerkzeugen liegen folgende Erfahrungen vor.

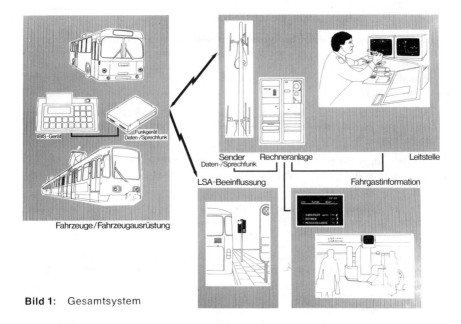

Fahrzeuge/Fahrzeugausrüstung

IBIS-Gerät • Funkgerät Daten-/Sprechfunk

Sender Rechneranlage Leitstelle
Daten-/Sprechfunk

LSA-Beeinflussung Fahrgastinformation

Bild 1: Gesamtsystem

IBIS

Einführung und Betrieb des „Integrierten Bord-Informations-Systems (IBIS)" haben insgesamt wenig Schwierigkeiten bereitet. Eine Umfrage unter dem Fahrpersonal noch während der Einbauphase zeigte bereits, daß sich im Fahrbetrieb bei der Bedienbarkeit und bei de Ablesung der LCD-Anzeige keine Probleme ergaben. Kritikpunkte betrafen den Einbauwinkel, bei dem inzwischen Abhilfe geschaffen wurde.

Auch die Instandhaltung erwies sich als erfreulich unproblematisch. Zum einen ist die MTBF mit 0,19 Ausfällen pro Gerät und Jahr wesentlich über der Mindestforderung von 1,8 Ausfällen pro Gerät und Jahr geblieben. Auch waren die aufgetretenen Ausfälle immer sehr deutlich - verborgene Teilausfälle sind nicht aufgetreten. Zum anderen gestaltet sich die Fehlerbehebung verhältnismäßig einfach, da das IBIS-Zentralgerät eine Anzahl von Testmöglichkeiten enthält.

Datenfunk

Trotz der anfangs selbst von Fachleuten geäußerten Skepsis gegenüber der bis dahin als sehr hoch angesehenen Übertragungsgeschwindigkeit von 2400 bit pro Sekunde und der dafür vorgesehenen Modulationsart (FFSK) funktioniert die Datenübertragung überaus gut.

Durch die gegenüber dem Sprechfunk größere Toleranz gegen Übertragungsstörungen durch automatische Wiederholungen ist der Versorgungsbereich eines Senders größer als der für den Sprechfunk. Dies ist für unser Funknetz z.Z. bedeutsam, weil noch nicht alle geplanten Sendestellen in Betrieb sind.

310

Bild 2 zeigt die im praktischen Betrieb erreichten Anrufwahrscheinlichkeiten. Geplant ist, zur Funkversorgung der südwestlichen Stadtgebiete eine weitere Sendestelle „Stadtmitte" zu errichten. Der Probebetrieb unterstreicht somit die Richtigkeit der gemeinsam mit dem VÖV erarbeiteten und als Richtlinie dokumentierten Spezifikationen für den Datenaustausch mittels Funk (VÖV-Richtlinien 04.05.1 und 04.05.3).

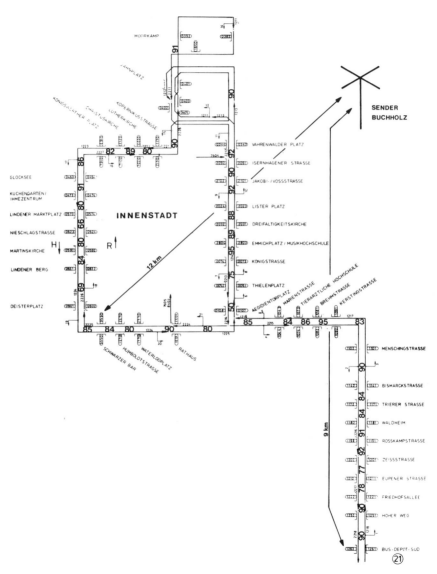

Bild 2: Anrufwahrscheinlichkeiten im Datenfunk

Dem Datenfunk zuzuordnen sind die Funkinterfaces, die eine in der VÖV-Richtlinie 04.05.5 standardisierte Schnittstelle zwischen dem eigentlichen Prozeßrechner und dem Funknetz bilden. Alle drei eingesetzten Fabrikate erfüllen ihre Funktion einwandfrei. Das Funkinterface von Siemens weist allerdings einen etwas älteren Spezifikationsstand auf; auf eine Nachentwicklung wurde aus Aufwandsgründen verzichtet.

Ortsbaken

Ortsbaken nach VÖV (Infrarot)

Aufgrund der Ergebnisse der betrieblich-technischen Erprobung mit Prototypen lassen sich Übertragungsart und Gerätetechnik als unproblematisch bezeichnen. Probleme waren mit dem Einsatz von Seriengeräten aufgetreten. Sie waren darauf zurückzuführen, daß sie empfindlicher (!) waren als die anfangs getesteten Prototypen. Dies führte zum Übersteuern der fahrzeugseitigen Empfänger, teilweise sogar durch den eigenen Sender. Abhilfe wurde durch den Ausbau einer Verstärkerstufe und durch eine bessere optische Entkopplung durch konstruktive Maßnahmen geschaffen.

Permanentmagnete als Ortsbaken

Diese Art der Ortsbaken-Darstellung ist nur bei spurgeführten Fahrzeugen anzuwenden und wurde vom Erprobungssystem „RBL-H" aus Aufwandsgründen übernommen. Die grundsätzlichen Probleme hierbei - i. w. durch Fremdfelder um elektrische Leitungen wie Speisekabel o. ä. - und ihre Abhilfe waren bereits bekannt. Eine wesentliche Verbesserung der Zuverlässigkeit wurde durch Entwicklung und Einsatz verschleißloser elektronischer Magnetschalter erreicht. Der Vorteil gegenüber Infrarotbaken liegt bei etwa gleichen Kosten in der völligen Passivität der Baken und der Richtungs- wie auch Gleisselektivität.

Fahrgast-Informations-Anlagen

Versuchsweise waren zur Fahrgastinformation (Anzeige von tatsächlicher Abfahrzeit und -position) Farbfernseher **(Bild 3)** mit Btx-Decoder eingesetzt. Die nachträgliche Umstellung auf Decoder nach dem CEPT-Standard brachte den Vorteil der besseren Darstellbarkeit von Richtungshinweisen. Insgesamt hat sich der Einsatz von Btx-Komponenten nicht als so vorteilhaft herausgestellt wie erwartet worden war: Preiswerte Decoder (Eurocom) sind immer noch nicht auf dem Markt verfügbar. Weiterhin mußte vor Ort eine zusätzliche Elektronik eingebaut werden, die sonst vom Teilnehmer ausgeführte Funktionen wie Initiierung des Verbindungsaufbaus und Funktionsüberwachung übernimmt. Damit ist der Vorteil von Btx-Decodern gegenüber anderen handelsüblichen Fernseh-Decodern wieder aufgezehrt.

Für die Erweiterung des Fahrgast-Informations-Systems ist daher die Verwendung von Flüssigkristall-Anzeigen (LCD) begonnen worden. Neben der geringen Bautiefe zur günstigen Einpassung in Wartehallen und des geringen Leistungsbedarfs, der in vielen Fällen einen eigenen 220 V-Hausanschluß entbehrlich macht, haben sie den Vorteil der günstigen Kosten für kleinflächige Anzeigen oder großflächige Anzeigen mit geringer Zeichenzahl bei stark fallender Tendenz der Bauteilekosten.

Bild4 zeigt ein Einsatzbeispiel für eine Tafel mit LCD-Elementen, mit der Busfahrer zum Abwarten einer Stadtbahn aufgefordert werden.

Bild 3: Fahrgastinformation mit Bildschirm

Bild 4: Fahrgast- und Anschlußinformation mit LCD-Anzeigen

Test- und Hilfsmittel

Sehr vorteilhaft hat sich die weitgehend im Hause durchgeführte Entwicklung von Test- und Hilfsgeräten ausgewirkt. Durch die Eigenentwicklung war jederzeit ein problemloser Rückgriff bei Modifikationen der Aufgabenstellung - die sich häufig aufgrund von Testergebnissen als notwendig erwiesen - möglich.

Auf der Basis marktgängiger CP/M-Mikrocomputer mit ECB-Bus wurden Hardware-Anpassungen und Software entwickelt, so daß heute alle Schnittstellen im Gesamtsystem beobachtet werden können. Insbesondere die Beobachtung der Schnittstelle zwischen dem Prozeßrechner und dem Prozeß (Funkinterface) erwies sich bei Test und Inbetriebnahme als unumgänglich.

Weiterhin wurde ein Ladegerät entwickelt, das die IBIS-Geräte in den Fahrzeugen mit den zum jeweiligen Einsatz notwendigen Parametern (z. B. Art und Umfang der angeschlossenen Subsysteme) versorgt.

Um das Fahrpersonal schon vor der BON-Inbetriebnahme an den IBIS-Geräten ausbilden zu können, wurde ein Schulungsgerät - der sog. „IBIS-Trainer" **(Bild 5)** - entwickelt. Er simuliert die Funktionen, die im Zusammenhang mit der ortsfesten Seite über den Funk wirken. Beispielsweise können Gesprächsanmeldungen quittiert oder codierte Anweisungen und Fahrplanabweichungen zur Anzeige gebracht werden.

Für weitere wesentliche Hilfe für die Instandhaltung des Systems ist durch die Entwicklung der sog. technischen Diagnose im Basisrechner der zentralen Prozeßrechner-Anlage gegeben: Ein eigenes Modulpaket überwacht permanent folgende Systemkomponenten:

— Fahrzeuganlagen
— Funkanlagen mobil und ortsfest
— Ortungseinrichtungen mobil und ortsfest.

Bild 5: Schulungsgerät „IBIS-Trainer"

Ausfälle, aber auch bereits ein Absinken der Zuverlässigkeit als Indiz für einen bevorstehenden Ausfall, werden ausgedruckt. So können beispielsweise für alle Fahrzeuge neben den permanenten und aktuellen Zustandsdaten Prozentwerte gestörter bzw. störungsfreier Meldungen (z.B. Ortsbakencodes) oder Antwortquoten im Datenfunk ausgedruckt werden. Schon heute scheint eine wirkungsvolle Instandhaltung eines derart umfangreichen Systems, wie es das BON ist, ohne derartige Hilfsmittel nicht mehr vorstellbar.

Betriebliche Erfahrungen

Neben der technischen Zuverlässigkeit ist die Beurteilung der betrieblichen Nutzbarkeit ein Schwerpunkt der Erprobung.
Trotz der o. e. Sorgfalt bei der Integration traten kleinere Mängel oder „Unschönheiten" auf, deren Beseitigung im Aufgabenbereich der Systemoptimierung anzusiedeln ist. Dieser auf technischer Sicht „normale" Vorgang führte allerdings zu eingeschränkter betrieblicher Nutzbarkeit des Systems. Heute ist diese - aus betrieblicher Sicht unerwünschte - Zwischenphase durch Verbesserungsmaßnahmen überwunden.

Die betriebliche Beurteilung des Systems konnte dadurch nicht so vertieft wie ursprünglich geplant erfolgen. Beispielsweise liegen noch keine gesicherten Erkenntnisse über den quantifizierbaren Nutzen bei größeren Betriebsstörungen, die nur selten auftreten, vor. Die betrieblichen Erkenntnisse konzentrieren sich auf Funktionsbereiche, die regelmäßig wirken.

Standorterfassung

Die Erfassung der Fahrzeugstandorte ist eine der betrieblich wichtigsten BON-Funktionen und Grundlage aller weiteren Aufgaben des Betriebsleitsystems.
Das BON-System arbeitet nach dem Prinzip einer „gemischten" Ortung, bei dem sowohl Elemente der „physikalischen" als auch der „logischen" Ortung verwendet werden.
Als relative Information wird der zurückgelegte Weg in 10 m-Schritten erfaßt. Der Unterschied zwischen den Verfahren ergibt sich bei der „Synchronisation", d.h. der Ermittlung des absoluten Standorts.
Die „physikalische" Ortung wird dazu durch Ortsbaken gestützt, indem ein Code bei Vorbeifahrt des Fahrzeugs erfaßt und zur Zentrale übertragen wird.

Bei der logischen Ortung werden die Wegzählerstände an Haltestellen (Kriterium: „Tür offen") und die daraus zu errechnenden Abstände zwischen Haltestellen zur Standortstützung herangezogen. Die erstmalige Erfassung einer Haltestelle bei Aufnahme des täglichen Fahrzeugumlaufs erfolgt durch Fahrereingabe der Nummer des ersten angefahrenen Haltepunkts am IBIS-Gerät. Die Haltepunktnummer ist sichtbar am Mast angebracht.

Die „gemischte" Ortung verwertet sowohl Ortsbakencodes als auch Haltestellenabstände.

Die Zuverlässigkeit der „logischen" Ortung, die gegenwärtig bei der ÜSTRA im Omnibusbereich angewendet wird, bildete einen Untersuchungsschwerpunkt der betrieblichen Erprobung.

Um Wegmessungs- und Halteungenauigkeiten abzufangen, werden um die Positionen der Haltestellen im Netz „Einfangbereiche" definiert. Wenn ein Fahrzeug innerhalb eines Einfangbereiches die Türen öffnet, wird der Standort der entsprechenden Haltestelle zugeordnet. Geschieht Türöffnen außerhalb eines Einfangbereiches, wird auf eine Störung der Standorterfassung geschlossen. Der Fahrer wird dann aufgefordert, an der nächsten Haltestelle den Fahrzeugstandort durch Eingabe der entsprechenden Kennung am IBIS-Gerät zu synchronisieren. Da eine solche zusätzliche Belastung für den Fahrer möglichst vermieden werden soll, ist die Anzahl der erforderlichen Standorteingaben zu minimieren. Die Zuverlässigkeit der „logischen Ortung" läßt sich also an der Häufigkeit von Fahrereingaben messen.

Untersuchungen aus Ende 1984/Anfang 1985 zeigen, daß in 67% der Fahrzeugumläufe nur eine einmalige Eingabe pro Tag erforderlich war, (die am Beginn des Fahrzeugumlaufes unerläßlich ist) **(Bild 6)**.

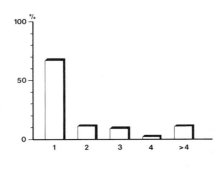

Standorteingaben/Fz und Tag

Bild 6: Anzahl von „Fahrereingaben" bei „logischer" Ortung

Im Mai 1985 wurde untersucht, wie hoch der Anteil der Standorterfassungs-Störungen gemessen an der Zahl der Türöffnungsvorgänge war: 1,8% der Türöffnungen führten zu einer Standortstörung. Daraus ergibt sich, daß durchschnittlich 0,15 Fahrereingaben pro Fahrzeugstunde erforderlich waren bzw. die Fahrer durchschnittlich alle 6,61 Stunden einen Standort eingeben mußten.

Betriebsführung

Einen weiteren Untersuchungsschwerpunkt bildete die Nutzbarkeit der in der Leitstelle zur Verfügung stehenden Bildschirmdarstellungen. An dieser Stelle sei noch einmal an die Grundlagen des Arbeitsablaufes in der Zentrale erinnert: Eine ständige Beobachtung des Betriebszustandes ist nicht erforderlich; der Disponent wird auf Ereignisse, auf die er reagieren soll, g e z i e l t hingewiesen.

Das „Standardbild" als zentrales Meldungsmedium **(Bild 7)** hat sich als tauglich und wirkungsvoll erwiesen. Die auf dem Standardbild angezeigten Meldungen werden in zwei Bereichen, den „RUFE" - und den „STÖRUNGEN"-Bereich, unterteilt. Im ersten Bereich werden alle vom Fahrer eingegebenen Meldungen, wie Überfall- und Unfallrufe, Gesprächswünsche und codierte Meldungen erfaßt.

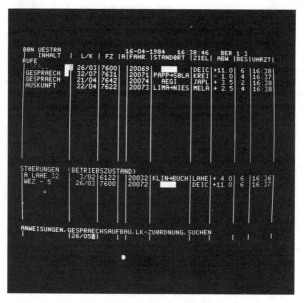

Bild 7: Bildschirmdarstellung „Standardbild"

Der zweite Bereich zeigt alle Betriebsstörungen, die durch das System ermittelt wurden. Hier ist zunächst der Betreiber aufgefordert, Vorgaben für zu erfassende bzw. erfaßbare Störungen zu machen. Für die ÜSTRA haben sich bei der Betriebserprobung als sinnvoll erwiesen:

— Verfrühungen oberhalb eines Grenzwerts (z. B. 2 min)
— Verspätungen oberhalb eines Grenzwerts (z. B. 10 min)
— Verspätungen, die größer als die Wendezeit am nächsten Endpunkt sind
— Anschlußgefährdungen.

Zur detaillierten grafischen Information wurde sowohl eine streckenbezogene Darstellung („Teilnetz") **(Bild 8)**, als auch eine Liniendarstellung entwickelt. Wie vermutet zeigte sich, daß im Schienenbereich mit vorrangig streckenbezogenen Beeinflussungen (z.B. sind Überholungen nicht ohne weiteres möglich, den Streckenzusammenführungen kommt für die Reihung von Zügen auf dem gemeinsamen Gleis besondere Bedeutung zu) fast ausschließlich die „Teilnetzdarstellung" genutzt wird, während im Busbereich die linienorientierte Information aus der entsprechenden Darstellung im Vordergrund steht.

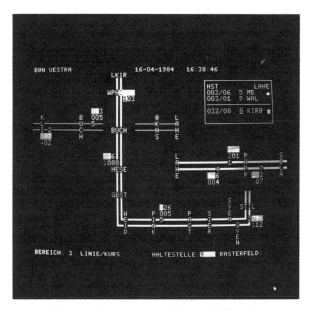

Bild 8: Bildschirmdarstellung „Teilnetz"

LSA-Beeinflussung

Die Mitwirkung des Betriebsleitsystems bei der Beeinflussung von Lichtsignalanlagen bezieht sich auf zwei Bereiche:

— Durch die zentrale Erfassung des gesamten Betriebszustandes können betriebliche Gesichtspunkte bei der Anforderung von LSA-Freigabephasen berücksichtigt werden.
— Die technischen Einrichtungen des Betriebsleitsystems können ohne wesentlichen weiteren Aufwand als Anforderungssystem mitbenutzt werden.

Die ursprünglich ins Auge gefaßte „zentrale" Lösung, d.h. Kopplung des Betriebsleitrechners mit Verkehrsrechnern, wurde wegen ungünstiger postalischer Bestimmungen wieder fallen gelassen.

Die neueren und während der betrieblichen Erprobung bestärkten Überlegungen gehen von einer dezentralen (lokalen) Lösung aus. Zwei Verfahren mit BON-Systemkomponenten wurden dazu konzipiert, die in **Bild 9** dargestellt sind.

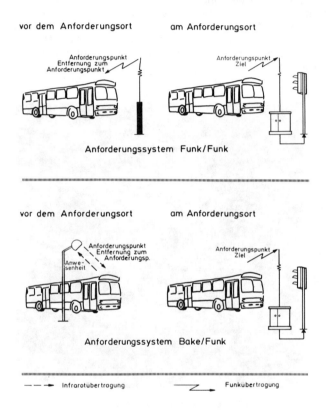

Bild 9: LSA-Anforderungssysteme

— Funk/Funk
Aufgrund der kontinuierlichen Ermittlung der Fahrzeugstandorte in der Zentrale wird festgestellt, daß sich ein Fahrzeug einem Anforderungspunkt nähert. Die erforderlichen Informationen werden im Rahmen der zyklischen Datenfunkabfrage übertragen und im IBIS-Gerät gespeichert. Die Anforderungen an die LSA wird vom Fahrzeug per Funk an einen lokalen Empfänger übermittelt und ausgewertet.

318

— Bake/Funk
Die bei dem Funk/Funk-System von der Zentrale zum Fahrzeug übertragenen Daten werden bei diesem Konzept von einer Infrarotbake geliefert. Das weitere Verfahren ist analog dem Funk/Funk-System.

Es ist beabsichtigt, die oben beschriebenen Verfahren im Rahmen eines Anschlußprojekts an BON einzusetzen.

Übertragbarkeit

Durch die im Verlauf des Forschungsvorhabens erreichte Standardisierung von Systemkomponenten ist eine wichtige Voraussetzung für die Übertragbarkeit des Systems auf Betriebe unterschiedlicher Struktur geschaffen worden.
Im Bereich der ÖPNV-Fahrzeuge beginnt IBIS sich durchzusetzen. So haben die Verkehrsbetriebe in Augsburg, Düsseldorf, Duisburg, Frankfurt, Friedrichshafen, Köln, Stuttgart, Wiesbaden, Wunstorf und Wuppertal IBIS fest geordert bzw. bereits im Einsatz. Interesse besteht bei der Deutschen Bundesbahn (128 neue Nahverkehrs-Triebwagen) sowie in Brüssel, Barcelona und Toronto für den Einsatz im Rahmen von Betriebsleitsystemen.
Durch Standardisierung lassen sich spezielle Kenngrößen nicht vollständig abdecken. Daher wurden die Programme - insbesondere in den Fahrzeuggeräten und im zentralen Rechnersystem - „generierfähig" entwickelt, d.h. die Kenngröße wie Fahrzeuganzahl usw. können für jeden Einsatzfall freizügig vorgegeben werden, ohne daß die Programme selbst geändert werden müssen.

Bei den zur Zeit ausgeschriebenen Betriebsleitsystemen für zwei Verkehrsbetriebe wird der Stellenwert der BON-Entwicklung deutlich:

— alle anbietenden Firmen (vier) wollen als Fahrzeugausrüstung IBIS-Geräte einsetzen
— zwei der anbietenden Firmen wollen die BON-Zentralen-Software für München insgesamt oder in Teilen nutzen.

Dies läßt eine Verbreitung des BON-Systems erwarten, die auch durch die Bildung eines VÖV-ad hoc Arbeitskreises ‚Standardisiertes Betriebsleitsystem' gefördert wird.
Sobald BON in mehreren Betrieben eingesetzt wird, soll (als Erweiterung dieses Arbeitskreises) ein BON-Benutzerkreis gebildet werden, dessen Hauptaufgaben die Pflege und Weiterentwicklung des Systems sowie die Sicherstellung der Nutzbarkeit von Weiterentwicklungen für die BON-Anwender sein werden.
Die Einführung eines Betriebsleitsystems BON in einem Verkehrsbetrieb ist nach unserem derzeitigen Kenntnisstand am ehesten mittels eines Auftrags an einen Generalunternehmer, der die Gesamtverantwortung für Lieferung, Gewährleistung und Wartung übernimmt, denkbar.

Dieser Vorgehensweise kommt die bei der ÜSTRA abgeschlossene Entwicklung entgegen. Die „Hardware"-Komponenten können bei diversen Firmen erworben werden. Das BON-Softwaresystem kann von der ÜSTRA zur Verfügung gestellt werden. Die Anpassung an die spezifischen Gegebenheiten des jeweiligen Anwendungsfalles geschieht durch die betriebsbezogene Definition der sogenannten Generierparameter (z. B. max. Anzahl eingesetzter Fahrzeuge, Anzahl der Funkbereiche). Darüberhinaus können die Firmen, die als Generalunternehmer ein BON-System anbieten, als Spezialentwicklung diejenigen Modifikationen einbringen, die in den Ausschreibungen gefordert sein können. Für zwei Projekte liegen bereits mit je zwei Firmen Vereinbarungen über die Weitergabe der BON-Software im Auftragsfall vor.

Zusammenfassend bleibt festzustellen, daß mit dem in Hannover installierten BON-System ein standardisiertes Rechnergesteuertes Betriebsleitsystem zur Verfügung steht, für dessen breite Einführung in anderen Verkehrsbetrieben alle Voraussetzungen erfüllt sind.

RUFBUS: Umsetzung von RFB im Bodenseekreis

Landratsamt Bodenseekreis
RUFBUS GmbH Bodenseekreis (RGB), Friedrichshafen

Gerland (RGB)

Förderungskennzeichen der BMFT: TV 8503

Zusammenfassung

Die Umsetzung des „Betriebsleitsystems Flexible Betriebsweisen (BFB)" in die Nahverkehrspraxis des Bodenseekreises erfolgt in zwei Phasen: In der gegenwärtigen, von Januar bis Juli 1985 laufenden ersten Phase wird der BFB-Fahrbetrieb, der während der technischen Erprobung von BFB und seiner Komponenten in der Verantwortung der RRUBUS GmbH Bodenseekreis durchgeführt wurde, in die betriebliche und organisatorische Zuständigkeit des Konzessionsinhabers Deutsche Bundesbahn überführt. Die Zuständigkeit der RUFBUS-GmbH umfaßt die Vorhaltung und den Betrieb der technischen Einrichtungen (Hardware und Software) einschließlich aller Maßnahmen zur Systemwartung, -ausreifung und -optimierung. Ab August 1985 soll in der zweiten Phase und für zunächst zwei Jahre ein „BFB-Referenzbetrieb Bodenseekreis" eingeführt werden, wobei die Zuständigkeiten wie in der laufenden Phase verteilt sind. Als Grundlage des Referenzbetriebes wird gemeinsam ein Stufenkonzept entwickelt, nach dem die Angebotsstruktur des laufenden BFB-Betriebes modifiziert wird und Erweiterungen auf weitere Gebiete des Bodenseekreises eingeleitet werden. Im Zuge des Referenzbetriebes werden in Zusammenarbeit mit den Systementwicklern außerdem Maßnahme zur Ausreifung, Funktionserweiterung, Serienüberleitung und weiteren Anwendung von BFB durchgeführt.

Summary

The practical application of the „flexible operation command and control system (BFB)" in the public transportation system of Lake Constance County (Bodenseekreis) is being carried out in two phases: During the current first phase, running from January to July 1985, BFB passenger operation, which was under the direct control and responsibility of the Rufbus GmbH Bodenseekreis during the technical testing of

BFB and its components, is being transferred into the operational and organizational responsibility of the concessionaire, the German Federal Railways. The further responsibilities of the Rufbus GmbH include provision and operation of the technical equipment (hardware and software) including all measures to be taken for system maintenance, development and optimization. Starting August 1985, a second phase - „BFB reference operation Bodenseekreis" - is to be undertaken, initially lasting for two years. In this phase the responsibility for the project will be split as in phase one. The reference operation will be based on a joint plan of stages, according to which the service structure of the current BFB operation will be modified and expanded to include further regions in the Bodenseekreis area. Within the framework of the reference operation, measures will be taken, in cooperation with the system developers to ensure further developement, extension of the functional capabilities, initiation of series production and further applications of the BFB system.

Einleitung

In dem Bericht zum Statusseminar XI [1] wurde das „Betriebsleitsystem Flexible Betriebsweisen (BFB)" unter besonderer Berücksichtigung der Systemfunktionen, des Einsatzspektrums, der Hardware und Software, der betrieblichen Erprobung sowie der Aspekte der Kosten und des Nutzens dargestellt. Im Zuge der weiteren Projektdurchführung geht es nunmehr darum, BFB im öffentlichen Nahverkehr des Bodenseekreises zu etablieren. Dies soll in zwei Phasen erfolgen: Mit der in der ersten Phase bereits begonnenen betrieblichen und organisatorischen Eingliederung des Fahrbetriebes in den Geschäftsbereich Bahnbus Alb-Bodensee der Deutschen Bundesbahn wird ein entscheidender Beitrag zur Anwendung von BFB durch die Konzessionsinhaber eines Verkehrsgebietes geleistet. In der zweiten Phase soll nach einem Stufenkonzept ein „BFB-Referenzbetrieb Bodenseekreis" eingeführt werden mit dem Ziel, in einem hinreichend großen Bedienungsgebiet gesicherte quantitative Aussagen zur Leistungsfähigkeit der leittechnischen Einrichtungen sowie zu Kosten und Rentabilität der BFB-Anwendung zu ermitteln. Parallel zu den betrieblichen Maßnahmen sind Verbesserungen und Weiterentwicklungen der leittechnischen Einrichtungen (Hardware und Software) im Hinblick auf Ausreifung des Systems, Erweiterung des Funktionsumfanges sowie Standardisierung der Systembausteine vorgesehen und teilweise bereits begonnen worden. Die technischen Arbeiten erfolgen in ständiger Rückkopplung mit den Ergebnissen und Erkenntnissen des Fahrbetriebes.

Phase 1: Eingliederung des BFB-Betriebes in die Organisations- und Betriebsstruktur der Deutschen Bundesbahn

Als wichtigste Voraussetzung zur Überführung des BFB-Probebetriebes in einen längerfristigen Referenzbetrieb mit Erweiterungen in weitere Gebiete des Bodenseekreises ist am 01.01.1985 mit der Eingliederung des Fahrbetriebes in die Organisations- und Betriebsstruktur des Geschäftsbereiches Bahnbus Alb-Bodensee der Deutschen Bundesbahn begonnen werden. Hierzu wurde der seit November 1979 zwischen der RUFBUS GmbH Bodenseekreis und dem Konzessionsinhaber Deutsche Bundesbahn bestehende „Betriebsübertragungsvertrag" aufgelöst, nach dem sowohl die technische als auch die betriebliche Erprobung von RUFBUS bzw. BFB in der Verantwortung der RUFBUS GmbH lag. Die Zuständigkeiten in der Projektdurchführung werden im Hinblick auf den geplanten „BFB-Referenzbetrieb" gegenwärtig wie folgt vertraglich neu geregelt:

— Die Festlegung des Leistungsangebotes im Linien- und Richtungsband-betrieb sowie in der freien Bedarfssteuerung (z. B. Betriebsdauer, Fahr-tenhäufigkeit, Fahrzeugeinsatzstunden), die Betriebsplanung und -vor-bereitung sowie die Betriebsdurchführung erfolgen nach den Vorgaben der Deutschen Bundesbahn. Hierzu wurden der Bundesbahn die Rufbus-Fahrzeuge überstellt. Außerdem ist die Bundesbahn in alle von der RUF-BUS GmbH geschlossenen betriebsrelevanten Verträge eingetreten (Leistungsverträge mit privaten Bus- und Taxiunternehmen, Leistungs-verträge nach § 43 PBefG im Berufs- und Schülerverkehr, Vertrag über die Vermietung von Werbeflächen an den Rufbussen).

— Die Vorhaltung und der Betrieb der BFB-Einrichtungen (Zentrale, Sende-/Empfangsanlage, Fahrzeuganlagen, Rufsäulen) gehören wie bisher in den organisatorischen und finanziellen Verantwortungsbereich der Ruf-bus GmbH; die Einrichtungen sind der Deutschen Bundesbahn zum Zwecke der Betriebsdurchführung zur kostenlosen Benutzung verfüg-bar. Zur Finanzierung der entstehenden Kosten (für Personal, Hardware-Wartung, Software-Pflege, Raummiete, Fahrgastkommunikation, Fahr-zeugkommunikation; siehe hierzu [1]) besteht bereits seit Oktober 1984 ein Finanzierungsmodell, an dem sich (ohne weitere Forschungsmittel des BMFT) der Landkreis Bodenseekreis (30%), die Stadt Friedrichsha-fen (30%), das Land Baden-Württemberg (25%) und die BFB-Entwickler-firmen (15%) beteiligen.

— alle Maßnahmen zur Systemwartung und -betreuung sowie zur techni-schen Ausreifung und Weiterentwicklung des Systems und seiner Ele-mente verbleiben ebenfalls in der Zuständigkeit der Rufbus GmbH. Außerdem obliegt der Rufbus GmbH die projektbezogene Erfassung und Auswertung von Verkehrs- und Betriebsdaten sowie technischen For-schungsergebnissen. Die Finanzierung dieser Arbeiten erfolgt im Rah-men dieses Forschungsvorhabens sowie mit finanzieller Eigenbeteili-gung der Entwicklerfirmen.

Die Arbeiten in allen Zuständigkeitsbereichen werden in enger gegenseiti-ger Abstimmung zwischen Rufbus GmbH und Betriebsführer durchgeführt.

Phase 2: Einführung des „BFB-Referenzbetriebes Bodenseekreis"

Durch die geplante Erweiterung von BFB auf weitere Gebiete des Boden-seekreises soll ein Referenzbetrieb aufgebaut werden, der gegenüber Drit-ten zur Demonstration des Betriebsleitsystems und seiner technischen Komponenten dienen und nachweisen soll, daß rechnergesteuerte bzw. -gestützte Betriebsleitsysteme auf die speziellen Anforderungen von Klein-stadt- und ländlichen Gebieten zugeschnitten und auch dort erfolgreich eingesetzt werden können. Am Beispiel des Referenzbetriebes im Boden-seekreis sollen außerdem die erzielbaren Verbesserungen der Bedienungs-qualität und der Wirtschaftlichkeit des ÖPNV durch die Anwendung von BFB demonstriert werden.

Da auch im Zuge des Referenzbetriebes keine Forschungsmittel des Bundes zur Betriebsdurchführung bereitgestellt werden, hat sich der Betriebsum-fang an den finanziellen Möglichkeiten und Vorgaben der Deutschen Bun-desbahn (und künftig auch der übrigen Konzessionsinhaber im Kreisgebiet) zu orientieren. Das den Betriebsumfang bestimmende Finanzvolumen der Deutsche Bundesbahn setzt sich zusammen aus:

— dem Erlös aus dem Fahrausweisverkauf einschließlich der gesetzlichen Ausgleichszahlungen für Beförderungsleistungen,

— dem Ansatz eines Kostendefizits, das dem zuständigen Geschäftsbereich Bahnbus entstehen würde, falls der Zustand vor Einführung des Ruf-bus/BFB-Systems wiederhergestellt werden müßte und

— einem auf zwei Jahre befristeten Zuschuß der Bundesbahn-Hauptverwal-tung zur Mitwirkung an dem BFB-Referenzbetrieb.

Sollten im Rahmen des Referenzbetriebes zusätzliche, ausschließlich for-schungsbedingte Betriebsleistungen notwendig werden (z.B. zur Erprobung neuer oder technisch verbesserter Systemfunktionen oder -elemente), so stehen hierfür noch in vergleichsweise geringem Umfang Forschungsmittel zur Verfügung.

Zur Umsetzung von BFB im Bodenseekreis sind ab 01.08.1985 mehrere Schritte vorgesehen:

— Einführung des Referenzbetriebes nach der Organisationsstruktur und der Verteilung der Zuständigkeiten gemäß den Ausführungen zu Phase 1. Der Referenzbetrieb umfaßt das gegenwärtige Bedienungsgebiet sowie als erste Erweiterung den Bereich Oberteuringen/Ettenkirch nördlich des Friedrichshafener Stadtgebietes mit 2 Bahnlinien, 13 Buslinien, 3 Richtungsbändern und 2 Teilgebieten mit freier Bedarfssteuerung ent-sprechend der Beschreibung in [2].

Erarbeitung eines Konzeptes zur Erweiterung von BFB auf weitere Gebie-te des Bodenseekreises. Die Bearbeitung erfolgt gemeinsam mit der Deutschen Bundesbahn und unter Wahrung der genannten finanziellen Randbedingungen. Das Konzept soll aufzeigen, welche Möglichkeiten in dem vorhandenen Finanzrahmen bestehen, in welchen Teilgebieten die flexible Umschaltung von Linienbetrieb auf Richtungsbandbetrieb oder freie Bedarfssteuerung verkehrlich und betrieblich sinnvoll ist und wo dabei ggf. Mehrkosten oder Einsparungen entstehen. Außerdem soll dort, wo die Forderungen nach Verkehrsverbesserungen die finanziellen Möglichkeiten der Deutschen Bundesbahn oder der übrigen Konzes-sionsinhaber übersteigen, aufgezeigt werden, wie diese Forderungen betrieblich erfüllt werden können, welche Mehrkosten gegenüber dem heutigen Leistungsbild dabei entstehen und wer hier Kostenträger sein könnte. Mit der Stadt Friedrichshafen sowie mit einzelnen Gemeinden haben zu diesen Fragen bereits erste Gespräche stattgefunden mit dem Ziel, die vorhandenen BFB-Einrichtungen für Ergänzungsverkehre zu den bestehenden Bahn- und Busdiensten besser als bisher auszunutzen.

Umsetzung des Konzeptes in Stufen. Als erste Stufe ist beabsichtigt, zunächst alle noch nicht integrierten Linien im Kreisgebiet einschließlich der zur Benutzung für jedermann offenen Schulbuslinien ohne Verände-rungen der Fahrpläne in das System aufzunehmen. In den nachfolgen-den Stufen sollen Zug um Zug Umstellungen von Linienbetrieb auf die übrigen BFB-Bedienungsformen erfolgen, wobei über die Reihenfolge und die zeitlichen Askepte mit den Konzessionsträgern, dem Landkreis

Bodenseekreis und ggf. einzelnen Gemeinden erst dann verhandelt werden kann, wenn das zur Zeit in der Bearbeitung befindliche Konzept diskussionsreif ist.

Darstellung der BFB-Bedienungsform „Richtungsband"

Bei den Überlegungen zur Erweiterung von BFB auf weitere Gebiete des Bodenseekreises im Zuge des Referenzbetriebes zeichnet sich ab, daß die Bedienungsform „Richtungsband" eine vorrangige Rolle spielen wird. Da in den Diskussionen über die Möglichkeiten und Grenzen von BFB immer wieder deutlich wird, daß die Strategien und die betrieblichen Einsatzfelder des Richtungsbandes noch nicht hinreichend bekannt und damit beurteilbar sind, wird dieser Bericht zum Anlaß genommen, die Bedienungsform noch einmal im Detail darzustellen:

Der Ansatz, zur Verbesserung der Verkehrsbedienung in der „Fläche" von dem traditionellen Linienverkehr mit starren Fahrplänen auszuweichen und neue Lösungen zu suchen, führte zu der Idee der „freien Bedarfssteuerung" und in ihrer Weiterentwicklung zu der Bedienungsform „Richtungsband". Ziel dieser Entwicklung ist es, die Vorzüge der freien Bedarfssteuerung (individuelle Bedienung, freie Beweglichkeit der Verkehrsmittel) mit denen des Linienverkehrs (hohe Leistungsfähigkeit) zu verbinden. Der Begriff „Richtungsband" deutet an, daß ein an einer vorgegebenen Fahrtrichtung orientierter Fahrzeugeinsatz erfolgt (Charakteristikum der „Linie") wobei die Haltestellen jedoch ganz oder teilweise in zufälliger, am aktuellen Bedarf orientierter Reihenfolge bedient werden (Charakteristikum der „freien Bedarfssteuerung"). Durch die Verknüpfung von Linien- und Bedarfselementen im Richtungsband entsteht somit eine vorstrukturierte Flächenbedienung, die auch als „Korridorbedienung" bezeichnet werden kann.

Versionen der Bedienungsform „Richtungsband"

In Anpassung an die unterschiedlichen Erfordernisse der täglichen Praxis sind im BFB-System zwei unterschiedliche Betriebsstrategien der Bedienungsform „Richtungsband" entwickelt und implementiert worden:

— Richtungsband als „Routenabweichung" (in amerikanischen Systemen als „route deviation" bezeichnet). Hier erfolgt der Fahrzeugeinsatz planmäßig auf einer Stammstrecke mit bedarfsorientierten Abweichungen. Da die Strategie der Routenabweichung betrieblich und leittechnisch vergleichsweise einfach zu lösen ist, stellt sie die „Miniversion" des Richtungsbandes dar.

— Richtungsband als richtungsorientierter Bedarfsbetrieb. Hier liegen lediglich der Ausgangs- und der Endpunkt der Fahrt räumlich und ggf. auch zeitlich fest, während alle oder nahezu alle Haltestellen zwischen Ausgangs- und Endpunkt nur bei Vorliegen entsprechender Beförderungswünsche angefahren werden. Da diese Strategie einen Algorithmus zur Steuerung des Fahrtablaufes erfordert, ist sie als „Maxiversion" des Richtungsbandes anzusehen.

Im **Bild 1** sind die unterschiedlichen Versionen des Richtungsbandes veranschaulicht. Die **Bilder 2 und 3** enthalten Beispiele für die praktische Anwendung je einer Richtungsbandversion, wobei im **Bild 2** die Miniversion als

Zubringer und Verteiler einer übergeordneten Linie („feeder loop") dargestellt ist. Das **Bild 3** zeigt die Auflösung von 2 Linien in ein Richtungsband,
wobei die flexible Umschaltung von der einen auf die andere Bedienungsform in Abhängigkeit von der Verkehrsnachfrage möglich ist (z. B. Angebot
im Linienbetrieb während der Berufs- und Schulverkehrszeit und Angebot
im Richtungsbandbetrieb während der übrigen Verkehrszeiten).

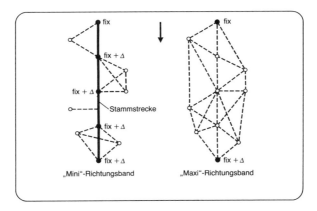

Bild 1: Versionen der BFB-Bedienungsform Richtungsband

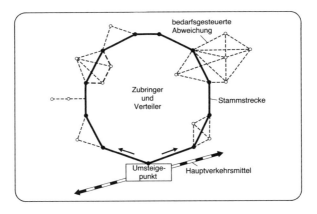

Bild 2: Richtungsband als Zubringer- und Verteilerring

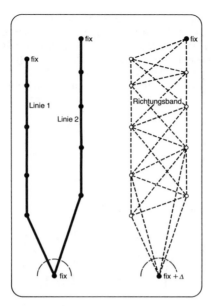

Bild 3: Auflösung von zwei Linien in ein Richtungsband

Planungsgrundlagen

Grundlagen der betrieblichen Planung von Richtungsbändern stellen die folgenden Eingangsgrößen dar:

— strukturelle und topographische Gegebenheiten des Bedienungsgebietes. Sie sind ausschlaggebend bei der Wahl von Maxi- oder Miniversionen des Richtungsbandes. So wird beispielsweise die Miniversion dann bevorzugt werden, wenn schon die Nachfragestruktur oder die Straßenverhältnisse vergleichsweise wenige Möglichkeiten für alternative Routen bieten und wenn außerdem die Siedlungsstruktur nur wenige Abweichungen von einer linienmäßigen Bedienung erfordert. Abweichungen von einer Stammstrecke im „Mini"-Richtungsband sind z. B. bedarfsorientierte Umwegfahrten und Stichfahrten zur Bedienung von Streusiedlungen, Gewerbegebieten, einzelnen Aktivitätszentren wie Krankenhaus, Einkaufszentrum u. ä.. Unterschiedliche Abweichungen sind an besonderen Verkehrstagen möglich, an denen die Verkehrsströme von dem „normalen Verkehrstag" ganz oder zeitweilig abweichen - z. B. Ferientage, Markttage, Tage mit Krankenhausbesuchszeiten, verkaufsoffene Samstage, Tage mit Großveranstaltungen.

Je häufigere und je unregelmäßigere Abweichungen von einer betrieblichen Vorgabe zu erwarten sind und je größer die Zahl der Haltestellen in einem „Korridor" ist, desto größer ist die Wahrscheinlichkeit, daß auf die Maxiversion des Richtungsbandes zurückgegriffen wird.

— Straßen- und Haltestellennetz. Die im **Bild 1** dargestellten Bewegungsmöglichkeiten zwischen den Richtungsbandhaltestellen sowie die Zahl und die Anordnung der Haltestellen selbst sind von dem vorhandenen Straßennetz im Hinblick auf Dichte und Ausbauzustand abhängig. Der Ausbauzustand ist maßgebend für die Befahrbarkeit mit Standardbussen oder Kleinbusse bzw. Taxis. Aus dem Straßennetz wird die zur Planung von Richtungsbändern notwendige Entfernungs- bzw. Fahrzeitmatrix berechnet.

— Fixpunkthaltestellen und Haltestellen mit bedarfsbesteuerter Bedienung. Fixpunkthaltestellen mit planmäßiger Bedienung sind in jedem Fall die Anfangs- und Endpunkte der Richtungsbänder sowie bei der Miniversion die Haltestellen der Stammstrecke. Darüber hinaus können weitere Einzelhaltestellen oder Haltestellengruppen je nach den verkehrlichen Erfordernissen oder aus betrieblichen Gründen ganztätig oder zeitweilig als Fixpunkthaltestellen eingerichtet werden. So können z.B. die einer Schule zugeordneten Haltestellen morgens und mittags als Fixpunkthaltestellen und während der übrigen Tageszeit in bedarfsgesteuerter Bedienung angefahren werden. Bei der Festlegung von Fixpunkthaltestellen in der Maxiversion des Richtungsbandes spielt der Erwartungswert des Verkehrsbedarfs die herausragende Rolle: Je größer die Wahrscheinlichkeit ist, daß eine Haltestelle bei allen Fahrten eines Betriebstages zu bedienen ist, desto eher wird sie als Fixpunkt im Richtungsband ausgewiesen.

Die Haltestellen, die ein vergleichsweise niedriges und zudem ein unregelmäßig verteiltes Fahrgastaufkommen aufweisen, werden bedarfsgesteuert bedient. An diesen Haltestellen besteht Anmeldezwang der Beförderungswünsche, d.h. die auf solche Haltestellen ausgerichteten Fahrgäste müssen ihren Beförderungswunsch dem System zur Kenntnis bringen, um eine Fahrgelegenheit zu erhalten.

— Richtungsbandfahrplan. Für die Richtungsbänder wird ein Grundfahrplan erstellt, der einem normalen Linienfahrplan entspricht und durch den die zeitliche und die räumliche Verteilung der Fahrzeuge festgelegt wird. Im Unterschied zum Linienfahrplan werden jedoch lediglich die Fixpunkthaltestellen ausgewiesen, die immer angefahren werden. während die Bedarfshaltestellen nur bei Vorliegen aktueller Beförderungswünsche in die entsprechende Fahrzeugroute eingefügt werden. Somit werden durch den Richtungsbandfahrplan schon vor der Berücksichtigung von Fahrtwünschen „grobe" Fahrtrouten vorgegeben, die anhand der aktuellen Beförderungswünsche verfeinert werden.

— Richtungsbandparameter. Die Richtungsbandparameter dienen zur Feineinstellung des Richtungsbandfahrplans aufgrund der aktuellen Verkehrsnachfrage an den Bedarfshaltestellen. Sie bestehen aus den Sollvorgaben zur aktuellen Bedienung der Bedarfshaltestellen im Hinblick auf Wartezeit und Umwegzeit sowie der Strategie zur Einhaltung dieser Vorgaben.

Steuerung des Fahrtablaufs

In vereinfachter Darstellung erfolgt die Steuerung des Fahrtablaufs im Richtungsbandbetrieb nach einem zweistufigen Optimierungsverfahren. Im ersten Optimierungsschritt wird der Richtungsbandfahrplan festgelegt. Hierzu wird das vom Richtungsband bediente Gebiet entsprechend der Schemadarstellung im **Bild 4** in Teilgebiete bzw. Zellen unterteilt, die jeweils mehrere Haltestellen enthalten. Die Bestimmung der Zellen bzw. der zu einer Zelle gehörigen Haltestellengruppe basiert auf den örtlichen sowie den verkehrlichen Gegebenheiten. Ziel der Einteilung in Zellen ist es, eine betrieblich sinnvolle Strukturierung des Fahrtablaufs zu erreichen: Jede Zelle verfügt über je einen Einfahr- und Ausfahrpunkt, die festzeitgesteuert angefahren werden. Als planmäßige Fahrzeit zwischen Ein- und Ausfahrpunkt einer Zelle wird eine empirisch ermittelte Durchschnittsfahrzeit angesetzt, die unter Berücksichtigung der Anfahrwahrscheinlichkeit der Bedarfshaltestellen innerhalb der Zelle berechnet wird. Abweichungen von der Durchschnittsfahrzeit können am Ausfahrpunkt ggf. synchronisiert werden. Die im **Bild 4** gewählte Darstellung ist ein Beispiel, in dem die Ein- und Ausfahrpunkte als Fixpunkthaltestellen festgelegt sind; dies ist im Rahmen der Betriebssteuerung nicht zwingend notwendig.

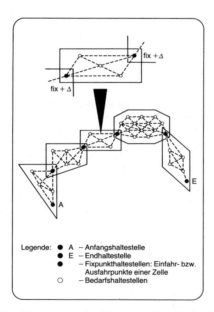

Bild 4: Gliederung des Richtungsbandes in Zellen

Zahl und Größe der Zellen eines Richtungsbandes können flexibel variieren - z.B. entsprechend den Verkehrszeiten. So können z.B. in der Spätverkehrszeit größere Zellen mit einer größeren Zahl von Haltestellen als zu den übrigen Tageszeiten eingerichtet werden, weil das Fahrgastaufkommen und somit der Erwartungswert von Beförderungswünschen an den Haltestellen hier geringer ist, desto eher entspricht der Fahrtablauf demjenigen der Bedienungsform „freie Bedarfssteuerung" (vgl. [2]).

Im zweiten Optimierungsschritt, der rechnergesteuert durchgeführt wird und die eigentliche Betriebsleitsystemstufe darstellt, wird „on-line" die jeweils günstigste Fahrtroute zwischen Ein- und Ausfahrpunkt der Richtungsbandzellen ermittelt. Dies geschieht mit Hilfe der hierfür entwickelten BFB-Systemfunktion, durch die die jeweils kürzeste Route über alle angeforderten Haltestellen einer Zelle unter Wahrung der Richtungsbandparameter bestimmt wird.

Rentabilitätsaspekte des Richtungsbandbetriebes

Da ein großer Teil der Haltestellen eines Richtungsbandes nur bei aktuellem Bedarf zu bedienen ist, ergeben sich im Vergleich zur Linie in der Regel erhebliche Fahrzeit- und Leistungsersparnisse, weil die Beförderungswünsche auf dem jeweils kürzesten Weg erfüllt werden können und die Haltestellen ohne Fahrgastwechsel auch nicht angefahren werden müssen. Dies eröffnet z. B. die Möglichkeit, Linien, die Flächen erschließen müssen, kostengünstiger durch Richtungsbänder zu ersetzen oder - wie im **Bild 3** schematisch dargestellt - zwei oder mehrere nahe beieinander liegende Linien zu einem Richtungsband zusammenzufassen. Der BFB-Probebetrieb hat gezeigt, daß der Umfang möglicher Einsparungen gegenüber dem Linienbetrieb davon abhängig ist, daß ein günstiges Verhältnis zwischen Fixpunkt- und Richtungsbandhaltestellen erreicht wird: Je mehr Bedarfshaltestellen in einer Richtungsbandzelle zusammengefaßt werden können, desto effektiver kann das Optimierungsverfahren zur Steuerung des Fahrtablaufs eingesetzt werden. Aufgrund der Vorstrukturierung der Fahrten im Richtungsbandbetrieb ist auch eine bessere Fahrzeugausnutzung gegenüber der Bedienungsform „freie Bedarfssteuerung" möglich, wobei allerdings zu berücksichtigen ist, daß bei der freien Bedarfssteuerung teilweise bewußt auf betriebliche Restriktionen verzichtet wird.

Ausreifung und Weiterentwicklung der BFB-Systemfunktionen

Parallel zu den geschilderten Phasen 1 und 2 der betrieblichen Umsetzung von BFB im Bodenseekreis sind im weiteren Projektverlauf Maßnahmen zur technischen Ausreifung und Weiterentwicklung von BFB bzw. einzelner Systemfunktionen geplant und teilweise bereits eingeleitet worden. Die Arbeiten werden mit Fördermitteln des BMFT sowie mit Eigenmitteln der beteiligten Entwicklerfirmen finanziert und dienen vorrangig dem Ziel, die Systemverfügbarkeit, die -leistungsfähigkeit und die -zuverlässigkeit zu erhöhen sowie die Voraussetzungen für den BFB-Einsatz in weiteren Verkehrsgebieten zu schaffen. Im einzelnen enthält der Arbeitsplan hierzu die folgenden Pakete:

— Systemanalysen. Der gegenwärtige Status von BFB sowie die geplanten betrieblichen Erweiterungen ergebend die Möglichkeit, Systemanalysen in verschiedenen Ausbaustufen vorzunehmen, um hieraus Strategien im Hinblick auf die Systemwartung und -optimierung sowie auf die Adaptierbarkeit an andere Anwendungsfälle abzuleiten.

— Systemwartung und -pflege. Die laufenden Arbeiten bestehen in der Erstellung eines Wartungsbuches zur Hardware-Wartung (Zentrale, Sende-/Empfangsanlage, Fahrzeuganlagen, Rufsäulen, Vorgaben zur Ersatzteilhaltung) sowie zur Software-Pflege (Zentralen-Software, Geräte-Software, System-Software). Darüber hinaus werden Vorgaben für einen Änderungsdienst (z.B. Archivänderungen bei Fahrplanwechsel, Änderungen bei Funktions- und/oder Gebietserweiterungen) sowie für die Behandlung betrieblicher und technischer Störmeldungen erstellt. Weitere Maßnahmen sind die laufende Systemwartung und -pflege sowie die Anlage von Lebenslaufakten für die relevanten Systembausteine.

— Erweiterung der Systemfunktionen. Anhand einer Prioritätenliste erfolgt die Entwicklung bzw. Anpassung und die Erprobung zusätzlicher Systemfunktionen. Die Notwendigkeit zur Funktionserweiterung resultiert aus dem BFB-Lastenheft (in dem auch bisher noch nicht realisierte BFB-Funktionen definiert sind) sowie aus Anforderungen aus dem laufenden Betrieb und ggf. von weiteren Anwendern bzw. Interessenten. Beispiele für die geplanten Erweiterungen sind die Software-Bausteine „Fahrtwunschanmeldung im Fahrzeug" und „Fahrtwunschstornierung" sowie im Hardware-Bereich die Integration der im Rahmen eines früheren Vorhabens entwickelten „Bildschirmrufsäulen".

— Standardisierung der Software und Bereitstellung eines „Funktionsbaukastens". Im Hinblick auf eine kostengünstige Adaptierbarkeit an andere Anwendungsfälle (z. B. mit modifiziertem Funktionsumfang) bzw. andere Rechenanlagen (z. B. Mikro-Rechner) ist die Standardisierung der Software-Bausteine notwendig. Ziel der Arbeiten ist darüber hinaus die Bereitstellung von BFB nach dem Baukastenprinzip, um bei künftigen Umsetzungen ggf. einzelne Funktionen entsprechend den Anwenderforderungen hinzufügen oder weglassen zu können sowie um Vorgaben für unterschiedliche Systemgrößen zu definieren.

Die Maßnahmen zur technischen Ausreifung und Weiterentwicklung von BFB bzw. einzelner Elemente erfolgen unter Berücksichtigung der betrieblichen Erfahrungen aus dem Probebetrieb, der bisher erkennbaren Anforderungen bzw. Modifikationswünsche von Interessenten an BFB sowie der im Ausland und hier insbesondere in den USA vorhandenen softwaretechnischen Lösungsansätze.

Literaturverzeichnis:

[1] Gerland. H.: RUFBUS-Abschluß der BFB-Entwicklung und Aufnahme des Vollbetriebes
in: Nahverkehrsforschung '84. Statusbericht XI des Bundesministers für Forschung und Technologie, Hrsg.,
Bonn 1984

[2] Gerland. H.: RUFBUS: Erprobung des Betriebsleitsystems
Flexible Betriebsweisen
in: Nahverkehrsforschung '83, Statusbericht X des Bundesministers für Forschung und Technologie, Hrsg.,
Bonn 1983

RETAX: Anwendungsfall BFB in Wunstorf

Zweckverband Großraum Hannover

Dr. Zeitvogel

Förderungskennzeichen der BMFT: TV 8506

Zusammenfassung

Die im Jahr 1984 durchgeführte Umsetzung des für den dauerhaften betrieblichen Einsatz entwickelten Betriebskonzeptes eines kombinierten Linien-/Bedarfsbussystems hat die Erwartungen vollständig erfüllt. Bewährt hat sich in Wunstorf insbesondere das sogenannte Richtungsband. Mittels dieser Betriebsform konnte die Bedienungsqualität nachhaltig verbessert werden, ohne daß die Betriebskosten den bei der Linienbusbedienung üblichen Kostenrahmen überschreiten. Trotz der vergleichsweise langen täglichen Betriebsdauer von 5.30 - 24.00 Uhr und der hohen räumlichen zeitlichen Verfügbarkeit des Nahverkehrsangebotes liegen die spezifischen Produktionskosten mit rund 100 DM je Einwohner im Bedienungsgebiet und Jahr nicht höher als in vergleichbaren anderen Mittelzentren des Großraumes Hannover, wobei festzustellen ist, daß die Inanspruchnahme des ÖPNV in Wunstorf aufgrund der systembedingten Verbesserungen erheblich höher ist als in den Räumen mit einem entsprechenden Kostenniveau. Insgesamt konnte ein Fahrgastzuwachs von rund 77 Prozent - gegenüber dem Zeitraum vor Einführung des R-Bussystems - verzeichnet werden.

Noch nicht eingesetzt werden konnte die BFB-Software in Wunstorf. Bedingt durch die bei der Entwicklung derartig komplexer Softwaresysteme üblichen zeitlichen Verzögerungen konnte mit der Installation erst zum Jahreswechsel 1984/85 begonnen werden. Aufgrund von Lieferverzögerungen war es noch nicht möglich die BFB-Installation abzuschließen. Für die Inbetriebnahme des Systems in Wunstorf sind darüber hinaus bestimmte Systemfunktionen - die im Lastenheft der betrieblichen Anforderungen vorgesehen sind, zur Zeit jedoch noch nicht einsatzfähig - erforderlich.

Summary

In 1984 the operational concept of the normal passenger service of the combined line/demand mode service has been realized. The results of this concept satisfied all the expectations. Especially the route deviation service hase been very efficient in Wunstorf. Through this operational concept it was possible to improve the level of service. without exceeding the usual costs for a line haul service. In spite of the relatively long operating hours per day (5.30 - 24.00) and the high availability of the transport supply and the density of the bus stops, the specific operation and maintenance costs are about 100 DM per inhabitant of the service area and year, like this not higher than in the comparables areas around Hannover. Besides you have to remark the higher utilization of the public transit in Wunstorf because of the improvements. All together the number of passengers could be increased about 77% compared with the number of passengers before the demand mode service has been introduced.

It hasn't been possible until now to employ the BFB-software in Wunstorf. Because of the retardation, which is usual for a development of such a complex software system, the installation of the system began at the beginning of 1985. The delay of the delivery has been responsible that the installation is not yet finished.
In addition there are certain special functions considered in the new system concept which are necessary for Wunstorf but not yet adequately functioning.

Einführung

Innerhalb der vorangehenden Berichte im Rahmen dieser Veranstaltung sind die Zielsetzungen und die zwischenzeitlich erreichten Teilziele der betrieblichen Erprobung Retax umfassend dargestellt und erläutert worden.

Die angestrebten Zielsetzungen konnten weitestgehend erreicht werden obwohl sich die ursprünglich mit der sogenannten freien Bedarssteuerung verknüpften Vorstellungen wohl nur in Ausnahmefällen verwirklichen lassen werden. Bewährt hat sich in Wunstorf der sogenannte Richtungsbandbetrieb. Mittels dieser Betriebsform konnte die Bedienungsqualität nachhaltig verbessert werden, ohne daß die Produktionskosten ein Maß erreichen, welches den aus dem Linienbusbetrieb bekannten Kostenrahmen übersteigt.

Trotz der vergleichsweise langen täglichen Betriebsdauer von 5.20 - 24.00 und der hohen räumlichen und zeitlichen Verfügbarkeit des Nahverkehrsangebotes liegen die als Vergleichswert auf den Einwohner bezogenen Produktionskosten mit etwa DM 100,- je Einwohner und Jahr nicht höher als in vergleichbaren anderen Mittelzentren des Großraumes Hannover. Wobei festzustellen ist, daß die Inanspruchnahme des ÖPNV in Wunstorf erheblich höher ist als in den Räumen mit einem entsprechenden ÖPNV Kostenniveau. Immerhin konnte insgesamt ein Fahrgastzuwachs von 77 Prozent - gegenüber dem Zeitraum vor Einführung des R-Bussystems - verzeichnet werden.

Noch nicht eingesetzt werden konnte die BFB-Software in Wunstorf. Bedingt durch die bei der Entwicklung derartig komplexer Softwaresysteme üblichen zeitlichen Verzögerungen konnte mit der Installation erst zum Jahreswechsel 1984/85 begonnen werden. Aufgrund von Lieferverzögerungen konnte die BFB-Installation noch nicht abgeschlossen werden. Für die Inbetriebnahme des Systems in Wunstorf ist darüber hinaus das Funktionieren einiger Systemfunktionen, die im Lastenheft vorgesehen sind, zur Zeit jedoch noch nicht vorliegen, erforderlich.

Ergebnisse der betrieblichen Erprobung

Die vergleichsweise hohe Bedienungsqualität und die einfache Handhabung des RETAX-Systems führten zu der überaus positiven Entwicklung des Fahrgastaufkommens; von saisonal bedingten Schwankungen abgesehen, ist trotz verschiedener entwicklungsbedingter Systemunzulänglichkeiten eine kontinuierliche Zunahme de Fahrgastzahlen zu verzeichnen.

Als Ergebnis von Vorher-Nachheruntersuchungen aus den Jahren 1977 bzw. 1979 und 1983 ergibt sich für das Bedienungsgebiet des R-Busses ein Fahrgastzuwachs von ursprünglich 5181 auf 9178 Beförderungsfälle; das entspricht einer Steigerung um 77%. Dieser Wert ist umso bemerkenswerter als im gleichen Zeitraum in vergleichbaren Gebieten eine rückläufige Tendenz in der Inanspruchnahme des ÖPNV zu verzeichnen ist.

In **Tabelle 1** sind die Ergebnisse der Vorher-Nachheruntersuchung dargestellt. Die Fahrgastzuwächse sind in den einzelnen Teilgebieten des Bedienungsgebietes unterschiedlich hoch, hierfür dürften unterschiedliche Einflüsse maßgebend sein. So wies beispielsweise das Bedienungsgebiet Bokeloh/Mesmerode/Idensen mit einer Fahrtenhäufigkeit von 0,28 ÖPNV Fahrten je Einwohner und Tag vor Einführung des R-Bus bereits eine sehr hohe spezifische ÖPNV Fahrtenhäufigkeit auf, hier konnten dementsprechend nur geringe Zuwachsquoten erzielt werden. In den peripheren Räumen des Bedienungsgebietes liegt die Fahrtenhäufigkeit im ÖPNV bei ca. 0,33 Fahrten je Einwohner und Tag. Wesentlich niedriger nämlich um 0,15 ÖPNV Fahrten (bezogen auf den Busverkehr) je Einwohner und Tag ist die Fahrtenhäufigkeit in der Kernstadt von Wunstorf und den angrenzenden Räumen. Ausschlaggebend hierfür dürfte die gute Erreichbarkeit der zentralen Dienstleistungseinrichtungen und des Bahnhofs zu Fuß oder mit dem Fahrrad sein. Immerhin konnte auch in diesem Bereich nahezu eine Verdoppelung des Fahrgastaufkommens erzielt werden. Neben der höheren Bedienungshäufigkeit dürfte dieser Zuwachs vor allem auf die gegenüber der Linienbusbedienung erheblich verbesserten räumlichen Erschließung der Wohngebiete zurückzuführen sein. Hierin dürfte einer der wesentlichen Vorzüge der Betriebsformen Flächen- und Richtungsbandbetrieb gegenüber dem herkömmlichen Linienbetrieb liegen. Das Haltestellennetz läßt sich nahezu beliebig verdichten, ohne daß dadurch die Effektivität des Fahrzeugeinsatzes leidet.

	Fahrgastaufkommen 1979 [1] 1983		Zuwachs (%)	Fahrten je Einwohner [2] u. Tag 1979 1983		Einwohner
Kernstadt,Oststadt Blumenau Luther Liethe	1791	3524	97	0,07	0,15	24175
Bokeloh Mesmerode Idensen	1113	1442	30	0,28	0,37	3940
Kolenfeld	441	916	108	0,19	0,40	2279
Steinhude, Gr. u. Kl. Heidorn	1840	3296	79	0,19	0,34	9802
Wunstorf gesamt	5185	9178	77	0,13	0,23	40194

Tabelle 1:   Ergebnisse der Vorher-Nachheruntersuchung

Als in technischer Hinsicht besonders problematisch erweist sich beim sogenannten Bedarfsbetrieb die sofortige Zuordnung der angemeldeten Fahrtwünsche der Anmeldung - sei es über die Rufsäule oder das Telefon -eine Kommunikationsmöglichkeit mit dem System ist, werden ihm Busnummer, Abfahrzeit und Straßenseite der Haltestelle sofort mitgeteilt. Die dem Fahrgast mitgeteilte Information entspricht zwar zum Zeitpunkt der Anfrage jeweils dem unter den geltenden Randbedingungen möglichen Optimum, doch bereits wenige Augenblicke später können sich aufgrund weiterer neuer Fahrtwünsche ganz andere Konstellationen für das Gesamtsystem ergeben, die von der vorher ermittelten besten Lösung weit entfernt sind. Ein Umdisponieren ist dann jedoch nicht mehr möglich, da der Fahrgast nicht mehr zu erreichen ist. In dieser Beziehung ließe sich mit neuen Kommunikationseinrichtungen - wie beispielsweise Bildschirmtext - die Voraussetzung entscheidend verbessern.

Mit Hilfe derartiger Kommunikationseinrichtungen bestände die Möglichkeit, innerhalb kurzer Zeitintervalle Fahrtwünsche zunächst zu sammeln, um dem Fahrgast dann über die Kommunikationseinrichtungen das entsprechende Angebot zu unterbreiten.

Das zur Zeit in Wunstorf realisierte Betriebskonzept ist als eine günstige Synthese der beiden Betriebsformen Linien- und Bedarfsbetrieb anzusehen. Das sogenannte Richtungsband beinhaltet sowohl Elemente des Linien- als auch des Bedarfsbetriebes.

Die Berücksichtigung von Elementen des Linienbetriebes führt zu einer stärkeren zeitlichen Bündelung des Verkehrsangebotes. Die sogenannte Grundroute als Element des Linienbetriebes wird jeweils nach einem vorgegebenen Fahrplan befahren, wobei geringfügige Abweichungen (Verspätungen) bedingt durch die Bedienung der abseits der Grundroute liegenden Bedarfshaltestellen möglich sind. Durch die Bedarfshaltestellen, die abseits der Grundroute liegen, bleibt der positive räumliche Effekt des Bedarfsbetriebes, der die flächenhafte Bedienung gewährleistet, in vollem Umfang erhalten. Insbesondere im Anwendungsfall Wunstorf sind wegen der zeitlichen Abhängigkeit vom übergeordneten Verkehrssystem - dem schienengebundenen Nahschnellverkehr - die aus dieser Betriebsform resultierenden Einschränkungen der zeitlichen Verfügbarkeit als äußerst gering anzusehen.

Die von der Betriebsform Richtungsband erwarteten Vorteile haben sich in vollem Umfang eingestellt, diese Feststellung gilt sowohl hinsichtlich der verkehrlich-betrieblichen Anforderungen als auch hinsichtlich der aus dieser Betriebsform gegenüber dem Flächenbetrieb erwarteten Kostenreduzierung.

Eine Gegenüberstellung ausgewählter Kenndaten über den Entwicklungsverlauf vom kleinen Probebetrieb bis zu dem System, welches für den Dauerbetrieb vorgesehen ist, ist in **Tabelle 2** dargestellt.

		Kleiner Probebetrieb 1978/79	Großer Probebetrieb 1. Stufe 1980	Großer Probebetrieb 2. Stufe 1981-1983	1. Halbjahr 1985
Fahrzeugeinsatzstunden	h	72	165	176	132
Beförderungsfälle	Pers.	950	3077	3615	3250
Fahrzeugproduktivität	Pers./Fzg.x h	13,20	18,7	20,5	24,2
Wagenkilometer	km	1354	4144	4610	3100
Personenkilometer	Pers.x km	3705	15200	19413	19338
Mittlere Reiseweite	km	3,9	4,94	5,37	5,95
Mittlere Fahrzeit	min.	8,5	9,01	9,38	12
Mittlere Wartezeit	min.	9,5	10,5	11,6	9
Mittlerer Umwegfaktor		1,45	1,35	1,40	1,45

Tabelle 2: Betriebliche Kenndaten eines durchschnittlichen Werktages

Nahezu der gesamte besiedelte Bereich (98% der Bevölkerung) des Bedienungsgebietes liegt innerhalb eines maximal 330 m betragenden Haltestelleneinzugsbereiches. Die mittlere Haltestellenentfernung liegt bei etwa 140 Metern. Betrieblich gesehen beinhaltet diese vergleichsweise hohe Haltestellendichte keine nennenswerten zusätzlichen Aufwendungen, denn nur etwa 48 der insgesamt 110 Haltestellen werden fest - also fahrplanmäßig - angefahren. Auf diese sogenannten Grundhaltestellen entfallen etwa 71% aller Fahrten (Mittel aus Ein- und Aussteigern).

Werden lediglich die Grundhaltestellen des Haltestellennetzes angefahren, so ergibt sich eine Gesamtlinienlänge von 85,3 Kilometern; unter Berücksichtigung der Anzahl von Umläufen je Werktag ergibt dies eine durchschnittliche Betriebsleistung von 2.207,8 Kilometern je Werktag. Die entsprechenden Werte für den Fall, daß sämtliche Haltestellen - also auch die Bedarfshaltestellen - innerhalb eines Umlaufs angefahren werden müssen, betragen 136,9 Kilometer bzw. 3718,8 Kilometer je Werktag. Tatsächlich werden im Tagesdurchschnitt 2.555,4 Kilometer zurückgelegt - also lediglich 15,7 Prozent mehr als beim Minimalumlauf.

Aus dieser Relation läßt sich ableiten, daß je Umlauf nur eine geringe Anzahl der Bedarfshaltestellen zusätzlich angefahren werden muß, so daß der hierfür erforderliche zusätzliche betriebliche Aufwand als vergleichsweise gering bezeichnet werden kann, die Vorteile für die hiervon profitierenden Fahrgäste und der Attraktivitätsgewinn sind jedoch erheblich; dies zeigte sich deutlich an den Fahrgastzuwächsen, die besonders in den Bereichen erheblich sind, in denen eine Verdichtung des Haltestellennetzes durchgeführt worden ist. Etwa 30% des täglichen Fahrgastaufkommens resultiert aus den Bedarfshaltestellen.

Die zur Zeit vorliegenden betrieblichen Auswertungen zeigen ferner, daß die auf der Basis statistischer Daten vorgenommene Vorgabe der Zeitzuschläge für die Bedienung der Bedarfshaltestellen unproblematisch ist; Wartezeiten mit Fahrgästen in den Fahrzeugen bzw. Verspätungen, die über den eingeplanten Werten liegen, waren lediglich in seltenen Fällen zu verzeichnen.

Die im Flächenbetrieb problematische Anschlußsicherung vom R-Bus zum schienengebundenen Nahschnellverkehr stellt im Richtungsbandbetrieb kein Problem dar, sämtliche Zuganschlüsse wurden mit einer Übergangszeit von mindestens 3 Minuten erreicht.

Problematischer sind hingegen die auf der Schiene anfallenden Verspätungen; hier war es teilweise erforderlich, die Übergangszeit von der Schiene zum R-Bus zu verlängern, um gegebenenfalls auftretende Verspätungen des Nahschnellverkehrs ausgleichen zu können. Langfristig ist es hier vorgesehen, daß die Verspätungen von der DB an die R-Buszentrale gemeldet und über das Betriebsleitsystem Berücksichtigung finden.

Die systembedingten Fahrplanabweichungen - verursacht durch das Einbinden der Bedarfshaltestellen des Richtungsbandes - hielten sich im kalkulierten Rahmen von etwa 3 Minuten im Mittel. Die vorgegebene obere Grenze von 5 Minuten wird zur Zeit noch an einigen Haltestellen geringfügig überschritten; hier sind noch Anpassungen zur besseren Berücksichtigung der tageszeitlich bedingten Nachfrageschwankungen erforderlich.

Unter Zugrundelegung der aus der Literatur bekannten Ansätze zur Bestimmung der mittleren Wartezeit bei fahrplanmäßig verkehrenden Nahverkehrsmitteln hat sich die mittlere Wartezeit für den Fahrgast trotz der Verringerung des Fahrzeugeinsatzes gegenüber dem Bedarfsbetrieb nicht verschlechtert. Besonders positiv für den Fahrgast ist, daß das Angebot für ihn leichter kalkulierbar geworden ist. Diese Feststellung gilt insbesondere für die Bedienungszonen, die zwar flächenmäßig groß sind, aufgrund des niedrigen Fahrgastaufkommens jedoch nur von einem Fahrzeug bedient werden. Hier traten beim Flächenbetrieb im ungünstigsten Fall Wartezeiten bis zu einer Stunde auf.

Aus der Sicht des Fahrgastes ist weiterhin bedeutsam, daß bei etwa 70% der Fahrtwünsche die im reinen Bedarfsbetrieb erforderliche Anmeldung entfallen kann. Sobald die vorgesehene Anmeldung im Fahrzeug möglich ist, wird sich die Notwendigkeit zur telefonischen Anmeldung auf etwa 15% der Fahrten beschränken, dies sind dann nur noch die Fahrten, die eine Bedarfshaltestelle zum Ausgangspunkt haben. Eine weitere Verringerung der Anmeldungen ist durch die vorgesehene Einführung der Dauerbuchungen zu erwarten.

Kosten und Wirtschaftlichkeit

Die Betriebskosten des Retax Systems sind in den einzelnen Entwicklungsstufen des Systems umfassend analysiert worden. Wesentliche Zielsetzung ist es ein Kostenniveau zu erreichen, daß dem der Linienbusbedienung entspricht. Durch die Einführung standardisierter Systemkomponenten und der Weiterentwicklung des Betriebskonzeptes konnte diese Zielsetzung zwischenzeitlich weitestgehend erreicht werden. Festzustellen ist ferner, daß die in den vorangehenden Wirtschaftlichkeitsuntersuchungen ermittelten Kenndaten noch stark beeinflußt waren von der Prototypenanlage und einer noch nicht gefestigten Betriebsform. Die nun vorliegenden wirtschaftlichen Kenndaten resultieren nunmehr aus nahezu realen betrieblichen Bedingungen. Grundlage der Betriebskostenanalyse sind die im Zeitraum vom 1.1.1984 bis 31.12.1984 bei der betriebsdurchführenden Steinhuder-Meerbahn GmbH im Untersuchungsgebiet angefallenen Betriebskosten. Sämtliche zur Betriebsabwicklung eingesetzten Systembestandteile, Fahrzeuge etc. wurden mit den allgemein üblichen Abschreibungs- und Verzinsungssätzen berücksichtigt. Bei den Systembestandteilen wurden nicht die Kosten der Prototypenanlage, sondern die Marktpreise der nun verfügbaren Seriengeräte zugrundegelegt. Kostenstand ist das 1. Quartal 1985.

Das Erprobungsgebiet des R-Bus ist durch regionale Buslinien und den Nahschnellverkehrsanschluß nach Hannover in das überörtliche Verkehrsnetz eingebunden. Gemäß der betrieblichen Konzeption besteht das Nahverkehrsangebot im Untersuchungsgebiet aus

— R-Bussen
— Linienbussen im Stadtverkehr
— Linienbussen im Regionalverkehr.

Demnach resultieren die zu ermittelnden Betriebskosten aus den Kosten die diesen Verkehren im Untersuchungsgebiet zuzuordnen sind. Die Zuordnung der Kosten erfolgt nach dem Verursacherprinzip. Allerdings wurden bei den Regionalverkehren die Kosten in Ansatz gebracht, die aus den im Untersuchungsgebiet zurückgelegten Wegstrecken resultieren, obwohl darin auch erhebliche Vorleistungen für die äußere Region enthalten sind. Die Produktionskosten der Linienbusse im Stadt- und Regionalverkehr wurden auf der Basis der im Untersuchungsgebiet zurückgelegten Wagenkilometer ermittelt.

Betriebsleistung

Im 1. Quartal 1985 wurde für die Bedienung des Untersuchungsgebietes eine Betriebsleistung von insgesamt

345.532 Nutz-Wkm

erbracht. Daraus ergibt sich eine jährliche Betriebsleistung von etwa

1.382.128 Nutz-Wkm

Diese Betriebsleistung verteilt sich auf die beteiligten Verkehrsmittel

R-Bus
Linienbus Stadtverkehr
Linienbus Regionalverkehr

gemäß **Tabelle 3**.

	Nutzwagen-km (km/Jahr)	Platzkilometer (km/Jahr)
R-Bus	1.021.318	19.405.029
Linie Stadtverkehr	71.644	5.230.012
Linie Regionalverkehr	289.166	21.109.118
Insgesamt	1.382.128	45.744.159

Tabelle 3: Verteilung der Betriebsleistung im Erschließungsverkehr Wunstorf

Betriebskosten

Die Betriebskostenrechnung wird differenziert nach den Verkehrsmitteln

— Linienbus (Stadt u. Regionalverkehr)
— R-Bus (einschl. angemieteten Kleinbussen)
  sowie nach den Kosten für
— Betriebsleit- und Anmeldetechnik
— Betriebsleitung und Verwaltung.

Für jede dieser Kostenstellen wurden unter Zugrundelegung der Kosten des Jahres 1984 und der ermittelten Betriebsleistung die spezifischen Kostensätze berechnet. Für die im Linienbusverkehr angefallenen Betriebsleistungen werden die für das Jahr 1984 bei der Steinhuder Meerbahn entstandenen Kosten von 3.47 DM je Wagenkilometer pauschal in Ansatz gebracht.

In der Ergebnisdarstellung wird nach

— laufenden Betriebskosten
— kalkulatorischem Kapitaldienst
— Gesamtbetriebskosten

unterschieden. Die laufenden Betriebskosten resultieren aus den jährlich wiederkehrenden Betriebskosten im eigentlichen Sinne. Bei dem kalkulatorischen Kapitaldienst handelt es sich dagegen um die Investitionskosten, die zum Zweck des Vergleichs auf die kalkulatorische Nutzungsdauer umgelegt werden. Sie beinhalten die abnutzungsbedingte Abschreibung sowie die kalkulatorische Verzinsung des jeweils gebundenen Kapitals. Durch diese Umrechnung auf Jahreskosten werden die Anschaffungskosten lediglich mit den laufenden Betriebskosten „gleichnamig" und damit additionsfähig gemacht. Die Gesamtbetriebskosten ergeben sich als Summe der laufenden Betriebskosten und kalkulatorischem Kapitaldienst.

Dem in **Tabelle 4** dargestellten kalkulatorischen Kapitaldienst für das Bedarfsbussystem liegt eine Abschreibungsdauer von 8 Jahren und ein Zinssatz von 6,5 Prozent zugrunde. Der Kapitaldienst für Gebäude und sonstige Einrichtungen ist in den Sachleistungen Verwaltung enthalten **(Tabelle 5)**. Unberücksichtigt geblieben ist die voraussichtlich mögliche Bezuschussung der ortsfesten Einrichtungen mit Mitteln nach Gemeindeverkehrsfinanzierungsgesetz.

	Investitionskosten (in TDM)	jährl. Kapitaldienst (in TDM)
Fahrzeuge	1.2887,—	183,—
Betriebsleitstelle	367,—	60,—
Fahrzeugausrüstung	226,—	37,—
Gesamt	1.880,—	280,—

Tabelle 4: Investitionskosten und jährlicher Kapitaldienst der systembedingten Einrichtungen (ohne Berücksichtigung von GVFG-Mitteln)

Die Gesamtbetriebskosten für das Untersuchungsgebiet ergeben sich gemäß **Tabelle 5** zu 4.020.383 DM pro Jahr. Die Personal- und Sachkosten für den R-Busbetrieb einschließlich Betriebsleit- und Anmeldetechnik und Verwaltung resultieren aus den 1984 tatsächlich angefallenen Kosten. Die Kosten für den Einsatz der Linienbusse ergeben sich aus den eingangs ermittelten Betriebsleistungen und den spezifischen Kosten; sie enthalten damit auch die Kostenanteile für Verwaltung, Abschreibung etc. Diese Kosten sind unter die Rubrik bezogene Leistungen dargestellt, ebenso die Kosten für die von Taxiunternehmern zu festen Stundensätzen angemieteten Kleinbusse sowie die Wartungskosten für die Betriebsleit- und Anmeldetechnik.

Kostenstand 1984/85	Personalkosten DM	Sachkosten DM	Bezogene Leistungen DM	Kapitaldienst (Abschreibung u. Verzinsung) DM	Zusammen DM
Fahrdienst					
R-Busse	1.390.185	341.274	333.865	183.128	2.248.452
Linienbusse			1.252.011		1.252.011
Zwischensumme	1.390.185	341.274	1.585.876	183.128	3.500.463
Betriebsleit-/Anmeldetechnik					
- Betriebsleitstelle	236.977	13.634	36.000	60.193	346.804
- Fahrzeugausrüstung			11.300	37.200	48.500
Zwischensumme	236.977	13.634	47.300	97.393	395.304
Betriebsleitung/Verwaltung	47.000	77.616			124.616
Betriebskosten gesamt	1.674.162	432.524	1.633.176	280.521	4.020.383

Tabelle 5: Betriebskosten für die Verkehrsbedienung im Bedienungsgebiet der R-Busse (Kostenstand 1985)

Von den Gesamtbetriebskosten in Höhe von rund 4 Mio DM entfallen mit 395 TDM lediglich 10% auf die systembedingten Einrichtungen, davon sind allein 237 TDM Personalkosten. Diese Personalkosten würden in etwa der gleichen Höhe auch bei einer Betriebsleitstelle nur mit Sprechfunkeinrichtungen anfallen.

Unter Berücksichtigung der in **Tabelle 3** dargestellten jährlichen Betriebsleistung von insgesamt 1.382.128 km ergeben sich Betriebskosten je Kilometer zu 2.91 DM. Ausschließlich auf die R-Busse bezogen liegen die Kosten mit 2.71 DM je Kilometer sogar noch niedriger.

Als Ergebnis dieser Kostenbetrachtung kann festgestellt werden, daß die Betriebskosten für das rechnergesteuerte Betriebsleitsystem in Wunstorf etwa 10% der Gesamtbetriebskosten ausmachen, wobei die untersuchte Betriebsgröße keineswegs als optimal gelten kann. Mit dem gleichen Personaleinsatz in der Betriebsleitzentrale und einem geringen Mehraufwand an Hardware lassen sich auch erheblich größere Fahrzeugflotten mit dem Betriebsleitsystem führen, so daß eine günstigere Verteilung dieser Fixkosten erzielt werden kann.

Es sei ferner darauf verwiesen, daß die Betriebsleitstelle zwar permanent besetzt sein muß, Eingriffe durch den Fahrdienstleiter jedoch vergleichsweise selten erforderlich sind, so daß hier noch erhebliche Kapazitäten für andere Tätigkeiten (Dienstplanerstellung, Umlaufplanung, Fahrerabrechnung etc.) vorhanden sind, die nicht der Kostenstelle Betriebsleitzentrale zugeordnet werden können.

Eine weitere Reduzierung des Kostenanteils Betriebsleittechnik läßt sich durch eine Nutzung des Rechnersystems durch andere Unternehmensbereiche (Finanz-, Personalwesen etc.) erreichen.

Einsatz der BFB Software in Wunstorf

Gemäß den mit dem Bundesministerium für Forschung und Technologie getroffenen Vereinbarungen ist der Einsatz der mit den Mitteln des BMFT entwickelten BFB-Software in den beiden Bedarfsbusbetrieben in Friedrichshafen und Wunstorf von Anfang an fest vorgesehen gewesen. Die Entwicklung der BFB-Software erfolgte auf der Basis eines zwischen beiden Anwendern abgestimmten Lastenheftes der betrieblichen Anforderungen. Die Betriebsaufnahme mit der BFB-Software in Wunstorf war ursprünglich für das Frühjahr 1983 vorgesehen. Bis zu diesem Zeitpunkt sollte der Bedarfsbusbetrieb mit der von MBB entwickelten Retax-Soft- und Hardware durchgeführt werden.

Entwicklungsbedingt hat es bei der Softwareentwicklung des BFB-Systems die üblichen Zeitverzögerungen gegeben. Der Betrieb in Wunstorf wird nach wie vor mit den Retax Systemkomponenten abgewickelt, dem Einsatz bestimmter Systembestandteile sind nach nunmehr rund 6-jährigen Einsatz allerdings Grenzen gesetzt. Die Hardware weist erhebliche Verschleißerscheinungen auf; Ersatzteile sind für die meisten Komponenten dieser Prototypenanlage nicht verfügbar bzw. mit einem hohen finanziellen Aufwand verbunden.

Zum Jahreswechsel 1984/85 wurde eine BFB-Softwareversion der Betriebsstufe 2.1 für die Installation in Wunstorf von der Rufbus GmbH freigegeben. Obwohl mit der Softwareinstallation umgehend begonnen wurde, konnte diese bis zum Juni 1985 nicht abgeschlossen werden, da hinsichtlich der Überlassung der BFB-Programmquellen von der Rufbus GmbH an den Zweckverband Großraum Hannover rechtliche Aspekte zu klären waren.

Wesentlich gravierender - und deshalb ist auch nach Abschluß der Installationsarbeiten dieser BFB-Softwareversion noch nicht an eine Betriebsaufnahme mit dem BFB-System in Wunstorf zu denken - sind nicht erfüllte betriebliche Anforderungen, die im Lastenheft verankert sind. Besonders nennenswert in diesem Zusammenhang sind der fehlende Soll-Ist-Vergleich, die nicht vorhandenen Routenzwischenpunkte, sowie das zur Zeit realisierte Ortungsverfahren mit Hilfe von Tasten, dieses dürfte betrieblich nicht durchsetzbar sein.

Aber auch der allgemeine Entwicklungsstand einer Vielzahl von Systemmodulen ist bei weitem noch nicht so, daß die Software unter normalen betrieblichen Bedingungen einsetzbar ist.

Diskussion

Leitung: Prof. Brändli

Teilnehmer: Dr. Bents, Dr. Felz, Gerland, Dr. Greschner, Kaufhold, Dr. Kirchhoff, Dr. Zeitvogel u.a.

Referate: **BISON: PERDIS - Entwicklung und Einführung eines BI-SON-Bausteines; AFON - Planungs- und Optimierungsverfahren zur verbesserten Angebotsdimensionierung; BON - Einsatzerfahrungen und Übertragbarkeit des RBL für den ÖPNV; BFB: Umsetzung von BFB im Bodenseekreis; Anwendungsfall BFB in Wunstorf**

BISON - Entwicklung und Einführung eines BISON-Bausteines

Zur Beschreibung der Benutzeranforderungen für BISON, wird das Dokumentationssystem proMod (GFI Aachen) verwendet. Es unterstützt die Systemanalyse durch Beschreibungsmittel für Datenflußstrukturen. Die Beschreibung von Funktionen dagegen wird bislang nicht unterstützt, so daß man in diesem Punkt noch auf herkömmliche Darstellungen, z. B. Entscheidungstabellen, mathematische Formeln, angewiesen ist. Weiterhin unterstützt proMod den Systementwurf und die Dokumentation.

Zur Information der Verkehrsbetriebe über BISON wurde allen VÖV-Betrieben angeboten, BISON-Nachrichten zu beziehen und einen BISON-Beauftragten im Unternehmen zu benennen, dem regelmäßig Informationen zugeschickt werden.

Das BISON-Teilsystem EPON beinhaltet die Fahrplanerstellung mit Umlaufbildung und die Dienstplanerstellung mit der Bildung der Dienstreihenfolgen. Die Ausgangsdaten von EPON sind somit Eingangsdaten von PERDIS.

BON-Einsatzerfahrungen und Übertragbarkeit des RBL für den ÖPNV

Bei der Standorterfassung von Fahrzeugen für das RBL mittels logischer Ortung ergeben sich Schwierigkeiten durch

— Ungenauigkeiten bei der Festlegung des Radumfanges und dadurch Ungenauigkeiten bei der Wegstreckenerfassung.
— Ungenauigkeiten beim Halten an der Haltestelle.

Zur Beseitigung der Differenzen zwischen tatsächlichen und errechnetem Standort sind manuelle Eingaben des Fahrers am Fahrzeugterminal vorgesehen. Häufige Eingaben aber wiederum führen zu einer weiteren Belastung des Fahrers und sind deshalb nicht akzeptabel. Die Lösung ist die Definition von Einfangbereichen an Haltestellen, so daß die Toleranz für das RBL erhöht wird und Fahrereingaben zur Korrektur deshalb weniger häufig erforderlich sind.

Für die physikalische Ortung mit ortsfesten Baken, als Alternative zur logischen Ortung, sind Investitionsausgaben von zur Zeit etwa DM 1.500 pro Bake und DM 2.000 pro Fahrzeug notwendig.

Im BFB-System in Friedrichshafen wird ebenfalls mit logischer Ortung gearbeitet. jedoch im Gegensatz zu BON mit Zähler und Türkriterium an den Haltestellen. Damit werden die Ereignisse Ankunft und Abfahrt ausgewertet und die Fahrereingabe entfällt.

BFB-Einsatz in der Nahverkehrspraxis

Es wurde mit Genugtuung festgestellt, daß der Richtungsbandbetrieb in beiden Anwendungsgebieten sich durchgesetzt hat, trotz großer Bedenken in der Anfangsphase der Entwicklung. Dazu wurde die Meinung geäußert, daß der Bedarfsbetrieb vor allem in ländlichen Gebieten sich auf den Sprechfunk anstelle des Datenfunkes konzentrieren sollte, um dem Richtungsbandbetrieb auch Anwendungsmöglichkeiten in herkömmlichen Netzen. im Abendverkehr und an den Rändern der Ballungsgebiete zu geben.

Es wurde berichtet, daß die Zeitkarten für Bedarfsbetriebe nicht geeignet sind, weil sie zu einer unverhältnismäßig hohen Inanspruchnahme der Verkehrsleistung führen, ohne daß entsprechende Einnahmen dafür entstehen.

Ein weiteres Problem ist der Soll-Ist-Vergleich der Betriebsdaten, der entweder dezentral im Fahrzeug oder zentral im Leitrechner durchgeführt werden kann. Im ersten Fall entsteht die Notwendigkeit zur Änderung der Solldaten in jedem Fahrzeug, im zweiten Fall ist ein aufwendiger Datenfunk erforderlich. Zur Zeit wird die zentrale Lösung bevorzugt.

Leittechnik 2

Lichtsignalanlagen - Steuerungssysteme: Aktueller Entwicklungsstand, Zwischenergebnisse

Bochum-Gelsenkirchener Straßenbahnen AG (BoGeStra)
SNV Studiengesellschaft Nahverkehr mbH

Pieper (BoGeStra) Vortragender
Dr. Reinhardt (SNV)

Förderungskennzeichen des BMFT: TV 8424 5

Zusammenfassung

Das Forschungsvorhaben mit dem Thema „Bewertung von Beschleunigungsmaßnahmen im ÖPNV am Beispiel eines ausgewählten Straßenbahn-/Busnetzes im mittleren Ruhrgebiet (Phase 1)" wird exemplarisch am Straßenbahn-/Busnetz der Bochum-Gelsenkirchener Straßenbahnen AG realisiert. Techniken zur Beseitigung von im Netz verteilt auftretenden Störungen im Betriebsablauf des ÖPNV werden netzübergreifend konzipiert und bewertet. Die im Betriebsablauf intern und extern auftretenden Störungen werden analysiert, um Vorschläge zu erarbeiten, die derartige Störungen mit herkömmlicher und neuer Technik abbauen. Auf dieser Basis wird exemplarisch ein Beschleunigungsprogramm mit einer hohen Effizienz für den Betriebsablauf eines ausgewählten Netzes des ÖPNV erarbeitet.

Die Ergebnisse werden aufgrund der aufgezeichneten Netzstrukturdaten für andere ÖPNV-Netze übertragbar und nutzbar gemacht. Das Vorhaben ergänzt die Untersuchungen neuer Technologien zur Beschleunigung des Betriebsablaufes an Signalanlagen in dem vom BMF T-geförderten Vorhaben TV 8341 A (Steigerung der Leistungsfähigkeit von Straßenbahn und Bussen durch ein dezentrales verkehrsabhängiges LSA-Steuerungssystem) in Krefeld und TV 8341 B (Erprobung und Bewertung einer LSA-Beeinflussung und die Übertragbarkeitsanalyse zur Einführung des Betriebsleitsystems BON bei den Verkehrsbetrieben Wuppertal). Eine netzübergreifende Bewertung eines Beschleunigungsprogrammes mit Netzwirkung wird erstmals in dem o. g. Vorhaben durchgeführt.

Summary

The research project entitled „Assessment of measures to speed up local public transport as exemplified by a selected tram/bus network in the central Ruhr district (phase 1)" is taking the tram/bus network of the Bochum-Gelsenkirchener Strassenbahnen AG public transport company as its example. Methods of eliminating operational disturbances at various points throughout the local public transport network are conceived and assessed on a supra-network level. The internal and external operational disturbances are analyzed to provide a basis for proposals on eliminating such disturbances by conventional and new methods. A high-efficiency program to speed up the operations of a select local public transport network is developed on this basis by way of example. The results are applied to and used for other local transport networks on the basis of the structural network data recorded. The project supplements the studies on new technologies for speeding up the operation of traffic light systems in the projects backed by the federal ministry of research an technology: TV 8341 A (improving the efficiency of trams and buses via a decentralized, trafficactuated traffic light control system) in Krefeld and TV 8341 B (trial and assessment of a traffic light control system and applicability analysis for introduction of the operations control system „BON" by the Wuppertal local public transport service). This is the first such project to include supra-network assessment of measures to speed up operations as well as systematic development of a program to speed up local public transport on a network-wide basis.

Ziele und Konzeption des Vorhabens

„Beschleunigungsmaßnahmen" haben die Ziele, Wirtschaftlichkeit und Attraktivität des öffentlichen Personennahverkehrs (ÖPNV) zu verbessern. Durch den Abbau von Störquellen im Betriebsablauf von Bus und Bahn im Oberflächenverkehr lassen sich die Fahrzeiten verkürzen. Fahrzeug- und Personaleinsatz kann bei gleichem Angebot gesenkt werden. Außerdem werden Regelmäßigkeit und Pünktlichkeit des Betriebsablaufes nachhaltig optimiert.

Durch Beschleunigungsmaßnahmen schafft man für Fahrgäste Anreize, Bus und Bahn zu frequentieren.

Unter Berücksichtigung der verkehrstechnischen, straßenbaulichen, verkehrslenkenden und betrieblichen Belange intendiert dieses Vorhaben ökonomisch vertretbare Lösungen.

Die bisher im ÖPNV-Bereich durchgeführten Beschleunigungsmaßnahmen waren punktueller Art. Durch Verbesserungen der Lichtsignalsteuerungen an den Einzelknoten konnten bereits Erfolge nachgewiesen werden.

Das Vorhaben „Bewertung von Beschleunigungsmaßnahmen am Beispiel eines ausgewählten Straßenbahn-/Busnetzes im mittleren Ruhrgebiet (Phase 1)" wird die Auswirkung von Beschleunigungsmaßnahmen untersuchen.

Die Ziele des Vorhabens sind im wesentlichen folgende:

— Erhöhung der Beförderungsgeschwindigkeit im Straßenbahn- und Busnetz.

— Verbesserung der Regelmäßigkeit und Pünktlichkeit der Bedienung im ÖPNV-Netz.

— Reduzierung des Fahrzeug- und Personalbedarfs.

— Feststellung und Bewertung der Auswirkungen auf den allgemeinen Straßenverkehr und die Umwelt.

— Auswahl der günstigsten Beschleunigungsmaßnahmen und Aufstellung eines netzübergreifenden Beschleunigungsprogrammes.

An einem zu entwickelnden Bewertungsverfahren sollen die Auswirkungen auf Fahrgäste, auf andere Verkehrsteilnehmer sowie auf die Umwelt konkretisiert werden. Es ist beabsichtigt, die Akzeptanz und Durchsetzbarkeit der Maßnahmen durch eine Kosten- und Wirksamkeitsbetrachtung argumentativ zu erhärten.

Das Vorhaben wurde folgendermaßen strukturiert:

— Intensive Analyse der Fahr- und Verlustzeiten des Straßenbahn-/Busnetzes.

— Konkrete Vorschläge zur Bechleunigung des ÖPNV.

— Diskussion innerhalb einer interdisziplinär besetzten Arbeitsgruppe mit Vertretern des Straßenbaulastträgers, der Straßenverkehrsbehörde, der Polizei und anderen Institutionen.

Unter Anwendung eines Bewertungsverfahrens werden Prioritäten entsprechend der Kostenwirksamkeitsrelation, deren Effizienz und Auswirkungen, auf die Netz- und Verknüpfungsgestaltung festgelegt. Empfehlungen zur praktischen Durchführung von Beschleunigungsmaßnahmen sowie eine Studie zur Übertragbarkeit auf andere ÖPNV-Netze werden die erste Phase des Vorhabens beschließen.

Beschreibung des ausgewählten Straßenbahn-/Busnetzes

Verkehrliche und betriebliche Situation des Liniennetzes

Die BoGeStra betreibt im mittleren Ruhrgebiet ein weitverzweigtes Straßenbahn-/Buslinienetz. Das Einflußgebiet hat eine Gesamtausdehnung von 442 Quadratkilometern und erstreckt sich auf 8 Städte mit rund 1,2 Millionen Einwohnern **(Bild 1).**

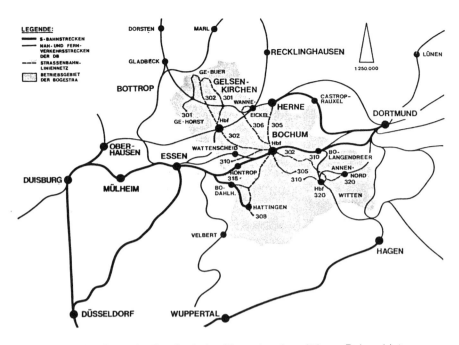

Bild 1: Lage des Straßenbahn-/Busnetzes im mittleren Ruhrgebiet

Jährlich werden ca. 90 Millionen Fahrgäste mit Bus und Bahn befördert.

Das Straßenbahn- und Buslinennetz mit einer Gesamtlänge von 920 Kilometern übernimmt im wesentlichen städteverbindende Funktionen im gesamten Einzugsgebiet; es ist auf die Stadtzentren radial ausgerichtet. Neben diesen regionalen Verkehrsverbindungen werden auch Anschlüsse zwischen den Kernbereichen der Städe und Stadtteile untereinander hergestellt.

Das Liniennetz hat darüber hinaus auch Zubringerfunktion zu den Nah-, Fern- und S-Bahn-Strecken der Deutschen Bundesbahn.

Straßenbahnliniennetz

Den im Betriebsgebiet der BoGeStra verkehrenden 9 Straßenbahnlinien kommt eine besondere Bedeutung zu. Im Bereich der Innenstädte Bochum und Gelsenkirchen ist eine niveaufreie Führung im Tunnel mit 6 Bahnhöfen auf einer Länge von 5 Kilometern vorhanden. Darüber hinaus ist das Straßenbahnnetz zu rund 45% auf besondere Bahnkörper oder separate Gleiszonen verlegt.

Auf den Straßenbahnlinien wird ein Grundtakt von 10-Minuten gefahren, der in den Verkehrsspitzenzeiten durch Einlegewagen zu einem 5-Minuten-Takt verdichtet wird. In den Innenstadtbereichen Bochum und Gelsenkirchen befahren 3 bis 4 Linien einen gemeinsamen Fahrweg.

Busliniennetz

Im Betriebsgebiet der BoGeStra verkehren insgesamt 54 Buslinien. Weitere 12 Buslinien werden im Gemeinschaftsverkehr mit benachbarten Verkehrsträgern betrieben. Das Betriebsgebiet der BoGeStra wird durch die Buslinien flächendeckend erschlossen. Außerdem haben sie Zubringerfunktionen zu den Straßenbahnlinien und den S-Bahn-Linien der Deutschen Bundesbahn. An zentralen Verknüpfungspunkten wie z. B. Bochum-Hauptbahnhof, Gelsenkirchen-Hauptbahnhof, Herne-Bahnhof und Witten-Rathaus bestehen Verknüpfungen zu anderen Buslinien, Straßenbahnlinien und DB-Linien.

Auswahl der zu untersuchenden Straßenbahn-/Buslinien

Um die vorgesehene Netzbewertung der Beschleunigungsmaßnahmen mit vertretbarem Aufwand durchführen zu können, muß die Analyse limitiert werden. Die ausgewählten Linien müssen entsprechend dem Gesamtziel des Vorhabens eine systematische, netzübergreifende Betrachtung von im Netz verteilt auftretenden Störungen im Betriebsablauf ermöglichen. Um Maßnahmen zur Beseitigung dieser Störungen entwickeln zu können, sollten die ausgewählten Linien möglichst folgende Charakteristiken aufweisen:

— Verbindung der Stadtzentren Bochum, Gelsenkirchen und Witten.

— Verbindung von Stadtteilen mit den zugeordneten Stadtzentren.

— Durchfahren von Innenstadtbereichen in Bochum, Gelsenkirchen oder Witten.

— Erfassung möglichst aller bedeutenden Straßenzüge in den genannten Innenstadtbereichen.

— Relevanz der Linien hinsichtlich der Netzverknüpfung.

— Linienbetrieb mit relativ dichter Zugfolge.

— Verkehrliche Bedeutung der Linien hinsichtlich ihres Fahrgastaufkommens.

— Verknüpfung der ausgewählten Straßenbahn- und Buslinien untereinander.

Die zu analysierenden Straßenbahn- und Buslinien sind überwiegend Durchmesserlinien; durch ihren Linienverlauf werden alle signifikanten Straßenzüge in den Innenstadtbereichen von Bochum, Gelsenkirchen und Witten erfaßt. Sie erfüllen neben der Erschließung von weiteren Stadtteilen wesentliche Zubringerdienste zum Straßenbahnliniennetz.

Die zu untersuchenden Straßenbahn- und Buslinien werden in einer dichten Zugfolge betrieben, wodurch ihre verkehrliche Bedeutung für das Liniennetz der BoGeStra ersichtlich wird (Bild 2).

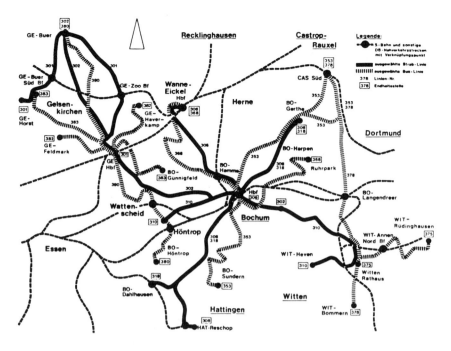

Bild 2: Ausgewähltes Straßenbahn-/Busnetz

Fahr- und Verlustzeitmessungen

Vorbereitung der Messungen

Um den Aufwand in Grenzen halten zu können, sollten die Fahr- und Verlustzeitmessungen mit automatischen Meßgeräten durchgeführt werden.

Hierzu wurde erstmalig eine beschränkte Ausschreibung durchgeführt und 6 Bewerber zur Abgabe eines Angebotes aufgefordert. 5 Bieter gaben ein Angebot ab; der Kostengünstigste, Ingenieurbüro Korn (IBK), erhielt den Zuschlag. Die Fahrzeuge wurden mit einem Fahrdatenerfassungsgerät - FADA - **(Bild 3)** ausgerüstet. Wegen betrieblicher Restriktionen mußten insgesamt 25 Busse und 18 Straßenbahnen ausgerüstet werden. Die Verkabelung der Fahrzeuge erfolgte nach den Angaben des Ingenieurbüro Korn parallel zum täglichen Betriebsgeschehen. Die Geräte in den Fahrzeugen mußten so angeordnet werden, daß sie für das Bedienungspersonal gut zugänglich waren und den Fahrgastbetrieb nicht störten. Nach Abschluß der Eichfahrten wurden die Messungen linienweise durchgeführt. Hierbei ergaben sich organisatorische und technische Störungen, die zu einer erheblichen Verlängerung des Meßzeitraumes führten.

Die bei den Messungen aufgetretenen Soft- und Hardwareprobleme konnten während der Meßphase zufriedenstellend behoben werden, so daß nach Abschluß der Messungen zuverlässige Daten über die Fahr- und Verlustzeiten der einzelnen Linien vorliegen.

Aufbereitung und Auswertung der Meßdaten

Die automatisch erfaßten Fahr- und Verlustzeiten wurden vom Ingenieurbüro Korn über einen PC **(Bild 4)** in Listen und Histogrammen so übersichtlich dargestellt, daß die anschließende Bewertung der Meßdaten zuverlässig erfolgen konnte. Insgesamt wurden 5 Zeitbereiche für die unterschiedlichen Tageszeiten dargestellt. Außer Eichdatenverzeichnissen wurden Fahrtenverzeichnisse, Einzelfahrtdokumentationen, Mittelwertauswertungen und Einzelfahrtdarstellungen sowie tabellarische Meßpunktanalysen dargestellt. Die graphische Meßpunktanalyse enthält folgende statistische Angaben:

— Fahrzeit je Haltestellenabschnitt

— Fahrgastwechesl je Haltestelle

— LSA-Verlustzeit je Lichtsignalanlage

— Haltezeit auf der Strecke je Haltestellenabschnitt.

Bild 3: Fahrzeiterfassungsgerät

Bild 4: Fahrzeitauswertungs-
Konfiguration

Für jeden Meßpunkt wurden die kürzeste und längste Fahrt sowie das arithemtische Mittel aller durchgeführten Fahrten im Zeitintervall dargestellt. Den Fahrzeiten werden die Basiszeiten (theoretische Fahrzeit nach Fahrschaubild), die Beförderungszeiten und die Fahrplanzeiten als Bezugswerte gegenübergestellt.

Die schnellste und langsamste Fahrt wurde als Geschwindigkeitsdiagramm veranschaulicht. Durch die maßstäbliche Aufzeichnung des Streckenverlaufs lassen sich so Problembereiche auf der Strecke exakt eingrenzen und individuell erfassen.

Die ersten Auswertungen der automatischen Fahr- und Verlustzeitmessungen ergaben, daß der Anteil der Störungen im Betriebsablauf zwischen 18% und 3% der Beförderungszeiten betragen **(Bild 5)**. Die Verlustzeiten an Lichtsignalanlagen machen 50% bis 65% (im Mittel 58%) der Gesamtverlustzeiten aus. Störungen an Haltestellen liegen zwischen 6% und 17% (im Mittel bei 7%) **(Bild 6)**. Tageszeitliche Schwankungen konnten sowohl in den Fahrzeiten als auch bei Fahrgastwechsel und Verlustzeiten transparent dargestellt werden.

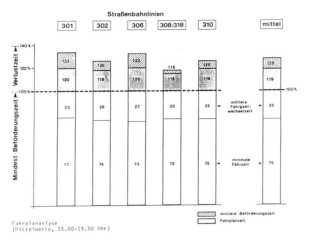

Bild 5: Auswertung der Störzeitmessungen auf Straßenbahnlinien

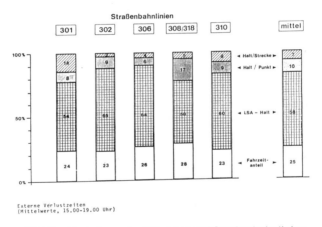

Bild 6: Verteilung der Störarten auf Straßenbahnlinien

Die Auswertung der Einzelfahrten und die Bildung von Mittelwerten für bestimmte Zeitintervalle erlauben eine eindeutige Beurteilung der Störungen. Sie geben zugleich auch Anhaltspunkte für gezielte Maßnahmen zur Störbeseitigung **(Bild 7).**

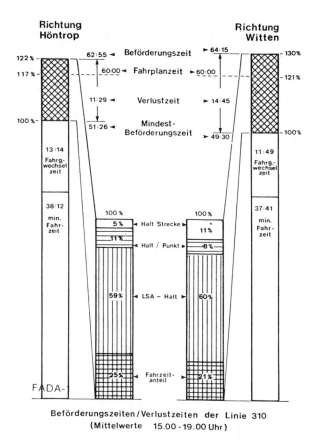

Beförderungszeiten / Verlustzeiten der Linie 310
(Mittelwerte 15.00 - 19.00 Uhr)

Bild 7: Auswertung der Störzeitmessungen auf der Linie 310

Stand des Vorhabens

Nach Abschluß der umfangreichen Fahr- und Verlustzeitmessungen sowie ihrer Auswertungen werden z. Z. im Rahmen einer interdisziplinär besetzten Arbeitsgruppe die einzelnen Maßnahmen zur Beschleunigung des ÖPNV erarbeitet und in ein Beschleunigungsprogramm aufgenommen. Hierbei werden Lösungsvorschläge zur Bechleunigung des öffentlichen Nahverkehrs auf der Strecke, an Knotenpunkten und anderen fahrthemmenden örtlichen Gegenheiten erarbeitet. Mittels der erarbeiteten Bewertungsverfahren und basierend auf der Kostenwirksamkeitsanalyse wird eine Gewichtung und Festlegung der Rangfolge durchgeführt.

Methoden und Verfahren zur Erstellung von Software für Betriebsleittechnik - abschließende Ergebnisse zum Vorhaben Sicherheit und Zuverlässigkeit von Nahtransportsystemen -

SNV Studiengesellschaft Nahverkehr mbH, Hamburg
Forschungsinstitut für Informatik, Transport- und Verkehrssysteme (ITV) in der Ingest e.V., Heiligenberg

Prof. Dr. Schweizer (ITV)

Förderungskennzeichen des BMFT: TV 7711

Zusammenfassung

Im Rahmen einer Studie wurden die Grundlagen zur Erstellung zuverlässiger Software für die Betriebsleittechnik untersucht. Diese Studie ist der abschließende Teil eines umfassenden Vorhabens zur „Sicherheit und Zuverlässigkeit von Nahtransport-Systemen". Die Untersuchungen zeigen, daß das Ziel, zuverlässige Software zu realisieren. entscheidend von einer phasenweisen Vorgehensweise während der Erstellung abhängt. Die Tätigkeiten zur Erarbeitung der Spezifikation, Konstruktion, Realisierung. Inbetriebnahme und Wartung/Instandsetzung müssen getrennt voneinander durchgeführt werden. Die Schnittstellen zwischen den einzelnen Phasen ergeben sich durch formale Darstellungen der Ergebnisse der jeweiligen Arbeiten.

Die Untersuchungen zeigen, daß die Informatik die Grundlagen für diese Vorgehensweise bietet und darüber hinaus eine Reihe von wirkungsvollen Werkzeugen bereitstellt. Die Konstruktion und Realisierung von zuverlässigen leittechnischen Softwarekomponenten macht deshalb heute keine grundlegenden Schwierigkeiten mehr.

Verbleibende Probleme liegen in der Schnittstelle zwischen der Festlegung der Leistung von zuverlässigen Softwarekomponenten bezüglich der Anwendung und deren Konstruktion. Diese Schwierigkeiten treten zwischen Anwendern und den für die Konstruktion und Realisierung zuständigen Personen im Verlauf der Spezifikation, der Inbetriebnahme und der Wartung/Instandsetzung auf.

Der folgende Bericht befaßt sich vor allem mit den Problemen der Spezifikation zur Erlangung zuverlässiger Software.

Summary

Basic research has been undertaken to study the problems of the development of reliable software for the guidance of urban transportation systems. This study is part of a comprehensive project concerning „Safety and Reliability of Transportation Systems". The results demonstrate that the work towards specification, design, realization. integration and maintenance must be clearly separated form each other. The interfaces between such phases are given by formal representations of the result of each phase.

The field of computer science offers effective tools such as High-Order Languages, Operating Systems, Data-Base Systems and others. The problem which hasn't been solved so far is situated within the interface between the user and the software-engineer. The problems result in unadequate performance, integration and maintenance. The report deals therefore mainly with the specification and formal presentation of knowledge for guidance and control problems.

Überblick über das Gesamtvorhaben

Das BMFT-Vorhaben „Sicherheit und Zuverlässigkeit von Nahtransportsystemen" umfaßt die in **Bild 1** dargestellten Teilstudien. Über den deutschamerikanischen Vergleich (Teil A), über Software-Sicherheitsmaßnahmen (Teil B) und den Richtlinienentwurf für den Sicherheitsnachweis (Teil C) wurde bereits auf früheren Statusseminaren berichtet.

In Teil D wurden die Auswirkungen der Prozeßrechnertechnologie auf die Instandhaltung in den Verkehrsunternehmen behandelt. Diskutiert wurden die verschiedenen Wartungsmöglichkeiten durch Lieferfirmen oder eigenes Personal sowie die Auswirkungen des Einsatzes der Rechnertechnologie auf Instandhaltungsstrategien, Organisations- und Personalstruktur der Unternehmen und schließlich auf die Kosten.

Im abschließenden Teil E wurden Grundlagen (Methoden und Verfahren) zur Erstellung zuverlässiger Software für die Betriebsleittechnik von Nahtransportsystemen untersucht. Diese abschließenden Ergebnisse innerhalb des Vorhabens zur „Sicherheit und Zuverlässigkeit" werden nachfolgend vorgestellt.

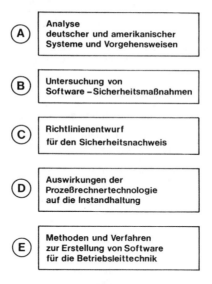

Bild 1: Sicherheit und Zuverlässigkeit von Nahtransportsystemen - Projektübersicht

Entwicklungsziel

Bei einer Reihe von Pilotprojekten zur Untersuchung der Betriebsleittechnk in Nahtransportsystemen zeigten sich im Bereich der Software-Erstellung Schwierigkeiten. Diese äußerten sich u.a. in

— nicht zufriedenstellender Funktionsweise
— mangelnder Erweiterbarkeit
— schlechter Portabilität
— ungenügender Übertragbarkeit an Dritte auf dem Weg des Technologie-Transfers
— mangelnden Wartungs- und Instandsetzungsmöglichkeiten
— langen Entwicklungszeiten
— hohen Kosten.

Als Ursache für die Unzulänglichkeiten zeigten sich die fehlenden Grundlagen zur Software-Erstellung für die Betriebsleittechnik. Dadurch wurde arbeitsteiliges Vorgehen sehr erschwert.

In einer Studie wurden deshalb die Grundlagen zur Software-Erstellung für die Betriebsleittechnik untersucht und zur praktischen Anwendbarkeit entwickelt. Diese wurde anhand einer Reihe von Fallbeispielen untersucht.

Stand der Arbeiten

Eine phasenweise Vorgehensweise für die Erstellung von Software-Komponenten wurde entwickelt. Die Phasen beinhalten:

— die Spezifikation
— den Entwurf
— die Konstruktion
— die Realisierung
— die Integration und Inbetriebnahme
— die Wartung und Instandsetzung.

Es hat sich gezeigt, daß die Spezifikation angesichts des Standes der heutigen Rechnertechnik die bedeutenste Rolle spielt und am wenigsten methodisch untersucht ist. Die Spezifikation ist Ausgangspunkt und Grundlage für die Mehrzahl der Arbeiten zur Konstruktion, Inbetriebnahme sowie zur Wartung und Instandhaltung.

Im Rahmen der Studienarbeiten wurde die phasenweise Vorgehensweise erprobt. Es hat sich gezeigt, daß im Fall von ausgebildeten Bearbeitern, die genügend Einsicht in das Problem haben, die Entwicklungszeiten und die Kosten wesentlich reduziert werden können.

Die Grundlagen und die notwendigen Erfahrungen liegen jetzt vor, um die mannigfaltigen Ergebnisse aus den Pilotprojekten in Form von Spezifikationen festzuhalten und diese allen Beteiligten als sogenannte Expertensysteme zugänglich zu machen. Diese Arbeiten sind Voraussetzung für einen „Technologie-Transfer", der die Verkehrsbetriebe in die Lage versetzt, ihre Erfahrungen und Anforderungen einzubringen und nutzbar zu machen. Andererseits stellen sie den Ausgangspunkt für die Realisierung von wirklich vermarktbaren Produkten da.

Die erarbeitete Methodik zur Konstruktion und Realisierung von Softwarekomponenten für die Betriebsleittechnik kann zur Verfügung gestellt werden. Einzelne Komponenten z.B. die Datenhaltung und Ortung wurden bereits realisiert.

Wo liegen die Probleme?

Allgemeines

Ein sollgerechter Betrieb in einem Verkehrsunternehmen wird durch die ordnungsgemäße Durchführung der durch Dienstanweisungen und Vorschriften festgelegten Tätigkeiten durch die Bediensteten gewährleistet. Es versteht sich, daß Dienstanweisungen und Vorschriften einer Fassung bedürfen. welche für das geschulte Personal verständlich ist und daß Vollständigkeit und Widerspruchsfreiheit vorausgesetzt werden müssen.

Systemtheoretisch stellt ein Verkehrsunternehmen ein System dar, in dem eine Menge von Objekten (Gleise, Fahrwege, Fahrzeuge, Fahrgäste u. a.) untereinander zu jedem betrachteten Zeitpunkt in festen Beziehungen stehen. Das System ist zu einem Zeitpunkt durch die Werte der Zustände, welche die Attribute der einzelnen Objekte annehmen, vollständig gekennzeichnet. Durch Regelhandlungen (festgelegte Tätigkeiten) des Personals wird das System von einem Zustand ausgehend in den nächsten gewünschten Zustand zum richtigen Zeitpunkt gebracht (z. B. Durchführung einer Fahrt nach einem festgelegten Fahrprofil). Die Vorschriften legen axiomatisch die erlaubten Zustandsräume (z. B. Ausschluß von gefährlichen Zuständen) fest. **Bild 2** veranschaulicht ein Verkehrsunternehmen aus der geschilderten systemtheoretischen Sicht.

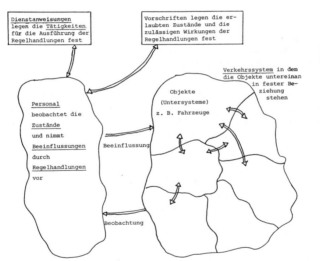

Bild 2: Ein Verkehrsunternehmen und dessen Betrieb aus systemtheoretischer Sicht

Bild 2 zeigt anschaulich, daß die Vollständigkeit und Widerspruchsfreiheit der Vorschriften und Dienstanweisungen eine Voraussetzung für die Durchführung eines ordnungsgemäßen Betriebes bilden und daß der Schulung und Beaufsichtigung des Personals eine entscheidende Rolle zukommt. Traditionell werden Vorschriften und Dienstanweisungen in natürlicher Sprache, die sich stark an die Sprache der Rechtswissenschaft anlehnt, dargestellt. Diese Darstellung eignet sich, wie die Erfahrung zeigt, zur Kommunikation zwischen Menschen untereinander, obgleich hier Mißverständnisse nicht auszuschließen sind. Diese Art der Darstellung von Sachverhalten aus dem Gebiet Transport und Verkehr eignet sich aber nicht ohne weitere noch zu besprechende, ergänzende Darstellungen als Spezifikation für die Konstruktion von zuverlässiger leittechnischer Software.

Teil- oder vollautomatische Verkehrssysteme

Seit geraumer Zeit versucht man, Leittechnik in Form von rechnergestützter Automatisierungstechnik für Verkehrsunternehmen zu nutzen und einen Teil der Regelhandlungen durch Automaten zu unterstützen oder selbsttätig durchführen zu lassen. Alle derartigen zu einem Verkehrssystem gehörenden Automaten nennen wir das Leitsystem oder das Automatisierungssystem. während wir das Verkehrssystem, auf welches die Automaten einwirken. als das zu automatisierende System bzw. das zu leitende System bezeichnen. Das Leitsystem mit dem zu leitenden System zusammen ergibt das geleitete System. In der Regel wird ein Verkehrssystem nicht ausschließlich selbsttätig geleitet sein. Ein erheblicher Teil von Regelhandlungen wird auch bei geleitetem Verkehrssystem vom Betriebspersonal ausgeführt.

In **Bild 3** ist das Prinzip eines teilweise geleiteten Verkehrssystems aus systemtheoretischer Sicht skizziert. **Bild 3** zeigt anschaulich die vier wesentlichen Subsysteme eines Leitsystems, nämlich das Steuer/Regelungs-, das Beobachtungs-, das Stell- und das Bedien/Anzeigesystem. Letzteres wird oft auch als Mensch-Maschine-Kommunikationssystem bezeichnet. Zur Kommunikation der Systemteile untereinander und des Leitsystems mit dem geleiteten System kommen zusätzlich Kommunikationssysteme dazu, welche in **Bild 3** als Doppelpfeile angedeutet sind.

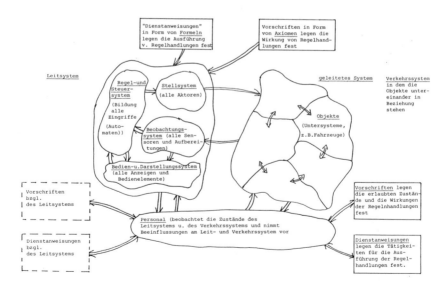

Bild 3: Ein teilweise geleitetes Verkehrssystem und das zugehörige Leitsystem aus systemtheoretischer Sicht

Ein wie in **Bild 3** skizziertes Leitsystem muß im Fall der Anwendung konstruiert, realisiert und in Betrieb genommen werden. Ferner muß durch die Bedienung und Wartung während der Betriebszeit dessen ordnungsgemäße Funktionsweise sichergestellt sein. **Bild 3** veranschaulicht, daß man zur Festlegung und Überprüfung dieser genannten Schritte Vorgaben braucht, die den in **Bild 2** genannten Vorschriften und Dienstanweisungen entsprechen. Wir legen im Fall von Leitsystemen die ordnungsgemäße Funktionsweise der Automaten nicht nur in natürlicher Sprache, wie bisher im Bereich des Verkehrswesens üblich, sondern zusätzlich in einer exakten Formelsprache fest. Beide Darstellungen können durch graphische Interpretationen ergänzt werden. Die durch die Formelsprache ausgedrückten Leistungsmerkmale sind eindeutig und müssen durch die Konstruktion und Realisierung gewährleistet, bei der Inbetriebnahme nachgewiesen und während des Betriebs eingehalten werden. Die Konstruktion muß sicherstellen, daß während des Betriebs das Leitsystem das geleitete System nur in zulässige Zustände bringt. Die dazu einzuhaltenden Bedingungen ergeben sich aus festliegenden Axiomen, die in der Formelsprache enthalten sind. Diese Axiome entsprechen den Vorschriften. Zusammenfassend wird festgestellt, daß die für die Konstruktion eines Leitsystems anzugebenden Anweisungen und Vorschriften, welche die geforderte Funktionsweise festlegen, nicht mehr allein in natürlicher Sprache dargestellt werden können. Man braucht formalere Sprachen als zusätzliche Ausdrucksmittel zur Darstellung. Die gesamte Darstellung aller Anweisungen und Vorschriften bezeichnen wir als Spezifikation.

Wie werden die Probleme gelöst?

Formale Modelle zur Darstellung von Spezifikationen

Die bisherigen Untersuchungen zeigen, daß sich sogenannte formale Modelle ergänzend zu natürlichen sprachlichen Darstellungen und graphischen Interpretationen für die Spezifikation eignen. Als formales Modell bezeichnen wir ein formales System zusammen mit einer Interpretation dieses formalen Systems bezüglich des für ein Verkehrssystem zu schaffenden Leitsystems.

Allgemein beinhaltet ein formales System vier Teile:

— Eine Menge von Zeichen, die Alphabet genannt werden. Sich daraus ergebende Zeichenfolgen nennen wir Wörter.

— Eine Untermenge der Wörter über dem Alphabet nennen wir zulässige Formeln.

— Eine Teilmenge von zulässigen Formeln bezeichnen wir als Axiome. Diesen definierten Formeln schreiben wir die Eigenschaft allgemein zu.

— Eine Menge von Relationen über zulässige Formeln, die wir Regel nennen. Die festgelegten Regeln erlauben uns logische Schlußfolgerungen.

Die bisherigen Untersuchungen zeigen, daß die formalen Modelle zur Spezifikation für Leitsysteme im Bereich der Automatisierung von Verkehrssystemen in der Regel im mehrsortigen Prädikatenkalkül erster Ordnung formuliert werden können. Die Aufgabe der Modellierung besteht bei diesen Gegebenheiten in einem ersten Schritt darin

a) das Alphabet des mehrsortigen Prädikatenkalküls erster Ordnung zu erweitern durch unmittelbar mit dem zu lösenden Problem in Zusammenhang stehende

a.1) interpretierbare Konstanten, z. B. je ein fester Name für jeden Schrankenbaum eines Bahnüberganges,

a.2) interpretierbare Variablen- und Sortenbezeichner, z. B. für Schrankenbäume, Schrankenbaumzustände, Übergänge u. a.,

a.3) interpretierbare Relationsbezeichnungen, z. B. für zu einem Schrankenbaum zugehörige Zustände,

a.4) interpretierbare Prädikats- und Eigenschaftsbezeichnungen, z. B. für die Eigenschaft, daß zu einem Übergang festgelegte Schrankenbäume gehören,

a.5) interpretierbare Funktionssymbole, z. B. für die Funktion des Schließens eines Schrankenbaumes.

In einem zweiten Schritt müssen zur Modellierung die Axiome des mehrsortigen Prädikatenkalküls durch Axiome, welche inhaltlich zu dem darzustellenden Sachverhalt gehören, erweitert werden. Dazu gehören

b.1) Axiome über die Werte der Relationen und der Prädikate, über Zustandswerte von Schrankenbäumen und daraus abgeleiteten Beobachtungswerten,

b.2) Axiome über die Werte der Funktionen, z. B. soll die Steuerung eines Schrankenbaumes in den Zustandswert „neutral" übergehen, wenn der dazugehörige zu steuernde Schrankenbaum den Zustandswert „oben" oder „unten" angenommen hat,

b.3) Axiome über die gegenseitigen Abhängigkeiten zwischen Prädikaten und Relationen bzw. Funktionen, z. B. kann eine selbsttätige Bahnübergangsregelung nur dann vorgenommen werden, wenn entsprechende Gleiskontakte vorhanden sind.

Die eigentliche Sprache des mehrsortigen Prädikatenkalküls und die Regeln zum logischen Schließen werden durch die problemabhängigen Erweiterungen des Alphabets und der Axiome nicht berührt.

Der Wert eines formalen Modells besteht darin, ein formales System zu besitzen,

— dessen Konsistenz durch formales Schließen geprüft werden kann,

— und aus dem rückinterpretierbare Aussagen über die Welt durch formales Schließen gewonnen werden können.

Die Probleme in der Arbeit mit formalen Modellen liegen einmal in der Frage der Vollständigkeit der Darstellung aller Sachverhalte, welche mit dem zu lösenden Problem im Zusammenhang stehen. Zum anderen liegen sie darin, daß man die Interpretation letztlich den Assoziationen des Empfängers überlassen muß.

Die Vorteile der Arbeit mit formalen Modellen liegen vor allem darin, daß die Formeln und Axiome eine eindeutige Vorgabe für die Konstruktion von Soft- und Hardware darstellen. Darüber hinaus dienen sie als Referenz für die Abnahme und die Instandhaltung während des Betriebs. Die vollkommene technologieneutrale Darstellung eines Sachverhalts mit Hilfe eines formalen Modells stellt den größten Vorteil dar. Dadurch wird eine Trennung der Arbeiten zur Modellierung und zur Realisierung möglich. Die jahrzehntelangen Erfahrungen auf dem Gebiet der Systemtheorie, der Regelungs-Nachrichtentechnik und des Maschinenbaus zeigen, daß nur auf diese Weise wirkliche Innovationen möglich sind.

Erläuterungen zur praktischen Vorgehensweise bei der Bildung von formalen Modellen zur Leittechnik

Vorangehend wurde zu einem Teil die Problematik des Arbeitens mit formalen Modellen für Leitsysteme, welche in Verkehrsunternehmen zum Einstz kommen sollen, erläutert. Die Schwierigkeiten beruhen einmal darauf, daß die Sachverhalte für die Aufgaben, die durch die Automaten von Leitsystemen auszuführen sind, in der Regel nur in der in dem Verkehrswesen üblichen verbalen Form vorliegen. Der Verkehrswissenschaftler verfügt von Ausnahmen abgesehen nicht über das methodische Rüstzeug zum eigenständigen Entwickeln formaler Modelle. Deshalb muß die Ausarbeitung der formalen Modelle Fachleuten von anderen Disziplinen überlassen werden. Wenn aber z. B. ein Informatiker die Ausarbeitung eines formalen Modells vornimmt, besteht die Gefahr der Mißinterpretation der darzustellenden Sachverhalte. Auf absehbare Zeit hinaus lassen sich diese Probleme nur durch integrierte arbeitsteilige Vorgehensweise von Verkehrswissenschaftlern und Systemtechnikern lösen, wobei einer die Sprache des anderen verstehen lernen muß.

Den wichtigsten Schritt zur Erstellung eines formalen Modells stellt eine geeignete Problemzerlegung dar. Im Bereich der Systemtheorie hat sich die Zerlegung in zusammengehörende Unterprobleme mit der Angabe der funktionalen gegenseitigen Abhängigkeiten als methodisch erfolgreich erwiesen. Da die der Leittechnik und der klassichen Systemtheorie zugrundeliegenden Probleme sich entsprechen, benützen wir als Repräsentation des Ergebnisses der Problemzerlegung das aus der Systemtheorie bekannte Blockschaltbild. Die Schnittstellen zwischen den Unterproblemen entsprechen den Verbindungen der Blöcke untereinander. Durch die Einführung der Blockdiagrammsprache als Zwischenschritt zur Bildung eines formalen Modells können wir uns implizit die Erfahrungen aus der klassischen Systemtheorie nutzbar machen.

Zur Erläuterung der Vorgehensweise skizzieren wir die Schritte zur Bildung eines formalen Modells für ein hypothetisches Leitsystem für einen Bahnübergang. In **Bild 5** fassen wir den zu leitenden Bahnübergang, den **Bild 4** skizziert, als je eine Menge zum Bahnübergang gehörender Gleise mit entsprechenden Gleiskontakten und Freigabe-Signalen sowie einer Menge von die Gleise schützender Schrankenbäume auf. Die Funktion des Leitsystems wird z. B. durch fünf Automaten, nämlich die Bahnübergangssteuerung, Beobachtung der Gleisfreimeldung, Steuerung der Schrankenbäume, Mes-

sung der Schließ- und Öffnungszeiten und Beobachtung der Schrankenbäume. erfüllt. **Bild 5** stellt eine Repräsentation des geleiteten Systems in
Form eines Blockschaltbildes dar.

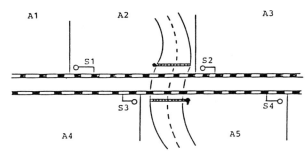

Bild 4: Bahnübergang

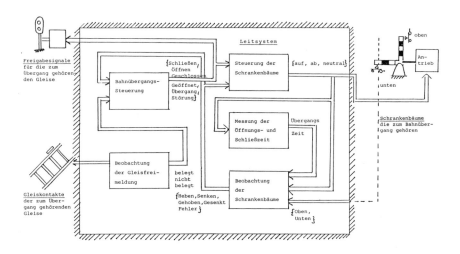

Bild 5: Blockschaltbild für die Automaten eines Leitsystems und des
Bahnübergangs als geleitetes System

Das Zusammenspiel zwischen Verkehrsfachleuten und Systemtheoretikern zur Erstellung formaler Modelle

Da ein Verkehrstechniker weder das Rüstzeug zur Erarbeitung formaler
Modelle noch das Rüstzeug der Systemtheorie besitzt, beginnt die Erarbeitung einer Spezifikation mit einem von dem Systemtheoretiker auszuarbei-
tenden Entwurf. Der Systemtheoretiker muß sich bestmöglichst mit der
Sprache der Verkehrswissenschaft vertraut machen, eine Problemzerlegung

durchführen und dann mit der Erstellung formaler Modelle beginnen. Dabei sollten die in der Verkehrstechnik üblichen Bezeichnungen und die dort vorhandene Gedankenwelt möglichst unmittelbar eingearbeitet werden. Ausführliche gemeinsame Gespräche sind erforderlich, um den in die Modelle eingearbeiteten Inhalt zu reflektieren und auf vermutliche Vollständigkeit abzuprüfen. Gegenwärtig wird geprüft, ob eine rechnergestützte Rückübersetzung von Inhalten einer formalen Sprache in die natürliche Sprache hilfreich ist.

Alle formalen Modelle zusammen, welche die Automaten eines Leitsystems repräsentieren, stellen ein komplexes System dar, dessen Widerspruchsfreiheit nicht mehr ohne weiters überblickt werden kann. Die formalen Modelle für die zusammengehörigen Automaten sind naturgemäß in der Regel nicht voneinander unabhängig. Zur praktischen Überprüfung der Widerspruchsfreiheit muß das gesamte formale Modell auf einem Rechner implementiert werden. Damit können die Formeln des formalen Modells experimentell auf ihre Zulässigkeit verifiziert werden. Das so auf einem Rechner implementierte formale Modell bildet ein nützliches Werkzeug in der Hand des Verkehrstechnikers. Dieser kann damit die Relevanz des Modells hinsichtlich des zu lösenden Problems systematischer als der Systemtheoretiker überprüfen und dessen Vollständigkeit untersuchen. In der Systemtheorie bezeichnet man dies als Simulation.

Mit der experimentellen Überprüfung und Verifikation des formalen Modells enden die Arbeiten zur Spezifikation.

Zum Verständnis wird hier noch bemerkt, daß die Erarbeitung von Modellen für Komponenten von Leitsystemen und für geleitete Systeme keinen statischen Prozeß darstellt, der zu einem Zeitpunkt als gänzlich abgeschlossen betrachtet werden kann. Es handelt sich im Gegensatz dazu um einen dynamischen Prozeß, bei dem laufend neu Erkanntes in den Modellierungsprozeß einfließt. Wenn zu einem Zeitpunkt eine Realisierung von Komponenten für ein Leitsystem erfolgen muß, dann dient das zu diesem Zeitpunkt festgehaltene Modell als Spezifikation.

Die Programmiersprache Prolog, d. h. zum „Programmieren in Logik" hat sich als sehr hilfreich zur Überprüfung der Spezifikation erwiesen. Wenn man laufend neu Erkanntes in ein Modell einfließen läßt und die Ergebnisse z. B. mit Hilfe von Prolog auf einem Rechner verfügbar macht, spricht man von einem Expertensystem (Knowledge-Based-System). Man erkennt, daß solche Expertensysteme für die weitere Entwicklung der Betriebsleittechnik unentbehrlich sind.

Einige Erläuterungen zur Konstruktion von leittechnischen Komponenten

Die zur Erstellung der Spezifikation verwendete Sprache des mehrsortigen Prädikatenkalküls eignet sich in dieser Form nicht für die direkte Ausführung durch eine Maschine. Eine Transformation des formalen Modells in eine Logik-Sprache, welche auf Rechner ablauffähig ist, eignet sich in der Regel ebenfalls nicht für eine Konstruktion effizienter, leittechnischer Komponenten, weil die Implementierungen zu ineffizient sind.

Wir müssen deshalb während des Konstruktionsprozesses die formale Spezifikation auf rechnernahe Modelle abbilden und als Werkzeuge dafür Höhere Programmiersprachen, Prozeß-Programmiersprachen, Datenbanksprachen, Betriebssysteme u. a. geläufige Werkzeuge verwenden. Dieser Abbildungsprozeß kann, ausgehend von der Spezifikation, transparent erfolgen. Dabei sind selbstverständlich Eigenheiten der Werkzeuge zu beobachten. Eine gleichzeitige Abbildung einer Spezifikation in eine Höhere Programmiersprache und in eine Datenbanksprache ist z. B. naturgemäß nur dann möglich, wenn eine gemeinsame Schnittstelle zwischen beiden vorhanden ist. Diese Voraussetzung ist oft nicht gegeben.

Das Ergebnis der Konstruktion in Form von rechnernahen Modellen läßt sich in der Regel problemlos durch Codierung realisieren. Zur Überprüfung der realisierten Komponenten während der Inbetriebnahme und im Verlauf der Wartung/Instandhaltung dienen die in der Spezifikation festgelegten Formeln, die wir Regeln nennen. Die realisierten Komponenten müssen jederzeit diese Regeln erfüllen. Diese Regeln bestimmen die geforderte Funktion. Die Verwendung der Regeln erlauben allerdings in den meisten Fällen keinen vollständigen Test. Der darauf aufbauende Funktionstest reicht aber für den Nachweis der Funktionsfähigkeit meistens aus.

Erfahrungen mit dem Arbeiten mit formalen Modellen

Die Methodik zur Erstellung von formalen Modellen, ohne die eine Realisierung von zuverlässigen Softwarekomponenten praktisch nicht möglich ist, wurde anhand einer Reihe von Fallbeispielen praktisch erprobt. Dazu gehören Komponenten von Kommunikationsbeispielen, Ortungssysteme, Steuerungssysteme und Datenhaltungssysteme für den ÖPNV. Es hat sich gezeigt, daß die Ausbildung zum Arbeiten mit formalen Modellen hohe Anforderungen stellt. Es zeigt sich aber, daß ausgebildete Systemtheoretiker, welche einen fachlichen Hintergrund für das mit einem Leitsystem zu beeinflussende Verkehrssystem haben, in relativ kurzer Zeit komplexe Spezifikationen erstellen können. Mit Hilfe der Logik-Programmiersprache Prolog kann eine erarbeitete Spezifikation rasch auf einem Rechner zur Überprüfung auf Vollständigkeit verfügbar gemacht werden.

Die Realisierung von Software-Komponenten erfolgt auf der Spezifikation aufbauend. Bisherige Erfahrungen zeigen, daß außer der vorliegenden Spezifikation zur Konstruktion und Realisierung keine weiteren Informationen über den Anwendungshintergrund notwendig sind. Dadurch wird das phasenweise Vorgehen ermöglicht.

Weitere Forschungsarbeiten

Einigen größeren Pilotprojekten im Programm Nahverkehr, an deren Entwicklung viele verschiedene Institutionen beteiligt waren, sind nur bescheidene Erfolge beschieden gewesen. Dies liegt einmal in der Komplexität und den hochgesetzten Zielen der Projekte begründet und zum anderen in den mangelnden Grundlagen für eine phasenweise arbeitsteilige Vorgehensweise.

Nachdem ein Teil der Grundlagen aufgearbeitet ist, sollten diese möglichst rasch verifiziert werden. Diese Arbeiten können auf der einen Seite sicherstellen, daß die in den Pilotprojekten erreichten Ergebnisse als Spezifikationen, d. h. Modelle allgemein zugänglich gemacht werden. Auf der anderen Seite ist es möglich, erreichtes Wissen in Form von Expertensystem aus verschiedenen Projekten zusammenzufassen und darauf weitere Forschungsarbeiten anzuschließen.

Solche Expertensysteme sollten für die verschiedenen Wissensgebiete der Betriebsleittechnik für den ÖPNV möglichst rasch erstellt werden. Das Programm Nahverkehr könnte hier auch für andere Programme richtungsweisend sein.

Voraussetzungen für eine stärkere Verknüpfung der Taxen und Mietwagen mit den anderen Verkehrsmitteln des ÖPNV

SNV Studiengesellschaft Nahverkehr mbH, Berlin

Bernauer
Dr. Sparmann (Vortragender)

Förderungskennzeichen des BMV: 70096/82

Zusammenfassung

Ein Schwerpunkt für die zukünftige Entwicklung des Gelegenheitsverkehrs mit Taxen und Mietwagen ist deren Integration in den ÖPNV. Die Ausweitung des Einsatzspektrums der Taxen und Mietwagen im Gelegenheitsverkehr und Linienverkehr erfordert eine quantitative und qualitative Bestandsaufnahme dieses Verkehrssystems.

Die Bestandsaufnahme hatte zum Ziel, herauszufinden, ob und in welcher Form sich Taxen und Mietwagen mit dem liniengebundenen ÖPNV verknüpfen lassen. Hierzu wurden auch die bisher erprobten Modelle und Versuche im ÖPNV-Ersatz- und Ergänzungsverkehr und die daraus resultierenden Erfahrungen berücksichtigt.

Als Ergebnis wurde ein generalisierendes Konzept für die Verknüpfung von Taxen-/Mietwagen mit dem Linienverkehr entwickelt und Vorschläge zur Bedienungsform, Organisation, Abrechnung und Durchführung des Kooperationsverkehrs unterbreitet

Summary

Integration taxis and limousine services into the public transit system has become a major goal in designing new forms of public transportation. Expanding the spectrum of possible use for these vehicles - for both scheduled and on-demand-service -requires first of all a qualitative and quantitative analysis of the current state of affairs in this area.

This investigation was to find out if, and in what ways, taxis and limousine services could actually be incorporated into the public transit system. In addition, the results were interpreted against the background of experiments and tentative models for regular, scheduled and supplementary public transit.

As a result, we developed a generalized concept for integrating the two systems and proposed possible forms of service, organization and financial calculation.

Einleitung

Geht man der Frage nach, welche Möglichkeiten der Zusammenarbeit zwischen Taxen/Mietwagen und öffentlichen Verkehrsmitteln des Personennahverkehrs bestehen, wird vorausgesetzt, daß die Notwendigkeit dieser Kooperation besteht. Diese Annahme ist insofern nicht abwegig, weil die wirtschaftliche Situation schlechter geworden ist und der Zwang zum Sparen im öffentlichen Personennahverkehr zu einer Rücknahme von Verkehrsangeboten führt. Durch eine Zusammenarbeit von Taxen/Mietwagen und ÖPNV würden zumindest gute Voraussetzungen geschaffen, um zu kostengünstigeren Leistungen zu kommen.

Für eine Einschätzung der Situation ist es zunächst erforderlich, die Ausgangslage der einzelnen Gewerbezweige darzulegen und die Kosequenzen zu erörtern, die sich für die auf den ÖPNV angewiesenen Teile der Bevölkerung hieraus ergeben. Daran anschließend wird kurz auf die bisher praktizierten Formen der Zusammenarbeit eingegangen, wobei Schlußfolgerungen aus den hierbei gemachten Erfahrungen im Vordergrund stehen. Aufbauend auf diesen Erkenntnissen wird ein Integrationsmodell vorgestellt, das in Ergänzung bisher praktizierter Formen der Zusammenarbeit einen neuen bzw. erweiterten Kooperationsansatz aufzeigen soll.

Ausgangssituation

Bedingt durch den Rückgang der Verkehrsnachfrage im ÖPNV und den durch Fahrpreiserhöhungen nicht mehr auszugleichenden Kostensteigerungen sehen sich die Verkehrsbetriebe in zunehmendem Maße gezwungen, Verkehrsleistungen abzubauen, das heißt, Fahrpläne auszudünnen und unwirtschaftliche Linien zeitlich nur noch eingeschränkt zu bedienen. Damit wird der Versuch unternommen, die Schere zwischen Kosten und Erträgen nicht noch weiter auseinandergehen zu lassen, weil sich vielfach die Kommunen nicht mehr in der Lage sehen, die zunehmenden Defizite aufzufangen. Als Folge dieser Maßnahmen wird die Mobilität insbesondere derjenigen Verkehrsteilnehmer eingeschränkt, die auf öffentliche Verkehrsmittel angewiesen sind, weil ihnen beispielsweise kein Kraftfahrzeug zur Verfügung steht.

Nun stellt sich jedoch die Frage, inwieweit es den öffentlichen Verkehrsunternehmen zuzumuten ist, unwirtschaftliche Verkehre durchzuführen. Wenn man den ÖPNV als einen Teil der Daseinsvorsorge betrachtet, dann ist die Aufrechterhaltung einer angemessenen ÖPNV-Bedienung eine kommunale Aufgabe. Wegen der fehlenden gesetzlichen Verankerung kann es sich hierbei jedoch nur um eine freiwillige Aufgabe der Kommunen handeln. Dies gilt im übrigen auch für die Kooperation von Verkehrsunternehmen, weil das Gesetz die wirtschaftliche Eigenständigkeit der Verkehrsunternehmer schützt und Auflagen für den Verkehrsunternehmer nur in dem Umfang zuläßt, wie sie wirtschaftlich gesehen zumutbar sind.

Ein allgemeiner Rückgang in der Nachfrage läßt sich auch für den Verkehr mit Taxen feststellen. Aufgrund der allgemeinen wirtschaftlichen Lage und dem damit verbundenen Zwang zum Sparen werden von Privatpersonen Taxen gegenwärtig weniger häufig benutzt als noch vor drei oder vier Jahren. Weil auch in diesem Gewerbe die Kosten ständig gestiegen sind, die

Tarife aber aus der Sorge eines weiteren Rückganges der Verkehrsnachfrage nicht erhöht wurden, konnten Einnahmeeinbußen nur unter Inkaufnahme längerer Arbeitszeiten vermieden werden. Da aber das Nachfragepotential auch bei einem größeren Angebot an Taxen nur marginal zunimmt, nehmen die Taxen, die statt 9 oder 10 Stunden nun 12 oder mehr Stunden im Einsatz sind, den Fahrern Einnahmen weg, die zum Beispiel aus Alters- oder Gesundheitsgründen derartig lange Arbeitszeiten nicht in Kauf nehmen können. Als Folge davon haben einige Taxenunternehmer derartig hohe Ertragseinbußen hinzunehmen, daß sie gezwungen sind, ihr Geschäft aufzugeben.

Umgekehrt ist das Taxi das einzige Verkehrsmittel, das rund um die Uhr, also 24 Stunden - auch an Sonn- und Feiertagen - im Einsatz ist, und das zumindest im Kurzstreckenverkehr mit Preisen aufwartet, die dem höheren Beförderungskomfort und der uneingeschränkten Verfügbarkeit durchaus angemessen sind.

Auch die Situation der ÖPNV-Benutzer, die in den Außenbezirken großer Städte, in Kleinstädten und auf dem Lande wohnen, muß unter den sich ändernden Randbedingungen betrachtet werden. Eine Verringerung der Qualität des Verkehrsangebotes wirkt sich ganz unmittelbar auf deren Nutzerverhalten aus. Soweit es die finanziellen Randbedingungen zulassen, wird durch diese Maßnahmen der Zwang, einen eigenen PKW anzuschaffen, verstärkt und damit im Ergebnis die bisherige verkehrspolitische Zielsetzung, durch einen attraktiven ÖPNV Alternativen zur PKW-Benutzung anzubieten und damit einen Beitrag zum Umweltschutz und zur Energieeinsparung zu leisten, nicht erreicht. Allein der Appell an den Bürger, Umweltbewußtsein zu zeigen und die öffentlichen Verkehrsmittel zu benutzen, reicht sicher nicht aus, insbesondere wenn der Zeitaufwand, aber auch die Verfügbarkeit öffentlicher Verkehrsmittel den ÖPNV wenig attraktiv erscheinen lassen. In diesem Zusammenhang muß auch darauf hingewiesen werden, daß es in vielen Fällen nicht ausreicht, ein tageszeitlich nur stark eingeschränktes Angebot an öffentlichen Verkehrsmitteln zur Verfügung zu haben, zum Beispiel nur während der Hauptverkehrszeiten, weil dann für Fahrten zu den übrigen Zeiten ein PKW ohnehin erforderlich wird. Wenn ein Zweit- oder Drittwagen erst einmal verfügbar ist, werden auch die übrigen Fahrten nicht mehr mit den öffentlichen Verkehrsmitteln durchgeführt. Es kommt also ganz wesentlich darauf an, eine angemessene öffentliche Verkehrsbedienung auch in den Tagesrandzeiten anzubieten.

Bisherige Formen der Zusammenarbeit

Der Einsatz von Taxen und Mietwagen in Verbindung mit dem ÖPNV erfolgt bisher in drei Bedienungsformen, als Personalfahrten, im Linienersatzverkehr und im Linienergänzungsverkehr **(Bild 1)**. Personaltaxen werden seit einigen Jahren von Verkehrsbetrieben im Früh- und Spätverkehr anstelle von Personalbussen eingesetzt. Sie befördern das Betriebspersonal zwischen Wohnung und Betriebshof.

Im Linienersatzverkehr befahren Taxen und Mietwagen anstelle von Bussen Linien oder Linienabschnitte des öffentlichen Verkehrsnetzes. Der Einsatz erfolgt der Größe der Fahrzeuge entsprechend bei nur geringer Nachfrage und unter Einhaltung der Linienführung, der Haltestellen und des Fahrplanes. Es gelten die Tarife des öffentlichen Verkehrsbetriebes, in dessen Auftrag diese Verkehre durchgeführt werden. Die Abrechnung der Taxen- bzw. Mietwagenunternehmer erfolgt entweder nach einer vereinbarten Pauschale oder nach tatsächlich erbrachter Leistung, wobei ebenfalls wieder eine Zeit- oder Kilometer-Pauschale zugrundegelegt wird.

Einsatzformen

Verkehrsart	Bezeichnung	Bedienung zeitl.	räuml.	Tarif	Abrechnung	Einsatz
Personalfahrten	Personaltaxe	B, F	Hst, H	—	km- o. Pausch.	R
Linienersatz-verkehr	Linientaxe	F	Hst	ÖPNV	Zeit- Pausch.	R
	Anmeldelinientaxe	B, F	Hst	ÖPNV	km- Pauschale	R
Ergänzungs-verkehr (Flächen-verkehr)	Anschlußsammeltaxe	B; F	Ber, H	Sonder	km- Pauschale	R
	Anruftaxe	B	H	Taxen	Taxen - T.	S
	Theatertaxe	B	H	Sonder	Taxen - T.	S
Integrations-verkehr	Kooperationstaxe	B, FR	H	ÖPNV + Zuschlag	Taxen - T.	S

B = Bedarf   F = Fahrplan   FR = F-Raster   Hst = Haltestelle   Ber = Bereich   H = Haustür   R = regelmäßig   S = spontan

Bild 1:   Erweiterte Einsatzformen für das Taxigewerbe

Auch die Anmelde-Linientaxe verkehrt fahrplanmäßig, eine Fahrt wird allerdings immer nur dann durchgeführt, wenn rechtzeitig vor Fahrtbeginn ein Fahrtwunsch angemeldet wird. Soweit nur die tatsächlich erbrachte Kilometerleistung abgerechnet wird und die Nachfrage nur sehr unregelmäßig auftritt. lassen sich weitere Kosten für den Verkehrsbetrieb einsparen.

Die Ergänzungsverkehre dienen in stärkerem Maße der Flächenbedienung als dies durch Linienverkehrsmittel im allgemeinen möglich ist. Die Anschlußsammeltaxe, auch Anruf-Sammeltaxe genannt, dient einer gezielten Anbindung dünnbesiedelter Wohnbereiche an ein fußläufig nicht erreichbares Linienverkehrsmittel. Die Bedienung erfolgt fahrplanorientiert nach vorheriger Anmeldung, zugestiegen wird innerhalb von Zusteigebereichen und bei der Rückfahrt werden die Fahrgäste vor der Haustüre abgesetzt. Die Tarifstruktur hängt in vielen Fällen davon ab, ob die Bedienung im Auftrage des Verkehrsunternehmens oder der Gemeinden und Kreise direkt stattfindet. Im allgemeinen werden Sondertarife angewendet.

Bei der Anruf-Taxe handelt es sich um den üblichen Taxenverkehr mit der Besonderheit. daß eine Bestellung zu festgelegten Übergangshaltestellen im Linienverkehrsmittel erfolgen kann. Es handelt sich in diesem Fall um eine Serviceleistung der Verkehrsbetriebe.

Sammeltaxen werden auch für den Theaterverkehr eingesetzt. Theaterbesucher können sich im Theater vor Beginn der Veranstaltung anmelden und werden zum Sondertarif nach Schluß der Veranstaltung gemeinsam mit anderen Theaterbesuchern nach Hause gefahren. Der gemeinsame Ausgangspunkt der Fahrt, die Kenntnis sämtlicher Zieladressen und die zur Verfügung stehende Dispositionszeit machen es möglich, diesen Verkehr kostengünstig und damit die Tarife niedrig zu gestalten. Die Abrechnung zwischen Theater und Gelegenheitsverkehrsunternehmen erfolgt, soweit es sich um Verkehr mit Taxen handelt, nach den genehmigten Tarifen.

Die Erfahrungen mit den bisher praktizierten Formen des Sammeltaxenverkehrs haben gezeigt, daß mit vertretbarem Aufwand Beförderungsmöglichkeiten angeboten werden können, die den Ansprüchen an einen öffentlichen Personennahverkehr gerecht werden und darüber hinaus Annehmlichkeiten bieten, die öffentliche Massenverkehrsmittel nicht aufweisen können. Hierzu zählt in erster Linie eine Erhöhung der Sicherheit, die gegeben ist, wenn die Fahrgäste während der Abend- und Nachtstunden bis vor die Haustüre gebracht werden. Ein geringfügig höherer Fahrpreis für diesen Service wird im allgemeinen akzeptiert.

Soweit Taxen und Mietwagen Linienverkehre übernehmen, treten Kostenersparnisse für die Verkehrsunternehmen nur dann ein, wenn bei der Rücknahme von Linien ganze oder halbe Personaldienste eingespart werden können. Welcher unmittelbare Nutzen für den Verkehrsbetrieb durch den Einsatz von Sammeltaxen entsteht, läßt sich daher nur an jedem einzelnen Einsatzfall nachweisen.

Eine Integration des Verkehrsmittels Taxi in seiner Eigenschaft als Gelegenheitsverkehrsmittel in den liniengebundenen ÖPNV ist mit den bisher praktizierten Formen der Zusammenarbeit jedoch nicht erreicht worden. In allen Fällen handelt es sich um Ersatz- und Ergänzungsverkehre.

Eine Integration läge dann vor, wenn die Taxe ihre Dienste genehmigungsrechtlich als Gelegenheitsverkehr anbietet, tariflich und fahrplanmäßig aber zumindest zeitweise - nämlich nach Bedarf - in die ÖPNV-Bedienung einbezogen wird.

Integrationsmodell

Der Einsatz einer Kooperations-Sammeltaxe erfolgt in erster Linie in nachfrageschwachen Zeiten und ersetzt dort das öffentliche Linienverkehrsmittel. Der Verkehr dieser Taxen ist gezielt auf eine Haltestelle des Restlinienverkehrs ausgerichtet und dient in erster Linie als Zubringer und Verteiler **(Bild 2)**. Die Fahrtmöglichkeiten korrespondieren mit dem Fahrplan der noch verkehrenden Linienverkehrsmittel, variieren jedoch entsprechend den Fahrtzeiten zwichen Wohnung und Haltestelle und der Anzahl der abzuholenden Fahrgäste. Die Fahrgäste melden ihren Fahrtwunsch telefonisch an und werden zur vereinbarten Zeit an der Haustüre abgeholt. Auf der Rückfahrt erfolgt die Anmeldung entweder im Linienverkehrsmittel oder an der Umsteigehaltestelle über Telefon oder über Funk beim Taxifahrer.

Der Einsatz der Taxifahrzeuge wird über die Funkzentrale gesteuert, bei der auch die Aufträge zur Disposition eingehen **(Bild 3)**. Es gilt der ÖPNV-Tarif; wegen des besseren Service und zum Schutz gegen zu häufige Benutzung durch Zeitkarteninhaber wird ein Zuschlag erhoben. Die Abrechnung jeder Fahrt erfolgt nach dem Taxentarif zwischen dem Taxenunternehmer und der Taxizentrale, von der der Taxifahrer den Auftrag erhält. Die Taxizentrale ihrerseits rechnet mit dem Verkehrsbetrieb ab oder mit der Kommune, je nachdem wer Kooperationspartner des Taxigewerbes ist.

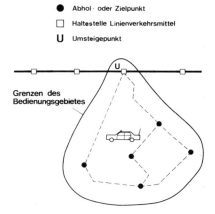

Bild 2: Das Integrationsmodell

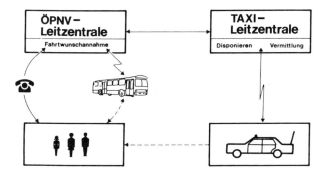

Bild 3: Vermittlung eines Kooperationstaxis

Genehmigungsrechtlich ergeben sich für diesen Verkehr keine Probleme, wenn es sich um eine freiwillige Kooperation handelt. Bei der Umsetzung eines derartigen Konzeptes werden sich noch eine Reihe von Fragen ergeben. deren Antworten vom jeweiligen Einsatzfall abhängen und denen daher nur am praktischen Beispiel nachgegangen werden kann. aus diesem Grunde sind im nächsten Schritt ein oder zwei Einsatzstudien erforderlich, an die sich eine Erprobung anschließen müßte. Diese Erprobung kann dann Aufschluß darüber geben. ob und mit welchen Modifikationen dieses Konzept realisierbar ist. und was es für die Verkehrsunternehmen, die Taxi- und Mietwagenunternehmer. die ÖPNV-Benutzer und die Kommunen bringt.

Literaturverzeichnis

Drechsler. G.: Linientaxen in Schwachlastzeiten. in: Taxen als Ergänzung des öffentlichen Linienverkehrs. DVWG-Seminar 1980. Schriftenreihe der DVWG Heft B 53, Köln 1981

Eckert. K.: Nachts mit dem Taxi zum Dienst. in: Taxen als Ergänzung des öffentlichen Linienverkehrs. DVWG-Seminar 1980. Schriftenreihe der DVWG Heft B 53, Köln 1981.

Fiedler. J : Theater-Sammeltaxen. eine wirtschaftliche Form öffentlicher Verkehrsbedienung. in: Verkehr und Technik. 1979, Heft 12, S. 532.

Fiedler. J : Die Anruf-Sammeltaxen sind aus dem Versuchsstadium heraus, in: Verkehr und Technik 1984. Heft 6. S. 215.

Lang. W : Rottenburger Mietwagen-Anmelde-Modell, in: Die Bedienung ländlicher Räume - eine Aufgabe aller Verkehrsträger, DVWG-Seminar 1982, Schriftenreihe der DVWG. Heft B 64. Köln 1983.

Löcker. G : Fiedler. J.: Erfahrungen mit Anruf-Sammeltaxen im Abendverkehr einer Mittelstadt. in: Der Nahverkehr. 1985, Heft 2, S. 16.

Nachfrageorientiertes Verkehrssystem für die flächendeckende Verkehrsbedienung in Ballungsräumen

SNV Studiengesellschaft Nahverkehr mbH, Berlin

Dr. Sparmann (Vortragender)
Zacharias

Förderungskennzeichen des BMFT: TV 8205

Zusammenfassung

Ziel des Forschungsvorhabens ist die Entwicklung eines Taxileitsystems, das in seiner Struktur den Forderungen der Taxizentrale nach finanzierbaren, in sich funktionsfähigen Einzelbausteinen. die einen schrittweisen Ausbau zu einem vollautomatischen System ermöglichen. entspricht.

Auf der Basis der betrieblichen und technischen Anforderungen wurde Anfang 1983 mit der Entwicklung. Installation und Erprobung des Teilsystems Kommunikation Kunde-Zentrale begonnen.

Im Rahmen des parallel laufenden Forschungsvorhabens „Komponentenentwicklung" erfolgt unter Berücksichtigung der Ergebnisse anderer Forschungsvorhaben die Spezifikation der Datenfunkübertragung und der Positionsbestimmungsverfahren.

Nach Abschluß der Spezifikationsphase im Herbst dieses Jahres wird bei der Prototypenentwicklung der Teilkomponenten begonnen. Erste Ergebnisse dieser Entwicklung werden im Sommer 1986 vorliegen.

Summary

The purpose of the project is to develop a taxi guidance system which meets the demand of taxi-corporations for an economical system consisting of single modules which function independently. but which can be built up. step by step. into a completly automatic system.

Since 1983. the module „communication between client and dispatch-center" has been developed. installed. and tested on the basis of operational and technical requirements.

A parallel research project („Development of Components") is working on the specifications of data transfer and vehicle tracing by radio - while taking into account the results of other such projects.

After completion of the specification phase in the fall of this year, production of the prototypes will begin. First results are expected in the summer of 1986.

Einleitung

Das zu etwa 80% aus Einzelunternehmen bestehende Taxigewerbe hat sich seit jeher als sehr innovationsfreudig erwiesen und steht allen technischen Neuerungen aufgeschlossen - wenn auch sehr kritisch - gegenüber. Ein deutliches Beispiel dafür zeigt sich in der Einführung des Sprechfunks Anfang der 60er Jahre. Da die wirtschaftlichen Vorteile des Taxeneinsatzes über Sprechfunk ausreichend hoch eingeschätzt wurden, waren die zusätzlichen finanziellen Aufwendungen zu rechtfertigen. Der Erfolg hat diesen Schritt als richtig bestätigt. und der Sprechfunk ist heute zur Einsatzsteuerung von Taxen nicht mehr wegzudenken.

Die rasche Entwicklung im Bereich der Mikroprozessortechnik bietet dem Taxigewerbe auch heute wieder die Möglichkeit, durch den Einsatz neuer Technologie zu einer wirtschaftlicheren Nutzung des Verkehrssystems Taxi zu gelangen. Die Lösung für die heutigen Probleme liegt im Einsatz computergesteuerter automatisierter Auftragsvermittlungssysteme, die selbst bei großer Verkehrsnachfrage eine schnelle und sichere Vermittlung der Aufträge an die Fahrzeug ermöglicht. Eine schnelle Disposition setzt voraus, daß Status und Standort der einzelnen Fahrzeuge mit einer A k t u a l i t ä t und G e n a u i g k e i t vorliegen, die eine gerechte Auftragsvermittlung zuläßt. Mit dem Mittel der Kommunikation, der automatischen Datenverarbeitung. der Ortung und Navigation läßt sich der Einsatz von Taxen produktiver gestalten. Freie Kapazitäten können dann für neue Aufgaben genutzt werden. z. B. bei der sinnvollen Integration von Taxen in den liniengebundenen öffentlichen Personennahverkehr oder bei der Abwicklung von Gepäck- und Materialfahrten.

Seit Anfang 1983 wird an der Spezifikation, Entwicklung und betrieblichen Erprobung in sich funktionsfähiger Teilkomponenten des Taxileitsystems gearbeitet. Der Test des bereits installierten Teilsystems Kommunikation Kunde-Zentrale. bestehend aus der rechnergesteuerten Telefonanlage und der Auftragsanlage. läuft seit Juli 1983 in der Funkzentrale der Wirtschaftsgenossenschaft Berliner Taxibesitzer. Die Entwicklung der Teilkomponenten Dispositionsanlagen. Datenfunkfeststation, Datenfunkfahrzeuggerät und Ortungssysteme wird nach Abschluß der Spezifikationsphase zum Ende dieses Jahres aufgenommen.

Betriebliche Kennwerte und Systemkonzept

Ein Blick auf die Größe des Bedienungsgebietes **(Bild 1)** und einige betriebliche Kennwerte lassen ahnen. welche Schwierigkeiten bei der Realisierung des rechnergesteuerten Leitsystems zu erwarten waren und noch zu erwarten sind. Die Fläche Berlins umfaßt 480 qkm in einer Ausdehnung von ca. 40 km in nord-südlicher und ca. 30 km in ost-westlicher Richtung. Um eine ausreichende Funkversorgung sowie eine sichere Abwicklung der Funksprechvermittlung zu gewährleisten, ist das Gebiet z. Zt. in vier Kanalbereiche unterteilt. Die Frequenzen der vier Vermittlungs- und weiterer drei Reservekanäle liegen im 2 m-Band.

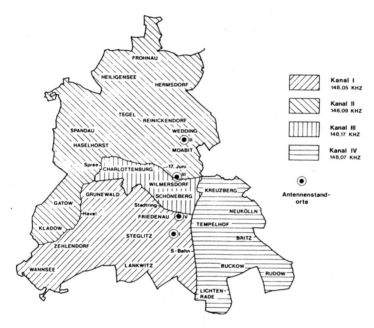

Bild 1: Bedienungsgebiet

Das System wird auf max. 5.000 Funkteilnehmer ausgelegt. In Spitzenstunden befinden sich 2.250 Fahrzeuge im Einsatz, davon sind 1.250 Fahrzeuge besetzt und 1.000 Fahrzeuge stehen zur Auftragsübernahme bereit. Der Abfragezyklus soll 60 s nicht überschreiten. Da die besetzten Fahrzeuge nur in jedem 3. Zyklus angesprochen werden, reduziert sich die Zahl der Statusaufrufe und -meldungen bei störungsfreiem Funkverkehr auf je 1.417 Telegramme pro Minute. Der Nutzinhalt des zyklischen Telegrammverkehrs beträgt 56 Bits; daraus ergibt sich unter Berücksichtigung der Synchronisation und Datensicherung bei einer Übertragungsgeschwindigkeit von 2.400 baud eine Telegrammlänge von 60 ms. Die Gesamtanzahl der in Spitzenzeiten zu übertragenden Aufträge liegt bei 27 Standardaufträgen mit einem Informationsinhalt von 70 bis 100 Zeichen und 6 Aufträgen mit ca. 240 Zeichen. Die Auftragsübermittlung soll unabhängig vom Abfragezyklus auf den gleichen Datenfunkfrequenzen erfolgen.

Das Gesamtsystem ist mit seinen vier Teilsystemen

— Kommunikationssystem Kunde-Zentrale,
— zentrales Datenverarbeitungs- und Informationssystem,
— Kommunikationssystem Zentrale-Fahrzeug und
— Ortungssystem

an den Arbeitsablauf in den Taxizentralen angepaßt worden. **(Bild 2)**.

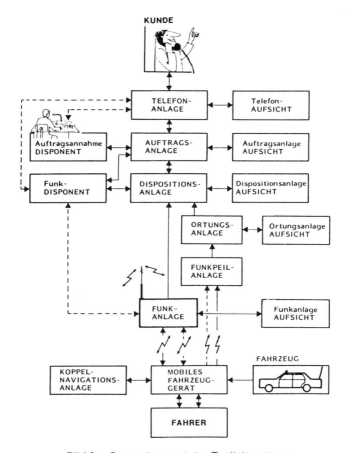

Bild 2: Systemkonzept des Taxileitsystems

Der Ablauf im Gesamtsystem für die beiden Hauptfunktionen

— aktuelle Führung von Status und Position aller am Betrieb teilnehmenden
  Fahrzeuge und
— Auftragsbearbeitung

stellt hohe Anforderungen an die Geschwindigkeit der Datenverarbeitung,
die Funkenübertragung und die Positionsbestimmung.

371

Zyklischer Aufrufverkehr zur Status- und Positionsbestimmung

Um das Projektziel zu erreichen, sind Aufträge an die jeweils zum Abholort des Kunden günstigst positionierten Taxen zu vergeben. Dazu ist es erforderlich, daß im System sowohl der aktuelle Status einer Taxe (z. B Status „frei") als auch ihre Position bekannt sind.

Im zyklischen Aufrufverkehr werden über Datenfunk alle am Betrieb teilnehmenden Taxen mit einem Datentelegramm (Statusaufruf) angesprochen. Dazu wird in der Dispositionsanlage ein aktuelles Verzeichnis aller am Betrieb teilnehmenden Fahrzeuge geführt und aufgrund der zuletzt empfangenen Positionsmeldung ermittelt, über welchen Datenfunkkanal eine Taxe aufzurufen ist.

In der über das mobile Fahrzeuggerät automatisch zurückgefunkten Antwort (Statusmeldung) ist ihr Status enthalten. Zusätzlich ist auch die Positionsangabe in der Statusmeldung dargestellt, wenn das Fahrzeug über ein Koppelnavigationsgerät verfügt (dieses ist mit dem mobilen Fahrzeuggerät verbunden) oder der Fahrer eine manuelle Positionseingabe über Funktionstasten des mobilen Fahrzeuggerätes vorgenommen hat.

Die von der Funkanlage empfangene und an die Dispositionsanlage weitergeleitete Statusmeldung führt in der Dispositionsanlage zur Aktualisierung von Fahrzeugstatus und ggf. -position.

Die über das mobile Fahrzeuggerät ausgesandte Statusmeldung wird für das zweite Ortungsverfahren genutzt: Über Funkpeilung wird das dieses Datentelegramm aussendende Fahrzeug geortet und seine Position über die Ortungsanlage bestimmt. Die auf diesem Wege ermittelte Position wird an die Dispositionsanlage übertragen, so daß eine Aktualisierung der Fahrzeugposition möglich ist.

Auftragsbearbeitung

Spontan die Leitzentrale aufrufende Kunden werden über die Telefonanlage auf die Arbeitsplätze der Auftragsannahme-Disponenten geschaltet. Diese erfassen am Datensichtgerät die Aufträge in der Auftragsanlage. Stammkunden können durch Wahl einer speziellen Telefonnummer bzw. Benutzung einer direkten Leitung von der Telefonanlage identifiziert werden und bei Übergabe an die Auftragsanlage dort eine automatische Auftragseröffnung auslösen. In der Auftragsanlage verwaltete Vorbestellungen und Daueraufträge werden beim Erreichen ihrer Fälligkeit automatisch in zu vermittelnde Aufträge umgesetzt.

All diese Aufträge werden für die Vergabe an die Dispositionsanlage übertragen. Dabei hat die Auftragsanlage den Abholort des Kunden zusätzlich in Koordination umgesetzt und die günstigst gelegenen Taxenhalteplätze ermittelt und dem Auftrag zugefügt.

Die Dispositionsanlage ermittelt, ob an den im Auftrag vorgegebenen Halteplätzen freie Taxen verfügbar sind. Dazu prüft sie die von ihr verwaltete Halteplatzübersicht. Bei Verfügbarkeit wird der in der Warteschlange eines Halteplatzes ersten Taxe der Auftrag zugeordnet.

Ist an den vorgegebenen Halteplätzen keine freie Taxe verfügbar, wird für einen begrenzten Stadtbereich (in dem der Abholort des Kunden liegt) geprüft, ob sich dort eine als frei registrierte Taxe befindet (unter Prüfung der Fahrzeugpositionen). Erfüllen mehrere Taxen die Bedingung, wird der am günstigsten positionierten Taxe der Auftrag zugeordnet. Wird keine freie Taxe ermittelt, wird eine besetzte Taxe ausgewählt, deren Ziel am nächsten zum Abholort des Kunden liegt. Taxen, die bereits einen Folgeauftrag angenommen haben, scheiden aus diesem Zuordnungsverfahren aus.

Die Dispositionsanlage ermittelt aufgrund der Position der ausgewählten Taxe, auf welchem Datenfunkkanal der Auftrag an die Taxe zu übertragen ist. Sie fügt den Auftrag in den Zyklus der Statusabfrage ein und übergibt ihn der Funkanlage. Die Funkanlage sendet den Auftrag über Datenfunk aus.

Im Fahrzeug führt der Empfang des Funkauftrages zur Anzeige der Auftragsdaten auf dem Display des mobilen Fahrzeuggerätes. Der Fahrer muß den Auftrag in einer vorgegebenen Zeit durch Betätigen einer Funktionstaste bestätigen (annehmen), sonst gilt der Auftrag als abgelehnt. Die Auftragsbestätigung bzw. -ablehnung wird über das mobile Fahrzeuggerät über Datenfunk ausgesendet, von der Funkanlage empfangen und an den Dispositionsrechner weitergeleitet.

Bei einer Auftragsbestätigung gibt die Dispositionsanlage eine entsprechende Bestätigung an die Auftragsanlage weiter, ergänzt um Fahrzeugnummer und voraussichtlicher Dauer bis zum Eintreffen der Taxe beim Kunden. Die Auftragsanlage zeigt die Bestätigung auf dem Datensichtgerät des Funkdisponenten an, um dem noch am Telefon wartenden Kunden entsprechende Auskunft geben zu können bzw. um einen automatischen Telefonansagetext für den Kunden auszulösen. Bei einer Auftragsablehnung wird das Zuordnungsverfahren erneut durchlaufen, um auf dem bereits beschriebenen Weg einer anderen Taxe den Auftrag anzubieten.

Nach Abschluß eines Auftrages bzw. nach Abschluß einer Schicht können über das mobile Fahrzeuggerät der Fahrpreis bzw. Abrechnungsinformationen gesendet werden, die über die Funkanlage in die Dispositionsanlage gelangen und dort für Abrechnungen gespeichert werden.

Stand der Arbeiten

Teilsystem Kommunikation Kunde - Zentrale

Die Komponenten Telefonanlage und Auftragsanlage haben in den vergangenen zwei Jahren ihre Leistungsfähigkeit im praktischen Betrieb unter Beweis stellen müssen. Die Zuverlässigkeit der Hardware und Software wird nach Beseitigung der entwicklungsbedingt auftretenden Fehler als gut bewertet.

Die Schnittstelle zwischen der Rufverteilanlage und der Auftragsanlage ist fertiggestellt und mit Hilfe von Simulationsprogrammen in der Zentrale getestet worden. Die Inbetriebnahme der Durchwahl - auch zu Testzwecken - scheitert nicht nur an der fehlenden technischen Zulassung durch das ZZF Saarbrücken, sondern vielmehr an den z.Zt. gültigen Bestimmungen der Fernsprechverordnung. An dieser Stelle sollte eine Änderung des

Benutzerrechts erfolgen. so daß derartige Anlagen in „Leitzentralen öffentlicher Personenbeförderer zur Vermittlung von Fahraufträgen" zum Einsatz kommen können.

Teilsystem Kommunikation Zentrale - Fahrzeug

Die Arbeiten am Funkkonzept sind von der Firma AEG-Telefunken in ihrem ersten Zwischenbericht dokumentiert worden.

Die aufgrund des Fahrzeugaufrufs entstehende hohe Kanalbelegungszeit der digitalen Funkkanäle macht die getrennte Abwicklung von Datenfunk und Sprechfunk in eigenständigen Netzen erforderlich. Gesteuert wird jedoch der gesamte Funkverkehr über das Datenfunknetz, d.h. Sprechwünsche müssen über Datenfunk angemeldet werden. Eine ausreichende flächendeckende Funkversorgung West-Berlins erfordert an mehreren Orten Sendeempfangsstationen. Grundsätzlich wäre es zwar möglich, ganz Berlin von einem Standort aus zu versorgen, es müßte aber ein unvertretbar hoher Leistungsaufwand erbracht werden, da für das hier konzipierte Taxileitsystem eine hohe Übertragungssicherheit gefordert werden muß.

Für das Datenfunknetz sind drei in Sektoren aufgeteilte Frequenzpaare und für das Sprechfunknetz zwei in Nord- und Südbereich eingeteilte Frequenzbereiche vorgesehen.

Funkanlagen für das Taxileitsystem sind an vier Standorten innerhalb West-Berlins vorgesehen. Die drei Versorgungsegmente für den Datenfunk und die zwei Versorgungsbereiche für den Sprechfunk sind je zur Hälfte aus der zentralen Funkanlage und je einer Anlage in der Peripherie versorgt. Diese je zwei zusammenwirkenden Stationen arbeiten im Gleichwellenbetrieb **(Bilder 3 und 4)**.

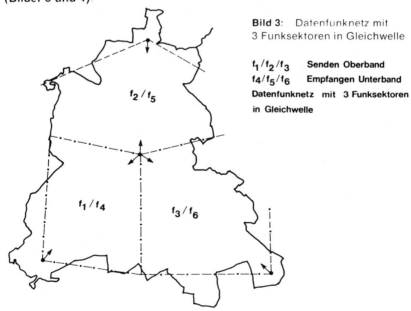

Bild 3:   Datenfunknetz mit 3 Funksektoren in Gleichwelle

$f_1/f_2/f_3$ **Senden Oberband**
$f_4/f_5/f_6$ **Empfangen Unterband**
Datenfunknetz mit 3 Funksektoren in Gleichwelle

f_2/f_5

f_1/f_4 f_3/f_6

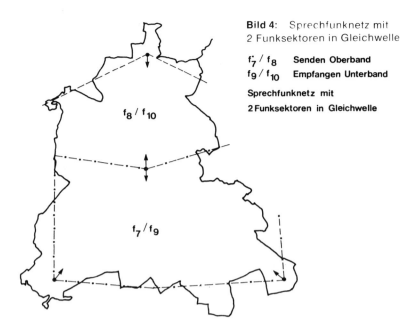

Bild 4: Sprechfunknetz mit
2 Funksektoren in Gleichwelle

f_7' / f_8 **Senden Oberband**
f_9 / f_{10} **Empfangen Unterband**

Sprechfunknetz mit

2 Funksektoren in Gleichwelle

Die Benutzerschnittstelle des Fahrzeuggerätes ist in Zusammenarbeit mit dem Betreiber von der Firma Fritz-Systeme festgelegt worden. Die Schnittstellendefinition, die im wesentlichen die Gerätebedienung und den Informationsfluß zwischen dem Fahrzeug und der Zentrale umfaßt bildet die Grundlage zur Spezifikation des Dispositionsrechners und zur Festlegung der Telegrammstruktur und -länge.

Das in **Bild 5** dargestellte Fahrzeuggerät besitzt eine zwanzigstellige alphanumerische Anzeige, die zur Darstellung der Auftragstexte, der Fahrereingaben und allgemeiner Hinweise dient. Durch ein akustisches Signal wird der Fahrer auf die eingehenden Meldungen aufmerksam gemacht bzw. wird auf fehlerhafte oder unvollständige Eingaben hingewiesen. Zur Eingabe stehen eine numerische Tastatur, zehn Funktionstasten, zwei Cursortasen, je eine Abbruch- und Abschlußtaste sowie eine vom Gerät abgesetzte Notruftaste zur Verfügung.

Teilsystem Zentrales Datenverarbeitungs- und Informationssystem

Die Aufgaben des Dispositionsrechners sind unter Einbeziehung des Betreibers in einem Pflichtenheft festgelegt worden. Es handelt sich dabei um

— die Verwaltung der aktuell zu vermittelnden Aufträge
— die Aktualisierung der Fahrzeugstati und -positionen
— die Verwaltung der Fahrzeug-Warteschlangen an den Halteplätzen
— die Zuordnung von Aufträgen zu Fahrzeugen
— die Verwaltung der Funkkanäle sowie der standortgerechten Zuordnung des Kanals, über den ein Fahrzeug anzusprechen ist

— die Ermittlung von Halteplatz-Empfehlungen für freie Fahrzeuge unter Berücksichtigung von Anfahrtsweg und zu erwartendem Fahrgastaufkommen

— die Erstellung von Statistiken, Übersichten und Abrechnunen sowie

— die Steuerung der Daten- und Sprechfunkübertragung über die Funkeinrichtungen.

Die Erarbeitung der Spezifikationen erfolgte unter Einsatz eines Software-Entwicklungs- und -Dokumentationssystems, um die Vollständigkeit und Funktionalität aller Programmodule zu gewährleisten. Die Entwicklung des Systems wird erst nach Abschluß der Spezifikationsphase aller Teilkomponenten aufgenommen.

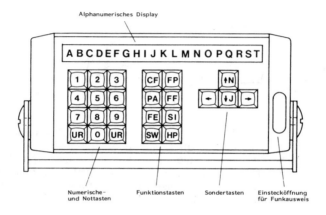

Bild 5: Datenfunkfahrzeuggerät

Teilsystem Ortung

Die Koppelnavigation - das z.Zt. günstigste Verfahren zur Ortung von Landfahrzeugen in dicht bebauten städtischen Gebieten - basiert auf der Erfassung der zurückgelegten Weginkremente nach Betrag und Richtung. Durch das von der Firma Robert Bosch weiterentwickelte korrelationsoptische Verfahren können die Weginkremente berührungslos erfaßt werden. Mit diesem Meßprinzip kann ein Fehler kleiner als 1% erwartet werden.

Die Prototypen des Sensors sind entwickelt und lieferten im Labor und bei Testfahrten auch ohne das sonst erforderliche Mapping befriedigende bis gute Ergebnisse. Der Stützungsalgorithmus zur Korrektur des aufsummierten Fehlers mittels eines digitalisierten Stadtplans wird unter Einsatz eines Versuchsmusters für den Ortungsrechner getestet.

Nach Abschluß der Spezifikationsphase im Herbst dieses Jahres wird mit der Prototypen-Entwicklung der Teilkomponenten für die Datenfunkübertragung und die Positionsbestimmung begonnen. Erste Ergebnisse dieser Entwicklung werden im Sommer 1986 vorliegen.

Diskussion

Leitung: Prof. Brändli

Teilnehmer: Gudßent, Dr. Pampel, Peter, Pieper, Dr. Sparmann, Prof. Schweizer u. a.

Referate: **Lichtsignalanlagen - Steuerungssysteme; Sicherheit und Zuverlässigkeit von Nahtransportsystemen; Verknüpfung von Taxen und Mietwagen mit anderen Verkehrsmitteln des ÖPNV; Nachfrageorientiertes Verkehrssystem für die flächenhafte Verkehrsbedienung in Ballungsräumen**

Lichtsignalanlagen - Steuerungssysteme

Das Vorhaben befindet sich derzeit in der Analysephase, in der Fahr- und Störzeitmessungen durchgeführt werden. Auf Grund der Auswertungen dieser Messungen lassen sich Störquellen im Fahrtablauf sehr genau lokalisieren, so daß sie gezielt beseitigt werden können. Im nächsten Bearbeitungsschritt ist vorgesehen, mögliche Einzelmaßnahmen auf ihre Wirksamkeit und ihre Kosten hin zu untersuchen. Um die Auswirkungen der Maßnahmen auf den allgemeinen Individualverkehr und die Umwelt festzustellen, wurde in Bochum bereits eine „Beschleunigungskommission" gegründet.

Sicherheit und Zuverlässigkeit von Nahtransportsystemen

Die Diskussionsfragen zielten auf den Zusammenhang zwischen den Methoden der Softwareentwicklung, die im Vortrag behandelt werden, und dem Thema des Vortrages. Dabei wurde herausgestellt, daß die Qualität einer Problemspezifikation als Grundlage der Softwareentwicklung die Zuverlässigkeit von Verkehrssystemen wesentlich beeinflußt. Nur die Formalisierung sichert die Korrektheit des Softwareprodukts, erhöht dessen Qualität und reduziert Zeit und Kosten bei der Softwareentwicklung. Vor allem die gesicherte Überprüfung der Korrektheit eines Computerprogrammes trägt zur Zuverlässigkeit der betreffenden Verkehrssysteme bei.

Die Erstellung von Spezifikationen ist gemeinsame Aufgabe von Verkehrsingenieuren und Informatikern, wobei der Ingenieur den fachlichen Inhalt und der Informatiker die formalen Beschreibungsmittel beisteuert.

Ein wesentlicher Vorteil formaler Verfahren ist die Möglichkeit der Rechnerunterstützung bei der Erstellung und bei der Überprüfung einer Spezifikation. Gerade die Überprüfung der Spezifikation und nicht erst des Computerprogramms auf logische Fehler kann entscheidend zur Verbesserung der Softwarequalität und Verringerung der Entwicklungskosten beitragen.

Verknüpfung von Taxen und Mietwagen mit anderen Verkehrsmitteln des ÖPNV

Die Kapazität des Taxileitsystems in Berlin richtet sich nicht nach der maximalen Anzahl der vorhandenen Fahrzeuge, sondern nach der Anzahl der gleichzeitig in Betrieb befindlichen Fahrzeuge. Die dafür notwendigen Anforderungen sind weitgehend spezifiziert, die daraus resultierenden Anforderungen an die Technik werden derzeit noch untersucht.

Ziel des Vorhabens ist auch die Einhaltung der VÖV-Richtlinien. Eine technisch-optimale Lösung ist aber nur bei Abweichung vom VÖV-Standard möglich. Eine Entscheidung darüber ist deshalb noch nicht entgültig gefällt.

Nachfrageorientiertes Verkehrssystem für die flächenhafte Verkehrsbedienung

Die Schwierigkeiten bei diesem Vorhaben liegen darin, dem Anwender, also dem Taxiunternehmer, ein Fahrzeug zu liefern, das er nicht nur beruflich, sondern auch privat verwenden kann. Eine Abweichung davon würde die Akzeptanz und damit den Erfolg dieses Fahrzeuges gefährden. Ein erster Prototyp ist fertig, mit dem Erfahrungen gesammelt werden, die im zweiten Prototyp dann verwertet werden.

Verkehrsplanung

Umsetzung der Ergebnisse des Programms Nahverkehrsforschung in die Praxis der Verkehrsbetriebe

ARGE ÖPNV-Technologie-Umsetzung, Celle

Dr. Meyer (Bremer Straßenbahn AG)

Förderungskennzeichen des BMFT: TV 8434 3

Zusammenfassung

Ziel des Forschungsvorhabens ist eine breitenwirksame Umsetzung von Konzepten, technologischen Komponenten. Methoden und Verfahren, deren Entwicklung im Rahmen des Programms Nahverkehrsforschung vom Bundesminister für Forschung und Technologie gefördert wurde.

Der generellen Zielsetzung entsprechend wird das Forschungsvorhaben als Kooperationsprojekt durchgeführt. Zu diesem Zweck hat sich eine Arbeitsgemeinschaft (AR-GE) „ÖPNV-Technologie Umsetzung" gebildet. Sitz der Gesellschaft ist die Stadt Celle.

Sieben Verkehrsbetriebe sind derzeit Gesellschafter der ARGE „ÖPNV-Technologie Umsetzung". Für die praktische Anwendung sind die Module der F + E-Vorhaben „Maßnahmen zur Beschleunigung des ÖPNV", „Betriebsleitsystem für den öffentlichen Personennahverkehr (BON)", „Betriebsführungs- und Informationssystem für den öffentlichen Personennahverkehr (BISON)", „Taxileitsystem", „Telebus - für Behinderte in Berlin (West)" und „Betriebsleitsystem Flexible Betriebsweisen (BFB)" vorgesehen. In der ersten Phase des F + E-Vorhabens werden detaillierte Lastenhefte, Kosten- und Zeitpläne für den jeweiligen Anwender erstellt.

Summary

The project is intended to examine conditions for a comprehensive application of concepts. technological components, methods and procedures developed in the course of a Public Transit Research Program (sponsored by the Federal Ministry for Research and Technology).

In view of this general goal. research will be conducted on a cooperative basis. For this purpose. a team (ARGE = Arbeitsgemeinschaft) called „ÖPNV-Technologie Umsetzung" was formed. with headquarters in Celle.

At present. the shareholders of the ARGE „ÖPNV-Technologie Umsetzung" consist of seven transport companies. The following modules of the F+E project are scheduled for application:

— Procedures to speed up the implementation of the ÖPNV
— Operational guidance system for public transit (BON)
— Administrative and informational system for public transit (BISON)
— Taxi guidance system
— Telebus for the handicapped in West-Berlin
— Operational flexibility.

During the first phase of the F+E project. detailed accounts of expenses and schedules for financing. investment and timing will be kept for the respective operators.

Einleitung

Eine Bestandsaufnahme im ÖPNV-bezogenen Forschungs- und Entwicklungsbereich zeigt, daß zwischenzeitlich nicht nur Forschungsvorhaben erfolgreich abgeschlossen werden konnten, sondern auch eine Reihe von Einzelkomponenten derartiger Untersuchungen in Verkehrsbetrieben entwickelt sowie als Prototypen erprobt worden sind und für den jeweiligen Verkehrsbetrieb positive Ergebnisse und Erfahrungen gebracht haben.

Aufgrund dieses Entwicklungsstandes einerseits und der notwendigen Untermauerung einer erweiterten Praxistauglichkeit als Rückkopplungsprozeß und Nachweis der Übertragbarkeit andererseits muß sich nunmehr ein Schwerpunkt der Bemühungen auf die breitenwirksame Umsetzung dieser Pilotprojekte und Ergebnisse richten. Dazu sind Hilfestellungen notwendig. Dies gilt insbesondere für kleinere und mittlere Verkehrsbetriebe, die aus eigener Kraft zur Umsetzung der vom BMFT geförderten neuen Technologien und Methoden nicht bzw. nur begrenzt in der Lage sind. Dieses Ziel wird mit dem Forschungsvorhaben „Umsetzung der Ergebnisse des Programms Nahverkehrsforschung in die Praxis der Verkehrsbetriebe" verfolgt, wobei folgende Schwerpunkte gesetzt sind:

— Überprüfung der Übertragbarkeit von Ergebnissen der Pilotprojekte in die allgemeine Betriebspraxis

— Ableitung von Folgerungen und Empfehlungen sowohl für weitere Implementierungen als auch für eine weitere Strukturierung von Pilotprojekten sowie Fortentwicklung eingesetzter Komponenten.

Durchführung des Forschungsvorhabens

Der Zielsetzung entsprechend wird das Forschungsvorhaben als Kooperationsprojekt durchgeführt. Mit Unterstützung des Bundesministers für Forschung und Technologie hat sich eine Arbeitsgemeinschaft (ARGE) „ÖPNV-Technologie Umsetzung" gebildet.

Gesellschafter der Arbeitsgemeinschaft sind:
— Bahnen der Stadt Monheim GmbH
— Bremer Straßenbahn AG
— Celler Straßenbahn GmbH (geschäftsführender Gesellschafter)
— Universität Düsseldorf, Abteilung Planung, Organisation, Statistik und Datenverwaltung
— VAG Verkehrs-Aktiengesellschaft Nürnberg
— Verkehrsbetriebe des Kreises Schleswig-Flensburg
— Kasseler Verkehrs-Aktiengesellschaft

Von den Gesellschaftern der Arbeitsgemeinschaft werden unter wissenschaftlicher Begleitung der SNV in Abhängigkeit von den jeweiligen innerbetrieblichen Konzeptionen und Interessenslagen unterschiedliche Ziele bei der Umsetzung der Ergebnisse der abgeschlossenen Pilotprojekte verfolgt. Im einzelnen sind dies:

Bahnen der Stadt Monheim

Bei den Bahnen der Stadt Monheim ist die Anwendung verschiedener Module des standardisierten, bausteinmäßig einsetzbaren „Betriebsführungs- und Informationssystems für den öffentlichen Personennahverkehr (BISON)" vorgesehen.

Da die Betriebsführung heute noch manuell aufwendig und unwirtschaftlich erfolgt, ist ein aus Hardware-Technologie und Software-Verfahren zusammengestelltes und nach Kosten-Nutzen-Gesichtspunkten bewertetes Systemkonzept zu empfehlen, mit dem die im Personen- und Güterverkehr gestellten Aufgaben rationeller und effizienter gelöst werden können.

Bremer Straßenbahn AG

Schwerpunkt der Umsetzung von Forschungsergebnissen in Bremen ist die Modifikation des „standardisierten rechnergeteuerten Betriebsleitsystems (BON)" auf das Betriebssystem der Bremer Straßenbahn AG. Das Verkehrskonzept in Bremen geht davon aus, daß auch künftig die Verkehrsbedienung durch Bus und Straßenbahn erfolgt und damit weitestgehend Störeinflüssen des Individualverkehrs ausgesetzt bleibtr, so daß eine hohe Bedienungsqualität nur durch ein rechnergesteuertes Betriebsleitsystem, das die für eine optimale Betriebssteuerung notwendigen Informationen liefert, sichergestellt werden kann. Der Arbeitsablauf „BON"-Bremen gliedert sich im wesentlichen in die zu bearbeitenden Bereiche Anforderungsanalyse, Erstellung eines Lastenheftes unter Berücksichtigung vorhandener Hardware und Vorschläge über Einführungsschritte.

Celler Straßenbahn GmbH

In Celle sollen ebenfalls Module des standardisierten „Betriebsführungs und Informationssystems (BISON)" zum Einsatz gelangen, jedoch ist hier auf der Grundlage umfassender Analysen des Betriebes und des Verkehrsgebietes sowie unter Verwendung von EDV-Hard- und Software, die den spezifischen Betriebsbedingungen angepaßt sind, ein optimales Verkehrsangebot zu entwickeln und darauf aufbauend ein entsprechendes Verkehrsliniennetz mit Fahrplan, Wagenumlaufplan sowie Dienst- und Personaleinsatzplan vorzuschlagen.

Universität Düsseldorf

In der Universität Düsseldorf ist die Verminderung der hohen Zeitverluste im innerbetrieblichen Krankenhaustransport zur Versorgung der Kranken und Funktionsbereiche ein wesentliches Anliegen.

Der Einsatz bedarfsorientierter Dispositions- und Kommunikationssysteme, die durch Komponenten der geförderten Bedarfssteuerungssysteme für den ÖPNV dargestellt werden können und an die besonderen Transportbedingungen und Prioritätsvorgaben eines Krankenhausbetriebes angepaßt werden müssen, sowie die Verwendung geeigneter Transportfahrzeuge lassen im hohen Maße einen Erfolg erwarten.

VAG Verkehrs-Aktiengesellschaft Nürnberg

Auch in Nürnberg sollen verschiedene Module von „BISON" eingesetzt werden.

Durch eine bessere Ausnutzung der Wartungsintervalle und laufleistungsbezogenen Instandsetzungen bei automatischer Kilometererfassung, durch Erhöhung der Fahrzeugverfügbarkeit und Minderung des Verbrauchs an Instandsetzungsmaterial sowie durch Reduzierung der Anzahl der nicht planbaren Arbeiten werden Einsparungen und Verbesserungen in der bus- und Schienenfahrzeuginstandhaltung erwartet.

Verkehrsbetriebe des Kreises Schleswig-Flensburg

Die Verkehrsbetriebe des Kreises Schleswig-Flensburg beabsichtigen eine betriebliche Integration verschiedener Module aus den Systemen „Rufbus/BFB", „BISON" und „Taxileitsystem".

Im einzelnen werden für einen Teilraum des Kreises Verbesserungen der Bedienungsqualität durch eine nachfrageorientierte Verkehrsbedienung im Rahmen des Betriebsleitsystems Flexible Betriebsweisen mit den Elementen Linienverkehr, Richtungsbandverkehr und freier Bedarfssteuerung unter Einbeziehung der jeweiligen örtlichen Verkehrsunternehmen und Taxenbetriebe angestrebt.

Eine besondere Bedeutung erfährt dieses Vorhaben dadurch, daß ein in sich geschlossenes System von technologischen Komponenten und Verfahren, das den speziellen Anforderungen des Anwendungsfalles Schleswig-Flensburg entspricht, derzeit nicht zur Verfügung steht. Vorrangiges Ziel ist, die vorgesehenen Hardware-Komponenten aus Kostengründen so vielseitig einzusetzen, daß verschiedenen Funktionen mit ihnen realisiert werden können.

Kasseler Verkehrs-Aktiengesellschaft (KVG)

In Kassel konzentriert sich der Einsatz neuer Technologie auf Maßnahmen zur Beschleunigung des ÖPNV, wobei das Ziel darin besteht, eine Einpassung des ÖPNV auf die ausschließlich auf die Bedürfnisse des Individualverkehrs abgestellte Steuerung der Lichtsignalanlagen in der Kasseler Innenstadt zu erreichen.

Als Fahrzeugerfassungssystem, das die notwendige Voraussetzung für eine Optimierung des ÖPNV an Lichtsignalanlagen schafft, ist die Verwendung von Infrarot-Baken geplant.

Darüber hinaus soll im Forschungsvorhaben auch geprüft werden, ob die notwendige Technik für Weichensteuerung und Lichtsignalanforderung im Gerät des integrierten Bordinformationssystems (IBIS) untergebracht werden kann.

Die ersten Ergebnisse der Umsetzung der vorstehend genannten Forschungsvorhaben und Bausteine werden von den Gesellschaftern der Arbeitsgemeinschaft im April 1986 präsentiert werden können.

Aufbereitung von Ergebnissen der Stadtverkehrsforschung

Forschungsgesellschaft für Straßen- und Verkehrswesen, Köln

Prof. Dr. Leutzbach, Universität Karlsruhe
Dr. Dr. E. h. Pampel, Hamburger Hochbahn AG
Dr. Kirchhoff, Hamburg-Consult (Vortragender)

Förderungskennzeichen des BMV: 70107/82

Zusammenfassung

Ziel des Projektes ist es. Ergebnisse der Stadtverkehrsforschung für potentielle Anwender. vor allem in der Praxis leichter zugänglich und besser nutzbar zu machen. Dabei wird das Gesamtgebiet des Stadtverkehrs in neun Sachgebiete unterteilt. Für das zunächst im Sinne einer Pilotstudie aufbereitete Sachgebiet „Modal-Split" liegt das Ergebnis bereits vor. Z.Z. befinden sich die beiden Sachgebiete „Verkehrs- und Betriebssteuerung" sowie „Verkehrs- und Betriebsplanung" in Bearbeitung. Weitere Sachgebiete sollen folgen.

Im Interesse einer möglichst großen Anwendernähe orientiert sich die Untersuchung an Fragestellungen potentieller Nutzer. Diese Fragestellungen bilden die Gliederung der Aufbereitung. Aus Kostengründen muß die Zahl der ausgewerteten Forschungsergebnisse jeweils begrenzt bleiben, so daß nur die wichtigsten Ergebnisse dargestellt sind und kein Anspruch auf Vollständigkeit erhoben werden kann. Im Gegensatz zu den sonst üblichen Dokumentationen erfolgt die Ergebnisdarstellung nicht mehr nach Verfassern geordnet, sondern in einer sachbezogenen Untergliederung nach den jeweiligen Fragestellungen. Im Rahmen dieser Sachgliederung erfolgt auch die Bewertung der Forschungsergebnisse. Auf der Grundlage des ermittelten Kenntnisstandes werden Kenntnislücken aufgezeigt und weiterer Forschungsbedarf deutlich gemacht.

Summary

The aim of the project is, to make the results of town transport research in practice more easily accessible and more useful for potential clients. Therefore, the whole topic of town traffic is sub-divided into nine areas. The result of the considered are „Modal-Split". begun as if a pilot study. is available. At the moment the two areas „Traffic- and Operation-Control" and „Transportation and Operation-Planning" are in hand. Further areas are to follow.

The studies have been orientated towards inquiring potential clients in the interest of obtaining an as large as possible application. These demands form the structure of the work Cost considerations require that the number of expolited reports be rather limited. so that only the most important results are presented and no claim to completeness can be made. In contrast to the usual documentation the resulting account is not in order of author but follow the sub-division of the relevant demands. The evaluation of the research results follows the framework of these divisions. On the basis of the state or research gaps will become apparent and further research requirements made clear.

Problemstellung und Zielsetzung

Im Rahmen des „Forschungsprogramm Stadtverkehr" des BMV ist in den letzten Jahren eine Vielzahl von Forschungsarbeiten entstanden. Hinzu kommen Forschungsarbeiten aus anderen Programmen, die sich thematisch mit den Arbeiten des „Forschungsprogramm Stadtverkehr" teilweise ergänzen. Die Ergebnisse dieser Forschungsarbeiten sind für Wissenschaft und Praxis von großer Bedeutung. Insbesondere für die Praxis in Planung und Betrieb bestehen jedoch Schwierigkeiten, Die Ergebnisse aufzunehmen und in der Tagesarbeit zu nutzen. Für den Praktiker ist es schon aus Zeitgründen meist nicht möglich, die vielen Einzelergebnisse dieser Forschungsarbeiten durchzuarbeiten und zu werten sowie die für die eigenen Arbeiten nutzbaren Teile herauszuziehen. Damit besteht die Gefahr, daß die Forschungsergebnisse gerade bei den wichtigsten Nutzern, den Praktikern in den Städten. Gemeinden und Verkehrsbetrieben, ungenutzt bleiben.

Vor dem Hintergrund dieser Nutzungsprobleme hat sich der BMV entschlossen. die Forschungsergebnisse sachgebietsweise auswerten zu lassen und für eine Nutzung durch Wissenschaft und Praxis aufzubereiten. In der Auswertung sollen über die kurzgefaßte Darstellung der einzelnen Forschungsarbeiten hinaus aus der Gesamtheit der Forschungsarbeiten diejenigen Teilergebnisse herausgearbeitet und systematisch gegliedert werden, die Antworten auf Fragen der Wissenschaft und Praxis vermitteln. Eine wichtige Rolle spielt dabei die Bewertung der Forschungsergebnisse im Hinblick auf ihre Aussagefähigkeit, denn erfahrungsgemäß verhindern häufig diesbezügliche Unsicherheiten die Verwendung der Ergebnisse.

Eine solche Auswertung ist mit Risiken verbunden. Auf der einen Seite kann nicht ohne weiteres für alle Sachgebiete gesagt werden, in welchem Umfang überhaupt nutzbare Forschungsergebnisse vorhanden sind. Auf der anderen Seite gibt es keine allgemein anerkannte Methodik, nach der solche Auswertungen erfolgen sollten. Um diese Risiken soweit wie möglich zu begrenzen. wurde deshalb im Rahmen einer Pilotstudie an einem ausgewählten Sachgebiet die Auswertung demonstriert. In Abstimmung zwischen Auftraggeber und Bearbeiter dieser Auswertung wurde das Sachgebiet „Modal-Split" ausgewählt. Neben der sachlichen Aussage war eine Methodik zu entwickeln, die eine Einheitlichkeit der Auswertung gewährleistet, wenn weitere Sachgebiete auszuwerten sind. Das Ergebnis dieser Studie soll dem Aufrtaggeber eine Entscheidungshilfe geben, inwieweit und in welcher Weise die anderen Sachgebiete des Stadtverkehrs ebenfalls ausgewertet werden sollen. Inzwischen wurde die Auswertung mit den Sachgebieten „Verkehrs- und Betriebssteuerung" sowie „Verkehrs- und Betriebsplanung" fortgesetzt.

Bei der Auswertung von Forschungsarbeiten kommt der Beteiligung von Vertretern unterschiedlicher Tätigkeitsfelder große Bedeutung zu. Nur durch eine interdisziplinäre Beurteilung von Forschungsergebnissen kann ein ausgewogenes Urteil über die Verwertbarkeit gefällt werden, das sowohl den Interessen des Forschers als auch den Anforderungen des Nutzers gerecht wird. In den bisherigen Auswertungen wurden die Arbeiten von einem Vertreter der Hochschule mit dem Schwerpunkt auf dem Individualverkehr, Prof. Dr.-Ing. Leutzbach, Karlsruhe, und einem Vertreter der Verkehrspraxis und des öffentlichen Nahverkehrs, Dr.-Ing. Dr.-Ing. E. h. Pampel, Hamburg, durchgeführt.

Auswertungspolitik

Ausgangspunkt der Auswertung sind Fragestellungen potentieller Nutzer. Sie wurden im Gespräch mit verschiedenen Nutzergruppen auf ihre Wirklichkeitsnähe hin überprüft und mit dem Auftraggeber abgestimmt. Für das Beispiel des Sachgebietes „Modal-Split" sind die Fragestellungen in **Bild 1** wiedergegeben.

---

1 **Verkehrsmittelanteile**

1.1 In welchem Verhältnis verteilt sich die gegenwärtige Verkehrsnachfrage auf die verschiedenen Verkehrsmittel?

1.2 Wie hat sich dieses Verhältnis entwickelt?

1.3 Wie wird sich das Verteilungsverhältnis zwischen den Verkehrsmitteln zukünftig voraussichtlich entwickeln?

2 **Einflußgrößen des Modal-Split**

2.1 Welche Faktoren beeinflussen die Verkehrsmittelwahl?

2.2 Wie und mit welcher Intensität wirken Einflußfaktoren einzeln oder gemeinsam (Kumulations- und Kompensationseffekte) auf die Wahl der Verkehrsmittel?

3 **Berechnung des Modal-Split mit Hilfe von Modellen**

3.1 Wie lassen sich die Zusammenhänge zwischen relevanten Einflußgrößen und dem Modal-Split formalisieren und ihre Auswirkungen quantifizieren?

3.2 Wie läßt sich der Modal-Split mit Hilfe von Modellen prognostizieren?

4 **Maßnahmen zur Modal-Split-Beeinflussung**

4.1 Mit welchen Maßnahmen kann die Verkehrsmittelwahl beeinflußt werden?

4.2 Wie wirken sich Maßnahmen einzeln und zusammen aus?

Bild 1: Fragestellung potentieller Nutzer zum Themenkreis „Modal-Split"

Anhand solcher Fragestellungen der potentiellen Nutzer wird die auszuwertende Forschungsliteratur ausgewählt. Infrage kommen nur solche Arbeiten, die Antworten auf die Fragestellungen liefern. Im Vordergrund stehen dabei Arbeiten des „Forschungsprogramms Stadtverkehr" des BMV. Sie werden ergänzt durch weitere einschlägige Arbeiten anderer Programme. Aus Kostengründen muß die Zahl der auszuwertenden Arbeiten jeweils begrenzt werden. Damit kann kein Anspruch auf Vollständigkeit erhoben werden. Aufgrund ihrer Fachkenntnisse haben die Verfasser die Auswahl der auszuwertenden Forschungsarbeiten jedoch so getroffen, daß das jeweilige Sachgebiet als weitgehend abgedeckt angesehen werden kann und keine wichtigen Ergebnisse unberücksichtigt bleiben.

Für die ausgewählten Arbeiten wird zunächst jeweils ein Dokumentationsblatt angelegt, auf dem die Arbeit nach formalen Merkmalen klassifiziert ist und ihre wichtigsten Ergebnisse skizziert sind. Ergebnisse, die andere Sachgebiete als das jeweils behandelte betreffen, werden dabei nicht berücksichtigt. Das Muster eines solchen Dokumentationsblattes ist in **Bild 2** wiedergegeben. Aus diesem Dokumentationsblatt geht auch die Klassifikation hervor, die dem Nutzer über die Inhaltsangabe hinaus Hinweise geben soll, wie weit die betreffende Forschungsarbeit für seine Fragestellung verwendbar ist.

Im Mittelpunkt der Auswertung steht die zusammenfassende Wiedergabe der Forschungsergebnisse gegliedert nach den Fragestellungen der potentiellen Nutzer. Im Gegensatz zu den Dokumentationsblättern erfolgt die Ergebnisdarstellung nicht mehr nach Verfassern geordnet, sondern in einer sachbezogenen Untergliederung der jeweiligen Fragestellung, wobei die Verfasser bei den einzelnen Aussagen in Form eines Literaturhinweises genannt sind. Die Darstellungen sind unterschiedlich umfangreich und unterschiedlich in die Tiefe gehend, je nach Umfang und Detaillierungsgrad der vorliegenden Forschungsergebnisse. In die Darstellung der Forschungsergebnisse fließen zwangsläufig Wertungen ein. Dabei muß unterschieden werden zwischen Wertungen, die von den Autoren der Forschungsarbeiten selbst vorgenommen werden, Wertungen, in denen die in der Fachliteratur „vorherrschende Meinung" wiedergegeben ist und Wertungen, die von den Verfassern des vorliegenden Berichts stammen. Diese Unterscheidung ist jeweils kenntlich gemacht worden.

In einem Schlußkapitel werden die Schwerpunkte des gegenwärtigen Kenntnisstandes noch einmal zusammengefaßt und Kenntnislücken sowie zukünftiger Forschungsbedarf aus der Sicht des Verfassers aufgezeigt. Diese Ausführungen sollen für den Auftraggeber Entscheidungshilfen für seine weitere Forschungsförderung darstellen.

In einem ausführlichen Literaturverzeichnis sind die ausgewerteten Arbeiten noch einmal unter Angabe vom Verfasser, genauem Titel und Erscheinungsjahr zusammengestellt. Dieses Literaturverzeichnis soll dem Nutzer den Zugang zu den Quellen der Auswertung erleichtern.

Die Auswertung ist kein Handbuch, das den Wissensstand des untersuchten Sachgebietes umfassend und erschöpfend wiedergibt. Mit dieser Auswertung werden vielmehr die Ziele verfolgt:

— Interessenten, die keine vertieften Fachkenntnisse besitzen, anhand der

HAUTZINGER, H.; KESSEL, P.; BAUR, R.:	Fachdisziplinen
Mobilitätschancen unterschiedlicher Bevölkerungsgruppen im Personenverkehr	Ingenieurwissenschaft
Prognos AG, Basel 1978	

Kurzfassung

Der Untersuchungsansatz beinhaltet die folgenden 4 Hauptelemente:

- Mobilitätsbedarf von Personen,
- Mobilitätschancen, basierend auf Möglichkeiten, Fähigkeiten und Gelegenheiten,
- Raumstrukturelle Gegebenheiten und
- Mobilitätsverhalten von Personen zwischen denen Wertungszusammenhänge bestehen.

Vorgehensweise:

Segmentierung nach Gruppen mit spezifischen Mobilitätsbedürfnissen – Analyse der Mobilitätschancen – Analyse der Auswirkungen der Chancen auf das Mobilitätsverhalten

Datenbasis sind KONTIV sowie eigene Intensivinterviews.

Ergebnisse:

- Mobilitätschancen werden in erster Linie durch die Verfügbarkeit von Verkehrsmitteln beeinflußt.
- Stadt-Land-Differenz objektiv geringer als subjektiv geschätzt.
- Mobilitätschancen beeinflussen die Verkehrsteilnahme nur wenig, dagegen die Wegelängen stark.
- Bessere Mobilitätschancen werden vor allem zur Ausweitung der Distanzen und weniger zur Reduzierung des täglichen Zeitaufwandes genutzt.

Deskriptoren

- Mobilität
- Zeitbudget
- Einkaufbudget
- Situationsgruppen
- Verkehrsbedarf
- Verkehrsnachfrage
- mikroökonomisches Gesamtmodell

Untersuchungsmethodik

- ○ Literaturauswertung
- ● Empirische Untersuchung
- ○ Auswertung vorhandener Daten
- ● Eigene Erhebung
- ○ Fallstudie
- ● Querschnittsuntersuchung

- ○ Längsschnittuntersuchung (Zeitreihe)
- ○ Theoretische Überlegungen
- ○ Befragung von Verkehrsteilnehmern
- ○ Expertenbefragung
- ○ Beobachtung/Zählung
- ● Modellentwicklung und -anwendung

Art der Ergebnisse

- ○ Beschreibender Bericht
- ○ Methodenentwicklung
- ● Hypothesen-/Theoriebildung
- ○ Quantitative Ergebnisse

- ○ Allgemeine Aussagen
- ○ Differenzierte Aussagen
- ○ Programmatische Aussagen

Bild 2: Muster eines Dokumentationsblattes

zitierten Forschungsergebnisse einen Überblick über das Sachgebiet zu geben.

— Fachleuten, die sich vertieft mit dem Sachgebiet beschäftigen, die Nutzung der vorhandenen Forschungsliteratur zu erleichtern.

Fachwissen, das bereits den Weg in Richtlinien gefunden hat, wird nicht mehr behandelt; hier werden lediglich Hinweise auf die Richtlinien gegeben.

Gliederung des Forschungsbereichs Stadtverkehr

Für die Abgrenzung und Gliederung des Erkenntnisobjektes Stadtverkehr gibt es unterschiedliche Ansätze. Dieses Problem ist in der „Forschungskonzeption Stadtverkehr", die die „Planungsgruppe Forschung Stadtverkehr" in den Jahren 1974 bis 1976 im Auftrage des Bundesministers für Verkehr angefertigt hatte, ausführlich behandelt worden. An diesen Arbeiten waren die Verfasser der vorliegenden Pilotstudie maßgeblich beteiligt.

Die bei der vorliegenden Auswertung verwendete Gliederung lehnt sich an die Gliederung in der „Forschungskonzeption Stadtverkehr" an.

Die Auswertung eines Sachgebietes ist nur dann sinnvoll, wenn es dazu sowohl Fragestellungen der potentiellen Nutzer von Forschungsergebnissen als auch Ergebnisse der Forschung gibt. Wenn die vorhandenen Forschungsergebnisse schon in Richtlinien für die Praxis eingeflossen sind, wie z. B. beim Sachgebiet „Bau von Verkehrsanlagen" (z. B. Richtlinien für den Ausbau von Straßen), erübrigt sich eine neuerliche Auswertung.

1. Verkehrsnachfrage

2. Modal – Split

3. Verkehrsmittel und Betriebsformen

4. Verkehrsorganisation

5. Verkehrs – und Betriebsplanung

6. Verkehrs – und Betriebssteuerung

7. Betriebswirtschaft

8. Verkehr und Umwelt

9. Bewertungsverfahren

Bild 3: Auszuwertende Sachgebiete der Forschung

Auf der Grundlage der Gliederung in der „Forschungskonzeption Stadtverkehr" und unter Würdigung der genannten zusätzlichen Bedingungen schlagen die Verfasser der Pilotstudie „Modal-Split" die in **Bild 3** wiedergegebene Gliederung für die Auswertung von Forschungsarbeiten auf dem Gebiet des Stadtverkehrs vor. Die Elemente dieser Gliederung erlauben eine eindeutige Abgrenzung und damit eindeutige Zuordnung von Fragestellungen und Forschungsergebnissen. Sie weisen jeweils relevante Fragestellungen der potentiellen Nutzer auf und enthalten Forschungsergebnisse, die nicht bereits überwiegend in Richtlinien eingeflossen sind. Diese Gliederung sollte Richtschnur für die weitere Auswertung sein.

Bericht über die Auswertung des Sachgebietes „Modal-Split"

Die Vorarbeiten für die Anfertigung der Pilotstudie bestanden in folgenden Schritten:

— Zusammenstellung von Fragestellungen potentieller Nutzer (Praxis und Wissenschaft)

— Zusammenstellung von Forschungstiteln, die aufgrund ihrer Themenstellung Ergebnisse zum Sachgebiet „Modal-Split" im weitesten Sinne erwarten lassen.

— Sichtung der Forschungstitel im Hinblick auf einen möglichen Beitrag zu den Fragestellungen der potentiellen Nutzer. Diese Sichtung geschah aufgrund der Kurzfassungen der Forschungsarbeiten in einschlägigen Dokumentationen und aufgrund der Literaturkenntnisse der Verfasser.

— Beschaffung der infrage kommenden Forschungsarbeiten

— Durchsicht der infrage kommenden Forschungsarbeiten im Hinblick auf Beiträge zu den Fragestellungen potentieller Nutzer und Entscheidung, ob sie in den Kreis der 25 auszuwertenden Arbeiten aufgenommen werden sollen.

Diese Arbeiten wurden zwischen den Bearbeitern der Pilotstudie zu gleichen Teilen aufgeteilt. Die beiden Gutachter mit ihren Mitarbeitern werteten jeweils die ihnen zugeordneten Arbeiten aus und lasen die Arbeiten des anderen Gutachters quer.

In einem ersten Arbeitsgang wurde für jede Forschungsarbeit das erläuterte Dokumentationsblatt angelegt, das die zum Sachgebiet „Modal-Split" enthaltenen Ergebnisse zusammenfaßt und die Arbeiten kategorisiert.

In einem zweiten Arbeitsgang wurden in jeder der ausgewerteten Forschungsarbeiten diejenigen Stellen markiert, die Antworten zu bestimmten Fragestellungen der potentiellen Nutzer liefern. Für jede Forschungsarbeit und jede behandelte Fragestellung wurde eine Karteikarte mit entsprechenden Stichworten angelegt. Die in der Reihenfolge der ausgewerteten Forschungsarbeiten angelegten Karteikarten wurden anschließend nach den Fragestellungen der potentiellen Nutzer sortiert. Damit stand das gesamte Material nach Fragestellungen geordnet für eine weitere Auswertung zur Verfügung. Aufgrund dieser Ordnung wurden anschließend zusammenhängende Texte entworfen, die Antworten auf die jeweiligen Fragestellungen geben. Dabei wurden aus den Forschungsarbeiten auch die Abbildungen ausgewählt, die im Auswertungsbericht wiedergegeben werden sollten. Dort. wo die Wiedergabe wichtiger Ergebnisse nicht unmittelbar übernommen weden konnte, wurden neue Abbildungen angefertigt.

In einem dritten Arbeitsgang wurden die Textentwürfe von allen Bearbeitern diskutiert. Die Darstellung der Forschungsergebnisse wurde, soweit erforderlich. durch einleitende Definitionen und Erläuterungen ergänzt und dort, wo es den Verfassern für notwendig erschien, mit kritischen Kommentaren entweder von den Verfassern selbst oder als Wiedergabe der herrschenden Meinung versehen.

Status der ÖPNV-Modellvorhaben im Saarland, Bodenseekreis und Landkreis Tübingen

Kommunalentwicklung Baden-Württemberg GmbH (KE), Stuttgart
SNV Studiengesellschaft Nahverkehr mbH, Hamburg/Berlin

Springmann (KE)
Neidhardt (KE)
zu Hohenlohe (KE)
Menzel (KE). (Vortragende)

Förderungskennzeichen des BMV: 70151/84, 70133/84, 70132/84

Zusammenfassung

Die darzustellenden Projekte werden im Rahmen des Forschungsprogramms Stadtverkehr des Bundesministers für Verkehr von der Kommunalentwicklung Baden-Württemberg mbH. die Modellvorhaben im Bodenseekreis und im Landkreis Tübingen in Arbeitsgemeinschaft mit der Studiengesellschaft Nahverkehr mbH, bearbeitet.

Das gemeinsame Ziel dieser Projekte ist die Entwicklung und Erprobung neuer Organisationsformen des OPNV in der Fläche zur Erreichung verkehrswirtschaftlicher Verbesserungen. Die Modellvorhaben beziehen sich auf Nahverkehrsräume unterschiedlicher Struktur und haben entsprechend unterschiedliche Schwerpunke.

Mit dem Modell im Saarland soll exemplarisch für mittlere Verdichtungsräume eine Kooperation der Verkehrsunternehmen unter Einbeziehung des Schienenpersonennahverkehrs der Deutschen Bundesbahn ohne Einrichtung einer aufwendigen Verbundorganisation erprobt werden.

Das Modellvorhaben im Bodenseekreis umfaßt als alternative Verkehrssysteme eine Planungsvariante mit ausschließlich konventionellem Linienverkehr und eine Planungsvariante unter Einbeziehung von bedarfsgesteuertem Verkehr.

Mit dem Modellvorhaben im Landkreis Tübingen sollen schwerpunktmäßig Maßnahmen zur Stärkung des Schienenpersonennahverkehrs erprobt werden.

Alle drei Modellvorhaben sind auf eine praktische Erprobung hin ausgelegt und befinden sich in der Phase der Umsetzung.

Summary

The projects described are part of the Federal Ministry of Transport's research program and were implemented in order to achieve a stronger cooperation and regional concentration of responsabilities with the intention to improve the quality and effiviency of short-distance public transport. They are located in regions of different population densities: the Sarre district and the districts of Lake Constance and Tübingen. Implementation and testing of all projects will start soon or have already been started with the following main objectives

— the introduction of a common commuter fare system for interchanging passengers covering the whole Sarre district and including all urban and regional bus services as well as the Federal Railways in 1985.

— the improvement of public transport in the eastern part of the Lake Constance district by a cooperation scheme and a better utilization of vehicles and personnel. The system was started in 1984 and has been extended since. Fixed routes and schedules will allow demand responsive operation as soon as the vehicle monitoring system based on flexible bus operation has been approved.

— in the Tübingen district the importance of railways for short distance public transport in areas of lower population density shall be increased by a higher degree of cooperation resulting in more coordinated schedules and fares for both busses and railways. including the introduction of more favourable fares for interchanging passengers.

Einleitung

Die darzustellenden Projekte werden im Rahmen des Forschungsprogramms Stadtverkehr des Bundesministers für Verkehr von der Kommunalentwicklung Baden-Württemberg GmbH, die Modellvorhaben im Bodenseekreis und im Landkreis Tübingen in Arbeitsgemeinschaft mit der Studiengesellschaft Nahverkehr mbH. bearbeitet.

Das gemeinsame Ziel dieser Projekte ist die Entwicklung und Erprobung neuer Organisationsformen des ÖPNV in der Fläche zur Erreichung verkehrswirtschaftlicher Verbesserungen. Angestrebte Kooperationen der Verkehrsunternehmen und die Beteiligung von Gebietskörperschaften sollen dabei mit dem geringstmöglichen Aufwand abgewickelt werden. Eine klare Trennung zwischen der Produktionsverantwortung der Verkehrunternehmen und der Angebots- und Finanzverantwortung der Gebietskörperschaften ist anzustreben. Bei der Entwicklung und Erprobung aller Modellvorhaben ist grundsätzlich vom bestehenden ordnungspolitischen Rahmen, insbesondere dem geltenden Personenbeförderungsrecht, auszugehen. Daraus folgt, daß die organisatorische Neuordnung des ÖPNV nur auf der Basis freiwilliger Kooperation erfolgen kann.

Alle drei Modellvorhaben sind auf eine praktische Erprobung hin ausgelegt. Sie unterliegen deshalb Beteiligungsprozessen sowie unternehmerischen und politischen Entscheidungen, die bei der Umsetzung zu berücksichtigen sind

Der aktuelle Stand der Planung und Umsetzung der Modellvorhaben wird im Folgenden zusammenfassend dargestellt, ohne daß auf die zugrundeliegenden Zielvorstellungen. die auf dem Statusseminar IX (1982) [1] bzw. Statusseminar XI (1984) [2] dargestellt wurden, im Detail eingegangen wird.

Status der ÖPNV-Untersuchung im Saarland

Ziel der „Modelluntersuchung zur Verkehrswirtschaftlichen Verbesserung des ÖPNV am Beispiel des Saarlandes - Phase B, Stufe II" ist die praktische

Umsetzung der in Phase B, Stufe I entwickelten Zielvorstellungen und Maßnahmen. Unter Beteiligung der Verkehrsunternehmen sollen alle für einen vierjährigen Probelauf erforderlichen technisch-organisatorischen Maßnahmen durchgeführt werden, um ein für mittlere Verdichtungsräume exemplarisches Nahverkehrssystem unter verkehrlicher und tariflicher Einbeziehung des SPNV zu schaffen. Diese Kooperation soll organisatorisch in Form einer wenig aufwendigen Verkehrsgemeinschaft erfolgen. An der Finanzierung des ÖPNV werden das Land und ggf. die Kommunen beteiligt.

Die Umsetzung des Forschungsvorhabens in zwei Abschnitten ergibt sich aus der Planungsgrundlage der Phase B, Stufe I mit ihren Teilen A: Beginn des Probelaufs, B: Gesamtkonzeption, C: Übernahme eines Linienverkehrs durch eine Taxi-Zentrale und aus dem Beschluß des Saarländischen Ministerrates vom 24. Juli 1984.

Abschnitt 1 umfaßt die Vorbereitungsarbeiten und die Überführung in den Probelauf mit

— Schaffung von Übergangstarifen bei Zeitfahrausweisen,
— Tarifharmonisierung,
— Gemeinsame Fahrplanabstimmung,
— Fahrgastinformation, Marketing, Werbung.

Abschnitt 2 umfaßt die Weiterentwicklung des Probelaufs mit

— Fortentwicklung des Omnibusverkehrs und des Schienenpersonennahverkehrs der Deutschen Bundesbahn zu einem systemgerechten zusammenhängenden Verkehrsnetz,
— Einbeziehung von freigestellten Schülerverkehren in Linienverkehre nach § 42 PBefG, soweit dies rechtlich möglich und wirtschaftlich vertretbar ist,
— Abstimmung bei der Einrichtung von neuen Verkehren nach § 42 PBefG und bei der Änderung bestehender Verkehre nach § 42 PBefG,
— Abbau bestehender Parallelverkehre, soweit dies wirtschaftlich zumutbar ist und Vermeidung künftiger, sich konkurrenzierender Parallelverkehre,
— Erstellung eines gemeinsamen Fahrplanes und Herausgabe eines gemeinsamen Fahrplanbuches für das Saarland, ggf. getrennt für einzelne Verkehrsgebiete,
— Fortentwicklung des gemeinsamen Tarifsystems,
— Integration des Taxi-Verkehrs in den ÖPNV.

Das Projekt befindet sich im Abschnitt 1; zur Zeit werden der Abschluß des Gemeinschaftsvertrags und die Einführung eines Übergangstarifs bei Zeitfahrausweisen vorbereitet. Es ist vorgesehen, den Entwurf des Gemeinschaftsvertrags und des Übergangstarifs in den nächsten Wochen abschließend zu beraten und zu entscheiden.

Der Gemeinschaftsvertrag regelt die Kooperation der Verkehrsunternehmen und des Landes wie folgt:
Die beteiligten Verkehrsunternehmen schließen sich mit der Bezeichnung „Verkehrsgemeinschaft Saar (VGS)" zu einer Verkehrsgemeinschaft als Gesellschaft des Bürgerlichen Rechts zusammen. Das Saarland gehört dieser Gesellschaft an.

Die Verkehrsunternehmen bleiben Träger der sich aus Gesetzen, Verordnungen und öffentlich-rechtlichen Genehmigungen ergebenden Rechte und Pflichten. Sie führen ihre Betriebe eigenverantwortlich und tragen die Aufwendungen dafür.

Die Verkehrsgemeinschaft Saar übernimmt die Aufgaben

— Schaffung von Übergangstarifen bei Zeitfahrausweisen und Tarifharmonisierung,
— Gemeinsame Fahrplanabstimmung,
— Fahrgastinformation, Marketing und Werbung.

Die Aufgaben der VGS sollen zu einem späteren Zeitpunkt entsprechend der Zielsetzungen von Abschnitt 2 des Forschungsvorhabens erweitert werden.

Zur Verwirklichung der Vertragsziele bilden die Vertragspartner einen Gemeinschaftsausschuß, in den jeder Vertragspartner einen Vertreter entsendet. Den Vorsitz im Gemeinschaftsausschuß führt das Saarland. Der Gemeinschaftsausschuß ist Entscheidungsgremium für alle Maßnahmen aus dem Gemeinschaftsvertrag.

Die Kosten aus der Verkehrskooperation werden vom Saarland getragen, sofern keine Einnahmeverbesserungen durch gemeinsame Maßnahmen der VGS erzielt werden. die diese Kosten ganz oder teilweise abdecken. Das Land verpflichtet sich. das Risiko für die Abdeckung der Mehrkosten in Höhe bis zu 3 Mio DM jährlich zu übernehmen. Zu den anerkennungsfähigen Gemeinschaftskosten zählen insbesondere die Mindererlöse aus Übergangstarif und Tarifharmonisierung und die Kosten für die Verwaltung und Durchführung des Übergangstarifes und der Fahrgastinformation. Soweit Kosten aus der Bearbeitung weiterer Aufgaben entstehen, entscheidet der Gemeinschaftsausschuß über die Kostentragung.

Die Gestaltung des Übergangstarifs orientiert sich an folgenden Grundzügen

— Es werden nur Zeitkarten einbezogen.
— Der Fahrgast muß mindestens einmal zwischen zwei verschiedenen Verkehrsunternehmen umsteigen.
— Die Haustarife der Unternehmen werden beibehalten.
— Die bereits bestehenden Gemeinschaftstarife bleiben unberührt.
— Der Fahrpreis wird für die gesamte zurückgelegte Strecke rabattiert.
— Ein Unterlaufen der Haustarife wird verhindert.
— Der derzeitige Besitzstand wird gewahrt.
— Die Abwicklung erfolgt im Mehrfahrschein-Modell.
— Die Fahrscheine des Übergangstarifs werden auf der Grundlage eines Stammausweises ausgegeben, der von der VGS ausgestellt wird.
— Die Fahrpreisvergünstigung wird nur nach Vorlage des Stammausweises und des Fahrscheines des ersten Unternehmens bzw. der Fahrscheine der vorhergehenden Unternehmen beim Kauf eines Fahrscheines des letzten Unternehmens gewährt.
— Der Kunde kann frei wählen, bei welchem Unternehmen er seinen ersten Fahrschein löst.

— Die Mindererlöse sind ohne großen Aufwand berechenbar.
— Zwischen den Unternehmen sind zunächst keine Verrechnungen vorgesehen.

Grundlage für den Übergangstarif sind die Haustarife, wobei einer der Haustarife rabattiert wird. Die Höhe des Rabattes wird für die Gesamtfahrstrecke über den unrabattierten Gesamtfahrpreis ermittelt und über ein Rabattscheckverfahren abgewickelt.

Der Übergangstarif wird von allen Vertragspartnern angewandt. Er berechtigt grundsätzlich die Inhaber von Zeitkarten des einen Vertragspartners zum Erwerb verbilligter Fahrausweise des anderen Vertragspartners. Werden ausschließlich Verkehrsmittel eines Vertragsunternehmens benutzt, gilt der Haustarif dieses Unternehmens.

Die Fahrausweise des Übergangstarifs bestehen aus Stammausweis und Monats- und Wochenkarte oder aus Stammausweis und Monats- oder Wochenwertmarke. jeweils für Erwachsene und Schüler. Die Fahrpreise des Übergangstarifs entsprechen den Haustarifen der Verkehrsunternehmen. Die Begleichung des Preises für den Originalfahrschein des letzten Unternehmens erfolgt mit Bargeld und Rabattscheck.

Das Tarifsystem gewährleistet die Ausgabe des Übergangstarifs auf der Grundlage der heutigen Fahrscheinausgabe. Die üblichen Abfertigungsverfahren bei den Verkehrsunternehmen bleiben bestehen. Die Abrechnung der Erstattungsansprüche an das Land ist unkompliziert und ohne großen technischen Aufwand durchführbar.

Status des ÖPNV-Modellvorhabens im Bodenseekreis

Die „Untersuchung zur wirtschaftlichen Verbesserung des ÖPNV unter Berücksichtigung der Erfahrungen aus dem Probebetrieb des Betriebsleitsystems Flexible Betriebsweisen (BFB) am Beispiel Bodenseekreis befindet sich in der Phase der Umsetzung und praktischen Erprobung.

Die Entscheidung der Deutschen Bundesbahn, ab 1. 6. 1987 einen zeitlich befristeten BFB-Referenzbetrieb im Raum Friedrichshafen durchzuführen bedeutete eine Änderung der Rahmenbedingungen des Forschungsvorhabens. Da der Geschäftsbereich Bahnbus (GBB) im Zusammenhang mit dem BFB-Einsatz erforderliche Kapazitätsanpassungen in eigener Verantwortung vornimmt und eine Entscheidung über Möglichkeiten, den BFB-Einsatz über den früheren Einsatzbereich des Ruf-Bus hinaus auszudehnen, noch aussteht. ist die Einbeziehung des BFB in ein ÖPNV-Gesamtsystem für den Bodenseekreis nicht mehr aktueller Gegenstand des Forschungsvorhabens. Mit dem Auftraggeber ist deshalb am 13. 5. 1985 eine Änderung der Aufgabenstellung vereinbart worden, die vorsieht, daß die Planungsvariante A, die konventionelle Neuordnung des ÖPNV im Bodenseekreis, zum Sommerfahrplan 1986 abgeschlossen wird.

Es liegt aber unabhängig davon im Interesse des Auftraggebers und aller Beteiligten. bei der weiteren Durchführung des Vorhabens die Kontinuität zum bisherigen Planungsansatz zu wahren. Dies bedeutet, daß die Planungsvariante B unter Einbeziehung des BFB weiterzuverfolgen und unter Berücksichtigung der betrieblichen und wirtschaftlichen Erfahrungen aus dem BFB-Referenzbetrieb ggf. weiterzuentwickeln ist. In jedem Fall soll sichergestellt werden, daß durch die konventionelle Neuordnung des ÖPNV der Weg zu einem Gesamtsystem mit BFB offen bleibt.

Mit der Umsetzung der konventionellen Neuordnung des ÖPNV auf der Grundlage der Planungsvariante A wurde im Herbst 1984 begonnen. Für den östlichen Bodenseekreis lag mit dem von der KE erarbeiteten Vorschlag für einen konventionellen Linienverkehr ein umsetzungsreifes Konzept zur Verbesserung des ÖPNV vor. In Zusammenarbeit mit dem Landkreis und den Verkehrsunternehmen und in Abstimmung mit den Gemeinden und Schulen wurde ein neuer Fahrplan für den Raum Tettnang entwickelt, der am 2. November 1984 in Kraft trat. Dieser Fahrplan, der aufgrund der Erfahrungen im praktischen Betrieb zum Sommerfahrplan 1985 geringfügige Anpassungsmaßnahmen (Fahrzeiten, Kapazität) erfahren hat, hat seine Bewährungsprobe bestanden. Er integriert die früher vorhandenen freigestellten Schülerverkehre und besonderen Schülerkurse weitgehend und gewährleistet eine flächendeckende ÖPNV-Bedienung mit erheblichen Verbesserungen der Bedienungshäufigkeit, der Direktverbindungen und Anschlußmöglichkeiten **(Bild 1).**

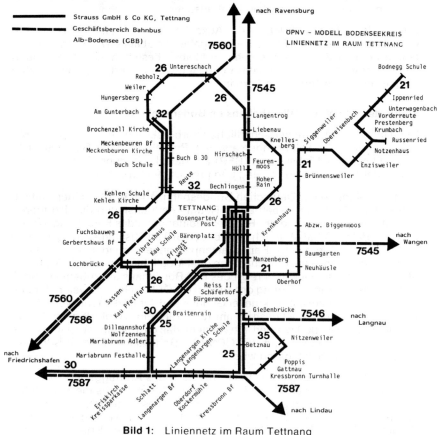

Bild 1: Liniennetz im Raum Tettnang

Die wichtigsten Verbesserungen im ÖPNV im Raum Tettnang sind

— ein erweiterter Ortsverkehr Meckenbeuren mit neuen Verbindungen zwischen Kehlen, Meckenbeuren und Liebenau (Linie 26),
— ein Stadtverkehr Tettnang mit Verbindungen nach Oberhof (Linie 21), Schäferhof (Linie 25), Bürgermoos (Linie 25, 26, 30), Kau (Linie 26), Hoher Rain und Feurenmoos (Linie 26),
— neue Verbindungen zwischen Tettnang, Langenargen und Kressbronn mit der Ringlinie 25; es gibt mehr Fahrmöglichkeiten zwischen Tettnang und dem Seeufer,
— neue Verbindungen durch die Verknüpfung von Linien, z. B. kommt man direkt und ohne Umsteigen von Bodnegg und Obereisenbach nach Friedrichshafen oder von Brochenzell und Meckenbeuren nach Langenargen und Kressbronn.
— die Linie 32 ist am Bahnhof Meckenbeuren auf Zuganschlüsse in Richtung Ulm abgestimmt.

Die erste Stufe der Neuordnung des ÖPNV im Raum Tettnang betrifft ausschließlich den Verkehr eines größeren privaten Verkehrsunternehmens. Unter Einbeziehung freigestellter Schülerverkehre und besonderer Schülerkurse wurden Fahrpläne und Wagenumlaufpläne für einen Linienverkehr mit einer jährlichen Fahrleistung von rd. 448 000 Wagen-km/Jahr umgesetzt. Diese Verkehrsleistung wird mit 8 Fahrzeugen erbracht, das bedeutet eine Einsparung von rd. 20% der vor der Neuordnung des ÖPNV eingesetzten Fahrzeuge.

Der Verkehrsunternehmer hat mit dem Landkreis einen Vertrag über die Durchführung dieses Linienverkehrs an Schultagen abgeschlossen und erhält hierfür eine pauschalierte Vergütung. Die Durchführung von Fahrten an schulfreien Tagen erfolgt in alleiniger wirtschaftlicher Verantwortung des Verkehrsunternehmers.

Das Neue und für die Übertragbarkeit der Modellergebnisse Bedeutsame ist, daß der Landkreis eine Gesamtverantwortung für den ÖPNV übernimmt, der Mitteleinsatz aber auf die bisher verfügbaren staatlichen und kommunalen Mittel für den ÖPNV begrenzt bleibt. Das Fahrplanangebot ist so gestaltet, daß dieser Finanzierungsrahmen ausgeschöpft und innerhalb der vorhersehbaren Entwicklung nicht überschritten wird. Die in Baden-Württemberg wie auch in anderen Bundesländern auf die Kreise verlagerte Zuständigkeit für die Schülerbeförderung wird also bis an die Grenze des ohne gesetzliche Änderungen Erreichbaren zu einer Gesamtverantwortung des Kreises für den ÖPNV erweitert. Es verbleibt ein unternehmerisches Restrisiko, das als wirtschaftlicher Leistungsanreiz insbesondere bezüglich der Attraktivität des ÖPNV und der Gewinnung weiterer Nutzer unerläßlich ist.

Die Ergebnisse der Umsetzung des ÖPNV-Konzepts im Raum Tettnang zeigen, daß die Verbesserung des ÖPNV unter den derzeitigen rechtlichen Bedingungen und mit den bisher zur Verfügung stehenden Finanzmitteln möglich ist. Trotz einer Ausweitung der Gesamtfahrleistung um rund 10% wird der Rahmen der dem Landkreis zur Verfügung stehenden Mittel für den ÖPNV eingehalten und gleichzeitig der seitherige Besitzstand des Verkehrsunternehmens gewahrt.

Der nächste Schritt bei der Umsetzung des Neuordnungskonzepts im östlichen Bodenseekreis betrifft die Linien des GBB im Raum Tettnang — Wangen — Friedrichshafen sowie weitere Schülerverkehre, die in den öffentlichen Linienverkehr integriert werden sollen. Dem GBB liegen derzeit für seine Linien im östlichen Bodenseekreis Fahrplanentwürfe zur Stellungnahme vor, die anschließend mit den betroffenen Gemeinden und Schulen zu beraten sind. Es ist vorgesehen, auf diesen Linien den neuen Fahrplan zum Fahrplanwechsel im Herbst 1985 umzusetzen, hierüber ebenfalls eine bilaterale vertragliche Regelung mit dem Landkreis zu treffen und damit die Neuordnung des ÖPNV im östlichen Bodenseekreis vollständig abzuschließen.

Parallel dazu wurde mit der Vorbereitung der Umsetzung der ÖPNV-Konzeption im westlichen Bodenseekreis begonnen. Ziel ist es, hier den Umsetzungs- und Beteiligungsprozeß zum Frühjahr 1986 abzuschließen, so daß mit dem Fahrplanwechsel im Sommer 1986 die konventionelle Neuordnung des ÖPNV im Bodenseekreis beendet sein wird.

Status des Modellvorhabens im Landkreis Tübingen

Die „Untersuchung von Möglichkeiten zur Verbesserung des ÖPNV einschließlich des SPNV der DB unter besonderer Berücksichtigung einer Stichbahn in einem mittleren Verdichtungs- und ländlichen Raum, dargestellt am Beispiel des Landkreises Tübingen" befindet sich in der Phase II: Vorbereitung der praktischen Modellerprobung. Die Umsetzung mit einem anschließenden mehrjährigen Probelauf ist ab Sommerfahrplan 1986 vorgesehen.

Die Planung erfolgt entsprechend den in Phase I entwickelten Zielvorstellungen

— der Koordination von Schienen- und Busangebot im Landkreis,
— der Zusammenarbeit der Verkehrsunternehmen in einer Verkehrsgemeinschaft und
— der organisatorischen Abstimmung des Regionalverkehrs im Landkreis Tübingen und des Stadtverkehrs Tübingen.

Im Landkreis Tübingen verlaufen drei regionale Schienenstrecken (760: Tübingen — Plochingen — Stuttgart, 765: Tübingen — Horb und 766: Tübingen — Sigmaringen — Aulendorf) sowie eine Stichbahn (764: Tübingen — Entringen). Das geplante Liniennetz orientiert sich aufgrund topographischer Gegebenheiten und vorhandener Verkehrsbeziehungen stark am status quo.

Im Frühjahr 1985 wurde den Städten und Gemeinden des Landkreises Tübingen ein Fahrplanentwurf vorgelegt, der den politischen Wunsch nach einer Stärkung der Schiene aufgriff und eine offensive Verknüpfung von Schiene und Straße zugunsten der Schiene vorsah. Ein Teil der Buslinien wurde an zwei zentralen Umsteigepunkten auf die Schiene gebrochen; die Verkehrsleistungen im schienenparallelen, zeitgleichen Busverkehr wurde reduziert. Darüberhinaus wurde die Einrichtung eines neuen Schienenhaltepunktes vorgeschlagen.

Diese Konzeption führte in Teilgebieten des Landkreises zu

— einer Ausweitung der Umsteigeverbindungen zwischen Bahn und Bus für den Fahrgast.
— einer Verringerung des Bedienungsstandards im Busverkehr in den betroffenen Gemeinden und
— zu längeren Fußwegen aus den Wohngebieten zu den Haltepunkten der Schiene.

Diese Konzeption wurde eindeutig von denjenigen Gemeinden abgelehnt, die über keinen eigenen Bahnhof verfügen und deren bisherige Direktverbindungen zu Umsteigeverbindungen auf der Schiene wurden. Bei Städten und Gemeinden mit Bahnanschluß war und ist die prinzipielle Zustimmung zu dieser Konzeption vorhanden, die jedoch gegen den Widerstand der anderen Gemeinden nicht zu realisieren ist.

Dieser Fahrplanentwurf wurde deshalb zurückgezogen. Den Städten und Gemeinden wird im Herbst 1985 ein neuer Fahrplanentwurf vorliegen, der unter Beibehaltung vorhandener umsteigefreier Nahverkehrsangebote zusätzliche Zubringerfahrten zu den Bahnhöfen vorsieht.

Der Landkreis hat unter der Vorgabe, daß der Mitteleinsatz auf die bisher verfügbaren staatlichen Mittel begrenzt bleibt, eine Gesamtverantwortung für den ÖPNV übernommen. Die Entscheidung, ob diese staatlichen Mittel einer Ausweitung des Fahrplanangebots oder einer verbesserten Tarifstruktur zugute kommen sollen, ist noch offen.

Deshalb wird der Fahrplanentwurf im Herbst 1985 sowohl eine kostenneutrale Alternative enthalten, deren Angebotsverbesserungen sich vor allem aus der Integration vorhandener Schülerverkehre ergeben, als auch eine Alternative, deren Angebotsverbesserungen Mehrleistungen im Rahmen der staatlichen Mittel erfordern. Bei dieser zweiten Alternative ist vorgesehen, den im ländlichen Teil des Landkreises bereits erprobten Einsatz von Anmeldelinientaxis im Abend- und Wochenendverkehr verstärkt einzubeziehen.

Um den angestrebten Übergang Bus/Schiene für den Fahrgast auch tariflich attraktiver zu machen und unter Berücksichtigung der starken Ausrichtung des Regionalverkehrs auf die Stadt Tübingen sind tarifliche Veränderungen vorgeschlagen, die für alle Umsteigebeziehungen innerhalb des Kreisgebietes zwischen öffentlichen (DB-Schiene und GBB) und privaten Verkehrsunternehmen unter Einschluß des Stadtverkehrs Tübingen einen Übergangstarif vorsehen. Dieser Übergangstarif sieht bei Umsteigebeziehungen die Ausgabe e i n e s Fahrscheins vor, der in seiner Fahrpreishöhe rabattiert ist. Angestrebt wird diese Regelung für Zeitkarten und Einzelfahrausweise.

Die Realisierung dieses Übergangstarifs führt zu Mindererlösen, die vom Landkreis zu erstatten sind. Da keine Daten über den Umfang der Umsteigebeziehungen im Landkreis vorlagen und somit die Höhe der erforderlichen Ausgleichsleistungen nicht berechnet werden konnte, wurde im Herbst 1984 eine Zählung durchgeführt.

An mehreren Werktagen sowie am Wochenende wurden alle umsteigenden Fahrgäste vollständig gezählt, wobei durch Befragung auch Abfahrts-, Umstiegs- und Zielort ermittelt wurden. Die Bestätigung der vermuteten starken Umsteigebeziehungen aus dem Regionalverkehr auf den Stadtverkehr Tübingen sind dabei ein wichtiges Ergebnis. Unter Berücksichtigung der Zählergebnisse und unter Anwendung gestaffelter Rabattierungssätze werden dem Landkreis Tübingen Alternativen zur Einführung eines Übergangstarifs zur Entscheidung vorliegen, die sich im Rahmen der zur Verfügung stehenden staatlichen Mittel bewegen.

Art und Umfang der Zusammenarbeit der Verkehrsunternehmen in einer Verkehrsgemeinschaft sind von der vorhandenen Unternehmensstruktur im Landkreis geprägt. Außerhalb des Stadtverkehrs Tübingen werden rund 80% der Verkehrsleistungen im allgemeinen Linienverkehr vom Geschäftsbereich Bahnbus und rund 20% von drei privaten Verkehrsunternehmen erbracht. Das geplante Liniennetz verändert die Zuordnung der Linien zu den einzelnen Verkehrsunternehmen nicht. Die Verkehrsgemeinschaft unter Einschluß der DB-Schiene hat in Zusammenarbeit mit dem Landkreis als politisch und finanziell Verantwortlichem die Aufgaben der Modellpflege, der Abstimmung der Fahrpläne einschließlich der Schienenfahrpläne, der Abstimmung über den Umfang der Verkehrsleistung, Anwendung und Weiterentwicklung des Tarifsystems sowie der einheitlichen Außendarstellung. Ein eigenes Management der Verkehrsgemeinschaft ist nicht erforderlich. Das beabsichtigte Verkaufsverfahren der Übergangsfahrausweise ermöglicht eine direkte Ermittlung der Mindererlöse beim jeweils betroffenen Verkehrsunternehmen ohne aufwendige Verkehrszählungen. Der Nachweis der entsprechenden Erstattungsansprüche des einzelnen Verkehrsunternehmens aus dem Übergangstarif erfolgt direkt gegenüber dem Landkreis. Zusätzliche Kooperationen der Verkehrsunternehmen untereinander können im Rahmen bilateraler Vetäge geregelt werden.

Der Zeitplan sieht die abschließende Bearbeitung der Teilbereiche Fahrplan, Tarife und rechtlich-organisatorisches Konzept bis zum Herbst 1985 mit einer anschließenden breiten Partizipation aller Beteiligten und die praktische Umsetzung zum Sommerfahrplan 1986 vor.

Literaturverzeichnis

[1] Zwischenergebnisse des Modellversuchs ÖPNV in der Fläche im Hohenlohekreis und Status der Untersuchungen im Saarland und im Landkreis Tübingen. Nahverkehrsforschung '82. Hrsg. vom Bundesminister für Forschung und Technologie. Bonn 1982. S. 534 - 553.

[2] Stand der Vorbereitung des ÖPNV-Modells Bodenseekreis. Nahverkehrsforschung '84. Hrsg. vom Bundesminister für Forschung und Technologie, Bonn 1984. S. 454 - 480.

ÖPNV-Modell Zonenrandgebiet Raum Wunsiedel

Kommunalentwicklung Baden-Württemberg GmbH (KE)
SNV Studiengesellschaft Nahverkehr mbH

Rieke (SNV)
Dr. Sparmann (SNV), Vortragender
Wessel (KE)

Förderungskennzeichen des BMV: 70126/84

Zusammenfassung

In Ergänzung der bisher vom Bundesminister für Verkehr geförderten Forschungsvorhaben zur Verbesserung des öffentlichen Personennahverkehrs im ländlichen
Raum wurde ein Konzept für einen Nahverkehrsraum des Zonenrandgebietes entwickelt. Es liegen zwei Planungskonzepte vor, von denen das eine eine Fortschreibung des bestehenden ÖPNV darstellt, unter stärkerer Einbeziehung des Schienenpersonennahverkehrs, während das zweite Konzept von einer grundsätzlichen
Neuordnung des ÖPNV mit konsequenter Ausrichtung der Buslinien auf den Schienenverkehr ausgeht. Über das weitere Vorgehen wird im Rahmen eines Beteiligungs-
verfahrens entschieden.

Summary

The Federal Ministry of Transport has funding a series of investigations to improve
public transport in rural areals. One conception is based on the special conditions of
rural areas locadet close to the eastern border of the Federal Republic of Germany.
Two alternatives have been developed. One alternative is based on existing bus and
rail lines and includes local improvements and extension of the lines. In the other
conception a totally new transit network has been developed including most of the
student transport where the bus lines are basicly designed as feeder lines for the rail
system

Problemstellung und Vorgehen

Die Arbeitsgemeinschaft SNV Studiengesellschaft Nahverkehr/KE Kommu-
nalenwicklung Baden-Württemberg hat den Auftrag, beispielhaft eine Konzeption zur Optimierung des öffentlichen Personennahverkehrs in einem
Nahverkehrsraum des Zonenrandgebietes zu entwickeln. Diese Konzeption
soll Modellcharakter haben, d. h. auf andere Räume gleicher Struktur übertragbar sein, und am Beispiel des Raumes Wunsiedel umgesetzt und erprobt
werden.

Als Rahmenbedingung gelten die von der Bundesregierung 1983 beschlos-
senen Leitlinien zur Konsolidierung der Deutschen Bundesbahn. Ansatzpunkt für die Optimierung ist eine funktionsgerechte Aufteilung der Aufgaben zwischen Bus und Bahn mit dem Ziel einer besseren Nutzung der
vorhandenen Ressourcen.

Unter den genannten Bedingungen ist nicht auszuschließen, daß im Einzelfall auch eine Busbedienung als Alternative zum Schienenverkehr der Zielsetzung gerecht werden kann. Entsprechend diesen Vorgaben sind zwei

Planungskonzepte erarbeitet worden, die auf alternativen Ansätzen beruhen. Das Planungskonzept I geht von einer Optimierung der ÖPNV-Bedienung unter weitgehender Beibehaltung der bisherigen Verkehrsstrukturen aus, während das Planungskonzept II aufzeigt, wie durch eine konsequente Ausrichtung des Personennahverkehrs auf die Schiene und Neukonzeption des Linienverkehrs dem Schienenpersonennahverkehr Fahrgäste zugeführt werden können. Grundlage beider Konzepte ist die Versorgung der Bevölkerung mit einem der Struktur und der Nachfrage im Zonenrandgebiet angemessenen Angebot an öffentlichen Verkehrsleistungen. Damit bestimmen vor allem die Nachfrage und die Finanzierbarkeit die Planungskonzeption.

Ausgehend von den verkehrlichen Verflechtungen umfaßt der Planungsraum den Landkreis Wunsiedel, den südöstlichen Teil des Landkreises Hof, einschließlich der Stadt Hof, sowie einige angrenzende Gemeinden der benachbarten Landkreise Tirschenreuth und Bayreuth. Dieser Planungsraum schließt zwei Hauptstrecken der Deutschen Bundesbahn ein (Regensburg-Hof und Schirnding-Nürnberg), sowie eine Nebenstrecke (Holenbrunn-Selb-Hof). Aufgrund der nur noch geringen Beförderungsleistung auf dem Streckenabschnitt Holenbrunn-Selb hat sich die Deutsche Bundesbahn für die Umstellung des Personenverkehrs ausgesprochen.

Die Einbeziehung der Nebenstrecke in ein ÖPNV-Konzept wird dadurch erschwert, daß viele Bahnhöfe und Haltepunkte abseits der Siedlungsflächen liegen und damit zu Fuß nur unter Inkaufnahme längerer Fußwege zu erreichen sind.

Etwa die Hälfte der Verkehrsleistung im Busverkehr wird im freigestellten Schülerverkehr abgewickelt. Durch die Integration der freigestellten Schülerverkehre in den Linienverkehr nach § 42 PBefG besteht die Möglichkeit, eine größere Flächendeckung im ÖPNV zu erreichen. Ein weiteres Verbesserungspotential besteht in einer besseren Verknüpfung von Bus- und Schienenverkehr.

Das Planungskonzept I geht vom bestehenden Liniennetz nach § 42 PBefG aus und bezieht den Schienenpersonenverkehr mit den gegebenen Randbedingungen ein. Der Streckenabschnitt Holenbrunn-Selb wird bei dieser Planungskonzeption auf Busbedienung umgestellt. Das Busliniennetz wird den Nachfragestrukturen entsprechend angepaßt und in dem Umfang erweitert, in dem sich freigestellte Schülerverkehre in dieses Liniennetz integrieren lassen. Eine verbesserte Nutzung des verbleibenden SPNV wird durch eine gezielte Verknüpfung von Bus und Schiene angestrebt.

Im Planungskonzept II erfolgt unter Nutzung aller planerischen Möglichkeiten eine stringente Zuführung von weiteren Teilen des Fahrtenaufkommens auf den SPNV. Durch eine fast vollständige Integration des freigestellten Schülerverkehrs wirkt das Busliniennetz flächendeckend. Seine konsequente Ausrichtung auf den SPNV führt dazu, daß das Busliniennetz gleichzeitig Zubringerfunktionen erfüllt. Allerdings werden bei diesem Ansatz Verkehrsströme gebrochen.

Der Vorteil beider Konzepte liegt in der systematischen Einbeziehung des SPNV in ein Gesamtkonzept für den ÖPNV. Beim Planungskonzept II werden darüber hinaus Maßnahmen vorgeschlagen, die zu einer Stärkung des Schienenverkehrs führen sollen, um die Voraussetzung zur Sicherung des

Nahverkehrs auf der Nebenstrecke Holenbrunn-Selb-Hof zu schaffen. Dieses Konzept kann jedoch nur dann die gewünschte Wirkung zeigen, wenn die Priorität des SPNV für der Verkehrsbedienung in diesem Raum und die

Bewertungs-kriterium	Planungskonzept 1	Planungskonzept 2
Linien-führung der Busse	Aufbauend auf Status quo: • direkte Quell-Ziel-Beziehungen • kurze Fahrwege • geringe Fahrzeiten • Reduzierung Umsteige-vorgänge	Aufbauend auf Neukon-zeption unter Integration des freigestellten Schüler-verkehrs: • ausgerichtet auf Schulstandorte • ausgerichtet auf Schienenanbindung
Schienen-angebot und Verknüpfung mit dem Bus	Beibehaltung des Angebotes auf den Strecken 840, 850 und 853 zwischen Selb (Stadt) und Hof. Ausrichtung des Busnetzes schwerpunktmäßig auf die Bf. Marktleuthen. Marktredwitz und Schirnding zur Stärkung der Schiene.	Beibehaltung des SPNV auf allen Strecken, Angebotserhöhung auf dem dem Streckenabschnitt Selb-Marktredwitz. Ausrichtung der Buslinien auf alle Bahnhöfe des Planungsraumes.
Bus-,Fahrten-angebot	Erhaltung, auf einigen Linien Erhöhung des Angebotes durch Einführung einer Mindestbedienung.	Überwiegend Erhöhung des Angebotes durch Integration des freigestellten Schüler-verkehrs; durchschnittlich 7 - 8 Fahrtenpaare an Schultagen.
Umsteige-bedingungen	Verknüpfung Bus/Bus und Bus/Bahn schwerpunkt-mäßig verbessert. Umsteige-vorgänge reduziert.	Durch stärkere Schienen-anbindung häufigeres Umsteigen erforderlich.
Flächen-deckung	Generell verbessert bis auf die Ortschaften Neuhaus, Kothigenbibersbach. Rügersgrün. Hebanz, Rei-choldsgrün. Kleinwendern und Brunn, wo Fußwege bis zu max. 2.100 m zur näch-sten Haltestelle in Kauf genommen werden müssen; zusätzl. Haltestellen.	ca. 95% aller Wohnplätze sind mit Linienverkehr nach nach § 42 PBefG versorgt; generell kurze Fußwege zur Haltestelle.
Erreichbar-keit der Mittelzentren	Teilweise verbessert durch Liniendurchbindung und Linienverlängerungen.	Teilweise durch neue Linien geschaffen, teilweise jedoch nur durch Umsteigen erreichbar.

Tabelle 1: Veränderungen in den Konzepten gegenüber dem Status quo

konsequente Ausrichtung der Buslinien auf die Haltepunkte des SPNV akzeptiert werden. Die Veränderungen in den beiden Konzepten gegenüber dem status quo sind in der **Tabelle 1** zusammengefaßt.

Der Zuschußbedarf, der sich für die einzelnen Planungskonzepte aus den modellbedingten Mehrleistungen und Mindereinnahmen für den straßengebundenen ÖPNV ergibt, liegt in der Größenordnung zwischen 100 TDM und 200 TDM. Diese Angaben sind allerdings insofern mit einem Risiko behaftet, als die Abschätzung der Einnahmen Unsicherheiten aufweist. Es kann im derzeitigen Stadium der Untersuchung nicht mit letzter Genauigkeit festgestellt werden, ob die sich im freigestellten Schülerverkehr ergebenden Einnahmen im vollen Umfange den Einnahmen entsprechen werden, die sich durch die Integration des freigestellten Schülerverkehrs in den Linienverkehr ergeben werden. In diesem Zuschußbedarf nicht enthalten sind die Mindereinnahmen, die sich aus einer Durchtarifierung ergeben können.

Es wird vorgeschlagen, während des ersten Jahres eines Modellversuches einen Übergangstarif anzuwenden, der mit einer Rabattierung des Fahrpreises verbunden ist. Während dieses Jahres könnten dann auch die Mindereinnahmen aus der Durchtarifierung ermittelt werden. Erst nach Vorliegen der Ergebnisse sollte festgelegt werden, wie in den Folgejahren des Modellversuchs diese Mindereinnahmen fortgeschrieben werden und in welcher Höhe ein Ausgleichsbedarf besteht.

Grundlage des Organisationskonzeptes sind folgende Voraussetzungen:

— keine kreiseigene Nahverkehrsverwaltung
— freiwillige Kooperation aller Beteiligten
— Einhaltung der Planungsvorhaben
— geringer Realisierungs- und Verfahrensaufwand.

Angebots- und Finanzverantwortung sollen beim Landkreis liegen, soweit es sich um eine über die Grundversorgung hinausgehende Ausgestaltung des ÖPNV handelt. Die Träger einer Verkehrsgemeinschaft sind die im Untersuchungsraum tätigen Verkehrsunternehmen mit Liniengenehmigungen, die ihre Angebotsgestaltung in enger Abstimmung mit dem Landkreis vornehmen.

Die beiden Planungskonzepte liegen den Beteiligten zur Stellungnahme vor. Es ist vorgesehen, daß weitere Anregungen eingearbeitet, die Planungskonzepte punktuell ergänzt und dann die Beteiligten über das weitere Vorgehen entscheiden werden.

Untersuchungen zum Einfluß von Veränderungen des Angebotes im ÖPNV auf das Verkehrsteilnehmerverhalten am Beispiel des Verkehrsraumes Rhein-Ruhr

Studiengesellschaft für unterirdische Verkehrsanlagen e. V. - STUVA

Brandenburg

Förderungskennzeichen des BMV: 70120/82

Zusammenfassung

Kurz vor Einführung des Verkehrsverbundes Rhein-Ruhr (VRR) wurde Ende 1979 im Verbundraum eine Befragung von 2000 Personen durchgeführt. Ein Jahr später wurde diese Erhebung mit demselben Fragebogen wiederholt. Dabei gelang es, über die Hälfte der im Vorjahr Befragten ein zweites Mal zu interviewen und somit ein echtes Panel zu erhalten.

Die Aussagen der Untersuchungspersonen (dabei besonders die der Panelfälle) dienen dazu. deren Verkehrsverhalten zu ermitteln, Meinungen und Beurteilungen herauszufinden. und Veränderungen dabei aufzuzeigen.

Summary

Late in 1979. shortly before the establishment of the transport cooperative VRR in the Rhine-Ruhr area. a survey covering 2000 persons was carried out. One year later, the study was repeated with an identical questionnaire. In achieving more than half of the interviews with persons that were asked the year before, a real panel could be created. The answers of the questionned people, especially those of the panel-collective, served to determine the travel behaviour of the persons, their opinions and views, and related changes.

Zielsetzung und Vorgehensweise

Zum 1. Januar 1980 wurde im Rhein-Ruhr-Gebiet der Verkehrsverbund eingeführt. Kurz vor (Ende 1979) und ca. ein Jahr (Ende 1980) nach Inkrafttreten des Verbundes wurden Befragungen von jeweils ca. 2000 Personen über den Verbundraum verteilt durchgeführt. Damit sollten die Reaktionen der Bevölkerung (Verkehrsverhalten, Beurteilungen) auf diese Änderung des Verkehrsangebotes untersucht werden. Bei ca. 1000 Befragten handelt es sich um identische Personen, die in beiden Befragungen erfaßt werden konnten. Diese Gruppe stellt somit ein echtes Panel dar.

Die Durchführung der beiden Befragungen wurde seinerzeit von der Verkehrsverbund Rhein-Ruhr GmbH finanziert, ebenso die Grund-Auswertung der Daten. Die Feldarbeit mit der Durchführung der Interviews erfolgt durch das EMNID-Institut.

Wichtigste Ergebnisse

Rahmenbedingungen

Zu Beginn der Auswertungen durchgeführte Vergleiche mit amtlichen und weiteren Statistiken zeigten, daß alle Befragungskollektive (die Menge der

Gesamtbefragten und die Panelfälle) als repräsentativ angesehen werden können. Bei den Ergebnissen muß jedoch berücksichtigt werden, daß die Zusammensetzung der interviewten Personen einem (vorgegebenen) Verhältnis von 30:10 entspricht, bezogen auf Teilnehmer am ÖPNV und IV-Benutzer.

Für das Verkehrsverhalten entscheidend ist die Verfügbarkeit eines Pkw. Die entsprechende Frage (es wurde bewußt nicht nach dem Pkw-Besitz gefragt) wurde 1979 von gut einem Drittel der Befragten mit „immer" beantwortet. Ein Jahr später äußerten sich so aber rund 3 Prozent mehr Personen - was mit der allgemeinen Zunahme des Motorisierungsgrades korrespondiert.

Übereinstimmend damit wurde auch der (Klasse III-) Führerschein-Besitz mit höheren Prozentanteilen festgestellt, die Steigerungsrate lag sogar bei etwa 6%-Punkten.

Bei einzelnen Untergruppen der Interviewten ist die Änderung der Pkw-Verfügbarkeit unterschiedlich. So nahm sie bei den Männern der Panelbefragten geringfügig ab, bei den Frauen hingegen stieg sie um + 6,5 Prozentpunkte. Eine noch größere Steigerungsrate fand sich bei den Befragten, die in Haushalten mit hohem Einkommen leben **(Bild 1).**

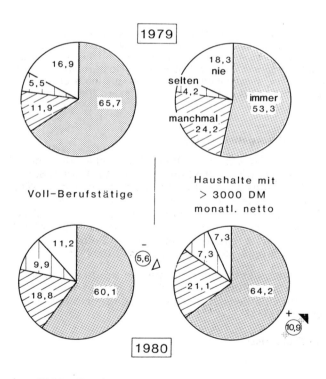

Bild 1: Pkw-Verfügbarkeit ausgewählter Gruppen
Kollektive: Panelbefragte

Ebenfalls zugenommen hatte der Anteil von Zweirädern, bei den Fahrrädern lag die Erhöhung bei 6-8 Prozentpunkten (je nach Befragungskollektiv) bei den Krädern waren es etwa 3 Punkte.
Hinsichtlich des E i n k o m m e n s war eine leichte Steigerungstendenz fest-zustellen.

Verkehrsverhalten

Bezüglich der F a h r t e n h ä u f i g k e i t (Anzahl der Fahrten pro Woche oder pro Tag) konnten keine signifikanten Unterschiede zwischen 1979 und 1980 festgestellt werden.

Die U m s t e i g e h ä u f i g k e i t im Ö P N V hatte sich geringfügig verringert, der Anteil von Direktfahrten (er liegt bei etwa 90 Prozent) hatte eine Zunah-me von 2 Prozentpunkten zu verzeichnen.
Die durchschnittlichen R e i s e z e i t e n (Fußwege + Fahrzeiten) wiesen 1980 nur unbedeutende Veränderungen gegenüber dem Vorjahr auf. Bei der Gegenüberstellung der Zeiten für Fahrten mit dem ÖPNV und dem IV wird allerdings eines ganz deutlich **(Bild 2).**

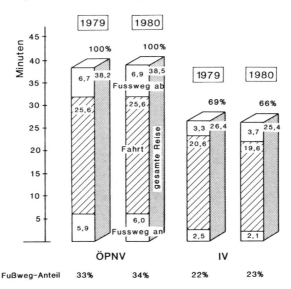

Bild 2: Zeiten für Fahrten und Wege und die gesamte Reise.
Durchschnittswerte für die 1. Stichtagfahrt
Kollektiv: alle Befragten

Die Teilnehmer am Individualverkehr benötigen für ihre Reisen durch-schnittlich nur ca. 70% der Zeit, die die ÖPNV-Benutzer aufwenden müssen. Dabei spielen die längeren Fußwege, die letztere zurücklegen müssen, eine nicht unerhebliche Rolle.
Hiermit wird erneut die Bedeutung unterstrichen, die einer Beschleunigung des ÖPNV zukommt, damit seine Attraktivität weiter gesteigert wird. Alle einschlägigen Erfahrungen bestätigen, daß der Zeitaspekt bei der Ver-kehrsmittelwahl eine vorrangige Rolle spielt.

Ergänzend zu den Zeitangaben war von den Befragten eine Beurteilung zu den Fußwegen und Fahrzeiten erbeten worden. Dabei hatten sich die Prozentanteile guter Urteile etwas erhöht, die Bewertungen sind durchschnittlich geringfügig besser ausgefallen.

Bei der Verkehrsmittel-Nutzung ist eindeutig eine Zunahme des Individualverkehrs festgestellt worden, sie lag bei ca. 6 Prozentpunkten. Die Benutzung des öffentlichen Personennahverkehrs ging um denselben Anteil zurück. Das kombinierte Fahren wie Park and Ride (P + R) o. ä. hatte so gut wie keine Bedeutung, der Gesamt-Anteil lag bei den Befragten in beiden Jahren bei nur ca. 1/2 Prozent.
Die Steigerung der IV-Nutzung ist neben der stärkeren Zweirad- und Pkw-Verwendung auch auf die erhöhte Zahl von Pkw-Mitfahrern zurückzuführen. Deren Prozentanteil nahm von 1979 mit etwa 4% auf ca. 8% in 1980 zu.
Werden die einzelnen Fahrtzwecke bzw. -ziele betrachtet, lassen sich unterschiedliche IV-Zunahmen feststellen **(Bild 3)**. Bei den Arbeitsfahrten aller Befragten beträgt die Erhöhung des IV-Anteils etwa 2%-Punkte, bei den Einkäufjen sind es ca. 6, bei den Besuchs- und Erholungsfahrten sogar 8 Prozentpunkte.

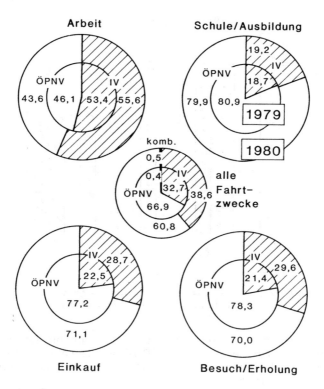

Bild 3: Verkehrsmittelbenutzung. Aufteilung IV - ÖPNV
Hinweis: Quoten-Vorgabe 1979: IV : ÖPNV = 10 : 30
Auswertung aller Stichtagfahrten
Kollektiv: alle Befragten

Diese Änderungen sind allerdings nur das zahlenmäßige Endergebnis von sehr viel stärkeren Verschiebungen. So sind z. B. bei Fahrtzweck „zur Arbeit" bei den identischen Panelfällen, die dieses Ziel 1979 und 1980 hatten, fast 17% der Befragten vom ÖPNV zum IV gewechselt, aber gleichzeitig auch ca. 13% vom IV zum ÖPNV. Dies zeigt, daß der „Bewegungsspielraum" bei der Verkehrsmittelwahl doch recht groß ist. Dementsprechend kann das zusätzlich mobilisierbare Fahrgastpotential eingeschätzt werden.

Bei der Aufteilung der benutzten Verkehrsmittel nach solchen der K o m m u n a l e n Verkehrsbetriebe und denen der D e u t s c h e n B u n d e s b a h n gab es nur geringe Verschiebungen. Über alle Fahrtzwecke gesehen haben dabei die Fahrten nur mit DB-Verkehrsmitteln bei den Panelfällen um ca. 1/2 Prozent abgenommen, dafür hat sich der Anteil der „Übersteiger" um etwa 2.5 Prozentpunkte erhöht. Im Detail ergab sich, daß diese Steigerung hauptsächlich bei den Fahrten zur Arbeit (fast 4% mehr Übersteiger), denen zur Schule/Ausbildung (+ 3.5%-Punkte) und den Besuchs-/Erholungsfahrten (+ ca. 2 Punkte) vorhanden war.

Für die Gesamtmenge der Befragten waren die prozentualen Änderungen geringer **(Bild 4)**.

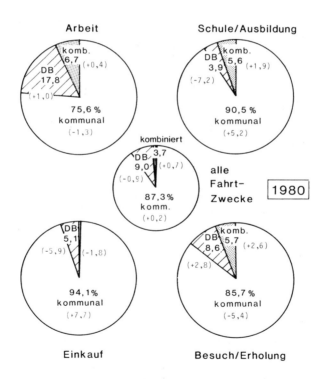

Bild 4: Verkehrsmittelnutzung. Aufteilung Kommunal/DB
Angaben für alle Stichtagsfahrten 1980. Werte in Klammern:
Differenzen zu 1979 (in Prozentpunkten)
Kollektiv: alle Befragten

Die Fahrausweis-Nutzung zeigte 1980 gegenüber 1979 Veränderungen von teilweise erheblichen Ausmaßen. Die Verwendung von Einzelfahrscheinen war insgesamt gesehen (und auch bei fast allen Fahrtzwecken) stark zurückgegangen - um 10 - 15%-Punkte, je nach Befragungskollektiv. Bei den Mehrfahrten-Ausweisen war dies ebenso, wenn auch in geringerem Maße. Demgegenüber hatten die Zeitfahrausweise Steigerungen von 12%-Punkten (bei allen Befragten) erfahren **(Bild 5)**. Je nach Fahrtzweck fielen diese Erhöhungen teilweise noch stärker aus, so z. B. bei den Fahrten zur Arbeit oder zur Schule/Ausbildung. Bemerkenswert ist dabei der hohe Anteil der mit dem VRR-Start eingeführten Monatskarte im Abonnement, die innerhalb knapp eines Jahres einen Anteil an allen Fahrausweisen von ca. 10 Prozent erreichte — bei den Arbeitsfahrten sogar fast 30%.

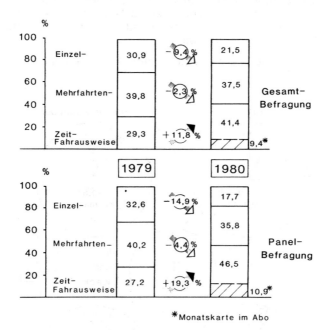

*Monatskarte im Abo

Bild 5: Fahrausweisnutzung
Auswertung aller ÖPNV-Stichtagfahrten

Beurteilung des Verkehrsangebotes

Für die Fragenkomplexe, mit denen Meinungen und Beurteilungen der Befragten ermittelt werden sollten, ist folgendes zu sagen: Die Information über das Angebot des VRR wurden allgemein sehr gut beurteilt, mit positiven Antworten von über 70 bis teilweise 90 Prozent. Bis auf die Aushangfahrpläne und die Wegweisung erfuhren diese Aspekte auch von 1979 auf 1980 eine Verbesserung in ihrer Bewertung - am stärksten (mit + 7—8%-Punkten) die durch Verbund vereinheitlichten Taschenfahrpläne.

Das Verkehrsangebot selbst wurde ebenfalls von 3/4 der Befragten positiv beurteilt. Hier konnten allerdings regionale Unterschiede festgestellt werden: In einigen wenigen Untersuchungsgebieten waren mehr negative Beurteilungen vorhanden — diese ließen sich aber größtenteils durch das vergleichsweise schlechtere Bedienungsangebot (ländlicher Raum) erklären.

Gleiches gilt für die Meinungen zu den Verbund-Vorteilen. Mehr als die Hälfte der Interviewten äußerten, durch den Verbund Vorteile bei der Benutzung des ÖPNV zu haben **(Bild 6).** In einigen Gebieten dagegen führten geringfügige (meist tarifliche) Nachteile zu andersartigen Aussagen. Insgesamt gab es jedoch nur ca. 6% negative Äußerungen.

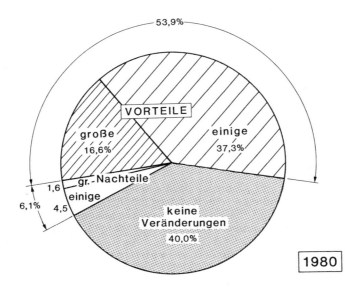

Bild 6: Vorteile durch den Verkehrsverbund
Kollektiv: alle 1980 Befragten

Für die Meinungen und Beurteilungen konnten Abhängigkeiten ermittelt werden, die in erster Linie mit dem Besitz bzw. der Verfügbarkeit eines Pkw zusammenhängen. Indirekt über dieses Kriterium sind auch die Bewertungsunterschiede zu verstehen, die z. B. von Männern und Frauen oder von Personen mit unterschiedlichem Schulabschluß abgegeben werden. Bei den männlichen Befragten ebenso wie bei den Interviewten mit höherer Schulbildung (die dadurch in der Regel höhere Einkommen haben) ist die Pkw-Benutzung häufiger, das ÖPNV-Angebot deshalb kaum oder überhaupt nicht bekannt.

Gründe für die Verkehrsmittelwahl

Die Pkw-Verfügbarkeit ist auch der entscheidende Grund für die Teilnahme am Individualverkehr. Dies konnte deutlich nachgewiesen werden an Hand des Verkehrsverhaltens der zweimal interviewten Personen

(der Panelfälle) und ihren konkret 1979 und 1980 durchgeführten und proto-
kollierten Fahrten:
War z. B. bei der ersten Befragung ein Pkw verfügbar, ein Jahr später nicht
mehr (oder evtl. kein Führerschein mehr vorhanden) wurden diese Personen
zu ÖPNV-Benutzern. Stand jedoch 1980 gegenüber 1979 ein Auto zur Verfügung, so wurde dieses auch dann fast immer für die wichtigsten Fahrten
benutzt.

Die Angaben zu den Gründen für die IV- oder ÖPNV-Teilnahme
runden dieses Bild ab:
Der für den ÖPNV genannte Hauptgrund (mit etwa 27 Prozent der Nennun-
gen angegeben, und von über der Hälfte der Befragten geäußert) lautete:
„ÖPNV-Benutzung weil (oder wenn) kein anderes Verkehrsmittel vorhanden
ist".
Die übrigen genannten Gründe wie Parkprobleme, Umweltfreundlichkeit
etc. treten dagegen zurück.

Bei der IV-Benutzung liegt der Grund „unabhängiger, praktischer" an erster
Stelle, mit ähnlichen Prozentzahlen wie der ÖPNV-Hauptgrund. Die an zweiter und dritter Stelle rangierenden Angaben waren „schneller" und „bequemer, erholsamer" — weitere Bestätigungen der allgemeinen herrschenden
Meinung über den IV (bzw. den ÖPNV).

Erfahrungen aus der Durchführung der Untersuchung

Die Auswertungen und Ergebnisse der beiden im Verbundraum des VRR
durchgeführten Erhebungen zeigen, daß es möglich ist, mit derartigen Befragungen das Verkehrsverhalten und zugehörige Meinungen und Beurteilungen vor und nach Veränderungen des ÖPNV-Angebotes zu ermitteln.
Die Einführung des Verkehrsverbundes mit Jahresbeginn 1980 wurde allerdings von Angebotsveränderungen verkehrlicher Art kaum begleitet,
die Verbesserungen waren in erster Linie tariflicher Art.
Aus diesem Grunde war es teilweise nicht leicht, konkrete Änderungen von
Verhaltensweisen hinsichtlich der Fahrgewohnheiten der Befragten zu ermitteln. Die festgestellten Veränderungen in der Verkehrsmittel-Nutzung
z. B. liegen meist in relativ geringen Größenordnungen, vor allem werden sie
oft von dem allgemeinen Trend zur weiteren Individualisierung des Verkehrs
überdeckt. Dessen Zunahme jedoch ließ sich deutlich aufzeigen und nachweisen (höherer Zweirad-Anteil, stärkere Pkw-Benutzung, mehr Pkw-Mit-
fahrer).

Zwischenzeitlich sind im Verkehrsverbund Rhein-Ruhr auch verkehrliche
Angebotsverbesserungen vorgenommen worden (weiterer Ausbau des
Schienenschnellverkehrs, bessere Anbindung des Busnetzes hierauf, Park
and Ride Bau- und Werbeaktivitäten). Derartige Maßnahmen, die teilweise
dazu geeignet sind, das Verkehrsverhalten größerer Teile der Benutzer zugunsten des ÖPNV zu verändern, waren jedoch nicht Gegenstand der Untersuchungen.

Trotzdem konnte eine größere Menge von interessanten Details ermittelt
werden — auch der Teil der Auswertungen, der das Meinungs- bzw. „Stim-
mungsbild" ein Jahr nach Verbundeinführung beinhaltet, gehört dazu.

Dort zeigte sich nämlich sehr deutlich, daß die Betroffenen (die ÖPNV-Fahrgäste und auch die anderen Bewohner des Verbundraumes) auf die Angebotsänderungen reagieren: Die Zunahme positiver Urteile spricht für sich.

Die Aufteilung der Befragungen auf mehrere über den Verbundraum verteilte Untersuchungsgebiete hat sich als prinzipiell richtig erwiesen. Zu einigen Frageaspekten wurden regional unterschiedliche Aussagen gewonnen, die auch größtenteils begründet werden konnten.

Insgesamt gesehen kann die Art der durchgeführten Befragungen für die Ermittlung eines Gesamtbildes der Reaktionen von Verkehrsteilnehmern auf Änderungen des Verkehrsangebotes als geeignet bezeichnet werden. Die gewählte Form der Stichprobe mit durch Fachkräfte durchgeführten Interviews bietet gegenüber Gesamterhebungen finanzielle und methodische Vorteile. Im Vergleich zu schriftlichen Befragungen (mit dem Problem der geringen und kaum beeinflußbaren Rücklaufquote) und reinen Zählungen (mit stark begrenzter Anzahl von Details) bieten die Stichproben-Interviews ein effektives Mittel für die Feststellung von Verkehrsgewohnheiten und die Ermittlung der dazu gehörenden Ursachen. Gesamterhebungen und/oder Querschnitts- oder Verkehrsstromzählungen sind jedoch erforderlich, wenn detaillierte Analysen der Verkehrsmittelauslastung o. ä. erfolgen sollen.

Belange des ÖPNV bei der Planung und Anlage verkehrsberuhigter Zonen - Linienbusse -

Büro für Stadt- und Verkehrsplanung BSV, Aachen
Institut für Stadtbauwesen ISB, RWTH Aachen

Dr Baier (BSV)
Springsfeld (BSV). Vortragender
Switaiski (ISB)

Förderungskennzeichen des BMV: 70111/83

Zusammenfassung

Das Forschungsprojekt gliedert sich in zwei Teile. In Teil I sind ausgehend von einer Darlegung des gegenwärtigen Erkenntnisstandes anhand vorliegender Veröffentlichungen verkehrsmittelspezifische Anforderungen an den Verkehrsraum aus der Sicht der Betreiber. der Benutzer und der Allgemeinheit dargestellt. Eine Befragung der im Verband öffentlicher Verkehrsbetriebe zusammengeschlossenen Verkehrsbetriebe hat einen Überblick darüber geliefert. wo es ausgeführte Verkehrsberuhigungsmaßnahmen gibt. in denen Linien des öffentlichen Personennahverkehrs betrieben werden.
An acht ausgewählten Beispielen vorhandener Verkehrsberuhigungsmaßnahmen sind deren Auswirkungen auf den dortigen Omnibus-Betrieb empirisch untersucht und hinsichtlich ihrer Verträglichkeit mit den Belangen des öffentlichen Personennahverkehrs bewertet worden. Hierauf aufbauend sind vorläufige Hinweise und Empfehlungen für die Planung aufgestellt und wirksame Verkehrsberuhigungselemente sowie geeignete Maßnahmenkombinationen und deren zweckmäßige räumliche Anordnung im Liniennetz und in der Einzelstraße aufgezeigt worden.

Im Teil II der Arbeit ist in den Modellgebieten Berlin-Moabit, Buxtehude, Eßlingen und Ingolstadt des Modellvorhabens „Flächenhafte Verkehrsberuhigung" die vorhandene Situation des öffentlichen Personennahverkehrs vor der Durchführung von Verkehrsberuhigungsmaßnahmen empirisch untersucht worden. Die Ergebnisse dienen dazu, einige Hinweise für die Planung und Durchführung flächenhafter Verkehrsberuhigungsmaßnahmen unter Berücksichtigung der Belange des öffentlichen Personennahverkehrs zu geben und vor allem als Grundlage für einen Vergleich mit den nach Einführung von Verkehrsberuhigungsmaßnahmen durchzuführenden „Nachher"-Untersuchungen.

Summary

This research project is divided into two parts. In the first part, specific demands made by transit systems on the transit area are described from the points-of-view of the operator, user and the general public. This is done on the basis of an exposition of the current level of information from available publications. A survey carried out among transit companies belonging to the Association of Public Transit Operators has provided information as to the locations where traffic restraint measures are in force, within the framework of which public passenger transit lines are operated.

Eight examples of existing traffic restraint measures have been selected and their effect on the bus operations in those localities has been examined empirically and evaluated with regard to their compatibility with the requirements of the public transit sector. Based on this, provisional suggestions and recommendations for planning have been made and effective traffic restraint elements, together with suitable combinations of measures and their effective spatial deployment in the route network and along individual streets, have been shown.

In the second part of the project, the existing situation in the public transit sector, before traffic restraint measures are carried out, has been investigated empirically, in the areas Berlin-Moabit, Buxtehude, Eßlingen and Ingolstadt, selected for the model project „area-wide traffic restraint". The results serve to provide some information for the planning and execution of area-wide traffic restraint measures, taking the requirements of the public transit sector into account and, above all, as a basis for a comparison with the subsequent investigations carried out after the introduction of the traffic restraint measures.

Problemstellung

Als etwa ab Mitte der 70er Jahre Verkehrsberuhigungsmaßnahmen in der Bundesrepublik in zunehmendem Maße realisiert wurden, ergab sich noch nicht die Notwendigkeit, sich mit Fragen der Führung von Linien des öffentlichen Personennahverkehrs durch verkehrsberuhigte Zonen zu beschäftigen. Verkehrsberuhigung wurde fast ausschließlich in einzelnen Wohnstraßen oder eng begrenzten Gebieten praktiziert. Diese verkehrsberuhigten Zonen lagen zwischen den Verkehrsstraßen und wurden somit von den dort verkehrenden öffentlichen Personennahverkehrsmitteln tangential erschlossen. Zur Gewährleistung eines Mindeststandards an Bedienungsqualität war ein Durchfahren nicht erforderlich.

Seit ein paar Jahren ist nun eine Ausweitung des Gedankens der Verkehrsberuhigung in der Diskussion. Die nunmehr angestrebte „Flächenhafte Verkehrsberuhigung" auch größerer zusammenhängender Gebiete - oder die in allerjüngster Zeit propagierte Einbeziehung der Haupt(verkehrs)straßen - machen es erforderlich, sich mit den Auswirkungen, die dies auf den Betrieb öffentlicher Linienverkehrsmittel hat, genauer zu beschäftigen. Ein Herausnehmen des öffentlichen Personennahverkehrs aus diesen größeren Gebieten mit ihrem potentiell hohen Fahrgastaufkommen ist ohne einen damit verbundenen drastischen Abbau an Bedienungsqualität für die dort lebenden Menschen nicht möglich.

Flächenhafte Verkehrsberuhigung als Planungsprinzip kann in diesem Zusammenhang nur heißen: Umfeldverträgliche Abwicklung und soweit wie möglich Verminderung des motorisierten Individualverkehrs bei gleichzeitiger Förderung des öffentlichen Personennahverkehrs sowie des Fuß- und Fahrradverkehrs. Die Reduktion des individuellen Kfz-Verkehrs in Quantität und Qualität zieht dabei automatisch die Möglichkeit, ja Notwendigkeit der Förderung der anderen Verkehrsmittel nach sich. Öffentlicher Personennahverkehr und Verkehrsberuhigung dürfen nicht in Konkurrenz zueinander gesehen werden; sie sind keine Alternativen, sondern notwendige Ergänzung.
Maßnahmen zur Verkehrsberuhigung sollten dazu beitragen, daß sich Ortsveränderungen „zu Fuß", „mit dem Fahrrad" und „mit dem öffentlichen Personennahverkehr" zügiger und sicherer realisieren lassen, damit die Attraktivität dieser „Verkehrsmittel" im Vergleich zum Auto auf Dauer gesteigert werden kann.

In diesem Zusammenhang gilt es - und das war das Ziel dieses Forschungsprojektes -auf der Grundlage entsprechender Literaturanalysen und vor allem durch empirische Untersuchungen einiger aufgeführter Beispiele, die Verträglichkeit zwischen dem Bus als Linienverkehrsmittel und Verkehrsberuhigungsmaßnahmen zu überprüfen und darauf aufbauend Hinweise für Einsatzmöglichkeiten und -formen von Verkehrsberuhigungsmaßnahmen im Zuge von ÖPNV-Linien zu entwickeln.

In einem zweiten Teil des Forschungsprojektes (vgl. [1]) - der hier nicht vorgestellt werden soll - ist in den Modellgebieten Berlin-Moabit, Buxtehude, Eßlingen und Ingolstadt des Modellvorhabens „Flächenhafte Verkehrsberuhigung" die vorhandene Situation des öffentlichen Personennahverkehrs vor der Einrichtung von Verkehrsberuhigungsmaßnahmen empirisch untersucht worden. Die Ergebnisse dienen dazu, einige Hinweise für die Planung und Durchführung der flächenhaften Verkehrsberuhigungsmaßnahmen unter Berücksichtigung der Belange des öffentlichen Personennahverkehrs zu geben und vor allem als Grundlage für einen Vergleich mit den hier nach Einführung der Maßnahmen durchzuführenden „Nachher-Untersuchungen". Die spätere Auswertung der Vorher-/Nachher-Untersuchungen läßt weitere aufschlußreiche Erkenntnisse bezüglich der ÖPNV-Verträglichkeit von Verkehrsberuhigungsmaßnahmen erwarten.

Empirische Untersuchungen ausgeführter Verkehrsberuhigungsmaßnahmen

Auf der Grundlage der Ergebnisse einer schriftlichen Befragung aller im Verband Öffentlicher Verkehrsbetriebe (VÖV) zusammengeschlossenen Verkehrsbetriebe nach Verkehrsberuhigungsmaßnahmen innerhalb ihres Liniennetzes (1) erfolgte die Auswahl der empirisch zu untersuchenden Fallbeispiele. Wegen des großen Erkenntnisdefizits wurden sehr unterschiedliche Maßnahmen ausgewählt.

Dabei mußten sich die Untersuchungen (2) auf die vier Maßnahmengruppen

— Vorfahrtsregelung Rechts vor Links
— Fahrgassenversatz/Fahrgasseneinengung
— Punktuelle Fahrgassenanhebung
— Mischflächen

in jeweils zwei unterschiedlichen Ausprägungsformen beschränken. Wesentliche Konfliktsituationen zwischen dem Linienverkehrsmittel und anderen Straßenraumnutzern konnten während der Untersuchungen in keinem der Fälle festgestellt werden. Im einzelnen lassen sich die Ergebnisse verkürzt folgendermaßen zusammenfassen:

Maßnahmetyp Vorfahrtsregelung rechts vor links
Untersuchungsfall Aachen-Richterich, Schloß-Schönau-Str. **(Bild 1)**

Die Schloß-Schönau-Straße (Fahrbahnbreite 7,20 m) ist eine schwachbelastete Sammelstraße eines Wohngebiets mit überwiegend Einfamilienhäusern. An den im Abstand von ca. 70 m gelegenen Kreuzungen und Einmündungen gilt die Regelung „Rechts vor Links". Die Knotenpunkte sind wegen dichter Hecken an den Grundstücksgrenzen schlecht einsehbar. Die Straße wird auf einem ca. 600 m langen Abschnitt in stündlichem Rhythmus von einer hier endenden Buslinie befahren.

Auswirkungen auf den ÖPNV
— Die Fahrzeitverluste sind im Vergleich zu den angrenzenden Linienabschnitten gering. Die mittlere Fahrgeschwindigkeit zwischen den Haltestellen liegt bei 28 km/h.
— Der Fahrtverlauf ist etwas ungleichmäßig. Vor den Knotenpunkten wird die Fahrgeschwindigkeit um durchschnittlich 5 km/h vermindert.
— Die Busfahrer bewerten die Maßnahme unterschiedlich; ein Teil hat keine Probleme, andere fühlen sich durch die ständige „Bremsbereitschaft" belastet. Die Verkehrsbetriebe beurteilen die Auswirkungen auf Beförderungskomfort, Fahrtzeit und Belastungen des Fahrers negativ.
— Die Fahrgäste sehen sich überwiegend in ihrem Fahrkomfort nicht beeinträchtigt; es treten keine Probleme beim Festhalten auf.

Auswirkungen auf den mot. IV
— Die PKW-Geschwindigkeiten liegen zwischen den Knoten i. a. bei 40 bis 50 km/h. Geschwindigkeiten deutlich über 50 km/h wurden allerdings nicht beobachtet.
— Aufgrund der geringen Verkehrsmengen und der damit verbundenen geringen Wahrscheinlichkeit eines von rechts kommenden Fahrzeugs werden die Knotenpunkte in der Regel zügig überfahren.

Untersuchungsfall Düsseldorf-Garath **(Bild 2)**

---

(1) Die Befragung ergab, daß zur Zeit in der Bundesrepublik Deutschland auf ca. 200 Linienabschnitten des ÖPNV Verkehrsberuhigungsmaßnahmen ausgeführt sind. Das Spektrum reicht dabei von Geschwindigkeitsbegrenzungen auf 30 km/h bis hin zu durchgängig gepflasterten Mischflächen sowie Fußgängerzonen.

(2) Als wesentliche Untersuchungsmethoden kammen zum Einsatz: Verfolgungsfahrten zur Erfassung von Fahrtverläufen, Geschwindigkeitsmessungen, Verkehrszählungen, Reisezeitenerhebungen, Videobeobachtungen, Befragungen, Beobachtungen.

Bild 1: Schloß-Schönau-Straße, Aachen-Richterich

Bild 2: Stettiner Straße, Düsseldorf-Garath

Das Wohngebiet Garath ist von vier schleifenförmigen Sammelstraßen erschlossen, auf denen eine Ringbuslinie (max. 6 Buspaare/h) verkehrt. Im untersuchten ca. 2.600 m langen Teilabschnitt befinden sich 8 Haltestellen, meist in der Nähe der einmündenden, schwachbelasteten Stichstraßen, an denen die Regelung „Rechts vor Links" gilt. Die überwiegend 3- bis 4geschossige Wohnbebauung ist in Grünflächen eingebettet; die Knotenpunkte sind weiträumig einsehbar.

Auswirkungen auf den ÖPNV
— Die Fahrzeitverluste sind als sehr gering anzusehen. Die mittlere Fahrtgeschwindigkeit zwischen den Haltestellen liegt bei ca. 30 km/h.
— Der Fahrtverlauf ist ziemlich gleichmäßig. Vor den Knotenpunkten wird die Geschwindigkeit um durchschnittlich 3 km/h vermindert.
— Die Verkehrsbetriebe beurteilen die Auswirkungen auf Beförderungskomfort, Sicherheit und Belastung des Fahrers negativ.
— Die Fahrgäste sehen sich überwiegend in ihrem Fahrkomfort nicht beeinträchtigt; es treten keine Probleme beim Festhalten auf.

Auswirkungen auf den mot. IV
— Die Pkw-Geschwindigkeiten sind vergleichweise hoch; es treten regelmäßige Geschwindigkeiten über 50 km/h auf.
— Die gut einsehbaren Knotenpunkte werden in der Regel mit fast unverminderter Geschwindigkeit befahren.

Maßnahmetyp Fahrgassenversatz
Untersuchungsfall Bonn - Innere Nordstadt **(Bild 3)**

In Bonn - Innere Nordstadt durchfahren zwei Buslinien (max. 12 Busse/h) ein innenstadtnahes Altbauquartier (hohe Wohndichte, Gewerbe, starke Parkraumnachfrage) auf zwei Straßenzügen, die jeweils im Einrichtungsverkehr betrieben werden. Die Fahrgasse ist durch die Anordnung von wechselseitigem Parken (Versatzlänge 12 - 22 m, Versatztiefe 2,6 - 5 m) auf 3,50 m eingeengt.

Auswirkungen auf den ÖPNV
— Fahrzeitverluste sind im Vergleich zu den angrenzenden Linienabschnitten nicht festzustellen. Die mittlere Fahrtgeschwindigkeit zwischen den Haltestellen liegt bei 17 km/h.
— Die Anordnung der Fahrgassenversätze ist für den ÖPNV günstiger als für den mot. IV, denn sie liegen jeweils dort, wo der Bus - z. B. im Bereich

der Haltestelle - ohnehin langsam fahren muß, so daß der Fahrtverlauf ursächlich durch die Maßnahmen kaum beeinflußt wird.

— Die Fahrgäste sehen sich überwiegend in ihrem Fahrkomfort nicht beeinträchtigt. Negative Äußerungen beziehen sich hauptsächlich auf starkes Abbremsen infolge in zweiter Reihe haltender Fahrzeuge.

Auswirkungen auf den mot. IV

— Die Pkw-Geschwindigkeiten liegen im Bereich zwischen 25 und 45 km/h. Seit Einführung der Maßnahmen ist es hier zu einem merklichen Rückgang des Geschwindigkeitsniveaus gekommen.

— Für den Pkw-Fahrer ist der Straßenabschnitt jeweils hinter dem Versatz nicht einsehbar, während die Busfahrer aus ihrer erhöhten Sitzposition meistens über die alternierend abgestellten Fahrzeuge hinwegsehen können und somit einen besseren Einblick in den folgenden Straßenabschnitt haben.

Bild 3: Adolfstraße, Bonn
Innere Nordstadt

Bild 4: Bergstraße,
Siegen-Geisweid

Untersuchungsfall Siegen-Geisweid, Bergstraße **(Bild 4)**

Die Bergstraße ist (Fahrbahnbreite 6 - 6,60 m) eine schwach belastete Sammelstraße am Rande eines Wohngebietes in Höhenlage, auf der 7 Buspaare pro Tag verkehren. Im Bereich eines Sportplatzes und eines Sonderkindergartens sind durch Fahrbahnmarkierungen und rot-weiß gestreifte Balken (teilweise mit Warnleuchte) Fahrgassenversätze ausgebildet (Versatzlänge 16 - 29 m, Versatztiefe ca. 2,50 m).

Auswirkungen auf den ÖPNV

— Fahrtzeitverluste sind nicht festzustellen. Die mittlere Fahrtgeschwindigkeit zwischen den Haltestellen liegt bei 31 km/h.

— Der Fahrtverlauf ist ziemlich gleichmäßig. Die Geschwindigkeiten werden im Bereich der Versätze nur geringfügig vermindert. Wegen der geringen Verkehrsstärken sind Fahrzeugbegegnungen hier selten, und es entstehen keine Behinderungen des ÖPNV.

— Verkehrsbetriebe und Busfahrer sehen keine besonderen Probleme, bezweifeln allerdings im allgemeinen die Zweckmäßigkeit der Maßnahme.

— Die Fahrgäste sehen sich in der Mehrzahl in ihrem Fahrkomfort nicht beeinträchtigt.

Auswirkungen auf den mit.IV

— Die Pkw-Geschwindigkeiten werden durch die Maßnahme nicht beeinflußt. Abmessungen und freier Durchblick machen ein Durchfahren auch mit hoher Geschwindigkeit möglich.

— Wegen der äußerst geringen Verkehrsstärken kommt es nur sehr selten zu Begegnungsfällen (11% aller Fahrten), die etwa zur Hälfte mit unverminderter Geschwindigkeit abgewickelt werden.

Maßnahmetyp Punktuelle Anhebung der Fahrgasse
Untersuchungsfall Heidelberg, Grabengasse **(Bild 5)**

In der Innenstadt ist am Ende der Fußgängerzone in der Grabengasse eine kreissegmentförmige gepflasterte Schwelle (Breite 1,00 m, Stichmaß 6 cm) in einem Straßenabschnitt, der als Parkzone ausgewiesen ist, angeordnet. Die hier verkehrende Buslinie (max. 9 Busse/h) überfährt im unmittelbar davor liegenden Linienabschnitt zu Beginn und am Ende eines aufgepflasterten Abschnittes der Fußgängerzone jeweils eine Stufe von ca. 2-3 cm.

Auswirkungen auf den ÖPNV

— Die Fahrzeitverluste durch die punktuelle Maßnahme sind gering. Wäre die Schwelle hier nicht vorhanden, würde der mot. IV den Busbetrieb hier möglicherweise stärker behindern.

— Die Überfahrgeschwindigkeit liegt im Mittel bei 9 km/h. Da im angrenzenden Linienabschnitt ohnehin langsam gefahren wird, beträgt die mittlere Geschwindigkeitsreduzierung ca. 14 km/h.

— Die Busfahrer empfinden unter den gegebenen Verhältnissen das Überfahren der Schwelle im Schrittempo nicht als störend. Die Verkehrsbetriebe beurteilen lediglich die Auswirkungen auf die Fahrzeit negativ.

— Die Fahrgäste akzeptieren die Maßnahme; nur wenige klagen über Komforteinbußen.

Auswirkungen auf den mot. IV

— Pkws und Lieferfahrzeuge fahren im Untersuchungsbereich genau so langsam wie der ÖPNV. Die Überfahrgeschwindigkeit über die Schwelle beträgt bei Pkws im Mittel 12 km/h.

Untersuchungsfall Stolberg, Auf der Liester **(Bild 6)**

Auf der Liester (Fahrbahnbreite 7,20 m) ist eine schwachbelastete Sammelstraße in einem Wohnsiedlungsbereich mit zentralen Schuleinrichtungen und überwiegend Einfamilienhäuser. Eine Schulbuslinie (morgens und mit-

Bild 5: Schwelle in der Grabengasse, Heidelberg

Bild 6: Auf der Liester, Stolberg

417

tags jeweils ca. 20 Busse; z.T. Gelenkbusse) überfährt auf dem ca. 550 m langen Untersuchungsabschnitt drei Knotenpunktsaufpflasterungen (Anhebung der Fahrgasse auf Gehwegniveau; Länge 12 - 29 m, Rampenneigung 1 : 12 - 1 : 15).

Auswirkungen auf den ÖPNV
— Die mittlere Fahrtgeschwindigkeit liegt im Untersuchungsabschnitt bei 20 km/h; in dem davor liegenden als Mischfläche ausgebauten ca. 500 m langen Streckenabschnitt liegt sie bei 24 km/h.
— Der Fahrtverlauf ist ungleichmäßig. Die mittlere Geschwindigkeitsreduzierung beträgt 13 km/h; die mittlere Überfahrgeschwindigkeit beträgt 14 km/h.
— Die Busfahrer beurteilen die Maßnahme unterschiedlich. Die meisten empfinden sie nicht als störend, da an den nicht vorfahrtsberechtigten Knoten ohnehin langsam gefahren werden muß; andere empfinden die notwendigen Verzögerungen und die dann dennoch bemerkbaren Rampen als hinderlich.
— Die Fahrgäste - ausschließlich Schüler - empfinden die Maßnahmen nicht als störend. Besondere Schwierigkeiten beim Festhalten wurden bei den meist vollbesetzten Bussen nicht festgestellt.

Auswirkungen auf den mit. IV
— Die Pkw-Geschwindigkeiten liegen zwischen den Aufpflasterungen im Mittel bei 34 km/h; die mittlere Überfahrgeschwindigkeit beträgt 23 km/h.
— Das Geschwindigkeitsniveau ist seit Einführung der Maßnahmen merklich um ca. 15 - 20 km/h zurückgegangen.

Maßnahmetyp Mischfläche
Untersuchungsfall Bocholt, Eintrachtstraße **(Blld 7)**

Die Eintrachtstraße ist als durchgängig gepflasterte Mischfläche ausgebaut und wird auf einem ca. 120 m langen Teilstück von einer Buslinie befahren (2 Buspaare/h), die dort eine wenig frequentierte Haltestelle hat. Die Verkehrsbelastungen sind insgesamt gering, jedoch ist ein sehr hoher Radverkehrsanteil von ca. 45% festzustellen. Durch Parkstandsanordnungen, Pflanzkübel und sonstige Einbauten werden Vorsätze gebildet und die materialmäßig gekennzeichnete Fahrgasse stellenweise bis auf 5 m eingeengt.

Auswirkungen auf den ÖPNV
— Die Fahrzeitverluste sind insgesamt aufgrund der Kürze dieses Linienabschnittes sehr gering. Die mittlere Fahrtgeschwindigkeit zwischen den Haltestellen liegt bei ca. 25 km/h. Im angrenzenden nicht verkehrsberuhigten Streckenabschnitt fährt der Bus im Mittel 10 km/h schneller.
— Der Fahrtverlauf ist relativ gleichmäßig. Fahrgassenabmessungen und Linienführung sind bei den langsamen Geschwindigkeiten und den geringen Verkehrsbelastungen unproblematisch. Behinderungen durch andere Straßenraumnutzer treten nur sehr selten auf.
— Die Fahrgäste sehen sich ganz überwiegend in ihrem Fahrkomfort nicht beeinträchtigt.

Auswirkungen auf den mot. IV
— Die Pkw-Geschwindigkeiten liegen zwischen 20 und 35 km/h.

Untersuchungsfall Marburg, Barfüßerstraße **(Bild 8)**

Die Barfüßerstraße, eine Geschäftsstraße in der historischen Altstadt, ist auf einer Länge von 260 m als durchgängig gepflasterte Mischfläche (Straßenraumbreite 6 - 11 m, Einbahnstraße) ausgebaut. Die 2,60 m breite durch Entwässerungsrinnen angedeutete Fahrgasse ist an fünf Stellen durch quer zur Fahrtrichtung angeordnete Flachborde um jeweils ca. 6 cm abgetreppt; Pflanzkübel bilden leichte Versätze. Die hier verkehrende Buslinie (12 Busse/Tag) wird ausschließlich mit Kleinbussen (Länge 7,70 m, Breite 2,30 m, 28 Sitz-/18 Stehplätze) betrieben. Die Verkehrsbelastungen liegen bei 1300 Fußgängern, 150 Kfz und 25 Radfahrern pro Stunde.

Bild 7: Eintrachtstraße, Bocholt   **Bild 8:** Barfüßerstraße. Marburg

Auswirkungen auf den ÖPNV
— Die Fahrzeitverluste sind im Vergleich zu den angrenzenden Linienabschnitten (überwiegend verwinkelte Altstadtstraßen) gering. Die mittlere Fahrtgeschwindigkeit zwischen den Haltestellen ist jedoch mit 7 km/h sehr niedrig.
— Der Fahrtverlauf ist aufgrund des niedrigen Geschwindigkeitsniveaus noch relativ gleichmäßig **(Bild 9).** Jeder zweite Bus mußte einmal durch Parkvorgänge etc. kurz anhalten (mittlere Standzeit ca. 11 Sekunden). An den „Stufen" wird die Geschwindigkeit im Mittel um ca. 5 km/h vermindert.
— Die Busfahrer geben an, daß die Behinderungen im Vergleich zur Vorher-Situation nicht zugenommen haben. Die Stufen werden als notwendig erachtet, da ansonsten der Kfz-Verkehr stärker wäre und die Behinderungen insbesondere durch haltende Kfz zunähmen. Der starke Fußgängerverkehr wird nicht als behindernd empfungen.
— Die Fahrgäste sehen sich in ihrer Mehrzahl in ihrem Fahrkomfort nicht beeinträchtigt. Allerdings werden die Behinderungen durch haltende Kfz als störend empfunden.

Auswirkungen auf den mot. IV
— Die Pkw-Geschwindigkeiten liegen mit im Mittel 16 km/h sehr niedrig.
— Die „Stufen" wirken zusätzlich geschwindigkeitsreduzierend; die Überfahrgeschwindigkeit liegt bei 8 - 14 km/h.

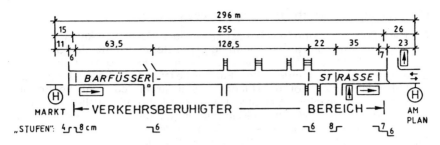

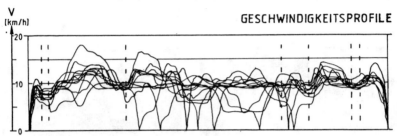

Bild 9: Beispiel für die Auswertung der Verfolgungsfahrten:
Geschwindigkeitsprofile von 12 Busfahrten - Barfüßerstraße, Marburg

Bewertung und Ergebnisse

Im Rahmen dieses Projektes konnten anhand der speziellen Fallbeispiele nur einige Maßnahmen, jedoch nicht das ganze Spektrum oder die jeweils möglichen Maßkombinationen untersucht werden. Insofern können die Ergebnisse auch nur punktuell Einflüsse aufzeigen. Zusammenfassend läßt sich jedoch feststellen, daß die untersuchten Maßnahmen in ihrer speziellen Ausführungsform unter den jeweiligen besonderen Rahmenbedingungen vom Grundsatz her als ÖPNV-verträglich angesehen werden können. Die maßnahmebedingten Behinderungen in Form von Fahrzeitverlängerungen, die Fahrerbelastung und die Komforteinbußen der Fahrgäste liegen in einem Rahmen, der noch vertretbar erscheint.

Abgeleitet aus den Ergebnissen der empirischen Untersuchungen lassen sich jedoch auch Rückschlüsse auf die ÖPNV-Verträglichkeit anderer hier nicht untersuchter Maßnahmen ziehen. Generell ÖPNV-verträglich erscheinen demnach all jene Maßnahmen, durch die der Bus nicht wesentlich beeinträchtigt wird, ja zum Teil sogar eine Bevorrechtigung erfährt. Zu diesen Maßnahmen zählen insbesondere die verschiedenen Formen von Verkehrsbeschränkungen, Verkehrsgeboten, Geschwindigkeitsbeschränkungen sowie Fahrbahnmarkierungen, Materialwechsel und die Ausweisung von Haltestellen an der Fahrgasse. Daneben aber auch die verschiedenen Möglichkeiten, mit Hilfe von lichtsignalgeregelten Busschleusen, Bussonderspuren oder beweglichen Kfz-Sperren mit Fernbedienungsmöglichkeiten für den ÖPNV (Funk, Detektoren, Lichtschranken...) den Linienverkehr gegenüber dem motorisierten Individualverkehr bei der Einfahrt und Ausfahrt zu verkehrsberuhigten Zonen zu bevorrechtigen.

Optisch wirksame Teilaufpflasterungen mit Rampenneigungen von ca. 1 : 25 bis 1 : 15 sind von ihrer Wirkung ähnlich wie Materialwechsel anzusehen und erscheinen für Linienbusse ebenso wie Einengungen der Fahrgasse auf das fahrgeometrisch erforderliche Mindestmaß oder die Ausbildung von entsprechend langen Versätzen und Verschwenkungen der Fahrgasse in vielen Fällen verträglich.

Weiter erscheinen all jene Verkehrsberuhigungsmaßnahmen für den ÖPNV geeignet, die im Zusammenhang mit der Ausweitung des Gedankens der Verkehrsberuhigung auf die Verkehrsstraßen in jüngster Zeit entwickelt werden und zunehmend diskutiert wurden, da sie aufgrund der Verkehrsbedeutung und der damit erforderlichen Leistungsfähigkeit der Straße hinsichtlich ihrer Abmessungen und Abfolge den Erfordernissen des ÖPNV, auch bei zügiger Fahrweise, gerecht zu werden.

Schlußfolgerungen für die Praxis

Die Grenze dessen, was an Maßnahmeintensität für den ÖPNV verträglich ist. läßt sich jedoch, wie die Untersuchungen gezeigt haben, keinesfalls allgemeingültig angeben. Die Beantwortung dieser Frage ist letztlich nur in jedem Einzelfall anhand des festzustellenden Anspruchsniveaus hinsichtlich des Grades der erwünschten Verkehrsberuhigung, der Qualität der ÖPNV-Andienung der Bevölkerung, der im Netzzusammenhang vertretbaren Fahrzeitverluste und unter Beachtung der fahrgeometrischen/fahrdynamischen Besonderheiten des eingesetzten Fahrzeugtyps möglich.

Die Eignung einer Maßnahmekombination für den ÖPNV ist dabei entscheidend von der Fahrtgeschwindigkeit des Verkehrsmittels und dem Fahrtverlauf abhängig. Je niedriger die Fahrtgeschwindigkeit aus betriebstechnischer Sicht (Umlaufzeit) sein darf, desto intensiver können die Verkehrsberuhigungsmaßnehmen sein, um einen noch akzeptablen Fahrtverlauf zu ermöglichen.

Aufgrund ihrer fahrgeometrischen und fahrdynamischen Besonderheiten werden Busse in aller Regel von Verkehrsberuhigungelementen im Fahrraum stärker getroffen als der motorisierte Individualverkehr, d. h. sie müssen ihre Geschwindigkeit stärker herabsetzen.
Genau an diesem Punkt müssen die planerischen Überlegungen zugunsten des ÖPNV ansetzen. Vor allem punktuelle Maßnahmen, die vom Linienbus nur mit einer merklich niedrigeren Geschwindigkeit befahren werden können als angrenzende Streckenabschnitte, sollten zweckmäßigerweise dort angeordnet werden, wo er aus anderen Gründen ohnehin langsam fahren muß.

Dies ist vor allem im Bereich von Haltestellen der Fall. Hier gibt es z. B. Lösungen, bei denen der Bus für die Dauer des Haltestellenaufenthaltes dem mot. IV die Fahrgasse versperrt - eine auch unter Verkehrssicherheitsaspekten interessante Lösung. Verkehrsberuhigungelemente können in diesem Bereich auch dergestalt ausgebildet werden, daß sie vom mot. IV befahren werden, vom Bus durch die Anfahrt der Haltestelle jedoch quasi umgangen werden können. Der übliche Haltestellenabstand bedingt jedoch, daß die

Dichte derartiger Elemente im Hinblick auf eine Verkehrsberuhigung keinesfalls ausreichend ist. Weitere Möglichkeiten ergeben sich jedoch auch im Einmündungsbereich von Straßen oder an Stellen, wo der Busfahrer ohnehin immer mit querenden Fußgängern (z. B. Schulkindern) rechnen muß und von daher schon seine Geschwindigkeit vermindert.

Unter Ausnutzung der unterschiedlichen Fahrzeugabmessungen, insbesondere der Achsmaße von Pkw und Bus, lassen sich bauliche Elemente finden, die vom Bus ohne weiteres überfahren werden können, von Pkws jedoch nur sehr langsam **(Bild 10)** oder gar nicht überfahren werden können **(Bild 11).** Sie bedürfen jedoch ebenso wie die im Rahmen des Projektes auf der Grundlage der Ergebnisse der empirischen Untersuchungen sowie abgeleitet aus den theoretischen Erkenntnissen entwickelten zahlreichen „ÖPNV-gerechten" Verkehrsberuhigungselemente noch der kritischen Überprüfung durch die Praxis.

Beispielhaft seien hier zwei dieser Elemente (hier in Verbindung mit Haltestellen) vorgestellt, die gleichzeitig auch im Hinblick auf die Verkehrsberuhigung des motorisierten Individualverkehrs wirksam sind und zur Sicherheit, insbesondere der querenden Fußgänger beitragen.

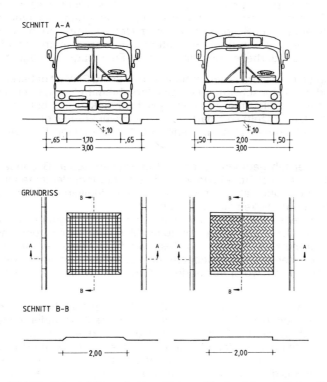

Bild 10: Beispiel für verkehrsmittelspezifisch wirkende Schwellen

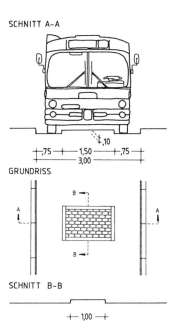

SCHNITT A-A

GRUNDRISS

SCHNITT B-B

Bild 11: Beispiel für eine verkehrsmittelspezifische Sperre

— Fahrbahnteiler - Versatz der Fahrgasse **(Bild 12)**
Die Haltestelle ist in der Fargasse ausgewiesen und wird vom Linienbus, der jeweils gerade in seine Halteposition einfahren kann und den Versatz nur bei der Ausfahrt im Stand befahren muß, für die Dauer des Haltestellenaufenthaltes blockiert.

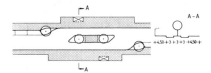

Bild 12: Beispiel für ein ÖPNV-gerechtes Verkehrsberuhigungselement - Fahrbahnteiler und Versatz der Fahrgasse im Haltestellenbereich

— Einengung der Fahrgasse **(Bild 13)**
Die Doppelhaltestelle (gleichzeitige Ankunft von 2 Bussen ausgeschlossen) ist in Verbindung mit einer Einengung in der Fahrgasse ausgewiesen. Der Haltestellenbereich ist durch Bäume und die materialmäßige Hervorhebung der Fahrgasse gekennzeichnet und wird vom haltenden Linienbus blockiert.

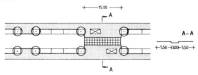

Bild 13: Beispiel für ein ÖPNV-gerechtes Verkehrsberuhigungselement - Einengung der Fahrgasse im Haltestellenbereich

423

Zusammenfassend läßt sich sagen, daß aus der Sicht des ÖPNV auf einem Linienabschnitt innerhalb einer verkehrsberuhigten Zone in ihrer Intensität abgestufte Maßnahmen eingesetzt werden sollten, um dem Linienverkehrsmittel einen relativ gleichmäßigen Fahrtverlauf zu ermöglichen und nur ein Minimum an Behinderungen zuzumuten. Im Verlauf einer Linie kann zusätzlich zum Linienende hin die Intensität der Maßnahmen steigen, da hier in der Regel alle Fahrgäste einen Sitzplatz haben und sie von daher nicht in dem Maße empfindlich auf horizontale und vertikale Beschleunigungen durch Elemente im Fahrzeug reagieren wie ein stehender Fahrgast. Zusätzlich kann man hier, nahe am Ziel, von einer höheren Akzeptanz der Maßnahmen ausgehen.

Inwieweit die vorgeschlagene abgestufte Intensität von Verkehrsberuhigungsmaßnahmen auf das Fahrverhalten des motorisierten Individualverkehrs Einfluß hat, kann hier nicht abschließend beantwortet werden. Sicher scheint jedoch, daß zum gleichzeitigen Erreichen des Ziels einer angemessenen Fahrweise der motorisierte Individualverkehr eine plausible und aus der jeweiligen städtebaulichen Situation heraus entwickelte Gestaltung der Maßnahmen erforderlich ist.

Der mögliche Spielraum zwischen ÖPNV-Verträglichkeit und IV-Wirksamkeit sollte durch verantwortungsvolles Experimentieren im Einzelfall ausgelotet werden. Ein gangbarer Weg wäre dabei sicherlich auch ein stufenweiser Umbau unter Beachtung der Erkenntnisse dieses Forschungsprojektes in Verbindung mit einer begleitenden Wirksamkeitsüberprüfung.

Literaturverzeichnis

[1] BAIER, R.; A.C. SPRINGSFELD; B. SWITAISKI: Belange des öffentlichen Personennahverkehrs bei der Planung und Anlage verkehrsberuhigter Zonen. Schlußbericht zum Forschungsprojekt FOPS-FE Nr. 70111/83 im Auftrag des Bundesministers für Verkehr, Teil 1, Teil 2, Anlagenband, Aachen August 1984

[2] VEJDIREKTORATET: Hovelandeveje Gennem Byer - et Idekatalog, Kopenhagen 1981
HALLER, W.; R. SCHNÜLL: Städtebauliche Integration von innerörtlichen Hauptverkehrsstraßen. Problemanalyse und Dokumentation. In: Schriftenreihe „Städtebauliche Forschung" des Bundesministers für Raumordnung, Bauwesen und Sädtebau, Heft Nr. 03.107. Bonn 1984
BAIER, R. U.A.: Haupt(verkehrs)straßen und Verkehrsberuhigung. Bausteine für die Planungspraxis in Nordrhein-Westfalen Nr. 6. Herausgegeben vom Institut für Landes- und Stadtentwicklungsforschung des Landes Nordrhein-Westfalen (ILS) im Auftrag des Ministers für Landes- und Stadtentwicklung des Landes NRW. Dortmund 1984

Einfluß von Verkehrsberuhigungsmaßnahmen auf den Verkehrsablauf

Forschungsgruppe Stadtverkehr Berlin (FGS)

Höppner (Vortragender)
Pauen-Höppner

Förderungskennzeichen des BMV: 70113/83

Zusammenfassung

In sechs Modellgebieten der Städte Berlin, Borgentreich, Buxtehude, Esslingen, Ingolstadt und Mainz werden die Wirkungen flächenhafter Verkehrsberuhigung auf das Verkehrsgeschehen, die Verkehrssicherheit, den Städtebau und den Umweltschutz untersucht. Die Forschungsprojekte tragen der Bundesminister des Inneren und der Bundesminister für Verkehr gemeinsam.

Vor und nach der Umgestaltung der Modellgebiete werden die Wirkungen flächenhafter Verkehrsberuhigung in verschiedenen Projekten untersucht. Die Forschungsgruppe Stadtverkehr Berlin (FGS) wurde vom Bundesminister für Verkehr mit der Durchführung der Untersuchung „Einfluß von Verkehrsberuhigungsmaßnahmen auf den Verkehrsablauf beauftragt. Dieses Projekt umfaßt die Untersuchungsteile: 1. Geschwindigkeiten am Querschnitt, 2. Geschwindigkeiten entlang der Fahrstrecke, 3. Gehzeiten bei Fußgängern, 4. Fahrzeiten im Radverkehr, 5. Fahrzeiten von Pkw, 6. Fahrzeiten im Wirtschaftverkehr, 7. Fahrzeiten von kommunalen Fahrzeugen.

Summary

The effects of area wide traffic restraint on traffic flow, road safety, urban development and environmental protection are studied in six model areas in the cities of Berlin, Borgentreich. Buxtehude. Esslingen, Ingolstadt and Mainz. The research projects are jointly sponsored by the Federal Ministry of Regional Planning and Urban Development. the Federal Ministry of the Interior and the Federal Ministry of Transport.

The „Forschungsgruppe Stadtverkehr (FGS)" is comissioned by the Federal Ministry of Transport to do researches about the „Effect of traffic restraint on trafficflow". The main points of this study are: 1. Speed, 2. Speed along intersection, 3. Traveltime of pedestrians. 4. Traveltime of cyclists, 5. Traveltime of motorized cars, 6. Traveltime of business and industrial transport, 7. Traveltime of municipal cars.

Ziele des Projektes

Im Rahmen des Forschungsvorhabens „Flächenhafte Verkehrsberuhigung", gemeinsam durchgeführt von der Bundesanstalt für Landeskunde und Raumordnung (BfLR), dem Umweltbundesamt (UBA) und der Bundesanstalt für Straßenwesen (BASt), wurde die Forschungsgruppe Stadtverkehr Berlin (FGS) im September 1983 mit der Durchführung des Projektes „Einfluß von Verkehrsberuhigungsmaßnahmen auf den Verkehrsablauf" vom Bundesminister für Verkehr beauftragt.

Dabei geht es um eine Wirkungsanalyse zu Veränderungen im Verkehrsablauf aufgrund flächenhafter Beruhigungsmaßnahmen. In einem Vorher-Nachher-Vergleich sollen in den ausgewählten Gebieten der sechs Modellstädte Berlin, Borgentreich, Buxtehude, Esslingen, Ingolstadt und Mainz die

Einflüsse verschiedener Straßenraumgestaltung auf den Verkehrsablauf insgesamt und die Verkehrsteilnehmergruppen im Einzelnen untersucht werden.

Stand der Arbeit

Die Vorher-Erhebungen in den sechs Modellgebieten konnten kürzlich abgeschlossen werden. Zur Zeit wird an den Auswertungen und Analysen gearbeitet. Für April 1986 ist mit den Ergebnisberichten zu diesem Untersuchungsabschnitt (Vorher-Erhebungen) zu rechnen **(Bild 1)**.

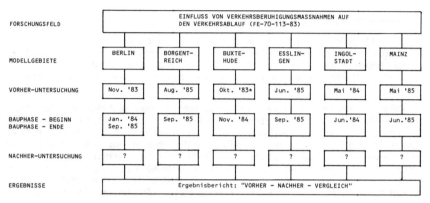

* Buxtehude, zusätzlich im April'84 "Zwischenerhebung" (erste Massnahmenstufe)

Bild 1: Verfahrensstand des Vorhabens „Einfluß von Verkehrsberuhigungsmaßnahmen auf den Verkehrsablauf"

Nachher-Erhebungen können erst nach Abschluß der Umgestaltungsarbeiten einsetzen, die in den einzelnen Modellgebieten unterschiedlich weit fortgeschritten sind. So hatte Buxtehude bereits zu Beginn des Jahres 1984 die gesamte Fläche mit einfachen Maßnahmen „verkehrsberuhigt" und befindet sich derzeit in der zweiten Ausbaustufe.

Im Gebiet Berlin-Moabit sind die Bau- und Gestaltungsarbeiten bis auf wenige Straßenzüge bereits flächenhaft realisiert. Ebenso sind in Ingolstadt schon einige Bereiche baulich verändert, während in Borgentreich, Esslingen und Mainz erst vor kurzem mit dem Straßenumbau begonnen wurde.

Aussagen zu der zentralen Untersuchungsfrage nach den Einflüssen der Verkehrsberuhigung auf den Verkehrsablauf sind beim jetzigen Stand der Arbeiten nur sehr begrenzt möglich. So geht es im Folgenden vor allem um die Darstellung des Gesamtkonzeptes, um die methodische Umsetzung von Forschungsfragen in Erhebungspläne und um die Demonstration der Untersuchungsstruktur an Hand von Beispielen.

Erhebungskonzept

Bei der Durchführungsplanung einer Forschungsarbeit, die wie hier eine lange Laufzeit hat und über verschiedene Teilprojekte abgewickelt wird, ist es wichtig. immer das Gesamtvorhaben im Auge zu behalten.

Ziel des vorliegenden Projektes ist es, mittels eines Vorher-Nachher-Vergleichs eine Wirkungsanalyse durchzuführen, die verschiedene Parameter des Verkehrsablaufs unter vorhandenen und geänderten Bedingungen erfaßt. prüft und auswertet.

Für die empirische Arbeit müssen also Verfahren gewählt werden, die eindeutig definiert, klar strukturiert und hinsichtlich wechselnder Rahmenbedingungen u n a b h ä n g i g sind.

Gleichzeitig müssen diese Verfahren f l e x i b e l sein. Damit ist einerseits der m o b i l e Einsatz gemeint, da in verschiedenen Städten, in größeren Gebieten und an mehreren Stellen untersucht wird. Andererseits bedeutet „flexibel" auch u n a u f f ä l l i g e r Einsatz, um nicht durch zu viele Erhebungspersonen oder aufwendige Geräte die abzubildende Verkehrssituation zu verfremden.

Hinsichtlich der Gesamtuntersuchung (Vorher-Nachher-Vergleich) muß das Instrumentarium v e r k n ü p f u n g s f ä h i g sein. Damit sind Auswertungen auf verschiedenen Ebenen gemeint wie z.B. gebietsbezogene Analysen, themenbezogene Analysen oder maßnahmebezogene Analysen.

Untersuchungsfeld für die Vorher-Nachher-Wirkungsanalyse ist das Komplexe System Verkehrsgeschehen, das durch vielschichtige Wechselbeziehungen zwischen Straße, Maschine, Mensch und seiner Verkehrsarbeit strukturiert ist. das durch die Gleichzeitigkeit des Ungleichzeitigen geprägt wird.

Um Aussagen über Veränderungen machen zu können, müssen eindeutig definierte und klar umrissene Vergleichsgrößen in die Analyse eingehen. So ergibt sich für die empirische Arbeit die Notwendigkeit, das dichte Beziehungsgefüge des Verkehrsablaufs zu entzerren und auf die Erfassung einfacher Strukturen auszurichten. Gleichzeitig muß dabei Art und Umfang der Erhebung gewährleisten, daß auf der Auswertungsebene Zusammenhänge wiederherzustellen.

Ausgehend von diesen Überlegungen verfolgt die Forschungsgruppe Stadtverkehr eine Erhebungsphilosophie, die für die Erfassungsebene eine hohe Auflösung in Einzeldaten vorsieht und für die Analyseebene ein mehrdimensionales Spektrum an Vernetzungsmöglichkeiten bereithält.

In praktischer Anwendung heißt das: Für jede Untersuchungsaufgabe wird ein breites Variablenfeld ausgewählt, wobei jede eingehende Variable eindeutig bestimmt ist. Soweit möglich werden die Urdaten in Form sequenzieller Datensätze direkt gespeichert. Dadurch ist jeder Untersuchungsparameter einzeln gesichert, folglich auch einzeln wieder auffindbar und - in Verbindung mit der stets zugehörigen Größe „Zeit" - auf verschiedenen Ebenen analysefähig.

Informationsverluste, die bei frühzeitig aggregierten Daten (z.B. Strichlisten. 1/4-Stundenerfassung) unvermeidbar sind und mit steigender Auswertungsebene zu Verzerrungen und Verkürzungen der Aussagen führen können. werden mit diesem Ansatz vermieden, da für jede Analyse der direkte Zugriff auf die Urdaten gewährleistet ist.

Projekttitel   FE-NR. 70113/83 "Einfluß von

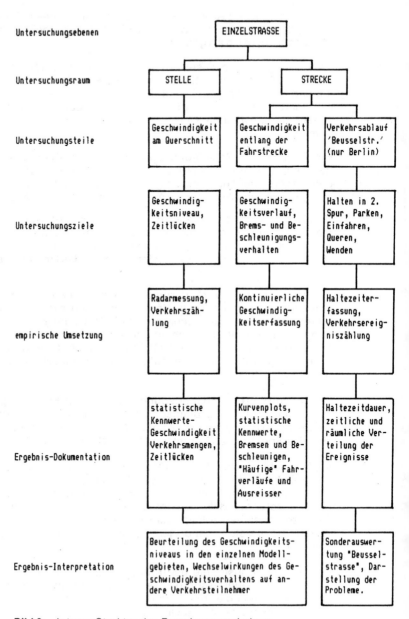

Untersuchungsebenen

EINZELSTRASSE

Untersuchungsraum

STELLE   **STRECKE**

Untersuchungsteile

| Geschwindigkeit am Querschnitt | Geschwindigkeit entlang der Fahrstrecke | Verkehrsablauf 'Beusselstr.' (nur Berlin) |

Untersuchungsziele

| Geschwindig-keitsniveau, Zeitlücken | Geschwindig-keitsverlauf, Brems- und Beschleunigungs-verhalten | Halten in 2. Spur, Parken, Einfahren, Queren, Wenden |

empirische Umsetzung

| Radarmessung, Verkehrszäh-lung | Kontinuierliche Geschwindig-keitserfassung | Haltezeiter-fassung, Verkehrsereig-niszählung |

Ergebnis-Dokumentation

| statistische Kennwerte-Geschwindigkeit Verkehrsmengen, Zeitlücken | Kurvenplots, statistische Kennwerte, Bremsen und Beschleunigen, "Häufige" Fahr-verläufe und Ausreisser | Haltezeitdauer, zeitliche und räumliche Ver-teilung der Ereignisse |

Ergebnis-Interpretation

| Beurteilung des Geschwindigkeits-niveaus in den einzelnen Modell-gebieten, Wechselwirkungen des Ge-schwindigkeitsverhaltens auf an-dere Verkehrsteilnehmer | Sonderauswer-tung "Beussel-strasse", Dar-stellung der Probleme. |

Bild 2: Interne Struktur des Forschungsvorhabens

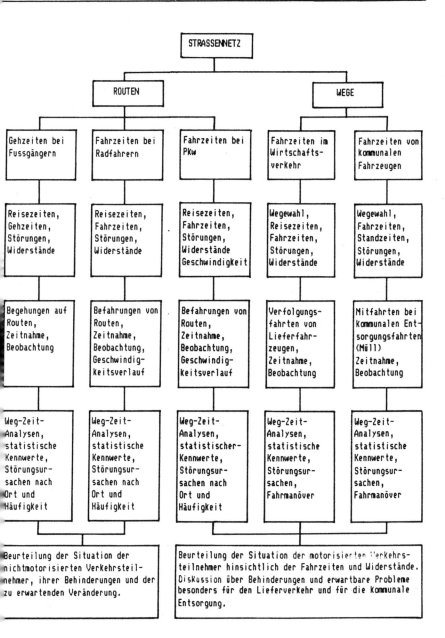

Untersuchungsstruktur

„Unter 'Verkehrsberuhigung' werden solche baulichen und verkehrsregelnden Maßnahmen im vorhandenen Straßenraum und den angrenzenden Privatflächen verstanden, die geeignet sind die Nachteile zu mindern, welche die Kraftfahrzeuge für den Städtebau und die Umwelt in Ortschaften verursachen." 1)

Auf dieser Definition aufbauend, verbindet sich mit dem Modell „Flächenhafte Verkehrsberuhigung" die Zielvorstellung eines veränderten Verkehrsgeschehens für einzelne Stadtquartiere, ein Verkehrsgeschehen, das insgesamt homogener ist und sich durch erhöhte Verkehrssicherheit auszeichnet. Dabei soll vor allem der Fußgänger-, Fahrrad- und öffentliche Personennahverkehr gefördert werden und gleichzeit wird eine rücksichtsvollere und verhaltenere Fahrweise des motorisierten Verkehrs angestrebt.

Flächenhafte Verkehrsberuhigung, - das bedeutet die Einbeziehung von verschiedenen Straßentypen in die Umgestaltungsmaßnahmen, von verkehrsarmen und verkehrsreichen Straßen, von Wohn- und Geschäftsstraßen, von Hauptstraßen und Nebenstraßen. Mit dieser Erweiterung des Konzeptes Verkehrsberuhigung, von der Einzelstraße zum Quartier, verändern sich auch die Planungsaufgaben und ergeben sich neue Forschungsfragen.

Dazu heißt es in der Begründung des Forschungsvorhabens u. a.: „Bauliche und verkehrsregelnde Maßnahmen zur Verkehrsberuhigung wirken sich in unterschiedlicher Weise auf den Verkehrsablauf aus. Fahrgassenversätze und Verengungen sind beispielsweise geeignet, die Geschwindigkeit der Kraftfahrzeuge zu vermindern; Aufpflasterungen in Kreuzungsbereichen und an Fußgängerüberwegen vermögen den Kraftfahrer zu rücksichtsvollerem Verhalten gegenüber anderen Verkehrsteilnehmern anzuhalten und damit zu weniger zügiger Fahrweise. An Engstellen müsen sich die Kraftfahrer arrangieren; dasselbe gilt prinzipiell auch bei kurzzeitigen Straßensperrungen durch Be- und Entladevorgänge. 2)

Hinsichtlich des Untersuchungsgegenstandes „Verkehrsablauf" lassen sich folgende zentrale Forschungsfragen formulieren, die sowohl inhaltlich als auch strukturell die Untersuchungsschwerpunkte **(Bild 2)** markieren:

- Sinkt die Geschwindigkeit des motorisierten Verkehrs?
- Wird die Fahrweise des motorisierten Verkehrs insgesamt langsamer und gleichmäßiger?
- Kommen Fußgänger schneller und leichter voran?
- Kommen Radfahrer schneller und leichter voran?
- Wird die Streckenreisezeit im motorisierten Individualverkehr erhöht? Welche Behinderungen und Widerstände treten auf?
- In welchem Maß ändern sich die Fahrzeiten für den Wirtschaftsverkehr und für kommunale Fahrzeuge?

---

1) H.H. Keller, „Flächenhafte Verkehrsberuhigung", Nahverkehrsforschung '82, Statusseminar IX. BMFT und BMV. 1982. S. 579

2) Bundesanstalt für Straßenwesen. Unterlagen zur Ausschreibung „Flächenhafte Verkehrsberuhigung" vom 14.07.83

Untersuchungen Einzelstraße

Im Mittelpunkt des Forschungsinteresses steht die Frage nach den „flächenhaften Wirkungen" der Verkehrsberuhigungsgebiete. Dabei kann jedoch nicht für jede Aufgabenstellung das Gesamtgebiet auch gleichzeitig Untersuchungsort sein. Dies trifft vor allem dann zu, wenn der Einfluß einzelner Umbaumaßnahmen beurteilt werden soll, oder wenn besondere Problembereiche zu erforschen sind. In solchen Fällen ist die Untersuchungsebene die Einzelstraße.

Für das vorliegende Projekt sind mehrere Untersuchungsteile auf der Ebene Einzelstraße angesiedelt, wobei zu unterscheiden ist zwischen den Untersuchungsorten Stelle und Strecke.

Stelle, das bedeutet hier festgelegte Meßlinie (Straßenquerschnitt), der Untersuchungsort für Geschwindigkeitsmessungen im Querschnitt. Strecke bezieht sich auf einen Straßenabschnitt von unterschiedlicher Länge, der auch Kreuzungsbereiche mitumfassen kann. Strecken sind zum einen Untersuchungseinheiten für Geschwindigkeitsmessungen entlang der Fahrstrecke und zum anderen markieren sie den Erhebungsrahmen für Sonderuntersuchungen, wie z.B. 'Verkehrsablauf in der Beusselstraße' mit dem Schwerpunkt 'Halten in 2. Spur'.

Untersuchungsaufgaben, die auf der Ebene Einzelstraße durchgeführt werden, bleiben jedoch hinsichtlich des Gesamtgebietes nicht einzeln. Durch gleich organisierte Erhebungen an mehreren Stellen bzw. Strecken also in verschiedenen Straßen des Gebietes wird die flächenhafte Betrachtungsweise wieder eingebracht.

Bild 3 zeigt diesen Zusammenhang an Hand der Untersuchungsorte zu den verschiedenen Geschwindigkeitsmessungen in Buxtehude. Die folgenden Kapitel gehen auf die verschiedenen Untersuchungsteile „Einzelstraße" näher ein und stellen erste Ergebnisse vor.

Geschwindigkeit am Querschnitt

An einer festgelegten Meßlinie werden mit einem Radargerät zu verschiedenen Tageszeiten die passierenden Fahrzeuge gemessen und nach Richtung, Verkehrssituation und Art des Fahrzeugs unterschieden. Der Beobachter klassifiziert die Verkehrssituation entweder als „frei" oder „unfrei".

Als freifahrend wird der Kraftfahrer bezeichnet, der offensichtlich nicht durch andere Verkehrsteilnehmer behindert wird und somit die „echte" Geschwindigkeit fuhr, die ihm aufgrund von Form und Gestaltung der Straße angemessen erschien. Der Anteil der nichtfreien Fahrgeschwindigkeiten gibt Hinweise auf spezifische Verkehrssituationen, wie dichter Autoverkehr, Lichtsignalregelungen u. ä.

Wie wichtig auch die Erfassung der nichtfreien Geschwindigkeiten ist, wird in **Bild 4** sichtbar.

Die Dateneingabe erfolgt mit einem mobilen Rechner, dessen Programm den Beobachter zur Eingabe auffordert und die Eingabe auf Fehler testet. Bei jeder Eingabe wird auch die Uhrzeit festgehalten.

Meßstellen Fahrgeschwindigkeiten am Querschnitt in Buxtehude VORHER

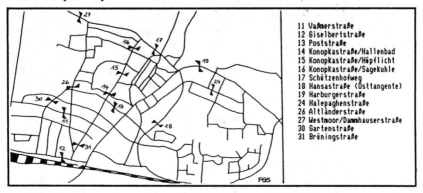

11 Vaßmerstraße
12 Giselbertstraße
13 Poststraße
14 Konopkastraße/Hallenbad
15 Konopkastraße/Hüpflicht
16 Konopkastraße/Sagekuhle
17 Schützenhofweg
18 Hansastraße (Osttangente)
19 Harburgerstraße
24 Halepaghenstraße
26 Altländerstraße
27 Westmoor/Dammhauserstraße
30 Gartenstraße
31 Brüningstraße

Meßbereiche Fahrgeschwindigkeiten im Streckenverlauf in Buxtehude April 1984 ZWISCHEN

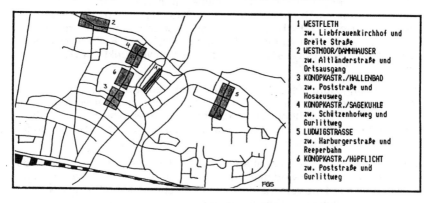

1 WESTFLETH
   zw. Liebfrauenkirchhof und
   Breite Straße
2 WESTMOOR/DAMMHAUSER
   zw. Altländerstraße und
   Ortsausgang
3 KONOPKASTR./HALLENBAD
   zw. Poststraße und
   Hosaeusweg
4 KONOPKASTR./SAGEKUHLE
   zw. Schützenhofweg und
   Gurlittweg
5 LUDWIGSTRASSE
   zw. Harburgerstraße und
   Reeperbahn
6 KONOPKASTR./HÜPFLICHT
   zw. Poststraße und
   Gurlittweg

Bild 3:   Beispiel Untersuchung in Einzelstraße

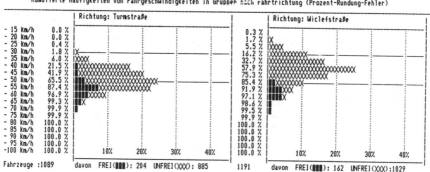

Bild 4:   Beispiel der Bedeutung von „Unfreien" Fahrgeschwindigkeiten.
Gemessen Vorher in der Beusselstraße Berlin

432

Verkehrsteilnehmer am Querschnitt

Mit Hilfe eines elektronischen Zählbretts werden während der Geschwindigkeitsmessung die Verkehrsteilnehmer so erfaßt, daß ihr Eintreffen an der Meßlinie in Echtzeit festgehalten wird.

Unterschieden nach Richtung werden dabei vom Beobachter der motorisierte Verkehr (unterteilt in sechs Gruppen) sowie Radfahrer und Fußgänger (getrennt nach Erwachsenen und Kindern) erfaßt. Der Beginn einer Straßenüberquerung wird ebenso aufgenommen wie Beginn und Ende von Park-Such-Vorgängen und von Halten in 2. Spur.

Erste Priorität bei der Eingabe haben die motorisierten Fahrzeuge, da aus diesen Zeiten eine Auswertung der Zeitlücken vorgenommen wird.

Beispiel: Detailergebnisse einer Testmessung in Buxtehude

Die Vorgehensweise zur Prüfung der Wirkungen von Maßnahmen zur Verkehrsberuhigung sollen exemplarisch an den Meßergebnissen am Querschnitt Konopkastraße/Sagekule in Buxtehude gezeigt werden.

Die V o r h e r-Messungen weisen diesen Straßenzug mit einer mittleren Geschwindigkeit von 50.7 km/h und einem Anteil von 58.8% Überschreitung der zulässigen Höchstgeschwindigkeit als eine „schnelle Tempo-50-Straße" aus. Das Maximum lag V o r h e r bei 95 km/h vor einem Schulzentrum.

Bei einer Vergleichsmessung V o r h e r - Z w i s c h e n an der selben Meßstelle Konopkastraße/Sagekule am gleichen Wochentag, zur gleichen Zeit (1 h Nachmittags) ergab sich eine Reduzierung der mittleren Geschwindigkeit um 10.6 km/h **(Bild 7)**.

An dieser Stelle war es zur Aufhebung der Vorfahrtberechtigung der Konopkastraße und zur Aufstellung von Tempo-30-km/h-Schildern gekommen. Es wurden am Kreuzungsbereich Sagekule Pflanzkübel aufgestellt und die Fahrstreifenmarkierung wurde aus der Mittenposition verschwenkt **(Bild 5 und Bild 6)**.

Bei einer während der Meßzeit um 20% reduzierten Anzahl der Kraftfahrzeuge ist die Geschwindigkeitsverteilung deutlich in den unteren Bereich gerutscht, die Maximalwerte (V o r h e r 95 km/h!) konnten bei 67 km/h abge-

Bild 5: Konopkastraße in Buxtehude vor der Umgestaltung 1983

Bild 6: Konopkastraße in Buxtehude nach der Umgestaltung 1984

schnitten werden, die Spannweite zwischen den Extremwerten wurde um 29 km/h vermindert, die Streuung um den Mittelwert hat abgenommen, der Verkehrsablauf ist tendenziell homogener geworden **(siehe Bild 7)**.

Stelle 16   Vergleich VORHER+ZWISCHEN   NACHMITTAGS
Am Querschnitt ermittelte Fahrgeschwindigkeiten von motorisierten Fahrzeugen in der
KONOPKASTRASSE/SAGEKULE zwischen Gurlittweg und Schützenhofweg (jeweils beide Richtungen)
31162 am Montag , 17.10.1983 von 14:55 bis 15:55 Uhr (VORHER)
31165 am Montag , 9.4.1984 von 14:45 bis 15:45 Uhr (ZWISCHEN)

Kumulierte Häufigkeiten von Fahrgeschwindigkeiten in Gruppen jeweils beide Fahrtrichtungen (Prozent-Rundungs-Fehler)

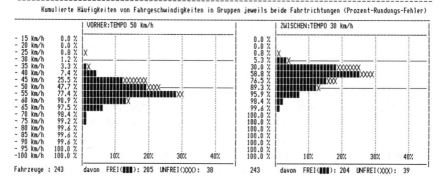

Fahrzeuge : 243   davon FREI(■■■): 205 UNFREI(XXX): 38   243   davon FREI(■■■): 204 UNFREI(XXX): 39

Häufigkeit der Überschreitung von freien Fahrgeschwindigkeiten jeweils beide Fahrtrichtungen

VORHER:TEMPO 50 km/h   ZWISCHEN:TEMPO 30 km/h

100 %		100 %
90 %		90 %
80 %		80 %
70 %		70 %
60 %		60 %
50 %		50 %
40 %		40 %
30 %		30 %
20 %		20 %
V85%= — 59 km/h — 10 %		— 49 km/h — 10 %
0 %		0 %

FREI: 205 | 10   30   50   70   90 km/h   204 | 10   30   50   70   90 km/h

Statistische Kennwerte

Kennwert	VORHER insgesamt	FREI	UNFREI		ZWISCHEN insgesamt	FREI	UNFREI		UNTERSCHIED insgesamt	FREI	UNFREI	
Gezählte Fahrzeuge:	431	–	–		345	–	–		-86	–	–	
Erfaßte Fahrzeuge:	243	205	38		243	204	39		0	-1	+1	
Mittelwert:	50.8	51.7	45.8	km/h	40.2	41.0	35.9	km/h	-10.6	-10.7	-9.9	km/h
Standardabweichung:	6.2	6.0	6.9	km/h	5.1	5.1	4.5	km/h	-1.1	-0.9	-2.4	km/h
Minimum:	24.0	28.0	24.0	km/h	25.0	26.0	25.0	km/h	-1.0	-2.0	+1.0	km/h
Maximum:	95.0	95.0	63.0	km/h	67.0	67.0	48.0	km/h	-28.0	-28.0	-15.0	km/h
Spannweite:	71.0	67.0	39.0	km/h	42.0	41.0	23.0	km/h	-29.0	-16.0	-16.0	km/h
Vertrauensbereich des Mittelwertes Oben:	51.6	52.6	47.9	km/h	40.8	41.7	37.3	km/h	signifikante Veränderung			
(95%-Bereiche)Unten:	50.0	50.9	43.6	km/h	39.6	40.3	34.5	km/h	des Mittelwertes			

Bild 7: Beispiel: Geschwindigkeit in der Konopkastraße in Buxtehude

Die neue Höchstgeschwindigkeit von 30 km/h wird von 95% der freifahren-
den Kraftfahrer überschritten. Während V o r h e r mehr als 60% der gemessenen Fahrzeuge mehr als 50 km/h fuhren, sind es bei der Z w i s c h e n-Mes-
sung nur noch 10% der Kraftfahrer, die schneller waren.

Die Verkehrszählung ergab bei dieser Vergleichsmessung eine gleichge-
bliebene Anzahl von Fußgängern im Längsverkehr und eine reduzierte Rad-
fahrerzahl (-37%). Die Menge der querenden Fußgänger an dieser wichtigen
Verbindung zwischen Innenstadt und Wohngebiet hat um 33% auf 80 Personen zugenommen, darunter 30 Kinder.

Wie die Analyse der Zeitlücken zeigt **(Bild 8)** hat sich die Situation für diese
Verkehrsteilnehmer gebessert:

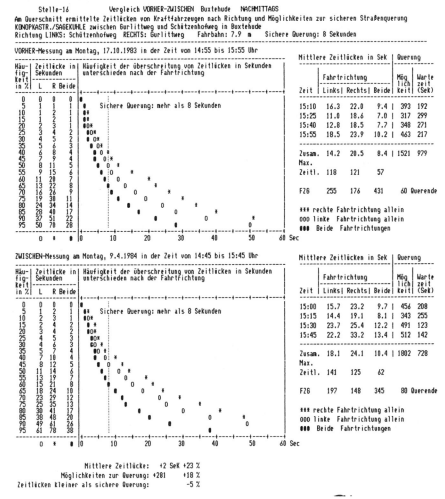

Bild 8: Beispiel: Zeitlücken in der Konopkastraße in Buxtehude

Bei einer als sicher angenommen Querungszeit von 8 Sekunden 3) ergaben sich während der Meßstunde V o r h e r 1521 Möglichkeiten 4) die Straße zu queren. Nach Einführung der Verkehrsberuhigungsmaßnahmen konnte die Anzahl der Gelegenheiten um 18% auf 1802 gesteigert werden. Der Anteil der Zeitlücken, die unter der „sicheren" Querungszeit von 8 Sekunden lagen, konnte um 5% auf 60% gesenkt werden.

Geschwindigkeit entlang der Fahrstrecke

Bei diesem Untersuchungsverfahren wird mit einem speziell entwickelten Gerät ein einzelnes Kraftfahrzeug über eine Entfernung von 50 - 200 Metern vom Radarstrahl quasi „verfolgt".

Dabei werden die Änderungen seiner Fahrgeschwindigkeit festgehalten. Wiederum wird nach Richtung, Verkehrssituation und Fahrzeugtyp unterschieden. Mit dieser Meßmethode erhält man Fahrverläufe, die Hinweise auf die Wirkung von spezifischen Umbaumaßnahmen im Straßenraum enthalten und Aufschluß über die Gleichmäßigkeit der Fahrweise geben.

Der Meßvorgang wird vom Beobachter über die Tastatur des Erfassungsrechners dann gestartet, wenn ein Proband die Meßlinie überfährt. Die Messung wird beendet, wenn das Fahrzeug den Meßbereich verlassen hat oder zum Stehen gekommen ist.

Da die Daten elektronisch gespeichert sind, stehen alle Werte einzeln für die Auswertung zur Verfügung. Aus den Fahrverläufen können auf diese Weise, zum Beispiel für jeden Meter des untersuchten Straßenabschnitts, Geschwindigkeitsverteilungen extrahiert werden.

Beispiel: Ergebnisse einer Testmessung in Berlin-Moabit

Über die Arbeitsweise des Meßverfahrens „Geschwindigkeit entlang der Fahrstrecke" und über die Wirkung der in Berlin eingesetzten Maßnahmen geben die „Ergebnisse Bremerstraße" gleichermaßen Auskunft.

Die Bremerstraße ist mit einer Straßenbreite von 12 m eine Sammelstraße im Untersuchungsgebiet und dient einem Teil des LKW-Verkehrs als Anfahrtstrecke zur nahegelegenen Markthalle. Die V o r h e r-Messungen am Querschnitt zeigen eine mittlere Geschwindigkeit von 48 km/h und rund 35% Kraftfahrer, die schneller als 50 km/h fuhren.

Bei der Verlaufsmessung, die etwa 60 m vor der Kreuzung mit der Wiclefstraße angesetzt wurde (Rechts-vor-Links-Regelung), ergab sich bei den Geradeausfahrern (in Richtung Markthalle) eine Eingangsgeschwindigkeit von 47 km/h. Im Bereich des Sichtfeldes vor der Kreuzung betrug die gemittelte Fahrgeschwindigkeit 25 km/h und stieg dann wieder auf 40 km/h an. **Bild 9** zeigt, daß es auch Kraftfahrer gab, die mit 40 km/h den Kreuzungsbereich passierten. Die mittlere Geschwindigkeit dieser Fahrtverläufe lag bei

---

3) Sichere
$$\text{Überquerungszeit} = \frac{\text{Fahrbahnbreite (m)}}{\text{Fußgängergeschwindigkeit } 1.25 \text{ (m/s)}} + 2 \text{ (s) Sicherheit}$$

4) Anzahl der Sekunden je Stunde (3600 s), in denen eine sichere Querung mit 8 Sekunden Dauer begonnen werden kann.

Kurvenplot der Fahrgeschwindigkeiten und Kenndaten der kontinuierlichen Geschwindigkeitsmessungen mit gruppierten
Daten in der BREMERSTRASSE zwischen Wiclefstraße und Birkenstraße im Untersuchungsgebiet Berlin-Moabit
am 3.März 1984 (VORHER) und 30.Mai 1985 (NACHHER)
FAHRTRICHTUNG: Wiclefstraße ------> Typ: FAHRER DIE GERADEAUS GEFAHREN SIND

VORHER: 50 km/h und Rechts-vor-Links

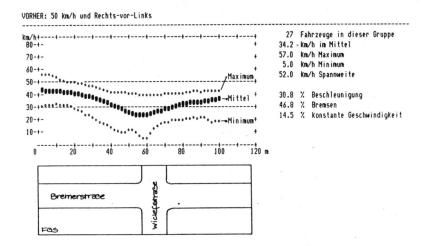

NACHHER: Verkehrsberuhigter Bereich, "Berliner Viereck", Rechts-vor-Links

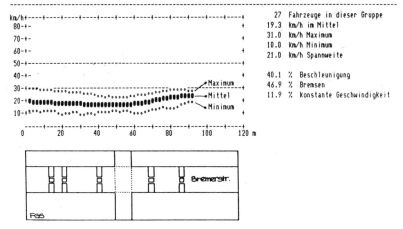

Bild 9 + 10: Beispiel: Auswertung von kontinuierlichen Geschwindigkeitsmessungen im Kreuzungsbereich Bremerstr./Wiclefstr. in Berlin-Moabit

34.2 km/h, die Spannweite zwischen Minimum und Maximum betrug 52 km/h.

Nach Einführung von Zeichen 325 (verkehrsberuhigter Bereich), der Umgestaltung des Straßenzuges Bremerstraße mit dem „Berliner Viereck" und einer Neugestaltung der Kreuzungsbereiche (Gehweg durchgepflastert) hat sich das Erscheinungsbild der Straße grundlegend gewandelt **(Bild 11 und Bild 12)**.

Bild 11: Bremerstraße in Berlin-Moabit vor der Umgestaltung 1984

Bild 12: Bremerstraße in Berlin-Moabit nach der Umgestaltung mit „Berliner Viereck" 1985

Das „Berliner Viereck" wird hergestellt, indem die vorhandene Decke (hier Asphalt) in einer Breite von etwa 2 m quer zur Fahrrichtung aufgenommen wird. Bis auf eine Fahrgasse von etwa 4 m Breite wird die Straße entsiegelt, d.h. mit Boden gefüllt, begrünt und damit wieder wasserdurchlässig gemacht. In der Fahrgasse befindet sich das eigentliche „Viereck", eine quadratische Fläche mit 2 m Kantenlänge. Diese Plateau **(Bild 13)** liegt zwischen 3 - 6 cm über dem Straßenniveau und ist beim Überfahren als deutliche Markierung wahrzunehmen.

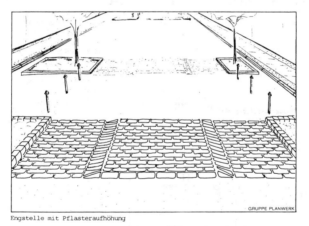

Engstelle mit Pflasteraufhöhung

Bild 13: Ansicht des „Berliner Vierecks" der Gruppe Planwerk

Rechts und links der erhöhten Fläche bleibt ein Fahrstreifen für Radfahrer, der auf Straßenniveau liegt und zwischen 80 - 100 cm breit ist.

Diese kostengünstigen Maßnahmen (etwa 40 DM/qm) zeigen überzeugende Wirkung. In **Bild 10** sind die Ergebnisse von Messungen im N a c h h e r-Zustand zu sehen. Besonders auffällig ist neben dem deutlich gesunkenen, allgemeinen Geschwindigkeitsniveau die Gleichmäßigkeit der Fahrten.

Die Geschwindigkeit beim Eintritt in den Meßbereich lag bei 20 km/h. Im weiteren Verlauf schwankt die Geschwindigkeit nur gering um diesen Wert.

438

Die mittlere Geschwindigkeit aller Fahrtverläufe ist auf 19.3 km/h gesunken, die Spannweite zwischen dem Minimum und dem Maximum betrug 21 km/h. Der befürchtete Beschleunigungsvorgang nach Passieren des „Berliner Vierecks" ist nicht zu beobachten. Die Maximalgeschwindigkeit von 31 km/h ist auf einen einzigen Kraftfahrer zurückzuführen, der während der Meßfahrt zweimal die Fahrstrecke durchfuhr (Automechaniker machte Probefahrten).

Verkehrsablauf in einer Hauptverkehrsstraße (Halten in 2. Spur)

In einer Sonderuntersuchung, speziell für die Berliner Beusselstraße entwickelt, wurde der Frage des Verkehrsablaufs in einer Hauptverkehrsstraße mit hohem KFZ-Aufkommen (15.000 Fzg. in 12 h) nachgegangen. Dabei waren der vorhandene Lieferverkehr, der hohe Anteil von querenden Fußgängern, die Beeinträchtigungen der Leichtigkeit im Längsverkehr durch Parkvorgänge, das Halten in 2. Spur sowie Wendemanöver zu berücksichtigen.

Dieser Untersuchungsteil wird deshalb erwähnt, wei er ein Beispiel für die Erhebung von vielschichtigen Verkehrsvorgängen mit Hilfe von elektronischer Datenerfassung gibt.

In **Bild 14** ist der Erfassungsrechner zu sehen, mit dem die Beobachter für je 4 bzw. 5 Teilabschnitte der Beusselstraße die folgenden Kriterien festhielten:

1. Halten in 2. Spur Personentransport
2. Halten in 2. Spur Gütertransport
3. Parken Ankunft
4. Parken Verlassen

5. Einfahren Links
6. Einfahren Rechts
7. Fußgänger quer
8. Wenden

Bild 14: Ansicht eines mobilen Erfassungsrechners bei der Aufgabe „Halten in 2. Spur"

Die verwendeten Rechner sind so programmiert, daß der Beobachter allgemein zur Dateneingabe aufgefordert wird. Falls eine Eingabe erfolgt, wird diese auf Plausibilität geprüft und zur nächsten Eingabe aufgefordert. Siehe Ablauf in **Bild 15**.

```
| Eingabe war  >Seite      LINKS |
| Bitte Eingabe) [Abschnitt]     |
| 1 ...............   2 .......... |
| 3 ...............   4 .......... |
| 5 ...............   6 .......... |
| 7 ...............   8 .......... |
| 9 ...............  10 .......... |
| 13:14:12          CODE:2        |
```

DISPLAY 1:
Die erste Eingabe betrifft die Straßenseite, hier
links. Die Uhrzeit wird jetzt festgehalten.
In der zweiten Zeile wird zur Eingabe des Straßenabschnitts (dunkel unterlegt) aufgefordert.

Die 10 Zeilen des elektronischen Notizblattes sind
noch leer.

```
| Eingabe war  >Abschnitt Turmstr. |
| Bitte Eingabe) [Fahrzeugtyp]     |
| 1 ...............   2 .......... |
| 3 ...............   4 .......... |
| 5 ...............   6 .......... |
| 7 ...............   8 .......... |
| 9 ...............  10 .......... |
| 13:14:12          CODE:29        |
```

DISPLAY 2:
Nach Eingabe der Ziffer 9 zeigt der Rechner an,
daß die Eingabe den Abschnitt 9 (Kreuzung Turmstr.)
betraf.
Der Beobachter wird nach dem Fahrzeugtyp geprompted,
wobei sieben Alternativen zur Verfügung stehen: Pkw,
Lieferwagen, Lkw/Zug, Bus, Motorad, Fahrrad, Fußgänger.
Alle anderen Tasten sind übrigens gesperrt.

```
| Eingabe war  >Typ    PKW       |
| Bitte Eingabe) [Ereignis]      |
| 1 ...............   2 .......... |
| 3 ...............   4 .......... |
| 5 ...............   6 .......... |
| 7 ...............   8 .......... |
| 9 ...............  10 .......... |
| 13:14:12          CODE:29 1     |
```

DISPLAY 3:
Als richtig eingegebener Typ wird "Pkw" in der ersten
Zeile angezeigt. Nun erfolgt die Eingabe des "Ereignisses".
Jetzt entscheidet sich,ob der bisher unbeschriebene elektro-
nische Notizblock benutzt wird: ist das Ereignis z.B.
"Parken Ankunft oder Verlassen", "Einfahren Links oder Rechts"
oder "Wenden" gibt es keinen Eintrag, sondern die Eingaben
werden gespeichert und der Rechner ist wieder bereit.

```
| Eingabe war  >Ereignis 2.Spur Persontr. |
| [alles OK? dann ENTER, sonst DEL/CANCEL] |
| 1 ...............   2 .......... |
| 3 ...............   4 .......... |
| 5 ...............   6 .......... |
| 7 ...............   8 .......... |
| 9 ...............  10 .......... |
| 13:14:12          CODE:29 11    |
```

DISPLAY 4:
Als Ereignis wurde "Halten in 2. Spur Personentransport"
gegeben.
Der Beobachter wird aufgefordert die Richtigkeit der Eingabe
zu prüfen und entweder zu korrigieren (DELETE-Taste) oder die
ganze Eingabe zu verwerfen (CANCEL-Taste) oder aber mit
"Enter=Eingabe ok" zu bestätigen.

```
| Eingabe war  >Ereignis 2.Spur Person |
| [Texteingabe Halten in 2.Spur]       |
| 1 29 11 Rot Liefern  2 .......... |
| 3 ...............   4 .......... |
| 5 ...............   6 .......... |
| 7 ...............   8 .......... |
| 9 ...............  10 .......... |
| 13:14:12                        |
```

DISPLAY 5:
Das Ereignis wurde als richtig bestätigt. Die Stelle 1 des
elektronischen Notizblocks wird belegt und der Beobachter
kann einen Text eingeben, der das Fahrzeug oder den Vorgang
(z.B. "Parkplatz suchen") näher beschreibt.
Diese Angaben sind wichtig, um den einzelnen Kraftfahrer
bei der Abfahrt wieder aufzufinden. Sie können auch während
der Haltezeit ergä nzt oder geändert werden.

```
| Bereit > LINKS/RECHTS/LEERTASTE       |
| [HALTEN ENDE: Bitte Ziffern eingeben >>] |
| 1 29 11 Rot Liefern  2 19 11 Suchen.... |
| 3 17 11 Suchen.....  4 .......... |
| 5 ...............   6 .......... |
| 7 ...............   8 .......... |
| 9 ...............  10 .......... |
| 13:15:17                        |
```

DISPLAY 6:
Ist der Haltevorgang in 2.Spur beendet, wird der Beobachter
um die Nummer des Eintrags gebeten, der Eintrag wird aus dem
Notizblock gelöscht, die Haltezeitdauer wird berechnet und
der Datensatz wird abgespeichert.
Inzwischen sind übrigens in diesem Beispiel der Beginn von
zwei weiteren Haltevorgängen registriert worden.

```
| Bereit > LINKS/RECHTS/LEERTASTE       |
| 1 ...............  2 19 11 Suchen.... |
| 3 17 11 Suchen.....  4 .......... |
| 5 ...............   6 .......... |
| 7 ...............   8 .......... |
| 9 ...............  10 .......... |
| 13:15:24                        |
```

DISPLAY 7:
Die Stelle 1 des Notizblocks ist wieder frei, der Rechner
bereit zur nächsten Eingabe
Die Eingabe eines Haltevorgangs ist in 4-10 Sekunden zu bewältigen, das Beenden eines Haltevorganges dauert weniger als
eine Sekunde.

Bild 15: Benutzerführung des Erfassungsrechners bei „Halten in 2. Spur" in einer
Hauptverkehrsstraße

Wichtig für diese Untersuchung war die zeitlich zugeordnete Zustandserfassung des Ladeverkehrs und des Parkens in 2. Spur allgemein. Hierzu wurde jedes ankommende Kraftfahrzeug, das in 2. Spur hielt, in das elektronische „Notizblatt" des Erfassungsrechners eingetragen, wobei die Startzeit des Vorgangs dort festgehalten wurde unter Hinzufügung einer Kennzeichnung. Diese Kennung zeigt z. B. an, ob geliefert wurde, ein Taxi einen Passagier absetzte oder ein Pkw einen Parkplatz suchte. Beim Wegfahren des erfaßten Fahrzeugs wird die Haltezeit berechnet, die Angaben gespeichert und der „Notizblock" wieder freigemacht.

Zu den Ergebnissen ist erwähnenswert, daß mehr als 70% der Fahrzeuge, die in 2. Spur standen (496 in 12 h) keine Liefergeschäfte durchführten, sondern zum überwiegenden Teil einen Parkplatz suchten und dabei Wartezeiten bis zu 10 Minuten in Kauf nahmen.

Das häufigste Verkehrsereignis dieser Untersuchung waren Querungsvorgänge von Fußgängern (von 4600 Ereignissen 55,5% Fußgänger quer).

Untersuchungen Straßennetz (Eckdatensystem)

Dieser Untersuchungskomplex befaßt sich - global formuliert - mit dem Verkehrsablauf für einzelne Verkehrsteilnehmergruppen. Hier soll den Fragen nachgegangen werden, welchen Einfluß die verkehrsberuhigte Umgestaltung in der Fläche auf die Reisezeiten der jeweiligen Verkehrsarten hat, inwieweit die Maßnahmen zur Förderung des nichtmotorisierten und öffentlichen Personenverkehrs wirken und welche Behinderungen in diesem Zusammenhang für den Kfz-Verkehr, den Wirtschaftsverkehr und für kommunale Fahrzeuge auftreten.

Die Untersuchungsaufgabe bezieht sich auf das Messen von Fahrzeiten oder Gehzeiten, um so zu prüfen, ob und wie sich durch Verkehrsberuhigung die Erreichbarkeiten für verschiedene Verkehrsmittel ändern.

Untersuchungsraum ist hier das Straßennetz, mit anderen Worten ein „flächenhafter Untersuchungsansatz" zur Beurteilung von „flächenhaften Veränderungen". Dabei steht weniger die Einzelmaßnahme im Mittelpunkt des Interesses als vielmehr das Zusammenspiel verschiedenster Maßnahmen innerhalb des Gebietes.

Für die Untersuchungsteile auf der Ebene Straßennetz ist zwischen Routen und Wegen zu unterscheiden. Bei Routen handelt es sich um festgelegte Wegeverbindungen mit lokalisiertem Start- und Zielpunkt, die in wiederholten Testbegehungen bzw. Testbefahrungen untersucht werden. Routenerhebungen werden durchgeführt für die Verkehrsteilnehmer Fußgänger, Radfahrer, Pkw-Fahrer (in Mainz auch ÖPNV).

Untersuchungen zu Fahrzeiten des Lieferverkehrs (Verfolgungsfahrten) und der kommunalen Fahrzeuge (Mitfahrten) sind unter der Gruppe Wege zusammengefaßt. Der Unterschied zu den Routenerhebungen liegt vor allem darin, daß die Streckenabfolge unbekannt ist und Meßwiederholungen auf gleichen Kursen praktisch ausgeschlossen sind.

Bild 16 vermittelt am Beispiel des Modellgebietes Ingolstadt und der dort erhobenen Routen und Wege einen Eindruck von dem hier verfolgten „flä-

Untersuchungsteil (3)
Routen Fußgänger

2 Quell-Ziel-Beziehungen, 4 verschiedene Routen mit festgelegter Richtung, pro Route 16 Begehungen.

Untersuchungsteil (4)
Routen Radfahrer

4 Quell-Ziel-Beziehungen, 4 versch. Routen, pro Route Hin- und Rückfahrt, jeweils 16 Meßfahrten.

Untersuchungsteil (5)
Routen Pkw

Quelle und Ziel identisch, 3 versch. Rundkurs-Routen, pro Route 32 Fahrten.

Bild 16: Beispiel: Flächendeckung der verschiedenen Untersuchungsteile für Ingolstadt

Untersuchungsteil 6
Routen Wirtschaftsverkehr

Keine festgelegten Routen, Verfolgungsfahrten von Lieferfahrzeugen etc., 32 Fahrten

Untersuchungsteil 7
Routen kommunale Fahrzeuge

Als kommunale Fahrzeuge werden Müllwagen gewählt. Gesamte Innenstadtentladung (5 Routen), 10 Std. Mitfahrt

chenhaften Untersuchungsansatz". Im Folgenden soll das methodisch-in-haltliche Grundprinzip der Routenerhebungen vorgestellt werden. Auf die praktische Umsetzung sowie auf Unterschiede bei Erfassung und Auswertung zwischen den einzelnen Untersuchungsteilen wird anschließend gesondert eingegangen.

Eckdatensystem

Sollen die Einflüsse von baulichen, verkehrlichen und situativen Widerständen auf die Reisezeiten einzelner Verkehrsteilnehmergruppen untersucht werden, so ist darauf zu achten, daß andere Einflußgrößen so weit als möglich ausgeklammert werden, oder anders gesagt, es müssen möglichst viele Variablen konstant gehalten werden. Bei den Erhebungen zu Fahr- und Gehzeiten waren die bekannten, gleichbleibenden Größen:

— die festgelegte Route,
— die gleiche Testperson,
— die annähernd gleiche Grundgeschwindigkeit
— das gleiche Meßfahrzeug.

Die zuvor festgelegte Route wird bei jeder Meßfahrt genau protokolliert, was in erster Linie zeitliche Erfassung bedeutet. Neben Datum, Start- und Zielzeit werden sämtliche Störungen und Behinderungen mit Beginn und Ende sekundengenau in Echtzeit erfaßt, unter zusätzlicher Angabe des Ortes und der Störungsursache.

Bei diesem Untersuchungsplan wurde zunächst davon ausgegangen, daß sich Widerstände im Fahrverlauf auf zeitlich einzugrenzende „Fahrtunterbrechungen" beziehen, also auf Wartezeiten, wie beispielsweise an Ampeln, an Vorfahrtstraßen oder bei Überquerungen. Erste Probeerhebungen zeigten jedoch, daß auch Verlangsamen, Ausweichen und Umfahren als Widerstandsmomente im Verkehrsablauf berücksichtigt werden müssen.

Neben der Störung = Wartezeit, in der keine Fortbewegung stattfindet, gibt es als weiteres Widerstandskriterium die Verzögerung = Geschwindigkeitsverlust und/oder Wegverlängerung. Solche Behinderungen stellen aber keine „Fahrtunterbrechung" dar, sie sind demnach auch nicht mit zeitlichem Beginn und zeitlichem Ende meßbar, beeinträchtigen jedoch die Fahrzeiten beträchtlich und schlagen sich in entsprechenden Reisezeit- und Fahrzeitverlängerungen nieder.

Um prüfen zu können, wie sich Verzögerungen, die weder zeitlich noch räumlich exakt zu messen sind, in der Reisezeitbilanz niederschlagen, wurde ein neues. erweitertes Erhebungsinstrument entwickelt.

Durch im Routenverlauf räumlich festgelegte Fixpunkte, sogenannte Eckdaten oder Checkpoints, wird die Route in verschiedene Teilstücke untergliedert. Ähnlich wie bei Start und Ziel wird auf jeder Meßfahrt für jedes dieser Eckdaten, unabhängig von Störungen oder Behinderungen, die genaue Zeit des Eintreffens protokolliert.

Mit Hilfe dieses Eckdatensystems können Reisezeitunterschiede auf einer sehr viel kleinteiligeren Ebene als der Gesamtroute, nämlich abschnittsweise ermittelt werden. Es ist dadurch möglich Häufungen von spezifischen

Fahrwiderständen auf einzelnen Teilstrecken zu ermitteln, Strecken mit konstanten Reisezeiten von solchen mit erheblichen Schwankungen zu unterscheiden, sowie Problembereiche einzelner Routen genauer aufzufinden und zu untersuchen.

Darüber hinaus bietet das Eckdatensystem die Möglichkeit, Verkehrsabläufe nicht nur routenbezogen sondern auch gebietsbezogen zu betrachten. Bei mehreren unterschiedlichen Routen in einem Gebiet (im vorliegenden Projekt ca. 3 Routen pro Verkehrsart je Modellgebiet), die nach diesem Verfahren erfaßt und ausgewertet werden, lassen sich neben den Einzelergebnissen, über die Eckdatenstrukturierung auch neue Wegekombinationen im Sinne eines Modulsystems beurteilen.

Gehzeiten bei Fußgängern

Für die Auswahl der Routen (4 verschiedene pro Gebiet) war darauf zu achten, daß die folgenden drei Kriterien bei der Festlegung des Verlaufs gleichermaßen berücksichtigt wurden.

1. Häufig benutzte Verbindungen echter Fußgänger (Beobachtung und Verfolgung)
2. Unterschiedliche Straßentypen, verschiedene Merkmale von Verkehrsanlagen (z. B. beampelte und nichtbeampelte Überwege, Hauptstraßen und Nebenstraßen usw.)
3. Bereiche in denen Umgestaltungsmaßnahmen zu erwarten sind.

Die in Form eines Eckdatendiagramms strukturierte Route **(Bilder 16 bis 18)** wird von einer Testperson (immer die gleiche) insgesamt 16 Mal, an verschiedenen Tagen und zu unterschiedlichen Tageszeiten vom Start zum Ziel begangen.

Während der Begehung werden mit Hilfe eines Diktiergerätes und einer Digitaluhr sämtliche Eckdatenzeiten sowie Störungen und Verzögerungen

Bild 17: Beispiel: Verlauf der „Münster-Route" (Fußgänger) in Ingolstadt

444

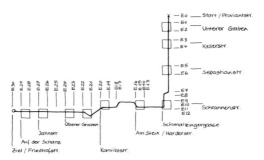

Bild 18: Beispiel: Eckdatendiagramm der „Münster-Route" (Fußgänger) in Ingolstadt

mit der entsprechenden Ursache sekundengenau festgehalten **(Bild 19)**. Zusätzlich sind Besonderheiten, Auffälligkeiten und sonstige qualitative Beobachtungen zu protokollieren.

```
ROUTE 15311 - MUENSTERROUTE
6. Begehung, am Mittwoch, dem 16.Mai 1984 in INGOLSTADT

16:15:00 Uhr   START                Proviantstraße am Torbogen
16:15:06 Uhr   BEGINN ÜBERQUERUNG   Unterer Graben
16:15:11 Uhr   ENDE ÜBERQUERUNG
16:15:13 Uhr   VERZÖGERUNG          Fußgänger in gleicher Richtung
16:15:36 Uhr   BEGINN ÜBERQUERUNG   Kellerstraße
16:15:40 Uhr   ENDE ÜBERQUERUNG
16:15:47 Uhr   VERZÖGERUNG          Fußgänger entgegen
16:15:59 Uhr   AUSWEICHEN           Fußgänger entgegen
16:16:20 Uhr   VERLANGSAMEN         Fußgänger in gleicher Richtung
16:16:55 Uhr   BEGINN ÜBERQUERUNG   Sebastianstraße
16:17:01 Uhr   ENDE ÜBERQUERUNG
16:17:10 Uhr   VERLANGSAMEN         Fußgänger in gleicher Richtung
16:17:27 Uhr   BEGINN ÜBERQUERUNG   Schrannenstraße 1.Teil und
               STOP                 wegen Vorrang achten (Pkw)
16:17:30 Uhr   WEITER
16:17:37 Uhr   ENDE ÜBERQUERUNG     Schrannenstraße 1.Teil
```

Bild 19: Beispiel: Auszug aus dem Tonbandprotokoll einer Begehung der „Münster-Route" in Ingolstadt

```
R 15311   6  16.05.84 Mi na

E 0    16:15:00    0
E 1    16:15:06    6      6      6
E 2    16:15:11   11      5      5
V 2    16:15:13   13                    (20)
E 3    16:15:36   36     25     25
E 4    16:15:40   40      4      4
V 4    16:15:47   47                    (21)
V 4    16:15:59   59                    (21)
V 4    16:16:20   80                    (20)
E 5    16:16:55  115     75     75
E 6    16:17:01  121      6      6
V 6    16:17:10  130                    (20)
E 7    16:17:27  147     26     26
S 7    16:17:27  147
       16:17:30  150      3             (03)
E 8    16:17:37  157     10      7
```

Bild 20: Beispiel: Auszug aus dem Rohdatensatz einer Begehung der „Münster-Route" in Ingolstadt

Die auf Band gespeicherten Daten werden abgehört und in Form verarbeitbarer Datensätze übertragen, wobei das Eckdatenschema die Organisationsstruktur vorgibt **(Bild 20)**. Mit den so erzeugten Datensätzen und zusätzlichen Informationen aus der Grunderhebung sind neben der Protokolltabelle **(Bild 21)** differenzierte Analysen zu Reisezeiten, Netto-Gehzeiten, Mittlere Reisegeschwindigkeiten, Wartezeiten, Anzahl von Störungen und Verzögerungen nach Ort und Ursache gegeben.

			Ta-ges-zeit			Reisezeit	
NR	Datum	Tag	zeit	Start	Ende	in Min	in Sek
1	15.05.85	Di	mor	07:17:00	07:27:34	10:34	634
2	15.05.85	Di	mit	13:02:40	13:14:08	11:28	688
3	15.05.85	Di	mit	13:31:20	13:42:53	11:33	693
4	16.05.85	Mi	mit	12:30:10	12:41:25	11:15	675
5	16.05.85	Mi	na	15:23:20	15:34:29	11:09	669
6	16.05.85	Mi	na	16:15:00	16:26:03	11:03	663
7	16.05.85	Mi	ab	19:20:20	19:30:43	10:23	623
8	17.05.85	Do	mor	07:36:20	07:47:31	11:11	671
9	17.05.85	Do	mor	08:05:20	08:17:06	11:46	706
10	18.05.85	Fr	mor	09:19:00	09:30:35	11:35	695
11	18.05.85	Fr	mor	09:47:20	09:58:57	11:37	697
12	18.05.85	Fr	ab	18:30:30	18:41:37	11:07	667
13	21.05.85	Mo	mor	10:15:00	10:26:12	11:12	672
14	22.05.85	Di	mor	11:10:20	11:20:40	10:20	620
15	23.05.85	Mi	na	16:20:20	16:31:32	11:12	672
16	23.05.85	Mi	na	17:15:30	17:27:36	12:06	726
					im Mittel:	11:13	673
					Streuung:	0:29	29

Bild 21: Beispiel: Protokoll aller Begehungen der „Münster-Route" in Ingolstadt

Anhand der Auswertungen und in Verbindung mit den Beobachtungen kann in der Dateninterpretation sowohl auf allgemeine Tendenzen als auch auf besondere Problembereiche für Fußgänger eingegangen werden.

Fahrzeiten bei Radfahrern

Bei der Auswahl der „Routen Fahrrad" wird ebenso wie bei den Fußgängerrouten vorgegangen und auch die Erfassungsstruktur mit Eckdatenfestlegung und Zeitprotokollierung wird beibehalten. Verschieden ist hier die Datenaufnahme. Der Umweg über das Diktiergerät und eine nachträgliche Dateneingabe kann entfallen.

Beim Fahrrad handelt es sich um eine Maschine, mit der einerseits Geräte transportiert werden können und die andererseits Möglichkeiten für direkte Datenabnahme bietet. So wurde von der FGS ein Meßfahrrad entwickelt, bei dem sich am vorderen Laufrad, an den Bremsen vorne und hinten sowie an der Tretkurbel Meßdatenaufnehmer befinden, die über eine Schnittstelle (BIGMAC) mit einem am Lenker befestigten Erfassungsrechner verbunden sind.

Über ein eigenes Programm wird in diesem Rechner gleichzeitig der Fahrverlauf mit Hilfe der Meßaufnehmer protokolliert. Über die Tastatur des Erfassungsrechner werden - per einfachem Tastendruck - Start-, Ziel- und Checkpointankunft festgehalten; per zweifacher Tastenkombination - sind die Verzögerungs- und Störereignisse mit entsprechender Ursache einzugeben.

Sämtliche Daten werden direkt im Anschluß an die jeweilige Meßfahrt auf Band gespeichert und stehen damit als Urdaten für Auswertungen bereit.

Fahreindrücke werden als gesonderte Beobachtungen zu der jeweilgen Fahrt notiert.

Fahrzeiten bei PKW

Prinzipiell wird das gleiche technische Erfassungsinstrument eingesetzt wie bei den Fahrradrouten. Meßaufnehmer im Kraftfahrzeug ermitteln je Sekunde die aktuelle Fahrgeschwindigkeit sowie die Brems- und Kupplungstätigkeit. Gleichzeitig werden die auftretenden Verkehrsereignisse durch den Beobachter in den Erfassungsrechner eingegeben **(Bild 22)**.

Bild 22: Erfassungsrechner bei PKW-Testfahrten

Über die Schnittstelle BIGMAC laufen alle „Fahrzeug"-Daten im Erfassungsrechner zusammen, werden mit den dort festgehaltenen „Ereignisdaten"-Daten zusammengefügt und dann als Fahrverlaufsprotokoll abgespeichert.

Soweit die Verkehrssituation es erfordert wird im Sinne einer „intermittierenden" Verfolgung im Verkehrsfluß mitgeschwommen. Auch diese Phasen sind zeitlich und örtlich im Fahrtablauf dokumentiert.

Zwei Personen führen diese Erfassungsaufgabe durch, wobei sich der Fahrer ausschließlich auf den Verkehr zu konzentrieren hat und der Beifahrer als Beobachter das akutelle Geschehen abbildet.

Bild 23 zeigt ausschnittsweise die Dokumentation einer solche Testfahrt. Mit diesen pro Meßfahrt (bis zu 32 Fahrten je Route) gespeicherten Informationen. ergeben wie bei den Fußgänger- und Radfahrerrouten vielfältige Auswertungsebenen. Ein Beispiel dafür ist in der Tabelle **(Bild 24)** zu sehen.

Fahrzeiten im Wirtschaftsverkehr

In diesem Untersuchungsteil geht es - wie zuvor - um die Aufgabe, Fahrzeiten zu ermitteln und Widerstände zu erfassen. Dabei ist die zentrale Frage, welche Schwierigkeiten und Behinderungen für den Wirtschaftsverkehr aufgrund von flächenhaften Beruhigungsmaßnahmen auftreten.

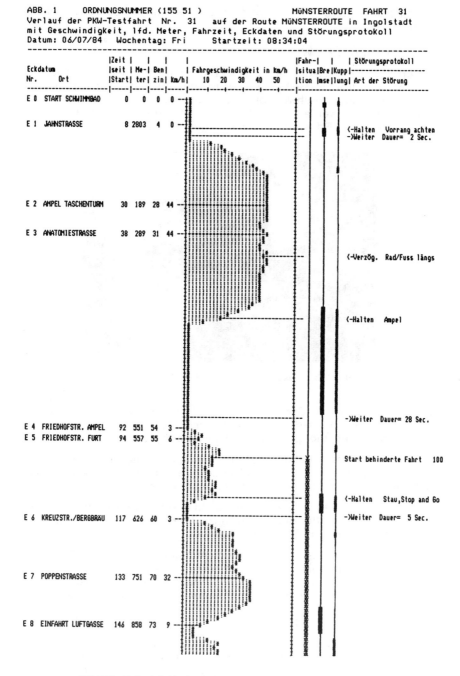

ABB. 1   ORDNUNGSNUMMER (155 51)   MüNSTERROUTE FAHRT   31
Verlauf der PKW-Testfahrt Nr.   31   auf der Route MüNSTERROUTE in Ingolstadt
mit Geschwindigkeit, lfd. Meter, Fahrzeit, Eckdaten und Störungsprotokoll
Datum: 06/07/84   Wochentag: Fri   Startzeit: 08:34:04

|Zeit | | | | |Fahr-| | | Störungsprotokoll
Eckdatum |seit | Me-| Ben| | Fahrgeschwindigkeit in km/h |situa|Bre|Kupp|----------------
Nr.   Ort |Start| ter| zin| km/h| 10 20 30 40 50 |tion |mse|lung| Art der Störung

E 0   START SCHWIMMBAD   0   0   0   0

E 1   JAHNSTRASSE   8 2803   4   0   <-Halten   Vorrang achten
                                                                                  ->Weiter   Dauer= 2 Sec.

E 2   AMPEL TASCHENTURM   30 189   28   44

E 3   ANATOMIESTRASSE   38 289   31   44

                                                                                  <-Verzög. Rad/Fuss längs

                                                                                  <-Halten   Ampel

E 4   FRIEDHOFSTR. AMPEL 92 551   54   3   ->Weiter   Dauer= 28 Sec.
E 5   FRIEDHOFSTR. FURT   94 557   55   6

                                                                                  Start behinderte Fahrt   100

                                                                                  <-Halten   Stau,Stop and Go
E 6   KREUZSTR./BERGBRÄU 117 626   60   3   ->Weiter   Dauer= 5 Sec.

E 7   POPPENSTRASSE   133 751   70   32

E 8   EINFAHRT LUFTGASSE 146 858   73   9

Bild 23: Beispiel: Verlauf einer PKW-Testfahrt in Ingolstadt

448

Netto Fahrzeit in Sek. bei PKW-Testfahrten auf der Route MÜNSTERROUTE in Ingolstadt im Juli 1984 mit Mittelwert und Streuung nach Eckdaten und Fahrtnummer

NR	ECKDATUM	Mittelwert	Streuung	1	2	3	4	5	6	7	8	9	10	11	12	13	14	15
0	START SCHWIMMBAD	0	0	0	0	0	0	0	0	0	0	0	0	0	0	0	0	0
1	JAHNSTRASSE	6.7	0.9	6	7	7	7	6	7	8	7	8	7	7	6	7	7	7
2	AMPEL TASCHENTURM	21.2	2.8	21	19	19	18	23	21	20	17	19	21	21	20	18	20	26
3	ANATOMIESTRASSE	9.0	1.9	9	8	7	7	12	9	7	8	7	8	8	8	8	8	8
4	FRIEDHOFSTR. AMPEL	26.6	2.6	28	36	27	25	29	31	27	27	25	25	30	24	26	24	27
5	FRIEDHOFSTR. FURT	3.8	4.1	2	1	3	4	2	25	3	3	5	7	3	2	2	4	3
6	KREUZSTR./BERGBRÄU	16.0	7.0	15	17	14	14	14	13	14	14	17	14	21	14	18	16	52
7	POPPENSTRASSE	16.0	2.4	18	16	15	16	19	16	17	15	16	14	15	15	15	14	16
8	EINFAHRT LUFTGASSE	17.3	6.6	18	16	14	16	14	23	23	13	17	17	16	15	15	14	48
9	KANALSTRASSE	22.5	1.8	21	20	22	22	23	22	23	24	20	20	22	27	22	23	19
10	TASCHENTURMSTRASSE	18.0	1.6	18	16	18	16	16	16	17	17	18	18	19	17	18	18	21
11	ANATOMIESTRASSE	15.1	1.5	14	14	13	18	14	14	13	13	16	17	16	14	13	14	15
12	JAHNSTRASSE	20.1	4.1	21	24	20	21	23	19	25	21	19	32	19	20	23	20	3
13	JAHNSTRASSE MAST	5.5	3.1	5	4	6	6	4	6	6	4	13	6	5	1	5		13
14	ÜBERWEG TASCHENTURM	12.1	3.4	10	17	13	17	16	10	12	10	12	9	17	10	9	10	15
15	EINFAHRT PARKPLATZ	18.5	4.1	15	17	21	17	20	15	19	16	16	25	17	17	17	16	16
16	ENDE SCHWIMMBAD	32.4	6.3	32	36	33	37	34	35	33	35	34	30	34	36	33	32	18

Bild 24: Beispiel: Netto-Fahrzeit von PKW-Testfahrten in Ingolstadt nach Eckdaten strukturiert

Wirtschafts- oder auch Lieferverkehr setzt sich einerseits aus sehr verschiedenartigen Fahrzeugen zusammen (vom Pkw bis zum Lastzug), und andererseits sind gewählte Fahrkurse und aufzusuchende Ziele innerhalb eines Gebietes recht vielfältig.

Um sowohl diesem breiten Spektrum als auch der gestellten Aufgabe zu entsprechen, werden die Untersuchungen hier als V e r f o l g u n g s f a h r t e n durchgeführt.

An den Eingängen des Gebietes wird im startbereiten Pkw ein einfahrendes Lieferfahrzeug erwartet, „abgefangen" und verfolgt. In dem nachfahrenden Pkw protokolliert der beobachtende Beifahrer sämtliche Fahraktionen des verfolgten Lieferwagens. Konkret bedeutet das: Es werden über sekundengenaue Zeitangabe Störungen und Verzögerungen mit Angabe des Ortes und der Ursache auf Band gesprochen.

Um das Grundprinzip des Eckdatensystems auch für diesen Untersuchungsteil beizubehalten, wird an Kreuzungen und sonstigen markanten Punkten die Zeit des Eintreffens festgehalten (hier mit genauer Ortsangabe). Das Fahrzeug wird so lange verfolgt, bis das Liefergeschäft beginnt, um so auch die Parkplatzsuche bzw. das Rangieren genau zu erfassen. Teilweise war es in den Untersuchungsstädten auch möglich, den gleichen Lieferwagen über mehrere Anlaufstationen im Gebiet als Fahrtenfolge zu begleiten **(Bild 25)**.

Die einzelne Fahrt (32 pro Modellgebiet) wird abgehört, in ihrem Verlauf nachträglich mit fortlaufender Eckdatennummerierung versehen, und als Rohdatensatz gespeichert, womit zunächst für jede Einzelfahrt die kleinteilige Analyse nach Abschnitten möglich ist.

Alle Fahrten werden auf das Straßennetz des Gebietes übertragen und sämtliche von den verfolgten Lieferfahrzeugen benutzten Streckenabschnitte als nummerierte Segmente herausgefiltert. So können den Eckdaten der einzelnen Fahrten Segmentnummern zugewiesen werden, mit anderen Worten, verschiedene Fahrten werden nun auf der Ebene Segment vergleichbar **(Bild 25)**.

```
ROUTE 15620 * FAHRTENFOLGE * Möbeltransporter (La) 7.5t * Dienstag, 22.05.84 Ingolstadt
ECKDATENPROTOKOLL                                  SEGMENTPROTOKOLL
---------------------------------------------------------------------------------------------
        |        | Zeiten in Sek. |             |        | Zeiten in Sek. |         |
        |        |----------------|  Ursachen von|        |----------------| Anz.   | mittlere
 Eck-   |        | Reisezeit      | Stoerungen  | Seg-   | Reisezeit      | Ver-   | Fahrge-
 daten  | Echt-  |    Halten      | und Verzoe- | ment   |    Halten      | zoe-   | schwin-
 Nr.    | zeit   |         Fahren | gerungen    | Nr.    |         Fahren | gerg.  | igkeit
---------------------------------------------------------------------------------------------
 E  0   08:56:34    0                                                                
 E  1   08:56:34    0          0                                                     
 E  2   08:56:48   14         14              SEG  2    14    -    14            27.0 km/h
 E  3   08:57:02   28         14              SEG  3    14    -    14            28.3 km/h
 V  3   08:57:05   31              EINP.PKW                                      
 E  4   08:57:17   43         15              SEG  4    15    -    15   eine     27.1 km/h
 ---------------------------------LIEFERN----------------------------------------------------
 E  5   08:59:20  166   123  123                                                    
 S  5   08:59:30  176                                                               
         08:59:34  180     4       VORRANG                                           
 E  6   08:59:36  182         12              SEG  5    16    4    12            21.9 km/h
 E  7   09:00:05  211         29              SEG 31    29    -    29            21.1 km/h
 E  8   09:00:30  236         25              SEG 32    25    -    25            22.3 km/h
 E  9   09:00:56  262         26              SEG 33    26    -    26            23.1 km/h
 ---------------------------------LIEFERN----------------------------------------------------
 E 10   09:11:34  900   638  638                                                    
 E 11   09:11:47  913         13              SEG  4    13    -    13            31.3 km/h
 E 12   09:11:57  923         10              SEG  3    10    -    10            39.6 km/h
 E 13   09:12:05  931          8              SEG  2     8    -     8            47.3 km/h
 S 13   09:12:25  951                                                               
         09:13:27 1013    62       AMPELHALT                                         
 E 14   09:13:32 1018         25              SEG  1    87   62    25            45.6 km/h
 E 15   09:14:42 1088         70              SEG 91    70    -    70            48.0 km/h
---------------------------------------------------------------------------------------------
```

Bild 25: Beispiel: Protokoll einer Verfolgungsfahrt im Wirtschaftsverkehr in Ingolstadt

Durch diese Vorgehensweise kann der Nachteil zufälliger Verfolgungsfahrten hinsichtlich einer Gebietsbeurteilung aufgefangen werden und gleichzeitig ist eine solide Basis für Vorher-Nachher-Vergleich geschaffen.

Fahrzeiten von kommunalen Fahrzeugen

Am Beispiel der Müllsammelfahrzeuge wird gesondert auf die Situation der kommunalen Fahrzeuge eingegangen. Dabei kommt eine dritte Variante der „flächenhaften Untersuchung" zum Einsatz, die Mit- oder Begleitfahrt.

Da nur einmal pro Woche die Tonnen in den Untersuchungsgebieten entladen werden, kann innerhalb des Erhebungszeitraumes auch nur eine einmalige Fahrtbegleitung stattfinden, d. h. Meßwiederholungen für gleiche Fahrten schließen sich somit aus. Um dennoch die Situation dieser Sonderfahrzeuge gebietsbezogen beurteilen zu können und vorhandene sowie zu erwartende Problemstellen kennenzulernen, wird darauf geachtet, eine annähernd flächendeckende Untersuchung durchzuführen.

Die mitfahrende Erhebungsperson protokolliert auf Band, in sekundenge-
nauer Echtzeit, alle Vorgänge der Fahrt. Dabei sind neben den Störungen
Verzögerungen und des Fahrverlaufs aufgrund verkehrlicher Ereignisse hier
auch sämtliche Ladehalts, Ladezeiten und Fahrmanöver mit festzuhalten.

Der Fahrkurs wird in Form eines Eckdatendiagramms nachgezeichnet, die
abgehörten Fahrtprotokolle dann in Form verarbeitbarer Datensätze auf
Datenträger übergeben, wobei das Eckdatenschema die Organisationsstruktur vorgibt.

Ausgewertet werden sowohl für die Gesamtroute als auch für einzelne
Streckenabschnitte, Reisezeiten, Wartezeiten (unterschieden nach verkehrlichen Ursachen und Ladehalts), Fahrzeiten (unterschieden nach Vorwärts-
fahrt und Manöver), Anzahl und Ursache von verkehrlichen Störungen und
Verzögerungen, Menge der Ladehalts und Fahrmanöver. Ergänzt und erweitert werden diese Auswertungen durch qualitative Beobachtungen während
der Begleitfahrt.

Diskussion

Leitung: Dr. Dr. h. c. Pampel

Teilnehmer: Brandenburg, Prof. Girnau, Höppner, Legat, Fr. Menzel, Dr.
                Meyer, Dr. Sparmann, Springsfeld, u. a.

Referate: **Umsetzung der Ergebnisse des Programms Nahverkehrs-
                forschung; Aufbereitung von Ergebnissen des Forschungs-
                programms Stadtverkehr; ÖPNV-Modellvorhaben Saarland,
                Bodenseekreis, Tübingen; ÖPNV-Modell Zonenrandgebiet
                Raum Wunsiedel; Einfluß von Veränderungen des Angebo-
                tes im ÖPNV auf das Verkehrsteilnehmerverhalten; Belange
                des ÖPNV bei der Planung und Anlage verkehrsberuhigter
                Zonen; Auswirkungen flächenhafter Verkehrsberuhigungen
                auf den Verkehrsablauf**

Umsetzungen der Ergebnisse des Programms Nahverkehrs-
forschung/
Aufbereitung und Ergebnisse des Forschungsprogramms
Stadtverkehr

Der zweite Vortrag belegt den Aufwand, der investiert wird, um die Ergebnisse der „Stadtverkehrsforschung" einer Aufbereitung zuzuführen. Diese Aufbereitung besteht in einer Dokumentation, in einer Systematisierung der
Forschungsergebnisse und in einer Querschnittsauswertung. Das Ziel ist, zu
sortieren, was nunmehr erkenntnismäßig erschlossen ist und wo noch Forschungsbedarf besteht.

Als Anregung wurde vorgebracht, daß man sich eine Aufarbeitung aber auch
so vorstellen könnte, wie es im ersten Vortrag zum Ausdruck gekommen ist,
- daß man einen Nachweis führt, wie nun die Ergebnisse tatsächlich in die
Praxis umgesetzt worden sind. Eine solche Auswertungsarbeit wäre außer-

ordentlich hilfreich, da die Forschungsreihe „Stadtverkehr" gelegentlich in dem Verdacht steht, nur Dokumentationsreihen zu produzieren.

Einfluß von Veränderungen des Angebotes im ÖPNV auf das Verkehrsteilnehmerverhalten

Die Diskussion ergab, daß für die durchgeführten Untersuchungen die Pkw-Verfügbarkeit ein besseres Kriterium ist als der Pkw-Besitz. Das Verkehrsaufkommen und die Verkehrsverteilung hängen ursächlich mit der Verfügbarkeit eines Pkw zusammen, wobei unerheblich ist, wem der Pkw rechtmäßig gehört.

Belange des ÖPNV bei der Planung und Anlage verkehrsberuhigter Zonen/
Auswirkungen flächenhafter Verkehrsberuhigungen auf den Verkehrsablauf

Es wurde die Meinung geäußert, daß der ÖPNV sich an die Spitze der Verkehrsberuhigung in Bewegung setzen sollte: Es sollte offen gesagt werden, wir wollen das, aber wir wollen auch die volle Berücksichtigung unserer Belange. Das darf nicht zu längeren Fahrzeiten führen, also nicht das verhindern, was durch Beschleunigungsprogramme gerade erreicht werden soll.

Nachteile für den ÖPNV können vermieden werden, wenn man es richtig macht. Dazu werden VÖV-Richtlinien ausgearbeitet, wobei die Berichte zu dem ersten Vortrag wertvolle Hinweise geben können.

In der Praxis sieht es jedoch so aus, daß die Verkehrsbetriebe vor vollendete Tatsachen gestellt werden und daher nicht in der Lage sind, verschiedene Maßnahmen zur Verkehrsberuhigung zu erproben und vernünftig zu gestalten. Dies führt in Hamburg zu einer Vermehrung der Betriebskosten von einigen Millionen DM pro Jahr, ohne daß die Einnahmen dadurch zunehmen.

Die Verkehrsbetriebe lehnen Hauruck-Maßnahmen ab, die aus kommunalpolitischen Gründen durchgeführt werden und deren einzige Auswirkungen sich negativ auf das Betriebsergebnis des Verkehrsunternehmens niederschlagen. Es wird deshalb begrüßt, daß im VÖV möglichst schnell die Richtlinien erstellt werden.

Podiumsdiskussion
„Forschung und Entwicklung für den ÖPNV"

Teilnehmer: D r. B a n d e l, BMFT (Diskussionsleiter)
Prof. C h r i s t, Daimler Benz AG, Stuttgart
Prof. G i r n a u, Verband öffentlicher Verkehrsbetriebe, Köln
Prof. L e u t z b a c h, Technische Universität Karlsruhe
L u d w i g, Stadtwerke Karlsruhe
P i e f k e, Berliner Verkehrsbetriebe AG
R e s c h, Gewerkschaft ÖTV, Stuttgart
D r. S a t t l e r, Verband öffentlicher Verkehrsbetriebe, Bochum
S c h o l t i s, Siemens Erlangen
D r. W e i g e l t, Bundesbahndirektion Nürnberg

Die Podiumsdiskussion stand unter dem Thema „Forschung und Entwicklung für den ÖPNV". Sie wurde vom Diskussionsleiter mit der Aussage
eröffnet, daß der öffentliche Nahverkehr unter zunehmenden Kostendruck
gerät und dadurch negative Auswirkungen auf die Angebotsqualität des
ÖPNV befürchtet werden müssen. Hierzu wurden nachstehende Themenbe-
reiche erörtert:

Wirtschaftlicher Nutzen

Zu Beginn wurde in Frage gestellt, ob die Grundforderung gleiche oder
bessere Qualität zu geringeren Kosten im öffentlichen Nahverkehr unter
Berücksichtigung der wechselseitigen Beziehung Individualverkehr - Öffentlicher Nahverkehr überhaupt möglich sei.

Jährlich kommen 2¹ Mio. Pkw auf den Markt und die Betreiber öffentlicher
Verkehrsmittel haben sich auf diese Situation einzustellen. Was dabei getan
werden muß, um die Attraktivität im öffentlichen Nahverkehr aufrechtzuer-
halten bzw. zu erhöhen, ohne daß der Kostendeckungsgrad dabei weiter
absinkt, sollte nicht aus der momentanen Situation heraus, sondern zu-
kunftsbezogen entschieden werden.

Falls die Wirtschaftlichkeit der Betriebe nicht verbessert werden kann, kom-
men Forderungen wie Linienausdünnung oder Reduzierung der täglichen
Betriebszeiten, auf die Verkehrsbetriebe zu. Um dies zu vermeiden, wurde
daran appelliert, die Möglichkeiten der Technik zur Aufrechterhaltung der
Verkehrsleistung und darüberhinaus zum Wohle der Mitarbeiter und der
Fahrgäste zu nutzen und einzusetzen.

In diesem Zusammenhang wurde die Befürchtung geäußert, daß der Ko-
stenzuwachs, der ohne Rationalisierung unvermeidbar ist, durch erhöhte
öffentliche Zuschüsse aufgefangen werden müßte.

Es herrschte Übereinstimmung darüber, daß bei zukünftigen F+E-Vorhaben
im ÖPNV die Akzente auf die Attraktivitätssteigerung des Nahverkehrs bei
gleichzeitiger Verbesserung der Wirtschaftlichkeit gesetzt werden müssen.
Daneben müssen auch die Umweltbelange stärker berücksichtigt werden.

Die Teilnehmer setzten sich mit der Frage auseinander, ob die bisherigen Forschungsakzente richtig gesetzt waren. Es wurde festgestellt, daß durch die Entwicklung neuer Verkehrssysteme, wie beispielsweise den Kabinenbahnen, ein Innovationsdruck auf die Weiterentwicklung von konventionellen Systemen entstanden ist.

So hat erst die Spurbusentwicklung dazu geführt, daß die Entwickler von Stadtbahnen sich mit den Fragen der Verringerung des Gewichtes, der Senkung des Pufferstoßes u. a. auseinandergesetzt haben. In diesem Zusammenhang wurde empfohlen, die Förderung konkurrierender Projekte beizubehalten, um die dadurch entstehende, gegenseitige, positive Stimulanz zu nutzen.

Zielsetzung von Forschungsaufgaben sollte sein, die Techniken entsprechend den Erfordernissen des öffentlichen Nahverkehrs flexibler zu gestalten. Damit könnte der ÖPNV besser im Hinblick auf wirtschaftliche Entwicklung, Stadtentwicklung und Bevölkerungsentwicklung reagieren. Es wurde bezweifelt, ob es richtig sei, heute in Techniken mit einer Lebensdauer für die nächsten 30-40 Jahre zu investieren.

Der zukünftige Forschungsbedarf hat sich auch an den Rahmenbedingungen, wie Einwohnerrückgang, Schüler-Studenten-Schwund, Motorisierung der Senioren und Rentner zu orientieren. Ausgehend von diesen Randbedingungen muß es das Anliegen der Betreiber sein, die Qualität der Verkehrsbedienung zu steigern und die Kosten zu begrenzen, wenn nicht gar zu senken. Auch ist zu berücksichtigen, daß nicht nur mit einem Fahrgastrückgang bei den Nebenbahnen, sondern auch bei den Hauptbahnen zu rechnen sein wird, d. h., daß die Projekte Stadtbahn 2000 und SPNV 2000 bereits eine Reaktion auf diese Marktsituation sind. Eine modulare Fahrzeugkonzeption erlaubt größere Serien und damit Einsparung von Kosten.

Als weiterer Diskussionspunkt wurde eingebracht, wie die Relationen bezüglich Forschungsbedarf bei den Verkehrssystemen Bus/Schiene in Zukunft zu beurteilen sind. Dazu wurde ausgeführt, daß beide Systeme benötigt werden. Zwar könnten sich die Akzente für den Forschungsbedarf bezüglich der Systeme Bus und Schiene zeitweise verschieben, aber es darf nicht davon ausgegangen werden, daß eine Forschung in Richtung Busverkehrssystem nicht erforderlich sei. Vielmehr wurde vermutet, daß die künftige Forschung in der systematischen Weiterentwicklung aller Systeme liegen dürfte.

Einige Teilnehmer sprachen die konservative Haltung der Betreiber an, die es schwer macht, neue Techniken innerhalb der öffentlichen Verkehrsbetriebe einzusetzen. Hierzu wurde angeregt, beispielsweise bei Erneuerungen und Modernisierung auch Überlegungen anzustellen, ob nicht ein anderes System, d. h. ein neues System eingesetzt werden könnte. Dabei wurde auch die Frage nach der Anzahl der unterschiedlichen Verkehrssysteme gestellt, die sich eine Stadt überhaupt leisten kann. Es wurden Bedenken bezüglich der problemlosen Machbarkeit einer Umstellung auf neue Systeme angemeldet. Die Systemvorteile gegenüber den vorhandenen und funktionierenden Systemen müßten dabei beachtlich sein.

Auswirkungen auf den Personaleinsatz

Es wurde festgestellt, daß mit dem Forschungsziel der Kostenreduzierung letztlich auch die Frage der Personaloptimierung verbunden ist.

Die durch den Einsatz neuer Technologien freigewordenen Mitarbeiter bei den Verkehrsbetrieben könnten für andere Aufgaben, wie beispielsweise zur Steigerung der Attraktivität für den Fahrgast eingesetzt werden.

Diese Darstellung wurde bezweifelt. Vielmehr wurde befürchtet, daß mit der Einführung neuer Techniken bei den Verkehrsbetrieben soweit rationalisiert wird, daß das freigewordene Personal nicht mehr weiterbeschäftigt werden kann, sondern abgebaut werden muß. Deshalb wurde angeregt, bei den jetzt schon entwickelten und in Entwicklung befindlichen Systemen zu untersuchen, wie die Beschäftigten am besten die neuen Techniken handhaben könnten und mit welchen Arbeitsbelastungen und Qualitätsanforderungen sie zu rechnen hätten. Rationalisierungsgewinne müssen zu einer Verbesserung der Attraktivität der Arbeitsplätze oder zu Arbeitszeitverkürzungen führen.

Dies wurde bestätigt: Neue Techniken, die bisher in den Verkehrsbetrieben eingeführt wurden, sind unter anderem auch dem Personal zugute gekommen: bessere Fahrerplätze, rechnergestützte Dienst- und Fahrpläne zur Verringerung der geteilten Dienste, Fernsteuerung der Informationsanzeigen im Bus. Betriebsleitsysteme wurden in Kooperation mit der jeweiligen Belegschaft eingeführt; sie sind eine Hilfestellung für die bessere Einhaltung des Fahrplanes. In dem Zusammenhang wurde aber auch die Überzeugung zum Ausdruck gebracht, daß es nur in wirtschaftlich einigermaßen gesunden Betrieben gesicherte Arbeitsplätze für die Mitarbeiter geben kann.

Es wurde darauf hingewiesen, daß in Zukunft die Beschäftigten bei Einführung neuer Techniken einzubeziehen sind und dies durch entsprechende Betriebsvereinbarungen geregelt werden sollte.

Umsetzung von Forschungs- und Entwicklungsergebnissen

In diesem Themenbereich kam zum Ausdruck, daß die Forschungs- und Entwicklungsaktivitäten nicht nur unter dem Gesichtspunkt des einheimischen Marktes gesehen werden dürften. Es ist ein wachsender Markt „Öffentlicher Nahverkehr" weltweit vorhanden. Die Vermarktung ist jedoch zeitraubend. Dabei ist es erforderlich, daß neue Entwicklungen, wie Kabinenbahnen im Heimatland eingesetzt und betrieben werden. Auf die bedeutende Rolle der Betreiber bezüglich Umsetzung der Entwicklungsergebnisse wurde ausdrücklich hingewiesen.

Es wurde erläutert, daß zum Beispiel beim Projekt Stadtbahnwagen 2000 Wissenschaft, Betreiber und Industrie in allen Projektstufen mit großer Intensität zusammenarbeiten, um heute erarbeitete Forschungsergebnisse in den 90er Jahren effizient in die Praxis umsetzen zu können.

Schlußbemerkung

Abschließend wurde festgestellt, daß die Diskussion zwar nicht immer homogen verlaufen sei, sie aber wesentlich dazu beigetragen habe, die verschiedenen Positionen aus der Sicht der Forscher und Entwickler, der Betreiber und der Gewerkschaften gegenüberzustellen.

Für das Forschungs- und Verkehrsministerium sind dies Beiträge, Meinungen und Empfehlungen, die bei den künftigen Forschungsaktivitäten Berücksichtigung finden können.

Schlußwort

Bundesministerium für Verkehr

Helmut W. Krämer

Meine sehr verehrten Damen und Herren!

Das diesjährige Statusseminar wies eine Reihe von Neuerungen organisatorischer Art auf: Zum ersten Mal sind die Vorträge in drei thematisch abgegrenzte Blöcke eingeteilt worden, die in gleichzeitig ablaufenden Parallelveranstaltungen vorgetragen wurden. Der Inhalt jedes Blocks wurde dann am zweiten Tag in zwei Vorträgen zusammengefaßt und schließlich als weiteres Novum die Podiumsdiskussion mit Fachleuten des Nahverkehrs aus Wissenschaft und Praxis.
Damit wurde das Ziel erreicht, Zeit zu sparen, die dann für ausführlichere Vorträge und Diskussionen zur Verfügung gestellt werden konnte und der Dauer des Seminars insgesamt zugute kam.

Zu den eben genannten Vorteilen kann man weitere hinzufügen:

Es sitzen jeweils Fachleute zusammen, die etwas von der jeweiligen Materie verstehen und in der Diskussion mitreden können; die Diskussion wird damit intensiver. Andererseits entfällt Leerlauf, der dadurch entsteht, daß man einen Vortrag hört, der für einen selbst uninteressant ist oder dem man nicht folgen kann, sein Inhalt fachlich zu weit entfernt ist.

Den Vorteilen stehen aber auch Nachteile gegenüber:

Z. B., daß man nur einen Vortrag hören kann und einen anderen gleichzeitig stattfindenden, der auch interessiert hätte, auslassen muß. Der wesentliche Nachteil ist nach meiner Auffassung aber, daß die breite Runduminformation. die ein Vorteil des bisherigen Schemas war, verlorengeht. In meinen Augen hatte es durchaus Vorteile, daß man sich auch mit etwas ferner liegenden Themen befassen mußte und einen Überblick über die Probleme in allen Bereichen des Nahverkehrs bekommen konnte.

Für die Veranstalter des Statusseminars ist es nun interessant, wie diese Neuerungen bei den Teilnehmern angekommen sind.

Die meisten Teilnehmer an diesem Statusseminar sind nicht zum ersten Mal dabei. sondern haben auch schon frühere Seminare erlebt, und können somit Vergleiche zwischen der alten und der neuen Form ziehen. Wie sich bei einer Befragung ergeben hat, ist die überwiegende Mehrzahl von ihnen mit der neuen Organisationsform sehr einverstanden, so daß wir als Veranstalter eine eindeutige Linie für die nächsten Jahre bekommen haben.

Zu den Referaten braucht im einzelnen nicht mehr Stellung genommen zu werden. da die Fachgruppenleiter schon Kommentierungen, Lob und Kritik vorgenommen haben.

An dieser Stelle ist den Fachgruppenleitern ein besonderer Dank auszusprechen. daß sie sich dieser Mühe, die ja eine erhebliche zusätzliche Arbeit bedeutete. unterzogen haben. Und sicher war es oft nicht ganz einfach, das immer noch breit gefächerte Spektrum eines Vortragsblocks in ein homogenes Konzentrat zu überführen.

Die Podiumsdiskussion, die mit hochkarätigen Fachleuten des Nahverkehrs besetzt war, hat den ÖPNV wieder in das Umfeld der Wirklichkeit, der Politik, der Finanzen und der Umwelt gestellt. Sicher werden wir alle noch darüber nachzudenken haben, ob wir uns auf dem richtigen Weg bei der von uns allen angestrebten Verbesserung des Nahverkehrs befinden.

An dieser Stelle möchte ich meine bei der Internationalen Auromobilausstellung in Frankfurt vor wenigen Tagen gewonnenen Erfahrungen erwähnen. Mich hat vor allem das Gedränge an überwiegend sehr jungen Leuten beeindruckt, die offenbar die begeisterten Autofahrer von morgen sein werden. Die gleiche Richtung zeigt auch die in diesen Tagen vorgelegte neue Shell-Prognose auf, nach der der Trend zur Motorisierung unbeirrt, in der Vergangenheit nur geringfügig und vorübergehend durch Ölkrisen oder Katalysatordiskussion gehemmt, weiter anhält. Im Jahr 2000 kann danach die gesamte Bevölkerung der Bundesrepublik Deutschland auf den beiden Vordersitzen der dann hier zugelassenen Pkw Platz finden!

Das wirft die Frage auf, wozu brauchen wir dann überhaupt noch die schönen Busse, den „S 80“, und die Stadtbahnen. Die Antwort wird der Schlüsselpunkt für unsere weitere Arbeit sein. Und es wird sicher eine harte Arbeit sein, die Vorteile des ÖPNV richtig herauszustellen und sie richtig zu nutzen.

Vielleicht kann da die Bemerkung von Herrn Dr. Weigelt zu Beginn des Statusseminars ein Trost sein, daß in der technischen Entwicklung die Zeit von einem Statusseminar zum anderen wie eine Minute ist.

Den Teilnehmern an der Podiumsdiskussion auch ganz herzlichen Dank!

Wie eigentlich immer war auch das diesjährige Statusseminar hervorragend organisiert; mir ist keine nennenswerte Panne in Erinnerung. Dafür möchte ich der IABG und der Studiengesellschaft Nahverkehr danken.

Als letztes gilt mein Dank allen Vortragenden, den Diskussionsteilnehmern und allen, die auch hinter den Kulissen zum Gelingen der Veranstaltung beigetragen haben.

Bundesministerium für Forschung und Technologie

Dr. Meyer

Erlauben Sie mir zunächst eine kurze Bemerkung zur Podiumsdiskussion:

Ich glaube, daß diese Diskussion einige wichtige Empfehlungen, Hinweise und Anregungen gegeben hat, über die wir auch im BMFT nachdenken müssen. Ich meine da insbesondere den offensichtlich entstehenden Konflikt, nämlich auf der einen Seite in den Betrieben noch wirtschaftlicher zu arbeiten, mit all den möglichen Auswirkungen für das Personal, und, auf der anderen Seite, die berechtigten Interessen des Personals, aber auch die der Fahrgäste, zu berücksichtigen.

Aber zurück zum Statusseminar: Auch von mir eine erste Bilanz: Meines Erachtens ist dieses Statusseminar positiv zu werten, und zwar sowohl inhaltlich als auch organisatorisch. Das endgültige Urteil durch die Teilnehmer wird detaillierter möglich sein, wenn die Fragebögen ausgewertet worden sind, die Sie alle hoffentlich fleißig ausgefüllt und in den dafür vorgesehenen Kasten geworfen haben. Ich denke, wir können Ihnen die Ergebnisse dieser Fragebogenaktion mit der Versendung der Statusseminarberichte bekanntgeben.

Meine Damen und Herren, zum Schlußwort am Ende eines Forschungsseminars gehört auch der Blick nach vorn. Wie geht es weiter in der Nahverkehrsforschung? Ich meine, das Seminar hat gezeigt, daß es weitergeht und daß überwiegend gute bis sehr gute Ergebnisse vorzuweisen sind.

Zu Ihrer Frage: „Was macht die Programmfortschreibung?" will ich folgendes sagen:
Die Programmfortschreibung ist inhaltlich seit mehr als einem Jahr abgeschlossen, sie ist abgestimmt mit dem Bundesminister für Verkehr, sie hat auch die grundsätzliche Zustimmung der ÖTV gefunden und sie ist von unserem Sachverständigenkreis inhaltlich empfohlen worden. Die Leitung des BMFT hat sie allerdings noch nicht verabschiedet. Das Fachreferat arbeitet jedoch auf der Grundlage des Programmentwurfs und im Rahmen der haushaltsmäßigen Möglichkeiten. Letztere sind, wie Sie bereits gestern von Herrn Dr. Bandel gehört haben, gemessen an früheren Jahren, knapp. Das Finanzvolumen ist auf niedrigerem Niveau konsolidiert; ab 87 - so jedenfalls die Planung - sollen die Ansätze wieder leicht steigen. Hauptproblem ist, daß ein Großteil der Mittel auf Jahre hinaus durch laufende Vorhaben schon festgelegt ist. Die noch freien Mittel müssen nach noch strengeren Maßstäben vergeben werden. Dieses tun wir, und zwar auf der inhaltlichen Grundlage des noch nicht verabschiedeten Programms. Ich möchte Ihnen deshalb kurz die Schwerpunkte erläutern, die dieses Programm beinhaltet. Es sind einmal Nahverkehrsbahntechnologien, insbesondere die Prototypentwicklung im Rahmen der Projekte Stadtbahn 2000 und SPNV 2000, dann ist es die Leit- und Sicherheitstechnik für den Nahverkehr, aber weniger die Entwicklung neuer oder weiterer Leittechniken, sondern die Ergänzung, die Anpassung vorhandener oder weitgehend fertig entwickelter Technologien aneinander bzw. deren Verknüpfung. Einen weiteren Schwerpunkt stellen moderne, umweltfreundliche Antriebstechnologien dar, und nicht zuletzt soll die Anwendung und Umsetzung vorliegender und

in der nächsten Zeit erwarteter Forschungsergebnisse, Systeme und Verfahren unterstützt werden. Ich glaube, daß die hier kurz dargelegte Gewichtung im Einklang mit den Ergebnissen der Diskussionen und Meinungsbildung dieses Statusseminars steht.

Zum Schluß bleibt mir noch zu danken: den Teilnehmern der Podiumsdiskussion für ihre konstruktiven Anregungen; den Fachgruppenleitern für deren Einsatz, Engagement, Mitwirkung und insbesondere für ihre knappe und klare Darstellung des teilweise ja sehr komplexen Stoffes am heutigen 2. Tag der Veranstaltung; den Sachverständigen und insbesondere auch denjenigen, die im neuen Kreis nicht mehr mitwirken.

Ich möchte aber auch den Vortragenden danken, die nach meiner Einschätzung den gestern von Dr. Bandel geäußerten Wunsch nach knapper, klarer Darstellung überwiegend erfüllt haben - zumindest in den Vorträgen, die ich gehört habe. Lob auch den Diskussionsteilnehmern für ihre häufig kritischen und konstruktiven Anregungen, wodurch echter Erfahrungsaustausch und Bereicherung der Vorträge erst möglich wurden.

Dank aber auch den Organisatoren, und hier allen Mitarbeitern der Projektbegleitung Nahverkehr, die unter der Leitung von Herrn Dr. Klamt dieses Seminar professionell vorbereitet und begleitet haben, und dabei maßgeblich von der SNV unterstützt worden sind.

Ich meine, daß dabei Hervorragendes geleistet wurde, nicht zuletzt ist uns als Teilnehmern dieses Seminars vieles abgenommen bzw. erleichtert worden. Ich glaube, im Namen aller hier zu sprechen, wenn ich den Mitarbeitern und Herrn Dr. Klamt dafür ‚Danke schön‘ sage.

Den Stadtwerken Fürth danke ich für die kostenlose Bereitstellung der Busse, und dabei insbesondere Herrn Jokusch, der maßgeblich an den Seminarvorbereitungen vor Ort hier in Fürth beigetragen hat.

Ich wünsche allen von Ihnen, die jetzt nach Hause fahren, gute Heimreise, und den anderen, die hierbleiben, um morgen die Jubiläumsparade der Deutschen Eisenbahn „abzunehmen", viel Spaß und gutes Wetter.

Teilnehmerverzeichnis

Ahlbrecht	Essener-Verk. AG	Fr. Ernst	IABG
Albert	Hamburger		
	Hochbahn AG	Falk	AEG-Telefunken
Amler	VAG Nürnberg	Feier	Uni Stuttgart
		Dr. Felz	ÜSTRA
Dr. Bandel	BMFT	Dr. Flenker	IABG
Baum	Siemens	Frank	Siemens
Dr. Baur	BZA München	Prof. Frederich	RWTH Aachen
Becker	INIT	Fritsche	Magnetbahn
Beier	BFG		GmbH
Dr. Bents	SNV	Fuhrmann	SNV
Bihn	Alba-Fachverlag		
Binder	Daimler-Benz-AG	Gelhaar	Siemens
Dr. Blennemann	STUVA	Gerland	Rufbus GmbH
Dr. Brenner	Berat. Ing.	Prof. Girnau	VÖV
Boegner	Essener	Glasow	Universität
	Verkehrs AG		Düsseldorf
Prof. Brändli *	ETH Zürich	Grewe	MBB
Brand	DUEWAG AG	Dr. Greschner	INIT
Brandenburg	STUVA	Götz	SNV
Budig	ÜSTRA	Gruhl	Isidata
Prof. Bugarcic	TU Berlin	Grunwald	BVG
		Gudßent	AEG-Telefunken
Caprasse	Kasseler Ver-	Güthert	Bahnen d. Stadt
	kehrs-Gesellsch.		Monheim
Prof. Christ	Daimler-Benz AG		
Czuka	HHA	Hagin	MAN
		Dr. Harthun	Sen. f. Verk. u.
Deja	IAV		Betr. Berlin
Denninger	Dornier System	Hartmann	Dornier System
Diesner	Daimler-Benz AG	Heeg	Magnetmotor
von Dossow	Kasseler Ver-		GmbH
	kehrs-Gesellsch.	Heidelberg	Magnetmotor
Dreher	MAN		GmbH
		Heinke	Siemens
Ebers	H-Bahn-	Dr. Heinrich	IABG
	Gesellsch.	Heinz	Siemens
Eck	Magnetbahn	Hennicke	Rufbus GmbH
	GmbH	Hetzenecker	Regensburger
Edelmann	Stadtwerke Trier		Verkehrsbetriebe
Dr. Ehrhart	Magnetmotor	Hippenstiehl	Waggon Union
	GmbH	Höppner	FGS
Engelbrecht		Hoffmann	Magnetbahn
Dr. Engelhardt	Bayer. Staatsmini-		GmbH
	sterium f. Wirt-	Holub	HHA
	schaft u. Verkehr	Hörmann	MAN

---

* Mitglied des Sachverständigenkreises „Öffentlicher Nahverkehr" des BMFT

Hütter	ÖTV
Dr. Jacob	SEL
Jäger	Hauptverw. der DB
Jencke	SNV
Jokusch	Stadtentwicklungsamt Fürth
Jung	DEC
Fr. Kaufhold	SNV
Kaufhold	SNV
Keil	LA f. Zentr. Soz. Aufg. Berlin
Kellermann	Hamburg-Consult
Dr. Keudel	Hamburg-Consult
Dr. Kirchhoff	Hamburg-Consult
Kirscht	SNV
Dr. Klamt	IABG
Koch	SNV
Korn	Ingenierbüro Korn
Köhler	SNV
Kramer	Waggon Union
Krämer	BMV
Kratky	BVG
Dr. Kratschmer	Dornier-System
Kraudelat	HHA
Kut	Kut u. P.
von Korff	MAN
Lattreuter	IABG
Prof. Legat	BMV
Lehmitz	BVC
Prof. Leutzbach	Uni Karlsruhe
Lexen	MAN
Dr. Liebermeister	IABG
Dr. Lipinsky	Sen Wiss Forsch Berlin
Prof. Löhn	Landesregierung Baden-Württ.
Ludwig	SNV
Ludwig	Stadtwerke Karlsruhe
Lübker	Verkehrsbetriebe Schleswig-Flensburg
Lüers	Siemens
Malli	SEL
Mangold	INIT
Dr. Meetz	GEWU
Fr. Menzel	Kommunalentw. Baden-Württ.
Dr. Meusemann	TÜV Rheinland
Dr. Meyer	BMFT
Dr. Meyer	Bremer Straßenbahn
Prof. Meyer	HHA
Mies	HHA
Prof. Milz	AEG-Telefunken
von Moellendorf	AEG-Telefunken
Montada	BDE
Dr. Muckli	Dornier System
Müller	Siemens
Dr. Müller-Hellmann	VÖV
Dr. Naumann	SNV
Negendank	Schreck-Mieves
Nickel	BVC
Dr. Niemann	Daimler-Benz AG
Nitsche	GBB Alb-Bodensee
Dr. Nuppnau	SNV
Oertel	SRR
Palm	MdA Berlin
Dr. Pampel	HHA
Pasquay	HVV
Paulsen	SNV
Peckmann	MBB
Peter	BdPP
Petzel	IABG
Philipps	Heusch-Boesefeldt
Piefke	BVG
Pieper	Bogestra
Prof. Pierick	TU Braunschweig
Dr. Plassmann	TÜV Rheinland
Fr. Pohlmann	IABG
Potschies	Waggon Union
Rahn	SEL
Rappenglück	IFB
Rattaj	IAV
Dr. Regar	BMW
Reichelt	Stadtwerke Wuppertal

---

* Mitglied des Sachverständigenkreises „Öffentlicher Nahverkehr" des BMFT

Dr. Reinhardt	SNV	Staackmann	Stadtwerke Fürth
Reutlinger	IABG	Staib	INIT
Resch	ÖTV	Stickel	Magnetmotor GmbH
Röhr	Rheinbahn Düsseldorf	Sturm	Stadtverwaltung Berg.-Gladbach
Rösgen	Sen. f. Verk. u. Betr. Berlin	Taunys	IABG
Rothermel	SNV	Teubner*	Essener Verkehrs-AG
Rudolph	IABG	Tews	Celler Straßenbahn
Dr. Runkel	Hamburg Consult		
Schank	Stadtrat Kaiserslautern	Urbanski	Bosch
Scheelhaase*	U-Bahn-Bauamt Hannover	Dr. Vogel	Repr. d. Verkehrsbetr. Denver (USA)
Schlieske	Steinhuder Meerbahn	Voß	IAV
Schlotmann	H-Bahn-Gesellsch.		
Schneider	ÖTV	Dr. Wagner	Siemens
Schnoor	Gen. f. Verk. u. Betr. Berlin	Wahlster	IABG
Dr. Schönharting	Steierwald u. P.	Weidemann	Daimler-Benz
Scholtis	Siemens	Dr. Weigelt*	DB
Schraut	DUEWAG	Weinberger	Magnetbahn GmbH
Schröder	Universität Düsseldorf	Wiedemann	VW
Schüffner	AEG-Telefunken		
Dr. Schulz	Magnetbahn GmbH	Wentzel	VAG Nürnberg
Schwarz	BMW	Werdermann	Beh. f. Wirtsch. u. Verk. Hamburg
Prof. Schweizer	Uni Karlsruhe	Wild	IABG
Schwenk	BVG	Wimmer	Siemens
		Dr. Wirth	TU Braunschweig
Sauer	Siemens	Witte	ÜSTRA
Senst	SNV	Wulf	Daimler-Benz AG
Simons	INIT	Fr. Wolf	SNV
Dr. Simonis	Landeshauptstadt München		
Dr. Sparmann J.	SNV	Dr. Zackor	Steierwald u. P.
Dr. Sparmann U.	Mannh. VBetr.	Dr. Zeitvogel	Zweckverband Großraum Hannover
Sparmann V.	SNV		
Springsfeld	BSV		

---

* Mitglied des Sachverständigenkreises „Öffentlicher Nahverkehr" des BMFT